周禮正義

四部備要

經部

中華書局據清光緒乙巳本校刊

桐鄉陸費逵總勘

杭縣高時顯 吳汝霖輯校

杭縣丁輔之監造

周禮正義卷五十九

瑞安孫詒讓學

夏官司馬下　周禮　鄭氏注

司士掌羣臣之版以治其政令歲登下其損益之數辨其年歲與其貴賤周知邦國都家縣鄙之數卿大夫士庶子之數損益謂用功過黜陟者縣鄙鄉遂之屬故書版爲班鄭司農云班書或爲版版名籍

疏 掌羣臣之版者羣臣卽邦國都家縣鄙卿大夫士庶子是也賈疏云謂畿內朝廷及鄉遂都鄙羣臣名籍云以治其政令者謂凡政教戒令施於羣臣者若黜陟計比徵召之事皆是賈疏謂卽下損益之數等非也云歲登下其損益之數者此官掌官吏之數與司民掌民數同司民云歲登下其死生注云下猶去也此羣臣當以黜陟爲損益皆就其版而登下之云辨其年歲與其貴賤者賈疏云知羣臣在任及年齒多少大夫已上貴士已下賤也案賈謂年數兼辨其在任之年者亦爲或以久奠食也貴賤謂其秩次凡官吏版版籍蓋備記姓名居里爵秩年齒其品式與今官吏書履歷略同云周知邦國都家縣鄙之數卿大夫士庶子之數者賈疏云邦國謂周之千七百七十三國也都家謂天子畿內三等采地大都小都家邑是也卿大夫士者卽謂朝廷及邦國都家縣鄙之臣數總言之也士庶子者亦如宮伯卿大夫之子謂適子庶子其支庶宿衞王宮者也王引之云第二數字蓋因上下兩數字而衍司士但稱羣臣之數非如大司徒辨邦國都鄙之數也邦國都家縣鄙之下不當有數字當以周知邦國都家縣鄙之鄉

大夫士庶子之數作一句讀謂鄉大夫士庶子之在邦國都家縣鄙者也司書以知民之財用器械之數大司徒周知九州之地域廣輪之數小司徒以稽國中及四郊都鄙之夫家九比之數上下兩之字相承爲義正與此同賈疏釋之數二字曰云之數者邦國已下總結之也不釋於縣鄙之下而釋於士庶子之下則縣鄙之下無數字明甚唐石經始誤衍案王校是也朱大韶說同此司士掌羣臣之版云周知邦國都家縣鄙鄉大夫士庶子之數猶司民登民數云辨其國中與其都鄙及其郊野也大宰施典于邦國而建其牧以下施則于都鄙而建其長以下施灋于官府而建其正以下此羣臣之版蓋無不晐載而詔王廢置亦與大宰相贊二官爲聯事也但大宰施灋官府正貳攷殷輔五等咸備則下及府史庶人在官者此官掌羣臣之版止有庶子而不及庶人者蓋府史等雖給事官府而名不登於王朝故此官亦不著於版其名籍蓋散藏百官府而總著於司民之版亦尊卑之異也朱大韶云邦國之士庶子掌於宮伯都家之士庶子掌於都司馬家司馬都大夫縣鄙之士庶子掌於掌固其凡則總於司士案朱說是也凡庶子總掌於諸子而其宿衞王宮及給事官府備守都邑者其名咸著於此官之版凡鄉大夫士之子已命者與命士通稱士其未命者則謂之庶子賈謂士庶子分適庶亦沿鄭宮伯注之誤詳宮伯及敘官疏　注云損益謂用功過黜陟者者賈疏云即三年大比以功過黜陟者也案賈說未晐經云歲登下其損益之數則謂每歲之中凡有功而陟有過而黜者皆書之不必三年大比也其無功過而以敘遷擢或辭退物故者亦在損益之內注約舉其略耳云縣鄙鄉遂之屬者宰夫注云六遂五百家爲鄙五鄙爲縣言縣鄙而六鄉州黨亦存焉是鄭意縣鄙本爲六遂之屬而舉縣鄙則兼見有六鄉故云鄉遂之屬今案經凡言縣鄙者皆當從姜兆錫說爲公邑非六遂之屬此職云都家縣鄙猶宰夫云羣都縣鄙皆舉都

家公邑而不及鄉遂者舉外以包內文不具也鄭以縣鄙兼鄉遂賈疏謂專指六遂內包六鄉並失之詳宰夫疏云故書版爲班鄭司農云班書或爲版版者徐養原云腊人膴胖鄭大夫讀胖爲判杜子春讀胖爲版版說文反部版判也儀禮士虞禮記明日以其班祔今文班爲胖是班版胖判古字互相通也云版名籍者宮正注義同左僖二十三年傳云策名委質史記索隱引服虔注云古者始仕必先書其名於策版卽策也

以詔王治告王所當進退【疏】注云告王所當進退者大宰注云詔告也以下文云凡邦國三歲則稽士任而進退其爵祿明此詔王亦謂進退爵祿之事卽下以德詔爵等是也

以德詔爵以功詔祿以能詔事以久奠食德謂賢者食稍食也賢者既爵乃祿之能者事成乃食之王制曰司馬辨論官材論進士之賢者以告於王而定其論論定然後官之任官然後爵之位定然後祿之【疏】以德詔爵以功詔祿者與典命司勳司祿爲官聯也詔爵詔祿謂命士以上以命受爵得正祿者也賈疏云據賢者試功之後其德堪用乃詔王授之以正爵有功乃詔王授之以正祿也云以能詔事以久奠食者賈疏云奠定也據能者先試之以事事成乃定以稍食其能堪用乃後亦詔授之以正爵詒讓案詔事者未命爵先試之以事也士冠禮記云古者五十而後爵注云周之初禮年未五十而有賢才者試以大夫之事猶服士服行士禮五十乃爵重官人也是試事尚未得受命服也奠食者未授祿先頒以稍食也此詔事奠食亦謂鄉遂公邑之吏及不命之士庶子等若燕禮士旅食亦是也其大學論秀亦以德能命爵詔事故文王世子云凡語於郊者必取賢斂才焉或以德進或以事舉或以言揚注云大樂正論造士之秀者升諸司馬曰進士謂此矣綜而論之周之進賢蓋非一塗惟王族故臣世居顯要內外侯伯入爲王官二者皆不依恆典此外學校養士則有公卿大夫之子弟

教於大學學成而仕者也次則鄉遂公邑之秀士其長吏以賓興賢能貢於大學而大司馬選擇之以進於王者鄉大夫所云使民興賢
出使長之使民興能入使治之是也又次則不命之士及府史等亦有積年校勞而馴至通顯者大宰八統之有達吏小司寇八辟之有
議勤皆是也是其立賢本自無方要皆以德功能久四者為選舉攷課之本而爵祿事食亦各依常典不容逾濫此官所秉以贊司馬而
詔王者咸以是為科律故經特著之矣又案大戴禮記盛德篇云古者天子孟春論吏德行能功能得德法者為有德能行德法者為有
行能理德法者為有能能成德法者為有功與此文足相證此不論行者行賅於德也　注云德謂賢者者大司徒十二教云以賢制爵
則民慎德以庸制祿則民興功彼云賢卽有德士冠禮記云以官爵人德之殺也注云德大者爵以大官德小者爵以小官賈疏云卽大
司徒云以鄉三物教萬民而賓興之三物謂六德六行六藝有六德六行卽為賢者有六藝卽為能者鄉大夫云三年則大比而興賢者
能者鄭云賢者有德行者能者有道藝者云食稍食也者宮正均其稍食注云稍食祿稟案稍食謂不命之士及庶人在官者之稟食與
命士以上之正祿異詳宮正疏云賢者既爵乃祿之能者事成乃食之者明爵與祿相將事與食相將也自命士以上為爵賈疏云此二
者互見其事自古以來事任之者皆試乃爵之則賢者有先試之以事乃後詔爵能者既試有功亦授之以爵所以賢者先言正爵能者
先言試事者欲見尊敬賢者故先言正爵卑退能者先言試事故鄭二云賢者既爵乃祿之能者事成乃食之也引王制曰司馬辨論官材
者鄭彼注云辨其論官其材觀其所長賈疏云司馬使司士分辨其論官其材之法云論進士之賢者以告於王而定其論者注云各署
其所長案依王制鄉舉之法凡鄉大夫所教於學者為秀士三年大比獻賢能之書於王而升其名於司徒者為選士由司徒升於學者

爲俊士由學升於司馬者爲進士鄭意周代選舉當如彼法而此經唯鄉大夫有賓興賢能之禮其升學升司馬經無其文故據王制補其義明司士爲司馬之屬所詔爵祿等卽贊司馬論進士之法也大戴禮記千乘篇論司馬之職云四方諸侯之遊士國中賢餘秀與閱焉餘卽小司徒之餘子秀卽王制之秀士其貴遊子弟不舉於鄉者亦多由大學而升雖與秀士有殊而司馬論賢當無二法此經所舉固足以晐之矣又月令孟夏云命大尉贊傑俊遂賢良舉長大行爵出祿必當其位鄭彼注謂大尉秦官卽周司馬蓋秦亦承周法也互詳鄉大夫疏云論定然後官之者注云使之試守案卽以能詔事之事云任官然後爵之者注云命之案卽以德詔爵之事云位定然後祿之者卽以功詔祿之事鄭引之者明事與爵亦相因也

唯賜無常

賜多少由王不如祿食有常品

【疏】注云賜多少由王者明此承上詔祿奠食爲文特賜無常法式者則王自行之非司士所詔奠也賈疏云按司勳云凡賞無常輕重視功彼謂有勳勞據功大小與之賞此不據功但時王有恩而賜之故多少由王不由功大小也云不如祿食有常品者祿依命數爲等食視功事爲差皆有常品也自鄉以下至庶人在官者祿食之等差詳內史疏

正朝儀之位辨其貴賤之等王南鄉三公北面東上孤東面北上卿大夫西面北上王族故士虎士在路門之右南面東上大僕大右大僕從者在路門之左南面西上

此王日視朝事於路門外之位王族故士故爲士晚退留宿衞者未嘗仕雖同族不得在王宮大右司右也大僕從者小臣祭僕御僕隸僕

【疏】正朝儀之位者此亦天子治朝之朝位也與射人所掌朝位同與小司寇朝士外朝之朝位異此官掌正其儀敘亦與宰夫射人大僕爲官聯也云

王南鄉者當宁負屏而立也云三公北面東上孤東面北上卿大夫西面北上者並與射人同此朝位在治朝之廷國語楚語所謂位宁也周語作位著宁通左昭十二年傳云朝有著定杜注云著定朝內列位常處是也爾雅釋宮云門屏之間謂之宁曲禮孔疏引李巡云正門內兩塾間曰宁孫炎云門內屏外人君視朝所宁立處也案荀子大略篇淮南子主術訓並云天子外屏諸侯內屏鄭郊特牲注從之曲禮疏謂外屏在路門之外而近應門今攷天子五門皆當有屏路門外之屏當近路門孔謂近應門非也孫云門內屏外據應門內距路門之屏言之自屏南出至應門內凡朝位所布列之處通謂之宁位是宁位者君與臣共之者也金鶚云曲禮天子當宁而立諸公東面諸侯西面曰朝宁有南面北面東面西面之位君南面正居其中是謂當宁案金說是也此王南鄉正當宁公孤卿大夫所立雖不正當宁要亦不出宁位之外矣云王族故士虎士在路門之右南面東上大僕大右大僕從者在路門之左南面西上者此路門左右之位也敘官虎賁氏之屬有虎士八百人此在治朝蓋虎賁氏帥虎士之直守路門者居之非八百人盡列於此也門左門右猶禮經云門東門西俞正燮云門以外向爲用東爲左西爲右司士朝位在路門外故士虎士在路門右南面東上大僕大右及大僕從者在路門左南面西上上者近中爲尊右以東上西爲右也左以西上東爲左也王還揖門左揖門右亦朝位東左西右也黃以周云鄭云生人陽長左鬼神陰長右周之列位皆尚左不尚右周公大師居左召公大保居右內史中大夫居左大史下大夫居右其顯證也鄭又注特牲禮云凡鄉內以入爲左右鄉外以出爲左右君出路門南鄉面朝是鄉外也王族故士虎士居門右大僕大右尊而居門左是鄉外之位尚左也案俞黃並以此經據出路門鄉外爲文左爲東右爲西是也但中廷之位孤在右而卿大夫在左則又尊右者賈射人疏謂別依西

方賓位焉尊今攷朝士云左九棘孤卿大夫位焉右九棘公侯伯子男位焉治朝之位孤尊而在西小司寇外朝之位亦諸侯尊而在西其例正同則賈義自得通也詳射人及小司寇疏 注云此王日視朝事於路門外之位者鄭宰夫云掌治朝之灋以正王及三公六卿大夫羣吏之位大戴禮記盛德篇說天子路寢云待朝在南宮揖朝出其南門亦謂此也賈疏云對彼大僕職路寢庭有燕朝朝士職庫門外有外朝而言也但彼外朝斷獄弊訟并三詢之朝有諸侯在焉諸侯既在西方右九棘之下孤避之在東方羣臣之位西面也其餘三公卿大夫等仍與此位同也案天子三朝詳朝士疏云王族故士故爲士者穀梁襄九年范注云故猶先也左昭十二年傳蔓成然故事蔡公杜注云故猶舊也故士猶言舊士謂先時仕而爲士者文王世子云公族其朝於外朝則以官司士爲之據記文則王族在外朝本無專位官爲孤者則在孤位爲卿大夫者則在卿大夫之位惟故爲士者乃别爲位路門右故經於王族特云故士明見爲士者自入羣士之班不别列路門之右也賈疏謂此云故爲士對新升試士未得正爵者爲新士不得留宿衞經注並無此義云晚退留宿衞者者廣雅釋詁云晚後也謂先爲士後辭官而退以王族仍留宿衞故亦列於朝位而與虎士同在路門之右也賈疏云宿衞之人皆不得與凡平羣臣同時出故云晚退留宿衞俞樾云疏全失鄭意注蓋以王族故士爲舊曾爲士今則衰晚已告退也既已告退何以仍有位於朝故又有留宿衞之說明雖晚退而仍留宿衞也晚謂晚年退謂退位疏乃以不與羣臣同出爲晚退則以日暮而退朝大非鄭義案俞說是也云未嘗仕雖同族不得在王宮者欲見王族衆多疏賤者不可皆令入宿衞故唯故士得入王宮其貴游爲國子雖無爵者亦得入宿衞宮伯士庶子是也云大右司右也者賈疏云按司右掌羣右此云大右是右中之大明是司右也云大僕從者小臣祭僕御僕隸

僕者四官並大僕之屬故謂之大僕從者卽小宰六屬舉邦治云大事則從其長是也大射儀有小臣師從者亦卽謂小臣之屬官諸侯
或無大僕以小臣爲僕人之長也司士擯詔王出揖公卿大夫以下朝者疏注云詔王出揖公卿大夫以下朝者者擯儐之
或體說文人部云儐導也爾雅釋詁云詔導也是擯與詔義同禮器云故禮有擯詔注云擯詔者道賓主者也此亦謂告導王以揖諸臣
之事賈疏云知擯是詔王出揖公卿大夫以下朝者以其王迎諸侯爲擯是大宗伯及小行人肆師之等非司士之職此上文云公卿大
夫士等朝事下文云三揖此中閒云司士擯明爲詔王出揖之事也孤卿特揖大夫以其等旅揖士旁
三揖王還揖門左揖門右特揖一一揖之旅衆也大夫爵同者衆揖之公及孤卿大夫始入門右皆北面東上
王揖之乃就位羣士及故士大僕之屬發在其位羣士位東面王西南鄉而揖之三揖者士有上中下王揖之皆逡遁既復位鄭司農云
卿大夫士皆君之所揖禮春秋傳所謂三揖在下疏孤卿特揖大夫以其等旅揖士旁三揖者賈疏云此皆先入應門右北面其士
入應門卽就西方東面位不待王揖其大夫已上皆待王揖乃就位也惠士奇云王制七十不俟朝王揖之則退不待朝畢其餘揖之乃
就位詒讓案司儀王見諸侯士揖庶姓時揖異姓天揖同姓注云揖之者定其位也此朝儀揖孤卿大夫等亦是定其位但彼諸侯各立
在位王乃揖之此孤卿大夫皆未就位王揖之乃各就本位士則亦先立在位待王揖與彼諸侯同也御覽禮儀部引白虎通云朝禮天
子特揖三公面揖卿略揖大夫士所以不拜何爲其屈尊也案班所云面揖卽此旁三揖也略揖疑卽此旅揖其說與此經絕異未知何
據云王還揖門左揖門右者門左門右皆大夫士無孤卿蓋亦或旅揖或三揖也焦循云門左門右其地以東西言爲兩塾之閒還揖者

王族大僕輩在其後兩旁也君負屏而立王族大僕等立於屏外之左右故在其後覲禮侯氏出自屏南適門西遂入門左蓋自門東繞
屏南至門西而入案焦說是也此王位正當屏南故揖門左右須還面向後但屏上有屋蓋當在路門門宇之外而與宇相距不遠王既
出負屏揖卿大夫訖乃還面微向後而揖門左門右則是邪向之不正面屏也　注云特揖一一揖之者士昏禮注云特猶一也謂每人
一揖之凡揖者推手詳司儀疏賈疏云對旅揖衆揖之也孤得揖乃就西方東面位卿得揖乃就東方西面位大夫得揖乃就卿後西面
位云旅衆也者天官敘官注同云大夫爵同者衆揖之者賈疏云序官有中大夫下大夫無問多少但爵同者衆揖之爵同中大夫同得
一揖爵同下大夫同得一揖案大夫旅揖注不云揖數賈則云爵同同得一揖是中下大夫止并得二揖尚不若上中下士總得三揖似
非其差也以禮經攷之凡人衆大總致敬者多以三為度鄉飲鄉射禮獻衆賓主人西南面三拜衆賓衆賓皆荅壹拜注云三拜示徧也
少牢饋食禮云主人三拜餕者注云三拜旅之示徧也特牲饋食禮三拜衆賓注亦云旅之以此推之疑大夫二等王每等各總三揖之
士三等則并總三揖之禮異而其為三揖則同也賈說似尚未得其義云公及孤卿大夫始入門右皆北面東上王揖之乃就位羣士及
故士大僕之屬發在其位者入門謂入應門也射人注云燕禮曰卿大夫皆入門右北面東上士立于西方東面北上大射亦云則凡朝
燕及射臣見於君之禮同故知孤卿大夫始入門右皆北面東上燕禮無公大射有諸公故知公與孤卿大夫同大射儀又云小臣師詔
揖諸公卿大夫諸公卿大夫西面北上揖大夫大夫皆少進彼公卿大夫得揖未即就位此朝禮簡故公卿大夫得揖即就位也燕禮大
射儀並無揖士移位之文故知士發在其位不待揖即就位也賈疏云此王臣無正文約燕禮大射諸侯禮卿大夫皆始入門右北面東

上得揖乃就位羣士發在其位故知王臣亦然是以鄭云王揖之乃
就位羣士及故士大僕之屬發在其位者若在外朝士後東方西面
也黃以周云此以天子射位與朝位同射時未就位前公卿大夫北
面東上其朝禮亦當然故約燕大射禮文補言之云羣士位東面王
西南鄉而揖之者羣士雖與孤同東面而位遠在下近應門故王必
西南鄉乃得揖之也賈疏云但上經不見羣士位鄭知羣士位東面
者亦約燕禮大射諸侯之士西廂東面而知且約故士虎士宿衛者
門西南面明士不宿衛者東面可知位既東面明知旁三揖者西南
鄉揖之黃以周云此鄭約燕大射禮爲文明公孤卿大夫始入門時
皆北面不登即位故王得正鄉揖之其羣士登在西方不正對王故
王必旁揖之黃度云經言士旁三揖則東西皆有士矣方苞蔣載康
說同金鶚亦駁注義云燕禮大射之位非朝位也燕禮卿西面而士
東面者以君在阼階東南南鄉卿尊故得近君而待君之揖士卑君
不揖之故遠立於西方也天子治朝之位羣士分列東西而遠處孤
卿大夫之下不與並列何以知之司士云士旁三揖凡言旁者或四
旁或兩旁皆不止一方考工記國旁三門司儀宮旁一門謂四旁也
此云士旁三揖謂兩旁也士所以分列兩旁者以東方既有卿大夫
若以羣士畢列於其下則東方之官甚多而西方無人殊爲不稱況
王朝之大夫士最衆聚於一方亦恐不能容矣案黃度金鶚說雖於
禮無徵亦足備一義又案喪大記孔疏釋旁三拜云旁猶面也士賤
不可人人拜之故每一面弁唯三拜也此釋面字之義甚塙彼疏又
引別說云旁猶不正也則非是攷士喪禮朝夕哭門外東西南三面
皆有賓位經云主人拜賓旁三右還入門注云先西面拜乃南面拜
東面拜也彼三面還拜無論與主人正對與否通謂之旁足證旁三
拜亦非取不正對之義竊謂無論一面兩面要面總三揖即得謂之
旁矣云三揖者士有上中下者賈疏云序官文既有三等故旁三揖

耳按禮器有以少爲貴者諸侯視朝大夫特士旅之此云大夫旅與彼不同者彼諸侯臣少大夫與卿同特揖士乃旅揖之此天子臣多故大夫亦旅揖亦是以少爲貴也黃以周云士有三等王三揖之是亦以其等旅揖也故禮器云士旅之案黃說是也士旁三揖亦是衆揖之則亦可謂之旅士喪禮主人拜賓大夫特拜士旅之喪大記君拜卿大夫于位于士旁三拜夫人特拜命婦氾拜衆賓於堂上注云尊者皆特拜拜士與其妻皆旅之則旁三拜卽旅拜也又曰氾拜言不主於一人也喪禮之拜與朝禮之揖雖拜揖不同而以特旅爲等差則一與此經亦可互證云王揖之皆逡遁者鄉射禮主人阼階上北面拜賓少退注云少退少逡遁也蓋羣士既發在其位見王揖則少退辟位以示敬也鄭注三禮凡退辟並爲逡遁說文辵部云逡復也遁遷也說文以復訓逡復當爲復復卽退字隸釋漢鄭固碑云逡遁退讓蓋遷延揖辟之皃司儀注又作逡巡義並同云既復位者賈疏云謂得揖乃皆復位也若然上文別三公位及此經不言三公直言孤卿者亦舉輕以明重孤卿尚特揖明三公亦特揖可知故不見三公也鄭司農云卿大夫士皆君之所揖禮春秋傳所謂三揖在下者賈疏云哀二年左氏傳初衛侯遊于郊子南僕公曰余無子將立女不對他日又謂之對曰郢不足以辱社稷君其改圖君夫人在堂三揖在下君命祇辱注云三揖卿大夫士引之者證所揖尊卑不同案孔疏引服虔說同服又據司儀士揖庶姓時揖異姓天揖同姓爲釋是謂卿大夫士揖法高下亦不同未知是否

大僕前前正王視朝之位

疏注云前正王視朝之位者賈疏云以大僕職云王視朝則前正位而退入亦如之上文引大僕位在門左南面今云前明從本位前就王正視朝之位可知也

王入內朝皆退王入入路門也王入路門內朝朝者皆退反其官府治處也王之外朝則朝士掌焉玉藻曰朝服以日視朝於內朝朝辨色始入君

日出而視之退適路寢聽政使人視大夫大夫退然後適小寢謂諸侯也王日視朝皮弁服其禮則同【疏】注云王入入路門也者治朝在路門外故王退朝即入路門適路寢也云王入路門內朝朝者皆退反其官府治處也者賈疏云王視朝訖王入路門於路寢聽事其羣臣等各退向治事之處江永云司士言眡治朝之儀但揖見羣臣而已揖畢王即退適路寢聽政而諸臣反其官府治事之處匠人所謂外有九室九卿朝焉者也若議論政事則在路門內之朝如鄉黨攝齊升堂是也案諦繹鄭意蓋讀王入為句內朝皆退為句謂王既入則在內朝之人各退反其官府也此內朝即指治朝與路寢廷之燕朝異故下文舉朝士外朝及玉藻內朝以見義賈疏未憭黃度讀王入內朝句云內朝即路寢之庭燕朝也蔣載康說同案依黃說則內朝不指治朝義亦得通云王之外朝則朝士掌焉者據朝士文鄭言此者欲見此實治朝以對朝士之外朝而言故亦稱內朝也賈疏謂鄭欲見天子諸侯皆有三朝之意亦非鄭恉引玉藻曰朝服以日視朝於內朝者鄭彼注云朝服冠玄端素裳也此內朝路寢門外之正朝也天子諸侯皆三朝此引之者欲見彼內朝與此內朝同為治朝也云朝辨色始入者注云羣臣也入入應門也辨猶正也別也云君日出而視之退適路寢聽政使人視大夫大夫退然後適小寢者注云小寢燕寢也此亦明王入而內朝朝者退與彼君適路寢大夫退事同云謂諸侯也者以彼朝服視朝諸侯之禮也云王日視朝皮弁服者賈疏云司服職云對諸侯視朝朝服則玄冠緇布衣素裳緇帶素韠也云其禮則同者賈疏云天子諸侯惟服別其視朝之禮則同也

掌國中之士治凡其戒令國中城中【疏】掌國中之士治者賈疏云謂朝廷之臣及六鄉之臣皆是所有治功善惡皆掌之以擬黜陟此城中士則鄉大夫總皆號為士但此司士既總屬則此一職士者皆臣總號惟有作事適四方使

爲介士者是單士不兼鄉大夫故引石尙證又作六軍之士是甲士自餘皆臣之總號耳姜兆錫云士上中下士莊存與云大夫以上射人掌之方苞蔣載康說同案姜莊說是也上羣臣之版及朝儀等並上自三公下至士庶子尊卑通掌不別自此至職末則自稽邦國士任外並專掌命士以下與射人掌卿大夫諸子掌庶子職掌分別各不相通三職互校其義甚明國中之士當即朝士所謂羣士專屬元士以下言之治謂政治卿大夫等之治及戒令已掌於射人故大射儀云射人戒諸公卿大夫射司士戒士射與贊者等差與此經正合彼注亦引此經釋之云殊戒公卿大夫與士辨貴賤也則鄭意司士所戒者唯士不關公卿大夫也後注士摯先鄭通舉羔鴈爲釋疑先鄭已誤以士爲鄉大夫士之總號賈疏蓋沿彼誤解大射疏亦謂彼注引此經爲斷章取義疑皆非後鄭恉也　注云國中城中者脩閭氏注同謂王都城之中也鄉大夫注云國中城郭中也此不云郭者以經云掌國中士治則必據其官寺在城內者言之故不及郭也詳大宰疏

掌擯士者膳其摯

擯士告見初爲士者於王也鄭司農云膳其摯者王食其所執羔鴈之摯玄謂膳者入於王之膳人

疏 掌擯士者者此亦專指上中下士也賈疏謂亦是鄉大夫士總號爲士失之　注云擯士告見初爲士者於王也者大宗伯云王命諸侯則儐注云儐進之也擯儐字同此擯士亦謂初命爲上中下士者告其姓名而進見之於王也賈疏謂初得命爲鄉大夫士執摯見於王亦非鄭司農云膳其摯者王食其所執羔鴈之摯者葉本釋文王食作主食案主食於文不順恐非大宗伯六摯卿執羔大夫執鴈士執雉庶人執鶩工商執雞雉鶩以下亦皆可膳此據士以上摯言故止舉羔鴈也依經義則此文專據士摯雉而言先鄭說亦未析云玄謂膳者入於王之膳人者膳人即膳夫也賈疏云其職云凡祭祀致福受而膳之以摯見者亦如之是也

凡祭祀

掌士之戒令詔相其灋事及賜爵呼昭穆而進之賜爵神惠及下也此所賜王之子姓兄弟祭統曰凡賜爵昭爲一穆爲一昭與昭齒穆與穆齒凡羣有司皆以齒此之謂長幼有序【疏】凡祭祀掌士之戒令詔相其灋事者此亦謂羣士之有事於祭祀者司士掌其戒令祭祀之戒若大宰云祀五帝掌百官之誓戒又云前朝十日帥執事而卜日遂戒蓋祭前十日於大宰戒百官此官則戒羣士至祀日又詔相其法事與射人祭祀相孤卿大夫之法儀相備也賈疏謂通指羣臣失之賈疏云詔相謂告語弁擯相其行禮之事云及賜爵呼昭穆而進之者呼經例用古字當作嘑此疑誤詳雞人疏此謂同姓無爵者也祭祀賜爵雖通於同姓異姓但異姓序官必有爵乃得賜同姓雖無爵亦與士同得賜故此官依昭穆序呼之令進升受爵也其有爵者則不依昭穆文王世子云其在宗廟之中則如外朝之位宗人授事以爵以官是也賈疏云謂祭末旅酬無算爵之時皆有酒爵賜及之皆以昭穆爲序也　注云賜爵神惠及下也者明此卽獻酬之爵而謂之賜爵者欲見均神惠使及在下之子姓也禮經燕與大射於旅酬並云賜爵燕禮云公又舉奠觶唯公所賜以旅于西階上注云言賜者君又彌尊賓長彌卑此天子祭祀旅酬王尤尊故亦以賜言之祭統孔疏云爵酒爵也謂祭祀旅酬時賜助祭者酒爵故云賜爵案此賜爵賈孔並謂在旅酬時則在加爵後也明堂位云加以璧散璧角祭統云尸飲九以散爵獻士及羣有司皆以齒詩邶風簡兮云公言錫爵毛傳云祭有畀煇胞翟閽寺者惠下之道見惠不過一散彼通羣有司言之錫爵卽賜爵也此賜同姓無爵者蓋與獻士及羣有司同用散爵故毛云不過一散矣云此所賜王之子姓兄弟者喪大記注云子姓謂衆子孫也賈疏云以其呼昭穆而進之云昭穆明非異姓是同姓可知姓生也子之所生則孫及兄弟皆有昭穆引祭統者證祭祀賜

爵序昭穆之事鄭彼注云昭穆猶特牲少牢饋食之禮衆兄弟也羣有司猶衆賓下及執事者君賜之爵謂若酬之賈疏云祭統是諸侯
法明天子亦然凡言昭穆在助祭之中者皆在東階之前南陳假令祖行爲昭子行爲穆孫行還爲昭曾孫行還爲穆就昭穆之中皆年
長者在上年幼者在下故云齒也案賈說是也特牲饋食禮疏亦謂天子諸侯祭祀之位同姓無爵者在阼階前西面北上若其有爵者
則以爵序之無爵者從昭穆有爵者則以官亦足申此經及祭統注義 帥其屬而割牲羞俎豆割牲制體也羞
進也【疏】帥其屬而割牲羞俎豆者賈疏云此不言祭祀享食之事則凡有割牲及進俎豆者皆爲之劉台拱云少牢以司馬司士分掌
羊豕彼謂大夫之官亦其象類 注云割牲制體也者廣雅釋詁云割斷也王制注云制斷也是割制義同內饔注云割肆解肉也彼云
肆解肉此云制體謂制骨體義互相備賈疏云若據祭祀則禮運云腥其俎孰其殽體其犬豕牛羊之類鄭彼注云腥其俎謂豚解而腥
之爲七體是也孰其殽謂體解而爓之爲二十一體是也體其犬豕牛羊鄭云謂分別骨肉之貴賤以爲衆俎也更破使多孰而薦之若
據饗則左氏傳云王饗有體薦燕有折俎是也案制骨體之法詳內饔及小子疏云羞進也者膳夫先鄭注同少牢饋食禮司士升豕魚
腊于鼎又實俎執設之並羞俎豆之事也 凡會同作士從賓客亦如之作士從謂可使從於王者【疏】注云
作士從謂可使從於王者者亦謂選上中下士使從王見諸侯也其鄉大夫則射人作之賈疏謂此士亦謂鄉大夫非也 作士適
四方使爲介士使謂自以王命使也介大夫之介也春秋傳曰天王使石尚來歸脤【疏】注云士使謂自以王命使也者
釋經作士適四方使也鄭知使不與爲介爲一事者以內府云凡適四方使者共其所受之物而奉之又虎賁氏云適四方使則從士大

夫此文例與彼二職同故以使與爲介分別釋之賈疏〻云此卽行夫
職〻云美惡而無禮者卽有使士特使法卽使士與行夫等共行是以
凡諸侯聘禮大聘使卿則大夫爲上介士爲衆介小聘使大夫則上
介亦士爲之天子聘諸侯蓋亦然故聘禮〻云君與卿圖事遂命使者
旣圖事戒上介宰命司馬戒衆介鄭彼注〻云衆介者士也士屬司馬
周禮司馬之屬司士作士適四方使爲介又玉藻〻云大夫有所往必
與公士爲賓也注〻云謂聘也大聘使上大夫小聘使下大夫公士爲
賓謂作介也賈疏〻云謂聘禮大夫爲賓介其餘皆士介天子使大夫
下聘諸侯亦使士爲介若使卿大夫則射人作之故射人〻云有大賓
客作卿大夫從注〻云作者使從王見諸侯彼雖不〻云會同明會同亦
與賓客同可知也引春秋傳者定十四年經文公羊傳〻云石尚者何
天子之士也何注〻云天子上士以名氏通此
引以證士自以王命使之事歸脤詳掌蜃疏
大喪作士掌事 事謂奠斂之屬
疏 大喪作士掌事者射人〻云大喪作卿大夫掌事故此官掌作命士
以下也　注〻云事謂奠斂之屬者賈疏〻云始死則有奠及至小斂
大斂朝夕朔月月半薦新遷廟祖奠大遣奠等皆是未葬已前無尸
不忍異於生皆稱奠葬後反日中而虞有尸卽謂之爲祭此經直云
事不〻云祭祀明
據奠斂之屬也
作六軍之士執披 作謂使之也披柩車行所以披持棺者有紐以結之謂之戴鄭司農
云披者扶持棺險者也天子旁十二諸侯旁八大夫六士四玄謂結
披必當棺束於束繫紐天子諸侯載柩三束大夫士二束喪大記曰
君纁披六大夫披四前纁後玄士二披用纁人
君禮文欲其數多圍數兩旁言六耳其實旁三
疏 作六軍之士執披者士唐石經誤事
今後宋本正賈疏〻云卽六鄉之民以其鄉出一軍六鄉故名六軍但
鄭以天子千人而〻云六軍者以天子千人出自六軍故號六軍之士

也非謂執披有七萬五千人也案遂人注云用紼旁六執之者天子
其千人與賈卽據彼注義若然賈意此六軍之士卽六鄉之卒執六
引者兼執披也但據賈旣夕疏說人君三披各三人持之是天子諸
侯兩旁六披持之者不過十八人耳則與執引紼人數多寡懸殊似
不必與作六軍之士竊意此上下文並據上中下士言之此六軍之
士疑亦當於六軍卒長兩司馬伍長上中下士中選擇充役若軍士
則當諸軍將或大司馬等作之非此官所掌也　注云作謂使之也
者象胥注云作使也呂氏春秋知化篇高注云使役也謂司士以令
役使之云披柩車行所以披持棺者者檀弓云設披周也注云披柩
行夾引棺者說文手部云從旁持曰披賈疏云柩車則蜃車云披者
車兩旁使人持之若四馬六轡然故名持棺者爲披也案披互詳喪
祝疏云有紐以結之謂之戴者喪大記云纁戴六注云戴之言值也
所以連繫棺束與柳材使相值因而結前後披也鄭司農云披者扶
持棺險者也者喪祝後鄭注云執披備傾戲是也云天子旁十二諸
侯旁八大夫六士四者此旁謂兩旁也與下後鄭注旁三謂一旁者
文同而義異先鄭以喪大記云君纁披六士二爲據一邊言之左右
并之則六披者有十二二披者有四然大記言君本謂諸侯先鄭以
爲天子禮而以意補諸侯大夫披數與大記文不合後鄭意彼言君
六者實通兩旁數之若據一邊言之則止三披亦無十二披之說故
不從也云玄謂結披必當棺束於束繫紐者前云有紐以結之謂之
戴則紐卽戴也紐以帛中屈爲之其屈中內繫棺束而兩耑外繫柳
材披橫絡棺上又結於紐出其餘柳帷之外是披與紐及棺束交互
連結相持以爲固也故旣夕注云披絡柳棺上貫結於戴賈彼疏云
戴兩頭皆結於柳材又以披在棺上絡過然後貫穿戴之連繫棺束
者乃結於戴餘披出之於外使人持之案據鄭賈說是披結於戴戴
繫於棺其義甚明而喪大記孔疏云纁戴謂用纁帛繫棺紐著柳骨

也棺橫束有三亦每一束兩邊輒各屈處爲紐三束有六紐今穿纁戴於紐以繫柳骨故有六戴也纁披亦用絳帛爲之以一頭繫所連柳纁戴之中而出一頭於帷外人牽之每戴繫之故亦有六也案依孔說是戴之外別有棺束又別有紐戴繫於紐不繫於棺束與此注義違非也又據賈說則帛一條而爲二披據孔疏則帛一條止爲一披二說不同亦未知孰是云天子諸侯載柩三束大夫士二束者以結披與棺束相值故先釋天子以下棺束之數此束並謂衡束也檀弓云天子棺束縮二衡三衽每束一喪大記云君三衽三束大夫二衽二束士二衽二束孔疏云衽謂燕尾合棺縫際也束謂以皮束棺也棺兩邊各三衽每當衽上輒以牛皮束之案鄭意喪大記之君三束卽檀弓之天子棺束衡三參互求之知天子載柩束數與諸侯同其設披之處卽當三衡束也載柩明注疏本並作戴柩據賈疏釋注此條兼引喪大記注戴字說解似賈所見本亦作戴然戴柩於義不順今從宋本及嘉靖本載柩者謂載於棺以爲固之束別於將葬祖載時載於車之束也引喪大記曰君纁披六大夫披四前纁後玄士二披用纁者證先鄭說天子以下披數之誤彼文本云大夫戴前纁後玄披亦如之無披四之文後鄭以意增之云人君禮文欲其數多圍數兩旁言六耳其實旁三者亦破先鄭天子旁十二之說也圍數兩旁謂通兩旁周圍數之兩旁六則一旁三也賈疏云其蜃車柳材與中央棺束數等人君三大夫士二大記云君纁披六大夫四披者皆是禮文故圍數兩旁言六言四也士禮小無文故據一旁而言二若然大夫亦圍數兩旁言四直云人君者據尊者而言也

凡士之有守者令哭無去守守官不可空也【疏】注云守官不可空也者守謂有職事治守政者通官守地守言之賈疏云此文承大喪之下令哭無去守則大夫士有使役守當雖同爲天子斬衰不可廢事空官故令哭不得去守也案此與下文亦並據

命士以下而言賈兼及大夫未允國有故則致士而頒其守故非喪則兵災疏注云故非喪則兵災者賈疏云知非喪者以上文已言大喪明此是兵災非喪也案賈說是也大司徒注云大故謂王崩及寇兵也司險注云有故喪災及兵也則通言之凡喪事亦爲有故今此上文已有大喪之文而別以有故作更端之語明此有故不兼喪事則必專指兵災可知故云非喪則兵災也凡邦國三歲則稽士任而進退其爵祿任其所掌治疏凡邦國三歲則稽士任者侯國之臣卑於王臣故卿大夫士此官通稽攷之三歲者與大宰三歲大計時相當也　注云任其所掌治者呂氏春秋誠廉篇高注云任職也掌治卽當官之職事故謂之任賈疏云此言稽士任文承邦國卽是邦國之卿大夫士總曰士也據其所任治而進退其爵祿但諸侯之臣進退應是諸侯當國爲之今於天子司士而言者但司士作法與之使諸侯自黜陟耳非謂司士自黜陟也

諸子掌國子之倅掌其戒令與其教治辨其等正其位故書倅爲卒鄭司農云卒讀如物有副倅之倅國子爲諸侯卿大夫士之子也燕義曰古者周天子之官有庶子官與周官諸子職同文玄謂四民之業而士者亦世焉國子者是公卿大夫士之副貳戒令致於大子之事教治脩德學道也位朝位疏掌國子之倅者此官掌庶子與司士掌士互相備也云掌其戒令者以下燕義文並同謂凡戒具徵令施於羣子者此官皆掌之也云辨其等者辨燕義作別案辨別聲近義同賈疏云等謂才藝高下等級也燕義孔疏云謂分別其貴賤之等案賈孔二說亦足互相備　注云故書倅爲卒鄭司農云卒讀如物有副倅之倅者段玉裁改讀如爲讀爲與燕義注合是也說又見車僕經作倅者後鄭從今書與先鄭讀同也燕義倅亦作卒鄭彼注云卒讀皆爲

倅與此注同云國子爲諸侯卿大夫士之子也者師氏大司樂注略同賈疏云王制云王大子王子羣后之大子卿大夫元士之適子皆造焉則王大子王子亦曰國子不言者彼不據諸子職而言故含有王大子王子亦以四術成之故文王世子成王猶在學學君臣父子長幼之禮也此據諸子主國子致與大子使用故不得通王大子王子也案詳師氏疏云燕義曰古者周天子之官有庶子官與周官諸子職同文者燕義云古者周天子之官有庶子官庶子官職諸侯卿大夫士之庶子之卒云云彼文並本此經鄭彼注云庶子猶諸子也周禮諸子之官司馬之屬也國子諸子也燕禮有庶子官是以義載此以爲說賈疏云彼燕義本釋燕禮之事但燕禮有庶子執燭及獻庶子之文記人欲釋燕禮庶子之義故取天子諸子職解庶子諸庶俱訓爲衆天子之諸子諸侯之庶子皆掌卿大夫士之適子適子衆多故云諸或言庶諸庶通名故天子諸子爲庶子也案燕禮之庶子卽宮正之士庶子此諸子則掌庶子之官以諸庶義通故此官亦或稱庶子實則與燕禮庶子不同也鄭彼注誤謂庶子卽此諸子官賈孔兩疏遂謂天子官名諸子諸侯官名庶子與燕義不合并也互詳敘官及宮正疏云玄謂四民之業而士者亦世焉者賈疏云此齊語桓公謂管仲曰成民之事若何管仲對曰四民無使雜處公曰處士農工商若何管仲曰昔者聖王之處士就閑燕處工就官府處商就市井處農就田野少而習焉其心安焉士之子恆爲士農之子恆爲農工之子恆爲工商之子恆爲商是四民之業爲世也世引之者見士之子亦入倅色也按王制大夫不世今亦有倅入世者以大夫有功德亦得世故詩云凡周之士不顯亦世也云國子者是公卿大夫士之副貳者依先鄭讀卒爲副倅之倅而申其義燕義注亦云諸子副代父者也案依二鄭說則國子卽是父之副倅經不宜云國子之副且與下文存遊倅之文不合竊謂此倅當從故書爲卒而讀爲萃與

遊倅義正同國語齊語管子曰令夫士羣萃而州處韋注云萃集也穆天子傳云賜七萃之士戰郭注云萃集也聚也皆聚集有智力者爲王之爪牙也此國子之萃萃卽聚集部隊之名蓋國子造學及備宿衞皆羣聚曹輩自爲部分故特設此官以掌之猶宮正掌宿衞士庶子等注謂使之輩作輩學以相勸帥也云戒令致於大子之事教治脩德學道也者並據下文爲說燕義注亦同賈疏云國子所學道德卽師氏職三德三行幷保氏六藝者是也詒讓案經教治當分爲二事治謂政治司士掌國中之士治與其戒令與此治義同都司馬云掌都之士庶子及其衆庶車馬兵甲之戒令以國灋掌其政學此教治卽彼之政學也鄭合教治爲一燕義疏以治爲治身並失之云位朝位者燕義注亦同孔疏云正其位者正其朝廷所立之位也此等諸子雖未爲官皆繼父尊卑以爲等級故有別其等正其位也案孔說是也賈疏謂朝太子時依父蔭高下爲列亦通

國有大事則帥國子而致於大子唯所用之若有兵甲之事則授之車甲合其卒伍置其有司以軍灋治之司馬弗正軍法百人爲卒五人爲伍弗不也國子屬大子司馬雖有軍事不賦之

疏 國有大事則帥國子而致於大子者於經例當作于石經及各本並誤以下燕義文亦同彼帥作率字通詳樂師疏大子卽世子此經例稱世子唯此職稱大子詳膳夫疏賈疏云大事下有兵甲之事則此大事謂祭祀也故左氏傳云國之大事在祀與戎此經二事當之也案賈說未晐左閔二年傳云大子君行則守有守則從從曰撫軍守曰監國古之制也則凡王巡守會同出行在外大子或守或從國子皆共其役此大事當亦兼大會同大軍旅大喪之等士庶子有戒守之事詳宮正疏但此文已晐軍旅下又云若有兵甲之事者蓋於大事之中別舉兵事以其有授車甲合卒伍

等不可略也賈謂唯據大祀非經義云若有兵甲之事則授之車甲者燕義兵甲作甲兵車甲上有以字此謂巾車車僕授車司甲授甲此官則共治其事相與爲官聯也亦當與司兵授兵經不云兵者文不具也云合其卒伍置其有司以軍灋治之者燕義灋作法古今字燕義孔疏云言若國有甲兵之事則庶子之官傳授以車甲合會之以卒伍置立之以有司謂立其主將使統領之用軍旅之法治理之詒讓案置其有司者謂亦置軍吏若伍長卒長之等使專治其事凡士庶子屬大子蓋亦自爲部隊左傳文元年楚公子商臣以宮甲圍成王又僖二十八年楚王以東宮之卒從子玉蓋皆士庶子之受兵甲者也凡事有專職者謂之有司詳宰夫疏惠士奇云內宰掌北宮宮正掌西宮諸子掌東宮皆典禁兵豫機密親近之臣也宮正卽司宮諸子卽庶子燕禮西階之燭司宮執之則知宮正掌西宮也阼階之燭庶子執之則知庶子掌東宮也內宰職正歲憲禁令于王之北宮而糾其守則內宰掌北宮明矣西宮者王宮北宮者后宮東宮者大子宮國有大事諸子帥國子而致之大子唯所用之若有兵甲之事則授車甲而合卒伍古者大子宮亦如王宮有禁兵所謂兵甲之事者謂大子有監國撫軍之事在軍則國子守遷主在國則國子守王宮也授車甲合卒伍治以軍法則有司存或守大廟或守貴宮貴室或守下宮下室皆諸子致之內宰宮正宮伯分掌之而大子弗與焉云司馬弗正者惠士奇云以爲是宿衞之親軍故司馬之征弗及

注云軍法百人爲卒五人爲伍者據敘官文燕義注亦同賈疏云軍法從五人爲伍至萬二千五百人爲軍有六節今注直云百人與五人略舉之耳云弗不也者燕義注及廣雅釋詁同公羊桓十年何注云弗者不之深也云國子屬大子者國子學而未仕異於王臣且與大子同在大學故使屬大子也大戴禮記千乘篇云立子設如宗社宗社先示威威明顯見辨爵集德是以母弟官子咸有臣志官子

卽國子以其屬大子故有臣志矣云司馬雖有軍事不賦之者燕義注亦同此讀正爲征也凡此經征字或作正詳小宰疏鄭以賦釋正
賦當如小司徒注所謂出車徒給繇役不賦者卽謂司馬凡軍賦徒役之事徵調不及於國子賈後疏以爲兵賦不誤而此疏謂鄭解經
正爲賦稅謂不賦田稅泉稅失之　凡國正弗及　疏　凡國正弗及者燕義文亦同此正與司勳唯加田無國正同亦當讀
爲征謂司馬以外凡征役皆不及卿大夫國中貴者舍征之法也王制秀士升於司徒者不征於鄉升於學者不征於司徒注云不征
不給其繇役此與彼略同賈疏云上文云弗征謂兵賦此云國正謂鄉遂之中所有甸徒力征之等並不及也　大祭祀正六
牲之體　正謂杝載之　疏　大祭祀正六牲之體者與內饔外饔爲官聯燕禮大射儀注謂庶子與膳宰聯事膳夫卽內外饔之
長也大射儀說庶子設賓俎又設卿俎又庶子正徹公俎則射禮庶子亦掌牲俎之事經不言者文不具　注云正謂杝載之者賈疏云
按特牲少牢移鼎入陳卽有一人鼎中匕出牲體一人在鼎西北面載之於俎旣言正六牲之體明是此二事也詒讓案杝者以匕出牲
體於鼎也吉祭用棘喪祭用桑士昏禮注云匕所以別出牲體也士喪禮作杝杝匕字同故大僕御僕注並作匕載今儀禮經注匕杝錯
出士昏禮釋文引劉昌宗云匕器名杝者杝載也強爲區別失之　凡樂事正舞位授舞器　位佾處　疏　凡樂
事正舞位者大司樂以樂舞教國子樂師教國子小舞是凡樂事與舞羣子皆在舞位故此官主正其位列與大胥爲官聯燕禮大射儀
注謂庶子與樂正聯事亦是也云授舞器者亦授羣子舞器與司干司兵司戈盾爲官聯也賈疏云弁授舞者之器文舞則授羽籥武舞
授干鏚之等　注云位佾處者祭統注云佾猶列也謂依佾數正其進退之鄭位大胥云以六樂之會正舞位是也御覽樂部引五經通

義云何以言舞在庭援神契曰合忻之樂舞於堂白虎通義禮樂篇亦云合歡之樂舞於堂四夷之樂陳於門是舞位皆在堂下庭中也穀梁隱五年傳云穀梁子曰舞夏天子八佾諸公六佾諸侯四佾尸子曰舞夏自天子至諸侯皆用八佾公羊說與穀梁子同左傳衆仲曰天子用八諸侯用六大夫四士二案左氏及尸子說諸侯以下佾數不同而天子八佾則無異說白虎通義禮樂篇云八佾者何謂也佾者列也以八人為行列八八六十四人也諸公六六為行諸侯四四為行公羊何注左傳杜注淮南子齊俗訓許注說並同左傳孔疏引服虔說則謂用六為六八四十八大夫用四為四八三十二士二為二八十六穀梁范注及論語八佾集解引馬融楚辭招魂王注通典引月令章句呂氏春秋察微篇高注國語魯語韋注並謂八人為佾列宋書樂志傅隆議亦駁杜說謂八音克諧然後成樂故必以八人為列如預說至士止餘四人豈復成樂足明其說之非矣

大喪正羣子之服位會同賓客作羣子從從於王 疏 大喪正羣子之服位者大喪亦謂王及后大子之喪也賈疏云位謂在殯宮外內哭位也正其服者公卿大夫之子為王斬衰與父同故雜記大夫之子得行大夫禮也 注云會同賓客作羣子從者象胥云凡作事王之下事庶子是也 注云從於王者與司士會同作士從同大司馬云大會同則帥士庶子而掌其政令是會同羣子從王之事

凡國之政事國子存遊倅使之脩德學道春合諸學秋合諸射以攷其藝而進退之遊倅倅之未仕者學大學也射射宮也王制曰春秋教以禮樂冬夏教以詩書王大子王子羣后之大子卿大夫元士之適子國之俊選皆造焉 疏 凡國之政事國子存遊倅者以下燕義文亦同彼遊作游案遊卽游之俗詳師氏疏國子未任職事又不共征役故存於遊倅也賈

疏云謂國內有繇役之事皆是也此國子存遊暇無事之倅中云使
之脩德學道者德卽師氏之三德三行道卽保氏之六藝六儀此官
兼掌教事與彼二官及大司樂爲官聯也云春合諸學秋合諸射者
賈疏云謂於大學之中使之學使在射宮習射也云以攷其藝而進
退之者燕義攷作考案攷考古今字詳大宰疏賈疏云考較才藝長
短才藝長進與官爵才藝短者退之使更服膺受業也 注云遊倅
倅之未仕者者燕義注同墨子七患篇云仕者持祿游者養佼明
游爲未仕者也賈疏云倅是副代已是未在仕復云游游是游暇亦
是未仕之稱案賈說倅爲副代非也此倅亦當讀爲萃遊卽師氏所
謂貴遊遊倅謂貴遊子弟自相與爲部隊也國語齊語云昔聖王之
處士也使就閒燕蓋國子之學而未仕者就閒燕而羣萃斯謂之遊
倅左襄三十一年傳云鄭人游于鄉校杜注云鄉之學校明遊倅卽
宮正注所謂輩作輩學矣云學大學也者燕義注同賈疏云周禮若
言異代之學則舉其學名卽成均瞽宗之類今此直言學明是周之
大學也周禮云大學在國中卽夏后氏東序在王宮之左也金鶚云
經典單言學者必是國學之大學孟子云夏曰校殷曰序周曰庠學
則三代共之學記云家有塾黨有庠術有序國有學王制上言耆老
皆朝於庠下言司徒論選士之秀者而升之學曰俊士可見國學專
稱學鄉學小學雖有學之名而不得單稱學此所以爲別也王制云
五十養於鄉六十養於國七十養於學別學於國則學不在國中可
知養於國是國中小學則養於學是國外大學可知王制所謂小學
在公宮南之左大學在郊正與此互證明黃以周云古以五十里爲
近郊百里爲遠郊其在五十里以內者謂之國中故大學在近郊以
內謂之國學其在五十里外者謂之郊學案金黃說是也王制云周
人養國老於東膠注云東膠大學在國中王宮之東又釋小學在公
宮南之左大學在郊云殷制蓋鄭謂殷大學在郊小學在國周王國

學制反是大學卽東膠在王宮南之東故賈釋注義亦謂大學爲東
序東序卽東膠也今攷此大學爲教國子之學卽大司樂成均是也
周制天子立五學於郊是爲大學王制說大學在郊卽據周制鄭以
爲殷制誤也五學之制中學曰辟雍爲天子饗射之學南學曰成均
與上庠東序瞽宗同爲教國子之學辟雍唯天子饗射及受成獻馘
乃在其中非國子所常居然則此合國子必在成均可知矣以五學
言之則辟雍爲尊以四學言之則成均爲尊大司樂所謂成均者舉
南學以晐三方之學此云學者亦通四學之言也金鶚又云祭義云
天子設四學當入學而大子齒辟雍爲承師問道之所非學士所居
士所居者四面之學也大子與學士齒必在四學之中故祭義但言
四學案金說亦是也蔡氏明堂月令論引易傳太初篇亦云在中央
曰大學天子之所自學也足與祭義互證而鄭注祭義則以四學爲
四郊之虞庠大戴禮記保傅篇盧注又云四學者東序瞽宗上庠及
四郊之學也並未得其義賈疏不知此學卽大學之四學而依王制
注義以爲專指東序於義既不備又依鄭說東序在國不在郊尤與
周制不合亦誤也周學制並詳大司樂疏云射射宮也者燕義注亦
同賈疏云射義云已射於澤然後射於射宮射宮卽國之小學在西
郊則虞庠是也詒讓案凡禮射所在之宮卽謂之射宮射宮非宮之
定名也穀梁昭八年傳說蒐狩禮云以習射于射宮范注云射宮澤
宮是以澤宮爲射宮也鄉射禮云主人戒賓賓許主人退注云退還
射宮是以州序爲射宮也大射儀云公入驁注云射宮在郊以將還
爲入又鄉射記云於郊則閭中注云於郊謂大射也大射於大學是
諸侯與羣臣大射必於大學卽以大學爲射宮又樂記云散軍而郊
射左射貍首右射騶虞而貫革之射息也注云郊射爲射宮於郊也
左東學也右西學也是東學西學皆可以爲射宮也以此推之則賓
射在朝卽以治朝爲射宮燕射在寢卽以路寢爲射宮舉可知矣鄭

此注及燕義射義注並不言射宮所在以經攷之大射在大學而此經以射學別文者天子與學士大射當以辟雍爲射宮故文選東京賦薛綜注云射宮謂辟雍也白虎通義辟雍篇云大學者辟雍鄉射之宮案鄉大夫之射不得在辟雍而班氏以辟雍爲鄉射之宮者鄉與饗通卽詩大雅靈臺孔疏引韓詩說所謂春射秋饗也依其說則辟雍爲天子大射之宮春射在是則秋合國子而射亦在是可知矣辟雍爲大學之中學與靈囿靈沼同在郊澤卽靈沼於上爲宮謂之澤宮射義說將祭擇士云已射於澤而後射於射宮者謂先習射則以靈沼上之澤宮爲射宮及正行大射則以大學中學之辟雍爲射宮禮器云魯人將有事於上帝必先有事於頖宮此謂魯郊先告於頖宮若然周人有事於上帝亦必先有事於辟雝故將祭擇士亦於辟雝可以例推至澤宮司弓矢亦謂之澤乃武射之所止可習射若天子與學士大射則無不於大學者故知此射非澤宮也此經云春合諸學秋合諸射者謂春合國子於四學而學詩書禮樂秋合國子於辟雍而大射射畢仍反居四學通言之辟雍與四學同稱學對文則學爲四學辟雍爲射宮義各有當也鄭儀禮禮記注說亦謂天子諸侯大射射宮皆在郊學中爲之而王制注謂周制天子大學在國中諸侯用殷制大學在郊是諸侯郊學爲大學天子郊學則小學也故賈氏此疏及鄉射大射禮疏並謂天子大射在西郊虞庠小學與諸侯大射在大學不同而樂記孔疏說郊射謂東學在東郊西學在西郊卽四郊之虞庠又引皇氏謂並在東郊則皆小學也又引熊氏則謂王制殷禮小學在公宮南之左大學在郊武王伐紂之後猶用殷制以爲射宮於郊爲據大學是皆牽於王制注說故有此紛舛不知王制所云卽是周制並無殷周之異亦非天子與諸侯不同也射義孔疏又謂天子大射射宮在廟引司服享先公饗射則驚冕司几筵大朝覲大饗射依前南鄉爲證今案大射在廟三禮經注並無是

說司服司几筵謂射與享先公大朝覲冕服筵席同耳非謂射與祭覲同在廟也孔說尤不足據其辟雍所在漢唐諸說尤多舛異並詳司大司樂司弓矢匠人疏又大戴禮記虞戴德篇說歲二月天子與諸侯教士大射於東郊爲壇彼與諸侯教士春射於郊與此事異詳司裘疏引王制曰春秋教以禮樂冬夏教以詩書王大子王子羣后之大子卿大夫元士之適子國之俊選皆造焉者鄭彼注云春夏陽也詩樂者聲聲亦陽也秋冬陰也書禮者事事亦陰也互言之者皆以其術相成王子王之庶子也羣后公及諸侯賈疏云若王之子得適庶俱在學若羣后畿內諸侯已下則庶子賤不得在學故皆云適子也引之者證貴賤皆在教科也案凡國子入學者不分適庶王制所說與經不甚合賈從之未塙詳師氏疏

司右掌羣右之政令 羣右戎右齊右道右

疏 注云羣右戎右齊右道右者賈疏云按下文云車有五等右惟三故下注云齊右兼玉路之右戎右兼田右等也案鄭賈並據王所乘五路之右言之實則經云羣右所晐甚衆馭夫云掌馭貳車從車使車彼三車之等亦皆有右此官當亦掌其政令注文不具也

凡軍旅會同合其車之卒伍而比其乘屬其右 合比屬謂次第相安習也車亦有卒伍

疏 凡軍旅會同合其車之卒伍者此合六軍戎車之卒伍也賈疏云凡軍旅據征伐會同謂時見曰會殷見曰同三者皆合車之卒伍云屬其右者六軍之車凡三千乘有右三千人並此官屬聚教令之也　注云合比屬謂次第相安習也者明合比屬三字義略同國語吳語韋注云比合也州長注云屬猶合也聚也又天官世婦注云比次也是合比屬並謂合聚次第使相安習也云車亦有卒伍者明與敘官制軍之卒伍異也賈疏云按宣十二年傳云其君之戎分爲二廣廣有一

卒卒偏之兩司馬法曰二十五乘爲偏又云以百二十五乘爲伍注伍重故百二十五乘是其車之卒伍也案賈引司馬法今本佚此文左傳昭元年孔疏服虔引司馬法云五十乘爲兩百二十五乘爲伍八十一乘爲專二十九乘爲參二十五乘爲偏所引較疏尤備又成七年杜注引司馬法云車九乘爲小偏十五乘爲大偏並車乘部伍之名也據賈疏則伍是車數而卒仍是人數敘官疏引左傳服注可證江永謂左傳之廣有一卒卒乃車三十乘之名即兩大偏之數也與服杜賈諸說並異又云車徒各有卒伍之法徒法五人爲伍五伍爲兩四兩爲卒車法兩偏爲卒五偏爲伍二十五乘之偏五十乘爲卒百二十五乘爲伍十五乘之偏三十乘爲卒七十五乘爲伍黃以周亦云司馬法偏有九乘十五乘二十五乘之異九乘爲偏之小十五乘爲偏之大小偏大偏者於一偏中分之而非正偏偏之定名自以二十五乘爲正兩其偏謂之兩五其偏謂之伍兩五十乘伍百二十五乘皆由二十五乘之偏得名然兩其二十五乘之偏謂之兩兩其十五乘之大偏亦曰偏之兩偏之兩非正兩也參其小偏謂之參重其小偏謂之專參二十七乘專八十一乘皆由九乘之小偏得名服注引司馬法二十九乘曰參九乃七字之誤案江黃說甚塙附錄之以見古車乘卒伍名數之略

凡國之勇力之士能用五兵者屬焉掌其政令勇力之士屬焉者選右當於中司馬法曰弓矢圍殳矛守戈戟助凡五兵長以衞短短以救長

【疏】凡國之勇力之士能用五兵者屬焉者此謂司右本屬之外別選擇勇士以爲屬無員數亦大宰八法官屬之變例也王制云凡執技論力適四方贏股肱決射御大戴禮記千乘篇亦云司馬司夏以教士車甲凡士執技論功脩四衞強股肱質射御才武聰慧治衆長卒可以爲儀綴於國出可以爲率誘於軍旅並所謂勇力之士蓋以技擊特被選擇與六軍士卒不同故自爲屬隊矣

注云勇力之士屬焉者選右當於中者左成十八年傳云荀賓爲右使訓勇力之士時使杜注云勇力皆車右也國語晉語云少室周爲趙簡子右聞牛談有力士請與之戲弗勝致右焉是選右必取勇力之士也引司馬法曰弓矢圍殳矛守戈戟助者定爵篇文惠棟云今司馬法曰右兵弓矢禦殳矛守戈戟助凡五兵五當長以衛短短以救長賈曰弓矢圍者圍城時也愚謂圍當作圉古禦字作圉管子墨子書皆然鄭注作圍傳寫之誤今司馬法爲禦字从俗作也案惠說是也云凡五兵長以衛短短以救長者亦司馬法文賈疏云圍者以弓矢爲長戈戟爲短守者亦以戈戟爲短以殳矛爲長故云長以衛短短以救長使力相得也此五兵據勇力之士所用下注車之五兵則無弓矢而有夷矛是也案五兵詳司兵疏

虎賁氏掌先後王而趨以卒伍王出將虎賁士居前後雖羣行亦有局分疏注云王出將虎賁士居前後者謂王出則此官將虎士分居王之前後以趨若士喪禮君視臣斂小臣二人執戈先二人後之比司戈盾云軍旅會同授虎士戈盾韓非子喻老篇云句踐入宦於吳身執干戈爲吳王洗馬蓋卽爲虎士先後而趨也云雖羣行亦有局分者賈疏云以經云卒伍則是五人爲伍百人爲卒案依賈說序官云虎士八百人則其羣行之局分蓋凡八卒百六十伍也

軍旅會同亦如之舍則守王閑舍王出所止宿處閑梐枑疏軍旅會同亦如之者謂行時亦將虎士先後王而趨以卒伍也云舍則守王閑者與師氏爲官聯也注云舍王出所止宿處者謂軍旅會同王在道止宿之宮若大司馬芨舍掌舍會同之舍是也司戈盾注云舍止也又天官敘官注云舍行所解止之處此義與彼同云閑梐枑者說文門部云閑闌也廣雅釋詁云閑遮也又釋宮云欄梐牢也蓋梐枑所以

遮闌行人故亦謂之閑賈疏云按掌舍云掌王之會同之舍則設梐枑再重杜子春以爲行馬後鄭云行馬再重者以周衞有內外列校人職養馬曰閑是其閑與梐枑皆禁衞之物故以閑爲梐枑釋之也王在國則守王宮爲周衞疏王在國則守王宮者鄭儒行注云宮謂牆垣也謂以虎士八百人分布守衞王宮五門內外之牆垣也　注云爲周衞者周帀王宮爲藩衞也詳掌舍疏國有大故則守王門大喪亦如之非常之難要在門疏國有大故則守王門者司士注云故非喪則兵災王門謂王宮之門別於王城十二門爲國門猶師氏云守王之門外此官與彼爲官聯也但彼注以爲守中門之外據司士常朝之位虎士在路門之右則自路門至皋門並虎士守衞所及不徒路門中門也國語魯語韋注云虎賁王在國則守宮門卽本此經云大喪亦如之者大喪謂王及后世子之喪亦當有戒守事書顧命成王之喪呂伋以虎賁百人逆子釗于南門之外僞孔傳云伋爲天子虎賁氏蓋時方守路門故因使迎嗣王也　注云非常之難要在門者宮正注云有故凡非常也王門衆所出入有難則戒守尤嚴故此官帥虎士守之　及葬從遣車而哭遣車王之魂魄所馮依疏注云遣車王之魂魄所馮依者賈疏云遣車者將葬盛所苞奠遣送者之車其車內旣皆有牲體故云王之魂魄所馮依案天子遣車之數詳巾車疏　適四方使則從士大夫虎士從使者疏適四方使則從士大夫者亦如司士注謂以王命使者也賈疏云天子有下聘諸侯法大行人所云歲徧問之等時則使虎賁從行也　注云虎士從使者者明經士大夫卽使者也依鄭大宗伯大行人注義則諸侯聘天子及自相聘皆大聘使卿小聘使大夫則天子聘諸侯當亦然若然此經大夫者小聘之使士者歲時小事之使不及卿者文不具也　若道路不

通有徵事則奉書以使於四方不通逢兵寇若泥水奉書徵師役也春秋隱七年冬戎伐凡伯于楚丘以
歸疏則奉書以使於四方者於經例當作于石經及各本並誤注云不通逢兵寇若泥水奉書徵師役也者書謂徵令之書詩小
雅出車云畏此簡書毛傳云簡書戒命也鄰國有急以簡書相告則奔命救之若然王國有事當亦以簡書徵師役於四方矣賈疏云若
兵寇則徵師若泥水則徵役引春秋隱公七年冬戎伐凡伯于楚丘以歸者證兵寇道路不通之事

旅賁氏掌執戈盾夾王車而趨左八人右八人車止則持輪夾王車者其下
士也下士十有六人中士為之帥焉疏掌執戈盾夾王車而趨者從王備守衛公羊哀十三年何注云滕薛俠轂而趨此官夾王車蓋
亦夾兩轂史記商君傳云持矛而操闟戟者旁車而趨戰國時封君亦僭設旅賁也又司戈盾云祭祀授旅賁殳說文殳部亦云殳禮旅
賁以先驅是此官亦執殳經止言執戈盾者文不具云車止則持輪者文選東京賦薛注云持扶也持輪亦謂立輪旁若扶翼維持之也
荀子正論篇云天子乘大路三公奉軶持納諸侯持輪挾輿先馬彼持輪與此義同挾夾字通挾輿亦即此夾車而趨也注云夾王車
者其下士也下士十有六人中士為之帥焉者賈疏云見序官云旅賁氏中士二人下士十有六人此經左右十六人故知是旅賁氏之
下士也中士是官首明為之帥也

凡祭祀會同賓客則服而趨服而趨夾王車趨也會同賓客王亦齊服
服袞冕則此士之齊服服玄端疏注云服而趨夾王車趨也者明此經與上文互相備上執戈盾夾王車而趨亦服其服此服而趨亦
執戈盾夾王車也國語魯語云號之會楚公子圍二人執戈先焉叔孫穆子曰天子有虎賁習武訓也諸侯有旅賁禦災害也今大夫而

設諸侯之服有其心矣據穆子言則楚公子之二人執戈先郎旅賁也云會同賓客王亦齊服服袞冕者此言亦者亦如祭祀也賈疏云見下文節服氏云掌祭祀朝覲袞冕鄭云從王服朝覲服袞冕則會同賓客亦服袞冕故覲禮天子袞冕負黼扆是也金鶚云齊祭必異服自天子以至於士皆然以祭重於齊不可無別又齊服取陰幽之義不尚文飾祭貴盛服必致其華美也袞冕甚文豈宜此乎案金說是也鄭意王祭祀齊祭皆袞冕郊祀裘冕祭亦袞冕齊會同賓客王亦服袞冕與彼同也今攷天子齊服說多錯異依鄭此注則服袞冕玉藻孔疏從熊安生說謂天子玄冕祭則玄冠齊絺冕祭則玄冕齊聶氏三禮圖引張鎰說謂天子諸侯齊並玄冠玄衣玄裳鄉大夫素裳上士玄裳中士黃裳下士雜裳此並以天子齊服爲玄冠玄端綡校衆說袞冕太華非齊所宜金氏論之詳矣依熊孔張說天子齊服玄端則與燕服無異又爲太殺攷司服齊服玄端素端本通晐王侯爲文與郊特牲玄冕齊戒荀子哀公篇端衣玄裳絻而乘路文亦正合則王六冕祭蓋當同服玄冕齊其玄冕祭亦得玄冕齊者以王祭服玄冕纁裳齊服則玄冕玄裳裳色不同不嫌齊祭無辨也其諸侯齊服亦玄冕玄裳荀子所云是也至王會同賓客齊服亦當玄冕玄裳不服袞冕互詳司服疏云則此士之齊服服玄端者據司服云其齊服有玄端素端彼注以爲專爲士之齊服賈疏云若士助祭服爵弁此爲會同故齊服服玄端案賈說本熊安生也玉藻云玄冠丹組纓諸侯之齊冠也玄冠綦組纓士之齊冠也注云言齊時所服也四命以上齊祭異冠孔疏云四命以上齊祭異冠者以諸侯玄冕祭玄冠齊孤則爵弁祭亦玄冠齊是齊祭異冠也必知孤亦玄冠齊者以諸侯尚玄冠齊明孤亦玄冠齊也其三命以下大夫則朝服以祭士則玄端以祭皆玄冠也此云玄冠綦組纓士之齊冠是齊祭同冠也其天子之士與諸侯上大夫同故深衣目錄云士祭以朝服謂天子

之士也祭用朝服與諸侯大夫同然則天子大夫與諸侯孤同亦爵
弁祭玄冠齊此是熊氏之說也皇氏以爲天子大夫與諸侯大夫同
但朝服以祭便與鄭注四命以上齊祭異冠於文爲妨皇氏之說非
也其天子之祭玄冕祭則玄冠齊絺冕祭則玄冕齊以次差之可知
也此亦熊氏說此云四命齊祭異冠者謂自祭也若助祭於君則齊
祭同冠故鄭志趙商問云以雜記云大夫冕而祭於公弁而祭於己
士弁而祭於公冠而祭於己是爲三命以下齊祭異冠何但四命以
上也覲注似若但施於己祭不可通之也鄭荅云齊祭謂齊時一冠
祭時亦一冠四命乃然大夫冕士弁而祭於君齊時服之祭時服之
何以亦異如鄭此言是助祭齊祭同冠故云何以亦異若然士之助
祭齊服應服爵弁而鄭注旅賁氏云王齊服服衮冕則士之齊服服
玄端不服爵弁者熊氏云若士助王祭祀服爵弁若助王受朝覲齊
服則服玄端義或然也案鄭意當如熊孔說賈說亦然但鄭謂士助
祭齊祭同服爵弁非也以經攷之天子之士當玄冕助祭玄冠自祭
其齊則皆以玄冠助祭與齊不同冠其侯國之士助祭雖以爵弁然
凡齊服尚玄爵弁纁裳非齊所用侯國之士助祭之齊當亦服玄端
祭時乃亦爵弁然則齊服自天子下達以至於士 喪紀則衰葛執戈
齊祭冠或異或同不可一例論也亦詳司服疏
盾葛葛經武士尚輕 疏 喪紀則衰葛執戈盾者此亦謂大喪紀王及后喪則衛嗣王也蓋亦夾車而趨書顧命云乙丑王崩太保
命仲桓南宮毛俾爰齊侯呂伋以二干戈虎賁百人逆子釗于南門
之外僞孔傳云使桓毛二臣各執干戈以此經證之桓毛二臣蓋卽
爲旅賁氏敘官云中士二人是也 注云葛葛經者謂以葛爲首經
要經也經詳司服疏云武士尚輕者賈疏云臣爲王貴賤皆斬衰斬
衰麻經至葬乃服葛今王始死卽服葛故云武士尚輕 軍旅則介而趨介被甲 疏 軍旅則介而趨者亦謂大御夾

王車趨也　注云介被甲者毛風鄭風清人傳云介甲也廣雅釋器云介鎧也賈疏云在軍爲甲士著甲餘者不服甲但此旅賁勇士衞王故被甲而趨也

節服氏掌祭祀朝覲衮冕六人維王之大常服衮冕者從王服也維維之以縷王旌十二旒兩兩以縷綴連旁三人持之禮天子旌曳地鄭司農云維持之【疏】掌祭祀朝覲衮冕六人維王之大常者此當讀衮冕句鄭賈讀誤詳後司服云享先王則衮冕後別見郊祀裘冕則此祭祀專據享先王也王大朝覲服衮冕詳司服疏　注云服衮冕者從王服也者賈疏云以其節服氏者世能節王之衣服明節服所服與王同故云從王服也案鄭賈意並謂此官從王服衮冕也攷此官爵下士依旅賁氏注疏義士助祭當服爵弁齊服則玄端今依吳廷華金鶚說王下士得服玄冕然究不得服衮冕祭祀朝覲儀等至嚴乃令下士與王同服以此爲節揆之禮意殆不然矣惠士奇云官以節服爲名則王之車服旂常皆其職掌朝祭則六人從王郊祀則二人從王持旌執戈乃其事也若云從王服衮從尸服裘則周禮顧命執惠執戈者雀弁綦弁而已未聞服冕況以下士而服衮與裘乎諸侯四人其服亦如之者所謂公之服自衮冕而下如王之服也郭景純注爾雅引周禮曰六人維王之大常服虔注左傳引周禮亦然則是節服氏掌朝祭之衮冕郊祀之裘冕可知矣學者讀從之可也曾釗云掌王之服衮冕與釋服之節耳金鶚云此文當於衮冕絕句若以衮冕連下六人讀之而謂節服氏自服衮冕無論下士不當有此服亦豈有身服衮冕而維大常以奔走於道路者乎龍衮爲天子之服下士即得服冕斷無有服龍衮之理也呂飛鵬云詩干旄正義亦引周禮作六人維王之大常據此則衮冕裘冕俱屬上讀案惠曾金呂讀掌祭祀朝覲

袞冕爲句於義較通王應電方苞讀同云維維之以縷者爾雅釋天說旂制云維以縷郭注云用朱縷維連持之不欲令曳地周禮曰六人維王之大常是也毛詩鄘風干旄篇素絲紕之箋云素絲者以爲縷以縫紕旌旗之旒縿或以維持之案據詩箋說則凡維旌旗之縷並以素絲爲之郭云用朱縷非鄭義又案凡九旗張之蓋皆維以縷故聘禮云及竟張旜誓注云張旜謂使人維之是也云王旌十二旒兩兩以縷綴連旁三人持之者旒斿之俗詳巾車疏賈疏云巾車云玉路建大常十有二旒經云六人維之明一畔有三人三人維六旒故知兩兩以縷連旁三人持之云禮天子旌曳地者賈疏謂出禮緯含文嘉詩干旄孔疏引爾雅孫炎注云維持以縷不欲其曳地即其義也鄭司農云維持之者職方氏注云維持也是維持義同

諸侯則四人其服亦如之郊祀袞冕二人執戈送逆尸從車

袞冕者亦從尸服也袞大裘也凡尸服卒者之上服從車從尸車送逆之往來春秋傳曰晉祀夏郊董伯爲尸

疏 諸侯則四人者賈疏云依禮緯含文嘉云天子旌九刃十二旒曳地諸侯七刃九旒齊軫大夫五刃五旒齊較士三刃三旒齊首彼或異代法故旒不依命數周之諸侯之旌皆交龍爲之上公九旒侯伯則七旒子男則五旒今總云四人則不得兩兩維之但一畔有二人分而維之見威儀耳案賈引禮緯說天子以下旌旗仞數於經無徵依其說則車軫至地較至軫首至較皆相較二仞此與考工車制遠不相應殆不足據互詳司常輿人疏云其服亦如之者賈疏云節服氏之服亦與諸侯同諸侯惟二王後與魯得祭天服袞冕其餘諸侯惟得祭宗廟服玄冕節服氏皆與君同嚴故云亦如之會釗云節服者節適王之服與釋也容諸侯亦掌之蓋諸侯祭祀朝覲則節服氏亦節適其服故云亦如之其不曰鷩冕而下而但曰其服者亦猶但曰諸侯則四人而不目四人維旂也此省文

法如疏所云則尊卑不辨何以昭服色乎案曾說是也云郊祀裘冕
二八執戈者當讀裘冕句鄭賈讀亦誤此服裘冕者謂冬至圜丘孟
春南郊及春祭青帝冬祭黑帝也其方丘北郊及夏祭赤帝黃帝秋
祭白帝等亦仍服衮冕而已　注云裘冕者亦從尸服也者亦誤謂
節服氏二人皆從尸服裘冕也云裘大裘也者司裘云掌為大裘以
共王祀天之服又司服云王祀昊天上帝則服大裘而冕祀五帝亦
如之是也詳司裘疏云凡尸服卒者之上服者據士虞記文明尸亦
服大裘守祧注義同云從車從尸車送逆之往來者賈疏云送逆皆
從尸車後引春秋傳者國語晉語云鄭簡公使公孫成子來聘平公
有疾夢黃熊入于寢門子產曰昔者鯀違帝命殛之于羽山化為黃
熊以入于羽淵實為夏郊三代舉之今周室少卑晉實繼之其或者
未舉夏郊邪宣子以告祀夏郊董伯為尸是其事也漢書律曆志引
國語稱春秋外傳論衡案書篇韋昭國語注敘說並同故鄭亦稱春
秋傳也此引之者證郊祀有尸之事韋注云董伯晉大夫神不歆非
類則董伯其姒姓乎尸主也案韋訓尸為主則不以為祭尸說與鄭
異曲禮孔疏云天子祭天地社稷山川四方百物及七祀之屬皆有
尸也故鳧鷖並云公尸外神之屬不問同姓異姓但卜吉則可為尸
故異義公羊說祭天無尸左氏說晉祀夏郊以董伯為尸虞夏傳云
舜入唐郊以丹朱為尸是祭天有尸也許慎引魯郊禮曰祝延帝尸
從左氏之說也詒讓案許說是也大祝云大禋祀逆尸是祀昊天有
尸士師云祀五帝則沃尸及王盥是祀五帝有尸也詩大雅既醉孔
疏引石渠論云周公祭天用太公為尸亦郊祀有尸之證竊謂古者
祭天地以下外神蓋所祭與配食者共一尸猶通典吉禮引禘於大
廟逸禮云毀廟之主升合食於大祖而立二尸毀主無數而止以昭
穆各立一尸明祭禮不必一主立一尸矣蓋凡祭天地以下諸外神
始祭時兼設所祭與所配者之主至迎尸則止迎一尸以其主二而

尸一故郊尸可以謂之帝尸魯郊禮所云是也亦可謂之配帝之尸晉語董伯爲尸之文承鯀爲夏郊之下則董伯爲郊尸卽爲鯀尸可知董伯姒姓正鯀後也此注云尸服卒者之上服則鄭以郊尸卽爲所配帝王之尸可知若別有天神之尸何得槪云服卒者之上服乎詩鳧鷖箋亦云喻祭天地之尸以配至尊之故其來燕似若止得其處彼箋云天地之尸配至尊其兼爲配帝之尸語尤明白然則天地非無尸但不立專尸耳曲禮疏謂天地以下皆有尸亦不謂所祭與所配分立二尸孔意或與鄭同也

方相氏掌蒙熊皮黄金四目玄衣朱裳執戈揚盾帥百隸而時難以索室毆疫蒙冒也冒熊皮者以驚毆疫癘之鬼如今魌頭也時難四時作方相氏以難卻凶惡也月令季冬命國難索廋也

疏掌蒙熊皮者敘官狂夫四人無爵故不得服弁冠等唯蒙熊皮爲首服若田事之皮冠也云黄金四目者鑄黄金爲目者四綴之面闓若後世假面具也云執戈揚盾者象以兵擊伐之事廣雅釋言云揚擧也云帥百隸而時難以索室毆疫者毆依嘉靖本及汪道昆本正釋文作毆卽驅之古文唐石經作毆宋注疏本作毆並誤後文毆方良同詳射鳥氏疏太平御覽禮儀部引禮記外傳云方相氏之官歲有三時率領羣隸驅索癘疫之氣於宮室之中亦攘送之義也案百隸卽司隸所掌五隸之民衆言之故謂之百隸也　注云蒙冒也者說文艸部云蒙玉女也又冖部云冡覆也冒冡而前也經典皆借蒙爲冡小爾雅廣詁云蒙冒覆也謂冒覆之於首云冒熊皮者以驚毆疫癘之鬼者釋名釋天云疫役也言有鬼行役也論語鄉黨集解引孔安國云儺驅逐疫鬼也續漢書禮儀志劉注引漢舊儀云顓頊氏有三子生而亡去爲疫鬼一居江水是爲虐鬼一居若水是爲罔兩蜮鬼一居人宮室區隅善驚人小兒方相帥百隸及童子以桃弧

棘矢土鼓鼓且射之以赤丸五穀播洒之獨斷說同是難以驚敺疫
癘之鬼郊特牲云鄉人禓注云禓強鬼也謂時儺索室敺疫逐強鬼
也是難兼逐強鬼故亦謂之禓矣云如今魌頭也者御覽禮儀部引
風俗通云俗說亡人魂氣飛揚故作魌頭以存之言頭體魌魌然盛
大也或謂魌頭爲觸壙殊方語也案魌正字當作䫏說文頁部云䫏
醜也今逐疫有䫏頭淮南子精神訓視毛嬙西施猶䫏醜也高注云
䫏頭也方相氏黃金四目衣䞓稀世之䫏貌非生人也但具像耳目
字又作倛荀子非相篇仲尼之狀面如蒙倛楊注云倛方相也又引
韓侍郎云四目爲方相兩目爲倛慎子曰毛嬙西施天下之至姣也
衣之以皮倛則見之者皆走也蓋周時謂方相所蒙熊皮黃金四目
爲皮倛漢魌頭卽周之皮倛故鄭援以爲證也云時難四時作方相
氏以難卻凶惡也月令季冬命國難者賈疏云按月令季春云命國
難命有國者難仲秋云天子乃難惟天子得難諸侯亦不得季冬云
乃命有司大難言大則及民庶亦難惟有此三時難鄭云四時者雖
三時亦得云四時總言之也若然此經所難據十二月大難而言是
以鄭引季冬爲證也案月令孔疏說亦與賈同然非鄭恉也注引月
令季冬命國難者蓋兼用季春令文論語鄉黨篇鄉人儺月令疏引
鄭彼注亦謂十二月命方相氏索室中逐疫鬼獨斷及御覽禮儀部
引禮緯說並以方相氏時儺在十二月呂氏春秋高注亦引此經以
釋季冬有司大儺蓋並以冬難禮最廣故舉以證義實則鄭釋經時
難明云四時難月令春秋兩難鄭注亦並云命方相氏則此經不獨
據季冬難可知矣云索廋也者說文宀部云索入家搜也此索卽索
之叚字方言郭注云廋索也案廋卽搜字漢書趙廣漢傳廋索私屠
酤顏注云廋讀與搜同謂入室求之也案索室猶下入墓壙以戈擊
四隅六藝流別引尚書大傳十二月並有索祀四正四隅之禮此難
索與索祀義蓋略同月令注引王居明堂禮云季春出疫于郊以攘

春氣然則索室毆疫亦從之於郊與
大喪先匶
葬使之道
疏
大喪先匶者亦謂王后世子之喪也　注云葬使之道者大司
馬注云先猶道也亦毆除凶邪之意
及墓入壙以戈擊四隅毆方良
壙穿地中也方良罔兩也天子之椁
柏黃腸爲裏而表以石焉國語曰木石之怪夔罔兩
疏
注云壙穿地中也者喪祝先鄭注義同云方良罔兩也者說文虫部云蝄蜽山
川之精物也淮南王說蝄蜽狀如三歲小兒赤黑色赤目長耳美髮
案罔兩卽蝄蜽之借字與方良並疊韻字通文選張衡東京賦說大
儺毆厲云腦方良薛綜注云方良草澤之神也莊子達生篇云水有
罔象野有方皇釋文引司馬彪本罔象作無傷注云狀如小兒赤黑
色赤爪大耳長臂方皇狀如蛇兩頭五采文案司馬彪說無傷與說
文說蝄蜽狀同但莊子以彼爲水怪則與國語不合而野有方皇則
似與木石之怪略同方皇與方良音亦相近疑皆一神諸說咸詭怪
不經莫可究詰故鄭亦不詳也又封氏見聞記引風俗通云周禮方
相氏葬日入壙驅罔象罔象好食亡者肝腦魖以方良爲罔象說與
鄭異卽壺涿氏之水神也今攷東京賦既云方良又云殘夔魖與罔
像張衡以罔像與方良並擧蓋亦以方良爲是罔兩非罔象鄭意當
與平子同云天子之椁柏黃腸爲裏而表以石焉者賈疏云欲見有
罔兩之義故引漢法爲證又檀弓云天子柏椁以端長六尺言椁柏
則取柏之心黃腸爲椁之裏故漢依而用之表之以石古雖無言漢
亦依古而來蓋周時亦表以石故有罔兩也臧琳云喪大記君松椁
大夫柏椁正義曰君松椁君諸侯也盧云以松黃腸爲椁庾云黃腸
松心也大夫柏椁者以柏爲椁不用黃腸下天子也漢書霍光傳光
薨賜便房黃腸題湊各一具注蘇林曰以柏木黃心致累棺外故曰
黃腸如淳曰漢儀注天子梓宮次梗椁柏黃腸題湊又續漢書禮儀
志下治黃腸題湊便房如禮劉注引漢舊儀曰梓宮柏黃腸題湊此

皆鄭所本也引國語曰木石之怪夔罔兩者魯語仲尼曰木石之怪曰夔蝄蜽水之怪曰龍罔象土之怪曰羵羊韋注曰蝄蜽山精好傚人聲而迷惑人也罔兩史記孔子世家作罔閬良閬亦聲類同左宣三年傳螭魅罔兩杜注云罔兩水神案杜氏疑誤以罔兩與罔象爲一又漢舊儀說罔兩爲顓頊子居若水者獨斷說同並鄭所不取

大僕掌正王之服位出入王之大命服王舉動所當衣也位立處也出大命王之教也入大命羣臣所奏行【疏】注云服王舉動所當衣也者謂若司服弁師所掌冕弁冠諸服是也必正之者毛詩小雅都人士敘云古者長民衣服不貳從容有常書顧命云甲子王乃洮頮水相被冕服憑玉几孔疏引鄭彼注云相正王服位之臣謂大僕即正服位之事賈疏云謂王吉服有九隨事舉動而衣大僕親近王所之官故王之衣服及位處恐其不正故皆正之也曾釗云此視朝服耳祭祀賓客喪紀則下經言之燕服則小臣掌之則此服不得兼言九也案曾說是也云位立處也者小宗伯先鄭注云古者立位同字謂王行禮時所立之位若曲禮云天子當依而立當宁而立是也爾雅釋宮云中庭之左右謂之位說文人部云列中庭之左右謂之位从人立此並以羣臣朝位言之蓋君臣立處雖異其爲位則同云出大命王之教也者說文教部云教上所施下所效也淮南子主術訓高注云教令也謂以王所施之教令傳達於外者若國語魯語宣公使僕人以書命季文子又楚語靈王使僕夫子晳問於范無宇皆出教令之事僕人僕大夫並即大僕詳敘官及射人疏云入大命羣臣所奏行者賈疏云謂羣臣奉行王命報奏者皆是也

掌諸侯之復逆鄭司農云復謂奏事也逆謂受下奏【疏】注鄭司農云復謂奏事也逆謂受下奏者賈疏云按宰夫職云諸臣之復萬民之逆先鄭云復請也

逆迎受王命者玄謂復之言報也反也反報於王謂於朝廷奏事自下而上曰逆逆謂上書先鄭彼注與此不同者先鄭兩解故彼後鄭不從至此注先鄭於義是故後鄭從之此說先鄭云復謂奏事即彼後鄭云復謂朝廷奏事一也此先鄭云逆謂受下奏即彼後鄭云自下而上曰逆謂上書亦一也案賈說非也先鄭此注云復謂奏事與宰夫注訓復為請義同奏事即以事自請於王也逆謂受下奏者謂王既得所奏事復下其奏而行之則迎受王命與宰夫注迎受王命之訓亦同賈謂先鄭兩解殆失其恉至宰夫後鄭注訓逆為上書則與先鄭異此注又不破先鄭者蓋偶失刊正或以彼文復逆互言分屬諸臣萬民此則復逆連文通屬諸侯故改從先鄭說而賈氏乃謂先鄭此注受下奏之訓與宰夫後鄭注訓上書者是一則又非二鄭之恉矣全經復逆之文四見並為告請之後先鄭復字說解不誤而訓逆為迎受則非當據後鄭宰夫注正之詳宰夫疏

王眂朝則前正位而退入亦如之

前正位而退道王王既立退居路門左待朝畢【疏】王眂朝則前正位而退者謂眂治朝則大僕正其位與宰夫司士為官聯也云入亦如之者司士云王入內朝皆退注云王入入路門也此官亦隨王入而正位退就本位也 注云前正位而退道王王既立退居路門左者大僕由本位趨向前道引王就當宁南向之位賈疏云此即上司士所云大僕前亦一也大僕本位在路門之左今進前正位訖還退在本位故云退居路門左也云待朝畢者賈疏云欲入亦如之王退入路寢聽事時亦前正王位卻位立也

建路鼓于大寢之門外而掌其政

大寢路寢也其門外則內朝之中如今宮殿端門下矣政鼓節與早晏【疏】建路鼓于大寢之門外者大射儀有建鼓注云建猶樹也以木貫而載之樹之跗也國語吳語云載常建鼓韋注云建謂為之楹而樹之明堂位云夏后氏之鼓足殷楹

鼓周縣鼓鄭注云楹謂之柱貫中上出也縣縣之簨虡也春秋繁露三代改制質文篇云主天法質而王樂桯鼓桯楹字通此經云建路鼓則亦用殷楹鼓之制而樹之不縣公鼓虡也賈疏云此鼓所用或擊之以聲早晏或有窮遽者擊之以聲冤枉也故建之於王朝之所也惠士奇云建路鼓者若後世闕左懸登聞鼓人有窮冤則撾鼓公車上奏其事焉　注云大寢路寢也者月令孟春天子躬耕帝藉反執爵于大寢彼注亦云大寢路寢爾雅釋詁云路大也故路寢亦謂之大寢對燕寢爲小寢也左襄二十八年傳齊人遷莊公殯于大寢則諸侯路寢亦謂之大寢凡王六寢路寢一小寢五詳宮人疏云其門外則內朝之中者門外謂路門之外內朝即治朝也賈疏云按玉藻云視朝於內朝羣臣辨色始入彼諸侯禮天子亦然若據文王世子亦得謂之外朝故文王世子云其朝於公內朝臣有貴者以齒其在外朝則以官彼以路門外爲外朝者對路寢庭朝爲外朝其實彼外朝亦內朝耳以其天子諸侯皆內朝一外朝一既以三槐九棘朝爲外朝一明此內二者皆內朝也云如今宮殿端門下矣者漢書周勃傳云皇帝入未央宮有謁者十人持戟衞端門顏注云端門殿之正門文選東京賦啓南端之特闈薛綜注云端門南方正門李注引洛陽宮舍記云洛陽有端門蓋端門下卽殿正門外之廷與周大寢門外之正朝相類故鄭舉以爲況云政鼓節與早晏者節謂擊鼓疏數多少之節早晏謂當擊鼓之時此謂平時擊鼓告時與下告窮遽者異蓋亦大僕令鼓人擊之後漢書明帝紀李注引薛君韓詩章句云應門擊柝鼓人上堂卽此路寢門之鼓與

以待達窮者與遽令聞鼓聲則速逆御僕與御庶子鄭司農云窮謂窮冤失職則來擊此鼓以達於王若今時上變事擊鼓矣遽傳也若今時驛馬軍書當急聞者亦擊此鼓令聞此鼓聲則速逆御僕與御庶子也大僕主令此二官使速逆窮

遽者玄謂達窮者謂司寇之屬朝士掌以肺石達窮民聽其辭以告
於王遽令郵驛上下程品御僕御庶子直事鼓所者大僕聞鼓聲則
速逆此二官當受其事以聞
疏以待達窮者與遽令聞鼓聲則速逆御僕與御庶子者達窮民與大司寇朝士爲官聯也賈疏云以
待者大僕在王所恆於路寢之中若有窮者及遽令二者來擊此鼓
其御僕御庶子直在鼓所者則入告大僕迎此二官以所告之事白
王惠士奇云肺石在外朝之闕路鼓在內朝之門坐肺石者士聽之
擊路鼓者大僕達之則天下無窮民矣管子桓公問篇禹立諫鼓於
朝而備訊唉訊之言問鶩問曰唉謂窮遽也　注鄭司農云窮謂窮
冤失職者說文穴部云窮極也失職猶言失所楚辭九辯云坎廩兮
貧士失職而志不平漢書武帝紀云有冤失職使者以聞管子明法
解云孤寡老弱不失其職大司寇以肺石達窮民卽惸獨老幼不能
自達者後鄭注云窮民天民之窮而無告者御覽人事部引尚書大
傳說鰥寡孤獨之困窮者而云此皆天下之至悲哀而無告者故聖
人在上君子在位能者任職必先施此無使失職與先鄭此注義並
同云則來擊此鼓以達於王者先鄭以此窮者爲窮冤失職之人自
至路寢門擊鼓與大司寇朝士達窮民義違故後鄭不從云若今時
上變事擊鼓矣者惠棟云晉刑法志漢廏律有上變事及警事告急
漢書梅福傳云數因縣道上言變事求假軺傳詣行在所條對急政
輒報罷師古曰變謂非常之事黥布傳賁赫上變事乘傳詣長安云
遽傳也者爾雅釋言云馹遽傳也郭注云皆傳車馹馬之名說文辵
部云遽傳也又人部云傳遽也行夫云掌邦國傳遽之小事注云傳
遽若今時乘傳騎驛而使者也詩大雅江漢釋文云以車曰傳以馬
曰遽今案韓非子愛臣篇云非傳非遽載奇兵革罪死不赦國語吳
語韋注及左僖三十三年傳杜注並云遽傳車也則車亦可謂之遽
又韓非子外儲說左上云齊景公游少海傳騎從中來謁則馬亦可

謂之傳此經注及爾雅說文以傳遽連文互訓皆不分車馬蓋單騎
之制起於春秋以後周初所無此經傳遽通爲急車與秦漢制異也
古凡急事速行並乘遽左僖三十三年傳云弦高使遽告于鄭又昭
三年傳云子產乘遽而至國語晉語云遽人來告吳語云邊遽乃至
以越亂告皆其事也蓋猶今之急行馳驛矣傳遽互詳行夫疏云若
今時驛馬軍書當急聞者亦擊此鼓者亦據漢制爲說說文馬部云
驛置騎也漢書陳湯傳西域都護段會宗爲烏孫兵所圍驛騎上書
願發城郭敦煌兵以自救此所謂驛馬軍書也先鄭以遽傳卽驛馬
軍書之類故舉漢制爲況此義不誤但不宜讀遽字句絕故後鄭不
從云令聞北鼓聲則速逆御僕與御庶子也大僕主令此二官使速
逆窮遽者者賈疏云先鄭以令字下讀爲句後鄭不從者若使御僕
御庶子迎窮與遽則二官自自王不告于大僕事何得在大僕職乎
詒讓案依先鄭說則經不當云速逆御僕與御庶子於文例未合故
後鄭不從云玄謂達窮者謂司寇之屬朝士掌以肺石達窮民聽其
辭以告於王者朝士掌外朝之法云右肺石達窮民焉鄭大司寇所
云惸獨老幼之欲有復于上而其長弗達者是也後鄭以朝士及大
司寇並云達窮民與此達窮文正相應故據以破先鄭說賈疏云後
鄭以爲大僕聽其辭自白王後鄭以達窮是朝士者以其朝士職有
以肺石達窮民窮民先在肺石朝士達之乃得擊鼓故本之也案依
賈說則朝士先在肺石聽其辭因帥窮民至路門外使自擊鼓也江
永云擊鼓建於大寢之門外其地森嚴肺石之窮民不能至其地擊
鼓也朝士旣得其情則爲擊鼓而大僕遣官達之耳案江說亦通云
遽令郵驛上下程品者後鄭讀遽令爲句不從先鄭說也史記張蒼
傳云天下作程品說文禾部云程品也毛詩大雅小旻傳云程法也
廣雅釋詁云品式也謂郵驛上下法式計課之事韓非子難勢篇云
夫良馬固車五十里而一置使中手御之追速致遠可以及也而千

里可日致也是郵驛利速行不得稽緩故爲程品督課之掌節云皆有期以反節注云將送者執此節以送行者皆以道里日時課如今郵行有程矣彼程卽此程品也傳遽有令則自有官掌之若晉語所謂遽人之屬玉藻亦云士曰傳遽之臣故朝自至路門擊鼓不煩因朝士而後達也又案依韓子說則周法傳遽五十里一置較漢法驛馬三十里一置爲略遠然據管子大匡篇三十里置遽委則又似與漢同或周末侯國各自爲制不必盡一與五詳遺人掌節疏云御僕御庶子直事鼓所者者舊本庶子上無御字注疏本及汪道昆本並有今據增賈疏云見御僕云以序守路鼓云御庶子者蓋以御僕有下士十二人分之爲御庶子總名曰御僕也沈彤云御庶子卽宮伯所掌王宮之庶子而直事路鼓所者汪德鉞云庶子宜指宮伯所領之士庶子云御者蓋宿衛王宮其數甚多其直左右於王者則曰御庶子也庶子與小臣寺人內豎皆分日直事文王世子云內豎之御者可以類推也且經文明言御僕與御庶子斷不可合爲一又御僕亦不可稱以庶子賈疏說誤案沈汪說是也文王世子注云御如今小史直日矣直事鼓所卽直日者也此經凡言庶子者班秩並在士下與庶人在官者略同不得以御僕下士十二人分之爲御庶子也宮伯之士庶子乃卿大夫士之子弟入宿衛者因給事於宮中卽更迭侍御於王故謂之御庶子路鼓在王大寢之門外正宿衛八次所在御庶子與御僕同直事鼓所卽宿衛路門故墨子尚賢上篇有門庭庶子史記扁鵲傳有號門下中庶子新序雜事篇云楚莊王中庶子曰臣尚衣冠御郎十三年矣御郎卽御郎門也直御士庶子亦通謂之御士周書祭公篇云汝無以嬖御士疾莊士左傳僖二十三年云穨叔桃子奉大叔以狄師攻王王御士將禦之又成三十年云單公子愆期爲靈王御士御士卽宿衛士庶子愆期卽單伯之子也杜注僖傳云周禮王之御士十二人注成傳云御王車者蓋亦以御僕

及僕夫當之不知御僕下士十二人豈能禦狄師哉又戰國策魏策呂氏春秋長見篇有公叔痤御庶子公孫鞅史記商君傳作中庶子則御大夫家亦有此官矣士庶子互詳宮伯疏云大僕聞鼓聲則速逆此二官當受其事以聞者亦彼先鄭說也小宰注云逆迎受之謂大僕聞達窮遽者擊鼓聲則速迎此二官因受其事辭與朝士同以聞於王也

祭祀賓客喪紀正王之服位詔灋儀贊王牲事詔告也牲事殺割匕載之屬

疏祭祀賓客喪紀正王之服位者王祭祀賓客在壇廟喪紀在寢皆有其立之位服則祭祀賓客六冕喪紀衰絰此官皆正之也云詔灋儀者亦冢上祭祀等爲文灋者通舉其禮典儀則節文之細別若射人云以射灋治射儀是其義也 注云詔告也者大宰注同云牲事殺割匕載之屬者賈疏云言殺據祭祀之時王親自射牲故司弓矢云共王射牲之弓矢注云射牲示親殺殺牲非尊者所親惟射爲可殺時大僕及射人大宰等皆贊之知有割牲者郊特牲云君肉袒親割敬也注云割解牲體禮器云君親割牲夫人薦酒注云親割謂進牲孰體時祭統亦云君執鸞刀羞嚌彼據諸侯明天子亦然云匕載者按易震卦彖云震驚百里不喪匕鬯注云雷發聲百里者諸侯之象人君於祭祀之禮匕牲體薦鬯而已其餘不親彼諸侯親匕明天子亦然是以大僕得有贊牲之事少牢不親匕下人君故也特牲親匕者士卑不嫌也案賈說是也周易集解引鄭易注亦云升牢於俎君匕之臣載之匕載詳諸子疏

王出入則自左馭而前驅前驅如今道引也道而居左自馭不參乘辟王也亦有車右焉

疏王出入則自左馭而前驅者此別於小臣王之燕出入則前驅是出入謂以大事出入宮門國門也賈疏云謂朝覲會同并祭祀巡狩征伐皆是 注云前驅如今道引也者道引猶小司寇注所云奉引也詳彼疏云道而居左自馭不參乘辟王也者參乘者

謂乘者居左與馭居中及右爲三今大僕別乘車而居左自馭則中
更無馭者左與右止二人是不參乘虛中以辟王車也黄以周云大
僕居則在王左右行則乘王之副車凡乘副車者從王後而大僕爲
王道引則在前前驅者多步行在涂而大僕驅以車與小臣之前道
異故曰馭明非徒行也乘副車者多參乘而大僕乘王路之次路尊
宜辟王與有爵者乘卒車異故曰自左馭明不敢曠左亦不敢參乘
也曲禮曰乘君之乘車不敢曠左左必式專爲乘君次路者言與此
相發明自左馭正當式左也若乘倅車不必自馭故馭夫掌馭貳車
從車明乘副自有馭也案黄釋自左馭之義與戎右注合是也此經
注不云大僕乘何車黄以爲副車於義亦近是副車即十二乘之貳
車亦即倅車又即鄭書顧命注之次路凡五正路王自乘其一餘四
路從行皆以其路之右充之非大僕所乘也乘五路者必自左馭依
曲禮自是常法乘副車者本不必居左自馭大僕以前驅特自左馭
非常法也互詳戎右疏云亦有車右焉者賈疏云以車右恐車傾覆
備非常雖無尊者亦宜有車右勇力者也詒讓案此明雖不參乘仍
貳乘有車右也戎右云會同充革車注云會同王雖乘金路猶以革
路從行也充之者謂居左也依彼注說則乘五路者亦不參乘而以
右居左馭居中而虛其右此大僕前驅則居左自馭右仍居右而虛
其中二者小異要
其不曠左則同也

凡軍旅田役贊王鼓

王通鼓佐
擊其餘面

【疏】凡軍旅田役贊
王鼓者與戎右
爲官聯於兵車田車贊王鼓也賈疏云軍旅謂征伐田役謂田獵王
皆親鼓故大僕贊之案賈說是也田役即謂王大田獵起徒役與他
役事不同以大役無王親鼓之法也詳大宰鼓人疏　注云王通鼓
者賈疏云謂王親將軍衆待王擊乃擊之謂若鼓人云金鐸通鼓之
類也詒讓案王通鼓謂王先鼓一面爲倡贊者傳達徧鼓之詳鼓人
疏云佐擊其餘面者賈疏云按大司馬云王執路鼓路鼓四面鼓將

居鼓下則前面不得擊之惟有三面今之此大僕佐擊一面戎右亦云贊王鼓則亦擊一面通王自擊一面是三面也若然王與御者并
戎右已有三人今更有大僕則駟乘按文十一年左傳侯叔夏御莊叔緜房甥爲右富父終甥駟乘彼注云駟乘四人共車與此同也案
賈謂兵車有駟乘之法鄭意蓋當如是但此經無與王同車之文況路鼓身長及面廣尺度韗人記雖無文以意推之當不減於晉鼓以
兵車輿廣六尺六寸隧深四尺四寸算之無論橫建直建其占地幾及隧之半而以四人共乘復同擊多面鄭賈之說揆之事理殆不可
通竊疑大僕於軍旅田役亦如前王出入左馭前驅當別乘副車不與王同車其贊王鼓者亦謂別自擊鼓佐王號令諸軍帥非與王同
擊一鼓也詳大司馬疏 救日月亦如之 日月食時春秋傳曰非日月之眚不鼓 疏 救日月亦如之者日月食王親
鼓於大社故此官亦贊之禮詳鼓人疏 注云日月食時者經惟云救日月不云食故注補之引春秋傳曰非日月之眚不鼓者左莊二
十五年傳文引之者證救日月用鼓之事亦詳鼓人疏 大喪始崩戒鼓傳達于四方窆亦如之
戒鼓擊鼓以警衆也故書戒爲駭鄭司農云窆謂葬下棺也春秋傳所謂日中而傰禮記謂之封皆葬下棺也音相似窆讀如慶封氾祭
之氾 疏 大喪始崩戒鼓傳達于四方者賈疏云言大喪謂王喪始崩戒鼓謂擊鼓以警戒警戒衆人傳達于四方謂以鼓聲相傳聞達
四方案此當亦含母后及王后之喪賈說未晐云窆亦如之者謂葬棺下窆時亦戒鼓傳達之喪大記云君以鼓封注云擊鼓爲縱舍之
節是也 注云戒鼓擊鼓以警衆也者說文廾部云戒警也大喪擊鼓以非常大變警告衆人故亦謂之戒鼓云故書戒爲駭者段玉裁
云大司馬云鼓皆駴駴卽駭字鄭君曰疾雷擊鼓曰駭此傳達四方無取疾急故不從故書徐養原云毛詩序云南陔孝子相戒以養蓋

以戒訓陔也凡戒聲亥聲多通用鍾師祴夏杜子春讀爲陔鼓之陔是祴陔通用大司馬鼓皆駴釋文駴本亦作駭是駴駭通用案段徐說是也穀梁莊二十五年傳云既戒鼓而駭衆是戒駭義小異與大司馬注可互證鄭司農云窆謂葬下棺也春秋傳所謂日中而傰禮記謂之封皆謂葬下棺也音相似者鄉師遂人注義並同日中而傰舊本作[illegible]宋附釋音本岳本及葉鈔釋文宋本疏引春秋傳並作傰今據校改案字當爲堋傰凡从崩者皆譌字並詳鄉師疏云窆讀如慶封氾祭之氾者慶封氾祭襄二十八年左傳文段玉裁云擬其音也

縣喪首服之灋于宮門首服之法謂免髽笄總廣狹長短之數縣其書於宮門示四方【疏】縣喪首服之灋于宮門者此與小宗伯爲官聯也　注云首服之法謂免髽笄總廣狹長短之數者此亦注用今字作法也士喪禮衆主人免于房鄭彼注云免之制未聞舊說以爲如冠狀廣一寸喪服小記曰斬衰髺髮以麻免而以布此用麻布爲之狀如今之著幓頭矣自項中而前交於額上郤繞紒也又喪服經云妻爲夫妾爲君女子子在室爲父布總箭笄髽衰三年傳云總六升長六寸箭笄長尺吉笄尺二寸注云此妻妾女子子喪服之異於男子者總束髮謂之總者既束其本又總其末箭笄篠竹也髽露紒也猶男子之括髮斬衰括髮以麻則髽亦用麻以麻者自項而前交於額上郤繞紒如著幓頭焉小記曰男子冠而婦人笄男子免而婦人髽總六升者首飾象冠數長六寸謂出紒後所垂爲飾也是免髽笄總之制也賈疏云按小宗伯已云縣衰冠之式于路門之外注云制色宜齊同彼云冠專據男子此云衰則兼婦人此云首服明無衰與男子冠直是婦人首服故知惟有免髽笄總耳但始死將斬衰者男子笄纚深衣婦人麻髽笄笄總是以喪服斬衰章云女子竹箭笄髽衰三年將齊衰以下者始死男子免婦人布髽也云廣狹長短者鄭注禮記云免蓋象冠廣一寸婦人笄齊

衰榛木斬衰箭竹爲之也案免爲男子首服髽笄爲婦人首服賈謂直是婦人首服未析云縣其書於宮門示四方者謂書其品式於方版縣之宮門外也賈疏云小宗伯云縣于路門此宮門亦路門也

掌三公孤卿之弔勞王使往

疏 掌三公孤卿之弔勞者弔謂弔喪勞謂師役勤於王事則勞問之 注云王使往者賈疏云此等皆王合親往今使大僕者或王有故不得親往故使大僕也

王燕飲則相其灋相左右

疏 王燕飲則相其灋者燕飲卽膳夫酒正職之燕飲酒也亦於路寢行之賈疏云此燕飲謂與諸侯燕若公三燕侯伯再燕子男一燕之等或與羣臣燕之等皆是其法有主人酌酒獻賓賓酢主人主人酬賓洗爵升降之法皆左右相助王故云相其灋也 注云相左右者爾雅釋詁云詔相導左右助勴也謂左右贊助詔其儀法也

王射則贊弓矢贊謂授之受之

疏 注云贊謂授之受之者繕人注義同賈疏云此謂大射也按大射禮云大射正執弓以授公小臣授矢於公既射大射正受弓天子之禮則大僕授受其法與彼同必知此禮大射禮者見小臣職云賓射掌事如大僕之法則知大射此大僕所掌者是也其小臣所掌賓射亦當授受可知

王眡燕朝則正位掌擯相燕朝朝於路寢之庭王圖宗人之嘉事則燕朝

疏 王眡燕朝則正位者江永云謂有政事當議而眡燕朝也又云玉藻言退適路寢聽政使人視大夫每日常朝旣畢君自治文書於路寢臣自治文書於官府無所議者也若有所議則入內朝成六年左傳晉人謀去故絳韓獻子從公立于寢庭此內朝議政事之一證云掌擯相者亦詔其儀法如治朝司士擯也儒行云哀公問儒行孔子對曰悉數之乃留更僕未可終也注云僕大僕也君燕朝則正服位掌擯相更之者爲久將倦使之相代若然王視燕朝則此官下大夫二人更相代直事與御僕同也 注云燕朝朝於

路寢之庭者內朝主燕謂之燕朝對外朝主治謂之治朝也朝士注
云內朝之在路門內者或謂之燕朝路寢之庭即路門之內也江永
云因燕羣臣在寢故謂之燕朝焦循云路寢庭爲燕朝又曰內朝文
王世子公族朝于內朝注云內朝路寢廷是也惠士奇云左傳成六
年韓獻子將新中軍且爲僕大夫杜注大僕也晉謀遷都諸大夫皆
在公揖而入獻子從公立于寢庭寢庭者路寢庭朝則大僕之所掌
也金鶚云爾雅釋宮云兩階閒謂之鄉中庭之左右謂之位指內朝
路寢庭蓋三朝惟內朝有堂階也庭者堂下之地若治朝外朝皆無
堂則亦無庭而名之曰廷所謂朝廷也案惠金說是也周書酆保篇
云王在酆昧爽立于少庭王告周公曰大開篇亦有少庭皆即路寢
庭圖事之朝也又大匡篇云王乃召冢卿三老三吏大夫百執事之
人朝于大庭彼大庭對少庭言之則當即治朝之廷蓋廷庭亦可通
稱孔注謂是公堂之庭誤內朝路寢雖有堂階然王眡朝則立兩階
閒南鄉是仍在庭不在堂也王三朝制詳閽人及朝士疏云王圖宗
人之嘉事則燕朝者文王世子云公族其朝於公內朝則東面北上
臣有貴者以齒其在外朝則以官司士爲之又云公族朝於內朝內
親也雖有貴者以齒明父子也注云謂以宗族事會即此注所謂圖
嘉事謂爲宗族之人圖謀昏冠之事昏冠爲大宗伯嘉禮之一故曰
嘉事也國語魯語敬姜欲室公父文伯饗其宗老師亥曰宗室之謀
不過宗人又詩小雅常棣箋說飫私云圖非常之事若議大疑於堂
則有飫禮彼宗人圖事而饗飫在路寢之堂明圖事之朝亦在燕朝
也賈士相見禮疏引論語鄉黨云孔子與君圖事於庭圖事於堂蓋
約鄭彼注義三朝惟路寢內朝有庭有堂亦內朝圖事之證也江永
云路寢門內之朝君之視之也當有四一爲與宗人圖嘉事文王世
子公族朝于內朝鄭云謂以宗族事會是也一爲與羣臣燕飲燕禮
所言是也一爲君臣有謀議臣有所進言則治朝既畢復視內朝鄉

黨所記是也一是羣臣以玄端服夕見亦是有事謀議也四事外則君與四方之賓燕亦在寢非朝禮又或臣燕見於君士相見禮所謂君在堂升見無方階辨君所在亦非朝禮孔子侍坐侍食對問政對儒行皆是燕見時也大僕職王視燕朝則前正位掌擯相本不止一事鄭以宗人圖嘉事解之舉一邊耳非謂燕朝專爲宗族視也又云三朝唯路寢有堂有階孔子異姓之臣而攝齊升堂則燕朝無分同異姓且燕宗族時必有異姓一人爲賓注云同宗無相賓客之道黃以周云凡圖事在燕朝聘禮君與卿圖事注云圖謀也謀事者必因朝其位言南面鄉西面大夫北面士東面此言燕朝之位也君與卿謀聘事亦在燕朝是鄭本不謂止圖宗人嘉事已也案江黃說是也江所舉四事唯燕飲非朝禮餘皆足補鄭義蓋兩外朝並立位唯內朝爲圖事及燕之朝或立議於庭或坐論於堂檀弓云朝不坐注謂大夫坐於上士立於下是也雖眡朝正禮必在中庭而升堂圖事亦自有位次儀法此官既掌朝位則凡王有事於燕朝無論在庭在堂皆當正其位矣至燕朝位列此經無文據文王世子說公族朝于內朝有貴者以齒在外朝則以官是內朝與外朝不同黃以周云顧命入卿位在燕朝疏引鄭注云卿位者卿西面諸侯北面是王燕朝之位與諸侯同鄭又注曲禮君子下卿位云路門之內門東北面位路門內爲燕朝燕朝之卿位本不止公族其位仿燕禮故謂之燕朝朝亦不止宗人也然諸侯朝禮士旅揖燕禮公不揖士朝禮君在兩階閒謂之鄉燕禮公在阼階東南南鄉是燕禮與朝自有不同鄭注言燕朝之位但云君南鄉不全用燕禮公在阼階東面之文亦以此又云燕禮卿大夫皆入門右北面東上士立于西方東面北上其位皆在中庭之左右公既揖後卿西面北上大夫皆少進北面其位仍在中庭之東非正中庭燕朝之位蓋同鄭注曲禮云卿路門內北面位以始入門之位言其注聘禮云卿西面以揖後所就之位言兩注若

異以燕禮文參之自通又云內朝本兼同異姓異姓之卿大夫朝於內朝皆在東方或西面或北面自有定位故同姓在西方東面云則異姓分若朝宗廟之中亦以官分卿大朝覲在廟中以同異姓分亦東西北上者明其與異姓同朝內朝則如此若治朝以官分不以同同姓西面北上不得東面覲禮所謂同姓西面異姓東面是也然則公族之得東面者為燕朝卿大夫之位在東方有定制公族不得不然也故曰公族朝于內朝則東面北上案黃說是也內朝公族位在西方東面猶治朝王族故士位在路門之右東上其大僕本位蓋亦在庭東北面與諸大夫位同與王族亦東西相對也鄭曲禮注謂路門內有卿位則本不謂內朝唯有宗人燕朝卿位本在庭東北面曲禮注說與文王世子義亦無迕也

王不眡朝則辭于三公及孤卿

辭謂以王不視朝之意告之春秋傳曰公有疾不視朔

疏 王不眡朝則辭于三公及孤卿者江永云大僕兼掌治朝燕朝此不視朝謂不視治朝與燕朝也詒讓案王將眡朝時三公孤卿及大夫士並竢於外朝此不辭大夫士者以其人衆不能徧告故唯辭公及孤卿也 注云辭謂以王不視朝之意告之者此亦注用今字作視也檀弓注云辭猶告也王無事必日視朝今有故不視朝則大僕以王不視朝之意告公卿使不疑且無久竢也引春秋傳者文十六年經夏五月公四不視朔公羊傳云公曷為四不視朔公有疾也引之者證彼不視朔因有疾之故此不視朝雖不必有疾亦必有故然後不視也

瑞安孫詒讓學

小臣掌王之小命詔相王之小灋儀小命時事所勑問也小法儀趨行拱揖之容疏小臣掌王
之小命詔相王之小灋儀者此官屬大僕職事並以大小相備所掌
略同賈疏云大僕所云大命及祭祀賓客詔相之者是大此小臣大
僕之佐故掌其小者也　注云小命時事所勑問也者廣雅釋詁云
勑語也勑卽敕之借字詳宰夫疏云小法儀趨行拱揖之容者此亦
注用今字作法也賈子新書容經云行以微磬之容臂不搖掉肩不
下上身似不則從容而任趨以微磬之容飄然翼然肩狀若豕足如
射箭此趨行之容也說文手部云拱斂手也喪服記注云吉時拱尚
左手喪時拱尚右手儀禮經傳通解引尚書大傳云立則磬折拱則
抱鼓又司儀有天揖時揖土揖此拱揖之容也古之揖若今之拱手
詳大祝及司儀疏賈疏云謂若趨以采薺行以肆夏天子揖同姓之
等皆有容儀而詔相之掌三公及孤卿之復逆正王之燕服位謂燕居時也玉藻曰王卒食玄端而居疏掌三公及孤卿之復逆者復逆詳大僕疏諸侯不純臣其復
逆大僕掌之三公孤卿爲朝臣其復逆小臣掌之尊卑內外
之差也其大夫以下復逆則御僕掌之賈御僕疏謂此官亦掌大夫
士復逆非也詳彼疏　注云謂燕居時也者謂退居燕寢時對大僕
正王之服位王眡治朝燕朝皆云正位彼爲王眡內外朝行禮時之
服位也孔子燕居孔疏引鄭目錄云退朝而處曰燕居引玉藻曰王
卒食玄端而居者證王燕居之服也賈疏云彼在路寢中食訖退適
燕寢服玄端朱裳而居之案王燕服玄端當玄裳賈說未塙詳司服

疏王之燕出入則前驅燕出入若今游於諸觀苑疏王之燕出入則前驅者與士師爲官聯也士喪禮君視斂
云小臣二人執戈先二人後喪大記亦云大夫士既殯而君往焉小
臣二人執戈立於前二人立於後注云小臣者行則在前後君升則
俠阼階北面依彼注說是王出入乘車則此官爲前驅步行則此官
亦執戈先後王而立彼注俠阼階賈彼疏謂據書顧命若然書云四
人騏弁執戈夾兩階戺鄭謂即此官上士四人與大僕掌路寢內外
之事小臣佐大僕所掌同執戈先後者蓋路寢之常衛左襄二十八
年傳說齊慶舍臣盧蒲癸王何二人皆嬖使執寢戈而先後之然則
小臣執戈先後亦即王之寢戈蓋祭祀會同賓客王出入則旅賁氏
執戈先後燕出入則小臣執戈先後職掌亦互相備也 注云燕出
入若今游於諸觀苑者此舉漢法爲況此經及道僕士師並云王燕
出入對大僕王出入前驅爲朝覲會同祭祀巡守征伐之事明爲無
事出入游觀可知漢之觀苑即周之囿游詳地官敘官及囿人疏

大祭祀朝覲沃王盥疏大祭祀朝覲沃王盥者賈疏云大祭祀天地宗廟酌是王將獻尸先盥手洗爵乃酌獻故
小臣爲王沃水盥手也詒讓案大祭祀沃王盥者謂朝踐獻尸時此
官執匜水爲王沃盥也朝覲亦冢大爲文即大宰大朝覲會同別於
四時朝覲爲大也大朝覲王有饗禮之事則亦有盥公食大夫禮云
小臣具槃匜在東堂下注云爲公盥也公尊不就洗然則大祭祀朝
覲王亦不就洗可知沃盥互詳鬱人及御僕疏

小祭祀賓客饗食賓射掌事如大僕之灋賓射與諸侯來朝者射疏小祭祀賓客饗食賓射掌事者賈疏云祭祀云小則賓客饗食皆蒙小字若然饗還爲小賓客者也小賓客謂
諸侯遣臣聘問天子者也賓射對大僕亦爲小也案賈說是也此賓
客饗食並據聘臣惟賓射則通晐君臣以其禮輕也凡賓射在治朝

又此官掌正王之燕服位則王燕射在寢亦當掌其事經文亦不具也小祭祀賓客饗食詳小司馬疏云如大僕之灋者亦正王之服位詔灋儀也公食大夫禮注云小臣於小賓客饗食掌正君服位卽據此經 注云賓射與諸侯來朝者射者大宗伯嘉禮以賓射之禮親故舊朋友是也詳大宗伯及射人疏

掌士大夫之弔勞

疏 掌士大夫之弔勞者賈疏云大僕掌三公孤卿之弔勞注王使往此不言王使往亦王使往可知詒讓案天官世婦疏引此注云致禮同名爲弔今本無注疑傳寫挩之然依司服經注則王於大夫士自有弔法與公卿同大僕注不云致禮而此注別以致禮爲釋未詳其義或是賈馬注賈偶誤記耳呂飛鵬亦云賈氏旣於世婦疏引之而本疏不及字疑非鄭君注也

一凡大事佐大僕

祭僕掌受命于王以眡祭祀而警戒祭祀有司糾百官之戒具謂王有故不親祭也祭祀有司有事於祭祀者糾謂校錄所當共之牲物

疏 而警戒祭祀有司者大祭祀於前期十日大宰戒百官大司寇戒百族時此官則戒祭有司也云糾百官之戒具者小宰云以灋掌祭祀之戒具宰夫云以式灋掌祭祀之戒具此官則糾校之與彼爲官聯也 注云謂王有故不親祭也者謂若王有疾及哀慘不得親與祭祀大宗伯攝位之時其小祭祀王本不親祭者蓋大小宗伯命祭有司不必受命於王也賈疏云此云受命于王以眡祭祀旣祭帥羣有司反命於王以王命勞之明是王合祭有故使人攝之者也云祭祀有司有事於祭祀者者小宗伯注云祭有司謂大祝之屬此亦謂宗祝諸官凡有職事於祭祀者祭僕皆警戒之也云糾謂校錄所當共之牲物者小宰注云糾猶察也又云戒具戒官有事者所當共此云校錄與察義同牲物卽官所當共者故必豫校錄其數也

旣祭

帥羣有司而反命以王命勞之誅其不敬者大喪復于小廟小廟高祖以下也始祖曰大廟春秋僖八年秋七月禘于大廟【疏】既祭帥羣有司而反命者都宗人注云反命還白王文王世子云天子視學乃命有司行事祭先師先聖焉有司卒事反命注云告祭畢也大戴禮記諸侯釁廟禮云既事皆退反命于君君寢門中南向宗人曰釁某廟事畢君曰諾宗人請就燕君揖之乃退此既祭反命之儀蓋與彼略同云以王命勞之者此官既反命因還以王命勞羣有司也云誅其不敬者者有司將事有不敬謹者則誅責之亦此官之官刑也云大喪復于小廟者王喪以冕服后喪以褘衣皆十二人復於小廟詳夏采疏賈疏云大喪王喪也王生時所有事之處皆復此祭僕復小廟其夏采復大廟小寢大寢下隸僕復也案內祭祀王后世子皆與則此小廟復亦當兼王后世子之喪賈說未晐注云小廟高祖以下也始祖曰大廟者高祖以下謂四親廟也檀弓謂之小祖始祖謂后稷廟也夏采檀弓謂之大祖詳夏采及守祧疏賈疏云其二祧不言復亦應此祭僕復但無寢耳引春秋僖八年秋七月禘于大廟者左傳杜注穀梁范注並云大廟周公廟魯以周公爲始祖故周公廟稱大廟此周大廟爲后稷廟所祖雖異而以始祖廟爲大廟則同故引以爲證

凡祭祀王之所不與則賜之禽都家亦如之鄭司農云王之所不與謂非郊廟尊祭祀則王不與也則賜之禽公卿自祭其先祖則賜之禽也玄謂王所不與同姓有先王之廟【疏】凡祭祀王之所不與者此據侯國而言大宗伯云若王不與祭祀則攝位此與彼義同而事異彼據王朝羣祀王官與而不與者當王官共禽非祭僕所掌也云則賜之禽者謂賜以犧牲也禽者鳥獸通名詳庖人疏云都家亦如之者都宗人注云都王子弟則立其祖王之廟其祭祀王皆賜禽焉又家宗人注云大

夫采地之所祀與都同若先王之子孫亦有祖廟是都家同姓別子爲宗並有先王廟故亦有賜禽法也　注鄭司農云王之所不與謂非郊廟尊祭祀則王不與也者先鄭意王朝非尊祭祀王尚不與明公卿等自祭祖廟王不與可知賈疏云後鄭不從者按司服六冕所祭皆王合親爲何有非郊廟王不與者乎故不從之云則賜之禽公卿自祭其先祖則賜之禽也者此謂公卿之無采地者亦得自祭其先祖與下都家爲有采地者異也賈疏云後鄭不從者卿大夫自祭其先是其常事何有王皆賜之禽也詒讓案若如先鄭說公卿自祭其先祖則王本無與法經不當云王所不與故後鄭不從云玄謂王所不與同姓有先王之廟者賈疏云若然經都家謂畿內三等采地則文云祭祀是畿外同姓諸侯魯衛之屬者也案賈謂此指同姓諸侯是也左襄十二年傳吳子壽夢卒臨于周廟杜注云周廟文王廟也周公出文王故魯立其廟是魯有先王之廟也但王子弟封畿內外者必別子爲宗始得於五廟外特立祖王廟衛非宗國疑不得立文王廟賈並舉之似未審詳都宗人疏

凡祭祀致福者展而受之

臣有祭事必致祭肉於君所謂歸胙也展謂錄視其牲體數體數者大牢則以牛左肩臂臑折九个少牢則以羊左肩七个特牲則以豕左肩五个

【疏】凡祭祀致福者展而受之者膳夫云凡祭祀之致福者受而膳之則此祭僕展視訖仍與膳夫同受之二官爲聯事也　注云臣有祭事必致祭肉於君所謂歸胙也者膳夫注云致福謂諸臣祭祀進其餘肉歸胙於王是也致者都家宗人致之祭僕也詳膳夫疏云展謂錄視其牲體數者內宰注云展猶錄也此致福即致牲體故知展謂錄視其體數也云體數者大牢則以牛左肩臂臑折九个少牢則以羊左肩七个特牲則以豕左肩五个者並據少儀說致福法彼注云折斷分之也皆用左者右以祭也羊豕不言臂臑因牛序之可知賈疏云凡祭祀周人尚右故右

胖皆祭故以左胖致人祭言大牢天子大夫已上少牢謂天子之士言肩臂臑折九个者則一體折為三段則牲少體不得全自外皆然以人多故也皆用前體者前體貴故先用也

御僕掌羣吏之逆及庶民之復與其弔勞羣吏府史以下疏掌羣吏之逆及庶民之復者此復逆亦互文並謂以事奏告於王也詳宰夫疏云與其弔勞者此當專冢庶民言之小臣云掌士大夫之弔勞即此羣吏則此官不得復掌其弔勞明經文不兼冢羣吏也庶民亦有弔勞者蓋軍旅大役之事效死服勞或蒙優禮非恆典也注云羣吏府史以下者小司寇朝士注義並同賈疏云大僕掌諸侯復逆小臣掌三公孤卿復逆此官所云羣吏對庶民是府史以下言以下兼胥徒若然不見大夫士者小臣孤卿中兼之矣案鄭賈說非也羣吏猶言羣臣凡大夫士皆為羣吏小臣職孤卿中不得兼大夫士也府史胥徒即庶人在官者庶民內已晐之矣左僖二十四年傳晉侯之豎頭須求見僕人以告又襄三年傳魏絳授僕人書杜注云僕人晉侯御僕是諸侯御僕亦掌羣臣復逆之事可與此經互證此注及小司寇朝士諸注並誤詳大宰小司寇疏

大祭祀相盥而登相盥者謂奉槃授巾與登謂為王登牲體於俎特牲饋食禮主人降盥出舉入乃匕載疏注云相盥者謂奉槃授巾與者賈疏云上小臣云沃此又云盥明是奉槃授巾以其少牢特牲尸盥時有奉槃授巾之事故云也以無正文故云云與以疑之也詒讓案此亦謂相王盥也特牲饋食禮云尸入門左北面盥宗人授巾記云沃尸盥者一人奉槃者東面執匜者西面淳沃執巾者在匜北宗人東面取巾振之三南面授尸卒執巾者受少牢饋食禮及士虞禮經記尸盥並有奉槃授巾之節王尊不就洗盥與尸同也又內則云進盥少者奉槃長者奉水請沃

盥盥卒授巾注云槃承盥水者巾以挩手國語吳語越行成於吳曰一介嫡男奉槃匜以隨諸御諸御蓋卽此御僕之屬盥儀詳鬱人疏云登謂爲王登牲體於俎者羊人注云登升也有司徹乃升注云升牲體於俎也又士冠禮注云在鼎曰升在俎曰載者對文則異散文得通左隱五年傳云鳥獸之肉不登于俎孔疏引服虔說亦以登爲升引特牲饋食禮主人降盥出舉入乃匕載者彼文云主人降及賓盥出主人在右及佐食舉牲鼎賓長在右及執事舉魚腊鼎乃朼卒載加匕于鼎此約引之證祭祀相盥及登牲體於俎之事

大喪持翣翣棺飾也持之者夾蜃車【疏】大喪持翣者謂王喪也后喪則女御持翣世子喪疑當使東宮侍御士庶子等持之皆不使御僕也　注云翣棺飾也者詳女御縫人疏云持之者夾蜃車者喪大記鄭注云翣車行使人持之而從明堂位注云翣夾柩路左右前後則天子八翣卽使此御僕持之以夾蜃車左右前後各二也蜃車卽王之柩路詳遂師疏

掌王之燕令燕居時之令【疏】注云燕居時之令者賈疏云以御侍近臣故使掌燕居時之令施之於外也

以序守路鼓序更【疏】以序守路鼓者序經例用古字當作敘石經及各本並誤守之者亦於大寢之門外大僕注建路鼓之所賈疏云此卽大僕所云逮逆御僕與御庶子者也注云序更者注例用今字作序小司寇注云敘更也謂以敘次更迭相代守之儒行云更僕義亦相近賈疏云卽上鄭云直事鼓所者也」

隸僕掌五寢之埽除糞洒之事五寢五廟之寢也周天子七廟唯祧無寢詩云寢廟繹繹相連貌也前曰廟後曰寢汜埽曰埽埽席前曰拚洒灑也鄭司農云洒當爲灑玄謂論語曰子夏之門人當洒埽應對【疏】注云五寢五廟之寢也者謂大祖及四親廟之寢也知非王之大小寢者以宮人掌王六寢之脩則王寢埽除糞洒之事自有宮人主之非隸僕所掌也且段令是

王寢則亦當云六寢不當言五若云五燕寢則文又不備故鄭以五廟寢為釋也賈疏云五寢既隸僕埽除其廟按守祧注皆宗伯埽除
詒讓案宗伯所脩除者為正廟與此官掌後寢職掌互相備亦官聯也又大射儀云隸僕人埽侯道司宮埽所畫物司宮卽宮人隸僕人
亦卽此官之屬彼畫物在堂宮人埽之侯道在庭此官埽之與此經宮人埽王寢在內此官埽廟寢在外比例亦略同足證鄭義凡大射
在宮外之射宮而使此官埽其侯道則又兼及宮外埽除之事矣云周天子七廟唯祧無寢者釋廟有七而寢唯五之故凡五廟在路門
外之左祧無寢別立與五廟不同地詳春官敘官及守祧疏云詩云寢廟繹繹相連貌也者今毛詩無此文聘禮疏引此注繹繹作奕奕
蔡氏獨斷云頌曰寢廟奕奕言相連也玉燭寶典引月令章句同呂氏春秋季春紀高注云前曰廟後曰寢詩云寢廟奕奕言相連也淮
南子時則訓注及續漢書祭祀志說並同今案詩小雅巧言云奕奕寢廟與諸家所引文異據蔡氏引作頌曰則當是魯頌閟宮篇新廟
奕奕之異文疑三家詩或作寢廟繹繹又或作寢廟奕奕與毛不同鄭因其寢廟連文故引以證廟寢前後同處相連貌卽釋繹繹之義
文選甘泉賦李注引薛君韓詩章句云繹繹盛貌盛與相連義亦相成也云前曰廟後曰寢者獨斷云宗廟之制古學以為人君之居前
有朝後有寢終則前制廟以象朝後制寢以象寢廟以藏主列昭穆寢有衣冠几杖象生之具總謂之宮賈疏云按爾雅釋宮云有東西
廂曰廟無曰寢寢廟大況是同有廂無廂為異耳必須寢者祭在廟薦在寢故立之按昭十八年鄭災簡兵大蒐子大叔之廟在道南其
寢在道北者彼廟不在宮中地隘故廟寢別處也案左傳子大叔之寢在道北者孔疏以為卽游吉所居宅於義為愜若廟後之寢與廟
必相連無分居道南北之理賈說非是金鶚云廟後之寢以藏衣冠祭器其制無東西廂無東西廂則無夾室或謂有夾室者非也大廟

之寢曰大寢羣廟曰小寢當各殺於其廟案金說是也爾雅釋宮云室有東西廂曰廟無東西廂有室曰寢無室曰榭此寢榭並繫廟爲文蓋廟之別制或又有榭故春秋宣十六年夏成周宣榭災公羊作謝傳云宣謝者何宣宮之謝也何言乎成周宣謝災樂器藏焉爾何注云宣宮周宣王之廟也至此不毀者有中興之功亦據釋宮文爲釋此非廟祧之常制故經不見也云汜埽曰埽埽席前曰拚者葉鈔本釋文云拚本又作坋案此據少儀彼文亦作拚說文土部云埽棄也坌埽除也讀若糞坋𡐓也又𠦒部云糞棄除也手部云拚拊手也案糞卽𡊊之隸變糞與坌音義略同經典多借拚爲坌故鄭據少儀之埽拚釋此經之埽及糞也坋者亦坌之叚借字少儀孔疏云汜廣也謂內外俱埽止埽席前不得名埽則但曰拚也坋是除穢埽是滌蕩云洒灑也者毛詩魏風山有樞傳文亦尹氏注同管子弟子職篇凡拚之道堂上則播灑室中握手洒卽謂播灑也鄭司農云洒當爲灑者謂洒埽字當以灑爲正也云玄謂論語曰子夏之門人當洒埽應對者子張篇文段玉裁云大鄭云當爲灑直謂洒爲字之誤依說文灑汛也麗聲洒滌也西聲其音義不同大鄭是矣而後鄭但云洒灑也引論語說之蓋古經典祇用洒埽毛詩三見毛傳云洒灑也說文云古文以洒爲灑埽字鄭意謂洒與灑假借非字誤也故不徑主大鄭臧庸云毛詩抑洒埽庭內傳云洒灑也古文假借故周官毛詩古論俱作洒鄭司農以今文正字讀之故云洒當爲灑毛公康成知洒卽灑字故云洒灑也不必轉改然則康成注魯論以齊古校定必從古作洒注云洒灑今論語作洒蓋卽鄭氏所定也

祭祀脩寢於廟祭寢或有事焉月令凡新物先薦寢廟

疏祭祀脩寢者大宰注云脩埽除糞洒此脩寢亦卽五寢埽除糞洒之事以祭祀事重故更端言之祭義云孝子將祭宮室既脩牆屋既設是將祭脩除之事　注云於廟祭寢或有事焉者鄭以凡祭必於廟而此

獨云寢明時亦或有事於寢故有脩寢也云月令凡新物先薦寢廟者據月令仲春鮮羔開冰孟夏以彘嘗麥仲夏以雛嘗黍孟秋登穀天子嘗新仲秋以犬嘗麻季秋以犬嘗稻季冬嘗魚皆云先薦寢廟又季春薦鮪于寢廟是也賈疏云引月令者欲見寢有事彼薦只在寢不在廟連廟言者欲見是廟之寢非生人之寢故也黃以周云古者禮不備不敢以祭薦禮殺不得行之於廟喪禮有下室之奠吉禮有後寢之薦皆先人神靈所依之處

王行洗乘石

鄭司農云乘石王所登上車之石也詩云有扁斯石履之卑兮謂上車所登之石

疏 王行者謂王將乘車出行也云洗乘石者所以為絜清說文水部云洗滌足也引申之洒滌足所履物亦通謂之洗注鄭司農云乘石王所登上車之石也者左傳桓十八年杜注云上車曰乘故王所登上車之石謂之乘石賈士昏禮疏謂王后亦履石是也云詩云有扁斯石履之卑兮謂上車所登之石者小雅白華篇文毛傳云扁扁乘石貌王乘車履石先鄭說與毛同文選任昉勸進牋李注引尸子云昔者武王崩成王少周公旦踐東宮履乘石假為天子七年淮南子齊俗訓略同許注云人君升車有乘石也惠士奇云乘石一名踐石謂踐之以升車戰國策趙策武靈王立周紹為傅曰寡人始行縣過番吾當子為子之時踐石以上者皆道子之孝然則踐石以上謂國之有司不獨人君為然矣士昏禮婦乘以几易林登几上輿駕駟南遊是上輿皆登几也乘必以几故古文乘從几詒讓案凡登車貴者乘以石其次以几曲禮云尸乘必以几注云尊者慎也依毛詩及尸子淮南書說似乘石為天子禮趙策所云殆戰國時僭禮之失與

掌蹕宮中之事

宮中有事則蹕鄭司農云蹕謂止行者清道若今時儆蹕

疏 注云宮中有事則蹕者宮正云凡邦之事蹕宮中廟中則執燭注云事祭事也邦之祭社稷七祀於宮中祭先王先公於廟中隸僕掌蹕止行者宮正則執燭以為

明然則此宮中之事亦關廟中矣彼注事爲祭事此不言祭事者以互見於彼略之又左襄三十一年傳云諸侯賓至僕人巡宮疑亦即此官之屬蓋賓客之事亦兼行視之矣鄭司農云蹕謂止行者清道若今時儆蹕者釋文云儆字又作警案警儆字同閽人注云蹕止行者與先鄭此注義同漢書丙吉傳吉又嘗出逢清道羣鬬者顏注云清道謂天子當出或有齋祀先令道路清淨漢舊儀云輦動則左右侍帷幄稱警出殿則傳蹕止人清道漢書梁孝王傳云出稱警入稱趩注云警者戒肅也趩止行人也言出入者互文耳出亦有趩案蹕趩字亦同崔氏古今注云警蹕所以戒行徒也周禮蹕而不警秦制出警入蹕謂出軍者皆警戒入國者皆蹕止也故云出警入蹕也至漢朝梁孝王王出稱警入稱蹕降天子一等焉一曰蹕路也謂行者皆警於塗路也互詳宮正疏

大喪復于小寢大寢　小寢高祖以下廟之寢也始祖曰大寢

疏 大喪復于小寢大寢者與夏采祭僕爲官聯也大喪亦兼王后世子言之劉敞黃度以大寢爲路寢小寢爲燕寢金榜云以檀弓君復于大祖小祖大寢小寢考之夏采以冕服復于大祖祭僕大喪復于小廟是天子復于大祖小祖之事其復于大寢小寢則此隸僕所職是也士喪禮死于適室復者升自東榮降衣于前受用篋升自阼階以衣尸此士復適寢之禮足相證明矣鄭云廟寢誤案劉黃金說是也吳廷華林喬蔭會釗莊有可蔣載康說同此大寢小寢與上五寢及祭祀脩寢之寢別即王之六寢也大喪夏采復大祖祭僕復小廟廟後之寢非王常行禮之處且已統於廟諸經皆無復文不當別掌明矣又賈疏云以祭隸僕職卑位小故使之復於小廟小寢也案據疏則經文疑當作大喪復于小寢與祭僕云大喪復于小廟同士喪禮疏引此經亦無大寢二字然祭僕疏云云小寢大寢下隸僕復也夏采疏及檀弓孔疏引此經亦有大寢二字他職又別無掌復大寢之文此疏疑有誤

又案雜記說諸侯禮云小臣復與此經異疑以小臣與祭僕御僕同屬大僕故兼官通職與　注云小寢高祖以下廟之寢也始祖曰大寢者祭僕注云小廟高祖以下也始祖曰大廟明寢亦隨廟爲稱但此大寢小寢以檀弓證之當爲王居之寢鄭說未然

弁師掌王之五冕皆玄冕朱裏延紐冕服有六而言五冕者大裘之冕蓋無旒不聯數也延冕之覆在上是以名焉紐小鼻在武上笄所貫也今時冠卷當簪者廣袤以冠縰其舊象與

【疏】掌王之五冕者說文冃部云冕大夫以上冠也邃延垂瑬紞纊古者黃帝初作冕白虎通義紼冕篇云麻冕者何周宗廟之冠也禮曰周冕而祭十一月之時陽氣俛仰黃泉之下萬物被施前俯而後仰故謂之冕也釋名釋首飾云祭服曰冕冕猶俛也俛平直貌也亦言文也玄上纁下前後垂珠有文飾也云皆玄冕朱裏延紐者此皆字統下五采繅十有二就爲文明其爲五冕之通制司服注云六服同冕者首服尊也是其義賈疏云古者績麻三十升布染之上以玄下以朱衣之於冕之上下云延者卽是上玄者凡冕體周禮無文叔孫通作漢禮器制度取法於周今還取彼以釋之按彼文凡冕以版廣八寸長尺六寸以此上玄下朱覆之乃以五采繅繩貫五采玉垂於延前後詒讓案凡五冕皆麻爲之論語子罕篇云麻冕禮也今也純儉吾從衆集解孔安國云古者績麻三十升布以爲之純絲也絲易成故從儉詩周南葛覃孔疏引鄭論語注說與孔同蓋春秋以後所改易此經在周初未有純冕之制則無不用麻也江永云古布幅闊二尺二寸當今尺一尺三寸七分半若容三十升之縷二千四百則今尺一分之地幾容一十八縷此必不能爲者也孔意蓋謂古者朝服十五升冠當倍於衣不知冠升倍衣唯喪服斬衰三升冠六升則然自齊衰以下則非倍半之數矣禮無冠倍於衣之例孔誤釋耳麻冕之布亦不過十五升如今尺之一分容九縷已

是細密難成矣金鶚云冕服玄衣纁裳以象天地五冕皆用玄色之
布覆其上而纁其裏亦象天地之色弁師玄冕朱裏朱當是黃朱即
纁色也地色多黃純朱非所以象地故古人象天地皆用玄纁穀梁
僖三年疏冕上玄下纁可知弁師朱即纁也案江金說是也朱裏玉
藻注亦作纁裏釋名又云纁下依鄭士冠禮注義纁爲三入朱爲四
入深淺小別色大同也管子輕重己篇說天子五時各服其方色之
絻於禮無文不爲典要賈說冕體廣長之度並據漢禮器制度文左
傳桓二年孔疏云阮諶三禮圖漢禮器制度云冕制皆長尺六寸廣
八寸天子以下皆同沈引董巴輿服志云廣七寸長尺二寸應劭漢
官儀云廣七寸長八寸沈又云廣八寸長尺六寸者天子之冕廣七
寸長尺二寸者諸侯之冕廣七寸長八寸者大夫之冕但古禮殘缺
未知孰是案王制孔疏引皇侃說諸侯卿大夫之冕與沈文阿同疑
不足據又依賈說冕玄表朱裏皆用布王制疏謂朱裏應以繒爲之
陳奐又據國語魯語說諸侯夫人織紘綖謂延亦織組爲之用絲不
用麻今案古者麻冕則延亦當用麻魯語以延與紘並舉或據後世
純冕之制與張惠言云冕武之色無文約以玄繒爲之案張說是也
武蓋亦玄表而朱裏與延色同經舉延紐而不及武者文不具也
注云冕服有六而云五冕者大裘之冕蓋無旒不聯數也者聯黃丕
烈校改作連是也詳大宰疏旒俗字當作斿詳後賈疏云按司服祭
祀六服皆連冕言之今此惟云五冕者但此弁師所掌冕以旒爲主
祭天用大裘取質其冕亦當無旒爲質故此不數之惟有五冕耳詒
讓案司服冕服六此云五冕者凡冕服以衣章爲別異大裘而冕亦
被袞衣衣冕相同故不數也鄭謂大裘之冕蓋無斿於經無文故爲
不敢質定之辭本非篤論陳祥道陸佃王昭禹鄭鍔戴震金榜孫希
旦張惠言並據玉藻天子玉藻十有二旒郊特牲祭之日王被袞以
象天戴冕藻十有二旒則天數也明大裘被袞衣冕十有二旒而黃

度王應電孔廣森宋緜初又謂天子六冕同十二旒其說尤精與此經下文及禮器玉藻皆密合可爲定解今攷大戴禮記禮三本篇荀子禮論篇並云郊之麻冕陳祥道云古者五冕皆麻至孔子時乃去麻用純然郊冕猶用麻所以示復本也案陳說是也若然晚周之世郊祀之冕亦止麻純制別不箸旒之有無則周初袞冕非無旒之冕可知公羊宣元年何注云弁加旒曰冕左傳桓二年疏引宋衷世本注云冕冠之有旒者是有旒乃謂之冕古書無言冕無旒者惟周書王會篇說成王朝諸侯之事云天子南面玄繞無繁露孔注以繁露爲旒攷天子受朝服袞冕不當無旒蓋文有駁誤互詳司服疏云延冕之覆在上是以名焉者玉藻注云延冕上覆也賈疏云玉藻注言雖不同義則不異皆以玄表覆之在冕上也以爵弁前後平則得弁稱冕則前低一寸餘得冕名冕則俛也以低爲號也玉藻孔疏云用三十升之布染之爲玄覆於冕上出而前後冕謂以版爲之以延覆上故云延冕上覆也但延之與版相著爲一延覆在上故云延也故弁師注延冕之覆在上是以名焉與此語異而意同也皇氏以弁師注冕延之覆在上以弁師經有冕文故先云冕延之覆在上此經唯有延文故解云延冕上覆今刪定諸本弁師注皆云延冕之覆在上皇氏所讀本不同者如皇氏所讀弁師冕延之覆在上是解冕不解延今按弁師注意云延冕之覆在上是解延不解冕也皇氏說非也案據玉藻疏是皇侃所見舊本此注作冕延之覆在上唐時定本則與今本同賈疏謂此注與玉藻注不同又以延低一寸餘故得冕名釋注是以名焉之義則賈所見本疑亦冕在延上與皇本同今諦審注意實謂延覆冕上前後引出而長故名爲延爾雅釋詁云延長也即正義也此與玉藻注以冕上覆釋延正同孔謂此注釋延不釋冕蓋深得鄭恉唐定本是也皇賈說並誤延字又作綖左桓二年傳衡紞紘綖杜注云綖冠上覆也案冠弁並無延延杜言冠者冕之通稱也

二云紐小鼻在武上笄所貫也者說文糸部云紐系也又金部云鈕印鼻也廣雅釋器云鈕謂之鼻案凡器物之有空竅可穿系者並得稱鼻冕鼻謂之紐猶印鼻謂之鈕也武者玉藻云縞冠玄武鄭彼注云武冠卷也古者冠卷殊賈疏云紐者綴於冕兩旁垂之武兩旁作孔以笄貫之使得其牢固也戴震云延有紐自延左右垂笄貫之以爲固案戴說是也賈云紐綴於冕者謂綴於延下也冕延與武殊猶之禮冠之梁與武殊故必於延下綴紐下垂及武復於武旁爲空與紐空正相直而後以笄橫穿紐武之空與纚髮相貫爲固注不云在延下而云在武上者以紐之下垂正當武左右之上非謂紐與武連也若紐卽在武則延與武無由相屬矣鈕之材蓋與延同故下注云延紐皆玄覆朱裏是也云今時冠卷當簪者廣袤以冠縰其舊象與者賈疏云古之紐武笄貫之處若今漢時冠卷當簪所貫者於上下之廣及隨縰之袤以冠縰者貫簪之處當冠縰之中央惠士奇云士冠禮緇纚廣終幅長六尺康成云纚今之幘梁也韜髮而結之徐爰曰古者有冠無幘冠下有纚以繒爲之後世施幘于冠因裁纚爲帽然則古曰纚漢曰幘晉宋曰帽阮元云廣袤以冠縰謂以冠縰之廣袤爲之廣袤也案阮說是也蓋注所謂卷卽武也縰與纚同士冠士昏禮之纚內則之縰注並以韜髮釋之內則孔疏引盧植云所以裹髻承冠以全幅疊而用之此禮經之縰也若漢人所云冠縰乃古之冠梁幘之有梁者亦謂之縰故記文系部云纚冠織也漢書元帝紀注引李斐云齊國舊有三服之官春獻冠幘纚爲首服冠幘纚卽謂織成冠幘梁之材也然古冠梁廣止二寸而漢之幘梁則冒髮其度甚廣古冠縰全幅韜髮而漢之冠幘纚則不全幅可冒髮而不可韜髮是漢之纚非禮經之纚也惟周時凡冠必先著纚而後以冠加其上漢時冠則先著幘而後加冠故急就篇顏注謂幘常在冠下或單著之是漢之幘雖與周之纚異制而其在下冒髮承冠則一故士冠禮

注以漢之幘梁況纚也然則漢人通稱冠幘之梁爲纚此注之冠纚即謂冠梁明矣凡冠梁覆冒前後屈而屬於冠卷其冠之左右旁面梁所不覆者即當簪之處也當簪之處既梁所不覆故別於卷上出爲兩瓣以與簪相穿爲固其廣袤則與正面之梁相等但梁材以一條屈之冒髮前後而兩末咸屬於卷當簪之類紐者則左右各爲一瓣以蔽鬢之兩旁其下屬於卷而上與梁不相屬以此爲異賈疏未明漢時冠纚即冠梁與周時韜髮之纚迥異故不得其恉

五采繅十有二就皆五采玉十有二玉笄朱紘繅雜文之名也合五采絲爲之繩垂於延之前後各十二所謂邃延也就成也繩之每一帀而貫五采玉十二斿則十二玉也每就閒蓋一寸朱紘以朱組爲紘也紘一條屬兩端於武繅不言皆有不皆者此爲袞衣之冕十二斿則用玉二百八十八鷩衣之冕繅九斿用玉二百一十六毳衣之冕七斿用玉百六十八希衣之冕五斿用玉百二十玄衣之冕三斿用玉七十二

疏五采繅十有二就皆五采玉十有二者鄭賈讀五采繅十有二句疏云此據袞冕而言謂合五采絲爲藻繩十二道爲十二旒也就皆五采玉十有二者此各據一旒而言玉有五色以青赤黃白黑於一旒之上以此五色玉貫於藻繩之上每玉閒相去一寸十二玉則十二寸就成也以一玉爲一成結之使不相并也王安石王昭禹黃度林喬蔭並讀五采繅十有二就句金榜云賈氏以就字屬下讀誤也經蒙上王之五冕立文不得專明一冕此言五采繅十有二就下言諸侯之繅斿九就其讀足以明矣此皆據一斿爲說先陳就數次陳玉數於玉言皆五文也朱大韶亦云下云諸侯之繅斿九就瑉玉三采於諸侯言繅斿則五采繅之爲斿可知於諸侯言繅斿九就則天子繅斿十有二就可知於諸侯言瑉玉三采則天子五采玉可知五采一成爲一就就自指繅斿言疏謂以一玉爲一成結之經於玉無言就者非也

案金朱說足證鄭賈之誤云玉笄朱紘者以美玉爲持冕武之笄追師所爲者也賈疏云以玉笄貫之又以組爲紘仰屬結之也金鶚云古者冕弁上有笄下有瑱笄所以固冕弁亦以縣瑱也皮弁韋弁爵弁皆有笄亦皆有瑱若安髮之笄則服玄冠緇布冠者皆有之孔廣森云王之冕言紘不言瑱諸侯又無紘皆文不備其瑱天子亦以玉矣　注云繅雜文之名也者聘禮注云雜采曰繅案冕繅皆雜織采絲爲之與司几筵繅席典瑞繅藉義略同云合五采絲爲之繩垂於延之前後各十二所謂邃延也者玉藻云天子玉藻十有二旒前後邃延注云旒十有二前後邃延者言皆出冕前後而垂也案邃延謂延前後深邃不關垂旒鄭說非也詳前白虎通義紼冕篇云禮器云天子麻冕朱綠藻垂十有二旒者法四時十二月也案此經王冕繅玉並五采而禮器云天子冕朱綠藻注云朱綠似夏殷禮也周禮天子五采藻白虎通及獨斷並以朱綠藻爲周禮金鶚通之云五采繅但言朱綠以此二采下達於大夫士案金說與班蔡合亦通唯春秋緐露三代改制質文篇謂黑統首服藻黑白統首服藻白赤統首服藻赤皆不備五色則與此經義不能強合矣云就成也者典瑞注同云繩之每一帀而貫五采玉者此鄭讀就皆五采玉十有二爲句凡五采備爲帀帀卽就也每一斿采十二就卽十二帀每一帀綴一玉依五采相閒次之鄭此注蓋依聘禮記圭玉繅藉之制以釋此冕繅謂亦采別爲等采備爲就然則天子五采繅則一就爲五等一斿十二就凡六十等於文太縟疑非也竊謂冕繅合五采絲爲繩與繅藉畫韋不同畫韋聚數就爲一繅合絲則以一就爲一斿蓋每斿一道備五采一成則十二就卽十二斿也以其一就卽是一斿故經止著十二就九就之文而不必別言斿數若如鄭說則經不言一冕之斿數而反詳一斿采色之就數詳略失當於文例疏矣諸侯三采以下並同其斿玉采次注無說玉藻孔疏引皇氏沈氏說云旒垂五采玉

依飾射侯之次從上而下初以朱次白次蒼次黃次玄五采玉既貫徧周而復始其三采者先朱次白次蒼二色者先朱後綠案皇沈孔依射侯之次以推斿玉之采未詳是否又此王五采玉及下文諸侯瑉玉三采並以衆玉而備多采分之則一玉各自爲一采不得相兼而依許叔重說則是一玉而兼備五采三采蓋與鄭義絕異詳後疏云十二斿則十二玉也者通典嘉禮引此注作十二旒旒則十二玉案旒卽斿之俗杜氏所據此注蓋重斿字十二斿者鄭嫌經無斿數故補其義斿則十二玉者謂每一斿有十二玉玉府先鄭注所謂冠飾十二玉是也今本挩一斿字則似一斿止一玉義不可通矣云每就閒蓋一寸者就閒謂采色一帀之閒鄭玉藻注說邃延云天子齊肩孔疏云以天子之旒十有二就每一就貫以玉就閒相去一寸則旒長尺二寸故垂而齊肩也言天子齊肩則諸侯以下各有差降則九玉者九寸七玉者七寸以下皆依旒垂而長短爲差云朱紘以朱組爲紘也者說文糸部云紘冠卷也重文紭紘或從弘案冠卷與紘異物許不宜合爲一段玉裁校本依玉篇作冠卷維是也左傳桓二年孔疏云魯語稱公侯夫人織紘綖知紘亦織而爲之士冠禮言組纓組紘知天子諸侯之紘亦用組也孔廣森云紘唯王朱耳諸侯以青祭義曰諸侯爲藉百畝冕而青紘躬秉耒大夫士以緇据士冠禮爵弁皮弁緇組紘纁邊知之云紘一條屬兩端於武者雜記云管仲朱紘注云冠有笄者爲紘紘在纓處兩端上屬下不結又國語魯語韋注云冕曰紘紘纓之無緌者也從下而上不結賈疏云謂以一條繩先屬一頭於左旁笄上以一頭繞於頭下至句上於右相笄上繞之是以鄭注士冠禮云有笄者屈組以爲紘垂爲飾無笄者纓而結其條彼有笄據皮弁爵弁此五冕皆有笄與彼同此言屬於武者據笄貫武故以武言之其實在笄案賈說是也紘屬於笄當武處故注通言之云屬兩端於武云纓不言皆有不皆者者賈疏云謂王之五

冕繅則有十二有九有七有五有三其玉旒皆十二故繅不言皆有
不皆者則九旒以下是也玉言皆則五冕旒皆十二玉也黃度云康
成以繅不言皆有不皆者非也五采繅十有二就蒙上玄冕朱裏延
紐皆字十有二就下又有皆字謂每就十二玉也然則天子五冕皆
玄冕朱裏延紐繅斿十二就就皆十二玉玉笄朱紘是則一冕耳而
曰五冕者正以著其同也孔廣森云經言五冕皆五采繅十有二就
則王之冕無不十二斿者矣注獨以此爲袞衣之冕與皆文不相會
左傳曰周之王也制禮上物不過十二王之元服於是取數焉案黃
孔說是也王應電宋綿初說同經云王之五冕皆玄冕下云五采繅
十有二就既無九七遞減之文又不云十二斿屬何冕則王五冕並
十二斿可知禮器說天子之冕藻十有二斿亦不云諸冕遞減與此
經文正相合詳後疏云此爲袞衣之冕十二斿則用玉二百八十八
者唐郊祀錄引三禮圖說同鄭不知此經十二斿通關五冕故謂專
據袞冕其鷩冕以下之斿則減於此賈疏云以其十二旒旒各十二
玉前後二十四旒故用二百八十八王應電謂冕斿皆十二玉有前
無後江永云大戴禮及東方朔荅客難皆云冕而前旒所以蔽明則
無後旒可知後旒何所取義乎鄭謂前後皆有旒此因玉藻前後邃
延而誤耳前後邃延謂版長尺六寸自延端至武前後皆有邃非謂
後亦有旒也玉藻言十有二旒未嘗言前後皆十有二旒也據疏引
漢禮器制度亦云垂於旒之前後豈叔孫通失之與且袞冕二十四
旒用玉二百八十八如此繁重恐首不能勝鄭所計用玉每冕皆當
去其半金榜云續漢書輿服志孝明皇帝永平二年初詔有司采周
官禮記尚書臯陶篇乘輿服從歐陽氏說公卿以下從大小夏侯氏
說冕前圓後方前垂四寸後垂三寸三公諸侯及卿大夫皆有前無
後案鄭釋周官禮記用歐陽氏說大戴禮子張問入官篇古者冕而
前旒所以蔽明也禮緯旒垂目纊塞耳王者示不聽讒不視非也案

王江金說可正舊說之誤戴震孔廣森林喬蔭張惠言宋緜初黃以
周說並同晏子春秋外篇晏子曰冕前有旒惡多所見也此亦謂冕
唯前有斿淮南子主術訓說同今依其義衮冕前十二斿當用玉百
四十四也云鷩衣之冕繅九斿用玉二百一十六毳衣之冕七斿用
玉百六十八希衣之冕五斿用玉百二十玄衣之冕三斿用玉七十
二者隋書禮儀志引禮圖說並同此即鄭所謂繅有不皆者也依其
說計之鷩冕前後十八斿以十八乘十二則二百一十六也毳冕前
後十四斿以十四乘十二則百六十八也希冕前後十斿以十乘十
二則百二十也玄冕前後六斿以六乘十二則七十二也王江金說
則依鄭所計斿玉各去其半今依孔廣森定王五冕並前十二斿同
用玉一百四十四
無增減之差也

諸侯之繅斿九就瑉玉三采其餘如王之事繅斿皆就玉瑱玉笄侯當爲公字之誤也三采朱白蒼也其餘謂延紐皆玄覆朱裏與王同也出此則異繅斿皆就皆三采也
每繅九成則九旒也公之冕用玉百六十二玉瑱塞耳者故書瑉作
璑鄭司農云繅當爲藻繅古字也藻今字也同物同音璑惡玉名

【疏】諸侯之繅斿九就者阮元云唐石經原刻作諸侯之繅九斿後刮磨重刻繅下增斿按賈疏引經云諸公之繅九就無斿字與石經
原刻合此猶上言王繅十有二就繅下不當有斿也詒讓案斿正字
當作瑬說文玉部云瑬垂玉也冕飾經典皆叚旒旗流之游爲之游
又省作斿或作旒者斿之俗也此經並作斿注則今本斿旒錯出蓋
傳寫之誤賈疏云諸公云繅九就又云繅斿皆就作文與上言繅十
有二就皆五采玉十有二繅玉別文則繅有差降玉無差降此諸公
繅玉同文則惟有一冕而已故鄭計一冕爲九旒旒各九玉據冕九
旒不別計鷩冕已下以其一冕而已冠五服故也已下侯伯子男亦
皆一冕冠數服也詒讓案五等諸侯冕斿之數據鄭前後注說但云

公九斿侯伯七斿子男五斿不云五冕遞減有異故於此破侯爲公
以合九就之文賈疏申其義謂公及侯伯子男各以一冕冠衆服王
制孔疏引熊氏云公以下諸冕其旒並依命數不減與賈說同然孔
氏不從鄭熊之說而云公衮冕九旒鷩冕七旒毳冕五旒絺冕三旒
玄冕蓋無旒旒皆九玉侯伯鷩冕七旒以下與公同旒皆七玉子男
毳冕五旒以下與公同旒皆五玉案孔意蓋因鄭說天子五冕斿依
次遞減公以下亦宜然然此經上下兩舉諸侯並無依命數增減之
文若如孔說則一命大夫冕當一斿既不成飾五等諸侯玄冕皆無
斿是又不成冕矣今諦玩經文竊謂諸侯冕斿之數五等當同用九
禮器說天子冕藻十有二旒諸侯九金鶚云諸侯之繅斿九就九就
卽九旒此與禮器適合鄭注謂侯當爲公字之誤失之案金說是也
凡諸侯公衮冕以下侯伯鷩冕以下子男毳冕以下蓋同九斿九就
九玉無增減之差故經云諸侯之繅斿九就不云五等有異然則禮
器天子六冕皆十二斿諸侯五等皆九斿卿卽上大夫皆七斿大夫
皆五斿咸視爵爲降殺不隨命數正足與此經相諮補獨斷云周禮
天子冕朱綠藻十有二旒公侯大夫各有差別漢與至孝明帝永平
二年詔有司採尚書皐陶篇及周官禮記定而制爲十二旒三公及
諸侯之祠者朱綠九旒卿大夫七旒漢制放周禮自卿以上斿數亦
正與此經及禮器合云瑉玉三采者釋文云瑉本又作珉案說文玉
部云珉石之美者無瑉字聘義注云碈石似玉或作玟也彼釋文云
碈字亦作瑉似玉之石然則瑉卽玫之別體說文玫字說解亦云一
曰石之美者蓋瑉珉一字不同而義則兩通又案珉从民聲瑉从昏
聲古音昏聲與民聲異部不相通後世多淆掍莫辨故瑉或作珉云
玉瑱玉笄者賈疏云王不言玉瑱於此言之者王與諸侯互見爲義
是以王言玄冕朱裏延紐及朱紘明諸侯亦有之諸公言玉瑱明王
亦有之是其互有也金鶚云笄天子以玉諸侯以似玉之石毛公謂

諸侯瑱用美石則笄亦用美石可知弁飾云諸侯之繅斿九就瑻玉
三采冕旒用瑻玉則笄瑱亦宜用瑻玉瑻玉者美石之似玉者也下
云玉瑱玉笄卽承瑻玉而言不云瑻者省文 注云侯當爲公字之
誤也者賈疏云以下別見諸侯又此經云九就當上公以九爲節故
知是公也金榜云經凡言諸公皆與侯伯子男對文此經上下兩見
諸侯知侯非誤文也案金謂侯非誤文是也金鶚說亦同今定五等
諸侯冕斿同九就實非專據諸公之冕而言則侯之不當爲公益明
矣云三采朱白蒼也者賈疏云聘禮記公侯伯繅藉三采朱白蒼故
知三采亦朱白蒼也江永云諸侯三采損玄黃不敢用天地之色也
云其餘謂延紐皆玄覆朱裏與王同也出此則異者賈疏云異謂天
子朱紘諸侯當青組紘之等不得與王同也云繅斿皆就皆三采也
者鄭意采帀爲就經云瑻玉三采則繅組亦每就三采也上公五冕
皆以采別三等爲一就一斿一九就則二十七等也是爲繅斿皆就依
鄭說則經據公冕每斿九就一就之采帀而言實非經義也今攷經
云皆就者自謂凡繅皆一斿而備采一就明冕繅就之數卽斿之數
耳五等諸侯斿數就數玉數皆以九無不同也云每繅九成則九旒
也者旒亦當作斿鄭不知經云九就卽是九斿故補之謂經言繅九
成兼見一冕有九斿以互文見義其實非也段玉裁云此當云每繅
九成則九斿九玉也今本似脫誤案段說亦通云公之冕用玉百
六十二者孔廣森云此亦通前後計之用歐陽說也詒讓案鄭意公
冕前後十八斿以十八乘九則百六十二也如江氏說去其半則用
玉八十一 今定五等諸侯冕並九斿九就九玉皆八十一玉也云玉
瑱塞耳者者說文玉部云瑱以玉充耳也或作䪴詩鄘風君子偕老
篇玉之瑱也毛傳云瑱塞耳也又淇奧篇充耳琇瑩傳云充耳謂之
瑱琇瑩美石也天子玉瑱諸侯以石任大椿云毛傳及鄭士喪禮注
以充耳爲瑱惟充耳以素乎而箋謂充耳所以縣瑱卽紞也非瑱也

攷晏子春秋外篇纊紘珫耳玉篇充耳亦作珫耳說文珥瑱也則充耳二字皆從玉當即瑱也既夕禮記瑱塞耳注塞充窒然則塞耳即充耳金鶚云瑱之制懸之以紞紞上係于笄紞與瑱通謂之充耳詩淇奧篇言充耳琇瑩彼都人士篇言充耳琇實此指瑱而言也著篇言充耳以素乎而此指紞而言也旄丘篇言褎如充耳此兼紞與瑱而言也毛公以淇奧充耳爲瑱得之而以著篇充耳爲瑱則非鄭箋以素青黃爲紞以瓊華瓊瑩瓊英爲瑱是也案任金說是也瑱與紞通謂之充耳亦通謂之塞耳故鄭此注釋瑱爲塞耳檀弓注又釋爲充耳說文糸部亦云紞冕冠塞耳者是也塞與充義同故二者互稱詩著疏引孫毓說謂凡禮名充耳塞耳者皆即瑱紞不得謂之充耳非也又案檀弓云練角瑱注云吉時以玉人君有瑱義即本此經然此玉亦即瑉玉故毛詩淇奧傳謂諸侯瑱以石與天子用玉不同又釋充耳琇瑩亦云琇瑩美石也而齊風著篇說充耳以素青黃三等毛傳云素象瑱士之服也青青玉卿大夫之服也黃黃玉人君之服也蓋著傳言人君卿大夫之瑱皆以玉者亦當謂石之似玉者即此經瑉玉之屬非真玉也張惠言云瑱制無文春秋傳曰幣錦二兩縛一如瑱則其形必圓而長案張說是也大戴禮記子張問入官篇云黈紞塞耳晏子作纊紘珫耳紞纊並與衡通別爲冕旁所垂之衡玉與瑱異大戴盧注以纊爲詩之充耳非也詳追師疏云故書瑉作璑者蓋聲轉致誤徐養原云瑉璑古蓋通用說見弁人鄭司農云繅當爲藻繅古字也藻今字也同物同音者段玉裁云繅見司几筵巾車案儀禮古文作繅今文作璪璪同藻也禮記有藻無繅黃以周云先鄭誤以繅爲古字宜云繅讀爲藻不宜云當爲以破之聘禮注云古文繅或作藻今文作璪則藻今字非謂今文案司几筵繅席先鄭亦讀爲藻率之藻黃謂此注當作繅讀爲藻與司几筵注同於義近是但先鄭此讀當本在前章五采繅下後鄭以瑉惡玉之訓牽連引之於

此非其舊也至先鄭所謂今字止據漢時經典常用字言之與儀禮今文異也又案先鄭意謂此經之繅斿與禮記玉藻同音同物繅取雜文爲名與藻義尤近故讀從之玫說文糸部云繅繹繭爲絲也艸部云藻水艸也重文藻藻或从澡玉部云璪玉飾如水藻之文則冕斿之繅蓋無正字此經作繅禮記作藻皆借字也聘禮之繅今文作璪者乃典瑞圭玉之繅與冕繅異惟玉藻釋文云藻本又作璪亦聲近假借字云璑惡玉名者賈疏云按許氏說文璑三采玉從玉無聲以其三采又非璵璠故云惡玉名也說文又云珉石之美者從玉民聲如是經云瑉玉三采當以璑爲正故先鄭從璑爲惡玉名也案賈亦誤以瑉與珉爲一字依先鄭說則璑爲玉不美者之名三采者但一斿之中備此三采之玉非一玉備有三采也初學記玉部引逸論語亦云璑三采玉也許說本於彼則謂璑卽爲備三采之玉與鄭義異金鶚云凡經典石之似玉者多通稱玉非必眞玉也注云惡者玉之惡者卽石之美者其義一也徐養原云無與武古亦通用璑疑卽武夫之武說文無碔砆字漢書董仲舒傳作武夫案徐說亦通

王之皮弁會五采玉璂象邸玉笄

故書會作膾鄭司農云讀如馬會之會謂以五采束髮也士喪禮曰檜用組乃笄檜讀與膾同書之異耳說曰以組束髮乃著笄謂之檜沛國人謂反紒爲膾璂讀如綦車轂之綦玄謂會讀如大會之會會縫中也璂讀如薄借綦之綦綦結也皮弁之縫中每貫結五采玉十二以爲飾謂之綦詩云會弁如星又曰其弁伊綦是也邸下柢也以象骨爲之

【疏】王之皮弁會五采玉璂者釋文云璂本亦作琪文選東京賦李注引此經注並作琪孔繼汾云琪疑當作璂案孔據說文校也說文玉部云璂弁飾往往冒玉也從玉綦聲重文璂璂或从基無琪字則璂正字璂或體鄭本疑本作璂詩曹風鳲鳩箋讀騏爲璂或卽本此經也琪璂之省周書器服篇有象琪卽弁飾也皮弁者王朝服

之弁依鄭後注則韋弁飾等亦與皮弁同　注云故書會作膾鄭司農云讀如馬會之會謂以五采束髮也者此先鄭讀膾五采爲句五采謂組不謂玉也段玉裁於讀如上增膾字云司農從膾後鄭從會膾讀如馬會之會後人刪膾字非也馬會者卽馬儈後漢書郭太傳注引說文駔會也謂合兩家之買賣如今之度市也史記貨殖傳節駔會徐廣曰駔馬儈也會儈古今字司農謂其音如此其義則亦取會合謂以五采束髮也引士喪禮曰檜用組乃笄者檜葉鈔釋文宋岳珂本並作檜下同今本儀禮作髻鄭彼注云古文髻皆爲括與先鄭所據本異徐養原云檜注道峴本作檜下同今士喪禮今文作髻乃俗字也古文作括括之與檜猶栝之與檜也案徐說近是束髮之正字當作髻說文髟部云髻絜髮也禮古文作括爲同聲叚借字髻卽髻之別體檜亦卽括之別體也今本作檜檜𢷤聲類亦同但經典髻字多作括則宋本作檜於形尤近耳髻又或省作會莊子寓言篇陳景元音義本云向也括撮而今也被髮人閒世篇云會撮指天會撮卽括撮釋文引司馬彪云會撮髻也云檜讀與膾同書之異耳者段玉裁云謂儀禮之檜卽周禮之膾也徐養原云先鄭分膾五采及玉璂爲兩事後鄭合會五采玉璂爲一事說文骨部膾骨擿之可會髮者从骨會聲引詩膾弁如星按今毛詩作會不作膾許所引者蓋三家詩今無可考此外惟周官故書有膾字先鄭釋此字祇引禮經而不及詩何也其字从骨故訓骨擿後鄭注禮時未見毛詩其作會也从今書也詒讓案依說文膾字說解則此經當斷膾字爲句五采玉璂爲句骨擿不用玉亦無五采也但說文不引此經故書疑許固不以此經之膾爲骨擿矣引說曰以組束髮乃著笄謂之檜者說謂禮今文家舊說鄭士喪禮注云用組束髮也亦與舊說同先鄭先發五采束髮之訓又引禮經之檜以證義蓋謂周禮之膾亦取束髮爲義與禮經檜義同故并引禮說以釋之但先鄭引此諸文自專取束

髮之義與著笄不相冡此牽連引之耳二云沛國人謂反紒爲髻者釋
文紒作紒二云本又作紒案說文髟部二云髻簪結也髻正字別作紒紒
即紒之變體士冠禮鄭注二云紒結髮沛國方言以反紒爲髻未詳其
說疑亦束髮之義故又舉以爲證二云璂讀如綦車轂之綦者段玉裁
二云綦車轂蓋即詩之約軧此司農擬其音耳其義蓋同說文弁飾往
往冒玉謂之璂司農不易璂爲綦也案段說是也先鄭讀玉璂爲句
則義同許書可知二云玄謂會讀如大會之會會縫中也者大會即占
夢注所謂八會也賈疏二云漢曆有大會小會取會聚之義故爲縫中
段玉裁二云司農謂膾五采者會五采束髮玉璂者用玉爲璂鄭君則
以經文五采玉即上文說冕之五采玉十有二也不當誤斷其句故
從今書作會讀會如大會之會會訓縫中者凡兩者相合而有縫故
牆隙謂之壁會任大椿二云攷釋名以皮弁爲合手之形下廣上銳其
制當取鹿皮一幅分解之每片廣頭向下狹頭向上片片縫合自成
合手銳項之狀縫中曰會蓋皮之分解者必以箴功會合之也戰國
趙策鯷冠秫縫注秫綦箴言女工之粗蓋以冠無論麤細必有箴縷
之迹於其有箴縷之處飾以綦玉則不見箴縷矣故不特皮弁有璂
即凡冠弁皆當有璂也戴震二云冠之異於弁者左右不合弁則左右
合而會之所謂如覆杯矣於其會也飾之以玉二云璂讀如薄借綦之
綦綦結也者段玉裁改讀如爲讀爲二云薄借綦者即說文糸部之不
借綼不借麤屨也釋名齊人二云搏腊薄不語之轉內則注綦屨繫也
今之鞻帶所以結鞻使不脫故讀璂爲綦即訓綦爲結王之皮弁縫
中以五采玉十二貫而結之爲飾亦謂之綦又非如仲師叔重說弁
飾名璂也惠士奇二云喪服傳注二云繩菲今之不借齊民要術二云華屨
之賤者曰不借釋名不借言賤易有不假借人也齊人二云搏腊於文
借腊皆以昔爲聲古音通薄搏音相近故薄借轉爲搏腊廣雅不借
屨也其紟謂之綦內則注二云綦屨繫士喪禮綦結於跗連約約在屨

頭有孔穿繫於中而結於足康成引之亦取結義也任大椿云內則注曰屨繫廣雅曰紟皆可以貫結者也蓋屨下以絲貫約謂之綦弁上以絲貫玉亦謂之綦鄭注以屨綦之綦通綦之義則知璂之當為綦亦取義於貫結也案任說是也文選東京賦云玉笄綦會蓋即用此經亦不作璂體與鄭讀正同疑後鄭即本張平子也不借齊民要術及崔氏古今注並云草屨方言云麻作此與喪服注繩菲說同急就篇及釋名則云韋作蓋漢時凡麤屨不論草韋通名不借亦皆有綦鹽鐵論散不足篇云綦下不借鄭此薄借綦矣云皮弁之縫中每貫結五采玉十二以為飾謂之綦者此後鄭讀會五采玉璂為句也會玉十二聶氏三禮圖引梁正張鎰圖云弁縫十二據禮圖說則弁有十二縫每縫有十二玉與冕斿玉數相等也隋書禮儀志引五經通義說弁制云高五寸前後玉飾又引魏臺訪議云天子以五采玉珠十二飾之賈疏云天子以十二為飾約同冕旒也孔廣森云冕有旒弁有璂皆以組貫玉珠垂而下之則為旒綴而上之則為璂故璂與旒之數同等引詩云會弁如星者衞風淇奧文毛傳云弁皮弁所以會髮鄭箋云會謂弁之縫中飾之以玉皪皪而處狀似星也案毛說會弁為會髮與先鄭義略同引又曰其弁伊綦者曹風鳲鳩文毛詩綦作騏傳云騏騏文也弁皮弁也鄭箋云騏當作璂以玉為之案作綦者疑亦三家文後鄭引此二詩者證會綦為結玉之義任大椿云璂璪騏綦通後鄭於詩以璪破騏於周禮以綦破璂璂璪綦三字義相近騏則假借字耳東京賦玉笄綦會綦之從糸璪之從玉以絲貫玉故也然則會弁如星言會而璂可見其弁伊騏言綦而會可見也弁飾先言會而後言璂言會中有璂也東京賦先言綦而後言會言綦飾於會也黃以周云說文弁飾冒玉謂之璪或作璂此璂字似不必改讀為綦鄭箋曹風其弁伊騏又破讀為璪書四人綦弁又不破讀鄭意顧命綦弁文在爵弁下是為士服士之弁會無玉飾故

從本字曹風弁騏本不謂士毛傳云騏綦文也但言結文似爲無玉之弁故改讀爲璂以明用玉此經旣言五采玉則璂之爲玉可不待言且但言縫中五采玉璂不言所結義亦不了故改讀爲綦以明所結案鄭意當如任黃說此注讀璂爲綦綦義取於結詩箋則讀騏爲綦義取於玉二注微異毛詩傳讀騏如字釋爲綦文蓋謂弁色書顧命綦弁爲孔傳云綦文鹿子皮弁釋文引馬融本綦作騏云青黑色孔疏引鄭云青黑曰綦王肅云綦赤黑色馬鄭王書注義雖小異而並據色言之與毛詩傳略同鄭詩箋及此注則字義並不從毛詩孔疏引孫毓申鄭云皮弁飾有玉璂而無綦文綦文非所以飾弁即據此經義今攷鄭士冠禮注謂皮弁以白鹿皮爲之則與青黑赤黑色並不合詩書傳諸家之義皆不知何據唯江永據詩鄭風出其東門毛傳訓綦爲蒼艾色近白而非白其說近是要書之綦弁自是皮色此經璂自是結玉段令言色則不當以玉璂爲文詩之弁綦不定爲士服則綦璂兩通三經之義當分別釋之不可參合爲一也云邸下柢也以象骨爲之者任大椿云初學記載魏臺訪議邸以象骨周緣弁下根柢如魏武帝所作弁柢據此則邸在弁下有周緣之形其象冠之有武歟賈疏謂於弁內頂上以象骨爲柢不特與魏臺訪議不合即注亦明云下柢則邸在弁下明矣賈疏以爲在頂上亦與下邸二字迕攷爾雅釋器邸謂之柢郭樸注根柢皆物之邸邸即底通語也根柢皆在下之稱賈疏謂柢在弁之頂上何解於邸即爲底也典瑞四圭有邸司農云於中央爲璧著四圭一玉俱成此象邸周緣弁下爲弁之邸與璧爲四圭之邸名義正同案任說本陳祥道蓋深得鄭恉

王之弁經弁而加環經弁經王弔所服也其弁如爵弁而素所謂素冠也而加環經環經者大如緦之麻經纏而不糾司服職曰凡弔事弁經服

【疏】注云弁經王弔所服也者據司服文云其弁如爵弁而素者司服注同今案王之弁經即加經

於爵弁之上鄭謂素爵弁非是詳司服疏云所謂素冠也者據詩檜風素冠文冠弁散文亦通賈疏云詩云庶見素冠兮彼素冠謂祥冠與此雖義別同是素爲之云而加環經環經者大如緦之麻經者司服注義同麻經謂澡麻經也云纏而不糾者雜記小斂環經公大夫士一也注云環經者一股所謂纏經也賈疏云但緦之經則兩股此環經以一股纏之不糾麤細同耳又司服疏云凡五服之經皆兩股絞之今言環經卽與絞經有異矣謂以麻爲體又以一股麻爲體不糾而橫纏之如環然故謂之環經詒讓案釋名釋喪制云環經末無餘散麻圓如環也說文糸部云纏繞也文選鵩賦李注引字林云糾兩合繩檀弓云叔仲皮死其妻衣衰而繆經叔仲衍以告請繐衰而環經鄭彼注云繆當爲不樛垂之樛案糾繆樛字並通不糾卽謂不絞也漢書王莽傳顏注云謂之環者言其輕細如環之形依顏說則環經與緦麻之經形制不異非經義也又案凡經有首有要經以象大帶此環經加於弁則首經也其要經注無文喪服朋友麻注謂亦服弁經而服緦之經帶賈彼疏申其義云凡弔服直云素弁環經不言帶或有解云有經無帶但弔服既著衰首有經不可著吉時之大帶此經注服緦之經帶則三衰經帶同有可知首言環經則其帶未必如環但亦五分去一爲帶糾之矣引司服職曰凡弔事弁經服者賈疏云證弁經是弔服之經

諸侯及孤卿大夫之冕韋弁皮弁弁經各以其等爲之而掌其禁令各以其等繅斿玉璂如其命數也冕則侯伯繅七就用玉三十八子男繅五就用玉五十繅玉皆三采孤繅四就用玉三十二三命之卿繅三就用玉十八再命之大夫藻再就用玉八藻玉皆朱綠韋弁皮弁則侯伯璂飾七子男璂飾五玉亦三采孤則璂飾四三命之卿璂飾三再命之大夫璂飾二玉亦二采弁經之弁其辟積如冕繅之就然庶人弔者素委貌一命之大夫冕

而無斿士變冕為爵弁其韋弁皮弁之會無結飾弁絰之弁不辟積禁令者不得相僭踰也玉藻曰君未有命不敢即乘服不言冠弁冠弁兼於韋弁皮弁矣不言服弁服弁自天子以下無飾無等【疏】諸侯及孤卿大夫之冕韋皮弁弁經者此通辨諸侯諸臣冕弁以下斿璂之等數也諸侯亦通五等言之其冕飾上文已見此又重出者侯國孤卿大夫亦有冕故通舉不別也鄭賈破上諸侯為諸公而謂此諸侯據侯伯子男無公非經義賈疏云及孤卿大夫者此文既承諸侯之下故鄭以為諸侯之孤卿大夫解之也既不別見天子之臣文中可以兼之上天子與公不言韋弁此言之亦是互見之義云各以其等為之者賈疏云不言爵而言等則依命數矣又云自此一經總包諸侯及臣不言天子之臣但天子三公八命卿六命大夫四命士三命以下冕弁之屬亦各以其等為之可知案此等自據爵次言之諸侯及卿大夫冕斿飾並不依命數賈說亦非又諸侯之士亦得服弁絰不及士者亦文不具也　注云各以其等繅斿玉璂如其命數也者鄭以諸侯卿大夫等繅斿玉璂之數無文故依命數推之其說非也詳後云冕則侯伯繅七就用玉九十八子男繅五就用玉五十者此鄭依侯伯以下命數為其冕斿之差侯伯前後十四就以十四乘七得九十八子男前後十就以十乘五得五十也今依禮器說諸侯九斿又依江氏說無後斿則侯伯子男冕斿與公同前九斿九就九玉用玉同八十一也天子之三公冕斿數與諸侯同又案隋書禮儀志引禮圖云鷩冕侯伯服以助祭七旒用玉九十八毳冕子男服以助祭五旒用玉五十玄冕諸侯服以祭其廟三旒用玉十八禮圖所說並與鄭同但依鄭說五等諸侯並以一冕冠五服故賈疏謂侯伯子男之冕亦據一冕如上公而禮圖謂諸侯玄冕三斿則與鄭賈義違未詳所據又淮南子主術訓高注說冕斿云天子玉縣十二公侯挂珠九伯子男各應隨其命數也此亦依鄭義而謂公侯同九

玉則與鄭說又小異疑傳寫之誤云繅玉皆三采者據上文云孤繅四就用玉三十二三命之卿繅三就用玉十八再命之大夫藻再就用玉八者大夫藻藻當作繅各本並誤此謂諸侯之卿大夫也隋志引禮圖云絺冕孤卿服以助祭四旒用玉三十二與鄭義同鄭意公侯伯孤四命前後八就以八乘四得三十二卿三命前後六就以六乘三得十八大夫再命前後四就以四乘二得八也賈疏云四命以下皆據典命公之孤四命公侯伯之卿三命其大夫二命子男之卿再命大夫一命而言詒讓案禮器說冕旒云上大夫七下大夫五士三注以爲夏殷禮孔疏亦云周家旒數隨命數又士但爵弁無旒也金鶚云此亦周禮也蓋大夫士有王朝侯國之異王朝之大夫與諸侯略等士與諸侯之大夫略等然則王朝之士得服冕也上大夫爲卿六命與侯伯等而服毳冕其冕七旒下大夫四命與子男等而服希冕其冕五旒上士三命與大國之卿等而服玄冕其冕三旒三公與外諸侯之上公略相等雖服鷩冕而有九旒所以尊之也案金說是也今依禮器說天子之卿七斿大夫五斿皆不依命數又依江氏說無後斿則天子卿冕前七斿四十九玉大夫冕前五斿二十五玉也諸侯卿大夫斿數無文疑當降王臣一等孤卿同前五斿用玉二十有五大夫前三斿用玉九也淮南子主術訓高注云卿黝珠六亦未詳所據又天子孤蓋服鷩冕而與卿同七斿上中下士並得服冕亦同三斿九玉此經不具也詳大宗伯典命司服疏云藻玉皆朱綠者藻亦當作繅賈疏云亦據聘禮記聘臣藻皆二采朱綠而言也云韋弁皮弁則侯伯璂飾七子男璂飾五玉亦三采孤則璂飾四三命之卿璂飾三再命之大夫璂飾二玉亦二采者以璂玉采數之差與冕斿同也今依禮器定五等諸侯冕同九斿則韋弁皮弁璂飾亦九玉三采王朝卿璂飾七大夫璂飾五諸侯孤卿同璂飾五大夫璂飾三玉並二采不依命數爲差又左僖二十八年傳楚子玉自爲瓊弁

玉纓杜注云弁以鹿子皮爲之瓊玉之別名次之以飾弁及纓案子
玉之弁蓋卽以瓊爲璂此諸侯卿大夫皮弁得以玉爲飾之證也云
弁絰之弁其辟積如冕繅之就然者賈疏云以其弔服非吉故無飾
故辟積有就也張惠言云鄭蓋以天子至卿大夫皆有素爵弁之弁
絰服故爲辟積之差等其實天子卽以爵弁君大夫卽以皮弁爲弁
絰其爵弁不得有辟積也案張說是也辟積與士冠禮皮弁服素積
義同彼謂皮弁之裳當要中辟蹙爲襵鄭此注則謂弁絰之弁當縫
辟蹙如冕繅之數然經無弁積之文不足據也天子以下弁絰之等
自以冠衰爲差詳司服疏云庶人弔者素委貌者明不得服弁絰也
鄭謂庶人以素委貌疑衰爲弔服詳司服疏賈疏云此經不云庶人
鄭云此者以有大夫已上因言庶人且欲從下向上因推出士變冕
爲爵弁之意也云一命之大夫冕而無旒士變冕爲爵弁者賈疏云
此亦無文鄭知然者凡冕旒所以爲文飾一命若有則止一旒一玉
而已非華美又見一命大夫衣無章士又避之變冕爲爵弁若一命
大夫有旒士則不須變冕爲爵弁直服無旒之冕矣故知一命大夫
無旒也若然爵弁制如冕但無旒爲異則無旒之冕亦與爵弁不殊
得謂之冕者但無旒之冕亦前低一寸餘故亦得冕名也案鄭賈說
並非也無斿則不成冕冕依禮器斿不隨命數一命之大夫及王之下
士亦當玄冕三斿士爵弁形制當同韋弁皮弁又不與冕同詳大宗
伯司服疏云其韋弁皮弁之會無結飾弁絰之弁不辟積者亦以等
降也賈疏云一命大夫及士冕弁旣無旒故知無此等任大椿云注
云其韋弁皮弁之會無結飾與上注一命之大夫及士互相承士不
得韋弁注所云韋弁無結飾蓋指一命之大夫言也詒讓案今定一
命大夫士冕亦三斿則弁亦當無降也云禁令者不得相僭踰也者
尊卑之服各依其等若有僭踰則弁師糾詰之故有禁令也引玉藻
曰君未有命不敢卽乘服者彼文不敢作弗敢鄭彼注云謂卿大夫

受賜於天子者歸必致於其君君有命乃服之案彼云乘者兼賜車馬言也賈疏云彼諸侯之卿大夫聘於天子天子賜之冕服歸國告君得君命乃服之未得君命則爲僭踰故引爲證也云不言冠弁冠弁兼於韋弁皮弁矣者任大椿云謂兼於韋弁皮弁之冠飾也賈疏云玄冠緇布衣緇帶素韠天子以爲田服卽諸侯及臣之朝服亦皮弁之類不言之者兼於韋弁皮弁也詒讓案冠弁之冠委貌卽玄冠詳司服疏玄冠玉飾經無文玉府先鄭注釋服玉云冠飾十二玉賈彼疏謂天子冠弁與韋弁皮弁同十二玉王制孔疏亦謂諸侯及孤卿大夫冠弁采玉之數並同二弁理或然也云不言服弁服弁自天子以下無飾無等者雜記云端衰喪車皆無等注云喪者衣衰貴賤同孝子於親一也明天子以下至於士喪服制度並同故經不言也

周禮正義卷六十

周禮正義卷六十一

瑞安孫詒讓學

司甲闕

司兵掌五兵五盾各辨其物與其等以待軍事五盾干櫓之屬其名未盡聞也等謂功沽上下鄭司農云五兵者戈殳戟酋矛夷矛

【疏】掌五兵五盾各辨其物與其等以待軍事者賈疏云五兵五盾各有物色與其善惡長短大小之等按此下有舞者兵及歐五兵直云以待軍事者五兵五盾以軍事爲主故也　注云五盾干櫓之屬其名未盡聞也者說文盾部云盾瞂也所以扞身蔽目又木部云櫓大盾也釋名釋兵云盾遯也跪其後避刃以隱遯也大而平者曰吳魁本出於吳爲魁帥者所持也隆者曰滇盾本出於蜀蜀滇所持也或曰羌盾言出於羌也約脅而鄒者曰陷虜言可以陷破虜敵也今謂之曰露見是也狹而長者曰步盾步兵所持與刀相配者也狹而短者曰孑盾車上所持者也孑小稱也以縫編版謂之木絡以犀皮作之曰犀盾以木作之曰木盾皆因所用爲名也廣雅釋器云吳魁干瞂樐戰盾也案瞂卽伐也毛詩秦風小戎蒙伐有苑傳云伐中干是也五盾蓋卽詩傳之中干及釋名所說步盾車盾之類總舉大數無五者之名故云未盡聞云等謂功沽上下者司勳注云等猶差也賈疏云功謂善者爲上等沽謂麤惡者爲下等也必知有此法者見槀人職云書其等以饗工乘其事試其弓弩以下上其食明兵盾亦當然案功沽詳酒正疏鄭司農云五兵者戈殳戟酋矛夷矛者蘇氏演義引世本說五兵義同兵者戎器之通名故殳無金刃亦謂之兵名制並詳考工記總敘及

治氏廬人職賈疏云此謂車之五兵故下注云車之五兵司農所云者是也

及授兵從司馬之灋以頒之及其受兵輸亦如之及其用兵亦如之

從司馬之法令師旅卒兩人數所用多少也兵輸謂師還有司還兵也用兵謂出給衞守

疏及授兵從司馬之灋以頒之者司弓矢云凡師役會同頒弓弩從授兵甲之儀則此授兵亦兼師役會同有頒兵甲書費誓云善敹乃甲冑敿乃干無敢不弔備乃弓矢鍛乃戈矛礪乃鋒刃無敢不善鄭魯公伐徐戎命有司治甲兵以頒授之事也天子六軍其人出於六鄉其甲兵則皆臨時官給故坊記孔疏云據司馬灋之文諸侯車甲牛馬皆計地令民自出若鄉遂之衆七十五人則遣出革車一乘甲士三人馬四匹牛十二頭恐非力之所能皆是國家所給案孔說是也左隱十一年傳鄭伯將伐許授兵於大宮杜注云大宮鄭祖廟戰國策齊策云甲兵之具官之所私給也費誓命魯人三郊三遂亦止峙楨榦芻茭而甲兵不責之郊遂此皆可證孔官給甲兵之說但侯國亦有鄉遂孔謂專用丘甸計地出車之法則非耳其畿內四等公邑丘甸軍賦之法則車馬甲兵皆民自備非官所授詳小司徒縣師夏官敘官疏惠士奇云春秋莊四年楚武王授師孑以伐隨閔二年衞懿公將戰而國人受甲古者兵器藏於國有事而後授兵既事復還兵所謂良兵藏於王府及內府者必非民間所造造之者繕人槀人掌之者司甲司兵戈盾弓矢各有司存說者謂周官兵器出於鄉遂之民誤矣案惠說足申孔義凡大師六軍出於六鄉蓋巾車授車馬質授馬而此官與司甲授以兵甲其還則亦受之唯大田蒐卒盡作則車馬甲兵民閒自具耳　注云從司馬之法令師旅卒兩人數所用多少也者此亦注用今字作法也賈疏云司馬主六軍是一官之長先受於王命知多少乃始出軍故從司馬法以頒之云兵輸謂師還有司還兵也者說文車部云

輸委輸也師還兵不復用則當歸之有司司兵主受所輸而藏之也云用兵謂出給衛守者賈疏云以其既言受兵下別言用兵明是衛守之處須兵者也曾釗云注意以衛守別上授兵然出給與授本無別且經亦未嘗有衛守意竊謂其用兵言利用之兵如牛刀之屬耳蓋古出軍斬牲以徇陳又軍事共其犒牛無爲皆執戰陳之刀以殺之故知其別有兵也案曾說亦通

祭祀授舞者兵授以朱干玉戚之屬

疏 祭祀授舞者兵者此通授衆舞徒兵器與司干諸子爲官聯也 注云授以朱干玉戚之屬者明堂位云朱干玉戚冕而舞大武祭統同鄭注云朱干赤大盾也戚斧也賈疏云按下司戈盾云祭祀授旅賁殳故士戈盾司兵尊於司戈盾明所授兵據以大武朱干玉戚也其司干所授者又是羽籥之等非干戚可知也案賈此疏與司干疏說異非也司干以干名官不宜轉不掌干戚竊謂朱干玉戚以文飾爲貴乃專屬舞器非戎事所用當爲司干所專掌此官所掌者蓋不飾朱玉之干戚耳鄭以朱干玉戚爲釋亦非也祭統云及入舞君總干戚就舞位君爲東上冕而總干率其羣臣以樂皇尸然則大武之朱干玉戚蓋君所自執其羣臣以下所執則不必有朱玉之飾舞兵之干戚自有飾不飾兩種鄭賈不察而司干與司兵職掌遂淆掍莫辨矣

大喪廞五兵故書廞爲淫鄭司農云淫陳也淫讀爲廞玄謂廞興也興作明器之役器五兵也士喪禮下篇有甲冑干笮

疏 大喪廞五兵者宰夫注云大喪王后世子也廞兵者葬前一日則陳之祖廟之廷葬日至壙則陳之墓道及窆則奉而藏之椁中見內也並詳司裘疏 注云故書廞爲淫鄭司農云淫陳也淫讀爲廞玄謂廞興也者二說不同先鄭爲長詳司裘大師疏云興作明器之役器五兵也者既夕禮云陳明器役器甲冑干笮鄭彼注云此皆師役之器賈疏云按既夕禮明器之用器有弓矢役器之內甲冑干笮彼雖不具五兵此既言五兵明五者

皆有也詁讓案廞謂陳之不為興作鄭說亦失之二云士喪禮下篇有甲冑干笮者釋文二云笮字又作筰案既夕文作笮鄭彼注二云甲鎧冑兜鍪干盾笮矢箙引以證明器有役器也既夕卽士喪禮下篇詳巾車疏

軍事建車之五兵會同亦如之

車之五兵鄭司農所二云者是也步卒之五兵則無夷矛而有弓矢

【疏】軍事建車之五兵者天官敘官注二云建立也六軍之制二十五人為兩而革車一乘皆備建五兵故謂之兵車賈疏二云凡器在車皆有鐵器屈之在車較及輿以兵插而建之故有出先刃入後刃之事詁讓案凡車兵皆插於車輢詳考工記總敘疏　注二云車之五兵鄭司農所二云者是也者御覽兵部引樊文淵七經義綱二云車上五兵戈殳車戟酋矛夷矛與先鄭義同賈疏二云卽上文注是也必知如先鄭義者見考工記廬人二云戈殳車戟酋矛夷矛乃二云六建既備車不反覆注二云建五兵與人也以是故從司農所二云也詩衛風伯兮孔疏二云弓矢不在建中故不數也其實兵車皆有弓矢故司弓矢二云唐大利車戰野戰枉矢絜矢用諸守城車戰又檀弓注二云射者在左傳曰前驅獻犬射而殺之是皆有弓矢也二云步卒之五兵則無夷矛而有弓矢者司右注引司馬法曰弓矢圍殳矛守戈戟助凡五兵長以衛短短以衛長是也詩伯兮疏二云步卒五兵與車兵異夷矛長非步卒所宜用故以司馬法五兵弓矢殳矛戈戟當之案孔說是也月令季秋習五戎注及御覽兵部引七經義綱說步卒五兵並同此注義它書說五兵者與二鄭多殊異肆師賈疏引五經異義公羊說二云五兵矛戟劍楯弓鼓穀梁莊二十五年傳天子救日陳五兵五鼓范注二云五兵矛戟鉞楯弓矢楊疏引徐邈麋信說同曾子問孔疏引禮記隱義二云東方戟南方矛西方弩北方楯中央鼓國語齊語韋注淮南子氾論訓高注並二云五刃刀劍矛戟矢也淮南子時則訓二云春其兵矛夏其兵戟季夏其兵劍秋其兵戈冬其兵鎩揚雄太玄經玄數二云木為

矛，金爲鉞，火爲戈，水爲楯，土爲弓矢。漢舊儀云：「五兵：弓弩、刀劍、甲鎧。」漢書吾丘壽王傳顏注云：「五兵，謂矛、戟、弓、劍、戈。」今案此經以五兵對五盾，又司甲與司兵異職，墨子節用上篇云「甲盾五兵」，穀梁傳云「五兵五鼓」，則五兵數楯鎧鼓者非也。餘說紛互，並無塙證，今不備論。

司戈盾掌戈盾之物而頒之。分與授用。疏注云「分與授用」者，授舊本作受，今依余本及注疏本正。祭義注云：「頒之言分也。」授用，謂亦如司兵所云授兵用兵二事，有當用戈盾者，此官則分而與之。賈疏云：「即下文祭祀會同之等皆是。」

祭祀，授旅賁殳，故士戈盾，授舞者兵，亦如之。亦頒之也。故士，王族故士也，與旅賁當事則衞王也。殳如杖，長尋有四尺。疏「祭祀授旅賁殳」者，明此官兼掌殳也。洪頤煊云：「旅賁氏掌執戈盾夾王車而趨，凡祭祀會同賓客則服而趨，並未言殳。下文『軍旅會同，授旅賁及虎士戈盾』，此殳當是及字之譌。」案洪說亦通，莊有可、蔣載康說同。然說文殳部引禮「旅賁以先驅」，疑即據此文，則許所見本亦作殳，與鄭本同。云「授舞者兵亦如之」者，與司干諸子爲官聯也。此謂樂師小舞干舞之兵，與司干司兵所授大舞之干戚並異。賈司干疏謂司干授干，司戈盾惟授戈，不足據。注云「亦頒之也」者，亦分與旅賁及衆舞者也。云「故士，王族故士也」者，賈疏云：「據司士而言。」云「與旅賁當事則衞王也」者，司士注云：「王族故士，故爲士晚退留宿衞者。」是故士爲宿衞之人，故與旅賁同衞王也。賈疏云：「案旅賁氏掌執戈盾而趨，此執殳者，以其與故士同衞王，時以爲儀衞，故不執戈盾。」云「殳如杖」者，說文殳部云：「殳，以杖殊人也。禮：殳以積竹八觚，長丈二尺，建於兵車，旅賁以先驅。」又云：「柲，軍中士所持殳也。司馬法曰：執羽從柲。」釋名釋兵云：「殳，殊也，長丈二尺而無刃，有所撞挃於車上，使殊離也。」淮南子齊俗訓「搢笏杖殳」，高注云：「殳，木杖也。」文選西京賦薛注云：「殳，杖也，八棱，長丈二而無刃，或以木爲之，或以竹爲

之案殳投聲義並同殳以竹木爲之而無刃與杖相似故高誘薛綜卽稱爲杖也互詳廬人疏云長尋有四尺者據考工記總敘及廬人文

軍旅會同授貳車戈盾建乘車之戈盾授旅賁及虎士戈盾乘車王所乘車也軍旅則革路會同則金路【疏】軍旅會同授貳車戈盾者革路金路之副車也詳馭夫疏賈疏云軍旅會同皆有貳車皆有車右故授之以戈盾云云建乘車之戈盾者明與兵車備建五兵不同賈疏云王所乘車有車右故建戈盾鄭珍云車箱外三面皆有闌其式前之闌金鼓干盾弓矢皆在焉左傳昭二十六年齊子淵捷射洩聲子中楯瓦繇軥汰輈匕入者三寸可見輈之後有盾盾必樹者矢乃中之詩小戎龍盾之合毛公曰合而載之王肅謂合而載之所以蔽車案鄭說是也戈則弛插於車輢外之闌詳考工記總敘疏云授旅賁及虎士戈盾者此皆步行從王爲扞衞者故別授以戈盾也虎士卽虎賁氏之屬八百人詳敘官疏　注云乘車王所乘車也者謂王所自乘之車故此官建其戈盾明它乘車則此官授與車右自建之不親建也云軍旅則革路會同則金路者明軍旅會同王所乘路不同此乘車中兼有彼二路也賈疏云皆巾車文會同則彼以賓一也

及舍設藩盾行則斂之舍止也藩盾盾可以藩衞者如今之扶蘇與【疏】及舍設藩盾者與掌舍爲官聯也凡王軍旅及巡守殷國之大會同皆有在外舍止之事賈疏云按掌舍王行止住不言設藩盾者當宿衞之事非止一重除彼梐枑車宮之外別有此藩盾之等也　注云舍止也者天官敘官注云舍行所解止之處是也云藩盾盾可以藩衞者者蓋卽所謂櫓也說文艸部云藩屏也又木部云櫓大盾也左昭十三年傳云乃藩爲軍杜注云藩離也此藩盾亦謂以大盾爲屏藩助衞守也六韜分險篇云凡險戰之法以武衝爲前大櫓爲衞云如今之扶蘇與者六韜軍用篇有武

衛大扶胥三十六乘武翼大櫓矛戟扶胥七十二具提翼小櫓扶胥一百四十六具大黃參連弩大扶胥三十六乘大扶胥衝車三十六乘矛戟扶胥輕車一百六十乘舊注云扶胥車上之蔽惠士奇云蘇與胥古文通故扶蘇一作扶胥蓋秦漢閒語周之藩盾也建之乘車以蔽左右軍旅會同前後拒守在車兩藩故曰藩盾止則設焉嚴其守也行則斂焉利其行也王之乘車則然若凡兵車雖行亦設之掌舍注謂阻險之處王行止宿次車爲藩以備非常然則設車宮建藩盾掌舍設之司戈盾建焉案惠謂扶蘇卽扶胥是也其謂藩盾設於掌舍之車宮以在車藩得名雖非鄭義然與六韜合周書大明武篇云輕車翼衛在戎二方亦卽六韜武衛武翼扶胥及輕車之制是扶胥實設於兵車惠說亦得備一義也

司弓矢掌六弓四弩八矢之灋辨其名物而掌其守藏與其出入法曲直長短之數【疏】掌六弓四弩八矢之灋者司弓矢官之官法也說文弓部云弩弓有臂者釋名釋兵云弩怒也有埶怒也弩亦弓之類故同官掌之云辨其名物而掌其守藏與其出入者明此官爲弓弩矢受藏受用之府也賈疏云六弓八矢各有名號物色出入者須之受之 注云法曲直長短之數者此亦注用今字作法也司書注云法猶數也賈疏云曲直者謂若王弓弧弓合九成規已下或合七合五合三是曲者合少直者合多長短者弓人云弓之上制六尺六寸中制六尺三寸下制六尺是其長短也

中春獻弓弩中秋獻矢箙弓弩成於和矢箙成於堅箙盛矢器也以獸皮爲之【疏】中春獻弓弩者此獻並謂獻成也李光坡云弓人爲弓夏秋冬造至春被弦故弓弩中春獻之橐人職矢箙春作秋成故矢箙中秋獻之 注云弓弩成於和矢箙成於堅者弓弩欲其體強

弱均調故成於和矢箙恐其易損折故成於堅中春寒溫中物皆和適以此時獻弓弩則和中秋氣漸涼物皆堅凝以此時獻矢箙則堅也云箙盛矢器也者說文竹部云箙弩矢箙也引周禮仲秋獻矢箙方言云所以藏箭弩謂之箙郭注云盛弩箭器也續漢書輿服志劉注引干注云箙今謂之步叉釋名釋兵云步叉人所帶以箭叉其中也史記司馬相如傳集解引呂靜云步叉謂之服服卽箙之借字依揚許說則箙本爲盛弩矢器此經之箙則弓弩矢所通用散文不別也巾車小服注云服讀爲菔小菔刀劍短兵之衣菔箙字同則他兵衣亦得通稱矣又既夕記云弓有韣此唯有矢箙而無弓韣以兵衣稱箙例之或箙內亦得含弓韣與云以獸皮爲之者釋名釋兵云其受矢之器以皮曰服柔服之義也詩小雅采薇象弭魚服毛傳云魚服魚皮也孔疏引陸璣疏云魚服魚獸之皮也魚獸似猪東海有之其皮背上班文腹下純青今以爲弓鞬步叉者也其皮雖乾燥以爲弓鞬矢服經年海水潮及天將雨其毛皆起水潮還及天晴其毛復如故雖在數千里外可知海水之潮自相感也國語鄭語云檿弧箕服韋注云箕木名服矢房北堂書鈔武功部引賈逵云服矢筩也彼服不用獸皮故特著其木然則凡單言箙者並皮箙也

及其頒之王弓弧弓以授射甲革椹質者夾弓庾弓以授射豻侯鳥獸者唐弓大弓以授學射者使者勞者

王弧夾庾唐大六者弓異體之名也往體寡來體多曰王弧往體多來體寡曰夾庾往體來體若一曰唐大甲革革甲也春秋傳曰蹲甲而射之質正也樹椹以爲射正射甲與椹試弓習武也豻侯五十步及射鳥獸皆近射也近射用弱弓則射大侯者用王弧射參侯者用唐大矣學射者弓用中後習強弱則易也使者勞者弓亦用中遠近可也勞者勤勞王事若晉文侯文公受王弓矢之賜者故書椹爲鞎

鄭司農云椹字或爲鞎非是也圉師職曰射則充椹質又此司弓矢職曰澤共射椹質之弓矢言射椹質自有弓謂王弧弓也以此觀之言鞎質者非。疏及其頒之王弓弧弓以授射甲革椹質者者說文弓部引周禮六弓椹作甚者古文之省此辨六弓之名物與其頒授所用之異也云夾弓庾弓以授射豻侯鳥獸者者釋文云庾弓師儒相傳讀庾本或作庾阮元云當本作庾庾弓師儒相傳讀庾故下云本或作庾案阮校是也然疑陸本正文當同弓人作臾弓彼釋文音庾卽依師儒相傳讀也庾與聲類同庾則形之誤說文引豻侯作干侯亦古文省段玉裁云豻字作干與大射禮同賈疏云此經六弓強弱相對而言王弧直往體寡夾庾曲往體多故四者自對先言唐大往來若一故退之在後也注云王弧夾庾唐大六者弓異體之名也者賈疏云卽所引弓人之職往體來體之等是也云往體寡來體多曰王弧往體多來體寡曰夾庾往體來體若一曰唐大者並據弓人文彼不云弧弓大弓鄭以弧弓與王弓大弓與唐弓皆同等約推之明其體亦同也云甲革革甲也者據函人有犀甲兕甲此甲革卽以犀兕之革爲甲也弓人云王弓利射革與質注云革謂干盾干盾亦以革爲之與此互相備也樂記有貫革之射注云貫革穿革甲也鄉射記注釋主皮之射無侯張獸皮而射之雖與鄉射五物主皮不合而與此甲革之射實相類也引春秋傳曰蹲甲而射之者左成十六年傳潘尫之黨與養由基蹲甲而射之徹七札焉杜注云蹲聚也此引以證射甲革之事云質正也者射人注云正所射也賈疏云謂若賓射之正然也惠士奇云先鄭謂二尺曰正四寸曰質小爾雅亦云正方二尺正中者謂之槷槷古文臬或作埻所謂質也質者射之的先儒皆分正質爲二後鄭一之故曰質正也樹椹以爲正若臬然矣案惠說是也依先鄭射人注說則三射之侯皆有正有質依後鄭中庸注說則畫布曰正爲賓射采侯之埻此射椹質本不爲侯以椹

爲射臬亦通謂之質荀子勸學篇云質的張而弓矢至焉淮南子原
道訓云先者則後者之弓矢質的也高注云質的射者之準埶也此
椹質與彼義同與射侯之正質異也云樹椹以爲射正者爾雅釋宮
云椹謂之榩郭注云斫木櫍也詩商頌殷武孔疏引孫炎云椹斵材
質也惠士奇云詩曰方斵是虔箋云取松柏斷之正斵於椹上則是
用以爲藉也詩云取厲取鍛箋云鍛石所以爲鍛質疏云質椹也言
鍛金之時須山石爲椹質故取之則椹質又爲鍛厲斧斤之石矣史
記范睢曰臣之胷不足以當椹質而要不足以待斧鉞注云椹莝椹
也質剉刀也失之穀梁昭八年傳云以葛覆質以爲槷則質非刀明
甚鈇爲剉刀質則莝椹淮南子兵略曰夫射儀度不得則格的不中
注云格射之椹質也的射準也詒讓案椹者凡斬斫殳擊所用木石
藉之通名亦謂之質鄭意此椹卽所斬承鈇鉞之木質故弓人注云
質木椹是也然此注自訓質爲射正以椹質卽爲樹椹以爲射質與
弓人注小異竊謂當以弓人注爲正蓋甲革椹質甲革同物椹質亦
同物故弓人職言革質而不言甲楯若如鄭此注訓質爲射正則甲
革亦樹以爲射正弓人不當獨於椹言質且弓人言質不言椹不又
與射侯之正淆掍無別邪要之弓人之質與此椹質文同義不宜異
兩經互勘知此注爲未審矣後文及圉師凡言椹質者並放此云射
甲與椹試弓習武也者明武射不張侯也賈疏云見下文云澤則共
椹質是在澤宮中試弓習武也云豻侯五十步及射鳥獸皆近射也
者豻侯卽大射儀之干侯畿內諸侯大射三侯惟干侯五十步侯道
最近故云近射亦詳射人疏云近射用弱弓則射大侯者用王弧射
參侯者用唐大矣者依大射儀大侯九十步侯道最遠故用王弧最
強之弓參侯七十步近於大侯故用唐大強弱中之弓也賈疏云此
據諸侯言之若據天子則用王弧射虎侯用唐大射熊侯用夾庾射
豹侯也王氏訂義引崔靈恩云或問鄭注云豻侯五十步近射用弱

弓當用夾庾則射大侯者用王弧射參侯者用唐大矣則列國之君
得張三侯及其射時當用何弓若君用王弧卿用唐大則諸侯僭君
射又用何弓荅云弓之名制本非有定班授諸侯遠近之名旣非所
非禮也君用唐大卿用夾庾則弱而不及亦非其義而畿內諸侯之
定則不得言僭列國諸侯禮自得伸侯同天子旣云應等則卿用唐
大亦有何嫌是以鄭注六弓亦不云天子用王弧諸侯用唐大大夫
三等自王以下皆視所射侯道遠近而用之不以爵之尊卑爲降殺
士用夾庾所以通之於外士諸侯也案依崔推鄭義則六弓強弱爲
若然畿內諸侯大射二侯用唐大射熊侯用夾庾射豹侯王國卿大
夫用夾庾射麋侯射人士射豻侯則亦用夾庾矣黃以周云鄭注可
疑經夾庾以授射豻侯舉豻以賅參大兩侯也故弓人通謂之利射
侯鄭以豻侯五十步爲近射用弱弓因謂大侯用王弧參侯用唐大
是謂遠射宜用強弓矣顧弓人記析幹之法明言射遠者用埶射深
者用直鄭彼注云埶謂形勢曲埶宜薄直則可厚則遠射宜用曲埶
之夾庾有明證矣而謂豻侯近用夾庾大侯參侯遠須用強直之弓
非顯與記文違戾與鄭亦自知其說之難通又於弓人夾臾利射侯
王弓利射革與質注自圓其義云侯非必遠顧埶弓者材必薄薄則
弱弱則矢不深中侯不落大夫士射侯矢落不獲弁引大射禮揚觸
梱復以證成天子射用王弓其實大射所謂梱復者謂矢因叩擊而
退復卽弓人注所謂矢落是也矢落非穿侯而去梱復者正其不用
強直之弓故也案依黃說則凡禮射有侯者並用夾庾無三侯之分
攷弓人云夾臾利射侯又云覆之而幹至謂之侯弓並不云豻侯則
黃說自通然則崔賈諸家緣注推論皆無當於經恉矣大侯參侯詳
司裘疏云學射者弓用中後習強弱則易也者賈疏云用中謂唐大
往來體如一是中也云使者勞者弓亦用中遠近可也者謂使與勞
者所用之弓射遠近皆可故亦用唐大之中弓也云勞者勤勞王事

若晉文侯文公受王弓矢之賜者者書文侯之命云用賚爾彤弓一
彤矢百旅弓一旅矢百僞孔傳云彤赤旅黑也諸侯有大功賜弓矢
然後專征伐彤弓以講德習射藏示子孫是平王賜晉文侯弓矢之
事又僖二十八年左傳晉楚戰於城濮楚師敗績獻楚俘于王王賜
之彤弓一彤矢百旅弓矢千是襄王賜晉文公弓矢之事依鄭此說
則尚書春秋所云彤弓旅弓當此經之唐弓大弓也故毛詩小雅彤
弓傳云彤弓朱弓也以講德習射孔疏云周禮無彤弓之名言講德
習射則彤弓周禮當唐弓大弓也鄭以此彤弓及旅弓於周禮爲唐
大故言勞者受得之後則以學射故云以講德習射也但唐大者是
其體強弱之名此彤旅者爲弓色之異稱服虔云旅弓以射甲革椹
質則以旅弓當周禮之弧案得賜旅弓多彤弓少則體不得過之而
以彤弓爲學射當唐大合七成規旅弓爲王弧合九成規準之周禮
非其差也詒讓案鄭以經勞者爲賜勤勞諸侯說恐未塙以弓六物
推之王弧最尊侯伯有功賜弓矢爲殊禮似當用王弧其唐大以授
使者勞者使蓋謂諸臣出使勞蓋謂問勞遠臣左成十六年傳楚子
使工尹襄問郤至以弓哀二十六年傳衛出公自城鉏使以弓問子
贛穀梁隱元年傳云聘弓鍭矢不出竟場楊疏引麋信云聘問也古
者以弓矢相聘問此經唐大以授勞者即所謂聘弓也使與勞二事
皆禮之輕者故用唐大若賜賚有功諸侯其禮最重不宜與使者同
科矣云故書椹爲鞎者黃以周云宜云故書椹或爲鞎今脫或字司
農注明言或矣案黃說是也段玉裁云鞎與椹聲類本不同蓋因雙
聲而誤說文弓部椹作甚徐養原云爾雅釋宮椹謂之榩說文無椹
榩字毛詩商頌殷武箋云椹謂之虔虔鞎同音案徐說亦通鄭司農
云椹字或爲鞎非是也圉師職曰射則充椹質又此司弓矢職曰澤
共射椹質之弓矢言射椹質自有弓謂王弧弓也以此觀之言鞎質
者非者先鄭以爾雅釋器云車革前曰鞎於射義不相家故據圉師

及本職後文定從椹質明故書輒質爲鑕文也其矢箙皆從其弓從弓數也每弓者一箙百矢疏注云從弓數也者以經不言數故特釋之明凡獻及頒時矢箙皆從弓數也云每弓者一箙百矢者賈疏云案文侯之命及僖二十八年晉文公受弓矢皆云彤弓一彤矢百雖是所賜之弓矢射之弓矢約同之按詩頌云束矢其搜毛注云五十矢爲束鄭從之至此爲百矢者無正文鄭兩從不定也詒讓案鄭爲一弓百矢是也其一箙矢數經無正文大司寇束矢注云古者一弓百矢束矢其百个與是鄭意一箙盛矢一束一束卽百矢也然荀子議兵篇云操十二石之弩負服矢五十箇據荀卿說則一服盛五十矢與泮水毛傳一束矢數合若然則每弓當二箙箙各五十矢與鄭義異也凡弩夾庾利攻守唐大利車戰野戰攻城壘者與其自守者相迫近弱弩發疾也車戰野戰進退非強則不及弩無王弧王弧恆服弦往體少者使矢不疾疏凡弩夾庾利攻守唐大利車戰野戰者此辨四弩之名物與其用也強弱與弓相儗故名亦同說文弓部亦引周禮四弩夾弩庾弩唐弩大弩注云攻城壘者與其自守者相迫近弱弩發疾也者量人注云軍壁曰壘謂或攻或守二者皆用夾庾之弩弩強則引釋重緩而發不疾弱則引釋輕捷故發疾利於近射也云車戰野戰進退非強則不及者車戰野戰進退馳驟非強弩則矢不及遠故用唐大強於夾庾之弩也云弩無王弧王弧恆服弦往體少者使矢不疾者賈疏云案上弓有六等有王弧至此弩以有夾庾等四種故云弩無王弧也恆服弦者若弓用則服弦不用則弛惟弩則用與不用一張之後竟不弛故云恆服弦也若然恆服弦用弱者以其強弓久不弛則就弦弱則隨體不就弦也又王弧往體少使之恆服弦則使矢不疾故不用也凡矢枉矢絜矢利火射用諸守城車戰殺矢鍭矢

用諸近射田獵矰矢茀矢用諸弋射恆矢庳矢用諸散射此八矢者弓弩各有四焉枉矢殺矢矰矢恆矢弓所用也絜矢鍭矢茀矢庳矢弩所用也枉矢者取名變星飛行有光今之飛矛是也或謂之兵矢絜矢象焉二者皆可結火以射敵守城車戰前於重後微輕行疾也殺矢言中則死鍭矢象焉鍭之言候也二者皆可以司候射敵之近者及禽獸前尤重中深而不可遠也結繳於矢謂之矰矰高也茀矢象焉茀之言刜也二者皆可以弋飛鳥刜羅之也前於重又微輕行不低也詩云弋鳧與鴈恆矢安居之矢也庳矢象焉二者皆可以散射也謂禮射及習射也前後訂其行平也凡矢之制枉矢之屬五分二在前三在後殺矢之屬參分一在前二在後矰矢之屬七分三在前四在後恆矢之屬軒輖中所謂志也鄭司農云庳矢讀爲人罷短之罷玄謂庳讀如痺病之痺痺之言倫比

疏凡矢者通弓弩言之說文矢部云矢弓弩矢也古者夷牟初作矢此辨八矢之名物與其用也注云此八矢者弓弩各有四焉者賈疏云以上文六弓四弩俱陳於下總列八矢則知八矢爲弓弩所設故鄭分之四矢屬弓四矢屬弩也此八矢六弓四弩不相配者以四矢配四弩於義爲可以四矢配六弓其數參差不可相當故不得相配但依六弓四弩與矢隨義相當而用之云枉矢殺矢矰矢恆矢弓所用也絜矢鍭矢茀矢庳矢弩所用也者賈疏云八矢兩兩相附必知在上者屬弓在下者屬弩此上文六弓在上四弩在下故還以在上配弓在下配弩也云枉矢者取名變星飛行有光者輈人云弧旌枉矢以象弧也注云妖星有枉矢者蛇行有毛目此云飛行有光即所謂蛇行有毛目是也八矢之枉矢以結火射遠與妖星飛行有光相似故取彼爲名枉矢星詳輈人疏云今之飛矛是也者丁晏云方言箭其三鐮長尺六者謂之飛䖟注此謂今射箭也文選閒居賦激矢䖟飛李注引東觀漢記光武作

飛虻箭以攻赤眉飛虻卽飛矛也惠士奇云漢之飛矛古之飛鳧也以其飛行有光一名電影六韜軍用篇凡車戰以強弩矛戟爲翼飛鳧電影副之飛鳧赤莖白羽銅爲首電影靑莖赤羽鐵爲首晝以絳縞長六尺廣六寸爲光耀夜以白縞長六尺廣六寸爲流星大黃參連弩用之然則枉矢配弩明矣黃以周云庭氏以大陰之弓與枉矢射妖鳥之神此枉矢用諸弓之證也六韜飛鳧依鄭義言之卽經之絜矢詒讓案廣雅釋器云飛蝱箭也矛蝱一聲之轉惠氏以飛鳧爲卽飛矛其說亦通但依六韜所說則飛鳧爲弩矢墨子備穴篇有短弩蝱矢亦弩矢也黃氏謂卽絜矢近是絜矢本象枉矢則亦可結火射敵若此注所云飛矛則指配弓之矢而言鄭自據漢制不據六韜六韜亦無枉矢之名與此注不相冡也云或謂之兵矢者據矢人職有兵矢彼注云兵矢謂枉矢絜矢也云絜矢象焉者賈疏云謂輕重象枉矢也云二者皆可結火以射敵守城車戰者以是象妖星飛行有光故知可用火射也孫子火攻篇五曰火隊通典兵作火墜杜氏注云墜墮也以火墮敵營中也火墜之法以鐵籠火著箭頭頸強弩射敵營中此卽古火射之法云前於重後微輕行疾也者賈疏云以殺矢三分一在前二在後是最重者也此枉絜二矢則五分二在前三在後云前於重又微輕對已下鍭矢恆矢等爲最輕也程瑤田校改作前於後重微輕云謂其前於後殺鍭二矢之尤重者爲微輕也轉寫譌互作重後案程說是也云殺矢言中則死者賈疏云解稱殺矢之名以其最重中則死故也云鍭矢象焉者賈疏云亦尤重者也云鍭之言候也者丁晏云爾雅釋器云金鏃箭羽謂之鍭郭注今之錍箭是也行葦云四鍭旣均毛傳鍭矢參亭卽矢人之鍭矢參分一在前二在後也旣夕記云翭矢一乘注翭猶候也候物而射之矢也方言云箭自關而東謂之矢江淮之閒謂之鍭關西曰箭詒讓案鍭候聲類同行葦孔疏引孫炎爾雅注云金鏑斷羽使前重也行

葦以四鍭配敦弓則不爲弩矢鄭彼箋二云周之先王將養老先與羣
臣行射禮以擇其可與者以爲賓孔疏以爲大射又引王肅說以爲
燕射據既夕記及爾雅方言說則鍭矢爲金鏃八矢之通名以對志
矢之爲骨鏃也凡禮射亦用金鏃故亦謂之鍭矢既夕及行葦之鍭
矢非此經之弩矢亦非用諸近射田獵者惟其制略同穀梁隱元年
傳云聘弓鍭矢彼鍭矢亦卽禮射配弓之矢二云二者皆可以司候射
敵之近者及禽獸者卽既夕注候物而射之義近射田獵志在必中
故宜司候而射之二云前尤重中深而不可遠也者賈疏二云以其三分
一在前二在後故二云尤重中深故殺名不可遠故用之近射也詒讓
案以其前尤重故力銳而中深勢沈而不可遠也二云結繳於矢謂之
矰者說文矢部二云矰隿射矢也又糸部二云繳生絲縷也淮南子說山
訓高注二云矰弋射短矢繳大綸是繳者所結於矢之縷其矢則謂之
矰也丁晏二云史記留侯世家索隱引馬融注繳繫短矢謂之矰鄭君
亦同師說二云矰高也者釋弋矢名矰之義文選賈誼弔屈原文李注
引如淳二云曾高高上飛意也矰曾聲同結繳於矢使之升高以射飛
鳥故其矢謂之矰聲義相貫也國語吳語說吳陳軍有白羽赤羽烏
羽之矰韋注二云矰矢名也以羽爲衛初學記武功部引賈逵二云矢羽
爲矰則矰又爲戰守所用矢之通名不徒繳弋矣二云茀矢象焉者以
經與矰矢同言用諸弋射明其制同但用之弩墨子備高臨篇說連
弩矢端以繩如弋射卽此茀矢之類二云茀之言刜也者說文刀部二云
刜擊也茀刜聲類同黃以周二云廣雅第矢箭也茀作第古从竹之字
多作艸茀第皆叚借字以刜爲正二云二者皆可以弋飛鳥刜羅之也
者明茀矢亦可升高矰矢亦可刜羅名取一端爲名賈疏二云解結繳
以羅取而刜殺之義二云前於重又微輕行不低也者賈疏二云此又對
枉矢絜矢五分者是重此於五分之重又微輕於彼以此矢七分故
也詒讓案行不低者謂矢前較輕故勢易舉而行不低中弋射飛鳥

之用也引詩云弋鳧與鴈者鄭風女曰雞鳴篇文此引以證弋射飛
鳥之義鄭彼箋云弋繳射也說文隹部云隿繳射飛鳥也則弋正字
當作隿經典並段樂弋字為之漢書司馬相如傳顏注云以繳係矰
仰射高鳥謂之弋射云恆矢安居之矢也者說文二部云恆常也謂
平常安居之矢賈疏云按弓人有其人安其弓安其矢安之文則此
恆矢軒輖訂是安居之矢也云庳矢象焉者亦與恆矢同制也云二
者皆可以散射也謂已射及習射也者賈疏云已上六矢皆用之攻
守及弋射唯此矢云散射明散射是禮射也其禮射者即大射賓射
燕射之等皆是其習亦於此三射中為之故并言之也詒讓案禮射
不用弩則恆矢用之禮射習射庳矢唯用之習射也習射謂肄習弓
弩又將禮射前期亦有肄習之事若射義云天子將祭必先習射於
澤是也散者亞次於師田諸射之言互詳鹽人疏王賜侯伯有形矢
玈矢與形弓玈弓相配其於四矢當何矢經無正文左傳僖二十八
年孔疏謂天子賜諸侯弓用唐弓大弓強弱中其恆矢軒輖亦中又
賜弓矢則禮樂之事形矢玈矢或當恆矢詩小雅形弓孔疏說亦同
未知是否附識於此云前後訂其行平也者賈疏云以矰矢七分三
在前四在後則知此八分四在前四在後即行平也詒讓案廣雅釋
詁云訂平也詩周頌天作箋云以此訂大王文王之道彼釋文云訂
謂平比之也引字詁云訂平也鄭云前後訂者凡八矢皆前鐵與後
槀參訂之而平而鐵槀長短則不能正等惟此恆矢庳矢鐵槀前後
長短相平等故其行尤平無軒輖也詩小雅行葦傳亦云鍭矢參亭
亭訂字通云凡矢之制枉矢之屬五分二在前三在後者矢人云兵
矢田矢五分二在前三在後注云鐵差短小也是也云殺矢之屬參
分一在前二在後者矢人云鍭矢殺矢參分一在前二在後先鄭注
云一在前謂箭槀中鐵居三分殺一以前是也云矰矢之屬七分三
在前四在後者矢人云茀矢七分三在前四在後注云鐵又差短小

也矰矢茀矢制同云恆矢之屬軒輖中所謂志也者既夕記云骿矢骨鏃短衞志矢軒輖中亦短衞注云志猶擬也習射之矢書云若射之有志輖摯也無鏃短衞亦示不用生時志矢骨鏃案軒輖中者謂矢之前後輕重均也爾雅釋器云骨鏃不翦羽謂之志郭注云今之骨骲是也案依既夕注則明器之志矢乃無鏃故彼注云生時志矢骨鏃明骨鏃自是志矢恆制非明器也但禮經三射之矢皆不云骨鏃而詩行葦說禮射之矢曰四鍭明其爲金鏃矣諦審鄭意蓋謂恆矢本有二種用諸禮射者金鏃用諸習射者則骨鏃骨鏃爲志矢金鏃不爲志矢二者少異但其前後訂則同耳非謂散射之恆矢庳矢皆骨鏃也鄭司農云庳矢讀爲人罷短之罷者段玉裁云人罷短之罷見典同庳从广卑聲在古音支佳部與罷在歌戈麻部聲類最近司農易庳爲罷謂其矢短也案段說是也大司徒其民豐肉而庳注亦云庳猶短也云玄謂庳讀如痺病之痺痺之言倫比者賈疏述注讀如作讀爲段玉裁依改又改痺並爲痹云鄭君意此矢不能短於他矢故易爲痹痹字从疒畀聲在脂微齊皆灰部與庳聲類近而形略相似但痹義訓溼病以假借求之則痹之言倫比痹比同部也不經云庳當爲比者恐其億必故必兼聲形二者易爲痹字乃後說其假借之指也讀爲各本作讀如痹病各本作痺皆誤案段校是也說文疒部云痹溼病也無痺字賈疏云倫比則與安居之義同也

天子之弓合九而成規諸侯合七而成規大夫合五而成規士合三而成規句者謂之弊弓體往來之衰也往體寡來體多則合多往體多來體寡則合少而圜弊猶惡也句者惡則直者善矣

疏 天子之弓合九而成規諸侯合七而成規大夫合五而成規士合三而成規者通論弓體倨句之差率也賈疏云案上注而言王弧射大侯夾庾射豻侯言之則天子之弓王弧也以其往體寡故

合九成規諸侯之弓則唐大以其往來體若一故合七成規大夫之弓則夾庾以其往體多故合五成規也士之弓則六弓之外句曲合三成規云句者謂之弊弓者賈疏云按天子諸侯三侯士與大夫同射近侯無與大夫別侯之法今以士合三與大夫弓別者以士與大夫尊卑文暫以合三者託之于士其實士無合三之弓也弓人疏義同黃以周云鄭注弓人以爲夾與合五王弧合九唐大合七賈疏因以王弧爲天子之弓唐大爲諸侯之弓夾庾爲大夫之弓此雖有合於彼注與此注射大侯用王弧參侯用唐大之說難通殊不知弓人上句往體多來體寡云云皆以體言也下句利射侯與弋云云皆以用言也弓必適用豈可拘泥其體鄭此注既以王弧唐大夾庾爲異體之名下又別箸其射豻侯與大侯參侯之異用亦以見公有用王弧大夫有用唐大未可拘泥其體也案黃說是也此經雖以四等之體分屬天子諸侯大夫士而其用之則仍視所射遠近以施之前崔靈恩所論足以明之矣況射人士射豻侯則弓宜亦用夾庾不當別於六弓外制合三之弓賈強爲之說不可通也又案此四等成規之度以割圜術言之合九者其弧四十度合七者五十一度強合五者七十二度合三者百二十度也又依弓人上中下三等弓以圜率計其周上士弓六尺六寸合九則五丈九尺四寸合七則四丈六尺二寸合五則三丈三尺合三則一丈九尺八寸也中士弓長六尺三寸合九則五丈六尺七寸合七則四丈四尺一寸合五則三丈一尺五寸合三則一丈八尺九寸也下士弓長六尺合九則五丈四尺合七則四丈二尺合五則三丈合三則一丈八尺也但挺臂與兩簫皆直而兩隈則曲其度之贏朒無可詳則其弧弦真數亦無從計算耳又古書說天子以下弓制文多差異如荀子大略篇云天子彫弓諸侯彤弓大夫黑弓禮也公羊定四年何注云禮天子雕弓諸侯彤弓大夫嬰弓士盧弓此並以漆飾爲等差不論弓體強弱與此經義不相涉

也云句者謂之弊弓者說文句部云句曲也賈疏云但句之至極無過合三合三之外雖別言句者還指合三者而言耳案賈本弓人注義也凡弓有往來體則有倨句故詩大雅行葦云敦弓既句毛傳云天子之弓合九而成規是王弧之屬亦得謂之句此經弊弓則指極句合三之弓而言明合三之句直不任用也　注云體往來之衰也者淮南子說林訓高注云衰差也賈疏云此皆據角弓反張不被弦而合之從合九合七合五合三降殺以兩故言衰也云往體寡來體多則合多往體多來體寡則合少而圜者凡弓合之成規皆爲正圜之形其分之則合多者曲勢微直合少者曲勢尤圜故經以合之多少明句直之率也云弊猶惡也者此段借引申之義說文攴部云敝一曰敗衣弊卽敝之借字史記晉世家集解引賈逵左傳注云弊敗也凡物易敗壞者必窳惡故惡弓亦謂之弊弓也弓人覆之而角至謂之句弓注云句於三體材敝惡不用之弓也彼注卽本此經經弊字疑亦當作敝詳巾車疏云句者惡則直者善矣者謂經不言直者謂之善弓明弓以句爲惡則以直爲善可知舉一偏以見義也

凡祭祀共射牲之弓矢

射牲示親殺也殺牲非尊者所親唯射爲可國語曰禘郊之事天子必自射其牲

疏 凡祭祀共射牲之弓矢者謂祭日之曰迎牲入時共弓矢以授王與射人爲官聯也此亦近射蓋當用夾庾殺矢凡內外大祀天地宗廟社稷望祀王皆有射牲法詳射人疏　注云射牲示親殺也者王自射之而使有司殺之示猶王親殺然者以昭敬也云殺牲非尊者所親唯射爲可者賈疏云按禮記君親制祭詩云執其鸞刀以啓其毛則射外兼爲而言惟射者彼亦示行之非正制之耳引國語者楚語文證大祭祀有射牲之事亦詳射人疏

澤共射椹質之弓矢

鄭司農云澤澤宮也所以習射選士之處也射義曰天子將祭必先習射於澤澤者所以擇士也已射於澤而后射於射宮射

中者得與於祭【疏】澤共射椹質之弓矢者此共習武射之弓矢也習武射不射侯與禮射異故特共其弓矢賈疏云此所共弓矢據王為弧故上云王弓弧弓以射甲革椹質詒讓案此為習射之事矢蓋用恆矢　注鄭司農云澤澤宮也所以習射選士之處也者據射義為說郊特牲說郊禮云卜之日王立于澤親聽誓命注云澤澤宮也所以擇賢之宮也說與先鄭同引射義曰天子將祭必先習射於澤澤者所以擇士也已射於澤而后射於射宮射中者得與於祭者鄭彼注云澤宮名也士謂諸侯朝者諸臣及所貢士也皆先令習射於澤已乃射於射宮課中否也祭義孔疏云澤是宮名於此宮中射而擇士故謂此宮為澤澤所在無文蓋於寬閒之處近水澤而為之也非唯祭而擇士餘射亦在其中故書傳論主皮射云嚮之取也於囿中勇力之取也今之取也於澤宮揖讓之取也是主皮之射亦近於澤也選士於澤不射侯也但試武而已故司弓矢云澤共射椹質之弓矢鄭司農引此射義之文而釋之是知於澤宮射椹質而已又鄭注司弓矢云樹椹以為射正射甲與椹試弓習武也其主皮之射則張皮亦揖讓也案孔據書傳釋此注是也後鄭鄉射記注說主皮之射云主皮者無侯張獸皮而射之主於獲也卽引書傳澤宮之射以證義是後鄭意射宮之射為禮射有侯澤宮之射為主皮之射則無侯故以椹質甲革代之經不言甲革者文不具也今攷主皮為鄉大夫鄉射五物之一不當別為張皮之射鄉射記本謂射備五善不專重主皮耳鄭彼注說未塙而澤宮之射無侯則與此經義合後鄭及孔氏說不可易也澤宮之射無侯而可以擇士者鄉射記注引書傳云凡祭取餘獲陳於澤然後卿大夫相與射也鄭又自釋之云澤習禮之處非所於行禮蓋時田校獲事輕卽就澤而行射禮射澤之後不復射於射宮擇士禮重故必先習射於澤而後行正射於射宮射宮卽謂辟雍也澤雖非行正射之所然習禮亦卽習擇士之禮故射義

有澤所以擇士之說矣至澤卽澤宮二一鄭賈孔皆不詳其處金鶚云射義言將祭擇士先射於澤而後射于射宮白虎通以辟雍爲射宮則澤宮當與辟雍相近矣澤宮兼習武射尚書大傳謂蒐狩陳餘獲于澤宮鄉大夫射而取之所謂主皮之射也司弓矢澤共射椹質之弓矢則武射在澤宮明矣案依此經及書傳文澤宮爲習武射之宮辟雍爲天子禮射之宮二者不同金謂辟雍爲射宮澤宮與辟雍相近其說近是以經攷之澤者蓋卽靈沼也澤上爲宮則謂之澤宮省文亦通謂之澤伏傳二云嚮之取也於囿中囿謂靈囿也又曰今之取也於澤宮卽取餘獲陳於澤之澤謂靈沼上之宮也靈沼亦在靈囿之中詩大雅靈臺孔疏引五經異義公羊說天子囿臺在國東南二十五里則囿在南方之近郊蓋與郊宮地亦相邇故郊祭卜日王立於澤親聽誓命明就其近壇兆之處以施命誓士也秦風駟驖疏又引鄭駁異義謂三靈辟雍同在郊是靈囿與辟雍地亦相近詩周頌振鷺二云于彼西雝毛傳二云雝澤也鄭箋二云白鳥卽于西雝之澤案彼西雝蓋亦卽指澤宮而言毛傳釋雝爲澤似卽據此經及射義之澤爲訓左宣十二年傳二云川雝爲澤明雝澤義同而後漢書邊讓傳李注引韓詩章句則以西雝爲卽辟雝鄭箋似亦從韓說竊謂澤宮蓋與辟雍相近而在辟雍之西故謂之西雝若辟雍於五學則居中於四郊則在南不得有西雝之稱韓義較毛爲短詩靈臺疏引鄭駁異義謂辟雍在西郊亦非也田獵校獲射於澤故澤宮通言之亦得稱射宮儀禮經傳通解引鄭尚書大傳注二云澤射宮也又穀梁昭八年傳說田狩習射澤宮之事作習射於射宮范注亦二云射宮澤宮是也此與射義射宮不同互詳大司樂諸子疏

大射燕射共弓矢如數幷夾

如數如當射者之數也每人一弓乘矢幷夾矢籥也

疏 大射燕射者王與諸侯羣臣大射於學燕射於寢也詳司裘樂師梓人疏二云其弓矢如數幷夾者弓矢及幷夾皆共

之也依鄭義禮射共弓各視其侯道之遠近爲異今案弓當同用夾庾矢則用恆矢詳前疏　注二云如數如當射者之數也者明所共無定數視射者之多少共之也云每人一弓乘矢者鄉射禮鄭注二云乘矢四矢也賈疏二云見大射鄉射禮皆人各乘矢也云弁夾矢籋者說文竹部云籋箝也射鳥氏先鄭注云弁夾鍼箭具箝鍼音義略同

大喪共明弓矢弓矢明器之用器也士喪禮下篇曰用器弓矢【疏】大喪共明弓矢者亦謂王及后世子之喪將葬則陳之葬窆則奉而藏之椁中也明弓矢與明器義亦同詳家人疏　注二云弓矢明器之用器也者據士喪禮陳明器其目有用器彼記二云弓矢之新沽功有弭飾焉亦張可也有秘設依撻焉有韣猴矢一乘骨鏃短衞志矢一乘軒輖中亦短衞是其制也引士喪禮下篇曰用器弓矢者卽既夕文鄭彼注二云此皆常用之器也此引以證弓矢爲用器案彼用器又有耒耜敦杅槃匜等此官則唯共弓矢也

凡師役會同頒弓弩各以其物從授兵甲之儀物弓弩矢箙之屬【疏】凡師役會同頒弓弩各以其物者師役謂軍旅起徒役也賈疏二云言師役據王巡狩征伐而言與會同異頒弓弩則不殊也二云從授兵甲之儀者劉台拱二云授兵之儀司兵所二云從司馬之法者是也授甲之儀當具於司甲之職而今亡矣此授弓弩如之　注二云物弓弩矢箙之屬者卽槀人二云弓六物弩四物矢八物箙亦如之是也頒弓弩時各依其物授之

田弋充籠箙矢共矰矢籠竹箙也矰矢不在箙者爲其相繞亂將用乃共之【疏】田弋充籠箙矢者圉師注二云充猶居也謂田弋則共籠箙以矢充之庋之田車笭閑也下別二云矰矢則此矢當爲殺矢　注二云籠竹箙也者對箙爲皮箙也既夕禮薦笮注二云笮竹箙釋名釋兵二云其受矢之器織竹曰笮相迫笮之名也籠笮蓋異名同物陳奐二云說文籠笭也笭車笭也矢箙繫於笭故曰籠箙案陳說

亦通二云矰矢不在箙者爲其相繞亂將用乃共之者賈疏二云以其共矰矢在矰下別言之故言不在箙也詒讓案矰矢弋射所用結繳於上聚束之則易相纏繞不便於用故不在箙中將用時則特共之

凡亡矢者弗用則更更償也用而棄之則不償

疏 注二云更償也者馬質注同二云用而棄之則不償者謂受矢於官者因用諸攻守及弋獵所亡之矢則不責其償其不用無故而亡矢者則必償也

繕人掌王之用弓弩矢箙矰弋抉拾鄭司農二云抉者所以縱弦也拾者所以引弦也詩二云抉拾既次詩家說或謂抉謂引弦彄也拾謂韝扞也玄謂抉挾矢時所以持弦飾也著右手巨指士喪禮曰抉用正王棘若檡棘則天子用象骨與韝扞著左臂裹以韋爲之

疏 掌王之用弓弩矢箙矰弋抉拾者矰即司弓矢之矰矢弋據繳絲言之此八者皆王射所用繕人主共之賈疏二云謂司弓矢選擇大善者入繕人以共王用也 注鄭司農二云抉者所以縱弦也拾者所以引弦也者縱弦謂發矢時釋弦而縱之使往引弦謂開弓時鉤弦而引之使來黃以周二云先鄭二云抉所以縱弦卽士喪禮注所謂極以沓指放弦令不挈縱放義同先鄭誤合決極爲一物案黃說是也先鄭說二者之用抉與禮經之遂及極相類而拾又卽毛詩傳所謂鉤弦者此說與毛詩及說文絕異後鄭亦不從也引詩二云抉拾既次者小雅車攻篇文毛詩抉作決次作佽傳二云決鉤弦也拾遂也佽利也鄭箋二云佽謂手指相佽比也引之者證射有抉拾又因欲引詩家說以廣異義故先舉經文於前也二云詩家說或謂抉謂引弦彄也拾謂韝扞也者彄猶沓也韝扞義詳後此與先鄭前說正相反後鄭亦從之毛詩車攻傳義與此同而文小異此所引或三家詩傳文釋文引劉昌宗二云韝彄字之異者案韝彄字別劉

說不足據云玄謂抉挾矢時所以持弦飾也著右手巨指者後鄭以抉爲鉤弦破先鄭抉縱弦之說也大射儀云司射適次袒決遂執弓挾乘矢于弓外見鏃于弣右巨指鉤弦注云方持弦矢曰挾蓋開弓注矢於弦必用右巨指鉤弦著抉者爲挾矢時以持弦使不脫又以爲飾也禮經抉字並作決鄉射禮司射適堂西袒決遂注云決猶闓也以象骨爲之著右大擘指以鉤弦闓體也大射儀注義略同後鄭亦從詩家說段玉裁胡培翬並謂即今之扳指是也引士喪禮曰抉用正王棘若檡棘者證士抉用棘爲之今禮抉亦作決鄭彼注云正善也王棘與檡棘善理堅刃者皆可以爲決云則天子用象骨與者詩衞風芄蘭孔疏云以士用棘故推以上用骨大射注諸侯亦用象骨以大夫用骨不必用象詒讓案周書器服篇說王明器有象玦玦抉字同象骨即象齒齒骨通言不別說文齒部云齒口齗骨也鄭大射鄉射禮注並謂決以象骨爲之大射諸侯禮鄉射大夫禮鄭皆云用象骨則大夫以上並同孔謂大夫用骨不必用象恐非鄭恉也黃以周云鄉射大射皆有士與射經不云士用棘注於司射決遂亦云以象骨爲之周官注殆未定之說也案黃說亦通說文韋部云韘射決也所以拘弦以象骨韋系著右巨指許意似亦謂生人射決通用象骨爲之惟依許說則抉與韘同詩芄蘭云童子佩韘毛傳云韘玦也釋文玦又作決此正許所本鄭詩箋則云韘之言沓所以彄沓手指鄭說與毛許小異攷禮經又有極大射儀朱極三注云極猶放也所以韜指利放弦也以朱韋爲之三者食指將指無名指無極放弦契於此指多則痛小指短不用又士喪禮纊極二注云極以沓指放弦令不挈也生者以朱韋爲之而三死用纊又二明不用也賈彼疏謂極與決爲藉周書器服說王明器有朱極黃以周云鄭意決以象骨爲之韘以韋爲之所以彄沓手指者即士喪禮注所謂決以韋爲之藉有彄是也韘以藉決分別言之固屬二物許云以象骨韋系著

右巨指通言之韘自統于決故士喪禮決用正王棘若擇棘組繫不復言韘組繫卽韘系所異者生用韋系死用組系而韘以藉決生死同也至禮經之極又別一物非卽韘也決之韘以擐右手巨擘極以韜食指將指無名指韘以鉤弦極以放弦二物迥然不同案依黃說則韘卽抉之韋藉毛詩與鄭詩箋禮注不過通言析言之別其說甚析韓非子說林篇羿執鞅持扞彼抉字變從革韋革同物疑亦據韘言之凡著抉者唯一而極則三其數亦異賈大射疏非是大射鄉射抉拾極三者並有此經有抉拾無極者亦文不備也云韝扞著左臂裏以韋爲之者亦申詩家說破先鄭拾爲引弦之物也大射儀注云遂射韝也以朱韋爲之著左臂所以遂弦也鄉射注義同又云其非射時則謂之拾拾斂也所以蔽膚斂衣也曲禮野外軍中無摯以纓拾矢可也注云拾謂射韝內則右佩玦捍注云捍謂拾也言可以捍弦也玦卽抉之借字捍與扞同管子戒篇云弛弓脫釬賈子新書春秋篇云丈夫釋玦靬釬靬亦扞之異文說文韋部云韝射臂決也案決不得施於臂韝與決亦不同物許書此解蓋誤段玉裁據文選李陵荅蘇武書李注引作臂衣近是黃以周云自說文有韝射臂決之訓楚辭王注史記索隱遂以決爲射韝幷抉拾亦不分矣案黃說是也凡拾遂韝扞四者同物韝爲凡袒時蔽膚斂衣之通名史記滑稽傳云帣韝鞠䩬又張敖傳云朝夕袒韝蔽上食是也其射時著之取其捍弦故謂之捍亦取其遂弦故又謂之遂非射時則無取捍遂之義故謂之拾大射鄉射兩篇於說抉拾則云拾於袒決遂則云遂一篇之中立文有異其明證也自先鄭以決拾互易毛許又捉決于韘廣雅釋器云拾捍韝韘也又捉韘與拾捍韝爲一物名實紛貿並與禮經不合

掌詔王射（告王當射之節）

疏（注云告王當射之節者大宰注云詔告也賈疏云王射先行燕禮以大夫爲賓賓與王爲耦所告之事亦如大射禮大射正告公之儀）

贊王弓

矢之事授之受之疏贊王弓矢之事者此與大僕爲官聯也　注云授之受之者大僕注義同賈疏云案大射禮大射正授弓小臣授矢天子禮繕人授之受之按大僕職已授之受之此又爲者大僕尊大僕贊時此官助贊也李鍾倫云蓋大僕授受於王此官掌弓矢又以弓矢授受於大僕與案李說是也賈意蓋亦如是授受弓矢同是贊射之事故兩職立文不別實則繕人不與王爲授受與大僕所贊微異也燕禮記云君射既發則小臣受弓以授弓人胡匡衷謂諸侯以小臣當大僕弓人卽此繕人攷工記有弓人爲弓不與射事案胡說亦是也繕人屬司弓矢故亦得謂之弓人彼諸侯射小臣與弓人爲授受此天子射大僕與繕人爲授受正足相比例也

凡乘車充其籠箙載其弓弩充籠箙者以矢疏凡乘車充其籠箙載其弓弩者王行則繕人共籠箙充以矢度之乘車之閒巾車王喪車有小服既夕記云主人乘惡車犬服注云笭閒兵服是乘車有兵服也此矢箙與彼略同鄭珍云車箱外三面皆有闌其式前之闌金鼓在焉金鼓之下則置矢房弓韣左傳哀二年趙鞅爲軍將執金鼓而曰吾伏弢嘔血鼓音不衰公子重耳言左執鞭弭右屬櫜鞬韋昭云左執弓右屬手於房以取矢皆其驗案鄭說是也凡車外三面闌有笭以居用器及兵器互詳輿人疏箙卽魚服詳司弓矢疏賈疏云繕人惟主王所乘之車而言凡乘車則除革路之外玉金象木之車車皆有右備制非常皆充其籠箙及所載弓矢　注云充籠箙者以矢者賈疏云以籠是盛矢器今云充之明所充實者是矢可知也

既射則斂之斂藏之也詩云彤弓弨兮受言藏之疏既射則斂之者此冢上王射爲文其乘車所載弓矢等不問射與不射車止亦斂之賈疏謂此惟據王乘車有弓矢者既射還斂取藏之案乘車載兵以備不虞不必皆射賈說未安　注云斂藏之也者說文攴部云斂收也謂收而藏之引詩云彤弓弨

兮受言藏之者小雅彤弓篇文毛傳云彤弓朱弓也以講德習射詔弛貌引證此斂卽謂受而藏之也 無會計 亡敗多少不計

疏 注云亡敗多少不計者司弓矢云凡亡矢者弗用則更則亡敗多少有會計此王用弓矢等無會計者亦所以優尊也

槀人掌受財于職金以齎其工 齎其工者給市財用之直 疏 槀人者槀亦當作槀詳敘官疏云掌受財于職金以齎其工者職金云掌受士之金罰貨罰入于司兵是職金之罰貨主給作兵器故槀人齎工亦受財於彼也 注云齎其工者給市財用之直者掌皮歲終則會其財齎注云所給予人以物曰齎大戴禮記子張問入官篇云良工必自擇齎材故此槀人以財給工爲市財用之直亦謂之齎工卽冶氏矢人弓人諸工是也 弓六物爲三等弩四物亦如之 三等者上中下人各有所宜弓人職曰弓長六尺六寸謂之上制上士服之弓長六尺三寸謂之中制中士服之弓長六尺謂之下制下士服之弩及矢箙長短之制未聞

疏 注云三等者上中下人各有所宜者賈疏云皆據凡人長短爲上中下士非所謂命數者也劉台拱云弓弩矢箙皆辨其材之貴賤功之良苦爲三等以給其直且各量其藝之高下以授之也三等謂材用之等書其等謂技藝之等案劉說亦通引弓人職者證三等尺度之異也云弩及矢箙長短之制未聞者賈疏云弓人惟云弓之長短不言弩之長短蓋當與弓同但無文故注云未聞按矢人造矢云五分其長而羽其一注云羽者六寸其羽六寸則矢長三尺而此云矢未聞者彼矢長三尺約而言之亦無正文且弓之長短既不同明矢亦當有差等其矢之差等及箙亦未聞也 矢八物皆三等箙亦如之春獻素秋獻成 矢箙春作秋成 疏 弓八物皆三等箙亦如之者賈疏云矢八箙中兼有弩矢故言皆也按司弓矢注弓弩各有四矢應

作四等而言三等蓋據長短爲三等法矢人注矢長三尺者假設言之弩既無長短之文矢亦未聞長短也若然箙隨矢長則弓之矢箙與弓矢齊弩之矢箙亦與弩矢齊但矢既未聞故箙亦未聞也云春獻素者謂榦槀之木未飾治者說文木部云樸木素也卽其義云秋獻成者成謂成功故後注亦訓功爲成與典婦功云秋獻功義同注云矢箙春作秋成者賈疏云按士喪禮明器有獻素獻成注云形法定爲素飾治畢爲成此矢箙亦然又賈士喪禮疏云以其言素素是未加飾名又經言獻材是未斲治明素是形法定斲治訖可知又言成是成就之名明知飾治畢也

書其等以饗工鄭司農云書工功拙高下之等以制其饗食也玄謂饗酒肴勞之也上工作上等其饗厚下工作下等其饗薄

疏注鄭司農云書工功拙高下之等者此義與後鄭同姜兆錫謂書其等卽承上三等之制亦通云以制其饗食也者國語周語大臣饗其祿韋注云饗食也先鄭蓋謂饗工卽頒工之稟食賈疏云按下文旨有下上其食此文饗據以酒肴饗之先鄭以饗爲食非故後鄭不從云玄謂饗酒肴勞之也者士昏禮注云以酒食勞人曰饗公羊莊四年何注云牛酒曰犒加羹飯曰饗後鄭意此饗工與外饔酒正職饗士庶子略同蓋於春秋獻素獻成之時別以酒肴勞工亦謂之饗與稟食異也云上工作上等其饗厚下工作下等其饗薄者釋經書等之義賈疏云不言中饗者舉有上下明有中可知也

乘其事試其弓弩以下上其食而誅賞鄭司農云乘計也計其事之成功也故書試爲考玄謂考之而善則上其食尤善又賞之否者反此

疏乘其事試其弓弩以下上其食而誅賞者此稾人之官計官刑也食謂稍食中庸云日省月試既稟稱事所以勸百工也鄭彼注云日省月試考校其成功也既讀爲餼餼稟稍食也亦引此文爲證凡庶人在官若工賈之屬皆有稍食而無祿詳宮正疏中庸孔疏

云下謂貶退上謂增益善者則增上其食惡者則減其食劉台拱云賦功則書其等以饗之獻功則乘其事以進退誅賞之　注鄭司農云乘計也者宰夫注義同云計其事之成功也者會計其所作弓弩矢箙等成功之多少功苦也云故書試為考玄謂考之而善則上其食者徐養原云考與試字異義同故經作試字而注以考字釋之明其可兩通也黃以周云當云書試或為考司農自從故書作試又引書或作考後鄭因申其義云考之而善此與輈人左不楗杜子春楗讀為蹇又引書楗或作券玄謂券今倦字其例正同試考義通楗券音近鄭雖申或義而經仍從故書義可以通不輕易也案黃說是也但經用古字當作攷下文亦云待會而攷之作考者依注改用今字也試考也同故鄭兩從之中庸注引此文亦從考云尤善又賞之否者反此者謂次善者給食而已無賞必尤善乃賞之不善者則有誅

乃入功于司弓矢及繕人功成疏乃入功于司弓矢者以待羣臣及師田之用云及繕人者以共王之用也注云功成者爾雅釋詁文

凡齎財與其出入皆在槀人以待會而攷之亡者闕之皆在槀人者所齎工之財及弓弩矢箙出入其簿書槀人藏之闕猶除也弓弩矢箙棄亡者除之計今見在者疏以待會而攷之者此槀人之官成也　注云皆在槀人者所齎工之財及弓弩矢箙出入其簿書槀人藏之者小宰八成云聽出入以要會先鄭注云要會諸計最之簿書此簿書即弓弩等出入之要會也賈疏云以槀人是弓矢官之主故皆有簿書藏之也云闕猶除也者廣雅釋詁云闕除去也云弓弩矢箙棄亡者除之計今見在者者棄亡則於簿書除去不著但計其見在之數著之以待會也

戎右掌戎車之兵革使使謂王使以兵有所誅斬也春秋傳曰戰以轂晉梁弘御戎萊駒為右戰之明日襄公縛

秦囚使萊駒以戈斬之疏掌戎車之兵革使者與戎僕田僕爲官聯也戎僕注云戎車革路也師出王乘以自將賈疏云戎右者與君同車在車之右執戈盾備制非常并充兵革使役謂執兵著甲之使也詒讓案凡在車有役使之事並右掌之公羊成二年傳齊頃公代逢丑父爲右使公下取飲穀梁成五年晉伯尊遇輦者不辟使車右下而鞭之皆其事也此五路之右職掌並互相備戎車田車戎右共使則齊車亦齊右共使道車亦道右共使可知矣　注云使謂王使以兵有所誅斬也者以經云兵革使則是在軍有誅斬之事用兵革者當使戎右也引春秋傳者左文二年傳文彼以戈斬囚卽兵革使之事故引以爲證

詔贊王鼓既告王當鼓之節又助擊之疏詔贊王鼓者與大僕爲官聯也　注云既告王當鼓之節又助擊之者大宰注云詔告也州長注云贊助也賈疏云大僕已贊王鼓此亦同是助擊其餘面也

傳王命于陳中爲王大言之也疏注云爲王大言之也者王以命告戎右戎右則大言述王命告陳中使之徧聞

會同充革車會同王雖乘金路猶以革路從行也充之者謂居左也曲禮曰乘君之乘車不敢曠左疏注云會同王雖乘金路猶以革路從行也者賈疏云巾車云金路以賓是也此言充革車故知猶以革路從詒讓案會同王自乘金路其玉象木革四路皆從行故典路云凡會同軍旅弔于四方以路從是也然則會同從王者不止革路戎右所充則唯革路耳云充之者謂居左也者圉師注云充猶居也凡乘車尊者居左御居中者右而三若王自在軍乘革路則王居中戎右居右御居左今王既不乘革路則止有御右二人故以戎右充王之虛位居左者從王平時乘車法也其馭則依常法居中其右則虛之不參乘與大僕前驅之車小異而大同也引曲禮曰乘君之乘車不敢曠左者證乘王車居左之事彼注云君存惡空其位又彼上文云祥車曠左注云空神

位也祥車葬之乘車孔疏云乘車謂君之次路也王者五路王自乘一所餘四路皆從行臣若乘此車不敢空左若曠左則似祥車近於凶時故乘者自居左也案依鄭書注義顧命次路為五路之副即貳車也孔以次路為五正路乃偽孔傳義與鄭說不合詳典路疏

盟則以玉敦辟盟遂役之鄭司農云敦器名也辟法也玄謂將歃血者先執其器為衆陳其載辭使心皆開辟也役之者傳敦血授當歃者

疏盟則以玉敦辟盟者以下贊盟事與司盟為官聯也盟亦冢上會同為文謂因會同而盟封人所謂大盟也此雖不涉兵車事以殺牲割牛耳等亦用兵器故使戎右兼掌之注鄭司農云敦器名也者玉府若合諸侯則共珠槃玉敦注云敦槃類又引先鄭云玉敦歃血玉器是也詳彼疏云辟法也者鄉師注同先鄭意此辟盟為依盟法而歃血也其義迂曲故後鄭不從云玄謂將歃血者先執其器為衆陳其載辭使心皆開辟也者賈疏云凡盟先割牛耳盛於珠盤以玉敦盛血戎右執此敦血為陳其盟約之辭使心開辟乃歃之詒讓案此破先鄭義也毛詩大雅召旻傳云辟開也說文門部云闢開也凡經典辟訓開者皆闢之借字然執器陳辭使心開辟謂之辟盟亦無見文竊謂敦有蓋歃血時必先開其蓋而後盟是為辟盟士喪禮朔月奠用瓦敦有蓋又云敦啓會鄭彼注云會蓋也此辟盟猶云啓會而盟矣二鄭說並未安云役之者傳敦血授當歃者者謂尸盟者先歃餘皆以尊卑次第偏歃並戎右持敦血傳授之也

贊牛耳桃茢鄭司農云贊牛耳春秋傳所謂執牛耳者故書茢為滅杜子春云滅當為厲玄謂尸盟者割牛耳取血助為之及血在敦中以桃茢拂之又助之也耳者盛以珠盤尸盟者執之桃鬼所畏也茢苕帚所以埽不祥

疏注鄭司農云贊牛耳春秋傳所謂執牛耳者者見左定八年及哀十七年傳並詳玉府疏云故書茢為滅杜子春云滅當為厲者徐養原云厲滅亦同音

詩小雅正月八章結厲滅威通協詒讓案莿从列聲與厲亦聲近相
通詳山虞疏喪祝先鄭注亦云桃厲則先鄭蓋從杜讀後鄭以禮記
左傳並云桃莿故從今書作莿也云玄謂尸盟者割牛耳取血助為
之者亦訓贊為助也黃以周云先鄭意春秋傳所謂執牛耳者卽周
官之贊牛耳後鄭以執與贊義自別故云尸盟者執之尸主也主盟
者執牛耳取盟主自執之戎右贊之而已春秋時盟主不自執直使
其臣執之故季羔有吳公子姑曹衛石魋之對其實皆贊牛耳者也
故先鄭云然天子尸盟贊牛耳者天子之戎右方伯尸盟贊牛耳者
亦必方伯之臣故宋之盟叔向兩言尸盟若與方伯之臣盟諸侯執
牛耳故鄟澤之役衛侯與晉趙鞅盟自請執牛耳案黃說是也尸盟
文見左襄二十七年傳凡王與諸侯大盟王為尸盟卽自執牛耳戎
右但贊助其事而已不得執也春秋時尸盟者或不分大國小國蓋
非恆制詳玉府疏凡盟皆取耳血曲禮孔疏云盟法割牲左耳知用
左者以馘者用左耳故也云及血在敦中以桃莿拂之又助之也者
明贊桃莿在贊牛耳後為兩時事也拂與男巫祓除之祓同云耳者
盛以珠盤尸盟者執之者玉府注義同彼經注盤並作槃盤槃之籀
文詳司尊彝玉府疏云桃鬼所畏也者藝文類聚果部引莊子云插
桃枝於戶連灰其下童子入不畏而鬼畏之淮南子詮言訓羿死於
桃棓許注云棓大杖以桃木為之以擊殺羿由是以來鬼畏桃也宗
懍荊楚歲時記云桃者五木之精厭伏邪氣制鬼魅是古有鬼畏桃
之說又左昭四年傳桃弧棘矢以除其災孔疏引服虔云桃所以逃
凶也續漢書禮儀志云周人木德以桃為梗言氣相更也此說用桃
之義與鄭異而為拂除不祥之意則同云莿苕帚所以埽不祥者說
文艸部云莿芀也芀葦華也苕卽芀之借字檀弓君臨臣喪以巫祝
桃莿執戈鄭彼注云莿萑苕可埽不祥又玉藻膳於君有葷桃莿注
云莿菼帚也案葦卽今之蘆萑菼卽今之荻也二者相類亦通稱左

傳襄二十九年杜注云茢黍穰與鄭義異孔疏云茢是帚蓋桃爲棒也毛詩傳曰葦爲萑萑苕謂葦穗也杜云茢黍穰者今世所謂苕帚者或用葦穗或用黍穰是二者皆得爲之也程瑤田云說文𥟖黍穰也芀謂之茢宜爲埽篲黍穰亦宜爲埽篲今北方埽篲皆用糜穄祝釋文云茢黍苕穰也鄭以茢爲萑苕之苕杜氏以爲黍穰陸氏則黍苕並釋據杜陸說是茢𥟖通矣然案說文以黍穰釋𥟖以芀釋茢从禾从艸固宜有別與又云孔疏以桃爲帚棒非是玉藻言大夫去茢則不去桃是桃茢異用矣賈疏云殺牲取血旁有不祥故執此二者於血側也

齊右掌祭祀會同賓客前齊車王乘則持馬行則陪乘齊車金路王自敷整齊之車也前之者已駕王未乘之時陪乘參乘謂車右也齊右與齊僕同車而有祭祀之事則兼玉路之右然則戎右兼田右與

【疏】掌祭祀會同賓客前齊車者與大馭齊僕爲官聯也祭祀王乘玉路亦以金路從行會同謂大會同或在十二年巡守時於方岳及東都合諸侯及殷國在畿外侯國則皆乘金路又會子問說天子巡守以遷廟主行載於齊車亦金路也云王乘則持馬者持馬與旅賁氏持輪義同謂王升車之時齊右則立馬旁扶翼維持之也　注云齊車金路者據齊僕掌馭金路故知齊車以金路爲主也云王自敷整齊之車也者敘官齊僕注云古者王將朝覲會同必齊是齊車以齊戒爲名祭統云齊之爲言齊也齊不齊以致齊者也以齊戒亦取敷整齊之義故此注又云王自敷整齊之車也二注小異而義可互通云前之者已駕王未乘之時者以下云王乘則持馬明此前齊車是已駕王未乘之時曲禮云君車將駕則僕執策立於馬前鄭彼注云監駕且爲馬行此齊右前齊車謂已駕未乘之時然則將駕齊僕前已駕齊右前二者並

爲止馬行也云陪乘參乘謂車右也者說文自部云陪重土也引申爲副貳之義凡右亦謂之參乘詳敘官疏云齊右與齊僕同車而有祭祀之事則兼玉路之右者以經別無玉路之右而此職兼掌祭祀故知兼玉路之右但會同賓客齊僕馭金路則齊右與齊僕同車其祭祀大馭馭玉路則齊右與大馭同車金路與玉路右同馭不同也云然則戎右兼田右與者敘官戎右注云此充戎路之右田獵亦爲之右焉是也賈疏云以其王路有五其右惟有齊右道右戎右三者不見祀右及田右祭祀時亦名齊田與戰伐俱用兵可以相通故知齊右兼玉路右戎右兼田右也

凡有牲事則前馬王見牲則拱而式居馬前卻行備驚奔也曲禮曰國君下宗廟式齊牛

疏注云王見牲則拱而式者賈疏云凡男子立乘前視五巂若有敬事則式式視馬尾當須端拱故云拱而式也詒讓案言此者明右下爲王式也道右云王式則下前馬曲禮注云車右君式則下步行明此云有牲事則前馬亦爲王式而下前馬步行也式詳輿人疏曾釗云牲事迎牲也大中小祭皆有牲故曰凡前馬者容君雖乘車出廟門迎牲及牽牲時君已下車故齊右亦下而前馬與案曾說亦通云居馬前卻行備驚奔也者以居前面當向王故卻行且以止馬使緩行故云備驚奔國語越語云越王其身親爲夫差前馬韋注云前馬前驅在馬前也莊子徐無鬼篇云黃帝將見大隗乎具茨之山方明爲御昌寓驂乘張若謵朋前馬昆閽滑稽後車彼驂乘與前馬二人分主之又別有後車者與禮異也引曲禮曰國君下宗廟式齊牛者證王見牲則式之事今本禮記作國君下齊牛式宗廟與此所引不同以彼下文大夫士下公門式路馬例之則此注所引是也賈子新書容經云小禮據中禮式大禮下立車之容也宗廟尊於齊牛宜依大禮明矣曲禮孔疏引熊安生說亦以此注爲正今本禮記蓋傳寫誤到非鄭本之舊賈疏謂此是鄭改亦非

道右掌前道車王出入則持馬陪乘如齊車之儀道車象路也王行道德之車疏掌前道車者此與道僕爲官聯也亦謂已駕王未乘之時此官立道車前云王出入則持馬陪乘者亦旣乘則持馬陪乘與齊右同注云道車象路也者司常注同云王行道德之車者據巾車云象路以朝朝所以行道德故以爲名曲禮云德車結旌注云德車乘車彼雖兼玉金象木四路言之義亦同也

自車上諭命于從車自由疏自車上諭命于從車者掌交注云諭告曉也賈疏云按馭夫掌馭貳車從車彼注貳車象路之副從車戎路田路之副此所論從車卽彼貳車與彼從車別同名耳案賈說非也馭夫注以從車爲戎路田路之副而此道右馭象路亦有從車與彼注不合故賈謂卽貳車然馭夫自以貳車從車並舉安得并而爲一竊謂凡王出入有副車十二乘又有從車則無定數副車者備王自乘爲王路之副從車者諸臣從王者所乘非王路之副也此從車卽從臣之車凡王出入不論乘何路皆有從臣卽皆有從車大戴禮記諸侯遷廟篇云君升車從者皆就車也卽此從車之塙證盧注亦釋爲貳車未析士昏禮云主人乘墨車從車二乘注云從者有司也乘貳車從行者也彼雖亦通釋從車爲貳車而以爲從行有司所乘則與此亦足相比例馭夫注以爲戎路田路之副固非經義此疏以爲卽馭夫之貳車亦非也注云自由者大馭注義同爾雅釋詁云由自也

詔王之車儀顧式之屬疏注云顧式之屬者賈疏云曲禮云式視馬尾顧不過轂皆是車上威儀故須詔之齊右不云者文不具

王式則下前馬王下則以蓋從以蓋從表尊疏王式則下前馬者曲禮云入里必式及有牲事等王皆有式也注云以蓋從表尊者賈疏云蓋有二種一者禦雨二者表尊此則表尊之蓋也案賈說非也蓋卽車蓋王乘車必

建蓋陰以禦雨晴以蔽日非徒表尊也王下則右取車所建蓋以下步行從王鄭輪人注誤謂乘車無蓋賈氏遂分此蓋與車爲二殊謬詳輪人疏

大馭掌馭玉路以祀及犯軷王自左馭馭下祝登受轡犯軷遂驅之

行山曰軷犯之者封土爲山象以菩芻棘柏爲神主既祭之以車轢之而去喻無險難也春秋傳曰跋涉山川自由也王由左馭禁制馬使不行也故書軷作罰杜子春云罰當爲軷軷讀爲別異之別謂祖道轢軷磔犬也詩云載謀載惟取蕭祭脂取羝以軷詩家說曰將出祖道犯軷之祭也聘禮曰乃舍軷飲酒于其側禮家說亦謂道祭

疏掌馭玉路以祀者與齊右爲官聯也賈疏云此據祭天之時故有犯軷之事案祭地及四望明堂等大祭疑亦當有犯軷賈說未備云及犯軷者毛詩邶風泉水孔疏云軷祭則天子諸侯卿大夫皆於國外爲之大馭云犯軷詩云取羝以軷聘禮云釋軷是也又名祖聘禮及詩云出祖是也又名道曾子問云道而出是也以其爲犯軷祭道路之神爲行道之始故一祭而三名也案孔說是也祖道者道祭之通名詳舉其禮則曰犯軷祭行於廟門外亦謂之軷然與國門外之軷小異故孔不數也據此及戎僕兩職五路唯玉路戎路有犯軷蓋兵祭大事在國外則行之餘路並無此禮以金路以賓非兵車之會象路以燕出入田路以田其事皆輕故不爲犯軷之祭也云王自左馭馭下祝者以馭既下車故王自居左代之執轡也祝謂號祝以告神猶聘禮賜饔祭祖禰僕爲祝皆以行道卒遽趣便攝官故不使祝官將事也云登受轡犯軷遂驅之者賈疏云馭登受取王手之轡犯軷遂驅之而出黃以周云下文及祭酌僕僕左執轡右祭兩軹乃飲俱在犯軷之前經逆敘之馭下右亦下有前馬解轡事文略耳

注云行山曰軷者毛詩鄘風載馳大夫跋涉傳云草行曰跋水行曰涉跋與軷聲同字通鄭訓軷爲山行與毛訓跋爲草行義亦相近以說釋軷亦云委土爲山伏牲其上說文車部云軷出將有事於道必先告其神立壇四通樹茅以依神爲軷既祭犯軷轢牲而行爲範軷又云範軷也讀與犯同又犬部云犯侵也案許云立壇四通卽封土爲山象也以其象類言之則爲山以其封土爲堳埒言之則爲壇又謂之軷壤月令冬祀行注云行在廟門外之西爲軷壤厚二寸廣五尺輪四尺孔疏云皆中霤禮文廣五尺輪四尺者謂軷壇東西爲廣南北爲輪常祀行神之壇則然若於國外祖道軷祭其壇隨路所嚮而爲廣輪尺數同也案曾子問疏義同賈疏亦謂此道祭與月令注祀行之軷壤同犯說文作範者段玉裁云許君所見周禮作範不作犯蓋故書也易範圍天地之化馬王肅張作犯圍古二字通用許說範爲正字則犯爲假借字與今義迥異案段說是也鄭從犯者取侵轢爲義許從範而云犯軷轢牲則亦兼取犯義矣云以菩芻棘柏爲神主者釋文云菩劉音負一音倍案說文艸部云菩艸也廣韻十五海云菩黃蓓草也漢書東平王雲傳云治天象瓠山立石束倍草并祠之顏注云倍草黃倍草也蓓倍竝與菩同是古野祭有束菩草爲神主之法說文說範軷禮則云樹茅依神與鄭說異者蓋任取道中所有草木暫以依神本無定物故許鄭不同賈疏謂菩芻棘柏爲神主者謂於三者之中但用其一以爲神主則可是也又案祖軷之神經注無文曾子問疏引崔氏云宮內之軷祭古之行神城外之軷祭山川與道路之神案崔靈恩說蓋據聘禮注義惠士奇云祖道本祭行神祖在城門外行則廟門外之西禮雖不同其神一也崔云道路之神非行神而何若山川之神則有宗祝以黃金勺前馬之禮焉以故知釋軷不祭山川也案宮內城外兩軷祭神不當有異惠說近是

今攷行爲天子七祀之一地示之小祀也祖神卽道神風俗通義祀典篇及獨斷並謂爲共工氏之子脩宋書曆志引四民月令又謂爲黃帝之子累祖曾子問疏亦云道神名纍蓋卽本崔寔說諸說不同要皆人鬼之配食者竊疑宮內廟門外之行與國門外之祖二者同祭行神而以脩等配之其軷壤制亦略同而行道有遠近之殊其祭之時地及禮之隆殺遂迥異廟門外之行天子常所出入歲必一祭此恆禮也國門外之祖則非王出國門無祭法祭亦無常時以此爲異故聘禮云釋幣于行此廟門外之行也記云出祖釋軷祭酒脯此國門外之祖也行近則唯釋幣祖遠則有祭明其神同而地異猶之社神同祭后土而大社王社亦有大小之異矣云既祭之以車轢之而去喩無險難也者說文車部云轢車所踐也既祭則驅車軷轢軷壤而行亦無所不踐行道不遇險難此於告祭之後兼示攘厭之義又鄭月令注據逸禮記祀行之禮云北面設主于軷上乃制腎及脾爲俎奠于主南又設盛于俎東祭肉腎一脾再又五祀之禮皆既祭徹之更陳鼎俎設饌于筵前迎尸略如祭宗廟之儀詩大雅生民箋云取羝羊之體以祭神又燔烈其肉爲尸羞焉孔疏謂諸侯天子軷祭亦有尸依聘禮卿大夫軷祭用酒脯則無尸曾子問疏說亦同據此則天子祖道之軷與卿大夫用釋奠禮不同當有迎尸之節經注並不言者文略引春秋傳曰跋涉山川者左襄二十八年傳文引以證軷爲行山之義也聘禮記注引春秋傳跋作軷疑此亦當與彼同云自由也者道右注同云王由左馭禁制馬使不行也者凡王平時乘路皆居左馭者執轡居中今大馭將下祝故王由左暫代馭者執轡以禁制馬使止不行以俟祭軷也此與大僕王出入則自左馭而前驅微異彼車行而大僕自馭此車止而王暫自馭行時大馭仍居中馭也又戎僕犯軷爲王在軍乘革路當居中戎僕則居左馭其犯軷亦王暫居中代馭與乘玉路異也云故書軷作罰杜子春云罰當

爲軷載讀爲別異之別者段玉裁改讀爲爲讀如二云故書作罰杜據詩禮改作軷讀軷音如別三字聲類同也讀如今本作讀爲誤此字旣定作軷矣不當又易爲別也故其下文稱詩禮爲軷證案段校是也二云謂祖道轢軷磔犬也者犬人凡祭祀共犬牲用牷物伏瘞亦如之先鄭注二云伏謂伏犬以王車轢之是也引詩二云載謀載惟取蕭祭脂取羝以軷者大雅生民文毛傳二云羝羊牡羊也軷道祭也鄭箋二云惟思也后稷諏謀其日思念其禮至其時取蕭草與祭牲之脂爇之於行神之位馨香旣聞取羝羊之體以祭神案生民詩言后稷郊祀之禮有軷故引以爲證杜二云轢軷磔犬詩以牡羊者聘禮記注說軷祭二云其牲犬羊可也詩泉水疏二云據天子諸侯有牲卿大夫用酒脯而已犬人二云伏瘞亦如之明天子以犬伏於軷上羊人無伏祭之事則天子不用羊詩二云取羝以軷謂諸侯也天子以犬諸侯以羊尊卑異禮也曾子問及左傳昭七年孔疏說並同案杜意或當如孔說但六牲之次羊尊於犬犬不應天子軷牲反降於諸侯孔說實未允愜聘禮賈疏申鄭義則謂犬羊各用其一未必並用是二牲隨所有用之無天子諸侯之異賈說似得鄭恉較孔爲長也二云詩家說曰將出祖道犯軷之祭也者此蓋三家詩說聘禮記注引詩傳曰軷道祭也謂祭道路之神則疑引毛傳而申其義引聘禮曰乃舍軷飲酒于其側者此聘禮記文彼文作出祖釋軷祭酒脯乃飲酒于其側此約引之證大夫以下亦有祭軷但用釋奠禮也釋舍古通用鄭彼注二云祖始也旣受聘享之禮行出國門止陳車騎釋酒脯之奠於軷爲行始也道路以險阻爲難是以委土爲山或伏牲其上使者爲軷祭酒脯祈告也卿大夫處者於是餞之飲酒於其側禮畢乘車轢之而遂行舍於近郊矣毛詩泉水傳亦二云祖而舍軷飲酒於其側曰餞重始有事於道也二云禮家說亦謂道祭者此禮經舊說與詩家說同杜引詩禮說亦兼明軷祭卽祖道之祭左昭七年傳二云夢襄公祖杜注二云祖祭

道神曾子問云諸侯適天子道而出注云祖道也並與此軷祭同 及祭酌僕僕左執轡右祭兩軹祭軌乃飲故書軹爲軒軓爲範杜子春云文當如此左不當重重非是書亦或如子春言又云軒當作軹軹謂兩轊也其或言軷亦非是又云軓當爲軋軋謂車軾前也或讀軒爲簪笄之笄

【疏】及祭者將祭行神有迎尸獻酬之事也云酌僕者此於軷壤神主前祭獻禮畢又以行道乘車僕爲尤重故弁獻之也說文酉部云酌盛酒行觴也賈疏云使人酌酒與僕僕卽大馭也案經言僕注不云何官賈謂卽大馭王使人酌之鄭少儀注亦以祭兩軹祭軌爲大馭之事是也僕者五路諸馭之通稱故校人臧僕注云僕馭五路之僕條狼氏云誓僕右曰殺僕卽指五馭而言故與右同誓與路賈疏亦以僕爲大馭戎僕齊僕之等與此經皆可互證上經云馭下祝此變文稱僕者明王出國門乘戎路亦有犯軷之禮故言僕以晐戎僕也若然大僕云王出入則自左馭而前驅知非大馭酌大僕者以前驅旣不掌御事不當代大馭登車執轡且少儀又謂酌尸僕如君僕彼僕亦指爲尸馭車之馭若君僕爲大僕豈別有大僕從尸乎賈此疏以僕爲大馭說自塙惟條狼氏誓僕賈以爲大僕則與此疏異失之云僕左執轡右祭兩軹祭軓乃飲者旣酌僕僕又歸功於車故受爵先祭左軹次右軹次前軓乃飲猶大射儀獻服不以祭侯先祭左个次右个次侯中而後卒爵也賈疏云大馭則左執轡右手祭兩軹弁祭軓之軾前三處訖乃飲飲者若祭末飲福酒乃始轢軷而去詒讓案少儀云酌尸之僕如君之僕其在車則左執轡右受爵祭左右軌范乃飲彼禮與此同彼云在車則僕受酌及祭飲並於車上爲之其節次蓋當旣下祝登受轡未驅之時其祭行神迎尸則當與僕下祝同時並舉祭行自以它官爲尸旣獻尸而賜爵以僕掌馭事故特得酌獻非卽以僕爲尸也 注云故書軹爲軒者鄭珍云以軹字依篆

體書之只作𠬝傳久或增綴或模糊卽成开旁爲軒字經杜子春正
定其誤已明故說文無軒也案鄭說是也云軓爲範者軓舊本誤軌
今依蜀石經及宋本正下同段玉裁改範爲軋云軋字從車從花弓
之弓爲聲與從車范省聲之範不同說文有範無軋案段據杜說校
也此與下文範軋錯出必有一誤攷少儀孔疏及邶風匏有苦葉孔
疏引此注並作範則唐本亦與今本同從車從弓之字惟見此後注
及轛人注徐養原黃以周並謂卽範之譌文但旣是譌體卽不妨爲
說文所無之字段說義亦得通弁存之以竢詳覈杜子春云文當如
此者杜定從軓軓而後鄭從之云左不當重重非是者段玉裁云謂
故書作僕左左執轡也云書亦或如子春言者故書或本亦作祭兩
軹祭軓又不重左左字如杜所定也又云軒當作軹軹謂兩轛也者杜
正軒爲軹而又釋其義與輪人先鄭注義同呂飛鵬云鄭注少儀祭
左右軏范引周禮大馭祭兩軹祭軓乃飲云軏與軹於車同謂轛頭
也軓與范聲同謂軾前也蓋以范當大馭之軓軏當大馭之軹故並
其文而解其義考工記軹崇三尺有三寸注鄭司農云軹軎也弓長
六尺謂之庇軹注杜子春云謂覆幹也後鄭皆訓爲轂末與少儀注
訓軹爲轛頭異義李惇云先鄭之所謂軎杜子春之所謂幹與後鄭
所謂轂末相去不過二寸許其說似矣說文云軹車輪小穿也考工
記云參分其轂長去一以爲賢去三以爲軹則軹爲轂末無疑說文
又云軎車軸耑也或从彗作轊則轊爲軸末無疑徐養原云車軸耑
有四名軎也軌也軹也軒也軌轍之軌軹轛之軹皆與轊頭同名又
云先鄭注輪人以軹爲小穿與說文合後鄭注輪人庇軹以爲轂末
亦與先鄭義同蓋轂末曰小穿軸耑曰轊頭並非同處然則軹有三
義矣案徐說是也說文軹字訓車輪小穿卽所謂轂末亦卽輪人賢
軹之軹與車兩轛別蓋車輪小穿乃軹之本義兩轛亦叚稱之猶少
儀叚車轍之軌爲兩轛之稱也此軹卽轊爲軸末輪人之軹爲轂末

二軹不同賈謂轛即轂末少儀疏謂轛頭爲車轂小頭詩雉雉疏又
謂轂末軸耑共在一處而有軹轛二名蓋並據兩軹爲一非杜鄭義
也先鄭及杜以軎幹詁輪人之軹則又失之云其或言軑亦非是者
軹故書別本又有作軑者蓋傳寫之誤軹軑形聲並遠於義又無取
蓋涉上文而誤故杜直斥其非也又云軓當爲軋軋謂車軾前也者
亦杜義也釋文軓作軌云音姚美反又音犯蜀石經作範當爲軋賈
疏云此二云軹少儀作軌軌與車轍之軌同名此二云軓少儀二云范同是
軾前也案賈說是也少儀以軹爲軌而未嘗以軓爲軌陸本乃傳寫
之誤段玉裁改爲軋當爲軓軓謂車軾前也二云故書爲軋杜子春言
軋當爲軓鄭君從杜詩苑有苦葉正義引此注二云故書軓爲範杜子
春二云範當爲軓軓車軾前其所據周禮注未誤也惟軋字作範爲誤
耳周禮正義作軓當爲軋誤倒釋文作軌當爲軋則更誤徐養原亦
謂段校確當而云但軋字詩疏亦作範軓範同音古或通用則作範
似無不可況軋乃俗體說文所無未知其爲範之俗字與抑軓之俗
字與說文車部範範軷也範軷二字連文軒字既或作軷軓字亦可
作範但軓爲正字範爲假借故子春改範從軓少儀祭左右軌范又
作从艸之范案段徐說並通此承上云文當如此則杜必不從軋今
本之誤自無疑義輈人先鄭注云軓謂式前也書或作軋後鄭云軓
是軓法也謂輿下三面之材輢式之所尌持車正也說文車部云軓
車軾前也从車凡聲周禮曰立當前軓立當前軓即大行人立當車
軹之異文蓋軓軹軋範字形相近遂多岐互此注上文疊故書依段
校本二云軓爲軋此承彼而定其字與義二云軋當爲軓軓謂車軾前也
今以輈人注互證之此二云軋當爲軓猶彼二云軓是此二云軓謂車軾前
猶彼先鄭云軓謂式前也段校自塙但詩疏所引與上文軓爲範之
範字同蜀石經亦正與彼合徐從孔謂此當作範亦不爲無據今未
能定其孰是也至輈人後鄭注軓法之訓與杜許及先鄭軾前之訓

亦無迮蓋軓爲輿下前及左右三面材之通名而此文及少儀皆以前軓別於左右軹故杜專訓爲式前後鄭亦從之而於輈人注則以輿下三面材增成先鄭義明其名有所當杜及二鄭義實相成不必専持一耑也互詳彼疏云或讀軒爲簪笄之笄者此仍故書作軒而讀爲笄亦以聲兼義也杜鄭皆不從故引之在後段玉裁云車軸耑之鍵曰轄亦曰軒謂制轂之鐵豎貫軸頭有似叉首之笄也故軒與笄同聲案段說本戴震亦通依杜鄭說則軒直是轄體不必有此字也

凡馭路行以肆夏趨以采薺

凡馭路謂五路也肆夏采薺樂章也行謂大寢至路門趨謂路門至應門

疏 凡馭路行以肆夏趨以采薺者此言應門以內馭路奏樂爲節行之舒疾必與樂相應也賈疏云樂師亦有此法彼下有車亦如之卽上云行趍者據步迎賓客法此旣馭路亦云行趍者此雖馭路行趍遲疾准步迎賓客爲法故雖車亦行趍也　注云凡馭路謂五路也者賈疏云此大馭惟馭玉路而云謂五路者大馭雖馭玉路以經云凡所含廣則餘四路亦准玉路爲法故云五路也若然迎賓客惟乘金路餘四路雖不用迎賓客至於乘車皆自內而出自外而入經路寢及門故鄭據大寢爲正也云肆夏采薺樂章也者謂皆樂篇章之名樂師先鄭注云肆夏采薺皆樂名或曰皆逸詩詳彼及鍾師疏云行謂大寢至路門趨謂路門至應門者樂師注亦云行者謂於大寢之中趨謂於朝廷又引爾雅釋宮爲說此路門之內卽大寢之庭又路門之外應門之內卽治朝所在與樂師義同也賈疏云鄭注樂師云反入應門路門亦如之此注不言亦同於彼也若應門外亦應有樂節但無文故鄭亦不言也詒讓案應門外不得聞樂當卽以鸞和爲節詳後疏

凡馭路儀以鸞和爲節

舒疾之法也鸞在衡和在軾皆以金爲鈴

疏 凡馭路儀以鸞和爲節者此言應門以外馭路舒疾之節也應門以外距大寢已遠不得聞樂

故鄭以在車鸞和之聲爲之節凡宮外馭路之儀皆放此 注云舒疾之法也者謂車行舒疾之節與鸞和之聲必相應保氏五馭所謂鳴和鸞也經解云升車則有鸞和之音仲尼燕居云和鸞中采齊大戴禮記保傅篇云馬動而鸞鳴鸞鳴而和應聲曰和和則敬此御之節也上車以和鸞爲節下車以佩玉爲度荀子正論篇云和鸞之聲步中武象騶中韶濩以養耳史記禮書文略同續漢書輿服志劉注引白虎通云車所以有和鸞以正威儀節行舒疾也又云舒則不鳴疾則失音明得其和也此並以鸞和爲節之義也云鸞在衡和在軾者經解注引韓詩內傳云鸞在衡和在軾前升車則馬動馬動則鸞鳴鸞鳴則和應玉藻注義亦同大戴禮記保傅篇云在衡爲鸞在軾爲和此並鄭說所本續漢志注引白虎通魯詩傳楚辭離騷王注呂氏春秋孟春紀高注玉燭寶典引月令章句文選東京賦薛注說並同而毛詩小雅蓼蕭傳則云在軾曰和在鑣曰鸞秦風駟驖篇輶車鸞鑣箋云輕車驅逆之車也置鸞於鑣異於乘車也又商頌烈祖篇八鸞鶬鶬箋云鸞在鑣四馬則八鸞說文金部云鑾人君乘車四馬鑣八鑾鈴象鸞鳥聲和則敬也說苑說叢篇左傳桓二年杜注及史記禮書集解引服虔說續漢志注引傅玄乘輿馬賦注說鸞並與蓼蕭傳同案依鄭駟驖箋說則田車鸞在鑣與乘車鸞在衡異故賈疏及駟驖疏並謂此注及玉藻經解注皆據乘車駟驖鸞鑣則據田車故所在不同然蓼蕭和鸞烈祖八鸞皆是乘車依鄭說亦宜置鸞於衡今蓼蕭箋既不易毛義而烈祖箋又明著鸞在鑣之訓是鄭亦不能堅持其說故駟驖疏引五經異義載禮大戴詩毛氏二說許謹案云經無明文且殷周或異鄭亦不駁以證鄭爲兩解今攷異義雖並列戴毛兩說然續漢志注又引許愼曰詩云八鸞鎗鎗則一馬二鸞也又曰輶車鸞鑣知非衡也蓋亦異義許案之語則又申毛駁戴故說文亦釋鑾爲在鑣是不從鸞在衡之說也桓二年左傳孔疏云案

考工記輪崇車廣衡長參如一則衡之所容唯兩服馬耳詩辭每言八鸞當謂馬有二鸞鸞若在衡衡唯兩馬安得置八鸞乎以此知鸞
必在鑣孔廣森云鑣馬銜也鸞在鑣兩口角各一四馬凡八故詩稱八鸞若在衡則八無取義案許君及兩孔氏說辯鸞之在鑣其說甚
精鄭詩禮注說舛異自當以蓼蕭箋爲定解至和之在軾禮戴氏詩毛韓魯及許鄭高感無異說惟說苑及左傳服杜注說並云和在衡
其說於古無徵恐非又春秋繁露三代改制質文篇說主天法商而王鸞與垂四鸞主天法質而王同主地法夏而王鸞與垂二鸞主地
法文而王同此說鸞數與詩義不合不足據也云皆以金爲鈴者經解注義同續漢輿服志注引干注云和鸞皆以金爲鈴亦從鄭義廣
雅釋器云和鑾鈴也公羊宣十二年何注云宗廟割切之刀環有和鋒有鸞則和鸞自是鈴之通名不必定在車也鈴詳巾車疏據鄭說
則和鸞同爲金鈴以所在異名許君說文義亦同惟玉燭寶典引月令章句說鸞路云鸞鳥名也以金爲鸞鳥縣鈴其中施於衡上以爲
遲疾之節又呂氏春秋高注亦云鸞鳥在衡和在軾鳴相應和後世不能復致鑄銅爲之飾以金謂之鸞輅也案蔡高亦謂鸞在衡而云
以金爲鳥形以縣鈴蓋據漢制爲說續漢輿服志載乘輿金根安車立車並鸞鳥立衡是也古疑無是制蔡據以釋月令史記禮書正義
引皇侃說同並誤也漢書五行志顏注云和鈴也以金爲之施於衡上鸞亦以金爲鸞鳥而銜鈴焉施於鑣上此亦同蔡氏鸞鳥銜鈴之
說而以和在衡鸞在鑣則又兼采服杜之義皆不足據又崔氏古今注云五路衡上金爵者朱雀也口銜鈴鈴謂鑾所謂和鑾也禮記云
行前朱鳥鸞也前有鸞鳥故謂之鸞鸞口銜鈴故謂之鑾鈴今或爲鑾或爲鸞事一而義異也崔說亦本漢制然依說文則鑾正字鸞叚
借字崔氏謂金爵爲鸞鸞所銜鈴爲鑾強析鑾鸞爲二尤非又楚辭離騷云鳴玉鸞之啾啾王注云鸞鸞鳥也以玉爲之著於衡彼鸞用玉

疑七國以後之後制王注似亦沿鸞鳥立衡之說皆非古制也

周禮正義卷六十一

周禮正義卷六十二

瑞安孫詒讓學

戎僕掌馭戎車戎車革路也師出王乘以自將【疏】掌馭戎車者與戎右爲官聯也注云戎車革路也師出王乘以自將者巾車云革路以即戎注云即戎謂兵事以大馭馭玉路齊僕馭金路道僕馭象路皆王自乘之路明此戎僕所馭者亦專屬王自乘之革路別於後凡戎車爲諸臣所乘之車也王自將者謂親出征討若春秋桓五年桓王以諸侯伐鄭之類

掌王倅車之政正其服倅副也服謂衆乘戎車者之衣服【疏】注云倅副也者射人云大師令有爵者乘王之倅車車僕云掌戎車之萃注云萃猶副也又諸子云掌國子之倅注云故書倅爲卒司農云讀如物有副倅之倅倅萃卒聲類並同左襄二十三年傳說齊侯伐衛有貳廣杜注云公副車孔疏引服虔云司馬法謀帥篇曰大前驅啓乘車大晨倅車屬馬大晨大殿也音相似案據司馬法大前驅爲前軍大晨卽大殿爲後軍則倅車在後軍之內爲戎車之副亦謂之貳廣又通言之亦曰佐車詳田僕疏又鄉大夫行道之副車亦通名倅車詩小雅綿蠻云命彼後車謂之載之鄭箋云後車倅車也云服謂衆乘戎車者之衣服者賈疏云鄭注坊記云僕右恆朝服據非在軍時若在軍則服韋弁服衆乘戎車者之衣服謂此服也言衆乘戎車者之服則副車十二乘及廣闕苹輕之倅皆是也案賈說是也左僖三年傳云均服振振杜注云戎事上下同服是戎事諸臣與王同服韋弁服正之者令不得服它服以自殊異也

犯軷如玉路之儀凡巡守及兵車之會亦如之如在軍【疏】犯軷如玉路之儀者如大馭犯軷之儀也云及

兵車之會者謂有征討之事而合諸侯大宗伯云時見曰會是也注云如在軍者賈疏云謂如其犯軷巡守及兵車會亦乘革路若乘
車之會卽乘金路也掌凡戎車之儀凡戎車衆之兵車也書序曰武王戎車三百兩【疏】注云凡戎車衆之兵車也者對
前云戎車爲王自乘之戎路明此凡戎車爲將帥及卒士所乘亦謂之小戎詩秦風云小戎俴收鄭箋云此羣臣之兵車是也衆兵車自
有馭戎僕不親馭之唯掌正其儀耳引書序曰武王戎車三百兩者牧誓序云武王戎車三百兩虎賁三百人與受戰于牧野孟子盡心
篇亦云武王之伐殷也革車三百兩引之者證戎車爲衆兵車也
齊僕掌馭金路以賓以待賓客【疏】掌馭金路者與齊右爲官聯也注云以待賓客者巾車注義同謂待朝覲會
同諸侯也朝覲宗遇饗食皆乘金路其灋儀各以其等爲車送逆之節節謂
王乘車迎賓客及送相去遠近之數上公九十步侯伯七十步子男五十步司儀職曰車逆拜辱又曰及出車送【疏】注云節謂王乘
車迎賓客及送相去遠近之數者賈疏云受享於廟則迎之大行人云上公九十步介九人擯者五人廟中將幣三享鄭注云朝先享不
言朝朝正禮不嫌有等是春夏受贄於朝無迎法受享則有之秋冬一受之於廟亦無迎法故郊特牲云覲禮天子不下堂而見諸侯是
受贄受享皆無迎法今言朝覲宗遇饗食皆乘金路者謂因此朝覲宗遇而與諸侯行饗食在廟卽有乘金路迎賓客之法也案大行人
說公侯伯子男朝位注云朝位謂大門外賓下車及王車出迎所立處也王始立大門內交擯三辭乃乘車而迎之賈彼疏亦云春夏受
贄在朝無迎法朝後行三享在廟天子親迎曲禮孔疏引熊安生說正同卽賈所本綜校此與大行人兩注並不云迎賓有春夏秋冬之

異則鄭意自謂四時朝並無迎賓享並有迎賓熊賈說非鄭恉曲禮疏又引崔靈恩說則謂春夏朝享並有迎法秋冬並無其說尤謬陳祥道云齊僕朝覲宗遇皆乘金路各以其等爲車送逆之節蓋春朝夏宗秋覲冬遇其送逆之禮並同金鶚云大行人所謂朝位賓主之閒不言何時是四時皆同也齊僕且明言朝覲宗遇送逆此四時皆迎之確據則諸家謂春夏迎賓而秋冬不迎者誤矣郊特牲云覲禮天子不下堂而見諸侯朝覲宗遇皆謂之覲必無迎賓之法所以正君臣之分也其後行饗食於廟以講賓主之禮通上下之情乃有迎賓之法周官一經凡諸侯四時常朝皆止言朝覲而此備舉四時之名正見諸侯晚來王亦待之隆也賈疏謂饗食有迎賓法視諸家爲優惜并謂春夏受享亦迎賓於義不通也案陳金並謂朝覲宗遇四時同禮深得經注之恉金謂享無迎賓亦塙但本鄭鍔說謂迎賓爲因四時常朝而行饗食時事林喬蔭朱大韶黃以周說並同今攷饗食固當有迎賓而未盡也凡四時常朝朝享無迎賓享後禮祼則當有迎賓蓋朝享純乎君臣故無迎法禮及饗食純乎賓主故依諸侯相朝禮有迎法經云朝覲宗遇即指禮祼而言鄭賈謂此迎賓朝宗則在享與饗食覲遇則又唯在饗食不知禮賓與饗食同有車迎之法實朝覲宗遇之通禮也互詳大行人疏又案詩小雅蓼蕭箋云諸侯燕見天子天子必乘車迎於門是燕禮雖輕亦有車迎此經注並不具也云上公九十步侯伯七十步子男五十步者證送逆相去遠近之數賈疏云大行人文彼據受享於廟非饗食禮也引之者欲見饗食迎賓與受享同案大行人所言正朝享後禮賓之禮也鄭意則以爲三享時事賈謂專指饗食非鄭恉也引司儀職曰車逆拜辱又曰及出車送者證天子待諸侯與諸侯自相朝同賈疏謂據受饗食之禮亦非

道僕掌馭象路以朝夕燕出入其灋儀如齊車朝夕以朝朝莫夕疏掌馭象路者與道右爲官聯也　注云朝夕朝朝莫夕者鄉飲酒義云朝不廢朝莫不廢夕注云朝夕朝莫聽事也左成十二年傳云百官承事朝而不夕又昭十二年傳云楚右尹子革夕杜注云夕莫見孔疏云旦見君謂之朝莫見君謂之夕哀十四年傳稱子我夕晉語稱叔向夕皆謂夕見君也案孔說是也左傳朝夕以臣見君爲文此朝夕以王聽事見羣臣爲文其義通也凡常朝皆在旦有事則有夕朝夕同在內外朝故亦通謂之朝巾車云象路以朝不言夕以朝可晐夕也內則說子事父母云昧爽而朝日入而夕又文王世子云文王之爲世子朝於王季日三下文雞初鳴日中及莫三至是事親得通稱朝夕日中及莫亦通得稱朝矣賈疏云朝朝莫夕在正朝來往而言燕者以其在宮中行事皆稱燕案賈說非也朝夕者謂王乘車出視朝自路門外治朝至皋門內外朝皆是燕出入則出入游燕其地甚廣不必在三朝故小臣云王之燕出入則前驅注云燕出入若今游於諸觀苑是燕出入自專屬燕游與朝朝夕夕爲二事賈并爲一殊誤

掌貳車之政令貳亦副疏掌貳車之政令者馭夫云掌馭貳車則貳車馭夫馭之道僕不親馭唯掌其政令耳　注云貳亦副者謂貳車卽象路之副車書顧命有次路典路賈疏引鄭書注以爲象路之貳周書器服篇云次車羔冒穆天子傳亦有次車之乘皆是也大戴禮記朝事篇說朝日東郊云天子乘大輅貳車十有二乘彼大輅卽玉路則玉路之副亦稱貳車大行人上公貳車九乘侯伯七乘子男五乘國語魯語云大夫有貳車備承事也旣夕記主人乘惡車亦有貳車則士禮也韓非子外儲說左云晉國之法上大夫二輿二乘中大夫二輿一乘下大夫專乘二輿亦卽貳車是天子諸侯與大夫士並有貳車不必皆象路之副也賈疏云上文戎僕倅車云副

故此貳亦副也案貳訓副詳小宰疏
賈覲禮疏云貳車者飾皆與正路同
田僕掌馭田路以田以鄙田路木路也田田獵也鄙循行縣鄙疏掌馭田路者亦與戎右爲官聯也　注云
田路木路也者賈疏云按巾車云木路建大麾以田故知田路即木
路也云田田獵也者小司徒注義同云鄙循行縣鄙者此經縣鄙有
二遂人之縣鄙爲六遂之屬別五酇爲鄙五鄙爲縣是也宰夫司常
大司馬司士朝士諸職之縣鄙則爲四等公邑之通稱鄭多據六遂
縣鄙爲釋故此注賈疏亦謂指六遂之縣鄙以包六鄉蓋據宰夫注
義竊謂畿內千里皆王所循行經不當獨言遂鄙蓋鄙者野也對城
郭之言凡王遠行出國門則乘田路由郊以至於畿通謂之鄙以鄙
猶言乘以行野也左僖十四年傳云王使來告難曰不穀不德得罪
于母弟之寵子帶鄙在鄭地氾杜注云
鄙野也此鄙與彼義同注疏說並未晐掌佐車之政佐亦副疏掌佐車之政者
佐車亦馭夫所馭田僕唯掌其政令不掌馭也　注云佐亦副者此
謂佐車爲木路之副與戎僕戎路之副爲倅車道僕象路之副爲貳
車名因事異名義則同也賈子禮篇云天子佐輿十乘以明貴也佐
輿即佐車依大戴禮記說王副車宜十二乘賈子蓋約舉大數賈疏
云天子尊故戎車田車之貳有別名諸侯卑戎車田車之貳同曰佐
無倅名是以檀弓云戰於乘丘公隊佐車授綏少儀注亦云朝祀之
副曰貳戎獵之副曰佐也案賈謂諸侯戎車田車之貳同曰佐義本
熊安生少儀云乘貳車則式佐車則否注云貳車佐車皆副車也朝
祀之副曰貳戎獵之副曰佐孔疏引熊氏云此云戎獵之副曰佐者
據諸侯禮也故莊九年公及齊師戰于乾時公喪戎路佐車授綏是
也惠士奇云熊氏說誤佐車者武車也戎車不式豈徒諸侯案惠說
是也倅貳佐皆有副義分言之則戎路之副曰倅車田路之副曰佐

車通言之則戎田二路之副竝得稱佐車左成二年傳鞌之戰亦云鄭周父御佐車宛茷為右載齊侯以免周書大武篇云佐車舉旗竝以戎路之副為佐車與檀弓少儀合鄭說甚塙檀弓孔疏說同而設熊賈以為天子諸侯異名不足據也佐車又通稱貳車詳馭夫疏

驅逆之車驅驅禽使前趨獲逆衙還之使不出圍

疏設驅逆之車者馭夫掌馭使車注云驅逆之車則此車亦馭夫馭之田僕掌其陳設之事不掌馭也　注云驅驅禽使前趨獲者大司馬乃設驅逆之車注云驅驅出禽獸使趨田者也案說文犬部云獲獵所獲也謂驅禽趨田獵之所云逆衙還之使不出圍者釋文云衙本又作御馮登府石經攷異引蜀石經衙作禦案毛詩秦風駟驖孔疏引此注亦作御衙御禦字並通惠士奇云禦借作衙古音同也後漢北海相景君銘曰強衙改節微弱蒙恩案惠說是也漢石門頌綏億衙彊亦以禦為衙衙還之使不出圍謂鞅獸將出圍迎御令還不得出大司馬注云逆逆要不得令走是也王制云大夫殺則止佐車佐車止則百姓田獵鄭彼注云佐車驅逆之車據此經則佐車為副車與驅逆之車為二疑王制注誤或大夫田禮略不別設驅逆之車即以佐車共驅逆之用殺於天子諸侯禮與

令獲者植旌以告獲也植樹也

疏令獲者植旌者與山虞澤虞為官聯也賈疏云按山虞植旗屬禽此官又云植旌比禽者彼此共其事故竝見之　注云以告獲也者告得獲者令獸禽也毛詩小雅車攻傳云天子發抗大綏諸侯發抗小綏獻禽於其下面傷不獻踐毛不獻不成禽不獻即植旌令獻之事云植樹也者山虞注義同

及獻比禽田弊獲者各獻其禽比種物相從次數之

疏及獻比禽者亦與山虞澤虞為官聯也注云田弊獲者各獻其禽者大司馬注云獻猶致也屬也田止虞人植旌眾皆獻其所獲禽焉是也賈疏云大司馬春火弊夏車弊秋羅弊冬徒弊弊止也田止百姓所得禽大獸

公之小禽私之公之者獻於旌下每禽擇取三十其餘爲主皮之射而取之云比種物相從次數之者宰夫注云比校次之謂以所獲使種類大小相從比次校數其多少山虞注云田止樹旗令獲者皆致其禽而校其耳以知獲數是也**凡田王提馬而走諸侯晉大夫馳**提猶舉也晉猶抑也使人扣而舉之抑之皆止奔也馳放不扣**疏**凡田王提馬而走者記王以下田車馳驟之節皆謂逐禽時保氏五馭之逐禽左是也詩小雅車攻云不失其馳舍矢如破穀梁昭八年傳云御者不失其馳然後射者能中此提馬以下馳走之節亦欲其不失馳也賈疏云凡田亦謂四時田天子發抗大綏諸侯發抗小綏大夫發止佐車其時有提馬晉馬之事　注云提猶舉也者說文手部云提挈也舉對舉也引申之提與舉義亦通漢書刑法志顏注引李奇云提舉也淮南子俶真訓提挈天地高注云一手曰提挈舉也是提挈義同云晉猶抑也者此假借之義廣雅釋詁云抑捘按也捘晉聲近義通云使人扣而舉之抑之皆止奔也者說文手部云扣牽馬也爲王御田車則牽馬而舉之爲諸侯御田車則牽馬而抑之皆以止馬令不急奔賈疏云提遲於馳皆使尊者體舒卑者體促之義也惠士奇據毛詩鄭風大叔于田傳云騁馬曰磬止馬曰控謂提猶控也勸馬曰提案惠謂提控義略同是也晉則微縱而未騁蓋略急於控而緩於磬也云馳放不扣者說文馬部云馳大驅也廣雅釋宮云馳奔也謂不牽馬任其奔馳即詩所謂磬也

馭夫掌馭貳車從車使車貳車象路之副也從車戎路田路之副也使車驅逆之車**疏**注云貳車象路之副也者賈疏云以道僕云掌貳車之政令故知之也王安石云貳車副車姜兆錫云貳車通謂諸僕倅車貳車佐車之屬對文則分倅貳佐

散文則通名貳也曾釗亦據少儀乘貳車必式注貳車副車謂非象路獨得是名案王姜曾說是也王昭禹李光坡莊存與說同司戈盾云軍旅會同授貳車戈盾軍旅乘革路會同乘金路而咸名貳車則貳車不專爲象路之副大行人說五等諸侯來朝各有貳車乘數不同亦不必皆象路也蓋分言之則象路稱貳車戎路稱倅車田路稱佐車通言之則王五路之副各十二共六十乘統稱貳車此職之貳車蓋晐五副路而言不專屬象路之副也互詳道僕疏云從車戎路田路之副也者謂即戎僕之倅車田僕之佐車也賈疏云見戎僕與田僕俱不言貳田與戎俱是職煩故知兼此二者也不掌玉路金路之副者二者事暇蓋車僕不共掌也姜兆錫云從車即道右職從王之車莊存與云御大夫從王乘公車案姜莊說是也王安石王昭禹李光坡並釋從車爲屬車義亦略同據道右云自車上諭命于從車彼官掌馭象路而有從車則從車非戎路田路之副明矣射人云有大賓客則作卿大夫從司士云凡會同作士從賓客亦如之諸子云會同賓客作羣子從此從車即彼諸臣從王者所乘之車與副車備王自乘者異鄭賈亦並失其義又凡王行自乘一路其四路亦從行典路云凡會同軍旅弔于四方以路從是也彼從路即五正路與貳車從車不同則非此官所馭也互詳道右疏云使車驅逆之車者賈疏云以使役勞劇之事故知是驅逆之車也王安石云使車使者所乘之車案王說亦是也王昭禹李光坡姜兆錫莊有可曾釗說並同此車爲奉使者所乘司士云作士適四方使及行夫傳遽之事並所乘用田事驅逆之車雖亦晐於其中而實不止此也

分公馬而駕治之乘調六種之馬疏分公馬而駕治之者公馬即校人之王馬與牛人公牛義同國語楚語韋注以公馬爲公之戎馬案此公馬兼六物則不止戎馬矣　注云乘調六種之馬者六種之馬即校人之六馬也賈疏云趣馬自主駕脫故知此駕治者是調

習之也

校人掌王馬之政政謂差擇養乘之數也月令曰班馬政疏掌王馬之政者官所畜之馬以給王事者別於民馬謂之王馬亦即馭夫所謂公馬也國語楚語鬬且曰古者聚馬不害民之財用國馬足以行軍公馬足以稱賦不是過也韋注云國馬民馬也十六井為丘有戎馬一匹牛三頭足以行軍公馬公之戎馬也稱舉也賦兵賦也案韋說非也丘出戎馬一匹文出司馬法此乃計井出車之制其馬出於民間有兵事鄉遂軍不足用乃調發及之此非常聚於王閑也鬬且所謂國馬者乃鄉遂之軍馬馬質所給者故曰足以行軍所謂公馬者乃邦國六閑之馬官所養以給事者即此經之公馬故曰足以稱賦賦當訓為頒謂充頒給官府之用韋並失其義韓非子解老篇云戎馬乏則將馬出彼戎馬蓋即指國馬將馬即指王馬公馬也此職六物雖有戎馬然止備王戎路倅車及從行公卿大夫宿衛士庶子之用丘甸軍賦無與於國馬之數鄭荅趙商已論之矣詳後疏注云政謂差擇養乘之數也者數石經攷異引蜀石經作政亦通賈疏云經辨六馬是差擇也下云凡頒良而養乘是養乘也引月令曰班馬政者仲夏季秋二令並有此文仲夏注云馬政謂養馬之政教也季秋令家教田獵為文注云馬政謂齊其色度其力使同乘也此注似引仲夏令文賈疏謂專據季秋令未塙

辨六馬之屬種馬一物戎馬一物齊馬一物道馬一物田馬一物駑馬一物種謂上善似母者以次差之玉路駕種馬戎路駕戎馬金路駕齊馬象路駕道馬田路駕田馬駑馬給宮中之役疏種馬一物戎馬一物齊馬一物道馬一物田馬一物駑馬一物者毛詩小雅六月傳云物毛物也此物當亦兼齊足齊力言之韓人有國

馬田馬駑馬三等之轉注云國馬謂種馬戎馬齊馬道馬高八尺田馬七尺駑馬六尺然則此道馬以上四者並謂之國馬國馬與田馬駑馬等雖種類毛物不同蓋亦以馬之高卑相別異此六馬六物馬質馬量三物止有戎馬田馬駑馬者彼據買之民間以共官者故無種馬齊馬道馬等周書糴匡篇有三牧疑卽指馬質三物之牧言之此總辨國廄之馬故備六物也　注云稱謂上善似母者者廣雅釋詁云種類也謂類其母也種戎齊道田五馬並爲良馬此馬尤善故獨稱種馬云以次差之玉路駕種馬戎路駕戎馬金路駕齊馬象路駕道馬駑馬給宮中之役者賈疏云知差次如此者以其言戎道田以事爲名則知戎馬駕戎路道馬駕道車田馬駕田路以此五者種馬最在上駕玉路可知駑馬最在下五路之外給役可知沈夢蘭云駕駑馬者馭夫之貳車從車使車凡驅役之車皆是詒讓案爾雅釋畜云宗廟齊豪戎事齊力田獵齊足若然玉路駕種馬當齊豪戎路駕戎馬當齊力田路駕田馬當齊足與荀子禮論篇云大路之馬必倍至教順然後乘之所以養安也蓋卽言玉路之種馬也雜記云凶年則乘駑馬明非凶年不乘駑馬故知供役而已但駑馬二閑不止給王宮中之役宮中當作官中謂給百官府之役也穀梁莊二十九年楊疏引正作官不誤此與下經官中之稍食官誤作宮同宮中亦見士御職

凡頒良馬而養乘之乘馬一師四圉三乘爲阜阜一趣馬三阜爲繫繫一馭夫六繫爲廄廄一僕夫六廄成校校有左右駑馬三良馬之數麗馬一圉八麗一師八師一趣馬八趣馬一馭夫良善也善馬五路之馬鄭司農云四匹爲乘養馬爲圉故春秋傳曰馬有圉牛有牧玄謂二耦爲乘御趣馬馭夫僕夫帥之名也趣馬下士馭夫中士則僕夫

上士也自乘至廄其數二百一十六匹易乾爲馬此應乾之策也至
校變爲言成者明六馬各一廄而王馬小備也校有左右則良馬一
種者四百三十二匹五五種合二千一百六十匹駑馬三之則爲千二
百九十六匹五良一駑凡三千四百五十六匹然後王馬大備詩云
騋牝三千此謂王馬之大數與麗耦也駑馬自圉至馭夫凡馬千二
十四匹與三良馬之數不相應八皆宜爲六字之誤也師十二匹趣
馬七十二匹則馭夫四百三十二匹矣然後而
三之既三之無僕夫者不駕於五路卑之也
【疏】凡須良馬而養乘
之者謂此官辨良
馬五物須與廄繫諸官養而乘之巫馬注云乘謂驅步是也曾釗云
漢書禹貢傳廄馬食粟苦其大肥氣盛怒至乃曰步作之乘之所謂
步作之也云乘馬一師四圉者以下記十二閑馬及牧馭之數亦此
官之官法也云三乘爲皁皁一趣馬者趣馬葉鈔釋文作趨馬與敘
官不合疑誤皁即閑之小者詳敘官疏云三皁爲繫繫一馭夫者繫
釋文作毄云本又作繫案陸本是也經例用古字作毄注例用今字
作繫詳司門疏繫者牧羣之名國語齊語桓公與衞繫馬三百孟子
萬章篇云繫馬千駟並即此云六繫爲廄廄一僕夫者釋名釋宮室
云廄勼也勼聚也牛馬之所聚也說文广部云廄馬舍也周禮曰馬
有二百十六匹爲廄廄有僕夫案僕夫即五馭之僕也此乘四匹皁
十二匹繫三十六匹良駑二馬所同惟設官則異至廄則駑馬當增
三倍並詳後疏又案此廄即養王馬之舍凡廄有內外不同公羊僖
二年傳荀息云馬出之內廄繫之外廄爾是也此十二廄蓋王馬之
內廄對養國馬者爲外廄也郊特牲庫門注云庫或爲廄則內廄或
即在庫門內故庫門亦稱廄門與云六廄成校者校者六閑之總名
即馬棧也詳敘官疏　注云良善也者玉府注同云善馬五路之馬
者謂種馬至田馬五者通爲良馬對駑馬不駕路而言也鄭司農云
四匹爲乘養馬爲圉者敘官注義並同云故春秋傳曰馬有圉牛有

牧者昭七年左傳楚芋尹無宇語引之者證養馬爲圉杜注亦云養
馬曰圉養牛曰牧與先鄭說同云玄謂二耦爲乘者易屯釋文引鄭
易注云馬牡牝曰乘是二耦四馬並得爲乘皆取兩兩相耦之言也
詩鄘風干旄孔疏引五經異義云天子駕數易孟京春秋公羊說天
子駕六毛詩說天子至大夫同駕四士駕二詩云四騵彭彭武王所
乘龍旂承祀六轡耳耳魯僖所乘四牡騑騑周道倭遲大夫所乘謹
案禮王度記曰天子駕六諸侯與卿同駕四大夫駕三士駕二庶人
駕一說與易春秋同玄之聞也周禮校人掌王馬之政凡頒良馬而
養乘之乘馬一師四圉四馬爲乘此一圉者養一馬而一師監之也
尚書顧命諸侯入應門皆布乘黃朱言獻四黃馬朱鬣也既實周天
子駕六校人則何不以馬與圉以六爲數顧命諸侯何以不獻六馬
王度記曰大夫駕三經傳無所言是自古無駕三之制也案據駁異
義說則王五路亦止駕四馬此經以四馬爲一乘而設一師四圉者
亦以同駕一車故以四爲數也云師趣馬馭夫僕夫帥之名也者師
卽敘官之圉師也圉師帥圉趣馬帥圉師馭夫帥趣馬僕夫帥馭夫
皆轉相帥領云趣馬下士馭夫中士則僕夫上士也者賈疏云序官
有趣馬下士皁一人徒四人馭夫中士二十人無僕夫士數之文以
此文官尊者管卑者馭夫既中士明僕夫上士可知易祓云鄭以僕
夫爲上士非也玉路之僕曰大馭金路之僕曰齊僕象路之僕曰道
僕木路田僕也革路戎僕也總而名之爲僕夫五僕中惟道僕田僕
爲上士大馭戎僕爲中大夫齊僕爲下大夫黃度李鍾倫姜兆錫說
並同吳廷華亦云以經義言則大馭當掌種馬之廄種馬駕玉路也
戎僕當掌戎馬之廄戎馬駕革路也齊僕當掌齊馬之廄道僕田僕
當掌田馬道馬之廄蓋各於其所掌之路辨之案易吳諸家謂僕夫
卽大馭戎僕齊僕道僕田僕其說致塙蓋析言則五僕分馭五路故
官名互異總言之則一廄有一僕故此通稱僕夫也僕夫省文亦稱

僕後經云臧僕是也鄭於臧僕釋爲馭五路之僕說自精塙而於此僕夫乃以爲諸僕之外別有是官復肊定其爵爲上士以增敘官之所無沈彤依鄭說謂當補僕夫上士十人皆非也又詩小雅出車云召彼僕夫謂之載矣毛傳云僕夫御夫也彼將率所乘不必戎僕御故毛以御夫釋之御夫卽馭夫蓋散文得通此以僕夫帥領馭夫則二官迥異與詩義亦不同也云自乘至廄其數二百一十六匹者謂一廄良馬一種之數也以一乘四匹三乘爲阜則十二匹三阜爲繫則九乘三十六匹六繫爲廄則十八阜五十四乘二百一十六匹云易乾爲馬此應乾之策也者乾爲馬說卦傳文又繫辭上云乾之策二百一十有六韓康伯注云陽爻六一爻三十六策六爻二百一十六策賈疏云按易天一生水北方地二生火南方天三生木東方地四生金西方天五生土中央是謂陽無匹陰無耦又地六成水北方天七成火南方地八成木東方天九成金西方地十成土中央是謂陽有匹陰有耦龜取生數一二三四五著取成數六七八九十若然東方南方生長之方故七爲少陽八爲少陰西方北方成熟之方故九爲老陽六爲老陰不取十者中央配四方故也是以易之六爻卦畫七八爻稱九六七八九六既配四方故九六皆以四乘之乾之六爻以四乘九四九三十六六爻故二百一十六是爲乾之策也云至校變爲言成者明六馬各一廄而王馬小備也者以阜繫廄三者皆言爲至校獨云六廄成校校明取馬數小備故特異其辭鄭喪大記注云成猶備也鄭知六馬各一廄者以一校六廄與六物之數適相當故謂六廄成校校經語雖似上冡良馬而實關下駑馬爲文是良馬每廄二百一十六匹駑馬三之則六百四十八匹合計六廄五良一駑共一千七百二十八匹也段令此六廄全爲良馬則當減四百三十二匹文選吳都賦劉逵注云校人中大夫掌王田獵之馬一校千二百九十六匹劉說正以良馬六廄計之蓋漢魏周禮經師有此義但

良馬止五物而廄有六勢無由合故鄭不如此計數也云校有左右則良馬一種者四百三十二匹五種合二千一百六十匹者惠士奇云一廄二百一十六匹倍之爲四百三十二匹乃二廄良馬一種之數也以其數五之得二千一百六十匹乃十廄良馬五種之數也賈疏云經云六廄成校據一廂言之王馬小備下云校有左右則十二廄爲十二閑若據一廂一廄爲二百一十六匹據兩廂倍之故四百三十二匹種別四百三十二匹五種計之自然總合二千一百六十匹詒讓案經云六廄成校則合左右校爲十二廄而鄭必先通計良馬十廄之數者以駑馬三廄與良馬數遠不相當故先就良馬五物計之也云駑馬三之則爲千二百九十六匹五良一駑凡三千四百五十六匹然後王馬大備者惠士奇云二廄良馬一種四百三十二匹以其數三之得一千二百九十六匹乃二廄駑馬三良馬之數也以十廄良馬五種之數與二廄駑馬三良馬之數相并得三千四百五十六匹乃五良一駑十二閑之全數也引詩云騋牝三千者鄘風定之方中文鄭箋云國馬之制天子十有二閑馬六種三千四百五十六匹邦國六閑馬四種千二百九十六匹衞之先君兼邶鄘而有之而馬數過禮制今文公滅而復興徙而能富馬有三千雖非禮制國人美之亦並據此經爲說騋牝詳廋人疏云此謂王馬之大數與者謂詩文不合邦國禮而與王馬之大數正同云麗耦也者敘官注同云駑馬自圉至駁夫凡馬千二十四匹者駑馬一麗二匹則一圉八麗凡十六匹則一師八師凡六十四麗一百二十八匹則一趣馬八趣馬凡五百十二麗千二十四匹則一駁夫是自圉至駁夫總馬千二十四匹也云與三良馬之數不相應者賈疏云依經八計之得此千二十四匹其三良馬有千二百九十六匹故言不相當云八皆宜爲六字之誤也者賈疏云若作六計得千二百九十六匹與三良馬數合故破從六也云師十二匹趣馬七十二匹則駁夫四百三十

二匹矣然後而三之者鄭意破八爲六則六麗二六凡十二匹而一師以六乘十二凡七十二匹爲六師三十六麗而一趣馬更以六乘七十二凡四百三十二匹爲六趣馬二百十六麗而一馭夫良馬左右二廄合計亦四百三十二匹兩數正同再以三乘之得千二百九十六匹與經三良馬之數相應也又案鄭必破八爲六者亦以依經圉師以上皆積八成數則不能成皁惟改八爲六則每皁一圉師六皁一趣馬三十六皁一馭夫百八皁一僕夫於皁繫之數亦正合也云既三之無僕夫者不駕於五路皁之也者以良馬一繫三十六匹則有一馭夫一廄二百十六匹則有一僕夫今駑馬依鄭說則四百三十二匹始有一馭夫其數已不相當而駑馬之師至馭夫而止雖三之至千二百九十六匹之多亦不更設僕夫明以不駕五路皁之故不設貴官也賈疏云按此經乘馬一師四圉三乘爲皁皁一趣馬三皁爲繫繫一馭夫按序官云趣馬下士皁一人徒四十人卽此以二云皁一趣馬各自師至馭夫中士二十人下士四十人幷之六十正充此良馬之馭夫又不見駑之馭夫者或脫也

天子十有二閑馬六種邦國六閑馬四種家四閑馬二種

降殺之差每廄爲一閑諸侯有齊馬道馬田馬大夫有田馬各一閑其駑馬則皆分爲三焉

【疏】天子十有二閑馬六種邦國六閑馬四種家四閑馬二種者王十二閑半之以爲邦國之閑數三分邦國之閑去一以爲家之閑數左成十八年傳云程鄭爲乘馬御六騶屬焉杜注云六騶六閑之騶周禮諸侯有六閑馬晉制與此經合　注云降殺之差每廄爲一閑者說文門部云閑闌也漢書百官公卿表顏注云閑闌養馬之所也詩魯頌駉孔疏云閑謂馬之所在有限衞之處是閑廄義同故又謂一廄爲一閑鄭意上文六廄成校校有左右是一校六廄左右合爲十二廄卽是十二閑但天子備十二閑六種邦國以下以次遞降殺之其每廄爲一

閑則同也穀梁莊二十九年新延廄傳云延廄者法廄也范注引此
經釋之亦云每廄一閑云諸侯有齊馬道馬田馬大夫有田馬各一
閑其駑馬則皆分為三焉者此無正文鄭意邦國之與天子降殺以
兩故於六種之中去上二種取下四種以充邦國之用又天子良馬
五種種各二閑其駑馬三良馬則以三倍之數并處二閑今邦國六
閑馬四種若亦如天子之制良馬三種駑馬一種種各二閑則有八
閑非六閑所能容故謂邦國及家皆良駑每種止一閑駑馬三良馬
則又分處三閑與天子制不同也吳廷華據巾車金路同姓以封象
路異姓以封革路以卽戎以封四衛木路以封蕃國注金路以封同
姓及公以難此注謂此邦國不分五等則同姓及公之金路固當用
齊馬而侯伯以下乘象革木三路者不宜概用齊馬又夏官敘官邦
國有軍制亦應有兵車鄭注四種亦不宜獨去戎馬案鄭依上文六
物之文種戎在齊道田之上故謂邦國無種戎二馬但戎馬革路所
駕巾車革路以封四衛在邦國為子男之車則五等諸侯通得乘之
況邦國無大小各立軍制而謂不得備戎馬於理實難通吳氏疑之
是也且五路之中革路卑於金象則六馬之中戎馬不得尊於齊道
故馬質三物有戎馬而無齊道明齊道之物貴於戎也然則上經六
物戎在齊上乃偶順文便不為尊卑之定次而鄭卽據之以為邦國
無戎馬非至論也攷毛詩魯頌駉傳云諸侯六閑馬四種有良馬有
戎馬有田馬有駑馬其說與鄭此注異諦審毛意蓋卽以馬質三物
戎田駑三馬皆買之民間非國廄所生故以充諸侯之馬但其所謂
良馬一種不知正指何馬依此經注義則種戎齊道田五馬並為良
馬毛既別數戎田而種馬又玉路所駕諸侯所不得乘則良馬內無
種戎田三馬可知竊疑毛所謂良馬者殆兼指道齊二馬也蓋據巾
車金路同姓以封象路異姓以封之文諸侯同姓乘金路者當有齊
馬無道馬異姓乘象路者當有道馬無齊馬以其齊道不定故統晐

之日良馬此毛君依此經爲傳之微恉也今謹依毛義定邦國四種之馬曰凡諸侯乘金路以下者其馬爲齊戎田駑其金路象路蓋共駕齊馬以其事略同也戎路以下所駕馬與王同凡乘象路以下者其馬爲道戎田駑以駕象路以下亦與王同至於四衞乘革路者雖不得乘象路而亦得具道馬以賓祭行禮之馬不可與戎事同也依此差之則與此職及巾車馬質諸文無不符合似較鄭說爲優而魯頌疏反據鄭以通毛謂毛以齊馬爲良馬道馬爲戎馬名實貿亂不可通也又案依鄭說每閑馬二百一十六匹邦國六閑凡一千二百九十六匹家四閑凡八百六十四匹賈疏云趙商問校人職天子十有二閑馬六種爲三千四百五十六匹邦國六閑馬四種爲二千五百九十二匹家四閑馬二種爲千七百二十八匹商按天子之鄉采地食小都大夫食縣不審何由當能共此馬數故禮記家富不過百乘謂其多也司馬法論之甸方八里有戎馬四匹長轂一乘今大夫采地四甸一甸稅又給王其餘三甸纔有馬十二匹今又就校人之職相校甚異何荅曰邦國六閑四種其數適當千二百九十六匹家有四閑二種又當八百六十四匹今子以何術計之乎此馬皆君之所制爲非謂民賦畿內百里之國者居四都五十里之國居四縣二十五里之國居四甸而引天子卿食小都大夫食縣欲何以難又司馬法甸有戎馬四匹長轂一乘此謂民出軍賦無與於天子國馬之數事條未理而多紛紜趙商云邦國二千五百九十二匹者謂三良一良四百三十二匹三良千二百九十六匹駑三其一種亦千二百九十六匹故合爲二千五百九十二匹家四閑馬二種爲千七百二十八匹謂良馬一種四百三十二匹駑馬一種三良馬一種亦千二百九十六匹并之千七百二十八匹正合於數鄭不從者天子十二閑分爲左右一種馬分爲二廄故一種馬有四百三十二匹諸侯及大夫直一廂不分爲左右則良馬惟有三廄三良居三廄其數六百

四十八匹駑馬亦三其一種其數亦六百四十八匹弁之千二百九十六匹家有二種一良一駑良居一廋二百一十六匹駑馬三之爲六百四十八匹弁之爲八百六十四匹故鄭氏云予以何術計之案據賈引鄭志荅趙商謂丘甸出車馬爲軍賦無與於國馬之數則此國馬卽公馬與國語不同其說甚析依此職經注則王之戎馬亦止四百三十二匹才足其駕兵車百有八乘而天子畿內軍賦號稱萬乘其不合一也卽以六軍三千乘計之當用馬萬二千匹與此職戎馬數亦復懸絕其不合二也蓋此職十二閑之戎馬專以共王之戎路倅車及從行公卿大夫宿衛士庶子等所乘非以給軍左昭二十七年傳楚沈尹戌帥都君子與王馬之屬以濟師明常時王馬不以給軍又襄九年得宋災使皇鄖命校正出馬庀武守使校正卽此校人明國內守備之事乃使校人出馬也蓋六軍之馬當由馬質頒與六鄉之家使共養之而鄉吏司其稽簡徵發之事六遂副六鄉其頒養之法當亦如之至都鄙丘甸出戎馬則又民間自備都鄙之吏縣師與稍人掌其事二者之馬皆不畜於王閑爲校人所不掌然則此職王及邦國之馬自據官廄所畜言之其不足以盡王國及侯國之馬亦明矣至此經之家馬四閑依鄭志說爲天子三公食大都者之制此本畿內大國與邦國男國相等故軍賦不過百乘而家廄畜馬有八百餘匹之多其卿食小都大夫食縣者卽不得備此數故荅趙商云欲何以難至諸侯之卿大夫尤不能具四閑之制故論語公冶長篇以陳文子有馬十乘爲多則邦國卿大夫畜馬之數可知矣

凡馬特居四之一

欲其乘之性相似也物同氣則心一鄭司農云四之一者三牝一牡〔疏〕注云欲其乘之性相似也物同氣則心一者賈疏云是使三牝各產其一通牡爲四共駕一車取同氣一心之義吳廷華云鄭本以牝牡爲同氣一心賈以所產爲同氣一心舛矣案吳說是也賈意蓋謂古駕車必用牡故使三牝各

產一牡與馬父爲四牡然紬繹鄭意𦤎以三牝一牡爲一乘而同氣
一心不如賈所說也顏氏家訓書證篇據詩駉駉牡馬謂此經圉人
所養良馬皆牡馬云良馬天子以駕玉路諸侯以充朝聘郊祀必無
騲也案魯頌本作駉駉牧馬顏據誤本殊不足信其謂良馬爲皆牡
馬者疑六朝禮家因上經駑馬三良馬之數與此特居四之一分率
偶合遂并爲一義其說尤謬段玉裁云凡馬兼指六種五路之馬又
康成計王馬之大數而引詩騋牝三千何嘗謂五路之馬無騲與良
馬通謂五路之馬倘皆無騲則通淫游牝豈專爲駑馬良馬豈皆駑
母所生康成何以云種馬上善似母者也案段糾顏誤是也列女傳
辯通篇云昔者湯伐夏左驂牝驪右驂牝靡而遂放桀武王伐紂左
驂牝騏右驂牝驥而遂克紂是卽戎路不必皆駕牡馬之證但詩屢
言四牡列女傳所云則又兩牝皆無三牝一牡之明文鄭義亦未知
何據陳汪謂此經指養馬言之其說較通蓋廄牧之馬大數牝多特
少若駕乘則不拘此數大抵特貴於牝則五路之馬或純牡或閒以
牝亦無不可但純牝則爲賤非駕路所宜韓非子外儲說左云孫叔
敖相楚棧車牝馬明鄉大夫以上乘車不用純牝矣鄭司農云四之
一者三牝一牡者廣雅釋獸云牡特雄也說文牛部云
朴特牛父也是特本爲牡牛引申之牡馬亦得稱特也

春祭馬祖執駒

馬祖天駟也孝經說曰房爲龍馬鄭司農云執駒無令近母猶攻
駒也二歲曰駒三歲曰駣玄謂執猶拘也春通淫之時駒弱血氣
未定爲其
乘匹傷之

疏春祭馬祖者此職四時之祭經不云何月以秋祭馬社
推之疑皆在四仲之月六畜惟馬祖有祭者以馬給戎
事其用尤重也左僖十七年傳云古者六畜不相爲用杜注云謂若
祭馬先不用馬孔疏引沈氏據春秋說天苑主牛又有天雞天狗天
豕謂六畜各有祖肊說不足據　注云馬祖天駟也者爾雅釋天云
天駟房也詩小雅吉日孔疏引孫炎云龍爲天馬故房四星謂之天

駟案師田亦有馬祖之祭所謂伯也亦卽甸祝之禂馬與此春祭禮異詩吉日云既伯既禱孔疏云馬祖祭之者春其常也而將用馬則又用彼禮以祭之是也又漢書敘傳類禡厥宗應劭注云禡馬祖也馬者兵之首故祭其先神也案禡者師祭與伯不同非祭馬祖應說失之互詳肆師甸祝疏引孝經說曰房爲龍馬者證天駟爲馬祖之義續漢書輿服志劉注引孝經援神契云斗曲杓橈象成車房爲龍馬華蓋覆鉤宋均注云房星既體蒼龍又象駕駟馬故兼言之也此卽據援神契文馬質注亦云天文辰爲馬賈疏云春時通淫求馬蕃息故祭馬祖鄭司農云執駒無令近母猶攻駒也者大戴禮記夏小正云四月執陟攻駒傳云執也者始執駒也執駒也者離之去母也執而升之君也攻駒也者教之服車數舍之也案先鄭云無令近母卽夏小正傳所云離之去母也庾人攻駒與執駒爲二事與夏小正合此以執駒猶攻駒者以皆是禁其乘匹之事非謂執駒亦騬其蹄齧者也云二歲曰駒三歲曰駣者庾人注及說文馬部並同賈疏謂爾雅文今攷爾雅釋畜無此文賈疑誤記也云玄謂執猶拘也者釋名釋言語云執攝也使畏攝也說文夲部云執捕辠人也句部云拘止也案執捕引申之與拘止義同書酒誥云盡執拘以歸于周月令仲夏游牝別羣則縶騰駒釋文縶作執淮南子時則訓同玉燭寶典引月令章句云縶絆說文馬部云馽絆馬也或作縶莊子馬蹄篇云連之以羈馽案執縶聲義亦同云春通淫之時者據牧師文云駒弱血氣未定爲其乘匹傷之者賈疏云論語孔子云血氣未定戒之在色馬亦如此故引之而言也按月令仲夏縶騰駒注云爲其壯氣有餘相蹄齧彼壯氣有餘相蹄齧縶之不爲駒弱者縶有二種此謂二歲者彼據馬之大者故不同也

夏祭先牧頒馬攻特先牧始養馬者其人未聞夏通淫之後攻其特爲其蹄齧不可乘用鄭司農云攻特謂騬之

疏夏祭先牧頒馬攻特者夏小正

五月頒馬傳云分大夫卿之駒也將閑諸則或取離駒納之則法也案此夏祭先牧而頒馬與小正五月頒馬文合亦祭先牧在仲夏之證頒馬即頒駒也彼傳云分大夫卿之駒者謂以駒分與卿大夫之當乘馬者宋本大戴禮記作分夫婦之駒誤 注云先牧始養馬者以其言先牧是放牧者之先知是始養馬者祭之者夏草茂求肥充其人未聞者說文牛部云牧養牛人也通言之養馬亦曰牧賈疏云云夏通淫之後攻其特爲其蹄齧不可乘用者亦謂騬其蹄齧者也說文足部云踶躗也蹄即踶之借字謂牡馬性悍怒喜相踶齧必騬之使馴而後可乘用也鄭司農云攻特謂騬之者鄭庾人注說攻駒義同說文馬部云騬犗馬也廣雅釋獸云騬犗攻犗也謂割去馬勢猶今之扇馬

秋祭馬社臧僕 馬社始乘馬者世本作曰相土作乘馬鄭司農云臧僕謂簡練馭者令皆善也玄謂僕馭五路之僕

【疏】秋祭馬社者蓋亦在仲秋與國報社同月也 注云馬社始乘馬者者牧地及十二閑之中蓋皆爲置社以祭后土而以始制乘馬之人配食焉謂之馬社也引世本作曰相土作乘馬者士舊本誤土今據宋婺州本岳本互注本明監本正作世本篇名詳龜人疏荀子解蔽篇云乘杜作乘馬楊注亦引世本云杜與土同乘馬四馬也四馬駕車起於相土故曰作乘馬相土契孫也高承事物紀原引世本相土作乘馬臘作駕宋衷注云皆黃帝臣案據宋仲子說則相土爲黃帝臣易繫辭說黃帝堯舜制九事已有服牛乘馬宋說與易合楊倞謂即契孫殆非也鄭司農云臧僕謂簡練馭者令皆善也者爾雅釋詁云臧善也謂簡擇練習其人使善其事也云玄謂僕馭五路之僕者謂大馭戎僕齊僕道僕田僕即上文之僕夫也先鄭釋僕爲馭者嫌與下講馭夫無別故後鄭補釋之凡五馭通稱僕互詳大馭條狼氏疏

冬祭馬步獻馬講馭夫 馬步神爲災害馬者獻馬見成馬於王也馭夫馭貳車從車使車者

講猶閱習【疏】講馭夫者馭夫不馭五路視僕為輕故後臧僕也　注云馬步神為災害馬者者讀步與酺同族師春秋祭酺注云酺者為人物裁害之神也故書酺或為步亦引此經為釋又二云蓋亦為壇位如雩禜二云此注與彼注義正同蓋謂亦為壇位以祭之也今攷馬步之祭它經無文鄭以漢制說之亦無塙證竊疑步當讀如字曲禮二云步路馬必中道孔疏二云步猶行也左襄二十六年傳二云左師見夫人之步馬者杜注二云步馬習馬馬步蓋謂習馬之道月令五祀冬祭行此冬祭馬步猶人之有祭行史記封禪書有祠馬行或其遺法月令注祭行在廟門外之西然則祭馬步其在廄門外之西與二云獻馬見成馬於王也者成馬謂已調習任乘駕之馬也賈疏二云以冬時萬物成亦獻成馬於王也二云馭夫馭貳車從車使車者者據本職文二云講猶閱習者國語周語韋注二云講習也又後注二云閱差也此講馭夫亦謂差擇而肄習之故兼閱習為訓

凡大祭祀朝覲會同毛馬而頒之

毛馬齊其色也頒授當乘之

【疏】凡大祭祀朝覲會同毛馬而頒之者大祭祀謂外祭祀圜丘方丘南北郊明堂之等朝覲會同亦冢大為文太宰注二云大會同或於春朝或於秋覲是也二三者皆於國外行之故有頒馬之事　注二云毛馬齊其色也者小宗伯毛六牲注二云毛擇毛也此義與彼同謂一乘四馬必取同色若乘黃之類賈疏二云此二三者皆頒馬從王知齊其色者案毛詩傳二云宗廟齊豪尚純也戎事齊力尚強也田獵齊足尚疾也爾雅亦二云雖據宗廟至於田獵軍旅既尚疾尚力亦尚色也故下二云凡軍事物馬而頒之是尚力也詩二云駟驖彭彭武王所乘又二云駟鐵孔阜秦襄公以田是齊色不專據宗廟案賈所引小雅車攻毛傳文彼詩二云我馬既同傳二云同齊也是齊其色卽謂馬同色故孔疏引李巡二云祭於宗廟當加謹敬取其同色也大朝覲會同馬亦當齊色齊色卽史記平準書所謂鈞駟是也二云頒授當乘之者祭義注二云頒

之言分也謂分授與當乘馬之人也飾幣馬執扑而從之鄭司農云校人主飾之也幣馬以馬遺人當幣處者也聘
禮曰馬則北面奠幣于其前士喪禮下篇曰薦馬纓三就入門北面交轡圉人夾牽之馭者執策立于馬後疏飾幣馬者此彖上大
朝覲會同爲文也云執扑而從之者扑唐石經初刻作朴磨改作扑案朴即扑之誤詳司市射人疏　注鄭司農云校人主飾之也者飾
與封人飾牛牲義同彼注云飾謂刷治絜清之也云幣馬以馬遺人當幣處者也者即圉人注王賜賓客之馬是也先鄭意校人掌馬不
掌幣而經云幣馬者以幣馬兩有二者同陳馬當幣之處故通謂之幣馬也吳廷華云校人馬官而言幣者謂以馬爲幣蓋馬爲小行人
六幣之一故亦稱幣非幣帛之幣也王引之云馬在六幣之數故曰幣馬齊語云天下諸侯罷馬以爲幣是也下文幣馬義並同案吳王
說是也先鄭忘檢小行人故誤以幣馬爲馬當幣處賈又曲爲之說謂此直以馬遺人無幣又謂王家遺人無庭實然則下文賓客及國
使之幣馬皆有馬兼有幣注何以別無說乎殆又未達鄭恉矣引聘禮曰馬則北面奠幣于其前者聘禮賓在國夕幣及入境展幣並有
此文引之者證幣馬同設即所謂當幣處也賈疏謂彼有幣有馬此無幣亦非鄭恉引士喪禮下篇曰薦馬纓三就入門北面交轡圉人
夾牽之馭者執策立于馬後者即既夕文馭彼作御字同注云諸侯之臣飾纓以三色而三成此三色者蓋條絲也其著之如罽然天子
之臣如其命數王之華路條纓引之者證此飾馬兼有馬纓等又彼馭者執策立馬後與此校人執扑從馬事亦同也凡賓客
受其幣馬賓客之幣馬來朝聘而享王者疏注云賓客之幣馬來朝聘而享王者者賈疏云大行人云廟中將幣三享者是
也詒讓案幣馬者朝聘享王庭實之馬也覲禮云三享皆束帛加璧奉束帛匹馬卓上九馬隨之此朝覲享王之幣馬也聘禮記云凡庭

實皮馬相閒可也此聘問享主國君之幣馬也侯國之臣聘於王亦然又聘禮使者私覿以馬爲庭實亦當校人受之　大喪飾遣車之馬及葬埋之言埋之則是馬塗車之芻靈【疏】大喪者謂王及后世子喪云飾遣車之馬者此與巾車司常爲官聯也巾車云大喪飾遣車遂廞之行之此官則飾其馬後圉人廞之檀弓注云遣車之差大夫五諸侯七則天子九其馬當亦每車爲四馬如王生時乘車之制亦有纓就之飾也荀子禮論篇說明器云趨輿而藏之金革轡靷而不入明不用也蓋卽指埋遣車馬而言金革轡靷卽車馬之飾彼云不入者蓋入壙時解說車馬及飾不駕繫之非謂不入壙猶典庸器廞筍虡而不縣檀弓鄭云有鍾磬而無筍虡也又凡葬窆時藏器於椁中有見內見外之異士喪禮有苞筲無遣車既夕及雜記注謂藏於見外王禮以遣車載苞藏之當與彼同故賈疏謂入壙藏之於椁內見外卽據雜記注義也互詳巾車家人疏云及葬埋之者埋釋文作貍云本亦作埋阮元云經當作貍注當作埋此類皆援注所改案阮說是也貍卽薶之借字注或從俗作埋詳鼈人疏　注云言埋之則是馬塗車之芻靈者鄭意生馬不當埋言埋明非真馬也凡送葬車有多種詳車駕馬蜃車人引之皆卒窆而反不埋之故既夕記云車至道左北面立東上柩至于壙斂服載之卒窆而反注云柩車至壙祝說載除飾乃斂乘車道車槀車之服載之以歸是也若輴車載柩入壙其在道駕馬與否經注無文荀子禮論篇云輿藏而馬反告不用也楊注以輿爲輁軸與輴藏謂埋之馬卽駕輁軸之馬據彼說則輴車至壙亦駕馬窆時車雖埋而馬仍反是真馬送葬無埋法也塗車芻靈者釋名釋喪制云塗車以泥塗爲車也芻靈束草爲人馬以神靈名之也檀弓云塗車芻靈自古有之孔子謂爲芻靈者善謂爲俑者不仁鄭彼注云芻靈束茅爲人馬謂之靈者神之類俑偶人也孔子善古而非周孔疏謂鄭意則

周初卽用偶人故冢人職言鸞車象人注引謂爲俑者不仁其餘車
馬器物猶爲塗車芻靈故校人注云塗車之芻靈是偶人之外猶有
塗車芻靈之制案孔說是也依鄭檀弓注說蓋古止有芻靈至周而
有俑然仍不廢芻靈故此注亦以爲釋賈疏誤會鄭意謂周實用俑
注舉古之芻靈況周非謂周仍用芻靈失之又案此遣車卽鸞車蓋
亦以木爲之而塗以黝堊等故通謂之塗車至冢人注以象人爲俑
知此遣車之馬不以木爲之者以檀弓止言俑爲木人更無木馬之
文史記封禪書載秦郊祀用木禺車馬鹽鐵論散不足篇說明器有
桐馬偶人此秦漢制周時或未有也

田獵則帥驅逆之車 帥猶將也 疏 田獵則帥驅逆之車者賈疏云驅逆之車田僕設之但校人主車馬帥領田僕而已 注云帥猶將也者此段借之義也說文巾部云帥佩巾也行部云衛將衛也經典將衛字多段帥爲之故此將車亦謂之帥矣

凡將事于四海山川則飾黃駒 四海猶四方也王巡守過大山川則有殺駒以祈沈禮與玉人職有宗祝以黃金勺前馬之禮 疏 將事于四海山川者與小宗伯大祝將事于四望禮略同云則飾黃駒者
亦謂刷治潔清之也賈疏云謂王行所過山川設祭禮之然後去則
殺黃駒以祭之山川地神土色黃故用黃駒也案依賈說黃駒取象
土色則所至山川不論在何方悉用黃色與牧人望祀以方色牲異
彼又云凡外祭毀事用尨可也注云外祭謂王行所過山川用事者
賈彼疏援此經謂據尨中有黃色者用之義亦通也又大司馬云喪
祭奉詔馬牲當亦此官所共經不見共馬牲者亦文不具也 注云
四海猶四方也者明此四海爲王巡守所至在六服之內與布憲四
海爲四夷異也云王巡守過大山川則有殺駒以祈沈禮與者依玉
人文則王巡守所過大中小三等山川並有祭禮此唯云大山川者
據大祝云大會同過大山川則用事焉文不具也賈疏云爾雅云祭

山曰庪縣祭川曰浮沈今鄭二云以祈沈者總解過山川二事言與者爾雅據正祭此則行過之約與彼同故二云與以疑之也案此注祈沈釋文無音而玉人注二云其祈沈以馬彼釋文引小爾雅曰祭山川曰祈沈祈音九委反然今本小爾雅無此文依玉人釋文則祈讀與庪同此疏及大宗伯疏並謂祈卽庪詩大雅鳧鷖孔疏引此及玉人注亦並作庪沈是祈沈卽釋天之庪縣浮沈也大宗伯山川正祭之禮以貍沈據鳧鷖疏引鄭志荅張逸說則庪縣與貍異而此及玉人注並據以爲說者蓋鄭意大宗伯山林用貍是正祭之禮庪而復貍其巡守所過用告祭之禮山則庪而不貍川則亦用沈但禮有隆殺漢書溝洫志載武帝自臨決河湛白馬玉璧卽用古沈馬之禮也覲禮二云祭山丘陵升祭川沈鄭注二云升沈必就祭者也就祭則是謂王巡守及諸侯之盟祭也彼二云升沈升卽庪縣沈卽浮沈鄭以爲王巡守就祭之禮與此注正同據此經祭山川有馬牲左傳襄九年宋災祝宗用馬于四墉亦地示也祈沈互詳大宗伯及犬人疏二云玉人職有宗祝以黃金勺前馬之禮者據玉人文所過山川以璋瓚先灌而後用牲黃金勺卽璋瓚之勺也引之者證彼二云馬卽此黃駒對文駒爲小馬散文駒馬亦通稱並詳彼疏

凡國之使者共其幣馬使者所用私覿〔疏〕共其幣馬者亦謂以馬爲幣也

注二云使者所用私覿者聘禮二云賓覿奉束錦總乘馬是私覿有幣馬也又問卿之後二云賓面如覿幣彼私面亦有幣馬鄭唯二云私覿者覿面散文亦通故文不具詳司儀疏賈疏二云言國之謂王使之下聘問諸侯王行禮後乃更以此幣馬私與主君相見謂之私覿諸侯之臣與君同行不得私覿若特聘則有之則聘禮私覿是也若然上文飾幣馬是以馬遺人法非聘故無私覿前賓客來朝聘不言私覿者諸侯之臣於天子不敢行私覿故也吳廷華二云享亦有幣馬私覿特其一耳案吳說足補鄭義賈大行人疏謂諸侯大夫見天子有私覿

此疏又謂諸侯之臣於天子不敢行私覿非也郊特牲云朝覲大夫之私覿非禮也鄭注云其君親來其臣不敢私覿於主國君也以君命聘則有私見據禮經覲禮無私覿聘禮有私覿則諸侯之臣聘於王亦宜有私覿以申其敬故郊特牲止斥朝覲私覿之非禮而不及聘也

凡軍事物馬而頒之物馬齊其力

疏凡軍事物馬而頒之者此以十二閑之馬頒授貳車及鄉大夫士庶子所乘從車使車者也其六軍兵車之馬萬二千匹當馬質買而頒之鄉里既非十二閑所養則亦非此官所頒詳前及馬質疏　注云物馬齊其力者爾雅釋畜云戎事齊力是也詩小雅車攻孔疏引某氏爾雅注云戎事謂兵革戰伐之事當齊其力以載干戈之屬賈疏云上朝會言毛馬鄭云齊其色此軍事言物馬鄭云齊其力物卽是色而云齊力當與上文互以見義欲見皆有力有色也案賈說是也月令季秋天子乃教於田獵以習五戎班馬政注釋馬政爲齊其色度其力使同乘卽引此經爲證是鄭意軍事亦兼責齊色也詩小雅六月篇比物四驪毛傳詁物爲毛物孔疏謂比物者比同力之物戎事雖以齊力爲主亦不厭其同色無同色者乃取異毛耳騏駵是中騧驪是驂是也案據孔說則戎事以齊力爲主色則或齊或不齊蓋無定法又檀弓云夏后氏尚黑戎事乘驪殷人尚白戎事乘翰周人尚赤戎事乘騵詩大雅大明篇駟騵彭彭毛傳亦云騵馬白腹曰騵言上周下殷也是戎事馬亦各從正色但詩禮並謂主帥所乘其他戎車固不嫌有雜色矣

等馭夫之祿馭夫於趣馬僕夫爲中舉中見上下

疏等馭夫之祿者此與司祿爲官聯也司勳注云等猶差也　注云馭夫於趣馬僕夫爲中舉中見上下者以經云等明有上中下也僕夫爲上趣馬爲下賈疏云掌養馬者有趣馬馭夫僕夫三者皆須等其祿獨云馭夫故鄭云舉中見上下

宮中之稍食師圉府史以下也鄭司農云稍食日稟

疏

宮中之稍食者此冢上爲文謂亦等之也吳廷華云宮當爲官字之誤方苞亦引士師云掌官中之政令證此宮當作官案吳方說是也注疏並不釋宮中之義疑鄭賈本亦本作官中王及諸侯宮中固當有內廄左昭六年傳楚有宮廄尹是也然十二閑馬數千匹斷非宮內所能容若云等內廄師圉等之稍食豈十二閑師圉之稍食非校人所掌乎今本作宮中不可通也　注云師圉府史以下也者賈疏云上云馭夫之等言士已上訖故知此是師圉府史以下中仍有胥徒之等也鄭司農云稍食日稟者說文禾部云稟賜穀也廣雅釋詁云稟祿也段玉裁校改作稍食祿稟以日爲祿之譌案段蓋據宮正內宰稟人掌固諸職後鄭注義不爲無徵然先鄭此注疑當作稍食日稟稟食以日計猶月奉以月計也日日形近而譌凡經言稍食與祿不同此經等馭夫之祿與宮中之稍食別文則稍食不可言祿明矣蓋馭夫中下士故有祿師圉府史胥徒之屬皆庶人在官者則無祿但稟食而已故謂之稍食先鄭但以稟釋稍食而不兼言祿其說最精審後鄭訓爲祿稟似亦謂非正祿然未別白言之賈疏遂滋誤釋矣

趣馬掌贊正良馬而齊其飲食簡其六節贊佐也佐正者謂校人臧僕講馭夫之時簡差也節猶量也差釋王馬以爲六等

疏掌贊正良馬而齊其飲食者趣馬兼掌芻秣之事故毛詩大雅雲漢傳云歲凶年穀不登則趣馬不秣齊之者吳子治兵篇說治馬云適其水草節其飢飽是也　注云贊佐也者外宗注義同云佐正者謂校人臧僕講馭夫之時者賈疏云以其校人是養馬官之長校人既有此諸事而云佐正明佐此二者可知吳廷華云經言贊正良馬是正其養馬之法下齊之簡之皆正之之事蓋馬掌於校人而趣馬贊之案吳以贊正爲正養馬之法深得經義但僕與馭夫爵秩並尊於趣馬爲其帥長趣馬不得與其

臧講之事鄭不宜尊卑不辨竊疑鄭意亦以正良馬爲正養馬之法但以經既云贊則是佐其長官校人臧僕講馭夫之時亦兼正馬政故趣馬得贊之非謂所正卽校人臧講之事也賈申鄭蓋未達其恉趣矣云節差也者王制注云節差擇也詩小雅吉日云既差我馬毛傳云差擇也云節猶量也者謂與馬質馬量三物義同楚辭離騷王注云節度也夏官敘官注云量猶度也是節量義相近云差擇王馬以爲六等者賈疏云卽上種戎齊道田駑是也王應電云六節謂行止進退馳驟之節疏以爲種戎齊道田駑此乃六物豈得爲六節且此專指贊正良馬安得以駑馬雜之案王說近是姜兆錫莊存與莊有可說同吳子治兵篇說治馬云習其馳逐閑其進止人馬相親然後可使卽節六節之事

掌駕說之頒用馬之第次【疏】掌駕說之頒者與大馭戎僕齊僕道僕田僕典路爲官聯也典路先鄭注云說謂舍車也　注云用馬之第次者此讀頒爲班也小爾雅廣詁云班次也駕說有第次者欲君其勞逸謂若左宣十二年傳云楚子爲乘廣三十乘分爲左右右廣雞鳴而駕日中而說左則受之日入而說是也

辨四時之居治以聽馭夫居謂牧庌所處治謂執駒攻特之屬【疏】辨四時之居治者賈疏云謂二月已前八月已後在廄二月已後八月已前在牧故云四時也云以聽馭夫者都司馬注云聽者受行其所徵爲也此趣馬聽於馭夫亦謂受馭夫之政令而行之賈疏云以趣馬下士屬馭夫中士故云聽馭夫　注云居謂牧庌所處者大史注云居猶處也據圉師云春始牧夏庌馬是所居不同莊存與云庌蓋今之涼棚亦在廄中不在牧地冬則納馬於閑夏則繫馬於庌也云治謂執駒攻特之屬者賈疏云以是校人之事趣馬當佐之明是此二事也

巫馬掌養疾馬而乘治之相醫而藥攻馬疾受財于校人乘謂驅步以發其疾

知所疾處乃治之相助也【疏】相醫而藥攻馬疾者醫卽敘官醫四人是也申鑒俗嫌篇云藥者療也以藥療馬疾卽謂之藥猶擊鼓卽謂之鼓動靜義通也賈疏云巫知馬祟醫知馬疾疾則以藥治之祟則辨而祈之二者相須故巫助醫也俞樾云蓋巫馬不自醫使醫四人治之而自相助之猶天官醫師掌醫之政令凡邦之有疾病者疕瘍者造焉則使醫分而治之是亦不自醫也醫師尊故言使巫馬卑故言相也云受財于校人者賈疏云謂共祈具及藥直　注云乘謂驅步以發其疾知所疾處乃治之者亦如獸醫凡療獸病灌而行之以節之以動其氣觀其所發而養之是也齊民要術療馬病之術云終日馳驅舍而視之不騬者筋勞也騬而不時起者骨勞也起而不振者皮勞也振而不噴者氣勞也噴而不溺者血勞也卽驅步發疾之法養乘及步馬詳校人疏云相助也者爾雅釋詁云相助勴也

馬死則使其賈粥之入其布于校人布泉也鄭司農云賈謂其屬官小吏賈二人粥賣也【疏】馬死則使其賈粥之者粥其皮骨等也云入其布于校人者所以償失馬之費也　注云布泉也者外府注同鄭司農云賈謂其屬官小吏賈二人者據敘官文云粥賣也者說文貝部云𧶠衒也讀若育經典多叚粥爲之國語齊語市賤鬻貴韋注云鬻賣也粥鬻聲類同

牧師掌牧地皆有厲禁而頒之頒馬授圉者所牧處【疏】掌牧地者此與牧人及六鄉四郊之吏爲官聯也牧地卽載師以牧田任遠郊之地詩小雅出車云我出我車于彼牧矣毛傳云出車就馬於牧地箋云牧地在遠郊是也互詳載師疏云皆有厲禁而頒之者牧田爲總牧六畜之田蓋就中別爲蕃界以爲十二閑牧馬之地故有厲禁若山虞云掌山林之政令物爲之厲而爲之守禁先鄭注云厲謂遮列守之是也賈疏云言厲禁者謂可牧馬之處亦使其地之民遮護禁止不得使人輒牧牛馬也　注云

須馬授圉者所牧處者亦謂分而授之也賈疏云圉人掌養馬者故圉人職云掌養馬芻牧之事詒讓案此謂牧王馬也其鄉大夫以下有馬者當亦有游牧之地蓋竝牧師頒之矣

孟春焚牧焚牧地以除陳生新草

【疏】注云焚牧地以除陳生新草者賈疏云孟春謂夏之孟春建寅之月草物將出之時燒焚牧地除陳草以生新草也

中春通淫中春陰陽交萬物生之時可以合馬之牝牡也月令季春乃合累牛騰馬遊牝于牧秦時書也秦地寒涼萬物後動

【疏】注云中春陰陽交萬物生之時可以合馬之牝牡也者白虎通義嫁娶篇云春者天地交通萬物始生陰陽交接之時也蓋中春為春之中氣尤盛故游牝以順時氣云月令季春乃合累牛騰馬遊牝于牧秦時書也秦地寒涼萬物後動者月令季春令文注云累騰皆乘匹之名是月所合牛馬謂繫在廄者其牝欲遊則就牧之牡而合之案依圉師春始牧注引左傳日中而出則春分已出在牧月令不宜季春方云遊牧故鄭特釋之月令注則謂彼據牝馬有尚留在廄者則遲至季春乃遊之於牧其說頗牽強當以此注為允賈疏云若然彼不繫在廄亦二月通淫則與此經合矣今此注與彼注不同者鄭君兩解故彼此不同也案月令秦書詳龜人疏

掌其政令凡田事贊焚萊焚萊者山澤之虞

【疏】贊焚萊者焚萊即大司馬中春蒐田火弊是其事也以焚萊與焚牧事相類是牧師所習故使贊之　注云焚萊者山澤之虞者以經云贊則此牧師特贊助其事明自有專掌之者此官與彼為官聯也山虞云若大田獵則萊山田之野又澤虞云若大田獵則萊澤野以山虞澤虞既主萊事則焚萊亦其所掌可知

廋人掌十有二閑之政教以阜馬佚特教駣攻駒及祭馬祖祭閑之

先牧及執駒散馬耳圉馬九者皆有政教焉阜盛壯也詩云四牡孔阜杜子春云佚當爲逸鄭司農云馬三歲曰騑二歲曰駒散讀爲中散大夫之散謂聒馬耳毋令善驚也玄謂逸者用之不使甚勞安其血氣也教騑始乘習之也攻駒騬其蹄齧者閑之先牧先牧制閑者散馬耳以竹括押其耳頭動搖則括中物後遂串習不復驚

【疏】及祭馬祖祭閑之先牧及執駒者見校人職云圉馬者圉師云掌教圉人養馬卽圉馬之政教也　注云九者皆有政教焉者一阜馬二佚特三教騑四攻駒五祭馬祖六祭先牧七執駒八散馬耳九圉馬是九事皆有政教廋人並掌之也月令仲夏班馬政注云馬政謂養馬之政教也亦引此經爲說云阜盛壯也者大宰注云阜盛也引詩云四牡孔阜者小雅車攻篇文引之者證馬盛壯爲阜之義秦風亦云駟驖孔阜毛傳云阜大也與盛壯義同杜子春云佚當爲逸者段玉裁云當爲當作讀爲佚逸古多通用如尚書無逸亦作毋佚是也而杜必改佚爲逸者蓋杜時佚訓散佚逸訓安逸從俗分別而鄭君申明杜義鄭司農云馬三歲曰騑二歲曰駒者校人注同云散讀爲中散大夫之散者段玉裁云漢有中大夫有大中大夫有中散大夫後漢志曰大夫皆掌顧問應對無常事惟詔命所使而中散大夫蓋對大中大夫言之中大夫之閒散者次於中大夫之大者也云謂聒馬耳毋令善驚也者淮南子原道訓高注云散亂也一切經音義引蒼頡篇云聒擾亂耳孔也聒馬耳謂不駕時常以聲擾亂之久而習之則聞聲不復驚駭吳子治兵篇說治馬云戢其耳目無令驚駭聒之所以戢其耳也阮元云聒之所以習之令其不驚凡豢禽獸自有此法云玄謂逸者用之不使甚勞安其血氣也者從子春說以佚爲逸也吳子治兵篇云日暮道遠必數上下寧勞於人愼無勞馬不勞所謂逸之也左僖十五年傳晉慶鄭說小駟云亂氣狡憤陰血周作此卽血氣不安之病云教騑始乘習之也

者國策秦策高注云教習也襄二十六年左傳杜注云步馬習馬馴三歲馬始可駕乘故必先教習之而後任用也學記云始駕馬者反之車在馬前蓋卽教駣之法云攻駒騬其蹄齧者者與校人攻特義同騬亦詳校人疏大戴禮記夏小正四月執陟攻駒傳云攻駒也者教之服車數舍之也彼攻駒與此經攻駒事異而與教駣事正相類故鄭不依彼傳爲釋也阮元云古制不盡用騬馬惟善蹄齧者騬之耳不盡用騬馬者凡馬特居四之一也云閑之先牧制閑者者賈疏云以其通閑言之也若然上云夏祭先牧者直是先養馬者非制閑之人案此先牧當與校人夏祭先牧者同爲始養馬者經云閑之先牧者謂於十二閑中自爲先牧之祭此乃立文詳略小異實一神也鄭賈說未安云散馬耳以竹括押其耳頭動搖則括中物後遂串習不復驚者段玉裁云括押皆當從木柙同夾以竹爲檃栝夾其兩耳頭動搖則栝中物後遂串習不復驚串同貫習也案段說是也說文木部云梜檢柙也栝檃也柙栝二字古或借押括爲之法言君子篇蠢迪檢押李軌注云檢押猶隱括也何休公羊傳序亦云故遂隱括隱括卽檃栝也也竹括中物卽所以散其耳二鄭訓散雖皆爲擾亂之義而說微不同

正校人員選校人謂師圉也正員選者選擇可備員者平之 疏 注云校人謂師圉也者師圉卽圉師圉人以其皆校人屬官故亦冡校人之名猶候人之徒屬亦稱候人也詳彼疏賈疏云凡言正者以尊正卑自趣馬已上並上官非庾人所正故知所正者師圉云正員選者選擇可備員者平之者說文員部云員物數也小爾雅廣言云選擇也謂選擇其有才智可備員數者平定之

馬八尺以上爲龍七尺以上爲騋六尺以上爲馬大小異名爾雅曰騋牝驪牡玄駒褭驂鄭司農說以月令曰駕蒼龍 疏 馬八尺以上爲龍者此別馬良駑高卑之異八尺以上駒人所謂國馬也說文馬部

云馬八尺爲龍卽本此經龍字又作駥惠士奇云爾雅馬屬絶有力
駥又曰馬八尺爲駥郭注引廋人職龍作駥龍與駥古音同龍爲天
駟故馬以龍名云七尺以上爲騋者輈人所謂田馬也說文亦云馬
七尺爲騋毛詩鄘風定之方中傳說騋亦與此經同詩釋文及孔疏
引定本七尺作六尺誤云六尺以上爲騋者輈人所謂駑馬也公羊
隱元年何注云天子馬曰龍高七尺以上諸侯曰馬高六尺以上卿
大夫士曰駒高五尺以上案何說天子乘龍合於覲禮而以龍爲高
七尺以上則與此經外異蓋別有所據呂氏春秋本味篇高注引周
禮馬七尺以上爲龍又仲夏紀注引周禮五尺曰駒此並與何說正
同高氏似誤記但賈覲禮疏引此經亦有五尺以上爲駒六字疑漢
晉時所傳周禮別本實多此一句賈或襲六朝舊疏語也毛詩周南
漢廣傳亦云六尺以上曰馬五尺以上曰駒而淮南子時則訓脩務
訓高注並云馬五尺以下爲駒與毛賈所述復不同攷說文馬部又
云馬高六尺爲驕則與此經馬高度同段玉裁臧庸陳奐並謂毛何
諸家所云駒者當爲驕之誤若然說文驕字說解當云高六尺以下
六尺以下卽五尺以上也詩陳風株林箋云六尺以下曰驕亦其證
矣　注云大小異名者此無與職事通釋馬大小異名而已引爾雅
曰騋牝驪牡玄駒褭驂者釋畜文引之者證馬名騋之事釋文作騋
牡驪牝玄宋余仁仲本及閩本監本同賈疏云爾雅所釋作詩騋牝
三千但直言牝不言牡爾雅之意以詩人美衛文公直牝有三千其
實兼有牡故云騋中所有牝則驪色牡則玄色兼有駒褭驂引之者
證騋是馬色案賈本作騋牝驪牡玄與今爾雅郭本同郭注云詩云
騋牝三千馬七尺以上爲騋見周禮玄駒小馬別名褭驂耳攷爾雅
釋文云騋牝頻忍反下同則陸所見郭注本作騋牝驪牝說文馬部
亦同臧琳段玉裁謂爾雅蓋以驪牝釋詩之騋牝其說甚塙今郭本
爾雅乃傳寫之誤至郭讀騋牝驪牝爲句以玄下屬駒褭驂爲句亦

與鄭讀不同爾雅釋文又云孫注改上駷牝爲牡讀與郭異然則鄭所據爾雅與孫本正同叔然蓋亦從鄭讀玄字句絕也賈據誤本作疏而宋本仍之當從釋文及余本校正檀弓戎事乘驪注引爾雅亦作駷牝驪牡玄者臧琳盧文弨謂後人依郭本竄改是也檀弓孔疏所據本亦與賈同誤孔廣森云驪是馬色合與玄對且詩云駷牝三千若駷卽是牝何勞兩言禮駕四牡不用牝而詩言比物四驪四驪濟濟則驪必駷之牡者玄乃駷之牝者矣案鄭釋爾雅或當如孔說檀弓注云馬黑色曰驪若然鄭意驪玄色同以牝牡異稱駷則其大名與云鄭司農說以月令曰駕蒼龍者春三月令文並同鄭彼注亦據此經爲說先鄭引之者證馬名龍之事案覲禮云天子乘龍大戴禮記五帝德篇云帝嚳春夏乘龍秋冬乘馬亦卽此

圉師掌教圉人養馬春除蓐釁廄始牧夏庌馬冬獻馬射則充椹質茨牆則翦闔

蓐馬茲也馬既出而除之新釁焉神之也春秋傳曰凡馬日中而出日中而入故字庌爲訝鄭司農云當爲庌玄謂庌廡也廡所以庇馬涼也充猶居也茨蓋也闔苫也椹質翦闔圉人所習也杜子春讀椹爲齊人言鈇椹之椹椹質所射者習射處

【疏】圉師掌教圉人養馬者賈疏云圉師卽校人云良馬乘一師四圉者也云始牧者謂春出馬於牧田也杜氏春秋釋例云凡馬春分百草始繁則牧於坰野秋分農功始藏水寒草枯則皆還廄是也云夏庌馬者謂繫馬於庌不露牧也賈疏云卽趣馬辨四時之居是也云冬獻馬者賈疏云卽校人冬獻馬尊卑連事相成者也云茨牆則翦闔者爾雅釋言云翦齊也正字當作莿說文刀部云莿齊斷也經典通叚翦爲之謂齊斷所苫蓋之艸也　注也蓐馬茲也者謂以草薦馬也爾雅釋器云蓐謂之茲郭注云公羊傳曰屬負茲茲者蓐席

也郝懿行云茲者席薦之名一切經音義引三蒼及華嚴經音義引聲類並云蓐薦也左文七年傳秣馬蓐食宣十二年傳軍行右轅左追蓐皆以蓐為草薦也茲者草也素問五藏生成篇云色見青如草茲者死蓋以茲為草席也郭引公羊桓十六年傳云屬負茲史記周本紀云衞康叔封布茲集解徐廣曰茲者籍席之名諸侯病曰負茲荀子正論篇注龍茲即今之龍鬚席云馬既出而除之者出謂出牧時也馬在廄時以蓐薦之使可避溼及出牧時圉師乃除其舊者至馬入時更以新蓐易之云新釁焉神之也者謂新作廄則以牲血釁之以神明之也其禮蓋與釁廟略同其牲經無文疑當降於廟與門夾室同用雞也雜記云釁屋者交於神明之道也故云神之引春秋傳者左莊二十九年傳春新作延廄書不時也凡馬日中而出日中而入杜注云日中春秋分也治廄當以秋分因馬向入而脩之今以春作故曰不時案此云春釁廄則脩廄亦當以春於周正當為三月四月五月是不必以秋分杜說與此經迕鄭引左傳似謂春分馬出即可以脩廄然與左氏義究不甚合賈疏謂左傳為孟春新延廄故云不時蓋欲參合兩經之義亦未知塙否云故書庌為訝鄭司農云當為庌者段玉裁云字當作書說文广部引周禮夏庌馬許君從司農易字也云玄謂庌廡也廡所以庇馬涼也者段玉裁云說文庌廡也廡堂下周屋故可以庇馬使涼詒讓案釋名釋宮室云大屋曰廡廡憮也憮覆也并冀人謂之庌庌正也屋之正大者也檀弓注云夏屋今之門廡也其形旁廣而卑又漢書董仲舒傳晉灼注云廊堂邊廡也則庌廡之形蓋長廣而卑與廊同夏時暑熱故為長廣之屋以庇馬使涼吳子治兵篇說治馬云夏則涼廡涼廡即庌馬也云充猶居也者小爾雅廣言云充備也漢書張湯傳顏注云居謂儲也此充椹質亦儲備置設之意云茨蓋也者說文艸部云茨以茅葦蓋屋釋名釋宮室云屋以草蓋曰茨茨次也次比草為之也云闔苫也者闔

卽蓋之借字爾雅釋宮云白蓋謂之苫郭注云白茅苫也今江東呼爲蓋說文艸部云蓋苫也云椹質翦闔圉人所習也者賈疏云莝取椹斬莝則苫蓋之類也皆圉人所習之事惠士奇云言圉人養馬以鈇斬芻乃其職也漢掌畜官斫莝卽此蓋斫莝以椹爲藉耳云杜子春讀椹爲齊人言鈇椹之椹者文選陳琳策魏公九錫文李注引蒼頡篇云鈇椹質也說文金部云鈇椹斫刀也凡以鈇斫艸木必以椹承之杜引齊人方言定椹字之音兼取其義也云椹質所射者習射處者明唯在習射處射乃以椹爲質的也與司弓矢二鄭注義同賈疏云按司弓矢云澤則共椹質之弓矢此云射則充椹質皆謂澤宮中試弓習武時所充也

圉人掌養馬芻牧之事以役圉師役者圉師使令焉【疏】掌養馬芻牧之事者謂芻秣牧養之事注云役者圉師使令焉者瞽矇注云役爲之使圉師爲圉人之長其職云掌教圉人養馬故圉人受其使令也

凡賓客喪紀牽馬而入陳賓客之馬王所以賜之者詩云雖無予之路車乘馬喪紀之馬啓後所薦馬【疏】凡賓客喪紀牽馬而入陳者賈疏云雖同牽馬入陳賓客與喪紀所陳有異何者若據賓客則在館天子使人就館而陳之若喪紀則謂將葬朝廟時旣夕禮薦馬纓三就者是也天子朝廟亦當在祖廟中陳設明器之時亦遣人薦馬及纓入廟陳之此馬謂擬駕乘車吉器最先者也　注云賓客之馬王所以賜之者者覲禮云天子賜侯氏以車服迎于外門外再拜路先設西上路下四亞之注云路下四謂乘馬也是諸侯朝覲王賜車馬之事其時亦此官牽而入陳之也又案國語周語云敵國賓至膳宰致饔廩人獻餼司馬陳芻韋注云司馬掌帥圉人養馬故陳芻圉人職屬司馬若然此官於致饔餼時兼主陳芻不徒牽馬矣引詩云雖無予之路車乘馬者小雅采菽篇文亦諸侯來朝賜車馬之事

故引以爲證云喪紀之馬啓後所薦馬者啓後謂啓肂後既夕禮啓後朝祖時云薦車直東榮北輈薦馬纓三就入門北面交轡圉人夾牽之又祖奠時云祖還車薦馬如初又大遣奠後之薦馬馬出自道車各從其馬駕于門外西面而俟南上案彼士禮亦圉人牽馬入陳與天子同雜記孔疏云按士喪禮下篇薦馬之節凡有三時一者柩初出至祖廟設奠爲遷祖之奠訖乃薦馬是其一也至日側祖奠之時又薦馬是其二也明日將行設遣奠之時又薦馬是其三也詒讓案薦馬雖有三節要在啓肂後故鄭云啓後以晐之明皆此官牽而入陳矣又案既夕記注說士二廟者第一日朝禰廟不薦車馬然則王葬徧朝七廟前六廟皆未薦至末日朝大祖廟始牽馬入陳矣

廞馬亦如之廞馬遣車之馬人捧之亦牽而入陳疏廞馬亦如之者此冢上喪紀爲文也注云廞馬遣車之馬者校人云飾遣車之馬是也廞者謂陳之云人捧之者謂入廟及行就壙時皆須人捧之校人注以遣車之馬爲塗車芻靈明不可駕引以行也巾車云大喪飾車遂廞之行之注云謂陳駕之行之使人以次舉之以如墓也若然遣車人舉之故馬亦人捧之矣云亦牽而入陳者賈疏云亦於祖廟陳此明器也但遣車及馬各使人別捧故上注云行則解脫之是也案賈據司常注也依巾車注說遣車亦陳駕則入廟陳明器時當以馬就車駕而陳之至葬將行時乃解說而別捧之以如墓至壙陳於墓道亦當駕之窆時復解說藏之椁內見外互詳巾車校人疏

瑞安孫詒讓學

職方氏掌天下之圖以掌天下之地辨其邦國都鄙四夷八蠻七閩九貉五戎六狄之人民與其財用九穀六畜之數要周知其利害天下之圖如今司空輿地圖也鄭司農云東方曰夷南方曰蠻西方曰戎北方曰貉狄玄謂閩蠻之別也國語曰閩芉蠻矣四八七九五六周之所服國數也財用泉穀貨賄也利金錫竹箭之屬害神姦鑄鼎所象百物也爾雅曰九夷八蠻六戎五狄謂之四海【疏】掌天下之圖以掌天下之地者此與司會大司徒爲官聯也周書職方篇與此職文同彼敘云王化雖弛天命方永四夷八蠻攸尊王政作職方孔注云此在周官大司馬下篇穆王使有司鈔出之欲時省焉案周書職方次史記篇之後史記爲穆王時書故敘注並彖彼爲說然今本周書殽雜未必周史官之舊次敘亦似後人所補作孔晁強爲之說不足據僞孔安國尚書敘云孔子述職方以除九丘又以此經爲孔子所述尤妄說也云辨其邦國都鄙四夷八蠻七閩九貉五戎六狄之人民者此職辨字周書及漢書地理志敘並作辯同聲假借字自邦國都鄙以及四海並辨其人民之數則又掌天下之版與上圖互相備也此官職掌通於天下經舉諸侯邦國及采地都鄙而不及國中鄉遂公邑等者舉外以晐內亦辨之可知云與其財用九穀六畜之數要者亦著之於版也小宰注云要會謂計最之簿書周書無要字疑挩九穀詳大宰疏 注云天下之圖如今司空輿地圖也者此即大司徒所建邦之土地之圖彼注亦云若今司空郡國輿地圖案

此注不言郡國者文省賈疏謂此職方兼主夷狄漢夷狄不置郡國
故不言非也鄭司農云東方曰夷南方曰蠻西方曰戎北方曰貉狄
者職方孔注義同說文大部云夷平也東方之人也虫部云蠻南蠻
蛇種犬部云狄北狄本犬種狄之言淫辟也豸部云貉北方豸種也
孔子曰貉之爲言惡也王制云東方曰夷被髮文身有不火食者矣
南方曰蠻雕題交趾有不火食者矣西方曰戎被髮衣皮有不粒食
者矣北方曰狄衣羽毛穴居有不粒食者矣大戴禮記千乘篇云東
辟之民曰夷精以僥南辟之民曰蠻信以朴西辟之民曰戎勁以剛
北辟之民曰狄肥以戾案諸書言四裔者皆不及貉秋官敘官貉隸
注云東北夷職方孔注云貉狄之別字俗作貊詩大雅韓奕篇其追
其貊毛傳云追貊戎狄國也毛孔亦以貉狄爲訓漢書高帝紀北貉
顏注云貉在東北方三韓之屬皆貉類也又揚雄傳注引郭璞云今
扶餘國卽濊貊故地後漢書東夷傳云句驪一名貊耳案貉卽今朝
鮮國地此經四夷夷蠻戎狄外更有閩貉貉者東北夷也閩者東南
夷也貉雖與狄同屬北方而實爲狄之別猶之閩雖與蠻同屬南方
而實爲蠻之別也先鄭此注以貉爲北狄孟子告子篇趙注云貉在
北方賈疏引鄭志及書敘僞孔傳並以爲東夷說文豸部云貉北方
而羊部又云東方貉並偏舉一方不及貉隸後鄭注之析矣又夷蠻
戎狄四者散文亦通故秋官蠻閩夷貉四隸司隸通謂之四翟之隸
翟與狄同師氏又謂之四夷之隸是也云玄謂閩蠻之別也者職方
孔注同說文虫部云閩東南越蛇種山海經海內南經云甌在海中
郭注云閩越卽西甌今建安郡是也亦在岐海中文選吳都賦劉逵
注云閩越名也秦并天下以其地爲閩中郡案閩卽今福建在周爲
南蠻之別也引國語曰閩芊蠻矣者證閩爲蠻之別釋文云芊李云
今周禮本或無此字國語則有案韋本國語閩作蠻賈疏云案鄭語
史伯曰蠻芊蠻矣注云謂上言叔熊避難於濮蠻隨其俗如蠻人也

故曰蠻彼不作閩者彼蓋後人轉寫者誤鄭玄以閩爲正叔熊居濮
如蠻後子從分爲七種故謂之七閩也案賈卽櫽括韋義攷鄭語又
云芊姓夔越閩爲東南越或亦出於芊姓但賈以閩爲叔熊之後則
古書無徵鄭韋所據文義並殊賈彊爲傅合恐不塙也云四八七九
五六周之所服國數也者卽大行人云九州之外謂之蕃國也職方
孔注云八七九五六見非一之言也案孔晁不言四者蓋以四夷爲
總目蠻閩貉戎狄之言非東方之夷也賈疏云鄭志趙商問職方氏
掌四夷八蠻七閩九貉五戎六狄之數注云周之所服國數禮記明
堂位曰周公六年制禮作樂朝諸侯於明堂有朝位服事之國數夷
九蠻八戎六狄五禮文事異未達其數鄭荅職方氏四夷四方夷狄
也九貉卽九夷在東方八蠻在南方閩其別也戎狄之數或六或五
兩文異爾雅惟有其數耳皆無別國之名校不甚明故不定若然爾
雅之數與明堂同皆數耳無別國之名今五六者正是數耳其事鄭
不甚明之未知何者是是亦不著其錯誤案賈引鄭志說卽孔晁所
本然鄭彼說以釋師氏四夷之隸及鞮鞻氏四夷之樂則正相當若
此注以四八七九五六並舉爲所服國數又無破先鄭之說則不以
四夷爲四方夷之總目象胥云掌蠻夷閩貉戎狄之國夷在蠻下則
非總目之文可知依經攷義此注爲長孔賈反依鄭志改此注義傎
矣大戴禮記用兵篇云六蠻四夷盧注云周禮職方氏四夷八蠻七
閩九貉五戎六狄此周所服四海其種落之數也明堂位曰九夷八
蠻六戎五狄此朝明堂時來者國數也爾雅曰九夷八狄七戎六蠻
其夏之所服與殷之夷國東方十南方六西方九北方十有三然鄭
玄以四夷爲四方九貉爲九夷又引爾雅其數不同及六四文闕而
不定是終使學者疑於所聞也盧氏亦不從鄭志說其云周所服種
落之數正依此注義惟云爾雅爲夏制則無塙據又疑鄭引爾雅文
數不同亦非也詳後云財用泉穀貨賄也者大宰注云財泉穀也又

宰夫注云用貨賄也故此兼釋之云利金錫竹箭之屬者據下文云
害神姦鑄鼎所象百物也者左宣三年傳王孫滿對楚子云夏之方
有德遠方圖物貢金九牧鑄鼎象物百物而爲之備使民知神姦杜
注云圖鬼神百物之形使民逆備之是神姦謂鬼神百物也引爾雅
曰九夷八蠻六戎五狄謂之四海者釋地文今郭注本作九夷八狄
七戎六蠻謂之四海毛詩小雅蓼蕭序箋同孔疏云維師謀我應注
皆與此同職方氏及布憲注亦引爾雅云九夷八蠻六戎五狄謂之
四海數既不同而俱云爾雅則爾雅本有兩文今李巡所注謂之四
海之下更三句云八蠻在南方六戎在西方五狄在北方此三句唯
李巡有之孫炎郭璞諸本皆無也李巡與鄭同時鄭讀爾雅蓋與巡
同故或取上文或取下文也此及中候直言四海不列其數故引上
文解之職方列其國數唯五戎六狄與爾雅六戎五狄上下不同餘
則相似故據下文也布憲則秋官承夏官之下故同於職方焉周禮
注據爾雅下文八蠻六戎五狄當四海者以明堂位陳周公朝於明
堂之時其數與之等是周時之驗故據之焉案據孔說則鄭所見釋
地本有兩文故此注及布憲注並錯引其語調人注亦同至蓼蕭序
箋及尚書中候注則又專據釋地上文爲說箋注雖異要同本釋地
盧辯及賈疏未知爾雅李郭本異妄有所疑賈又謂詩箋或後人轉
寫之誤疏矣白虎通義禮樂篇云東方爲九夷南方爲八蠻西方爲
六戎北方爲五狄故曾子問曰九夷八蠻六戎五狄百姓之難至者
也班所引曾子問佚文亦與此注及明堂位同墨子節葬下篇又有
八狄七戎則與釋地郭本同又王制孔疏釋九夷八蠻六戎五狄之
名九夷依東夷傳九種曰畎夷于夷方夷黃夷白夷赤夷玄夷風夷
陽夷李巡注爾雅云一曰玄菟二曰樂浪三曰高驪四曰滿飾五曰
鳧臾六曰索家七曰東屠八曰倭人九曰天鄙八蠻云一曰天竺二
曰咳首三曰僬僥四曰跛踵五曰穿胷六曰儋耳七曰狗軹八曰旁

春六戎云一曰僥夷二曰戎夷三曰老白四曰耆羌五曰鼻息六曰天剛五狄云一曰月支二曰穢貊三曰匈奴四曰單于五曰白屋論語子罕皇疏說與李略同今案夷蠻諸國經記並約舉大數文多錯異鄭君精博猶未聞其別國之名李范之說未知所據附錄之以備攷

乃辨九州之國使同貫利貫事也

疏乃辨九州之國者說文川部云州水中可居曰州昔堯遭洪水民居水中高土故曰九州一曰州疇也各疇其土而生之尚書釋文引春秋說題辭云州之言殊也 注云貫事也者爾雅釋詁文職方孔注亦同賈疏云使同其事利不失其所也

東南曰揚州其山鎮曰會稽其澤藪曰具區其川三江其浸五湖其利金錫竹箭其民二男五女其畜宜鳥獸其穀宜稻鎮名山安地德者也會稽在山陰大澤曰藪具區五湖在吳南浸可以為陂灌溉者錫鑞也箭篠也鳥獸孔雀鸞鵁鶄犀象之屬故書箭為晉杜子春云晉當為箭書亦或為箭

疏東南曰揚州者沿禹貢制也阮元云廣韻二十一震太平御覽州郡部皆引作楊州蓋州名字本從木自開成石經定從手旁後俱作揚詒讓案揚州字古書揚楊錯出宋景祐本漢書地理志述此經並作楊宋本爾雅釋地同許嵩建康實錄引春秋元命苞云地多赤楊因取名焉則當以楊為正釋名釋州國云揚州州界多水水波揚也禹貢孔疏引李巡云江南其氣燥勁厥性輕揚故曰揚揚輕也爾雅釋文引太康地記云以揚州漸太陽位天氣奮揚履正含文明故取名焉此並依揚字為釋張參五經文字據李巡輕揚之訓旁從木為俗訛故唐石經書禮爾雅皆從手宋以來版本多沿之宋小字本明閩監本周禮作楊者蓋誤而合於古非所據舊本如是也至九州名義大抵就州中所屬山川國邑為稱諸家望文生義似皆未塙竊謂此州地

苞百越揚越聲轉義亦同揚州當因揚越得名猶荆州之與荆楚義亦相因矣禹貢云淮海惟揚州公羊莊十年徐疏引鄭書注云揚州界自淮而南至海以東也爾雅釋地云江南曰揚州郭注云自江南至海呂氏春秋有始覽云東南爲揚州越也胡渭云殷制淮南江北之地以益徐故爾雅曰江南曰揚州蓋視夏之揚爲小然其西又得禹貢荆州之地按禹貢導水文漢至大別入江而爾雅曰漢南曰荆州蓋漢水之名至大別山而止其曰漢南者謂大別以西漢水之南也曰江南者謂大別以東江水之南也荆揚之界當於此分朱右曾云禹貢揚州北至淮東至海爾雅言殷制九州江南曰揚則北不得淮周以淮爲青州浸疑同於殷案胡朱說近是殷以淮隸徐周省徐入青故淮亦隨之蓋並沿殷制也周揚州方域東至海南接越閩荒服不知所極西依胡渭說抵漢與荆界北逾江與青界東南東北並至海西南接南越荒服不知所極西北距淮與豫界此經九州名多因虞夏殷制而疆域則不甚同今略舉四至八到以備攷證其詳未能究也云其川三江者賈疏云按禹貢云九江今在廬江尋陽南皆東合爲大江揚州所以得有三江者江至尋陽南合爲一東行至揚州入彭蠡復分爲三道而入海故得有三江也詒讓案三江者北江中江南江也書禹貢揚州云三江既入震澤底定孔疏引鄭書注云三江分於彭蠡爲三孔東入海又導漢云東匯澤爲彭蠡東爲北江入于海又導江云東迆北會于匯東爲中江入于海疏引鄭注云東迆者爲南江此經義與禹貢同漢書地理志云蜀郡湔氏道禹貢崏山在西徼外江水所出東南至江都入海又會稽郡吳南江在南東入海揚州川毗陵北江在北東入海揚州川又丹陽郡石城分江水首受江東至餘姚入海蕪湖中江出西南東至陽羨入海揚州川即通釋禹貢及此經三江之義東漢人說三江者論衡書虛篇云有丹徒大江有錢塘浙江有吳通陵江水經禹貢山水澤地所在篇云中

江在丹陽蕪湖縣西南東至會稽陽羨入于海北江在毗陵北界東入于海又沔水篇云沔水與江合流又東過彭蠡澤又東至石城縣
分爲二其一東北流其一又過毗陵縣北爲大江又東至會稽餘姚縣東入于海案水經此文難通酈注亦疑其誤戴震校本謂當云其
一東北流又過毗陵縣北爲北江其一又東至會稽餘姚縣東入于海依戴校則水經說與漢志三江分江水說正同又酈注云地理志
曰江水自石城東出逕吳國南爲南江江水東逕石城縣北又東逕宣城之臨城縣南又東逕安吳縣又東逕寧國縣南又東逕故鄣縣
南安吉縣北又東北爲長瀆歷湖口又東歷烏程縣南通餘杭縣則與浙江合又東逕餘姚故城南又東注于海依酈說是漢志石城下之
分江水即吳南之南江亦一記其原一詳其委也金榜申三江鄭義云禹貢經文凡言東南北者皆指其下流水所趨之地經言東爲北
江東爲中江明在彭蠡東經言爲北江入于海爲中江入于海明皆專流徑達非渾濤入海者故注云江至彭蠡分爲三孔入于海蓋据
經立訓如此漢自北入江故分爲北江者仍繫於漢岷江在中故分爲中江者仍繫於江南江不見於經彭蠡以下首受江者是也故注
云東迆者爲南江言東迆北會于匯即東出爲南江矣此鄭君之說賈氏疏職方三江顏氏注地理志北江中江皆本其義者也孔傳于
東爲北江入于海注云自彭蠡江分爲三入震澤遂爲北江而入海言三江入震澤與經北江中江入于海不合言入震澤遂爲北江與
經匯澤爲彭蠡東爲北江不合晉顧夷撰吳地記云松江東北行七里得三江口東北入海爲婁江東南入海爲東江並松江爲三江此
即吳越春秋所云出三江之口者孔傳爲魏晉閒書遂援以釋禹貢三江違失經意又申班酈義云毗陵之北江即今大江其蕪湖之中
江吳縣之南江逕流湮廢据班志丹陽石城下云分江水首受江東至餘姚入海說文江水至會稽山陰爲浙江闞駰十三州志江水至

會稽與浙江合晉灼亦云水經注謂地理志江水自石城東出逕吳國南爲南江榜謂分江水合三江言之爲南江猶岷江合言之爲北江班志于石城著南江源委猶于湔氏道著北江源委故志于中江言出蕪湖西南東至陽羨入海至南江北江但云東入海以入海之地已互見于石城湔氏道也漢烏程地在震澤之南東北與吳縣壤接志言震澤在吳西則南江至烏程者爲在吳南矣水經闕中江不著酈元敘南江歷湖口因釋湖口地名云江南東注于具區謂之五湖口東則松江出焉援郭景純江賦注五湖以漫漭爲證爲中江入海之蹟然于出蕪湖東至陽羨者究莫能綜緝所纏蓋中江徙流久矣北江爲岷江經流由毗陵入海中江出蕪湖由松江入海南江出石城合浙江入海故子胥云吳之與越三江環之班志所敘三江如是水經沔水注引郭景純亦云三江岷江松江浙江蓋診其歸墟之蹟而未極中江南江之源者也錢塘孫星衍阮元說並略同今案三江之說以漢志最爲近古可信蓋江水自彭蠡以西止有經流獨行至彭蠡以東乃分爲三以今水道校之江水自四川松潘廳羊膊嶺發源過四川湖南湖北江西安徽經江蘇揚州府江都縣常州府武進江陰兩縣即漢毗陵縣境至通州入海此即漢志之北江也志於湔氏道著其源於毗陵詳其委迄今二千年經流無改亦向無異說而中江南江則說多舛異蓋漢志謂中江出蕪湖至陽羨入海其逕流無可校驗水經江水篇今本有闕佚故中江下流亦無見文王象之輿地紀勝云水經云中江在丹陽蕪湖縣東南至會稽陽羨入海今縣河東達黃池入三湖至銀林止所謂中江東至陽羨即此是也蘇常承此江下流常病漂沒後築銀林五堰以窒之自是中江不復東而宣歙諸水皆由蕪湖西達大江矣又文選江賦李注引水經注云中江東南左會滆湖又引風土記謂滆湖在陽羨此與漢志亦正合金氏阮氏推校衆說謂中江即今安徽太平府蕪湖縣南之蕪湖

水古蓋本通江蘇常州府宜興縣之荆谿故樂史太平寰宇記江南東道常州宜興縣下云荆谿漢志中江卽此谿也今宜興卽漢陽羨縣地惟蕪湖水自唐宋時築銀林五堰中江故流遂斷不復東又荆谿東注太湖亦不徑入海並與漢時異其下流則顧炎武胡渭阮元則謂中江蓋自今荆谿入太湖又東爲長逕自湖東流至常熟縣入並謂卽今之松江東爲吳淞江由上海縣入海者與金說略同陳澧海今攷蕪湖水及荆谿爲中江遺迹殆無疑義惟入海下流尚無塙證南江依酈說則當由今安徽池州貴池縣西分出一派其下流蓋入太湖出爲今江蘇蘇州府吳江縣運河卽漢吳縣境也又南流至今浙江紹興府山陰縣爲浙江說文水部浙字注所云江水東至會稽山陰爲浙江者也其下流又至今紹興府餘姚縣入海水經沔水篇注載南江自石城至餘姚入海之蹟文尚完備今貴池分江之處故瀆久湮吳江運河與浙江又不相屬故酈說亦無可案驗金氏阮氏並據酈說以證班志顧炎武胡渭錢大昕洪亮吉說並同但漢志南江本云從吳南入海而分江水自從餘姚入海二文本不同吳與餘姚南北相距殊遠中尚隔由拳海鹽諸縣似不可幷爲一況漢志分江水下並不云揚州川水經江水下流今本文旣譌闕酈氏沔水注又多疏謬所說或未必合班氏之恉故程瑤田全祖望戴震錢坫陳澧並謂分江水非卽南江其說似亦可通川流湮徙舊籍紛互難以決定謹備列衆說用資覈覽至漢晉以來說三江者異說甚多國語越語韋注云三江松江錢唐江浦陽江水經沔水注云松江自太湖東北流逕七十里江水奇分謂之三江口吳越春秋稱范蠡去越乘舟出三江之口入五湖之中者也此亦別爲三江五湖雖稱相亂不與職方同庾仲初揚都賦注云今太湖東注爲松江下七十里有水口分流東北入海爲婁江東南入海爲東江與松江而三此非禹貢之三江也今按庾說與禹貢釋文引吳地記同史記夏本紀張氏

正義亦從其說此別謂太湖以下之三江酈道元謂非禹貢職方之
三江禹貢疏亦云職方揚州其川曰三江宜舉州內大川其松江等
雖出震澤入海既近周禮不應舍岷山大江之名而記松江等小江
之說是也吳越春秋則以浙江浦陽江剡江爲三江是又專就浙東
之水言之並與書禮無會又徐堅初學記地部檃括孔鄭書注三江
義云左合漢爲北江會彭蠡爲南江岷江居其中此謂三江之分在
彭蠡以上與禹貢疏所引三江分於彭蠡爲三孔入海者義菲疑徐
氏之誤實非鄭注也史記正義引括地志云禹貢三江俱會於彭蠡
合爲一江入于海此說與徐引鄭說略同並顯與經違不可依據唐
宋以後衆說紛異尤甚今悉無取焉云其浸五湖者釋文云浸本又
作寖漢書地理志述此經亦作寖顏注云寖古浸字也案說文水部
無浸字寖下云寖水出魏郡武安東北入呼沱水是寖本水名叚借
爲陂寖此經作浸漢志作寖者並寖之省也云其利金錫竹箭者此
經九州所述山澤川浸之次復列其利以下卽上所辨人民財用九
穀六畜之數要也云其民一男五女者職方孔注云九州土氣生民
男女各不同案此經揚荊豫兗幽幷六州皆女多於男雍冀二州則
男多於女淮南子墬形訓云山氣多男澤氣多女是也云其畜宜鳥
獸者周書職方作其畜宜雞狗鳥獸於文爲贅蓋誤衍云其穀宜稻
者淮南子墬形訓云江水肥仁而宜稻與此經揚荊宜稻亦合易泰
詩周南樛木孔疏引此經並云荊州揚州宜稻麥今本兩州並無麥
周書職方漢地理志敘並同疑孔穎達偶誤記也 注云鎮名山安
地德者也者廣雅釋詁云鎮安也大司樂四鎮注云四鎮山之重大
者書舜典封十有二山爲孔傳云每州之名山殊大者以爲其州之
鎮此九州九山亦並當州重大之山以鎮安地域者故尊之曰鎮也
云會稽在山陰者漢地理志云會稽郡山陰會稽山在南上有禹冢
禹井揚州山案今浙江紹興府山陰縣卽漢故縣會稽山在東南十

二里云大澤曰藪者說文艸部云藪大澤也風俗通義山澤篇云謹案爾雅藪者澤也藪之爲言厚也草木魚鼈所以厚養人君與百姓也案今爾雅無此文賈疏云按澤虞職大澤大藪注水鍾曰澤水希曰藪則澤藪别矣但澤藪相因亦爲一物故云大澤曰藪也云具區五湖在吳南者爾雅釋地十藪吳越之閒有具區郭注云今吳縣南大湖卽震澤是也漢書地理志云會稽郡吳故國周大伯所邑具區澤在西揚州藪古文以爲震澤風俗通義山澤篇云九藪揚州曰具區在吳縣之西賈疏云依地理志南江在吳南震澤在西通而言之亦得在吳南具區卽震澤一也詒讓案山海經南山經云浮玉之山北望具區郭注云今吳縣西南太湖也禹貢震澤底定僞孔傳云震澤吳南大湖名孔疏云案周禮職方揚州藪曰具區浸曰五湖五湖卽震澤若如志云具區卽震澤則浸藪爲一案餘州浸藪皆異而揚州同者蓋揚州浸藪同處論其水謂之浸指其澤謂之藪胡渭云具區班固以爲卽震澤蓋澤自吳西南境東出爲松江一名笠澤在今吳江縣界北去吳五十里水經注云笠澤在吳南松江在右國語越伐吳吳禦之笠澤越軍江北吳軍江南者是也宋葉夢得避暑錄話云孔氏以太湖爲震澤非是周官揚州澤藪爲具區其浸爲五湖旣以具區爲澤藪則震澤卽具區也太湖乃五湖之總名耳凡言藪者皆人資以爲利故曰藪以富得民而浸則但水之所鍾也今平望八尺震澤之閒水瀰漫而極淺與太湖相接而非太湖自是入於太湖自太湖入於海雖淺而瀰漫故積潦暴至無以洩之則溢而害田所以謂之震猶言三川皆震者然蒲魚蓮芡之利人所資者甚廣亦或可隄而爲田與太湖異所以謂之澤藪黄儀云今土人自包山以西謂之西太湖水始淵深自莫釐武山以東謂之南湖水極灘淺蓋卽古之震澤止以上流相通後人遂混謂之太湖誤矣案胡黄說是也具區者太湖旁水希之地故謂之藪亦謂之震澤五湖始爲太湖書

僞孔傳及郭璞孔穎達酈道元諸人並淆掍莫辨鄭此注則以其同
在吳南故牽連釋之非謂二者爲一也國語越語云越興師伐吳戰
於五湖韋注云五湖今太湖方言郭注義同文選江賦李注引張勃
吳錄云五湖者太湖之別名也周行五百餘里說文水部云湖大陂
也揚州浸有五湖案今江南蘇州府吳縣卽漢故縣太湖在西南三
十里至五湖枝別之名秦漢古書無文吳晉以後異說殊夥如水經
沔水注云南江東注于具區謂之五湖口五湖謂長蕩湖太湖射湖
貴湖滆湖也又云范蠡滅吳返至五湖而辭越斯乃太湖之兼攝通
稱也虞翻曰是湖有五道故曰五湖又史記夏本紀正義云五湖者
菱湖游湖莫湖貢湖胥湖皆太湖東岸五灣爲五湖蓋古時應別今
並相連范成大吳郡志引吳地記說同太平寰宇記江南東道湖州
引韋昭三吳郡國志云太湖邊有游湖莫湖胥湖貢湖就太湖爲五
湖又云胥湖蠡湖洮湖滆湖就太湖爲五也又引虞仲翔川瀆記云
大湖東通常州松江水南通烏程雲溪水西通義興荊溪水北通晉
陵滆湖東通嘉興韭溪水凡五通謂之五湖後漢書馮衍傳李注云
滆湖洮湖射湖貴湖及太湖爲五湖並太湖之小支俱連太湖故太
湖兼得五湖之名諸書所說五湖名各殊異不知孰爲周秦舊名攷
韓非子初見秦篇說秦破荊襲郢取洞庭五湖則楚南別有五湖與
揚浸殊異若史記河渠書索隱又引郭璞江賦以五湖爲具區洮滆
彭蠡青草洞庭今檢郭賦並不以此爲五湖況青草洞庭遠在荊域
尤與揚浸違牾洮滆亦本一湖而幷爲一其說殊謬不足據也云浸
可以爲陂灌漑者者漢地理志顏注云川水之通流者也浸謂引以
灌漑者案說文水部湖下云浸川澤所仰以灌漑也月令鄭注云畜
水曰陂蓋大川源流縣遠迴注無定浸則豬蓄一方利資灌漑小於
川者也毛詩小雅瞻彼洛矣傳以洛爲宗周漑浸水卽據後雍浸之
洛言與鄭許義同云錫鑞也者爾雅釋器云錫謂之鈏郭注云白鑞

急就篇顏注云錫在銀鉛之閒卽今白鑞也禹貢揚州厥貢惟金三品又有錫貢孔疏引鄭書注以爲銅三色又云錫所以柔金也考工記總敘亦云吳粵之金錫金錫並卽謂銅鑞不兼它金也僞孔傳及詩魯頌泮水孔疏引王肅說金三品爲金銀銅與鄭異云箭篠也者釋艸云篠箭書禹貢揚州云篠蕩旣敷孔傳云篠竹箭蕩大竹水去已布生爾雅釋地云東南之美者有會稽之竹箭焉郭注云竹箭篠也戴凱之竹譜云箭竹高者不過一丈節閒三尺堅勁中矢江南諸山皆有之會稽所生最精好據此諸文是箭一名篠卽竹之小而疏節堅中者也云鳥獸孔雀鸞鵁鶄犀象之屬者別於家畜也職方孔注云鳥獸山澤所育之屬也御覽羽族部引劉欣期交州記云孔雀色青尾長六七尺能舒舞足爲節出嶺南諸處說文鳥部云鸞赤神靈之精也赤色五采雞形鳴中五音頌聲作則至周成王時氐羌獻鸞鳥爾雅釋鳥云鳽鵁鶄犀詳函人疏象詳壺涿氏疏此並南徼珍異鳥獸故鄭約舉之云故書箭爲晉杜子春云晉當爲箭書亦或爲箭者云舊本並誤曰今據明葛鼒本正段玉裁云大射儀綴諸箭鄭注古文箭爲晉與此故書同二字古同音也吳越春秋晉竹十廋晉竹正謂箭竹所謂會稽竹箭也箭矢竹也本小竹之名中矢因名矢爲箭說文木部曰榗木也從木晉聲書曰竹箭如榗案此當云周禮曰竹榗讀如箭今本轉寫譌亂也許所見周禮故書字從木案段說近是

正南曰荆州其山鎮曰衡山其澤藪曰雲瞢其川江漢其浸潁湛其利丹銀齒革其民一男二女其畜宜鳥獸其穀宜稻衡山在湘南雲瞢在華容潁出陽城宜屬豫州在此非也湛未聞齒象齒也革犀兕革也杜子春云湛讀當爲人名湛之湛湛或爲淮

【疏】正南曰荆州者沿禹

貢制也釋名釋州國云荊州取名於荊山也必取荊爲名者荊警也南蠻數爲寇逆其民有道後服無道先彊常警備之也禹貢孔疏引
李巡云荊州其氣燥剛稟性彊梁故曰荊荊彊也案劉氏謂荊州取名於荊山是也禹貢荊及衡陽惟荊州公羊莊十年傳徐疏引鄭書
注云荊州界自荊山南至衡山之南爾雅釋地云漢南曰荊州郭注云自漢南至衡山之陽呂氏春秋有始覽云南方爲荊州楚也案周
荊州方域東依胡渭說盡漢與揚界南逾衡山接南夷西距巴蜀並荒服不知所極北據荊山與豫界東南與揚界不知所分東北抵漢
東與豫界西南接西南夷荒服不知所極西北距漢與雍界云其澤藪曰雲瞢者瞢周書作夢同詳後云其川江漢者賈疏云揚州云三
江不言漢此荊州直言江不言三兼云漢者此州江未分爲三故直云江此州有漢水過焉故江漢並言也詒讓案江即揚州三江之上
流詳前疏漢者禹貢云嶓冢導漾東流爲漢又東爲滄浪之水過三澨至於大別南入于江說文水部云漢漾也東爲滄浪水漾水出隴
西氐道東至武都爲漢沔水出武都沮縣東浪谷東南入江或曰入夏水漢地理志云隴西郡氐道禹貢養水所出至武都爲漢又武都
郡沮沮水出東狼谷南至沙羨南入江荊州川又武都東漢水受氐道水一名沔過江夏謂之夏水入江又隴西郡西禹貢嶓冢山西漢
水所出南入廣漢白水東南至江州入江又南郡華容夏水首受江東入沔水經沔水篇云沔水出武都沮縣東狼谷中至江漢沙羨縣
北南入於江又漾水篇戴震校本云漾水出隴西氐道縣嶓冢山東至武都沮縣爲漢水過江州縣東東南入于江金榜云後儒言漢水
源者咸求之于嶓冢以漢志考之嶓冢導漾惟據禹貢漢水言耳周職方荊州漢水則不導源于嶓冢故志言沮水出沮縣東狼谷南至
沙羨南入江荊州川說文水經後漢郡國志皆云然蓋瀁水輟流不與漢水相屬由來久矣志言禹貢瀁水出隴西氐道縣至武都爲東

漢水一名沔過江夏謂之夏水入江此明禹貢漢水故道班氏自謂
采獲舊聞考跡詩書推表山川以綴禹貢周官春秋下及戰國秦漢
者如是非謂漢代逕流之道東漢水仍上受氐道水也水經言瀁水
出隴西氐道縣嶓冢山東至武都沮縣爲漢水東南至江州縣東南
入於江瀁水既轂東流勢必西入徒以氐道無可考見後世莫能定
其孰爲瀁水而與東漢水不相屬得水經校之益明後儒考漢志不
詳于漢源求嶓冢不得因旁漢水之山强名之爲嶓冢亦近誣矣漢
志禹貢嶓冢山在隴西西縣西漢水所出南入廣漢白水東南至江
州入江不見于氐道然于氐道言禹貢瀁水所出東至武都爲漢正
釋經嶓冢導瀁東流爲漢明氐道亦得有嶓冢山是山峯岫延長西
氐道皆其盤迴之地準之地望氐道當在西縣東志已於西縣著嶓
冢山氐道例不重出水經言瀁水出隴西氐道嶓冢山郭景純山海
經注亦言嶓冢在武都氐道縣南可與漢志互明西漢水鄭書注以
爲禹貢梁州之潛以上受漢別故得西漢水之稱後乃併其上流出
嶓冢者名之爲西漢水矣案金說是也漢有五名初出自嶓冢爲漾
漾字又作養至武都爲漢對西漢水言之則曰東漢水漢時漾水之
源已絕遂以近源之沮水當漢水沮又名沔水過江夏又謂之夏水
實一川也惟西漢水出西縣嶓冢山至江州入江者不入荆州境非
禹貢職方之漢水也漢志所述導漾舊蹟與漢時沮水源流甚悉水
經之沔水卽漢志之沮水而所云漾水者者實卽西漢水而亦襲漢
志氐道漾水之文其實非也酈注則並據西漢水爲釋固不誤矣今
漢水源出陝西寧羌州北嶓冢山至沔縣青陽鋪有沔水會沮水來
會經褒城縣境稱爲沔水至湖北漢陽府城北入大江曰漢口漢隴
西氐道西縣並在甘肅鞏昌府西和縣境寧羌州之嶓冢山非禹貢
漢志之嶓冢山也蓋今漢源與古絕異惟入江之處尚與古同耳胡
渭云禹貢導水漢至大別入江而爾雅曰漢南曰荆州蓋漢水之名

至大別山而止其曰漢南者謂大別以西漢水之南也曰江南者謂大別以東江水之南也荊揚之界當於此分案胡說是也云其利丹銀齒革者禹貢荊州厥貢羽毛齒革惟金三品礪砥砮丹僞孔傳云丹朱類說文丹部云丹巴越之赤石也案丹卽丹沙也史記貨殖傳云江南出金錫連丹沙犀齒革爾雅釋器云白金謂之銀賈疏云按禹貢荊揚二州俱云貢金三品則二州通有金錫也　注云衡山在湘南者漢地理志云長沙國湘南禹貢衡山在東南荊州山爾雅釋山云江南衡郭注云南嶽衡山水經禹貢山水釋地所在云衡山在長沙湘南縣南案漢湘南故城在今湖南長沙府湘潭縣西百六十里衡山在今衡州府衡山縣西北三十里亦漢湘南地也云雲瞢在華容者漢地理志敘述此經亦作夢志云南郡華容雲夢澤在南荊州藪爾雅釋地十藪云楚有雲夢郭注云今南郡華容縣東南巴丘湖是也風俗通義山澤篇云九藪荊州曰雲夢在華容縣南今有雲夢長掌之說文艸部云九州之藪荊州雲夢字並與周書同水經禹貢山水澤地所在云雲夢澤在華容縣之東又夏水篇酈注云夏水又東逕監利縣南縣土卑下澤多陂池西南自州陵東界逕于雲杜沌陽爲雲夢之藪矣韋昭曰雲夢在華容縣按春秋魯昭公三年鄭伯如楚子產備田具以田江南之夢郭景純言華容縣東南巴丘湖是也杜預云枝江縣安陸縣有雲夢蓋跨川亘隰兼苞勢廣矣案禹貢荊州雲土夢作乂國語楚語王孫圉曰楚又有藪曰雲連徒州金木竹箭之所生也韋注云楚有雲夢藪澤也左昭三年傳王以田江南之夢杜注云楚之雲夢跨江南北又定四年傳楚子涉睢濟江入于雲中孔疏云土地名云南郡枝江縣西有雲夢城江夏安陸縣東南亦有夢城或曰南郡華容縣東南有巴丘湖昭三年王與鄭伯田於江南之夢謂此也言江南之夢則江北亦有夢矣司馬相如子虛賦云雲夢者方八九百里則此澤跨江南北案孔說是也楚辭招魂

篇云與王趨夢分課後先王注云夢澤中也楚人名澤爲夢中淮南
子墬形訓云南方曰大夢高注云夢雲夢也據此諸文則雲者此澤
之專名夢者楚人之通語禹貢之雲土卽楚語之雲連徒州漢地理
志江夏郡又有雲杜縣土徒杜並聲近字通然則雲土卽澤名雲土
夢猶云雲土澤耳省文曰雲夢復省之則曰雲曰夢實一藪也史記
夏本紀索隱以雲土夢爲二澤誤漢華容故城在今湖北荆州府監
利縣胡渭云漢志南郡華容縣雲夢澤在南荆州藪編縣有雲夢宮
江夏西陵縣有雲夢宮華容今監利石首二縣監利在江北石首在
江南編縣今荆門州西陵今蘄州及黃岡麻城皆在江北水經沔水
注云雲杜縣東北有雲夢城雲杜今京山縣又夏水注云自州陵東
界逕於雲杜沌陽爲雲夢之藪州陵今沔陽州沌陽今漢陽縣也元
和志云雲夢澤在安陸縣南五十里東南接雲夢縣界以上諸州縣
皆在江北由是言之東抵蘄州西抵枝江京山以南青草以北皆爲
雲夢案胡說甚覈雲夢一澤水則豬爲洞庭郭景純云巴丘湖是也
至於全藪陸地則直跨今湖北漢陽黃州安陸德安荆州五府境雖
舊蹟湮沒孔胡所說殆近之矣云潁出陽城者漢地理志云潁川郡
陽城陽乾山潁水所出東至下蔡入淮荆州寖說文水部云潁水出
潁川陽城乾山東入淮豫州浸水經云潁水出潁川陽城縣西北少
室山至慎縣入淮酈注云今潁川有三源奇發右水出陽乾山之潁
谷中水導源少室通阜左水自少室南谿案漢陽城廢縣在今河南
河南府登封縣東南四十里潁水源出登封縣北嵩山西南之少室
山至安徽正陽關入淮曰潁口云宜屬豫州在此非也者鄭意此潁
當與豫州之溠互易也說文潁下亦云豫州浸漢地理志顏注說同
段玉裁云職方荆州浸潁湛豫州浸波溠許潁下湛下皆曰豫州浸
而溠下曰荆州浸蓋案地形互易之也詒讓案潁水下流雖入淮然
究在淮北況湛水更在其西北數百里斷非淮南所能及故胡渭亦

謂湛與頴實皆在河南淮北之地若劃以屬荆則斗入豫域七八百里非帝王分疆建牧之制是也然則頴湛二水當從許鄭說改屬豫州殆無疑矣二云湛未聞者說文水部二云湛水豫州浸許以湛移屬豫州而亦不詳其所在續漢書郡國志二云頴川郡昆陽有湛水水經汝水篇注二云湛水出犨縣北魚齒山西北東南歷魚齒山下爲湛浦方五十餘步春秋襄公十六年晉伐楚楚公子格及晉師戰于湛阪楚師敗績遂侵方城之外今水北悉枕翼山阜于父城東南湛水之北山有長阪蓋即湛水以名阪故有湛阪之名也湛水又東南逕蒲城北京相璠曰昆陽縣北有蒲城蒲城北有湛水者是也湛水又東於汝水九曲北東入汝杜預亦以是水爲湛水矣周禮荆州其浸頴湛鄭玄二云未聞蓋偶有不照也今考地則不乖其土言水則有符經文矣案左傳杜注亦二云襄陽昆陽縣北有湛水東入汝即酈氏所引也賈昌朝易祓黃度顧祖禹胡渭姜兆錫方苞江永吳廷華林喬蔭莊有可朱右曾並同酈說全祖望二云湛是汝水支流而頴亦與汝互相出入之水也案湛水出今河南汝州寶豐縣東四十餘里魚齒山東南流至南陽府葉縣界又東流入許州襄城縣南入汝其水道尚與古同二云齒象齒也者禹貢僞孔傳二云齒象牙詳壺涿氏疏二云革犀兕革也者犀兕革中作甲詳函人疏爾雅釋地二云南方之美者有梁山之犀象邵晉涵據淮南子墬形訓高注說謂梁山即衡山是荆域多犀象故擅齒革之利矣杜子春二云湛讀當爲人名湛之湛者段玉裁二云故書湛字今之沈沒字也杜讀爲人名湛之湛者音義當有異不同沈沒說文水部二云湛沒也從水甚聲一曰湛水許不言與湛沒音義有異也詒讓案杜讀爲人名湛之湛者疑讀此湛字與卑湛字同也左襄二十九年傳鄭裨諶諶釋文作湛漢書古今人表作卑湛顏注二云湛音諶蓋其音與湛沒字異故杜讀從之二云湛或爲淮者荆寖不宜與青州川同故鄭不從王引之二云淮疑當爲淫字之誤也淫之

爲淮猶淫雨之爲淮雨見文心雕龍練字篇又涉下文淮泗而誤也湛與淫古同聲而通用考工記㡛氏淫之以蜃杜子春曰淫當爲湛宋世犖云說文水部㴱古文湛字形近淮俞樾說同案王宋說並通

河南曰豫州其山鎮曰華山其澤藪曰圃田其川熒雒其浸波溠其利林漆絲枲其民二男三女其畜宜六擾其穀宜五種

華山在華陰圃田在中牟熒兗水也出東垣入于河泆爲熒熒在熒陽波讀爲播禹貢曰熒播既都春秋傳曰楚子除道梁溠營軍臨隨則溠宜屬荊州在此非也林竹木也六擾馬牛羊豕犬雞五種黍稷菽麥稻

疏 河南曰豫州者沿禹貢制也釋名釋州國云豫州地在九州之中京師東都所居常安豫也爾雅釋文引春秋元命苞云豫之言序也言陽氣分布各得其處故其氣平靜多序也又引李巡云河南其氣著密厥性安舒故曰豫豫舒也案河南者南河之南也禹貢云荊河惟豫州公羊莊十年徐疏引鄭書注云豫州界自荊山而北至河爾雅釋地云河南曰豫州郭注云自南河至漢呂氏春秋有始覽云河漢之閒爲豫州周也高注云河在北漢在南故曰之閒案周豫州爲王城所在其方域東距孟諸與青界南抵漢與荊界西依胡渭說抵嶓冢與雍界北距南河與冀界東南依許君說距淮據潁尾與揚界東北距雷夏澤與兗界西南距荊山與荊界西北據華山與雍界豫居九州之中與揚荊青兗冀雍六州皆接壤惟幽隔於青兗幷隔於冀不得相接云其川熒雒者唐石經初刻川誤水後磨改川熒雒作滎洛釋文作熒洛嘉靖本作滎雒今從宋余本岳本建陽本小字本宋注疏本作熒雒段玉裁云熒者光不定之皃泲水出沒不常故尚書假爲熒作此字周禮熒雒左傳閔二年宣十二年杜預後序詩庸風箋熒澤左傳杜注熒陽玉篇熒下曰亦熒陽縣漢韓勑後碑劉寬碑陰鄭烈碑

唐盧藏用紀信碑亦作熒陽隋書王劭傳上表言符命曰龍鬭於熒陽者熒字三火明火德之盛也然則熒澤熒陽古無作滎者尚書禹貢釋文經宋開寶中妄改熒爲滎而經典史記漢書水經皆爲淺人任意竄易以爲水名當作滎不知泲水名熒自有本義於絕小水之義無涉也又云雍州洛水豫州雒水其字分別自古不紊周禮豫州其川熒雒雍州其浸渭洛逸周書職方地理志引職方正同雒不見於詩瞻彼洛矣傳曰洛宗周浸水也此職方氏文也洛不見於左傳傳凡雒字皆作雒如僖七年伊雒之戎宣三年楚子伐陸渾之戎遂至於雒是也淮南墬形訓曰洛出獵山謂雍州水也雒出熊耳謂豫州水也漢地理志弘農上雒雒水豫州川盧氏伊水黽池穀水新安澗水河南穀成瀍水入雒此謂豫州水也左馮翊褱德北地歸德洛水直路沮水入洛此謂雍州水也皆尚未誤而許書水部下不舉豫州水尤爲二字分別之證後人書豫水作洛其誤起於魏魏志文帝紀裴松之注引魏略曰黃初元年詔以漢火行也火忌水故洛去水而加隹魏於行次爲土土水之牡也水得土而乃流土得水而柔故除隹加水變雒爲洛此丕改雒爲洛而又妄言漢變洛爲雒自魏至今皆受其欺周禮春秋在漢以前誰改之乎案段說是也釋文雒作洛唐石經作滎洛並誤雒者漢地理志云弘農郡上雒禹貢雒水出冢領山東北至鞏入河豫州川水經云洛水出京北上洛縣讙舉山至鞏縣入河案雒水源出今陝西商州雒南縣西冢領山經河南鞏縣至汜水縣入河云其浸波溠者波周書職方作陂同聲段借字云其利林漆絲枲者漢地理志敘述此經林作麻案麻即枲也不宜緟復且與注不合疑誤禹貢豫州厥貢漆枲絺紵厥篚纖纊枲詳天官敘官疏　注云華山在華陰者漢書地理志云京北尹華陰縣太華山在南豫州山說文山部云崋崋山也在弘農華陰華即崋之借字水經禹貢山水澤地所地云華山爲西嶽在弘農華陰縣西南案漢

華陰故城在今陝西同州府華陰縣東南五里華山在縣南十里云
圃田在中牟者爾雅釋地云十藪鄭有圃田郭注云今滎陽中牟縣
西圃田澤是也詩小雅甫田箋作鄭有甫田漢地理志云河南郡中
牟圃田澤在西豫州藪風俗通義山澤云九藪豫州曰圃田在中牟
縣西宋本說文艸部云豫州甫田字亦作甫水經渠水篇酈注云渠
水歷中牟縣之圃田澤皇武子曰鄭之有原圃猶秦之有具囿澤在
中牟縣西西限長城東極官渡北佩渠水東西四十許里南北二百
許里中有沙岡上下二十四浦津流逕通淵潭相接元和郡縣志云
鄭州中牟縣圃田澤一名原圃縣西北七里其澤東西五十里南北
二十六里案漢中牟故城在今河南開封府中牟縣東六里圃田澤
在縣西北七里云滎兖水也出東垣入于河泆爲滎滎在滎陽者滎
段玉裁校並改熒阮元黃丕烈亦謂注中滎字皆熒之誤是也但釋
文經作熒而注滎播字仍作滎宋刻各本亦經注字異或鄭於經自
從熒於注自從滎若經用古字注用今字之例今亦不敢輒改後注
滎播同出東垣段校删東字云地理志郡國志皆無東字史記魏世
家城王垣徐廣曰垣縣有王屋山然則東字賸也或云當作出河東
垣職方注例不舉郡名增河字非也說文沇水出河東垣王屋山東
爲泲各本亦誤作河東東垣案段說是也入于河于注例當作於各
本並誤漢地理志云河東郡垣禹貢王屋山在東北沇水所出東
南至武德入河軼出滎陽北地中又東至琅槐入海滎陽縣屬河南
郡書禹貢導沇水東流爲濟入于河溢爲滎史記夏本紀溢作泆鄭
本蓋亦作泆說文水部兖作沇又云泲沇也東入于海泆水所蕩泆
也兖卽沇之隸變泲四瀆之一卽兖州川字俗通作濟水經云濟水
出河東垣縣東王屋山爲沇水又東至溫縣西北爲濟水至鞏縣北
南入于河與河合流又東過滎陽縣北又東北至礫磎南東出過滎
澤北至乘氏縣西分爲二其一水東南流其一水從縣東北流入鉅

野澤過乘氏縣與濮渠合至利縣過甲下邑入河又東北入海酈注
說濟水故瀆在溫云濟水當王莽之世川瀆枯竭其後水流逕通津
渠勢改尋梁脈水不與昔同又引晉地道志云濟自大伾入河與河
水鬬南泆爲滎澤京相璠云滎澤在滎陽縣東南與濟隧合案水經
濟水至鞏縣北南入于河卽入河之處至礫磎南東出過滎澤北卽
泆爲滎之處滎卽沇水所分故鄭以兗水釋滎也漢垣縣故城在今
山西絳州垣曲縣西北二十里沇水出縣東北百里王屋山漢滎陽
故城在今河南鄭州滎澤縣南十七里滎澤在縣治南濟水故瀆自
王莽以後絶續遷徙禹蹟久湮卽班志桑經所載水道今亦沒於大
小清河不復可辨識至風俗通義山澤篇說四瀆云濟出常山房子
贊皇山東入泜此因漢時泲瀆字通作濟應氏遂誤以濟當泲則酈
道元已疹其謬矣滎澤縣今屬開封府澤東漢時已塞爲平地詳後
云波讀爲播禹貢曰滎播既都者釋文云都本或作豬案今本禹貢
作滎波既豬僞孔傳云滎澤波水已成遏豬孔疏云馬鄭王本皆作
滎播謂此澤名滎播案史記夏本紀亦作滎播既都鄭本禹貢當作
熒播故此注卽據書讀波爲播僞孔本熒亦誤熒播作波者蓋依周
禮轉改禹貢矣詩鄘風定之方中孔疏引鄭書注云沇水溢出河爲
澤今塞爲平地滎陽民猶謂其處爲滎澤在其縣東春秋魯閔公二
年衞侯及狄人戰于滎澤此其地也史記集解引書注滎澤作滎播
又書釋文引馬融書注云滎播澤名說文水部云潘水在河南滎陽
水經濟水注云闞駰曰滎嶓澤名也故呂忱曰嶓水在滎陽謂是水
也案嶓疑當作潘呂忱字林多本說文也蓋禹貢此文馬鄭王本並
作熒播謂卽熒澤僞孔本作滎波而釋以滎澤波水許闞呂並作滎
潘而以潘爲別一水與馬鄭王孔字義並殊異鄭此注旣以熒澤釋
熒雒又引熒播釋波溠則似亦以熒播爲二殆猶具區之與五湖水
澤相屬二而一者與今播水無攷水經滍水注云滍水又與波水合

水出霍陽西川大嶺東谷俗謂之歇馬嶺卽應劭所謂孤山波水所
出也馬融廣成頌曰浸以波溠其水又南逕蠻城下又南分三川于
白亭東而俱南入濦水濦水自下兼波水之通稱也是故闞駰有東
北至定陵入汝之文案後漢書馬融傳李注引水經注以釋波溠又
云今在汝州魯山西北通典州郡說同胡渭云汝州今屬河南州西
四十里廣成澤一名黃陂周百里有灌溉之利後漢於其地置廣成
苑澤水出狼皋山東南流合溢泉水波水自西來注之又東南合濦
水入汝此卽波溠之波也馬融精於周官其頌廣成明言浸以波溠
鄭違其義非是禹貢滎波自當作播職方之波溠當讀如字不可牽
合案胡說是也酈道元李賢杜佑咸據馬義以波卽波水其說甚塙
黃度顧祖禹林喬蔭朱右曾並從其說全祖望云康成師古皆不知
波水所在而以滎波之波當之不知滎雖旣爲川矣不應復以其支
流爲浸波水自當以出霍陽由濦入汝之波爲是案全說足申酈義
波水入濦之後濦水亦兼波水之稱其下流甚遠宜爲一州之浸此
經之溠許鄭謂當屬荆州固塙不可易實則波亦當屬荆州與潁湛
互易蓋波與湛雖同入汝而波自在湛南繫之荆域亦尚可通也引
春秋傳曰楚子除道梁溠營軍臨隨者左莊四年傳云楚武王伐隨
王卒令尹鬭祈莫敖屈重除道梁溠營軍臨隨隨人懼行成引以證
溠卽彼溠水也彼杜注云溠水在義陽厥縣西東南入鄖水梁橋也
孔疏云釋例曰義陽厥縣西有潻水源出縣北從縣西東南至隨縣
入鄖水杜以潻解溠蓋聲相近而字轉耳水經溳水篇注云溠水出
隨縣西北黃山南逕瀫西縣西又東南瀫水入焉又東南逕隨縣故
城西又南流注於溳案溠水出今湖北隨州西北界山南流有溳水
來會又會德安府雲夢應城數縣水至漢川縣溳口塘南入漢源流
長五百餘里胡渭云溠水流短溳水出蔡陽縣大洪山東南逕隨縣
至安陸入於沔溠旣合溳自下可以通稱經所謂溠蓋卽溳也云則

溠宜屬荆州在此非也者鄭意左傳之溠在漢東以地望定之當屬荆州其豫州浸之潁又當屬此二水宜互易也漢地理志顏注說同說文水部云溠水在漢南荆州浸也段玉裁云職方荆州浸潁湛豫州浸波溠許書於湛曰豫浸於溠曰荆浸蓋正經文之誤與鄭說溠正同也詒讓案說文水部以湛亦爲豫州浸則二水並當互易然則許意此波溠皆宜爲荆浸不僅如鄭說以潁湛互易矣但許書波字說解不云荆浸不知以何水當之也云林竹木也者地官敘官林衡注云竹木生平地曰林云六擾馬牛羊豕犬雞者周書職方孔注云家所畜曰擾漢地理志顏注云謂之擾者言人所馴養也賈疏云此與爾雅六畜及周禮六牲一也案六牲詳膳夫牧人注云五種黍稷菽麥稻者後并州及月令五種注並同周書孔注亦從鄭說賈疏云此州東與青州相接青州有稻麥西與雍州接雍州有黍稷故知有此四種但此九州不言麻與菽及苽鄭必知取菽者蓋以當時目驗而知故添爲五種也程瑤田云鄭注疾醫職之五穀曰麻黍稷麥豆据月令之文其注職方氏宜五種曰稻黍稷麥菽不据月令者以本經他州所見有稻黍稷麥四種四種有稻而月令五穀無稻不得易本經而就月令故据所已見之四種而益之以菽案程說深得鄭恉漢書食貨志云種穀必雜五種顏注云即五穀謂黍稷麻麥豆也顏即據月令與此注義不同也豫州爲周東都雒邑王畿所在大司徒所謂地中故六擾五種無不宜淮南子墬形訓云平土之人慧而宜五穀大戴禮記千乘篇云是故立民之居必於中國之休地因寒暑之利六畜育焉五穀宜焉與此經義合

正東曰青州其山鎮曰沂山其澤藪曰望諸其川淮泗其浸沂沭其利蒲魚其民二男二女其畜宜雞狗其穀宜稻麥沂山沂水所出也在蓋望諸明都也在睢陽沭出東莞二男二

女數等似誤也蓋當與兗州同一男三女鄭司農云淮或爲睢沭或爲洙疏正東曰青州者沿禹貢制而
畺域則異釋名釋州國云青
州在東取物生而青也爾雅釋文引太康地記云青州東方少陽其
色青其氣清歲之首事之始故以青爲名焉說文丹部云青東方色
也禹貢云海岱惟青州僞孔傳云東北據海西南距岱史記夏本紀
集解引鄭書注云東自海西至岱呂氏春秋有始覽云東方爲青州
齊也案周青州方域東至海南據淮與揚界西據孟諸與豫界北距
岱與兗界東南亦據淮東北依漢志說距濰與兗界西南至桐柏與
豫界西北距泲水與兗界云其川淮泗者漢地里志云南陽郡平氏
禹貢桐柏大復山在東南淮水所出東南至淮陵入海青州川說文
水部云淮水出南陽平氏桐柏大復山東南入海水經云淮水出南
陽平氏縣胎簪山至廣陵淮浦縣入于海案淮水出今河南南陽府
桐柏縣西南桐柏山至江蘇淮安府安東縣雲梯關入海泗者漢地
理志云濟陰郡乘氏泗水東南至睢陵入淮又魯國卞泗水西南至
方與入泲青州川說文水部云泗水受泲水東入淮水經云泗水出
魯卞縣北山過下邳縣西東南入於淮案泗水出今山東泗水縣東
陪尾山至兗州府入運河漢志泗水兩見者卞縣泗水入泲渠以後
至乘氏復出也其入淮故道今爲河所奪非漢志之舊矣禹貢淮泗
沂並在徐州者後注謂周青州則禹貢徐州地是也云其利蒲魚者
詩王風揚之水箋云蒲蒲柳孔疏引陸機疏云蒲柳有兩種皮正青
者曰小楊其一種皮紅者曰大楊其葉皆長廣於柳葉皆可以爲箭
幹故春秋傳曰董澤之蒲可勝既乎今又以爲箕鑵之楊也案此蒲
卽蒲柳也與司几筵蒲筵之蒲爲水艸異魚海魚也禹貢青州厥貢
海物維錯史記夏本紀集解引鄭書注云海物海魚也云其畜宜雞
狗者狗周書職方作犬義同　注云沂山沂水所出也在蓋者漢地
理志云泰山郡蓋沂水南至下邳入泗青州寖說文水部云沂水出

東海費東西入泗一曰沂水出泰山蓋青州浸水經云沂水出泰山
蓋縣艾山至下邳縣入泗酈注云水有二源南源所導世謂之柞泉
北水所發俗謂之魚窮泉俱東南流合成一川案沂山在今山東沂
州府沂水縣北百十里沂水名沂河出縣西北百七十里雕崖山至
江蘇邳州入運河漢蓋縣故城在沂水縣西北七十里鄭說本漢志
水經及說文後說並同段玉裁云鄭許說乖異者蓋沂山即東泰山
是山盤回數縣今沂水出沂水縣之雕崖山即沂山西峯也賈疏云
按禹貢云海岱及淮惟徐州又云淮沂其乂注云淮沂二水名不在
青州者周貢以禹貢徐州地為青故也云望諸明都也在睢陽者賈
疏云按禹貢云導菏澤被明都彼禹貢無望諸故從明都按春秋宋
藪澤有孟諸明都即宋之孟諸者也案今書云被孟豬偽孔傳云孟
豬澤名在菏東北詩陳譜孔疏引書作盟豬史記夏本紀作明都據
賈疏疑鄭本禹貢亦作明都矣漢地理志云梁國睢陽禹貢盟諸澤
在東北志敘述此經則作孟豬爾雅釋地十藪宋有孟諸郭注云今
在梁國睢陽縣東北風俗通義山澤篇云九藪青州曰孟諸說文艸
部亦云青州孟諸水經禹貢山水澤地所在云明都澤在梁郡睢陽
縣東北案望諸鄭釋為明都史記水經同書作孟豬或作盟豬漢志
作盟諸爾雅作孟諸左僖二十八年傳及墨子兼愛中篇呂氏春秋
有始覽說文風俗通義並同鄭詩譜陳譜作明豬孟望明盟及諸都
豬聲類並相近禹貢孟豬在豫州周改入青州元和郡縣志云宋州
虞城縣孟諸澤在縣西北十里周迴五十里俗號盟諸澤案漢睢陽
故城在今河南歸德府商邱縣孟諸澤在府東北接虞城縣界云沭
出東莞者漢地理志云琅邪郡東莞術水南至下邳入泗青州浸顏
注云術水即沭水也說文水部云沭水青州浸水經云沭水出琅邪
東莞縣西北山至陽都縣入沂酈注云出大弁山舊瀆入睢陽宿預
縣注泗水地理志所謂至下邳注泗者也經言於陽都入沂非矣案

漢東莞故城在今山東沂州沂水縣治西北沭水今名沭河出沂水縣西北五十里大弁山至江蘇沭陽縣境分爲二派入於海不入泗亦不入沂與漢志水經並異云二男二女數等似誤也蓋當與兗州同二男三女者漢地理志敘及周書職方正作二男三女與鄭所定合段玉裁云鄭謂數等誤者天地化育之道其數必不能正等也知當與兗州同者蓋竟相接二與三字易誤也俞樾云男女相等當云一男一女不當云二男二女其誤明矣鄭司農云淮或爲睢者段玉裁云睢與淮形聲皆相近徐養原云漢書地理志陳留浚儀睢水首受狼湯水東至取慮入泗攷漢之陳留在職方亦爲豫州之境而取慮屬臨淮已入職方青州界以此爲青州川固無不可然淮爲四瀆之一睢水源流雖長豈能與淮敵青州之川斷無舍淮而數睢之理故知爲字之誤二云沭或爲洙者段玉裁云洙與沭部分不同而聲相近如公叔戌世本作朱檀弓作朮鄭云朮當爲朱也今本檀弓作木蓋誤詒讓案漢地理志云泰山郡蓋臨樂于山洙水所出西北至蓋入池水說文水部云洙水出泰山蓋臨樂山北入泗班許皆不云青州浸或本非是

河東曰兗州其山鎮曰岱山其澤藪曰大野其川河泲其浸廬維其利蒲魚其民二男三女其畜宜六擾其穀宜四種岱山在博大野在鉅野廬維當爲雷雍字之誤也禹貢曰雷夏既澤雍沮會同雷夏在城陽四種黍稷稻麥

【疏】河東曰兗州者沿禹貢制也兗正字當作沇釋名釋州國云兗州取兗水以爲名也藝文類聚州部引春秋元命苞云兗之言端也信也蓋取兗水以爲名焉爾雅釋文引李巡云濟河閒其氣專質厥性信謹故曰兗兗信也案春秋緯及釋名云取水爲名是也說文口部釋沇州云九州之渥地也故以沇名焉亦與緯義相近沇水卽泲水泲俗通作濟攷工記總敘亦作濟詳前豫州

熒雒跡禹貢云濟河惟兗州史記夏本紀作沇州書僞孔傳云東南
據濟西北距河爾雅釋地云濟河閒曰兗州郭注云自河東至濟呂
氏春秋有始覽云河濟之閒爲兗州衛也高注云河出其北濟經其
南案周兗州方域東至海南據岱與青界西距東河與冀界北據九
河與幽界東南依漢志說據濰與幽界東北亦至海西南據雷夏與
豫界西北距東河與冀界河東者東河之東也東河之西爲冀州云
其川河泲者書禹貢兗州云九河既道僞孔傳云河水合爲九道在
此州界平原以北是又導河積石至于龍門南至于華陰東至于砥
柱又東至于孟津東過洛汭至于大伾北過降水至於大陸又北播
爲九河同爲逆河入于海漢地理志云金城郡河關縣河水行塞外
東北入塞內至章武入海說文水部云河水出敦煌塞外昆侖山發
原注海水經云崐崘虛在西北河水出其東北陬又南出葱領山其
一源出于闐國南山北流與葱領河合東注蒲昌海又東入塞過黎
陽縣南河之故瀆出焉至利縣甲下邑東北入于海案禹治河故道
自積石西來至今鄂爾多斯左翼後旗唐東受降城折而南流入職
方雍冀二州境禹貢王制所謂西河也至今陝西潼關廳漢華陰縣
境折而東流入職方豫州境禹貢王制所謂南河也過大伾山南至
今河南衛輝府濬縣漢黎陽縣宿胥口又折而東北流合漳水至今
直隸永平府樂亭縣碣石入海王制所謂東河也西周之世並同禹
蹟至定王河徙之後黎陽以上猶禹貢故道自大伾以下舊蹟湮廢
河不復自碣石入海至漢王莽時東河又改道與周定王時復不同
故漢志謂之故大河即周定王時河也其由章武入海則仍東周舊
迹章武在今直隸天津府天津縣境水經河水上流亦與古同其黎
陽以下別著故瀆即漢志所謂故大河也其自利縣入海者則東漢
後下流改道又與班志不同利縣在今山東青州府博興縣境唐宋
以後河流遷徙尤不常 國朝道光以前大河至江蘇淮安府安東

縣入海咸豐閒河又北徙自山東武定府利津縣大清河入海與水經利縣入海之道相近此古今河道之略也　注云岱山在博者漢地理志泰山郡博縣有泰山廟岱山在西北白虎通義封禪篇云嶽東方爲岱宗岱宗者何言萬物更相代於東方也風俗通義山澤篇云泰山尊曰岱宗岱者長也萬物之始陰陽交代爲五嶽之長水經禹貢山水澤地所在篇云泰山爲東嶽在泰山博縣西北案漢博縣故城在今山東泰安府泰安縣東南三十里泰山在縣北五里禹貢岱在青州周改入兗云大野在鉅野者漢地理志云山陽郡鉅壄大壄澤在北兗州藪志敍述此文又作泰壄案鉅大義同壄野古今字爾雅釋地十藪云魯有大野郭注云今高平鉅野縣東北大澤是也風俗通義山澤篇云九藪兗州曰大野在鉅野縣北史記夏本紀集解引鄭書注云大野在山陽鉅野北名鉅野澤水經濟水篇云濟水又東至乘氏縣西分爲二其一水從縣東北流入鉅野澤酈注云何承天曰鉅野湖澤廣大南通洙泗北連清濟舊縣故城正在澤中城之所在則鉅野澤也衍東北出爲大野矣元和郡縣志云鄆州鉅野縣大野澤在縣東五里一名鉅野南北三百里東西百餘里案今山東曹州府鉅野縣卽漢故縣鉅野澤在縣東五里元末爲河所決今涸爲平陸禹貢大野在徐州周無徐州故入兗州云盧維當爲雷雍字之誤也者胡渭云周禮多古字靁似盧雝似維以字形相近而誤案胡說是也此盧維鄭破爲雷雍漢書地理志敍則作盧濰志又云琅邪郡箕侯國禹貢維水北至都昌入海兗州寖也案維卽濰書釋文亦云濰又作維同聲段借字也依班說則此經之維卽濰水說文水部云濰水出琅邪箕屋山東入海徐州浸夏書曰濰淄其道案徐州浸當作兗州浸許蓋亦從班說不破字通典州郡及易祓黃度顧祖禹姜兆錫李光坡方苞莊有可林喬蔭說並從之水經云濰水出琅邪箕縣濰山至都昌縣入海今濰水俗曰淮河源出山東莒州北境之

箕屋山至萊州府昌邑縣東北入海曰淮河口盧水漢志敘述此經同而不箸其說顏注則云盧水在濟北盧縣鄭康成讀曰雷非也則顏讀盧亦如字玫漢志云泰山郡盧縣濟北王都此即顏所謂濟北盧縣其地唐屬濟陽郡故通典釋此盧維云盧水在濟陽郡盧縣是杜亦從顏說也呂飛鵬云盧濰二水名維即禹貢濰淄其道之濰水經云濰水出瑯邪箕縣濰山東北過東武縣西注云濰水又北右合盧水即久台水也地理志曰水出瑯邪横縣故山山在東武縣故城東南世謂之盧山也西北流逕昌縣故城西東北流齊地記曰東武城東南有盧水其水又東北流逕東武縣故城東而西北入濰班志琅邪郡横下云故山久台水所出東南至東武入淮淮即濰之省則盧濰二水本合也濰淄在禹貢屬青州而周之兗州實侵夏青州之地故山鎮曰岱山康成破盧濰字爲雷雍引禹貢以證之蓋見禹貢兗州之域無盧維故也案呂說本黃度趙一清是也漢志有二盧水又有二盧縣水經亦有二盧水漢志遼西郡肥如有盧水東入玄水又中山國北平有盧水至高陽入河並不云兗州浸至漢志泰山郡盧縣此師古云盧水所在也然志不云有此水又琅邪郡横縣久台水此水經濰水注所謂盧水也然志雖有其水而不云名盧又漢志城陽國有慮縣水經沂水注云盧川水出鹿嶺山東南流逕城陽之盧縣故蓋縣之盧上里也又東南注于桑泉水據酈說則今本漢志慮乃盧之誤蓋以水名縣也顧祖禹云山東濟南府長清縣盧城在縣西南二十五里案此即漢濟北之盧縣其地跨今泰安府平陰縣境境內並無盧水則顏說殆不足據綜校班志桑經肥如之盧水在今直隸灤平縣北境於周當屬幽州北平之盧水在今直隸滿城縣境於周當屬并州城陽之盧川水在沂沭二水之閒於周又當屬青州是皆不得爲兗浸惟入濰之久台水於兗爲近故黃趙呂並以此爲兗浸之盧其水今出山東青州府諸城縣東北三十里盧山北流

經縣東北二十五里入於濰水以水道校之盧本入濰經或以二水並舉於義可通周兗州東逾汶跨岱及大野皆禹貢徐青地故濰於上流則與岱宗東西相去不過三百里以之隸兗未爲踰越若周青州則北界距岱但能有沂泗不得及濰與禹貢之青疆域絕異也引禹貢曰雷夏既澤雍沮會同者禹貢兗州文欲證經雷即彼雷夏雍即彼雍也今書雍誤作灉案雍即雝之隸變與灉別史記夏本紀及漢地理志並作雍與鄭同爲孔傳云雷夏澤名灉沮二水會同此澤史記集解引鄭書注云雍水沮水相觸而合入此澤中張氏正義引括地志云雍沮二水在雷澤西北平地也元和郡縣志說同胡渭云二水合以注澤則言雍固可該沮也案雍沮今無其水水經瓠子河注以禹貢之雍即瓠子河又即說文水部之濰不知禹貢雍沮並入雷澤不與河通今山東曹州又有濰河則又五代以後決河之分流皆非古雍水也云雷夏在城陽者漢地理志云濟陰郡成陽禹貢雷澤在西北水經禹貢山水澤地所在云雷澤在濟陰成陽縣西北又瓠子水篇酈注云瓠子河又左逕雷澤北其澤藪在大成陽縣故城西北一十餘里其陂東西二十餘里南北一十五里即舜所漁也案城陽即成陽漢成陽故城在今山東曹州東北六十里雷澤在成陽故城西北濮州東南境今涸云云四種黍稷稻麥者周書孔注同賈疏云以其東與青州相接青州有稻麥西與冀州相接冀州有黍稷故知也

正西曰雍州其山鎭曰嶽山其澤藪曰弦蒲其川涇汭其浸渭洛其利玉石其民三男二女其畜宜牛馬其穀宜黍稷嶽吳嶽也及弦蒲在汧涇在涇陽汭在豳地詩大雅公劉曰汭坃之即洛出懷德鄭司農云弦或爲汧蒲或爲浦

疏正西曰雍州者沿禹貢制也御覽州郡部引春

秋元命苞云雍雍也釋名釋州國云雍州在四山之內雍翳也爾雅釋文引李巡云河西其氣蔽壅厥性急凶故曰雍雍壅也又引太康地記云雍州兼得梁州之地西北之位陽所不及陰氣壅閼故取名焉禹貢云黑水西河惟雍州爾雅釋地云河西曰雝州雍即雝之隸變公羊莊十年徐疏引鄭書注云雍州界自黑水而東至西河也呂氏春秋有始覽云西方為雍州秦也案周雍州方域東距西河與冀界南據渭與豫界西界西戎北界北狄並荒服不知所極東南距華陰與豫界東北亦距西河西南依胡渭說逾嶓冢與荊界西北亦戎狄荒服東南北三方與禹貢略同惟黑水於周代經籍無所見疑淪於戎狄則西境蹙矣詳後云其山鎮曰嶽山者王引之云嶽下山字涉上下文而衍爾雅釋山釋文漢書郊祀志注後漢書明帝紀注引此皆無山字自唐石經始衍山字而各本遂沿其誤據鄭注云嶽吳嶽也則本無山字可知或謂注省去山字非也注云會稽醫無閭下皆無山字以經文本無故也其衡華沂岱霍恆下皆有山字以經文本有故也此云嶽吳嶽也則經文本無山字而非鄭之省文明矣周書職方篇有山字亦後人依俗本周禮加之據孔注云華山西嶽也嶽吳嶽也則亦無山字可知案王說是也云其澤藪曰弦蒲其川涇汭者周書職方弦蒲作彊蒲涇汭作涇納字並通云其浸渭洛者禹貢云道渭自鳥鼠同穴入于河漢地理志云隴西郡首陽禹貢鳥鼠同穴山在西南渭水所出東至船司空入河雍州寖說文水部云渭水出隴西首陽渭首亭南谷東南入河杜林說夏書以為出鳥鼠山雝州浸也水經渭水篇云渭水出隴西首陽縣渭谷亭南鳥鼠山過華陰縣北又東入于河案渭水出今甘肅渭源縣西青雀山即鳥鼠同穴山經陝西華陰縣東北入河曰渭口即古渭汭地也禹貢渭屬梁州者賈後疏謂周合梁於雍是也云其利玉石者謂多玉及美石也禹貢雍州厥貢維球琳琅玕偽孔傳云球琳皆玉名琅玕石而似

玉詩大雅釋文引鄭書注云璓美玉琳美石瑻玗珠也史記貨殖傳云山西饒玉石賈疏云藍田見有玉山出玉石以爲利者也云其穀宜黍稷者淮南子墬形訓云渭水多力而宜黍 注云嶽吳嶽也者爾雅釋地云河西嶽郭注云吳嶽漢地理志云右扶風汧吳山在西古文以爲汧山雍州山案禹貢導岍及岐字作岍書釋文引馬本作開故水經禹貢山水澤地所在篇云開山在扶風汧縣之西也又渭水篇酈注云汧水又東會一水發南山南側俗以此名吳山地理志曰吳山古文以爲汧山也國語所謂虞矣據此諸文是嶽山一名吳山又名汧山或曰吳嶽吳或作虞汧或作岍開實一山也史記封禪書自華以西名山七曰華山薄山岳山岐山吳岳鴻冢瀆山漢書郊祀志吳岳作吳山顏注云周禮職方氏雍州其山曰嶽爾雅亦云河西曰嶽說者咸云嶽卽吳嶽也今志有嶽又有吳山則吳嶽非一山之名但未詳嶽之所在耳徐廣云嶽山在武功據地理志武功但有垂山無嶽山也吳山在今隴州吳山縣胡渭云吳嶽班酈皆謂卽古之岍山然史記封禪書又析吳嶽與嶽山而爲二隴州志則以州西四十里之吳山爲岍山州南八十里之嶽山爲吳嶽諸說互異未知孰是竊謂吳山漢志雖云在縣西而岡巒綿亙延及其南與嶽山只是一山自周尊岍山曰嶽山俗又謂之吳山或又合稱吳嶽史記遂析嶽山與吳嶽爲二山而岍山之名遂隱其實此二山者周禮總謂之嶽山禹貢總謂之岍山當以漢志爲正案胡說是也嶽山卽禹貢之岍山周以爲西都之嶽詩大雅崧高孔疏引鄭志云周都豐鎬故以吳嶽爲西嶽金鶚謂當爲中嶽其說近是詳大司樂疏漢汧縣故城在今陝西鳳翔府隴州南三里嶽山在州西四十里云及弦蒲在汧者明嶽與弦蒲同在汧也漢地理志云右扶風汧北有蒲谷鄉弦中谷雍州弦蒲藪汧水出西北入渭風俗通義山澤篇云九藪雍州曰弦蒲在汧縣北蒲谷亭說文艸部云雝州弦圃字别作圃水經渭

水篇注云汧水出汧縣之蒲谷鄉弦中谷決爲弦蒲藪案弦蒲藪亦在今隴州西四十里蒲谷鎮云涇出涇陽者漢地理志云安定郡涇陽笄頭山在西禹貢涇水所出東南至陽陵入渭雍州川說文水部云涇水出安定涇陽笄頭山東南入渭雝州之川也案漢涇陽故城在今甘肅平涼府平涼縣西南涇河出縣西四十里笄頭山東南麓至陝西西安府高陵縣西南上馬渡入渭曰涇口云汭在豳地者漢地理志云右扶風栒邑有豳鄉詩豳國公劉所邑案汭水源不出豳地鄭云在彼者據詩而言引詩大雅公劉曰汭垙之卽者證汭水在豳地也毛詩作芮鞫之卽詩釋文云芮本又作汭毛傳云芮水厓也鞫究也鄭箋云芮之言內也水之內曰隩水之外曰鞫案毛詩不以芮爲水名鄭亦從之與此注文義並異漢地理志云右扶風汧芮水出西北東入涇詩芮阮雍州川也顏注云阮讀與鞫同詩芮鞫之卽韓詩作芮阮鄭此注卽據韓班義也垙阮鞫字並通廣雅釋丘云垙隈也案汭水出今平涼府華亭縣西隴山東麓至崇信縣入涇云洛出懷德者漢地理志云左馮翊褱德洛水東南入渭雍州寖顏注云褱亦懷字志又云北地郡歸德洛水出北蠻夷中入河說文水部云洛水出左馮翊歸德北夷界中東南入渭段玉裁云左馮翊當作北地漢志北地歸德洛水入河入河者入渭以入河也此總舉其源委也左馮翊褱德洛水入渭此言其入渭之處也案段說是也蓋洛水本出歸德至懷德而入渭懷德非其所出之處鄭蓋忘漢志別有洛出歸德之文遂誤以爲出懷德殆亦偶有不照也洛水禹貢謂之漆沮僞孔傳云漆沮亦曰洛水出馮翊北水經渭水注云渭水東過華陰縣北洛水入焉闞駰以爲漆沮之水是也淮南子墬形訓云雎出荊山高注云荊山禹貢北條荊山在左馮翊懷德縣南有荊梁原雝州浸也案淮南書之雎當卽沮之借字蓋沮水入洛洛亦通稱沮故高以雎爲雍浸矣漢懷德故城在今陝西同州府朝邑縣西南三

十里漢歸德故城在今慶陽府合水縣東北百里洛水卽古漆沮出今甘肅慶陽府安化縣北境三百餘里之白於山經中部縣東沮水來入亦稱沮水又過耀州合漆水至朝邑縣入河舊至華陰縣入渭東至渭口入河自明時改流不南入渭今洛口南去渭口三十里豫州雒水字亦作洛與此異詳前疏鄭司農云弦或爲汧蒲或爲浦者弦蒲藪卽汧水旁地汧弦音亦相近徐養原云水經注汧水決爲弦蒲藪爾雅曰水決之澤爲汧汧之爲名實兼斯義浦者蒲之省文也說文艸部藪字注作弦圃圃與蒲古字通

周禮正義卷六十三

周禮正義卷六十四

瑞安孫詒讓學

東北曰幽州其山鎮曰醫無閭其澤藪曰貕養其川河泲其浸菑時其利魚鹽其民一男三女其畜宜四擾其穀宜三種 醫無閭在遼東貕養在長廣菑出萊蕪時出般陽四擾馬牛羊豕三種黍稷稻杜子春讀貕爲奚

疏 東北曰幽州者沿舜十二州制也藝文類聚州部引春秋元命苞云幽之爲言窈也言風出入窈冥敏勁易曉故其氣躁急釋名釋州國云幽州在北幽昧之地也爾雅釋文云李巡云燕其氣深要厥性剽疾故曰幽幽要也太康地記以爲因於幽都爲名或云北方太陰故以幽冥爲號二者相依也爾雅釋地云燕曰幽州郭注云自易水至北狄呂氏春秋有始覽云北方爲幽州燕也周幽州方域東南並至海西距東河與冀界北接北狄荒服不知所極東南距離與兗界東北越海據醫巫閭西南距岱與兗界西北與并界不知所分云其川河泲者與兗州同泲詳豫州此州所屬者河泲下流入海之處與兗冀相接也云其利魚鹽者魚亦謂海魚鹽卽煑海之鹽今山東登萊青三府及直隸長蘆所產鹽鹽人所謂散鹽也禹貢青州厥貢鹽夏青州東偏瀕海之地周時皆屬幽州也 注云醫無閭在遼東者爾雅釋地云東方之美者有醫無閭之珣玗琪焉淮南子墬形訓作醫毋閭高注云醫毋閭在遼東屬國漢書地理志遼東郡有無慮縣顏注云卽所謂醫巫閭續漢郡國志遼東屬國無慮縣有醫無慮山楚辭遠游篇云夕始臨乎於微閭王注云東方之玉山也案無毋巫閭慮聲並相近醫於無微亦一聲之轉皆一山也續漢志有遼東

郡又有遼東屬國又並有無慮縣鄭云在遼東者謂在遼東屬國也西漢時無慮屬遼東郡東漢安帝以後無慮屬遼東屬國鄭高並據時制言之鄭時遼東郡不當有無慮縣今本續志葢傳寫誤重錢大昕據後漢書安帝紀李注說欲移有醫無慮山之文於遼東郡無慮下而改遼東屬國之無慮為夫犂今以淮南高注證之則今本續志遼東屬國之無慮不誤竊疑遼東郡之無慮乃當作夫犂耳李賢所說不若淮南注之足馮也漢無慮縣在今盛京錦州府廣寧縣醫無閭山在縣西十里云貕養在長廣者漢地理志云琅邪郡長廣奚養澤在西秦地圖曰劇清地幽州藪風俗通義山澤篇云九藪幽州曰奚養在長廣縣東案漢長廣故城及貕養澤並在今山東登州府萊陽縣東五十里云菑出萊蕪者漢地理志云泰山郡萊蕪原山菑水所出東至博昌入泲幽州浸案菑卽菑之或體禹貢又作淄在青州周改入幽水經云淄水出泰山萊蕪縣原山至利縣入海案漢萊蕪故城在今山東濟南府淄川縣東南六十里原山在縣南九十里淄水出其陰至樂安縣入清水泊由泊東北入海云時出般陽者漢地理志云千乘郡博昌時水東北至鉅定入馬車瀆幽州浸水經淄水篇酈注云時水出齊城西北二十五里平地出泉卽如水也亦謂之源水至石洋堰分為二水枝津西北至梁鄒入泲時水至廣饒縣故城東北入淄水呂飛鵬云地理志不云時水所出因時水逕博昌城北故博昌下云時水東北至鉅定入馬車瀆淮水經注云出齊城西北二十五里後鄭云時出般陽般陽在地理志屬濟南郡在郡國志則屬齊國水經注齊城蓋指臨淄而言般陽與齊城接壤故鄭注以為出齊城西北鄭注以為出般陽也詒讓案時水卽如水漢志齊郡臨淄如水西北至梁鄒入泲此卽水經注時水上流出齊城西北至石洋堰分為二水枝津至梁鄒入泲者也漢志如時兩見故如水出臨淄而時水不著所出水經注并為一水故時水出齊城其實班

與酈不異也漢般陽故城在今濟南府淄川縣西齊城在今青州府臨淄縣北時水今名烏河出臨淄縣西南愚公山至高苑縣東境入小淸河云四擾馬牛羊豕者并州宜五擾注云馬牛羊犬豕五擾之中犬爲小牲故去之周書孔注亦從鄭義云三種黍稷稻者周書孔注同賈疏云西與冀州相接冀州宜黍稷幽州見宜稻故知三種黍稷稻也云杜子春讀豯爲奚者豯奚聲類同漢志說文艸部及風俗通義並作奚與杜讀同

河內曰冀州其山鎮曰霍山其澤藪曰楊紆其川漳其浸汾潞其利松柏其民五男三女其畜宜牛羊其穀宜黍稷霍山在彘楊紆所在未聞漳出長子汾出汾陽潞出歸德

疏河內曰冀州者沿禹貢制也說文北部云冀北方州也釋名釋州國云冀州取地以爲名也其地有險有易帝王所都亂則冀治弱則冀強荒則冀豐也爾雅釋文引李巡云兩河閒其氣清厥性相近故曰冀冀近也爾雅釋地云兩河閒曰冀州郭注云自東河至西河呂氏春秋有始覽云兩河之閒爲冀州晉也高注云東至清河西至西河爾雅釋文引韋昭漢書注云東西南北皆有河故曰河內又引馬融云在東河之西西河之東南河之北案馬說蓋卽周官傳文其說是也史記正義云古帝王之都多在河東河北故呼河北爲河內河南爲河外又云河從龍門南至華陰東至衞州東北入海曲繞冀州故言河內案周冀州方域東距東河與兗界南距南河與豫界西距西河與雍界北距虖沱與并界東南東北並距東河西南亦距西河西北據汾水下流與并界州三面距河西河之西爲雍州東河之東爲兗州南河之南爲豫州北界并州則無河韋昭謂四面有河失之孟子梁惠王篇云河內凶則移其民於河東移其粟於河內史記魏世家公子無忌上魏王書云所亡於秦者河內河外大縣數十漢地理志云魏地其界自高

陵以東盡河東河內及漢之河內郡此並以近南河者爲河內近西
河者爲河東蓋戰國之後所分與此經義小異云其澤藪曰楊紆者
楊周書漢地理志敘並作楊同聲段借字云其川漳者它州皆二水
冀唯一水者清漳濁漳二原同委也云其浸汾潞者潞周書作露亦
聲同字通云其民五男三女者三女周書作二女 注云霍山在彘
者爾雅釋地云東方之美者有霍山之多珠玉焉漢地理志云河東
郡彘縣霍大山在東冀州山注應劭云順帝改曰永安是鄭時彘已
爲永安此注據班志故仍其故名霍山虞夏時以爲中嶽禹貢謂之
大岳賈疏及詩唐譜孔疏引禹貢鄭注云大岳在河東彘縣東名
霍大山是也案漢彘縣卽今山西霍州治霍山在州東南三十里云
楊紆所在未聞者爾雅釋地十藪云秦有楊陓爾雅釋文云陓本或
作紆郭注云今在扶風汧縣西呂氏春秋有始覽云秦之陽華高注
云陽華在鳳翔或曰在華陰西淮南子墬形訓云秦之楊紆高注云
楊紆蓋在馮翊池陽一名具圃又脩務訓云禹之爲水以身解於陽
盱之河注云陽盱蓋在秦地惠士奇云高誘所云皆臆說也郭景純
謂在扶風汧縣則直以弦蒲當之矣案山海經中山經陽華之山楊
水出焉而西南流注於洛門水出焉而東北流注於河緒姑之水出
於其陰酈道元謂其地在弘農上雒河在東北洛在西南實冀州之
藪禹治洪水具禱陽紆卽其地也穆天子傳天子西征騖行至陽紆
之山河伯無夷之所都居是惟河宗氏自宗周瀍水以西至於河宗
之邦陽紆之山三千有四百里自陽紆還歸於周三千里陽紆卽陽
華蓋山也衍而爲藪河伯都焉其山更在藪之西故距瀍水三千里
而中山經亦云門水出陽華至於河七百九十里入雒水則其地之
廣可知故半在秦半在晉竹書穆王征犬戎秦公帥師從王西征次
于陽紆蓋謂陽紆山也案楊紆楊陓陽華陽紆陽盱聲類並相近惠
說以爲一地義似可通惟所在地域則舛互殊甚蓋此經楊紆爲冀

藪而爾雅呂覽淮南並云秦有案之方域蓋已不能強同加以衆說
參差益難馮信郭氏謂在汧縣遠侵雍藪其誤固不必辯呂覽高注
臚列二說鳳翔置郡在唐至德間非高氏所得聞蓋當爲馮翊之誤
即淮南注所謂在馮翊池陽者也攷釋地十藪又云周有焦護郭注
云今扶風池陽縣瓠中是也是高氏謂陽華即焦護至呂覽注第二
說又云在華陰西者洪亮吉謂陝西華陰縣東南有陽華藪高說殆
即指此二說無論是非亦並與冀境縣隔惠引酈說蓋據水經河水
篇注云洛水自上洛縣東北於拒陽城西北分爲二水枝渠東北出
爲門水又東北歷陽華之山即山海經所謂陽華之山門水出焉者
也攷河水注陽華山似即華陰之陽華藪酈氏但引中山經爲證不
云即冀藪之楊紆至穆傳之陽紆爲河宗氏所居史記趙世家正義
云河宗在龍門之上流嵐勝二州之地案唐嵐州爲今陝西嵐縣地
勝州爲今鄂爾多斯右翼後旗地淮南脩務訓之陽盱亦當與穆傳
同水經河水注則謂穆傳陽紆及淮南書陽盱即山海經海內北經
所云陽紆陵門之山河出其中者並與昆侖河源相近力斥高注以
爲秦藪之非依酈說則陽紆乃遠在絕域故穆傳謂在瀍水西三千
餘里校其道里已在要服之表其非冀藪尤無疑義又風俗通義山
澤篇說九藪並依職方惟云冀州曰泰陸在鉅鹿縣西北蓋因楊紆
所在未聞而據爾雅十藪晉有大陸遂以易之然不云大陸即楊紆
顧祖禹云水經注大陸澤一名陽紆藪今在直隸寧晉隆平及鉅鹿
縣境今檢水經注亦無此文太平寰宇記冀州信都縣云有陽陓澤
引爾雅秦有陽陓爲證蓋亦以大陸爲陽陓不知大陸自是冀澤又
不當爲秦藪也要之楊紆所在漢時已不可攷故班鄭並闕而不言
而舊說多強爲傅合悉無塙證謹從蓋闕以竢知者云漳出長子者
漢地理志云上黨郡長子鹿谷山濁漳水所出東至鄴入清漳又沾
上黽谷清漳水所出東北至阜成入大河冀州川說文水部云濁漳

出上黨長子鹿谷山東入清漳清漳出沾山大要谷北入河與漢志說同賈疏引鄭禹貢注云漳水出上黨沾大黽谷東北至安平阜城入河案書注據清漳此注云出長子據濁漳其實濁漳卽入清漳也水經漳水篇云濁漳水出上黨長子縣西發鳩山至樂成陵縣別出北瀆又東北過成平縣南合清河至平舒縣入海清漳水出上黨沾縣西北少山大要谷至武安縣南黍窖邑入于濁漳案漢長子故城在今山西潞安府長子縣西南濁漳水出縣南五里發鳩山又清漳出山西樂平縣西沾嶺之大黽谷濁漳至河南林縣北之交漳口與清漳會二漳既合入山東界經邱縣南又分爲二派一至青縣會運河北達直沽一至直隸新河縣入北泊東北流會滹沱至天津入海云汾出汾陽者漢地理志云大原郡汾陽北山汾水所出西南至汾陰入河冀州寖說文水部云汾水出大原晉陽山西南入河或曰出汾陽北山冀州浸水經云汾水出太原汾陽縣北管涔山至汾陰縣注于河段玉裁云漢志太原郡晉陽晉水所出東入汾汾陽汾水所出西南至汾陰入河許云出晉陽山與志水經不合者志水經舉其遠源許舉其近源也許意謂晉水卽汾水之源杜注左傳曰汾水出太原與許合案段說是也戰國策趙策云三國之兵乘晉陽城決晉水而灌之史記趙世家作汾水是古汾晉二水爲一之證鄭從漢志與許所引或說同漢汾陽故城在今山西太原府陽曲縣北九十里又忻州靜樂縣亦漢汾陽縣地汾水出縣北百四十里管涔山至榮河縣北境入黃河在龍門之南五十里曰汾口云潞出歸德者漢地理志顏注同漢地理志歸德屬北地郡說文水部云潞冀州浸也上黨有潞縣水經云濁漳水又過潞縣北酈注云縣故赤狄潞子國也闞駰曰有潞水爲冀州浸卽漳水也余按無他大川可以爲浸所有巨浪長湍惟漳水耳故世人亦謂濁漳爲潞水矣黃度易祓全祖望蔣載康莊有可並從闞說顧祖禹云今濁漳經潞安府城西南二十

里十人猶呼爲潞水段玉裁云鄭云潞出歸德此謂潞卽洛耳按班許皆云洛出歸德北夷界中漢歸德在今甘肅慶陽府境洛水在今陝西同州府境入河非冀州地也且雍州既曰其浸洛矣安得又爲冀浸鄭注於雍州云洛出懷德冀州云潞出歸德蓋由株守地理志而未思志歸德下言其源懷德下言其委一水兩言不當改洛爲潞以屬冀州自雍入冀古無此水以當之許但云冀州浸不言何出何入不欲強爲之說蓋此浸自周初迄漢湮沒不彰班許皆不言潞之源流此可以正鄭注矣闞駰曰潞縣有潞水爲冀州浸卽漳水此非許意也周禮用漳浸潞並言則非一物案段說是也漢歸德故城在今甘肅慶陽府境既非冀域漢地理志歸德亦惟有洛水無潞水詳前雍州又通典州郡說職方汾潞云潞水出今密雲郡密雲縣也顧祖禹亦云今直隸通州之白河卽潞水也今攷水經沽水篇云沽河從塞外來南過漁陽狐奴縣北西南與濕餘水合爲潞河酈注云沽水又南逕安樂縣故城東俗謂之西潞水也沽水又南左會鮑邱水世所謂東潞也沽水又南逕潞縣爲潞河魏土地記云城西三十里有潞河是也又鮑邱水篇云鮑邱水從塞外來南過漁陽縣東又南過潞縣西又南至雍奴縣北屈東入于海注云鮑邱水入潞通得潞河之稱矣案杜氏所說密雲縣之潞水者水經之鮑邱水酈注所謂東潞水也卽今之白河其水不見於漢志水經所謂沽河與濕餘水今爲潞河者卽今直隸之沙河漢志漁陽郡漁陽之沽水亦不云卽潞水其所經潞縣續漢郡國志屬漁陽郡前志字作路與上黨潞縣異揆之地望已在淶易之東北當隸幷境冀浸之潞必非此諸水也

正北曰幷州其山鎮曰恆山其澤藪曰昭餘祁其川虖池嘔夷其浸淶易其利布帛其民二男三女其畜宜五擾其穀宜五種恆山在上曲陽昭餘

祁在鄔虖池出鹵城嘔夷祁夷與出平舒涞出廣昌易出故安五擾
馬牛羊犬豕五種黍稷菽麥稻也凡九州及山鎮澤藪言曰者以其
非一曰其大者耳此州界揚荊豫兗雍冀與禹貢略
同青州則徐州地也幽幷則青冀之北也無徐梁
【疏】正北曰幷州
者亦沿舜十
二州制也禹貢爾雅呂氏春秋並無爾雅釋文引春秋元命苞云幷
之言併也陽合交併其氣勇壯抱誠信也又引太康地記云幷州不
以衞水爲號又不以恆山爲稱而言幷者蓋以其在兩谷之閒也案
周幷州方域東距東河與幽界南據虖池與冀界西距西河與雍界
北接北狄不知所極東南距九河與兗界東北與幽界不知所分西
南據昭餘祁與冀界西北亦北狄　注云恆山在上曲陽者漢地理
志云常山郡上曲陽恆山北谷在西北幷州山爾雅釋山云河北恆
又云恆山爲北嶽白虎通義巡狩篇云北方爲恆恆者常也萬物伏
藏於北方有常也水經禹貢山水澤地所在篇云恆山爲北嶽在中
山上曲陽縣西北案漢上曲陽故城在今直隸定州曲陽縣西四里
恆山在縣西北百四十里亙保定府以西及山西大同府東境云昭
餘祁在鄔者爾雅釋地十藪云燕有昭餘祁郭注云今太原鄔縣北
九澤是也爾雅釋文引孫本祁作底音近叚借字漢地理志云太原
郡鄔九澤在北是爲昭餘祁幷州藪風俗通義山澤篇云九藪幷州
曰昭餘祁在鄔縣北呂氏春秋有始覽說九藪云燕之大昭淮南子
墬形訓又云燕之昭余不云祁者省文也水經汾水篇云汾水又南
過大陵縣東酈注云汾水於縣左迆爲鄔澤地理志曰九澤又名之
曰漚洟之澤俗謂之鄔城泊又云太谷水西接鄔澤是爲祁藪也卽
爾雅所謂昭余祁矣案漢鄔縣故城在今山西汾州府介休縣東北
二十七里鄔城泊在縣東北二十里與平遙縣接界又今山西太原
府祁縣東七里有昭餘祁藪其水久涸蓋祁藪故蹟本延跨今祁縣
境後乃獨瀦爲鄔泊耳至嘔夷與昭餘祁迥異酈注幷爲一與滱水

篇注自相違伐誤也云虖池出鹵城者漢地理志云代郡鹵城虖池河東至參戶入虖池別幷州川又河閒國弓高虖池別河首受虖池河東至平舒入海案虖池禮器作惡池注云惡當為呼聲之誤也呼池嘔夷幷州川是也墨子兼愛上篇又作嘑池字並通漢鹵城故城在今山西代州繁峙縣東百里滹沱河出縣東北百二十里泰戲山入直隸界至獻縣南分為二派復合至天津府靜海縣入海云嘔夷祁夷與出平舒者漢地理志云代郡平舒祁夷水北至桑乾入治又靈丘滱河東至文安入大河幷州川說文水部云滱水起代郡靈丘東入河滱水卽嘔夷水幷州川也案代郡舊作北地今從段校改水經㶟水注云祁夷水出平舒縣之故城南澤中注于㶟水不云卽嘔夷又滱水篇云滱水出代郡靈丘縣高是山至博陵縣入易酈注云卽嘔夷之水也出靈丘西北高是山山海經曰高是之山滱水出焉東流注于河者也李惇云嘔夷非祁夷曰與者疑而未定之辭也案漢志代郡靈丘縣注云滱河幷州川水經注曰滱水卽嘔夷之水蓋嘔滱音相近而二名嘔夷卽滱河也幷州之川惟此與虖沱相埒鄭以祁夷當之誤詒讓案班許酈並以嘔夷為滱水是也易祓黃度胡渭戴震林喬蔭莊有可說並同祁夷水卽今出山西大同府廣靈縣之壺流河與滱水別鄭以釋此經之嘔夷失之漢平舒故城在今山西大同府靈邱縣北靈邱故城在縣東十里祁夷水在縣北滱水今名唐河出山西渾源州南翠屏山至直隸安州東南入白洋淀云淶出廣昌者漢地理志云代郡廣昌淶水東南至容城入河幷州寖說文水部云淶水起代郡廣昌東入河幷州浸案代郡舊作北地亦據段校改水經巨馬水篇云巨馬河出代郡廣昌縣淶山至渤海東平舒縣入海酈注云卽淶水也於平舒城北南入於虖池而同歸於海也案漢廣昌故城在今直隸易州廣昌縣北淶水今名拒馬河出縣北匡古塔至東安縣會桑乾河入清水河云易出故安者漢地理志

云涿郡故安閻鄉易水所出東至范陽入濡也幷州寖水經易水篇云易水出涿郡故安縣閻鄉西山至泉州縣入于海案漢故安縣即今直隸易州治易水在州南三十里源出西山龍華店西北會濡水至新城縣會拒馬河俗曰白溝河云五擾馬牛羊犬豕者周書孔注同賈疏云六擾中雞爲緩故去之云五種黍稷菽麥稻也者豫州注同周書孔注稻作麻疑孔因北方宜稻之地少故易之云凡九州及山鎮澤藪言曰者以其非一曰其大者耳者說文曰部云曰詞也謂一州之內山澤川浸其數衆多不能偏詳故略舉其大者言之云此州界揚荊豫兗雍冀與禹貢略同者賈疏云略同者不失本處雖得舊處猶有相侵入不得正若周之兗州於禹貢侵青徐之地周之青州於禹貢侵豫州之地周之雍豫於禹貢兼梁州之地周之冀州小於禹貢時冀州以其北有幽州幷州故知也詒讓案周九州方域與禹貢同異經記史志並無明文以其山川澤藪約略攷之揚州東南界蓋與彼同而北則禹貢距淮周淮入於青州揚雖逾江而界視彼爲狹荆州南界亦當同而西侵梁境又北漢東地割入於豫並與彼異豫則南北與彼略同東則孟諸割入青西亦侵梁爲異兗則東西界略同而南有岱及大野並侵徐界東南有濰侵青界與彼異雍則東西北並略同而南侵梁爲異冀則南東西並略同而北別分爲幷則異其可攷者大略如是至其華離細別則無由校覈矣云青州則徐州地也者禹貢云海岱及淮惟徐州僞孔傳云東至海北至岱南及淮周不立徐州而以其地爲青州其方域亦東至海南則逾淮而與揚界北雖不得岱而距岱與兗界與禹貢徐州境略同也胡渭云周青州疆域與禹貢大異鄭云徐州地蓋以其山鎮曰沂山其川淮泗其浸沂沭知之禹貢曰海岱及淮惟徐州又曰淮沂其乂又曰浮于淮泗是知徐幷於青也賈云周之青州於禹貢侵豫州之地蓋以其澤藪曰望諸知之禹貢於豫州曰道菏澤被孟豬是知侵豫地也

禹貢徐州岱山大野皆入於兖是青亦不全得徐也鄭亦言其大略而已又云賈疏以兖州侵禹貢青徐之地者蓋以其山鎮曰岱山其澤藪曰大野知之殷之兖州自河東至濟與禹貢同其徐州自濟東至海亦與禹貢同而周則言河不言濟蓋其境越濟而不得岱矣岱南爲徐北爲青徐州曰大野既豬是知侵禹貢青徐之地也兖界跨濟唯周制有然云幽幷則青冀之北也者謂別依舜十二州制析青州之北爲幽冀州之北爲幷於禹貢九州之外增此二州也漢書地理志云周既克殷監於二代而損益之改禹貢徐梁二州合之於雍青分冀州之地以爲幽幷胡渭云舜十二州以冀州之北廣大分置幷州幽州至夏而復合於冀與堯時同爾雅之九州有冀幽而無幷蓋殷分夏冀州之東北以爲幽而正北幷州之地仍屬冀視虞之冀則大矣周禮幽州冀州幷州與虞制同賈云周之冀州小於禹貢以其北有幽幷然不唯小於禹貢亦小於爾雅也又云周幽州其川河泲其浸菑時皆禹貢青地爲幽之所侵蓋今青登萊三府之地在青域者周時皆割入幽云無徐梁者周九州既增幽幷故省此二州也漢書地理志顏注云省徐州以入青州幷梁州以合雍州今案徐省入青詳前梁者禹貢云華陽黑水惟梁州僞傳云東據華山之南西距黑水以周九州疆域攷之禹貢梁州蓋亦分入荆豫二州不徒雍也胡渭云殷有荆而無梁爾雅漢南曰荆州注云自漢南至衡山之陽漢水出嶓冢梁州山也自嶓冢以東至大別凡在漢水之南者皆爲荆州然則禹貢梁州之地荆亦兼之不盡歸於雍自大別以東江南之地爲揚所侵而大別以西漢東之地亦皆入於豫州荆州之境縮於東北而贏於西南殷因於夏所損益可知也周禮荆州衡山雲瞢江漢皆禹貢荆州之山水周承殷制亦有雍而無梁李巡注爾雅言雍兼梁地賈疏言雍豫並兼梁地而皆不及荆殆未察漢南曰荆之義耳蓋殷周之荆豫皆以漢水爲界梁州漢北之地豫兼之漢南之

地荆兼之其嶓冢以西則雍兼之故二代無梁焉又二云爾雅河西曰
雍州疏引李巡云兼得梁州之地周禮疏云周之雍豫於禹貢兼梁
州之地然雍州西北二邊世有戎翟之患則殷周疆埸未必能悉如
禹貢又禹貢梁州之山水無一入職方者故杜氏言梁州當夏殷之
閒爲蠻夷之國雍之并梁亦虛名耳爾雅目雍州以河西則華山以
南不在界中可知其西北亦當虧損殷周之雍實小於禹貢也賈疏
云爾雅云兩河閒曰冀州河南曰豫州濟東曰徐州河西曰雍州漢
南曰荆州江南曰揚州燕曰幽州濟河閒曰兗州齊曰營州詩譜曰
雍梁荆豫徐揚之民咸被其化數不同者禹貢所云堯舜法爾雅所
云似夏法詩譜所云似殷法亦與禹貢三代不同是以州名有異自
古以來皆有九州惟舜時暫置十二州至夏還爲九州故春秋云夏
之方有德也貢金九牧是也詒讓案書舜典肇十有二州爾雅釋文
引鄭注云舜以青州越海而分齊爲營州冀州南北太遠分衞爲并
州燕以北爲幽州新置三州并舊爲十二州也據鄭書注則周職方
幽并二州實沿舜制至爾雅釋地九州賈疏謂似夏法其說非也詩
周南召南譜孔疏引爾雅孫炎注云此蓋殷制釋地郭注爾雅釋文
引李巡說並與孫同爾雅雜采古書雖無由定其必爲殷制要之釋
地九州與禹貢不同其非夏法固無疑也說苑辨物篇說九州與釋
地同惟云齊曰營州未知何據呂氏春秋有始覽說九州則與此經
略同惟無并州而云泗上爲徐州魯也則亦分青爲徐與夏制同然
無梁州則又與彼異疑晚周
所分并非復周公之舊制矣

乃辨九服之邦國方千里曰王畿其外方五百里曰侯服又其外方五百里曰甸服又其外方五百里曰男服又其外方五百里曰采服又其外方五百里曰衞服又其外方五

百里曰蠻服又其外方五百里曰夷服又其外方五百里曰鎮服又其外方五百里曰藩服服服事天子也詩云侯服于周

疏乃辨九服之邦國者職方制畿服之官法受之大司馬者也自王畿外極五千里四方各以遠近分畫為九服自采服以內與書禹貢五服里數同而服名則異服各有界限故大司馬謂之九畿詳彼疏云方千里曰王畿者謂建王國也大司馬云國畿大行人云邦畿義並同畿周書作圻字通孔注云圻界也云又其外方五百里曰蠻服者大行人作要服以內六服兩面共七千里即前九州之地是也云又其外方五百里曰藩服者大司馬作蕃畿大行人注亦作蕃服藩正字蕃同聲叚借字此夷鎮藩三服即大行人所謂蕃國在九州之外者亦即布憲所謂四海是也畿服名制詳大司馬疏注云服服事天子也者謂九服之內同服事天子故皆以服為名職方孔注云服言服王事也國語周語韋注云服服其職業也說並略同引詩云侯服于周者大雅文王篇文引之者證服事天子之義

凡邦國千里封公以方五百里則四公方四百里則六侯方三百里則七伯方二百里則二十五子方百里則百男以周知天下以此率偏知四海九州邦國多少之數也方千里者為方百里者百以方三百里之積以九約之得十一有奇云七伯者字之誤也周九州之界方七千里七七四十九方千里者四十九其一為畿內餘四十八八州各有方千里者六周公變殷湯之制雖小國地皆方百里是每事言則者設法也設法者以待有功而大其封一州之中以其千里封公則可四又以其千里封侯則可六又以其千里封伯則可十一又以其千里封子則可二十五又以其千里封男則可百公侯伯子男亦不是

過也州二百一十國以男備其數焉其餘以為附庸四海之封黜陟
之功亦如之雖有大國爵稱子而已鄭司農云此制亦見大司徒職
曰諸公之地方五百里諸侯之地方四百里諸伯之【疏】凡邦國千里
地方三百里諸子之地方二百里諸男之地方百里封公以方五
百里則四公者以下並通計畿外封國之大數與大司徒為官聯也
李光坡云此大司馬九法所謂制畿封國以正邦國也賈疏云言凡
邦國者畿外要服已內有八州州別置二百一十國總有千六百八
十國故云凡也 注云以此率徧知四海九州邦國多少之數也者
職方孔注云周徧也廣雅釋言云率計校也天算書凡計校數法並
謂之率先約計一州千里之內地廣狹所容國數以此為率綜計天
下四海九州所容邦國多少之數可以徧知故云周知天下云方千
里者為方百里者百者王制文賈疏云方千里開方之百里一截縱
橫皆為十截十十而百則得為方百里者百云以方三百里之積以
九約之得十一有奇云七伯者字之誤也者以三三自乘得九若依
經以七乘九得六十三以除方百里者百所餘尚多故知其必為字
誤賈疏云方三百里三三而九用為方百里者九十九為十一伯餘
有方百里者一不盡故云十一有奇也今經云方三百里則七伯以
十一似七字故云字之誤也云周九州之界方七千里者據王城至
要服六服面各三千五百里兩面相距七千里也其九州之外尚有
三服面千五百里通九州為萬里鄭言此者欲見周公制禮時疆宇
大於殷五等侯國里數亦大增與前代異故王制注云禹承堯舜要
服之內地方七千里夏衰夷狄內侵殷湯承之更制中國方三千里
之界周公復唐虞之舊域其要服之內亦方七千里而因殷之諸侯
之數廣其土增其爵賈疏亦約彼注義謂先王之作土有三若太平
之時土廣萬里中國七千中平之世土廣七千中國五千衰末之世
土廣五千中國三千賈所謂太平之時卽虞夏及周公制禮時衰末

之世卽夏末殷初時其中平之世則王制注引孝經說云周千八百
諸侯布列五千里內鄭又釋之云此文改周之法關盛衰之中三七
之閒以爲說也孔疏謂若武王時是也今攷禹貢五服地實止五千
里與周要服內七千里不同夏末殷初中國三千里武王時中國五
千里亦無文可證則王制注及賈孔所說三代土地廣狹之差實非
塙論也互詳大司徒大司馬大行人疏云七七四十九方千里者四
十九其一爲畿內餘四十八八州各有方千里者六者王制注說亦
同謂九州之內方七千里七七自乘爲四十九以一爲畿內餘四十
八以八州除之州得六也甄鸞五經算術云七七四十九卽四千九
百萬里計方一千里者四十九也分方千里爲畿內餘爲八州州各
得一千里者六一州合地六百萬里詒讓案此乃約略校計之法也
據鄭詩譜云周東都畿內方六百里其封域在豫州太華外方之閒
北得河陽漸冀州之南是東都已錯兼二州之地西都又屬雍州則
畿內必不能專一州況畿內得一八州州得六則八州每州地域三
十六倍於畿內之州其數復遠不相當於分率亦必不能平而鄭必
以此計之者因以九州除四十九則州得五而有畸零不如以一爲
畿內而以八州除四十八則州得六於率差爲整齊易於布算實非
平率也云周公變殷湯之制雖小國地皆方百里者亦明周制與前
代異也王制云公侯田方百里伯七十里子男五十里不能五十里
者不合於天子附於諸侯曰附庸鄭彼注云此地殷所因夏爵三等
之制也殷爵三等者公侯伯也周武王初定天下更立五等之爵增
以子男而猶因殷之地以九州之界尚狹也周公攝政致太平斥大
九州之界制禮成武王之意封王者之後爲公及有功之諸侯大者
地方五百里其次侯四百里其次伯三百里其次子二百里其次男
百里據彼注則鄭意夏制公侯百里伯七十里子男五十里者爵五
等地三等王制注云夏爵三等明爵從地爲三等也殷因夏三等之

地而減爵爲公侯伯三等則公百里侯七十里伯五十里也周初改同夏法周公始盡更夏殷之制爵地並增爲五等如此經之說是男爲至小國地亦方百里與夏殷大國等故此注二云雖小國亦方百里也蓋鄭爲此說者欲見王制所云爲武王增爵未增地之制此經所云爲周公爵地並增之制以調停兩經之舛牾然王制所說三等地制蓋據實封言之與此經五等地虛實相除亦約略相埒鄭以爲夏及周初制非其實也詳大司徒疏至王制注又謂周所因殷之諸侯亦以功黜陟之其不合者皆益之地爲百里者蓋謂周時新封之國並依此經五等地制唯殷世舊國則有功者始增其地如爵其無功者則一切增爲百里雖尊爵未遽得五百里至二百里之地賈疏乃謂周公之時無問有功無功皆先益滿百里待更有功乃依其爵益之地爲二百里至五百里之等則與王制注顯然不合非鄭恉也云是每事言則者設法也設法者以待有功而大其封者王制疏二云設法謂假設爲法非實封也賈疏二云必知不卽封而言設法以待有功者以其稱公者惟有二王後及東西大伯今八州皆言方千里封公則四公八州豈有三十二公乎明知五者皆是設法以待有功乃大其封也若無公縱本是公爵惟守百里地謂若虞公虢公舊是殷之公至周仍守百里國以無功故也故注王制二云是以周世有爵尊而國小爵卑而國大詒讓案鄭言此者亦謂一州之內不必果有四公六侯之等但假設此數以爲異日增封之地若有功之人本無封地者則差其功之大小敘爵而授地如率其本有封地者則就而益之若男則進爵爲子益地二百里子以上以次遞進至公而止其殷之舊國有功者亦得增地如爵與周世新建之國等賈所學虞虢二公爵尊國小卽殷舊國無功不增者也然鄭謂周時新封之國則無爵尊國小之法賈疏不分新國舊國概謂本是公爵惟守百里地以待有功乃大其封亦與王制注不合也二云一州之中以其千里封公則

可四者王制孔疏云一州有千里之方六則一箇千里之方爲方百里者百一箇五百里之國爲方百里者二十五四箇二十五用千里之方一是方五百里者不過四也五經算術云方五百里國四一國二十五萬里四國合一百萬里云又以其千里封侯則可六者王制疏云以一箇四百里之國爲方百里者一十六六箇一十六爲九十六是用百里之方九十六爲六箇四百里之國故云方四百里者不過六用千里之方一猶餘百里之方四五經算術云方四百里國六一國十六萬里六國合九十六萬里云又以其千里封伯則可十一者王制疏云以一箇三百里之國爲方百里者九十一箇九爲九十九是用百里之方九十九故云封方三百里者不過十一用千里之方一猶餘百里之方一五經算術云方三百里國十一一國九萬里十一國合九十九萬里云又以其千里封子則可二十五者王制疏云以一箇二百里之國爲方百里者四二十五箇二百里國用千里用千里之方一故云封方二百里者不過二十五五經算術云方二百里國二十五一國四萬里二十五國合一百萬里云又以其千里封男則可百者以千里之方爲方百里者百以封百男適盡若然一男國積萬里百國則百萬里也云公侯伯子男亦不是過也者謂所封之國數若一州公過四侯過六之等則地不足故有少無多必不過是假設之數也賈疏謂若過五百里則是特賜法若魯衛之等是也非鄭意云州二百一十國以男備其數焉其餘以爲附庸者王制云凡四海之內九州州方千里州建百里之國三十七十里之國六十五十里之國百有二十凡二百一十國名山大澤不以封其餘以爲附庸閒田八州州二百一十國鄭彼注云此大界方三千里三三而九方千里者九也其一爲縣內餘八各立一州此殷制也周公制禮九州大界方七千里七七四十九方千里者四十有九也其一爲畿內餘四十八八州各有方千里者六設法一州封地方五百里者

不過四謂之大國又封方四百里者不過六又封方三百里者不過
十一謂之次國又封方二百里者不過二十五及餘方百里者謂之
小國盈上四等之數并四十六一州二百一十國則餘方百里者百
六十四也凡處地方千里者五方百里者五十九其餘方百里者四
十一附庸地也案鄭意此經五等封地里數雖與王制不合而一州
封國之總數當與彼同故取彼州二百一十國爲解然合此經一州
五等國數計之止有一百四十六國於二百一十之數仍不足故復
增男國爲一百六十四以補其數至二百一十國又不能盡一州之
地故其餘復爲附庸也賈疏云此據王制文彼下又云天子縣內九
十三國凡九州千七百七十三國是通畿內外爲數並是殷州國數
也旣以州有千里之方六已用五箇千里方爲前五等國數以前公
國已得四侯六伯十一子二十五男百總得一百四十六於二百一
十國仍少六十四鄭必知以男備數者若不以男備數則餘千里者
一充數不足何得更餘爲附庸若然則更取餘方一千里開方之得
百里之方百於前侯國六用千里方仍有二百里方一開方之得四
箇男國於前伯國十一用千里方一又得一个男國得此五國添前
一百四十六爲一百五十一仍少五十九更取餘千里方一開方之
得百里之方百取五十九爲五十九國添前百五十一得二百一十
國餘仍殘百里之方四十一鄭云其餘以爲附庸者以附庸不滿百
里故也王制兼閑田而言此直云爲附庸文略不具其實人作附庸
卽受之無附庸則爲閑田使大夫治之以利民稅若周之畿內四等
公邑者也詒讓案此注依王制義附庸雖屬侯國然皆在封域之外
而先鄭大司徒注則據魯頌論語謂當在封域之中近江永金鶚並
從其說是也若然此及王制注所謂方百里者四十一爲附庸地者
固未爲定論矣云四海之封黜陟之功亦如之者以下九州之外亦
有三等封國與九州內同而爵則止子男二等也賈疏云鄭以上經

九服總言此經惟言要服已內九州不言四海夷狄諸侯故鄭兼見四海夷鎮藩言黜陟之功亦如之者亦皆有百里二百里地有功者進地得與侯伯三百四百同但不進爵耳無功有過則退之云雖有大國爵稱子而已者謂其夷國小國則爵稱男大國亦不過稱子故大行人注云九州之外其君皆子男也賈疏云曲禮云其在東夷北狄西戎南蠻雖大曰子鄭注云雖有侯伯之地爵亦無過子是以同名曰子是也鄭司農云此制亦見大司徒職曰諸公之地方五百里諸侯之地方四百里諸伯之地方三百里諸子之地方二百里諸男之地方百里者大司徒文與此等數正同故先鄭引以互證

凡邦國小大相維大國比小國小國事大國各有屬相維聯也

【疏】凡邦國小大相維者小大周書作大小李光坡云此卽九瀛所謂建牧立監以維邦國也注云大國比小國小國事大國者據形方氏文云各有屬相維聯也者聯黃丕烈校改連是也注例聯皆作連詳大宰疏大司馬注云維猶連結也周書孔注云維持也義亦略同賈疏云春秋之世小國朝大國大國聘小國又有敵國自相聘是以司儀公侯伯子男相爲賓又相爲國客又王制云五國以爲屬屬有長十國以爲連連有帥三十國以爲卒卒有正二百一十國以爲州州有伯彼雖是殷之諸侯亦是各有屬相維聯之事也故鄭據而言也

王設其牧選諸侯之賢者爲牧使牧理之

【疏】注云選諸侯之賢者爲牧使牧理之者卽州牧也周書孔注云牧謂牧御天下之政教賈疏云此卽大宰云建其牧是也詳大宰及大宗伯疏

制其職各以其所能牧監參伍之屬用能所任秩次

【疏】制其職者課邦國君臣所行之職事大司馬云以九畿之籍施邦國之政職是也云各以其所能者大戴禮記朝事篇云古者天子爲諸侯不行禮義不修法度不附於德不服於義故使職方氏大行人以其治國選其能功卽本此經李光坡云此卽九

法所謂施貢分職以任邦國也　注云牧監參伍之屬者謂邦國任職之人周書孔注云連率牧監各任能也亦同鄭義賈疏云此即大宰云設官分職彼下文又云施典於邦國而建其牧立其監設其參傳其伍陳其殷置其輔也云用能所任秩次者用能疑當作所能廣雅釋詁云能任也謂以其國之遠近大小敘次其所能任之職事賈疏云稱其所任則以次祿秩之誤

制其貢各以其所有國之地物所有【疏】注云國之地物所有者周書孔注云土地所有乃貢之穀梁桓十五年傳云古者諸侯時獻於天子以其國之所有國語鄭語云先王求財於有方韋注云使各以其方賄來方之所無則不貢也又周書王會篇云湯問伊尹曰諸侯來獻或無牛馬之所生而獻遠方之物事實相反不利今吾欲因其地勢所有獻之易得而必貴其為四方獻令即以所有制貢之事書康王之誥所謂壤奠亦即此也此是邦國之常貢於大宰九貢中使視其國地所有之物而貢之與大行人六服朝貢每服異物者不同

王將巡守則戒于四方曰各脩平乃守攷乃職事無敢不敬戒國有大刑乃猶女也守謂國竟之內職事所當共具【疏】王將巡守者周書守作狩叚借字巡守詳上訓及大行人疏云則戒于四方者以書豫戒敕之恐有不具也詩小雅出車云畏此簡書毛傳云簡書戒命也云曰各脩平乃守攷乃職事無敢不敬戒國有大刑者此並簡書之辭周書攷作考古今字孔注云考成也不敬則犯大刑也賈疏云職方氏既主四方諸侯故至十二年王將巡守之時先以文書戒敕于四方曰各脩汝當國所守境內待王之務無得失所又當考校汝所擬供王職事若不敬戒國有大刑大刑謂殺之也案賈釋攷為考校是也孔訓為成未塙　注云乃猶女也者小宰注同云守謂國竟之內者此釋脩平乃守之守謂諸侯所守國竟之內也云職事所當共具

謂當天子至其國諸侯所者共具若饔餼委積之屬

及王之所行先道帥其屬而巡戒令

先道先由王所從道居前行其前日所戒之令 疏 及王之所行先道帥其屬而巡戒令者周書王下有者字行道上挩先字帥作率古今字令作命義同巡戒令謂行視其前所須之戒令也注云先道先由王所從道居前行其前日所戒之令者賈疏云此謂王將發行之時即在王前巡行前日所施戒令備豫之等如前所施以不

王殷國亦如之

殷猶衆也十二歲王若不巡守則六服盡朝謂之殷國其戒四方諸侯與巡守同也 疏 王殷國亦如之者周書孔注云巡戒命亦如巡守注云殷猶衆也者大宰注義同云十二歲王若不巡守則六服盡朝謂之殷國者職方孔注義同鄭意殷國即大宗伯之殷見曰同也賈疏云王有故不巡守於方岳之下則春東方盡來夏南方盡來秋西方盡來冬北方盡來王待之亦各於其時在國外爲壇行朝覲盟載之法若然則王自在國外爲之而云亦如之者亦如上文戒令四方諸侯者王殷國所在無常或在畿內國城外即爲之或向畿外諸侯之國行之故有戒令之事也林喬蔭云掌客職云王巡守殷國則國君膳以牲犢令百官百牲皆具則是天子適於諸侯賈謂或在畿內國城外即爲之或向畿外諸侯之國爲之則非若巡守之有定安得謂王必有所過之國特令其具王及百官從者之牲禮一同於巡守哉然則殷國之與殷同禮必不可混而殷國之與巡守事則略同蓋王巡守四方則各朝於方岳之下其或有故得巡一方或巡二方三方六服羣辟亦即於天子所至之國朝之是名殷國言其以衆朝於諸侯之國異於王都故不得稱殷同而亦是天子適於諸侯故掌客所令與巡守等金鶚云殷國者王不巡守而殷國諸侯畢會於近畿國者侯國也若在境內何謂之殷國大行人掌客皆連言巡守殷國可知殷國與巡守略相似故職方氏亦有戒

令之事其不在畿內城外則甚如鄭賈說是殷國與殷見何異乎殷
見曰見謂諸侯皆來見天子也殷國曰國謂天子出至侯國諸侯盡
朝也豈得混爲一邪殷國與巡守同年其與巡守異者蓋王有故不
能遠巡故止於近於王畿之地巡行大約在侯甸二服中而令四方
諸侯畢來朝也天子出在侯國有似於時巡之會四方諸侯來朝又
有似於殷見之同是合二事而爲一矣案林金二說是也殷國者謂
王出在侯國而行殷見之禮也蓋常禮王巡守偏四方則朝當方諸
侯於方岳若不偏巡守則不能偏有方岳之朝故或合諸侯於國城
外謂之殷同或合諸侯於近畿之侯國抑或巡守未訖在道適遘事
故不能終行亦卽於所至之國徵諸侯而行朝會之禮皆謂之殷國
殷國與殷同雖並在十二年王不偏巡守時行之然一在畿外一在
王都事迥不同鄭此注及大行人注並合二者爲一甚誤賈疏覺其
難通乃謂殷國或在畿內國城外卽爲之或向畿外諸侯之國行之
以斡旋其說不知殷同在國城外殷國無在國城外之事至東都與
西都通畿封則周書王會篇所載成周之會及詩小雅車攻敘所云
宣王會諸侯於東都亦並爲殷同非所謂殷國也又殷同當如鄭大
宗伯注說四方四時分來殷國則王至所期之國諸侯一時畢會不
必六服分四時更來儻亦如殷同法則王終年留滯所至之國以俟
六服之朝無是理也賈說並失之云其戒四方諸侯與巡
守同者亦戒以脩平乃守等事及王行亦先道巡戒令也

土方氏掌土圭之灋以致日景致日景者夏至景尺有五寸冬
至景丈三尺其閒則日有長短【疏】掌土
圭之灋者此官之官灋受之大司徒者也詳彼疏　注云致日景者
夏至景尺有五寸冬至景丈三尺者並據地中二至晝漏半立八尺
表表北得景如率也大司徒注云日至之景尺有五寸謂之地中周髀
算經李注引尚書考靈曜云日永影尺五寸日短一十三尺亦詳大

司徒疏云其閑則日有長短者謂冬至後日漸北則景漸短夏至後日漸南則影漸長案續漢書律曆志載四分曆二十四氣晷景表云冬至丈三尺小寒丈二尺三寸大寒丈一尺立春九尺六寸雨水七尺九寸五分驚蟄六尺五寸春分五尺二寸五分清明四尺一寸四分穀雨三尺二寸立夏二尺五寸二分小滿尺九寸九分芒種尺六寸八分夏至尺五寸小暑尺七寸大暑二尺立秋二尺五寸五分處暑三尺三寸三分白露四尺三寸五分秋分五尺五寸寒露六尺八寸五分霜降八尺四寸立冬丈四寸二分小雪丈一尺四寸大雪丈二尺五寸六分此其長短之差此注止說二至晷景者舉其最長最短者以晐其餘也周髀算經及易緯通卦驗並有二十四氣晷景與四分曆各異周髀冬至晷長一丈三尺五寸夏至晷長一尺六寸通卦驗夏至晷長尺四寸八分並互有贏縮不與大司徒文同鄭所不據也

以土地相宅而建邦國都鄙土地猶度地知東西南北之深而相其可居者宅居也

疏以土地相宅而建邦國都鄙者亦以土圭測度定其疆域也邦國亦關建王國言之賈疏謂上經據建王國度地法此經據封畿外及畿內都鄙失之 注云土地猶度地者大司徒典瑞注義同詳玉人疏云知東西南北之深而相其可居者者亦據大司徒測土深為說謂測景以定其方位察其地之可居與否也相宅與書洛誥及大司徒相民宅義並同云宅居也者眡祲注同釋名釋宮室云宅擇也擇吉處而營之也凡都國都鄙並擇吉處而營居故通謂之宅也

以辨土宜土化之灋而授任地者土宜謂九穀稙穉所宜也土化地之輕重糞種所宜用也任地者載師之屬

疏以辨土宜土化之灋者亦此官之官法與草人為官聯也云而授任地者者此與鄉師遂師閭師縣師載師為官聯也賈疏云謂以書作法授之 注云土宜謂九穀稙穉所宜也者穉宋附釋音本余仁仲

本並作稺詩魯頌閟宮云稙稺菽麥毛傳云先種曰稙後種曰稺釋
文引韓詩云稙長稼也稺幼稺也稺卽穉之俗前九州各有所宜穀
而九穀中又各有此稙稺二種亦辨其宜而種之此注專據穀土而
言大司徒云以土宜之灋辨十有二土之名物以相民宅而知其利
害以阜人民以蕃鳥獸以毓草木以任土事彼土宜通人民鳥獸草
木所宜而言與此經異互詳彼疏云土化地之輕重糞種所宜用也
者並據草人文彼注云土化之法化之使美是也地輕重謂若騂剛
輕爂堅上則重壤土則輕糞種所宜用若用牛用羊之等云任地者
載師之屬者載師職云掌任土之法注云任
土者任其力勢所能生育且以制貢賦是也 王巡守則樹王舍 為之藩羅
疏 王巡守則樹王舍者說文𡉚部云封立也樹卽封之段字王巡守
在道凡舍止之處此官掌設立其藩衞蓋亦以土圭測景辨其陰
陽朝夕以定王舍與掌舍為官聯也 注云為之藩羅者羅離一聲
之轉國語楚語云為之關籥藩離韋注云藩離壁落也蓋於王所舍
之宮外墉埒閑植木材以為遮迾詳委人疏賈疏云謂
若掌舍設梐枑之時則此官亦為王於外周帀樹藩羅
懷方氏掌來遠方之民致方貢致遠物而送逆之達之以節 遠方之民四夷
之民也諭德延譽以來之遠物九州之外無 疏 致方貢致遠物而送
貢法而至者達民以旌節達貢物以璽節 逆之者此與小行人
象胥為官聯也致謂以政令招致之 注云遠方之民四夷之民也
者王制屏之遠方鄭彼注云遠方九州之外與此義同謂蠻服以外
四夷之民也云諭德延譽以來之者賈疏云曉諭以王之德美又延
引以王之美譽以招來之云遠物九州之外無貢法而至者者大行
人注云九州之外夷服鎮服蕃服也賈疏云此經上云致方貢謂六
服諸侯又云致遠物宜是蕃國是以大行人上云侯服歲一見其貢

祀物之等下文云蕃國世一見各以貴寶爲摯文與此相當故知義然也云達民以旌節達貢物以璽節者賈疏云達民則行道路貢物卽是貨賄故掌節云道路用旌節貨賄用璽節是也

治其委積館舍飲食續食其往來 疏 治其委積館舍飲食者此與遺人小行人司儀掌客掌訝爲官聯也 注云續食其往來者爾雅釋詁云續繼也謂自來及往相繼共其飲食無缺乏也賈疏云按遺人云十里有廬廬有飲食三十里有宿宿有委五十里有市市有積司儀云遂行如入之積是續食其往來也

合方氏掌達天下之道路津梁相湊不得陷絕 疏 掌達天下之道路者此與司險爲官聯也 注云津梁相湊不得陷絕者釋文湊作奏云本或作湊宋注疏本亦作奏案廣雅釋詁云湊聚也湊奏字通說文水部云津水渡也道路當川渠處津梁陷絕則行旅不通今使相湊會接聚則無不通之患司險云掌九州之圖以周知其山林川澤之阻而達其道路彼注云山林之阻則開鑿之川澤之阻則橋梁之此不及開鑿山林之事者文略

通其財利茂遷其有無 疏 注云茂遷其有無者賈疏云按尚書益稷云懋遷有無化居禹治水後懋勉天下徙有之無易其居積若材木徙川澤魚鹽徙山林是通其財利案漢書敘傳引尚書懋亦作茂懋茂字通賈說本爲孔傳鄭本尚書此文在皐陶謨注今佚義或與孔同也

同其數器權衡不得有輕重 疏 同其數器者大行人亦云十有一歲同度量同數器注云同謂齎其法式行至則齊等之也彼據天子撫邦國之事此官則平時通畿內及邦國皆齎法式齊等之與彼爲官聯也 注云權衡不得有輕重者大行人注云數器銓衡也漢書律曆志云數一十百千萬也所以筭數事物順性命之理也度長短者不失豪氂量多少者不失圭撮權輕重者不失黍絫又說五權云衡權者衡平也權重也衡所以任權而

均物平輕重也權者銖兩斤鈞石也所以稱物平施知輕重也本起於黃鍾之重一龠容千二百黍重十二銖工之為兩二十四銖為兩十六兩為斤三十斤為鈞四鈞為石案依漢志說則度量權衡通名數器管子君臣篇云衡石一稱即同權衡也賈疏云鄭知此數器是權衡者下別見度量故知義然

壹其度量 尺丈釜鍾不得有大小

疏 壹其度量者賈人大行人壹並作同此冢上變文賈疏云此云壹即上同也 注云尺丈釜鍾不得有大小者舉丈尺以晐五度舉釜鍾以晐五量釜即㮚氏之鬴考工記攻金之工注亦作鬴此及大行人注並作釜者用借字也管子君臣篇云斗斛一量丈尺一綧制戈兵一度即壹度量也並詳內宰疏

除其怨惡 怨惡邦國相侵虐

疏 注云怨惡邦國相侵虐者賈疏云合方氏欲使人和合故除其邦國相怨惡即相侵伐及相虐殺之等也詒讓案大戴禮記誥志篇云亂使來往地賓畢極無怨無惡率惟懿德即除怨惡之事典瑞云琰圭以易行以除慝亦謂此也

同其好善 所好所善謂風俗所高尚

疏 注云所好所善謂風俗所高尚者賈疏云按孝經樂以移風易俗既風俗別言則風俗異矣風謂政教所施故曰上以風化下又云風以動之是也俗謂民所承襲故曰君子行禮不求變俗是也

訓方氏掌道四方之政事與其上下之志 道猶言也為王說之四方諸侯也上下君臣也

疏 掌道四方之政事與其上下之志者此官主通下情與撢人主宣上德職掌互相備也志謂志慮與撢人誦王志義同謂侯國君臣之志慮猶左隱元年傳以克段為鄭志襄元年傳以討魚石為宋志也誦訓方志即外史四方之志與此義別 注云道猶言也者撢人注同釋名釋言語云導陶也陶演己意也云為王說之者士訓注云道說也國策秦策高注云說言也是道說並訓言故注釋道為言又云為

王說之也云四方諸侯也者謂六服以內諸侯也云上下君臣也者易泰彖傳云上下交而其志同也李氏集解引何妥云上之與下猶君之與臣君臣相交感乃可以濟養民也

誦四方之傳道

傳道世世所傳說往古之事也爲王誦之若今論聖德堯舜之道矣故書傳爲傅杜子春云傅當作傳書亦或爲傳

【疏】注云傳道世世所傳說往古之事也者謂上古以來傳聞言說之事楚辭天問云遂古之初誰傳道之大戴禮記五帝德篇云宰我曰上世之傳隱微之說莊子盜跖篇云此上世之所傳下世之所語與此義同云爲王誦之者韓非子難言篇云時稱詩書道法往古則見以爲誦舊注云誦說舊事案此誦與道義略同與大司樂樂語諷誦義異云若今論聖德堯舜之道矣者謂若宰我問五帝德之類皆古事之可常稱誦者也云故書傳爲傅杜子春云傅當作傳書亦或爲傳者徐養原云傅爲字之誤車人博字故書作搏與此相類

正歲則布而訓四方

布告以教天下使知世所善惡

【疏】正歲則布而訓四方者賈疏云謂夏之建寅正月則布告所道所誦之事教天下使知世所善惡也 注云布告以教天下使知世所善惡者說文言部云訓說教也亦謂四方政事等既爲王道誦之又以布告於天下使人知世所善惡以爲法戒

而觀新物

四時於新物出則觀之以知民志所好惡志淫行辟則當以政教化正之

【疏】而觀新物者新物謂物產珍異及器械便利者皆陳而觀之所以資民用而禁物靡也書盤庚云器非求舊惟新明智作巧述利用貴新荀子王制篇云械用則凡非舊器者舉廢此爲黜奇淫者制法與書禮義不相破也 注云四時於新物出則觀之以知民志所好惡志淫行辟則當以政教化正之者賈疏云此訓方觀新物知民善惡之情謂若王制云命市納賈以知民之所好惡志淫行辟則當以政教化正之與此爲類故鄭引以釋經也案王制本作志淫好辟賈依注改之

彼注云賈謂物貴賤厚薄也質則用物貴淫則侈物貴民之志淫邪則其所好者不正此明觀新物者兼欲禁民之爲淫侈也

形方氏掌制邦國之地域而正其封疆無有華離之地杜子春云離當爲雜書亦或爲雜玄謂華讀爲㼌哨之㼌正之使不㼌邪離絶

【疏】掌制邦國之地域而正其封疆者掌正五等侯國之封域與封人縣師爲官聯也 注杜子春云離當爲雜書亦或爲雜者杜以離爲雜字形近而誤鄭以離字義本可通不必破字故不從也云玄謂華讀爲㼌俏之㼌正之使不㼌邪離絶者賈疏云王者地有㼌邪離絶遞相侵入不正故今正之㼌者兩頭寬中狹邪者謂一頭寬一頭狹段玉裁云華㼌古音同在魚虞模部鄭易華爲㼌釋㼌離爲㼌邪離絶㼌邪謂地偏長則去國遠離絶爲若閼以他國之地逾竟而治之皆爲邦國之不便華苦哇反音同夸廣韻集韻作蘤非是惠士奇云廣雅蕐哨衺也㼌與蕐同不正者謂之㼌賈疏謂兩頭寬中狹未知所出邪亦作衺㼌即窊字說文云汙衺下也從穴瓜聲然則㼌邪猶汙邪斂徑爲直㼌邪爲曲又云說文玉篇皆無㼌字玉篇𠂹部蕐訓爲蕐斜蕐斜者猶㼌邪云爾徐養原云說文艸部芣戾也俗作蕐廣韻十三佳釋蕐字云蕐離斜絶即㼌邪離絶也變離言雜似從子春讀又蕐字注云𠂹雜之貌詒讓案段惠說是也鄭讀華爲㼌者以其聲類相近劉徽海島算經敘云㼌離者三望即本鄭讀也玉篇廣韻並以華爲蕐者以其形近誤合爲一字似亦本唐以前舊詁然鄭讀陸音則皆無此義玉篇艸部有蘤字苦蛙切不正也廣韻十三佳載蕐蘤二字蕐即蘤之譌蕐蘤字則又合芣𠂹二字爲之說文𠂹部𠂹亦讀若芣戴侗六書故引唐本說文𠂹作蘤是其證也此皆展轉譌俗不體之字與此經華字絶不相涉大司徒保章氏有乖字並不作華注㼌字亦說文所無依賈疏兩頭寬中狹之說則惠謂㼌即窊近是梓人注

釋啃爲頭小頭卽㼌衺小猶虧損亦卽㼌狹之義廣韻九麻釋㼌云㼌邪離絕之皃亦卽本此注然鄭本以㼌邪訓華離絕訓離華㼌並無絕訓斯又修韻者之誤也

使小國事大國大國比小國

比猶親也易比象曰先王以建萬國親諸侯

疏 使小國事大國大國比小國者此卽大司馬九灋比小事大以和邦國也賈疏云此亦如上職方氏云大小相維義同 注云比猶親也者大司馬注同引易比象曰先王以建萬國親諸侯者證比有親義亦詳大司馬疏

山師掌山林之名辨其物與其利害而頒之于邦國使致其珍異之物

山林之名與物若岱畎絲枲嶧陽孤桐矣利其中人用者害毒物及螫噬之蟲獸

疏 使致其珍異之物者致物卽致邦國之九貢職方氏云制其貢各以其所有是也土訓亦云辨其物而原其生以詔地求此官及下川師邍師並與彼爲官聯也賈疏云此山師及下川師原師等皆是遙掌畿外邦國之內山川原隰之等使出稅珍異以供王家也 注云山林之名與物若岱畎絲枲嶧陽孤桐矣者書禹貢青州云岱畎絲枲僞孔傳云畎谷也岱山之谷出此物又徐州云嶧陽孤桐史記集解引鄭書注云今下邳西葛嶧山也孔傳云孤特也嶧山之陽特生桐中琴瑟賈疏云岱畎嶧陽是其名絲枲孤桐是其物也云利其中人用者者若絲枲中衣服孤桐中琴瑟是其中人用者也云害毒物及螫噬之蟲獸者賈疏云謂蚖蛇蝮蝎之屬也案賈述注無獸字疏亦不釋獸疑賈所見本本無此字毒物謂毒藥之類獸謂猛獸搏噬人者

川師掌川澤之名辨其物與其利害而頒之于邦國使致其珍異之

物川澤之名與物若泗濱浮磬淮夷蠙珠暨魚澤之萑蒲疏注云川澤之名與物若泗濱浮磬淮夷蠙珠暨魚者賈疏云徐州云
泗濱浮磬淮夷蠙珠暨魚注云泗水涯水中見石可以爲磬蠙珠珠名淮夷二水出蠙珠與美魚案賈引書注據僞孔傳也史記夏本紀
集解及禹貢孔疏引鄭注云蠙珠珠名淮夷淮水之上夷民獻此蠙珠與美魚也僞傳以淮夷爲二水名殊謬云澤之萑蒲者左昭二十
年傳云澤之萑蒲舟鮫守之亦是川澤之物故并引以爲證

遼師掌四方之地名辨其丘陵墳衍遼隰之名地名謂東原大陸之屬疏辨其丘陵
墳衍遼隰之名者當屬下物字句鄭讀非是此官掌丘陵墳衍原隰與上山師掌山林川師掌川澤合之即大司徒十等土地詳彼疏
注云地名謂東原大陸之屬者禹貢徐州云東原底平冀州云大陸既作史記夏本紀集解引鄭書注云東原地名今東平郡即東原大
陸澤在鉅鹿物之可以封邑者物之謂相其土地可以居民立邑疏物之可以封邑者者王安石鄭鍔莊有可
並以名物連讀王引之云山師川師皆云辨其物地官大司徒亦云辨其山林川澤丘陵墳衍原隰之名物則物字當上屬爲句俞樾云
鄭君於名字斷句非也之名物之可以封邑者兩之字皆蒙丘陵墳衍遼隰而言蓋既辨其丘陵墳衍遼隰之名物又辨其丘陵墳衍遼
隰之可以封邑者若分言之則於文累矣故總言辨其丘陵墳衍遼隰於上而以之名物之可以封邑者分承於下也案俞說是也封邑
謂立邑而爲之畺界封即大司徒溝封之封彼注云封起土界也封人云造都邑之封域是也　注云物之謂相其土地可以居民立邑
者既夕記冢人物土注云物猶相也左昭三十二年傳物土方杜注云物相也鄭以物之屬讀故訓爲相土地之事實非經義凡民所聚

居大小通曰邑詳里宰疏

匡人掌達灋則匡邦國而觀其慝使無敢反側以聽王命法則八法八則也邦國之官府都鄙亦用焉慝姦僞之惡也反側猶背違法度也書云無反無側王道正直 疏 掌達灋則者大行人云十有一歲脩灋則此官則於平時達之邦國與彼爲官聯也　注云法則八法八則也邦國之官府都鄙亦用焉者此亦注用今字作法也賈疏云案大宰云八法治官府八則治都鄙謂王朝官府及畿內都鄙今云以法則匡正邦國而觀其慝即據諸侯下都鄙外內雖殊八法八則治官府都鄙即同故治官府都鄙亦用焉云慝姦僞之惡也者胥師注云慝惡也又環人注云慝陰姦也是陰慝姦僞之惡謂之慝也莊子漁父篇云稱譽詐僞以敗惡人謂之慝云反側猶背違法度也者毛詩大雅何人斯傳云反側不正直也管子七臣篇尹注云背理爲反說文人部云側旁也厂部云仄側傾也側即仄之借字背違法度即不遵八法八則也引書曰無反無側王道正直者洪範皇極章文史記宋世家集解引馬融云反反道也側傾側也

撣人掌誦王志道國之政事以巡天下之邦國而語之道猶言也以王之志與政事諭說諸侯使不迷惑 疏 掌誦王志道國之政事者此官與掌交並主宣布王之德意相與爲官聯也　注云道猶言也者訓方氏注同云以王之志與政事諭說諸侯使不迷惑者誦王志即掌交所云道王之德意志慮使咸知王之好惡辟行之是也戰國策齊策云孟嘗君讌坐田瞀曰車軼之所能至請掩足下之短誦足下之長此誦王志與彼義同詩大雅緜云予曰有奔走毛傳云喻德宣譽曰奔

走蓋近此撣人之職矣賈疏云誦志者在心爲志欲得使天下順從若撣取王之此志又道國之政事用此二事以巡國而語之使不迷惑而向王使萬民和說而正王面面猶鄉也使民之心曉而正鄉王　疏使萬民和說而正王面者說文言部云說說釋也掌交云達萬民之說注云說所喜也　注云面猶鄉也者匠人面朝後市注同說文面部云面顏前也又人部云偭鄉也少儀曰尊壺者偭其鼻此面卽偭之叚字今少儀偭亦作面孟子梁惠王篇趙注云面者向也廣雅釋詁云面嚮也鄉向嚮字並通正王面猶司儀云正主面也云使民之心曉而正鄉王者此萬民卽邦國之民也撣人巡行誦道萬民皆聞之故得心曉而正鄉王易革上六象傳云小人革面順以從君也卽使萬民正王面之義賈疏謂向諸侯說之使諸侯化民而民向王失之

都司馬掌都之士庶子及其衆庶車馬兵甲之戒令庶子卿大夫士之子車馬兵甲備軍發卒　疏掌都之士庶子及其衆庶車馬兵甲之戒令者賈疏云此王都司馬故序官注都王子弟所封及三公采地也司馬主其軍賦若王家有軍事徵兵於采地都鄙則都司馬以書致於士庶子有此衆庶車馬兵甲之戒令士庶子受而依行之詒讓案此官乃大小都之私臣掌都之軍事者鄭賈以爲王臣非也詳敘官疏士庶子卽都之貴族子弟從軍者衆庶卽丘甸所出士徒則平民也若然士庶子及衆庶皆卽都之軍衆但以貴賤殊別之掌固云頒其士庶子及其衆庶之守與此正同賈乃謂士庶子受此官之戒令而依行之則似以士庶子爲軍吏失其義矣　注云庶子卿大夫士之子者此與大司馬注義同謂凡卿大夫士之子通爲庶子與宮伯注分士爲適子庶子爲支庶異今案卿大夫之子已命者爲士未命而在官者爲庶子都家貴族之子弟亦然皆有適庶之分詳宮伯疏云車馬兵

甲備軍發卒者車馬兵甲皆戎事所用故知備軍發卒左定八年傳云陽虎戒都車曰癸巳至卽都發車卒之事

以國灋掌其政學

政謂賦稅也學脩德學道

疏以國灋掌其政學者釋文政作正云本亦作政案政正字通國法卽國大小司馬諸官之官法此官受之以治都中士庶子衆庶之政學也王引之云政當讀政事之政小司徒凡用衆庶則掌其政教鄉大夫各掌其鄉之政教禁令政學卽政教也朱大韶云王讀是也春官有都宗人掌禮者也秋官有都士家士掌刑者也則夏官之都家司馬掌兵者也以國法掌其政學者卽大司馬四仲治兵之法案此政當從王朱讀王謂政學猶言政教尤塙蓋自施教者言之謂之教自受教者言之謂之學其義通也諸子掌國中士庶子云掌其戒令與其教治此都司馬亦掌都士庶子衆庶之政學猶彼之教治也彼又云若有兵甲之事則授之車甲合其卒伍置其有司以軍法治之此以國灋掌其政學蓋以大司馬之軍法掌其政以大司徒保氏之教灋掌其學也小司馬軍司馬諸官亦必有掌六軍教學之法今職佚無可攷耳注云政謂賦稅也者亦讀政爲征也小宰注云征謂賦也凡其字或作政或作正或作征以多言之宜從征又大司徒注云征稅也賈疏云正謂軍之賦稅無田稅泉稅之等案此政當讀如字王引之云征稅與學道並舉殊爲不倫朱大韶云此官專掌守禦不掌賦稅案王朱說是也云學脩德學道者諸子云國子存遊倅使之脩德學道鄭據彼爲說古者道藝之教通於士民若宮正掌宮衆亦云會其什伍而教之道藝是其比也

以聽國司馬

聽者受行其所徵爲也國司馬大司馬之屬皆是

疏以聽國司馬者王念孫云本作聽於國司馬猶論語言聽於冢宰也唐石經脫於字而各本皆沿其誤序官疏兩引此文皆作聽於國司馬又序官云家司馬各使其臣以正於公司馬文義亦與此同故鄭彼注云正猶聽也案王說是也

注云聽者受行其所徵爲也者賈長凡歲事之戒令皆聽之注云聽之受而行之也此義與彼同所徵爲謂征役法令之屬都司馬皆受國司馬之命而行之云國司馬大司馬之屬皆是者此國謂王國對都爲采地言之與職喪國有司義同賈疏云經國司馬不云大則小司馬軍司馬輿司馬皆得稟其戒令

家司馬亦如之 大夫家臣爲司馬者春秋傳曰叔孫氏之司馬鬷戾

疏 家司馬亦如之者此敘官文誤移於此其家司馬職文又誤入敘官一簡互錯詳敘官疏 注云大夫家臣爲司馬者者賈疏云按序官云家司馬各使其臣以正於公司馬鄭云家卿大夫采地正猶聽也公司馬國司馬也卿大夫之采地王不特置司馬各自使其家臣爲司馬主其地之軍賦往聽政於王之司馬其以王命來有事則曰國司馬若然是卿之小都大夫采地皆家自置司馬之明文案注云大夫家臣則專據大夫家邑言之敘官注兼及卿之小都非也賈亦襲彼注之誤引春秋傳者賈疏云左氏昭二十五年叔孫氏之司馬鬷戾言其衆曰若之何莫對又曰我家臣也不敢知國彼是諸侯卿家自置司馬此王之卿大夫之家亦自置引諸侯家法者自置是同故得引以況義也

周禮正義卷六十四

周禮正義卷六十五

瑞安孫詒讓學

秋官司寇第五

鄭目錄云象秋所立之官寇害也秋者遒也如秋義殺害收聚斂藏於萬物也天子立司寇使掌邦刑刑者所以驅恥惡納人於善道也

疏 秋官司寇第五者阮元云第五唐石經作第九非鄭目錄云象秋所立之官者司寇於六官為第五於四時當秋故象之而稱秋官大戴禮記千乘篇云司寇司秋以聽獄訟是也春秋繁露五行相勝篇以司寇為北方水官與經義不合不足據云寇害也者說文攴部云寇暴也又宀部云害傷也史記衛世家集解引馬融書注亦云司寇主誅寇害云秋者遒也者鄉飲酒義云秋之言愁也愁之以時察守義者也鄭彼注云愁讀為揫揫斂也察猶察察嚴殺之貌也說文手部云揫束也引詩曰百祿是揫今詩豳風破斧作遒又說文辵部云逎迫也重文遒或作遒案遒揫字通鄭說即本鄉飲酒義又釋名釋天云秋緧也緧迫品物使時成也緧與遒音義亦同云如秋義殺害收聚斂藏於萬物也者御覽時序部引洪範五行傳云西方金其性義春秋繁露陰陽義篇云秋怒氣也故殺御覽時序部引三禮義宗云秋之言揫縮之意陰氣出地始殺萬物管子形勢解云秋者陰氣始下故萬物收是秋主義又兼殺害收聚斂藏萬物司寇主刑亦象之也書周官偽孔傳亦云秋司寇刑姦順時殺云天子立司寇使掌邦刑刑者所以驅恥惡納人於善道也者說文刀部云刑剄也从刀幵聲又井部云㓝罰辠也从井从刀易曰井法也井亦聲案凡刑法字並當作㓝今隸變作刑失之說苑政理篇云刑者懲惡而禁後者也白虎通義刑罰篇云聖人治天下必有刑罰何所以佐德助治順天之度也故懸爵賞者示有

勸也設刑罰者明有所懼也

惟王建國辨方正位體國經野設官分職以爲民極乃立秋官司寇使帥其屬而掌邦禁以佐王刑邦國禁所以防姦者也刑正人之法孝經說曰刑者侀也過出罪施

疏使帥其屬而掌邦禁以佐王刑邦國者大宰六典云五曰刑典以詰邦國以刑百官以糾萬民刑禁事相因邦禁亦刑典也書立政云王左右常伯常任準人又云立政任人準夫牧作三事僞孔傳云準人平法謂士官隸釋漢石經準作辟辟法義同平法亦掌邦禁之義彼蓋通司寇長屬言之立政孔疏謂專屬士師未塙　注云禁所以防姦者也者廣雅釋詁云禁止也謂立邦禁所以防過姦惡於未犯之前賈疏云案士師五禁以左右刑罰王者恐民以姦入罪故先設禁示之防其姦惡若有不忌爲姦然後以刑罪之云刑正人之法者大司寇注云刑亦法也謂刑者立法所以正人於已犯之後引孝經說者賈疏云孝經援神契五刑章曰刑者侀也過出罪施者下侀爲著也行刑者所以著人身體過誤者出之實罪者施刑是以尚書云眚災肆赦怙終賊刑引之者證司寇行刑當審愼也詒讓案王制云刑者侀也侀者成也一成而不可變故君子盡心焉此說與孝經緯同

刑官之屬大司寇卿一人小司寇中大夫二人士師下大夫四人鄉士上士八人中士十有六人旅下士三十有二人士察也主察獄訟之事者鄭司農說以論語曰柳下惠爲士師鄉士主六鄉之獄

疏大司寇卿一人者刑官之正也書立政云司寇蘇公左成十一年傳云昔周克商蘇忿生以溫爲司寇又定四年傳云康叔爲司寇書敘云呂命穆

王訓夏贖刑作呂刑僞孔傳云呂侯見命爲天子司寇並卽此大司寇鄉也云小司寇中大夫二人者刑官之貳也云士師下大夫四人者刑官之攷也云鄉士上士八人者賈疏云其職云掌國中兼百里內六鄉以八人分主六鄉故謂之鄉士詒讓案鄉士亦謂之正王制云成獄辭史以獄成告於正正聽之正以獄成告於大司寇注云正於周鄉師之屬案鄉師蓋鄉士之譌故彼注下文卽引鄉士職文爲證此正與大司寇爲秋官大正異國中六鄉同獄蓋卽與大司寇所治官府同處故鄉士卽以司寇之屬士爲之鄉士職云掌國中者鄉士以主六鄉之獄訟爲專職而六鄉地與王國城郭相比故國中之獄訟亦鄉士兼掌之本職不云掌六鄉而云掌國中者舉內以晐外實則此經凡言國中者並與鄉異地六鄉之治雖得兼及於國中而國中之名則不通於六鄉也注疏說並未憭互詳本職疏　注云士察也者爾雅釋詁文郭注云士師官主聽察云士察獄訟之事者者賈疏云訓士爲察者取察理獄訟是以刑官多稱士案上代以來獄官之名有異是以月令命理瞻傷察創鄭注云有虞氏曰士夏曰大理周曰大司寇天子諸侯同故魯有司寇晉魏絳亦云歸死於司寇至於衰世國異政家殊俗官名隨意所造故僖二十八年晉有士榮爲大士文十年楚子西云臣歸死於司敗論語云陳司敗昭十四年士景伯如楚叔魚攝理是後官號不同者也詒讓案古通以士爲刑官之稱書舜典皋陶作士卽刑官之正故大司寇亦曰大士大或作泰晏子春秋諫上篇景公曰爲夫婦獄訟之不正乎則泰士子牛存矣周書王會篇亦有泰士彌士彌士蓋小司寇也士又通作理文子精誠篇云皋陶瘖而爲大理管子法法篇作皋陶爲李又小匡篇云賓胥無爲大司理理李字通漢書胡建傳引黃帝李法則黃帝時已立此官李法卽司寇官法也互詳大司徒疏云鄭司農說以論語曰柳下惠爲士師者微子篇文何氏集解引孔安國云士師典獄

之官也引之者證彼士師與此士師官同曲禮六大亦有大士王引之謂卽士師之屬則與刑官之正同名非周制也云鄉士主六鄉之獄者謂主國中至距王城百里六鄉之獄也今案鄉士兼主國中獄而鄉里實在國城之外官名鄉士者以六鄉地大獄訟繁多是其專職也

府六人史十有二人胥十有二人徒百有二十人

疏 史十有二人者卽王制治獄之史鄭注云史司寇吏也國語晉語云以煩刑史亦卽此韋注以刑史爲司寇與大史非也賈疏云自大司寇以下至胥徒皆是同官別職故各有職而同府史也

遂士中士十有二人府六人史十有二人胥十有二人徒百有二十人

遂士主六遂之獄者

疏 遂士者此官與縣士方士訝士並分主郊遂公邑都家邦國獄訟之官故次鄉士之後　注云遂士主六遂之獄者者此與上注鄉士主六鄉之獄文例同疑亦先鄭說也不著鄭司農云者注引舊說亦有冢上章而省者如鐘師注云鼓讀如莊王鼓之鼓卽冢上章鄭司農云騶虞聖獸而省是其證也賈疏云其職云掌四郊四郊有六遂之獄故也鄉士主六鄉之獄遂士主六遂之獄所以鄉士使上士官尊而人少遂士使中士官卑而人多者六遂去王遠故官卑以六遂在遠郊外兼主公邑地廣人衆故官多方苞云疏謂遂士兼主六遂中公邑之獄訟非也其職曰各掌其遂之民數而糾其戒令則不兼公邑明矣上獄訟於國司寇職聽其成書其成與聽獄訟者至都家始有異文則甸稍縣都之公邑並掌於縣士可知矣縣士職與鄉士遂士無異文以其爲王朝之吏而所掌公邑耳案方說是也遂士掌六遂之獄而兼掌六鄉外之四郊官名遂士者亦以六遂地大是其專職也地遠又兼掌四郊故官特多至

六遂之餘地爲公邑者其獄訟自別掌於縣士注疏說並非互詳縣士職疏

縣士中士三十有二人府八人史十有六人胥十有六人徒百有六十人曰距王城三百里至四百里曰縣縣士主縣之獄者疏注云距王城三百里至四百里曰縣者賈疏云案其職云掌野謂掌三等公邑之獄故鄭於縣士職注云二百里以外至三百里曰野三百里以外至四百里曰縣四百里以外至五百里曰都郊外曰野大總言之故其職云掌野其六遂之中公邑之獄遂士兼掌之矣既三處獄並掌而此注云距王城三百里至四百里曰縣似不主三百里中五百里中獄者縣在四百里中故舉中以言其實外內皆掌之耳詒讓案此先鄭義也本職注引先鄭云掌三百里至四百里與此注義正同後鄭則謂縣爲三處公邑之通名不定在三百里至四百里地本職注破先鄭其詳不應於此復襲其說疑此與遂士注並引先鄭說不著鄭司農云者亦冡鄉士注而省後鄭固不從此義也又此疏云縣士主縣之獄者者此與鄉士注文例同蓋亦先鄭說也縣士官實掌四等公邑賈云三等者謂甸公邑掌於遂士其說非也詳前掌野亦謂之野司寇左襄十八年傳鄭災使野司寇各保其徵杜注云野司寇縣士也

方士中士十有六人府八人史十有六人胥十有六人徒百有六十人方士主四方都家之獄者疏注云方士主四方都家之獄者者賈疏云案其職云掌都家鄭彼注云都王子弟及公卿之采地家大夫之采地主此三等采地之獄采地在王城四方故云方士也是以鄭此注云方士主四方都家之獄者也

訝士中士八人府四人史八人胥八人徒八十人訝迎也士官之迎四方賓客疏訝士者賈疏云案其職云掌四方之獄訟非直迎賓客為獄訟為主故亦士言之也　注云訝迎也者後掌訝注同說文言部云訝相迎也周禮曰諸侯有卿訝也重文迓訝或從辵聘禮注云以君命迎賓謂之訝訝迎也云士官之迎四方賓客者本職云邦有賓客則與行人送逆之是也訝士或亦謂之行理詳本職疏

朝士中士六人府三人史六人胥六人徒六十人朝士主外朝之法疏朝士者賈疏云案其職云掌建邦外朝之法左九棘右九棘之事以朝士為詢衆庶讞疑獄故屬秋官但序官之法秋官雖為刑獄所施至於防禁之屬皆在秋官又於賓客是主人所敬故鄉飲酒坐賓於西北象天地嚴凝之氣始於西南盛於西北是以賓客之事亦屬焉　注云朝士主外朝之法者賈疏云天子諸侯皆三朝內朝二路門外與路寢庭是也外朝一此朝在皋門內庫門外是也詒讓案韓非子外儲說右上云荊莊王有茅門之法曰羣臣大夫諸公子入朝馬蹏踐霤者廷理斬其輈戮其御彼廷理葢即朝士諸侯三門外朝在雉門外說文隹部雉古文作鵜或省為弟與茅形近故韓子作茅門史記魯世家築茅闕門即雉闕門也

司民中士六人府三人史六人胥三人徒三十人司民主民數疏司民者此官掌民數小司寇掌獻民數於王故司民亦屬司寇　注云司民主民數者據本職文

司刑中士二人府一人史二人胥二人徒二十人疏司刑者此官與司刺並總掌刑

法之事故亦屬司寇

司刺下士二人府一人史二人徒四人刺殺也三訊罪定則殺之　疏注云刺殺也者爾雅釋詁文小司寇及本職注並同說文刀部云君殺大夫曰刺刺直傷也通言之凡殺皆曰刺云三訊罪定則殺之者小司寇本職注同以其職有訊羣臣訊羣吏訊萬民等又云聽民之所刺宥以施上服下服之刑是知三訊罪定民言當刺則殺之也春秋經書魯殺大夫並謂之刺僖二十八年經公子買戍衛不卒戍刺之又成十六年經刺公子偃左傳杜注云內殺大夫皆書刺言用周禮三刺之法示不枉濫也穀梁范注說同案春秋書刺卽說文刺之本訓然與此經之義亦足互證但三刺之法兼有宥有赦則刺者不必皆殺此官以司刺爲名者亦偏舉一耑爲義

司約下士二人府一人史二人徒四人約言語之約束　疏司約者此官與司盟並掌盟約之官與刑禁事相成故亦屬司寇　注云約言語之約束者釋名釋書契云約約束之也大史注云約劑要盟之載書及券書也盟辭券書並以言語相約束之事也

司盟下士二人府一人史二人徒四人盟以約辭告神殺牲歃血明著其信也曲禮曰涖牲曰盟　疏司盟者盟必有約書故冢司約而次之云府一人者掌盟書之藏左僖五年傳云虢仲虢叔爲文王卿士勳在王室藏於盟府杜注云盟府司盟之官又二十六年傳說成王賜周公大公盟亦云載在盟府是也　注云盟以約辭告神殺牲歃血明著其信也者說文囧

部云盟周禮曰國有疑則盟諸侯再相與會十二歲一盟北面詔天之司慎司命盟殺牲歃血珠盤玉敦以立牛耳从囧从血重文盟篆文从明又盟古文从明今經典並从古文省釋名釋言語云盟明告其事於神明也案約辭卽本職所謂盟載是也殺牲歃血詳玉府疏引曲禮曰涖牲曰盟者證盟有殺牲之事鄭彼注云涖臨也坎用牲臨而讀其盟書孔疏云異義云禮約盟不今春秋公羊說古者不盟結言而退故穀梁傳云誥誓不及五帝盟詛不及三王交質子不及二伯詛盟非禮古春秋左氏云周禮有司盟之官殺牲歃血所以盟事神明又云凡國有疑盟詛其不信者是知於禮得盟許君謹案從左氏說以太平之時有盟詛之禮鄭氏不駁從許慎義也盟詛不及二王非鄭所用然盟牲所用許慎據韓詩云天子諸侯以牛豕大夫以犬庶人以雞又云毛詩說君以豕臣以犬民以雞又左傳云鄭伯使卒出豭行出犬雞以詛射穎考叔者又云衞伯姬盟孔悝以豭鄭云詩說及鄭伯皆謂詛小於盟周禮戎右職云盟則以玉敦辟盟遂役之鄭注云役之者傳敦血授當歃者下云贊牛耳桃茢又左傳云孟武伯問於高柴曰諸侯盟誰執牛耳然則盟者人君以牛伯姬盟孔悝以豭下人君也穀梁僖九年范注引鄭君云盟牲諸侯用牛大夫用豭詒讓案國語晉語叔向云成王盟諸侯於岐陽是周初有盟禮故此經設司盟之官覲禮記方明之祭穀梁之義必不可通故許鄭咸不從之異義說盟牲引毛詩說者小雅何人斯傳文彼詩云出此三物以詛爾斯蓋據詛牲而言與左傳鄭伯詛射穎考叔正同孔疏謂詛用一牲非也其盟牲當雜用六牲不徒以豕犬雞戰國策齊策云齊衞先君刑馬壓羊盟墨子明鬼篇云齊莊君之臣王里國中里徼訟三年而獄不斷乃使之人共一羊盟齊之神社史記平原君傳毛遂結楚趙之盟亦兼取雞狗馬血是皆雜用六牲唯公羊襄二十七年傳說衞公子鱄與妻子盟則以雉爲不用牲竊意六牲之中

大盟詛當用大牲小盟詛則用小牲韓毛許鄭並謂尊卑異用諸說乖異未容泥也

職金上士二人下士四人府二人史四人胥八人徒八十人職主也疏職金者賈疏云案其職云掌凡金玉之戒令又云掌受金罰貨罰亦是刑獄之事故在此　注云職主也者亨人注同

司厲下士二人史一人徒十有二人犯政爲惡曰厲厲士主盜賊之兵器及其奴者疏司厲者掌舉沒盜賊人民任器之等亦刑罰之事故屬司寇任器與罰金同入司兵故冢職金而次其後　注云犯政爲惡曰厲者毛詩小雅正月傳云厲惡也言盜賊之人干犯政令而爲姦惡此官主治之也云厲士主盜賊之兵器及其奴者者厲士即謂司厲下士其職云掌盜賊之任器先鄭注釋爲兵器又云其奴男子入于罪隸女子入于舂槀是也

犬人下士二人府一人史二人賈四人徒十有六人疏犬人者此亦以五行象類屬秋官也庖人注云犬屬司寇金也月令注云犬金畜說文犬部云犬狗之有縣蹏者也賈疏云案其職云凡祭祀共犬牲犬是金畜故五行傳云二曰言言之不從則有犬禍故連類在此

司圜中士六人下士十有二人府三人史六人胥十有六人徒百有六十人鄭司農云圜謂圜土也圜土謂獄城也今獄城圜司圜職中言凡圜土之刑人也以此知圜謂圜土也又大司寇職曰以圜土聚教罷民故司圜職曰掌收教罷民疏司圜者此官與掌囚掌戮並掌刑獄囚殺之事故亦屬司寇圜土收教罷民其罪輕故司

圜列掌囚之前 注鄭司農云圜謂圜土也圜土謂獄城也者大司徒注義同云今獄城圜者文選司馬遷報任安書云幽於圜牆之中是漢時獄亦圜牆故先鄭舉以爲說云司圜職中言凡圜土之刑人也以知此圜謂圜土也者明訓圜爲圜土之意云又大司寇職曰以圜土聚教罷民故司圜職曰掌收教罷民者證圜土即是收教罷民之獄也

掌囚下士十有二人府六人史十有二人徒百有二十人 囚拘也主拘繫當刑殺之 疏 掌囚者此官掌五刑罪囚之事重於圜土之罷民故次司圜者之後 注云囚拘也者爾雅釋言文說文囗部云囚繫也拘繫義同云主拘繫當刑殺之者者據本職云及刑殺奉以適朝士以適市而刑殺之故知是主拘繫當刑殺之人也

掌戮下士二人史一人徒十有二人 戮猶辱也既斬殺又辱之 疏 掌戮者此官掌刑殺之事重於拘囚故次掌囚之後 注云戮猶辱也既斬殺又辱之者說文戈部云戮殺也廣雅釋詁云戮辱也戮本義爲殺引申爲戮尸之稱本職注云戮謂膊焚辜肆國語晉語云請殺其生者而戮其死者韋注云陳尸爲戮是戮爲既死辱尸之名也

司隸中士二人下士十有二人府五人史十人胥二十人徒二百人 隸給勞辱之役者漢始置司隸亦使將徒治道溝渠之役後稍尊之使主官府及近郡 疏 司隸者帥領五隸五隸罪隸是罪人四翟則夷狄之虜也故亦屬司寇 注云隸給勞辱之役者者凡隸皆男子爲奴給役之名國語周語韋注云隸役也本職云帥其民役國中之辱事故云給勞辱之役又左昭七年傳云士臣皁皁臣輿輿臣隸孔疏引服虔云隸隸屬於吏也義亦通云漢始置司隸亦使將徒治

道溝渠之役後稍尊之使主官府及近郡者漢書百官公卿表云司隸校尉周官武帝征和四年初置持節從中都官徒千二百人捕巫蠱督大姦猾後罷其兵察三輔三河弘農續漢書職官志云建武中幷領一州此云使將徒治道溝渠之役卽謂將中都官徒也與周官職掌略同云主官府及近郡卽謂後罷兵察三輔三河弘農及建武後領州也

罪隸百有二十人盜賊之家為奴者 疏 罪隸者罪經例用古字當作辠石經及各本並誤詳甸師疏 注云盜賊之家為奴者者賈疏云此中國之隸言罪隸古者身有大罪身旣從戮男女緣坐男子入於罪隸女子入於舂槀故注云盜賊之家為奴者詒讓案旣夕記注云隸人罪人也今之徒役作者也又左襄二十三年傳云斐豹隸也著于丹書杜注云蓋犯罪沒為官奴則凡有罪罰作者並入罪隸不徒盜賊之家矣惠士奇云鶡冠子世兵篇曰百里奚官奴官奴者罪隸之奴也

蠻隸百有二十人征南夷所獲 疏 注云征南夷所獲者職方氏先鄭注云南方曰蠻故征南方所獲俘虜謂之蠻隸也

閩隸百有二十人閩南蠻之別 疏 注云閩南蠻之別者職方氏注義同詳彼疏

夷隸百有二十人征東夷所獲 疏 注云征東夷所獲者職方氏先鄭注云東方曰夷故征東方所獲俘虜謂之夷隸也

貉隸百有二十人征東北夷所獲凡隸衆矣此其選以為役員其餘謂之隸民 疏 注云征東北夷所獲者以東北

夷曰貉有九種其所獲俘虜謂之貉隸也以上四隸司隸通謂之四翟之隸鄭氏又云四夷之隸統言之夷翟得通稱故注並云夷也但職方氏有四夷八蠻七閩九貉五戎六狄而此獨無戎狄之隸或夷可兼戎貉可兼狄與互詳職方氏疏云凡隸衆矣此其選以爲役員其餘謂之隸民者統五隸而言也賈疏云蠻隸以下皆百二十人謂隸中選取善者以爲役之員數爲限其餘衆者以爲隸民故司隸職云帥其民而搏盜賊役國中之辱事之等是百二十人外謂之民者也

布憲中士二人下士四人府二人史四人胥四人徒四十人憲表也主表刑禁者疏布憲者此官與禁殺戮禁暴氏皆總主刑禁之官故亦屬司寇注云憲表也主表刑禁者者憲表小司寇及本職注並同小宰注云憲謂表縣之若今新有法令云是憲憲爲表示之義其職云正月之吉執旌節以宣布于四方而憲邦之刑禁此官即取宣布憲表爲名也

禁殺戮下士二人史一人徒十有二人禁殺戮者禁民不得相殺戮疏注云禁殺戮者禁民不得相殺戮者民間擅相殺戮易以兆亂故設官以禁之

禁暴氏下士六人史三人胥六人徒六十人疏禁暴氏者暴經例用古字當作虣石經及各本並誤詳地官敘官疏大司寇五刑五曰官刑上愿糾暴此官所掌即糾暴之事

野廬氏下士六人胥十有二人徒百有二十人廬賓客行道所舍疏野廬氏者以下

至司烜氏大官並掌國道路溝池之禁及水禁夜禁火禁之事故亦
屬司寇而次諸總掌刑禁官之後　注云廬賓客行道所舍者漢書
食貨志云在壄曰廬賈疏云見遺人云十里有廬三十里有宿故知
之也惠士奇云十里曰廬三十里曰宿五十里曰市宿有路室市有
候館皆謂之廬故掌達
道路之官爲野廬氏

蜡氏下士四人徒四十人　蜡骨肉腐臭蠅蟲所蜡也月令曰掩骼埋胔此官之職也蜡讀如狙司之狙　疏
注云蜡骨肉腐臭蠅蟲所蜡也者段玉裁云說文虫部曰蜡蠅胆也
周禮蜡氏掌除骴肉部曰胆蠅乳肉中也通俗文同謂蠅所聚乳也
案段據說文爲釋是也蜡胆字異而義同引月令曰掩骼埋胔此官
之職也者釋文埋作狸云本又作埋胔本又作骴案石經作埋胔
今禮記孟春令同說文骨部引明堂月令亦作埋骴彼文與此蜡氏
職掌除骴合故云此官之職也狸卽薶之借字俗作埋胔或骴字詳
鼈人及本職疏賈疏云案彼注骨枯曰骼肉腐曰骴掩亦埋但骼骴
不同故別言也言骼骴者凡人物皆是云蜡讀如狙司之狙者段玉
裁云擬其音也狙司卽覰伺史漢狙擊秦皇帝應劭云狙伏伺也方
言掩索取也自關而西曰索或曰狙郭注云狙伺也三蒼狙伺也通
俗文伏伺曰狙
司伺古今字

雍氏下士二人徒八人　雍謂隄防止水者也　疏　注云雍謂隄防止水者也者雍卽雝之隸變正字當作邕說文
川部云四方有水自邕成池者是也經典多借雝爲之白虎通義辟
雝篇云雍者壅之以水穀梁僖九年傳云毋雍泉俗又作壅廣雅釋
詁云壅障也月令孟秋云完隄防謹壅塞以備水潦說文𨸏部云隄
唐也防隄也稻人云以防止水是隄防並所以邕障水使止不行故

謂之雍也

萍氏下士二人徒八人

鄭司農云萍讀爲蛢或爲萍號起雨之萍玄謂今天問萍號作萍爾雅曰萍蓱其大者蘋讀如小子言平之平萍氏主水禁萍之草無根而浮取名於其不沈溺

疏 注鄭司農云萍讀爲蛢或爲萍號起雨之萍玄謂今天問萍號作萍者段玉裁云此注轉寫譌誤云今天問萍號作萍此謂今之天問與舊天問字異不當皆作萍也疑是鄭司農云萍或爲蛢讀爲蓱號起雨之蓱玄謂今天問蓱號作萍蓋司農說或作蚊蟥蛢之蛢不可通故讀爲蓱號起雨之蓱王逸楚辭注云蓱蓱翳雨師名也號呼也興起也言雨師號呼則雲起而雨下蓱一作荓一作萍司農易蛢爲蓱翳字今不得其解後鄭則云天問蓱翳字今本多作萍翳考之爾雅萍與蓱正是一物而雨字古音同部故天問通用司農既讀蛢爲蓱則亦可徑從經作蓱案段校近是陳壽祺據王逸楚辭注本改作今天問萍號作蓱云後鄭下引爾雅正明萍蓱一物其說亦通引爾雅曰萍蓱其大者蘋者釋草文釋文云萍本亦作苹案郭本爾雅作苹注云水中浮蓱江東謂之薸釋草別有苹藾蕭諦審注意疑後鄭以萍爲水草與苹爲藾蕭不同鄭所見爾雅自作萍故引證此經之萍映其不必改蓱釋文或本作苹乃後人依郭本改與經注上下文並不相應也說文艸部云苹蓱也無根浮水而生者蓱苹也水部云萍苹也水艸也三字不同玉篇艸部及廣韵十五青並以萍蓱爲一字此與爾雅說文不合不足據也云讀如小子言平之平者擬萍字之音也小子言平未詳所本云萍氏主水禁萍之草無根而浮取名於其不沈溺者段玉裁云經之萍氏取名於萍草之不沈溺也

幾酒禁酒禁川游者皆令不沈溺

司寤氏下士二人徒八人寤覺也主夜覺者疏注云寤覺也者小爾雅廣言文說文㝱部云寐覺而有言曰寤云主夜覺者者賈疏云凡人之寐臥恆在寢得禁之者人有夜寐忽覺而漫出門者故謂之夜覺也莊存與云寤不寐也此官主掌覺疏說誤案莊說近是夜覺謂警夜使人覺寤不犯禁也

司烜氏下士六人徒十有二人烜火也讀如衛侯燬之燬故書燬為垣鄭司農云當為烜疏司烜氏者此官掌火禁兼掌墳燭庭燎國語周語云火師監燎韋注云火師司火燎庭燎也董增齡謂即此司烜氏是也　注云烜火也者鄭謂自有烜字訓為火也說文火部以烜為爟之或體云爟取火於日官名舉火曰爟周禮曰司爟掌行火之政令重文烜或从亘陳壽祺云說文曰取火於日官名此據司烜氏以夫燧取火於日言之其下又曰舉火曰爟此據夏官司爟言之其下重文烜曰或从亘此以烜爟為一字也高誘淮南氾論注亦曰爟取火於日之官也下復引司爟之文許鄭賈景伯高鄭盧子幹其言皆有所受蓋諸儒所見周禮司爟有作司烜者如世婦稾人環人之兩見故併兩職解之也案陳說是也王昭禹方苞並引易說卦傳曰以烜之謂此官掌取火於日故以司烜為名亦通云讀如衛侯燬之燬者春秋僖二十五年經衛侯燬滅邢說文火部云燬火也从火毀聲春秋傳曰衛侯燬段玉裁云燬讀如衛侯燬之燬者言其音義同耳亘聲在元寒桓刪山仙部毀聲在脂微齊皆灰部合韵最近云故書燬為垣者段玉裁云或云當作故書烜為垣案段引或說是也陳壽祺黃以周說並同蓋此章注中惟此燬字為涉上文而誤此外別無譌文蜀石經垣作烜則傳寫之誤引鄭司農云當為烜者先鄭定此字為烜而後鄭從之也蜀石經作當為垣亦誤

條狼氏下士六人胥六人徒六十人杜子春云條當爲滌器之滌玄謂滌除也狼狼扈道上

疏條狼氏者此官與脩閭氏並掌道路閭里辟禁之事故亦屬司寇而
次諸主禁官之後續漢書輿服志劉注引干注云今卒辟車之屬案
此本鄭說詳本職疏云下士六人胥六人徒六十人者沈彤改六皆
爲八云其職云王出入則八人夾道公則六人此下士屬王當八人
也下士之夾道者八則隨而滌狼之胥亦當八胥爲什長胥八則徒
當八十也案沈說近是蔣載康說同然據本職賈疏則唐本已並作
六矣　注杜子春云條當爲滌器之滌者滌條聲類同賈疏云讀從
特牲少牢滌祭器等之滌也段玉裁云滌器之滌古音蓋同條云玄
謂滌除也者從杜讀而釋其義說文水部云滌洒也大射義射人宿
視滌注云滌謂漑器埽除射宮此官亦主掃除道路也云狼狼扈道
上者賈疏云謂不蠲之
物在道猶今言狼藉也

脩閭氏下士二人史一人徒十有二人閭謂里門

疏注云閭謂里門者說文門部云閭里門也
閭里中門也呂氏春秋仲夏紀門閭無閉高注用許義案凡民所聚
居通謂之里里外周帀有圜牆其門謂之閭閭卽里之外門其里中
門別爲閻此官掌脩除國中壥里之閭司稼之邑閭則野外邑里之
閭二者地異而名同此閭不必爲六鄉五比之閭里亦不必爲六遂
五鄰之里也惠士奇云脩閭氏比宿欜而守閭互互謂行馬欜以行
夜閭其門也管子曰閭閈無闔外內交通男女無別晏子春秋內篇
曰急門閭之政而淫民惡之緩門閭之政而淫民說公羊成元年傳
郤克臧孫許同時聘於齊二大夫相與踦閭而語移日然後去墨子
公輸篇墨子自楚歸過宋天雨庇其閭中守閭者不內也則閭互之
法有節者內之無節者譏之春秋及戰國皆然矣管子立政篇審閭

閉愼筦鍵筦藏於里尉閭有司以時開閉凡出入不時衣服不中圈屬羣徒不順於常者閭有司見之復無時所謂閭有司者卽脩閭氏歟

冥氏下士二人徒八人鄭司農云冥讀爲冥氏春秋之冥玄謂冥方之冥以繩縻取禽獸之名

疏冥氏者以下至庭氏十二職並掌攻除鳥獸蟲蠱及草木之官以其亦是殺伐之事故並屬司寇　注鄭司農云冥讀爲冥氏春秋之冥者阮元云讀爲漢書蕭該音義引作讀如此擬其音非改其義釋文所云冥如字是也至後鄭始易其字義此作讀爲誤也王應麟云漢儒林傳堂谿惠授泰山冥都都與筦路又事顏安樂故顏氏復有筦冥之學冥氏春秋卽冥都也惠棟云冥都傳春秋故云冥氏春秋夏本紀禹姒姓後有冥氏案阮王惠說是也漢書儒林傳顏注云冥莫零反廣韻十五青引風俗通云冥氏漢有冥都爲丞相史冥亦讀如字與陸顏讀同云玄謂冥方之冥者段玉裁云冥方卽算法之方冪也釋文曰冥又莫歷反此音當專屬後說案段說是也依後鄭讀則冥與天官冪人之冪字同賈疏謂後鄭亦取音同以繩縻取禽獸冥然使不覺失其讀矣云以繩縻取禽獸之名者廣雅釋詁云冪覆也說文糸部云縻牛轡也後鄭意此冥爲冪冪之借字取禽獸當掩覆羈縻之故謂之冪與本職注扃絹禽獸之義略同

庶氏下士一人徒四人庶讀如藥煑之煑驅除毒蠱之言書不作蠱者字從聲

疏注云庶讀如藥煑之煑驅除毒蠱之言書不作蠱者字從聲者毒蠱葉鈔釋文作毒蟲羣經音辨同並誤段玉裁云讀如煑擬其音耳云驅除毒蠱之言者以蠱與庶同音爲訓必先云讀如煑而後庶與蠱同音也蠱今音讀如古古音如居上聲是以與煑略同庶氏旣掌除毒蠱則其官曰蠱氏可矣

而書不作蟲字者庶與蟲音同是以作庶氏二云字從聲者謂古人用字但取其同聲者六書之假借如是也

穴氏下士一人徒四人穴搏蟄獸所藏者疏注二云穴搏蟄獸所藏者者說文穴部二云穴土室也賈疏二云凡獸蟄皆藏在穴中故以穴為官名使取蟄獸也

翨氏下士二人徒八人翨鳥翮也鄭司農二云翨讀為翅翼之翅疏注二云翨鳥翮也者說文羽部二云翮羽莖也後鄭以本職二云以時獻其羽翮故釋翨為鳥翮鄭司農二云翨讀為翅翼之翅者段玉裁二云司農說與鄭君異司農謂翨是卽翅字翅者翼也如禖卽祀字勛卽勳字之比是聲支聲同在古音支佳部是以大鄭如此二云也鄭君載之者廣異義也呂飛鵬二云說文翨是鳥之彊羽猛者此經翨氏職掌攻猛鳥故取鳥之猛者以名官翨翅雖同聲而義有別說文二云翄翼也或從氏作𦐊詒讓案許說又與二鄭異而義較長

柞氏下士八人徒二十人柞除木之名除木者必先刊剝之鄭司農二云柞讀為音聲唶唶之唶屋笮之笮疏注二云柞除木之名者詩周頌載芟篇載芟載柞毛傳二云除木曰柞後漢書馬融傳廣成頌焚萊柞木李注二云柞邪斫木也文選張衡西京賦柞木翦棘李注二云賈逵國語注曰槎邪斫也柞與槎同案李說是也說文木部二云柞柞木也槎衺斫也國語魯語里革曰山不槎蘖韋注二云槎斫也柞卽槎之叚字二云除木者必先刊剝之者刊舊本作校釋文同宋大字本錢鈔本明注疏本並作刊與賈疏合今從之疏二云見其職二云夏日至令刊陽木而火之冬日至令剝陰木而水之是先刊剝之案賈說是也古無從手之校詳夏官敘官疏鄭司農二云柞讀為音聲唶唶之唶屋笮之笮者段玉裁改讀為為讀如二云謂讀如此二音也今各本作讀為誤除木曰柞又見毛詩不當易為唶笮二字

丁晏云考工記注先鄭云柞讀爲迫唶之唶與同注杜子春笮讀爲
行唶唶之唶後鄭謂聲迫笮出去疾也爾雅釋鳥行扈唶唶郭注
諸扈皆因其毛色聲音以爲名
案段校是也屋笮詳匠人疏

薙氏下士二人徒二十人書薙或作夷鄭司農云掌殺草故春秋傳
曰如農夫之務去草芟夷蘊崇之又今俗
閒謂麥下爲夷下言芟夷其麥以其下種禾豆也玄謂薙讀如鬀小
兒頭之鬀書或作夷此皆翦草也字從類耳月令曰燒薙行水謂燒
所芟草
乃水之【疏】薙氏者薙唐石經初刻誤從竹後磨改從艸釋文云字或
作雉葉鈔本作李或作雉則是謂李軌本徐養原云今本
二云字或作雉同謂薙字他書有作雉者其字同耳若如葉本則李下
須有云字其義乃通釋文中凡言字或作某者乃辨別字體也若列
諸本異同則云本或作某案徐說是也　注云書薙或作夷者惠棟
云漢書揚雄傳甘泉賦云列新雉於林薄服虔曰新雉香草也雉夷
聲相近師古曰新雉即辛夷左昭十七年傳曰五雉爲五工正夷民
者也正義服虔曰雉者夷也夷平也孔穎達云雉聲近夷雉訓夷夷
爲平鄭司農云掌殺草者此據夷字作訓也云故春秋傳曰如農夫
之務去草芟夷蘊崇之者左隱六年傳文杜注亦訓夷爲殺與先鄭
義同引之者證夷爲殺草之義詳稻人疏云又今俗閒謂麥下爲夷
下言芟夷其麥以其下種禾豆也者稻人注云今人謂禾下麥爲荑
下麥言芟刈其禾於下種麥也義與此同段玉裁云仲師從作夷之
本故引春秋傳芟夷蘊崇又引方俗語言麥下禾豆爲夷下禾豆與
稻人注禾下麥爲夷下麥互相發明謂此夷氏之夷即稻人芟夷之
夷也云玄謂薙讀如鬀小兒頭之鬀書或作夷者後鄭從薙不從夷
也文選張衡東京賦亦作薙氏平子讀與後鄭同惠棟云說文隹部
云古文雉从弟篆文弟夷字相似荀氏易渙六四云匪弟所思見釋

文今本作夷說文髟部云鬀鬄髮也大人曰髡小兒曰鬀盡及身毛
曰鬄段玉裁云鄭謂薙字之音義如鬀小兒頭之鬀其釋夏日至而
薙之曰以鉤鐮迫地芟之是卽如鬀小兒頭之說也案段說是也云
此皆翦草也字從類耳者說文艸部云薙除艸也後鄭意正本作薙
或本作夷義並通不必定從或作也段玉裁云謂薙夷二字皆爲翦
草之語言其類同而字異類者周禮序所云字之聲類也薙夷同在
古音脂微齊皆灰部不特同部而且同音後鄭讀如鬀以伸其義讀
薙如鬀卽讀夷如鬀也案賈以從類爲形段以從類爲聲段是也此
鄭謂薙夷相類故云皆翦草也引月令曰燒薙行水者仲夏令文賈
疏云引之者欲見薙草須燒之又須水之之意也云謂燒所芟草乃
水之者舊本謂上衍非字今依蜀石經及宋大字本錢鈔本注疏本
刪段玉裁云謂岳本作非謂誤也月令注曰欲稼萊地先薙其草草
乾燒之至此月大雨流水潦畜於其中則草死不復生而地美可稼
引薙人職夏日至而薙之如欲其化也則以水火變之然則周禮於
夏至薙之記於六月行水事正相成故此注云燒
所芟草乃水之與月令注相應也岳本非謂不辭

硩蔟氏下士一人徒二人 鄭司農云硩讀爲擿蔟讀爲爵蔟之蔟謂巢也玄謂硩古字從石折聲

[疏]注鄭
司農云硩讀爲擿蔟讀爲爵蔟之蔟謂巢也者說文手部云擿搔也
一曰投也呂氏春秋求人篇啁噍巢林高注云巢蔟也段玉裁云擿
它歷反音剔爵蔟謂爵巢也硩蔟卽公羊宣元年何注所謂擿巢也
詒讓案擿巢亦見春秋繁露五行順逆篇丁晏云文選吳都賦硩隊
山谷劉注云言其如硩擿而隊落山谷者陳壽祺云雀窠謂之蔟猶
蠶箔謂之蔟皆謂物湊集有所藉也說文蔟行蠶蓐是其義云玄謂
硩古字從石折聲者段玉裁云鄭君謂硩古字者此因大鄭義申之
謂硩擿古今字非有二字也釋文云李軌又思亦反此從析作晳之

本又云徐丈列反沈敕徹反此從折作硩之本陸氏以前寫本不一作音者各異陸氏未能決擇耳說文石部曰硩上擿山巖空青珊瑚墮之從石折聲周禮有硩蔟氏其云上擿空青珊瑚者釋從石之故也王念孫云說文玉篇廣韻集韻皆有硩無硩許鄭並云從石折聲則當作硩明矣硩音它歷反唯李軌本誤作硩故音思亦反玉篇廣韻硩字並他歷丑列二切文選吳都賦硩陊山谷李善音敕列切而皆無思亦之音不從李軌也賈疏曰鄭謂硩古字從石折聲者以石投擲毀之故古字從石以折爲聲然則硩蔟氏掌覆天鳥之巢義取毀折而非取分析說文硩上擿山巖空青珊瑚墮之亦是毀折之義非分析之義硩或通作折管子地數篇曰上有丹沙者下有黃金上有慈石者下有銅金上有陵石者下有鉛錫赤銅上有赭者下有鐵君謹封而祭之然則與折取之遠矣折取之者謂擿取黃金鉛錫銅鐵也墨子耕柱篇曰昔者夏后開使蜚廉折金於山以鑄鼎於昆吾折金者擿金也猶說文言上擿山巖空青珊瑚也折卽硩之借字則硩之從折而非從析益明矣檀弓古事欲其折折爾鄭讀折折爲提提提與擿古同聲硩之讀爲擿猶折折之讀爲提提也折與擿聲相轉案王說是也

翦氏下士一人徒二人翦斷滅之言也主除蠹蠹者詩云實始翦商

疏翦氏者以下四職並除蠹之官　注云翦斷滅之言也者說文羽部云翦羽生也刀部云前齊斷也此翦卽前之借字云主除蠹蠹者者此與下赤犮氏並主除陸蠹故取斷滅之言以名官也引詩曰實始翦商者魯頌閟宮文鄭彼箋云翦斷也此引以證翦有斷滅之義

赤犮氏下士一人徒二人赤犮猶言捇拔也主除蟲豸自埋者

疏赤犮氏者阮元云說文魃旱鬼也周禮有

赤魃氏除牆屋之物也詩曰旱魃爲虐許引周禮作赤魃者當是古
文假借字許所據故書作魃其義則爲除牆屋物而非旱鬼也段玉
裁云物讀精物鬼物之物故毆之之官曰赤魃氏說義亦與鄭異蓋
賈侍中說與案段說是也漢時蓋有謂此官掌毆鬼物者續漢書禮
儀志逐疫詞云赫女軀拉女幹赫捇赤聲近字並通也　注云赤友
猶言捇拔也者賈疏云拔除去之也呂飛鵬云鄭云捇拔與許云除
牆屋之物義同說文手部捇裂也拔擢也段玉裁云以赤友爲捇拔
六書之假借也捇音采昔反則捇同籍案段說是也鼈人云以時籍
魚鼈龜蜃凡貍物除貍蟲謂之捇與刺貍物謂之籍音義略同云主
除蟲豸自埋者者蜀石經埋下有藏字爾雅釋蟲云有足曰蟲無足
曰豸埋謂埋藏於牆屋者赤友氏主除
之也與翦氏主除蠹蟲爲不埋之蟲異

蟈氏下士一人徒二人 鄭司農云蟈讀爲蜮蜮蝦蟇也月令曰螻蟈鳴故曰掌去鼃黽鼃黽蝦蟇屬書或爲掌去蝦蟇玄謂蟈今御所食蛙也字從蟲國聲也蜮乃短狐與

【疏】注鄭司農云蟈讀爲蜮者夏小正云
四月鳴蜮蜮也者長股也或曰屈造
之屬也小正此文與月令孟夏螻蟈鳴正相應蜮卽蟈字先鄭讀與
彼正同說文虫部蜮重文蟈云蜮又是國亦以蜮蟈爲一字然訓蜮
爲短狐則與先鄭說異云蜮蝦蟇也者此與夏小正傳或說同淮南
子說林訓鼓造辟兵高注云鼓造一曰蝦蟇鼓造卽屈造也說文虫
部云蝦蝦蟇也爾雅釋蟲云蟼蟇郭注云蛙類又釋魚鼁䵹蟾諸注
云蟾諸似蝦蟇居陸地神農本艸經及月令孔疏引李巡說並以蟾
諸爲卽蝦蟇非也先鄭引月令以爲說則亦不以蝦蟇爲詹諸矣引
月令曰螻蟈鳴者孟夏令文段玉裁改蟈爲蜮云司農所據禮記蓋
作螻蜮案段說是也杜氏玉燭寶典引月令章句云螻蜮鳴螻螻蛄
蜮蟲鼃之屬也字正作蜮蔡說亦以蜮爲鼃屬鄭本仍作蟈注云螻

蟈蛙也說與先鄭蔡氏異呂氏春秋孟夏紀亦云螻蟈鳴高注云螻蟈蝦蟆也高說與先鄭同云故曰掌去鼃黽鼃黽蝦蟆屬者先鄭意本職云掌去鼃黽鼃黽雖非蝦蟆而實其屬類故名其官為蟈氏也說文黽部云鼃蝦蟆也廣雅釋魚同則以鼃與蝦蟆為一古今韻會舉要引說文作鼃蝦蟆屬則又與先鄭說同漢書武帝紀載元鼎五年鼃蝦蟆鬭明二物相類而別依後鄭本職注以黽為耿黽則蝦蟆也鼃也黽也三者各異物先鄭以鼃黽為一物後鄭不從也云書或為掌去蝦蟆者謂本職云掌去鼃黽故書或本作掌去蝦蟆與官名蟈氏正相應也云玄謂蟈今御所食蛙也者本職注云齊魯之間謂鼃為蟈玉燭寶典引古今字詁云鼃今蛙注蟈也後鄭意此官名字當從蟈而蟈又非蝦蟆不當如先鄭說也訓蟈為蛙與夏小正傳訓蜮為長股同此上文及本職注鼃字並不作蛙惟此獨異疑傳寫之譌王應麟云漢書霍山曰丞相擅減宗廟羔菟鼃詒讓案本草別錄云鼃一名長股生水中陶注云鼃其類最多一種黑色南人名為蛤子食之至美又一種小形善鳴喚名鼃子此則是也廣雅釋魚云鼃蟈長股也案急就篇水蟲科斗鼃蝦蟆顏注云鼃一名螻蟈色青小形而長股據鄭說漢時以鼃供御則當即指陶氏所謂蛤子者爾雅郭注之青蛙亦其類也云字從蟲國聲也者蟲當為虫蟈字從虫形而諧國聲於六書屬形聲也云蜮乃短狐與者明蜮與蟈別亦破先鄭說也說文虫部云蜮短狐也似鼈三足以气射害人賈疏云案莊公十八年秋有蜮服云短狐南方盛暑所生其狀如鼈古無今有含沙射人入皮肉中其瘡如疥徧身中濩濩或或故為災禮曰惑君則有案五行志劉向以為蜮生南越由齊姜淫惑莊公故生於魯

壺涿氏下士一人徒二人壺謂瓦鼓涿擊之也故書涿為獨鄭司農云獨讀為濁其源之濁音與涿相近書亦

或為濁【疏】注云壺謂瓦鼓者謂鼓匡中空如壺猶輪人注以藪為轂空壺中也一切經音義引埤蒼云鼕鼓瓶也瓦鼓名壺與鼓瓶名鼕从壺為形義亦相類知用瓦鼓者本職云炮土之鼓是也云涿擊之也者說文攴部云𣪠擊也木部云椓擊也殳部云𣪠椎擊物也涿與𣪠椓𣪠音義並相近擊謂擊鼓作聲云故書涿為獨鄭司農云獨讀為濁其源之濁者賈疏云先鄭雖讀涿為濁聲轉字誤故為濁猶從涿為義故後鄭引之在下濁其源大玄經文也段玉裁云故書涿作獨司農從作獨之本讀獨為濁其源之濁者此據本職以焚石投之以牡橭午貫象齒而沈之而云也案段說是也云音與涿相近書亦或為濁者段玉裁改濁亦為涿云此又別一說獨之音與水流滴涿字音相近而書亦或為涿是以鄭君從作涿之本釋壺以瓦鼓釋涿以擊此據本職以炮土之鼓毆之而云也各本注作書亦或為濁誤案段校是也徐養原說同後漢書馬融傳廣成頌亦作壺涿則馬季長已定從涿後鄭亦本師讀也

庭氏下士一人徒二人庭氏主射妖鳥令國中絜清如庭者也【疏】注云庭氏主射妖鳥令國中絜清如庭者也者葉鈔本釋文絜作潔與宮人注不合不足據說文广部云庭宮中也宮庭之中常埽除絜清此官主射妖鳥言欲使國中絜清如宮庭之中故謂之庭氏

銜枚氏下士二人徒八人銜枚止言語囂讙也枚狀如箸橫銜之為繣結於項【疏】銜枚氏者賈疏云案其職云大祭祀令禁無囂亦是禁戒之事故在此也　注云銜枚止言語囂讙也者凡人口銜枚則不得言語本職云掌司囂明主禁言語囂讙之事故以銜枚為名漢書高帝紀顏注云銜枚者止言語囂讙欲令敵人不知其來也文選吳都賦云銜枚無聲云枚狀如箸橫銜之

為纁結於項者為纁舊本作為之纁宋蜀大字本無之字與釋文合今從之大司馬注義同賈疏云纁謂以組為之繫著兩頭於項後結之阮元云詩東山釋文引此注云枚如箸橫銜之於口為纁絜於項中纁上亦無之枚下并無狀今本皆衍結作絜古字也當據以訂正段玉裁云大司馬職注亦曰有纁結項中顏氏漢書注引作纁絜於項云纁者結礙也絜繞也為結紐繞項也勝於賈本賈說案阮段校是也互詳大司馬疏

伊耆氏下士一人徒二人 伊耆古王者號始為蜡以息老物此主王者之齒杖後王識伊耆氏之舊德而以名官與今姓有伊耆氏 疏 伊耆氏者賈疏云案其職云掌共杖杖老者所依秋是長老之方故在此 注云伊耆古王者號者明堂位云土鼓蕢桴葦籥伊耆氏之樂也鄭彼注云伊耆氏古天子有天下之號也曲禮孔疏引熊安生云伊耆氏即神農氏也又郊特牲疏引皇侃云神農伊耆一代總號此皆以伊耆氏為神農氏而郊特牲釋文云伊耆或云即帝堯是也易繫辭孔疏引帝王世紀云帝堯陶唐氏伊祈姓伊祈即伊耆二者並無塙證故鄭此注及明堂位注並不質言也云始為蜡以息老物者郊特牲云伊耆氏始為蜡籥章云國祭蜡則龡豳頌擊土鼓以息老物賈疏云取息老物證伊耆供杖於老者之事故也云此主王者之齒杖後王識伊耆氏之舊德而以名官與者後王謂伊耆氏以後王者鄭意此伊耆氏主王齒杖與始蜡息老物義相近或即識古王者之舊德而以名官莊子胠篋篇古帝有祝融氏而高辛火正亦名祝融是以帝王號名官之例也云今姓有伊耆氏者鄧名世古今姓氏書辯證云伊耆亦作伊祈帝堯號也後因氏焉魏孝文時魏懷州民伊耆苟聚衆於重山作亂洛州刺史討滅之是也

大行人中大夫二人小行人下大夫四人司儀上士八人中士十有
六人行夫下士三十有二人府四人史八人胥八人徒八十人行夫主國
使之疏大行人者以下至掌貨賄十一職並掌四方朝聘賓客及使
禮命往來之官亦屬秋官者以大司寇掌佐王刑邦國詰四方
故以義類屬之云小行人下大夫四人者此與司儀行夫唐石經宋
蜀本岳本嘉靖本並訛行今從注疏本賈疏云亦謂別職同官故四
官各有職司而共府史胥徒也詒讓案國語周語云敵國賓至關尹
以告行理以節逆之韋注云理吏也行理小行人也理通作李左襄八
年傳一介行李杜注云行李行人也又襄十四年傳云夏書曰遒人
以木鐸徇于路正月孟春於是乎有之杜注云遒人行人之官也漢
書食貨志云孟春之月行人振木鐸徇于路以采詩獻之此文與左
傳略同亦以遒人爲行人足證杜說方言劉歆與揚雄書云三代周
秦軒車使者遒人使者以歲八月巡路宋代語僮謠歌戲又雄荅書
云嘗聞先代輶軒之使奏籍之書皆藏於周秦之室蓋行人乘輶軒
而巡行天下因謂之遒人遒輶逌字並通遒人亦稱迅人說文丌部
云迅古之遒人以木鐸記詩言是也書胤征僞孔傳以遒人爲宣令
之官肊說不足據　注云行夫主國使之禮者案本職無主禮之文
疑禮當作事其職云掌邦國傳遽之小事媺惡而無禮者凡其使也
必以旌節是
國使之事也
環人中士四人史四人胥四人徒四十人環猶圍也主圍賓客任器爲之守衛疏環人者此
職與夏官環人字同而義則異彼環人主致師此環人主環衛賓客
是其異也　注云環猶圍也者呂氏春秋愛士篇晉人已環繆公之

車矣高注云環圍也呂飛鵬云夏官環人注云環猶卻也蓋取卻敵之義此注云猶圍也蓋取環繞之義云主圍賓客任器爲之守衞者本職云有任器則令環之先鄭注云四方人有任器者則環人主令徇環守之圍繞與徇環義同後鄭即本先鄭義

象胥每翟上士一人中士二人下士八人徒二十人

【注】通夷狄之言者曰象胥其有才知者也此類之本名東方曰寄南方曰象西方曰狄鞮北方曰譯今總名曰象者周之德先致南方也

【疏】象胥每翟上士一人者翟狄字通詳內司服疏翟者蠻夷閩貉戎狄之通稱猶司隸職蠻閩夷貉四隸通謂之四翟之隸也沈彤云象胥上士每翟一人六翟則六人云中士二人下士八人徒二十人者沈彤云中士每翟二人則十二人下士每翟八人則四十八人徒每翟二十人則百二十人注云通夷狄之言者曰象者大行人先鄭注云象胥譯官也大戴禮記小辯篇云傳言以象反舌皆至是象爲通夷狄言語者之通稱也國語周語謂之舌人韋注云舌人能達異方之志象胥之官是也續漢書百官志引干注云今鴻臚據晉官況周也云胥其有才知者也者大行人注云胥讀爲諝胥謂象之有才知者也此不云讀爲諝者文略詳天官敘官疏云此類之本名東方曰寄南方曰象西方曰狄鞮北方曰譯者王制云五方之民言語不通嗜欲不同達其志通其欲東方曰寄南方曰象西方曰狄鞮北方曰譯鄭彼注云皆俗閒之名依其事類耳鞮之言知也今冀部有言狄鞮者呂氏春秋慎勢篇云凡冠帶之國舟車之所通不用象譯狄鞮方三千里鞮又作騠淮南子齊俗訓雖重象狄騠不能通其言高注云象狄騠譯也賈疏云寄者賓主不相解語故寄中國於東夷又寄東國語於中國使相領解云象者傳南方於中國還象中國以傳之與南方人語則還象南方語而傳之云狄鞮者鄭彼注云鞮之言知也雖不訓狄狄即敵也謂

言語相敵使之知也云譯者譯卽易謂換易言語使相解也云今總名曰象者周之德先致南方也者釋六翟通名象胥之義大行人注云周始有越重譯而來獻是因名通言語之官爲象胥云越裳爲南方之夷故此云周之德先致南方也

掌客上士二人下士四人府一人史二人胥二人徒二十人

掌訝中士八人府二人史四人胥四人徒四十人 訝迎也賓客來主迎之鄭司農云訝讀爲跛者訝跛者之訝 疏 注云訝迎也者前訝士注同云賓客來主迎之者據本職文聘禮記注云訝主國君所使迎待賓者如今使者護客國語晉語云臼季舍于逆逆旅甯嬴氏韋注云旅舍也逆客而舍之也左傳文五年杜注及孔疏引賈逵孔晁並以爲掌逆旅之大夫案訝逆同義掌逆旅大夫疑卽此掌訝也荀子榮辱篇云監門御旅訝御字亦通御旅蓋逆旅之賤役或卽此官之胥徒與鄭司農云訝讀爲跛者訝跛者之訝者賈疏云此公羊傳文時晉使郤克聘齊郤克跛齊使跛者往御御亦訝故讀從之也段玉裁云他經多作御惟周禮作訝古訝音同御也說文言部曰訝相迎也引周禮諸侯有御訝公羊傳跛者訝跛者正義所見本作御跛者詒讓案今本公羊成二年傳訝作迓輪人先鄭注亦引作訝公羊釋文云迓本又作訝穀梁傳作御賈所見公羊文蓋與穀梁同

掌交中士八人府二人史四人徒三十有二人 主交通結諸侯之好 疏 注云主交通結諸侯之好者本職云掌邦國之通事而結其交好是也

掌察四方中士八人史四人徒十有六人 疏 掌察四方中士八人者本職闕四方八人則每方

二人也賈疏云蓋督察邦國之事俞樾云此官以掌察四方四字爲名非名掌察也此下又有掌貨賄賈疏出掌察四方掌貨賄七字則賈氏所見經文必是掌察四方不如今本止作掌察也案俞說亦通但本職止存掌察二字唐蜀石經已如是疑漢唐舊讀皆以四方屬下爲句本職文闕無可質證矣

掌貨賄下士十有六人史四人徒三十有二人 疏 掌貨賄者職闕蓋掌大府內府九貢之貨賄又內府云凡四方之幣獻之金玉齒革兵器凡良貨賄入焉皆是也國語晉語云王者成其德而遠人以其方賄歸之故設此官以掌之亦與外府內府爲官聯也書洪範八政二曰貨孔疏引鄭書注云貨掌金帛之官若周禮司貨賄是也案掌司義同司貨賄即此官也云史四人者莊存與云官有史無府亦錄其幣書耳薦陳而輸受者惟宰及大府內府玉府也

朝大夫每國上士二人下士四人府一人史二人庶子八人徒二十人此王之士也使主都家之國治而命之朝大夫云 疏 朝大夫者賈疏云在此者案其職云掌都家之國治因有邦國賓客在秋都家之治亦在此詒讓案此三公王子弟采地私臣之聽事於朝者俞正燮謂若漢郡國邸吏是也以其得以職事達於國故附列秋官之末鄭以爲王臣未審云庶子八人者賈疏云庶子者蓋亦主采地之諸子今在府史之下蓋官長所自辟除也案賈說非也庶子者蓋都家貴族之子弟未命而在官者若左昭二十七年傳楚沈尹戍帥都君子是也未命則與庶人在官者同故敘於府史之後徒之前當胥之處大射儀賓受爵于筵前宰胥薦脯醢賓升筵庶子設折俎彼庶子與宰胥爲聯事亦以其職略相等也鄭彼注以爲夏官之諸子

非也疏以此庶子爲主采地之諸子疑涉彼注而誤詳宮伯及諸子疏　注云此王之士也使主都家之國治而命之朝大夫云者賈疏云此云每國上士二人是王朝之士以其主采地之國治事重則名之曰朝大夫云畿內三等采地地雖有百里五十里二十五里總謂之國若王制云九十三國也吳廷華云此居朝廷而掌都家之治者曰朝大夫猶邑宰而曰邑大夫云爾詒讓案此國當專指大都三公及王子弟之采地言之與王制之國爲三等采地之通稱者異此官亦非王朝之士鄭賈說並誤

都則中士一人下士二人府一人史二人庶子四人徒八十人都則主都家之八則者也當言每都如朝大夫及都司馬云

疏 都則中士一人者此都謂小都鄉之采地其家邑大夫之采地亦兼有之俞正燮謂都則中士一人卽每都置朝大夫一人云序官文每國爲一句都爲一句言國與都之朝大夫其人不同其職掌同也朝大夫者如言山衡林衡川衡澤虞每國者如言大山大林麓大川大澤大藪都者如言中山小山中林麓小林麓中川小川中澤中藪小澤小藪也其職皆兼國都言之今別都則爲一官而闕其職掌則朝大夫之職掌與序官不相應故知注說失之案俞說是也此卽小都之私臣爲朝大夫者故爵降於大都之朝大夫一等也此經當與前朝大夫爲一條鄭分爲二失之　注云都則主都家之八則者也者鄭以都則爲官名故取大宰八則治都鄙爲釋云當言每都如朝大夫及都司馬云者鄭既謂都則是官名則每都各有此官故據朝大夫言每國上中下士若干人與夏官都司馬敘官言每都上中下士若干人之例擬於官名下補每都二字也

都士中士二人下士四人府二人史四人胥四人徒四十人家士亦

如之都家之士主治都家吏民之獄訟以告方士者也亦當言每都

疏都士者此下並都家掌刑之官以其家臣受命於王者故不屬方士而附秋官之末云家士亦如之者唐石經跳行別爲一經宋蜀本建附釋音本岳本嘉靖本同今從注疏本注亦以都家并釋則鄭本不分爲兩經明矣此亦每家中士二人下士四人府二人史四人胥四人徒四十人喪服鄉大夫家臣有室老有士注云士邑宰也與此家士異右秋官之屬鄉一人中大夫四人下大夫八人上士二十六人中士百六十四人下士二百五十一人府七十人史百五十九人胥百六十五人徒二千二百八人賈四人五隸六百人凡正官自鄉至庶人總三千六百六十人此外朝大夫每國上士二人下士四人府一人史二人庶子八人徒二十人都則依鄭注每都中士一人下士二人府一人史二人庶子四人徒八十人都士每都中士二人下士四人府二人史四人胥四人徒四十人家士每家中士二人下士四人府二人史四人胥四人徒四十人皆有員數無總數不可計大凡可計者總三千六百六十人 注云都家之士主治都家吏民之獄訟以告方士者也者都士主治大都小都王子弟公卿采地之獄訟家士主治家邑大夫采地之獄訟也賈疏云此官雖闕以其稱士則知主獄必知王家不置都士而云都家之士者以其都司馬使王臣爲之家司馬家自置司馬以司馬主軍事重故王置都司馬此刑事輕於軍故都家王皆不置都士但已有方士主其獄故使都家之士以獄告也案都司馬亦家臣賈說非是又賈夏官敘官疏以此都士家士爲王臣尤與此疏說迕詳彼疏方士職云凡都家之士所上治則主之故知以告方士也云亦當言每都者謂當如朝大夫都司馬例也

周禮正義卷六十五

周禮正義卷六十六

瑞安孫詒讓學

大司寇之職掌建邦之三典以佐王刑邦國詰四方典法也詰謹也書曰王耗荒度作詳刑以詰四方

疏 掌建邦之三典以佐王刑邦國詰四方者三典五刑等並刑官之官法也大宰六典五曰刑典以詰邦國以刑百官此云佐王刑邦國詰四方者互文以見義也 注云典法也者大宰注同云詰謹也者布憲注同說文言部云詰問也大宰注云詰禁也案詞問禁止其爲非卽謹敕之義書周官孔疏引馬融注云詰猶窮也窮四方之姦也漢書刑法志云昔周之法建三典以刑邦國詰四方顏注云詰責也字或作誥誥謹也以刑治之令謹敕也案顏所見或本與此經異詰謹訓本爾雅釋言易姤象傳云后以施命誥四方易釋文云鄭作詰止也詰誥形近義亦得通月令詰誅暴慢注謂問其罪窮治之窮問與謹止義亦相成鄭各據一偏爲釋耳引書曰王耗荒度作詳刑以詰四方者舊本耗並作耄今依蜀石經正宋蜀大字本董本宋注疏本並作耗卽耗之俗呂刑云惟呂命王享國百年耄荒度作刑以詰四方僞孔傳云言呂侯見命爲卿時穆王以享國百年耄亂荒忽度時世所宜訓作贖刑以治天下四方之民此引耄作耗又刑上有詳字並與僞孔本異耗釋文作旄宋附釋音本岳本同阮元云羣經音辨禾部引書王耗荒鄭康成讀蓋賈氏所據北宋本釋文作耗荒也今釋文作旄荒非詒讓案司刺經注耄亦作旄並薹之叚字詳司刺疏詳刑詳大宰疏

一曰刑新國用輕典新國者新辟地立君之國用輕法者爲其民未習於教

疏 一曰刑新國用輕典者漢書刑法志引此經國作邦下二

句並同　注云新國者新辟地立君之國者謂新建立之國賈疏云趙商問族師職曰四閭爲族八閭爲聯使之相保相受刑罰慶賞相及在康誥曰父不慈子不孝兄不友弟不恭不相及也族師之職鄰比相坐康誥之云門內尚寬不知書禮是錯未達指趣荅曰族師之職周公新制禮使民相共敕之法康誥之時周法未定天下又新誅三監務在尚寬以安天下先後量時各有云爲乃謂是錯也若然言周公之時未定天下卽是新國更云新誅三監假令周法先定新誅之國亦是新國故此云新辟地立君也云用輕法者爲其民未習於教者釋文出爲民無其字疑所見本異此言國既新定其民素未習於教令不可驟相督禁故用輕法以使之漸化也

二曰刑平國用中典平國承平守成之國也用中典者常行之法【疏】注云平國承平守成之國也者謂立國日久承平無事者也云用中典者常行之法者謂得輕重之中其法可以常行卽司刑所掌是也故漢刑法志云五刑墨罪五百劓罪五百宮罪五百刖罪五百殺罪五百所謂刑平邦用中典者也書立政云茲式有慎以列用中罰僞孔傳云中罰不輕不重與此用中典義同

三曰刑亂國用重典亂國篡弑叛逆之國用重典者以其化惡伐滅之【疏】注云亂國篡弑叛逆之國者弑釋文作殺云本亦作弑案漢書刑法志顏注羣書治要注亦並作殺殺卽弑之譌字詳大司馬疏篡弑謂侯國君臣自相篡弑叛逆謂諸侯叛王若管蔡之類賈疏謂若臧紇叛魯非也云用重典者以其化惡伐滅之者謂兵刑同原重典卽征伐之事若其國政教大亂民亦化而爲惡則用重典伐滅其人以其非中典所能治故也漢刑法志云周道既衰穆王眊荒甫侯度時作刑以詰四方墨罰之屬千劓罰之屬千髕罰之屬五百宮罰之屬三百大辟之罰其屬二百五刑之屬三千蓋多於平邦中典五百章所謂刑亂邦用重典者也案呂刑五刑之數雖多於司

刑五百章然宮及大辟數皆遞減惟劓墨倍加故司刑賈疏謂呂刑減重入輕夏刑輕於周班氏以司刑爲中典而以呂刑爲重典似失之但依漢志說則刑亂國五刑皆加重與鄭伐滅之說不同而於經義尤合吳廷華亦云三典皆以施於民者言之亂國民心乖亂非重典不足以懾服呂刑所謂刑罰世輕世重鄭以五刑之屬三千爲重典五刑之屬二千爲輕典是也此注乃以伐滅訓重典則與經義不符大司馬云賊賢害民則伐之外內亂鳥獸行則滅之非凡民俱伐滅之也案吳說是也

以五刑糾萬民 刑亦法也糾猶察異之

【疏】以五刑糾萬民者謂糾萬民之惡而分別施五者之刑也 注云刑亦法也者爾雅釋詁云刑法也言亦者與上三典同義賈疏云此五刑與尋常正五刑墨劓之等別刑亦法也此五刑者或一刑之中而含五或此五刑全不入五刑者云糾猶察異之者小宰注云糾猶察也察異之謂察其善惡而別異之案司諫云掌糾萬民之德則糾者兼善惡之辭但此官掌刑所糾者似以察惡爲重詳後疏

一曰野刑上功糾力 功農功力勤力

【疏】一曰野刑者甸師注云郊外曰野謂六遂以外田野之刑 注云功農功力勤力者賈疏云以其言野則國外若鄉大夫云野自六尺之類既言在野爲功故知功是農功力勤力也詒讓案國語周語云稷則徧戒百姓紀農協功曰陰陽分布雷震出滯土不備墾辟在司寇呂氏春秋上農篇云若民不力田墨乃家畜卹上功糾力之刑也

二曰軍刑上命糾守 命將命也守不失部伍

【疏】二曰軍刑者謂師田軍旅之刑說文耳部引司馬法云小罪聅中罪刖大罪剄所謂軍刑也 注云命將命也者葉鈔本釋文作將令賈疏云以其在軍梱外之事將軍裁之故知命是將命也云守不失部伍者左昭二十一年傳云干犫曰不死伍乘軍之大刑也賈疏云軍行必有部分卒伍故云不失部伍也

三曰鄉刑上

德糾孝德六德也善父母爲孝疏三曰鄉刑者鄉卽六鄉謂鄉里之刑大司徒云以鄉八刑糾萬民一曰不孝之刑二曰不
睦之刑三曰不婣之刑四曰不弟之刑五曰不任之刑六曰不恤之刑七曰造言之刑八曰亂民之刑卽其目也　注云德六德也者賈
疏云謂在鄉中之刑大司徒云以鄉三物教萬民一曰六德知仁聖義中和旣言在鄉故知德是六德教民者非教國子三德咎繇九德
者也云善父母爲孝者爾雅釋訓文大司徒注義同八刑以不孝爲首故云糾孝
四曰官刑上能糾職能能其事也職職事脩理疏四曰官刑者士師官禁注云官官府也大宰以八灋治官府七曰官刑以糾邦治此與彼爲官聯也書舜典云鞭作
官刑義亦與此同墨子非樂篇云湯之官刑有之曰其恆舞於宮是謂巫風其刑君子出絲二衞此古官刑之一耑　注云能能其事也
者大宰注云能多才藝者司諫云辨其能而可任于國事者司士云以能詔事是能卽謂多才藝堪任事者也云職職事脩理者廣雅釋
詁云職事也職事脩理謂課舉其當官之職事故大宰以官刑糾邦治又宰夫云掌治灋以考百官府羣都縣鄙之治乘其財用之出入
凡失財用物辟名者以官刑詔冢宰而誅之卽此糾職之事也
五曰國刑上愿糾暴愿愨慎也暴當爲恭字之誤也
疏五曰國刑上愿糾暴者暴經例用古字當作虣此職作暴鄭破爲恭則漢時經本已如是訝士小行人禁暴氏並同皆與例不合詳
地官敘官疏士師國禁注云國城中也此國刑亦謂城郭中廛里之刑也小宰有宮刑司市有市刑此並無之葢亦晐於國刑矣　注云
愿愨慎也者說文心部愿愨慎並訓謹也廣雅釋言云愿愨也是愿兼愨慎二義云暴當爲恭字之誤也者賈疏云知爲恭不作暴者以
上四刑皆糾察其善不糾其惡以類言之故知是恭恭又似暴字故云字之誤也吳廷華云上功上命上德上能上愿俱是當嘉尚者糾

力糾守糾孝糾職糾暴與上五者相反糾則有刑故上曰五刑耳是
所謂糾力糾守糾孝糾職者糾其不力不守不孝不職也糾暴則直
糾其暴而已俞樾亦駁賈云大司徒以鄉八刑糾萬民一曰不孝二
曰不睦三曰不婣四曰不弟五曰不任六曰不恤七曰造言八曰亂
民是所糾皆是不善者州長云正月之吉各屬其州之民而讀法以
考其德行道藝而勸之以糾其過惡而戒之明言糾其過惡不得云
糾察其善不糾其惡也案王安石王昭禹李鍾倫並讀暴如字鄭吳
俞說所本於義爲長司市所屬市官有司虣掌禁虣亂卽國刑之小
者荀子王制篇云抑愿禁悍而刑罰不過又議兵篇云
暴悍勇力之屬爲之化而愿卽此上愿糾暴之事也
以圜土聚教罷民圜土獄城也聚罷民其中困苦以教
之爲善也民不愍作勞有似於罷
【疏】以圜土聚教罷民者此治司圜所掌過失之罷
民有罪而未入五刑者與司救爲官聯也
注云圜土獄城也者司
救注同詳大司徒疏云聚罷民其中困苦以教之爲善也者國語齊
語管子曰罷士無伍罷女無家夫是故民皆勉爲善案此罷民聚教
之在圜土則當在近圜土之地役作之不入司空賈疏謂夜入圜土
書則役之司空誤互詳司救疏云民不愍作勞有似於罷者釋罷民
之義釋文云愍尚書作暋又作昬皆訓强案尚書盤庚云惰農自安
不昬作勞不服田畝越其罔有黍稷彼釋文云昬馬同本或作暋孔
疏云鄭玄讀昬爲暋訓爲勉也案鄭此注正用盤庚文愍昬暋聲義
並通陸訓強者本僞孔傳義罷與疲同羣書治要引此經注並作疲
國語齊語韋注云罷病也無行曰罷管子小匡篇尹注云罷謂乏於
德義者荀子非相篇云君子賢而能容罷知而能容愚又王霸篇云
無國而不有賢士無國而不有罷士又成相篇云曷謂罷國多私曷
謂賢明君臣楊注云罷讀曰疲謂弱不任事者也說苑君道篇云賢
者進以顯榮罷者退而勞力案荀劉並以賢與罷相對爲文則凡人

之不賢者通謂之罷謂其窳惰無行若盤庚所謂不愍作勞是人之疲病者亦謂之惰游玉藻云垂緌五寸惰游之士也注云惰游罷民也中論譴交篇云古之立國也有四民焉不勤乎四職者謂之窮民役諸圜土彼窮民卽此罷民散文得通不勤四職亦卽不愍作勞之義也

凡害人者寘之圜土而施職事焉以明刑恥之害人謂爲邪惡已有過失麗於法者以其不故犯法寘之圜土繫教之庶其困悔而能改也寘置也施職事以所能役使之明刑書其罪惡於大方版著其背

疏注云害人謂爲邪惡已有過失麗於法者以其不故犯法寘之圜土繫教之庶其困悔而能改也者鄭意下經嘉石之罷民云未麗于法此經無文明爲已麗于法卽麗於五刑之法蓋此過失罷民所犯雖輕然已入五刑下服之科其所以不遽施刑者以其出於過失於情尚可原故免其刑而以職事罰作之以示懲艾且冀其悔而自改也賈疏云案司救職云凡民之有衺惡者三讓而罰三罰而士加明刑恥諸嘉石役諸司空卽此下文者是也此謂言語無忌侮慢長老過淺直坐之嘉石不入圜土者也彼下文又云其有過失者三讓而罰三罰而歸於圜土此謂抽拔兵劍誤以傷人罪重不坐嘉石徑入圜土此罷民本無故心直是過誤比入五刑者爲輕比坐嘉石者爲重故云已麗於法麗於法是入圜土者也云寘置也者毛詩魏風伐檀傳文段玉裁云寘者寘之譌說文寘塞也从穴真聲東山箋云古者聲寘塡壓同因毛訓置讀之豉反非也云施職事以所能役使之者謂於近圜土之處收聚罰作之所役無定事依其所能任之事役使爲之此役使與後嘉石罷民略同但彼罪輕隸於司空此罪重隸於司圜刑官之法嚴於事官也毛詩小雅正月傳云古者有罪不入於刑則役之圜土以爲臣僕是也案毛說亦謂役之在圜土足正賈疏役司空之誤此圜土所役刑人亦謂之胥靡墨子尚賢下篇云傅說居北海之

洲圜土之上衣褐帶索庸築於傅巖之城呂氏春秋求人篇史記殷本紀並說傅說爲胥靡築於傅巖書說命僞孔傳則謂傅說代胥靡刑人築護傅巖之道莊子則陽篇亦有胥靡築城之語莊子釋文引司馬彪云胥靡刑徒人也以墨子與呂覽史記參合攷之則圜土罰作卽胥靡之刑施職事亦卽任庸築道涂之役矣又墨子天志下篇說係累倅虜云丈夫以爲僕圉胥靡婦人以爲舂酋此與司厲盜賊之奴入罪隸舂稾事相類若然圜土胥靡亦與罪隸略同故毛詩傳云以爲臣僕但此役於司圜與罪隸役於司隸二者微異耳云明刑書其罪惡於大方版著其背者卽司救注所云書其衺惡之狀著之背也方版詳內史疏

其能改者反于中國不齒三年

反於中國謂舍之還於故鄉里也司圜職曰上罪三年而舍中罪二年而舍下罪一年而舍不齒者不得以年次列於平民

疏注云反於中國謂舍之還於故鄉里也者反於舊本譌于今據蜀石經正注例皆作於也士冠禮注云反還也俞樾云中國者國中也昭二十五年公羊傳云非中國之禽也哀十四年傳曰非中國之獸也國語吳語曰必不須至之會也而以中國之師與我戰凡言中國者並猶國中也案俞說是也鄭意此反中國對出圜土言之謂罷民本所居鄉里若國邑之中也鄉里卽六鄉之里六鄉與城郭地相比故經云國中鄭卽以鄉里釋之蓋鄉士六鄉之獄在國中圜土雖與獄異亦當於國中爲之中國猶言國中反于中國謂舍出圜土任其往來於國中也賈疏引舜典有五宅三居謂彼不在中國則似以中國對外域言之非鄭恉也引司圜職已下者賈疏云見舍之遠近云不齒者不得以年次列於平民者詩鄘風蝃蝀敘箋云不齒者不與相長稚廣雅釋詁云齒年也謂不得與平民以年齒相列敘卽齊語所云罷士無伍也王制說不帥教者屏之遠方終身不齒注云齒猶錄也錄亦謂以年次相列敘與此注義相成也

其不

能改而出圜土者殺出謂逃亡[疏]其不能改而出圜土者殺者圜土罷民未入刑以其怙惡不悛又擅出圜土則入於大辟明其罪加重故施以刑也　注云出謂逃亡者謂繫期未滿未當舍而擅逃亡出圜土者也

以兩造禁民訟入束矢於朝然後聽之訟謂以財貨相告者造至也使訟者兩至既兩至使入束矢乃治之也不至不入束矢則是自服不直者也必入矢者取其直也詩曰其直如矢古者一弓百矢束矢其百个與[疏]以兩造禁民訟入束矢於朝然後聽之者於經例當作于石經及各本並誤賈疏云此弁下二經論禁民獄不使虛誣之事言禁者謂先令入束矢不實則沒入官若不入則是自服不直是禁民省事之法也詒讓案國語齊語云索訟者三禁而不可上下坐成以束矢韋注云索求也求訟者之情也三禁禁之三日使審實其辭也而不可上下者辭定不可移也坐成訟獄之坐已成也則訟者坐成以束矢入於朝乃聽其訟管子中匡篇云軍無所計而訟者成以束矢又小匡篇云無坐抑而訟獄者正三禁之而不直則入束矢以罰之並禁訟入束矢之遺制據管子所云蓋訟未斷之先則令兩入束矢既斷之後則不直者沒入其矢以示罰其直者則還其矢故淮南子氾論訓云齊桓公令訟而不勝者出一束箭明勝者不失矢矣　注云訟謂以貨財相告者者大司徒注云爭財曰訟賈疏云以對下文獄是相告以罪名也此相對之法若散文則通是以衞侯與元咺訟是罪名亦曰訟黃度云小曰訟大曰獄案黃說是也鄭說訟獄之義於經無塙證小司徒云民訟地訟不必皆爭財也士師云凡以財獄訟者正之以傅別約劑則爭財亦曰獄矣詩召南行露文章云何以速我獄末章云何以速我訟非一爭罪一爭財也凡獄訟對文者皆訟小而獄大本無爭財爭罪之別蓋凡以小事相爭者所競既小其罪甚輕不必具要辭直身至官贅之而已故經云

以兩造禁民訟明訟者身兩至卽足聽斷也以大事相告者所論既大其罪較重則不徒身至官必兼具要辭以備反覆抵冒故下經云以兩劑禁民獄明其必先入要辭文字不徒身兩至而已也然則獄訟者以其事之大小爲異束矢之入輕於鈞金亦其證矣云造至也者司門注義同書呂刑云兩造具備師聽五辭僞孔傳亦同鄭義云使訟者兩至者謂相與訟者兩人同至也呂刑僞孔傳說兩造云兩謂囚證則謂一囚一證舉一偏爲說非兩至之義書兩造史記周本紀集解引徐廣云造一作遭說文曰部云曹獄之兩曹也在廷東造曹遭並聲近字通蓋就訟者人兩至言之則曰造就其聽訟之地言之則曰曹在廷東蓋卽謂外朝之左近嘉石之地也云既兩至使入束矢乃治之也不至不入束矢則是自服不直者也者齊語韋注云兩人訟一人入矢一人不入則曲曲則服入兩矢乃治之與此義同云必入矢者取其直也者欲其訟無枉曲齊語韋注云矢取往而不反也說與鄭異引詩曰其直如矢者小雅大東文毛傳云如矢賞罰不偏也引之者證矢取直義云古者一弓百矢者賈疏云尚書文侯之命平王賜晉文侯及僖二十八年襄王賜晉文公皆云彤弓一彤矢百故知一弓百矢云束矢其百个與者說文東部云束縛也漢書刑法志顏注云个讀曰箇箇枚也案百个謂以矢百枚聚縛爲一束司弓矢注云每弓者一箙百矢則鄭意束矢卽一箙之矢也賈疏云彼是所賜此乃入官約同之故云與以疑之泮水詩云束矢其搜毛云五十矢爲束彼鄭從之者彼或據在軍矢數與受賜者異故從毛傳也詩魯頌泮水孔疏云荀卿議兵云魏氏武卒衣三屬之甲操十二石之弩負矢五十箇是一弩用五十矢荀則毛氏之師故從其言以五十矢爲束也詒讓案束矢之數毛與鄭不同鄭箋詩不破毛則鄭亦自無定說至毛鄭之後異義復有二家齊語韋注云十二矢爲束淮南子氾論訓高注亦云箭十二爲束也此據漢書匈奴傳云弓

一張矢四發顏注引服虔云發十二矢也韋昭云射禮三而止每射四矢故以十二爲一發也案高韋說束矢數似太少又鄉射大射二禮並以四矢爲束則爲數尤少皆非此經義

以兩劑禁民獄入鈞金三日乃致于朝然後聽之獄謂相告以罪名者劑今券書也使獄者各齎券書既兩券書使入鈞金又三日乃治之重刑也不券書不入金則是亦自服不直者也必入金者取其堅也三十斤曰鈞

【疏】入鈞金三日乃致于朝然後聽之者此亦謂獄未斷之先兩入鈞金既斷之後則不直者沒入金以示罰直者仍還其金故易噬嗑爲獄訟之象其九四爻辭云得金矢又六五云得黃金卽謂訟得直而歸其鈞金束矢也

注云獄謂相告以罪名者者大司徒注云爭罪曰獄今案獄者訟之大者也不必告以罪名詳前疏云劑今券書也者司約注義同小宰注云質劑今之券書也賈疏云小宰云聽賣買以質劑質人云大市以質小市以劑鄭小宰注云簿書之最目獄訟之要辭皆曰契則劑謂券書者謂獄訟之要辭若王叔氏不能舉其契是也案賈說是也劑卽獄訟之要辭蓋與今籍獄之責具結狀略相類此劑爲獄要猶遂人之下劑致甿爲役要雖爲券書而與小宰司市質人之質劑司盟之約劑並異也云使獄者各齎券書既兩券書使入鈞金又三日乃治之重刑也者賈疏云此聽爭罪之事與上聽訟有異此則各遺持劑之書契又入金不入矢三日乃致於朝者皆謂以獄事重於訟事故鄭云重刑也詒讓案既兩券書入鈞金仍不卽治之必待三日者容其自審計或悔而輟訟則可勿治也云不券書不入金則是亦自服不直者也者義亦與不入束矢同云必入金者取其堅也者物之堅者莫如金故取其義欲其不窳薄也與矢取直義相成此金與後職金之金罰並謂銅詳彼疏云三十斤曰鈞者㮚氏注義同說文金部云鈞三十斤也小爾雅廣衡云斤十謂之衡衡有半謂之秤

秤二謂之鈞淮南子天文訓云三十日爲一月故三十斤爲一鈞漢書律曆志云鈞者均也陽施其氣陰化其物皆得其成就平均也三十斤爲鈞者一月之象也並鄭所本呂刑五罰最輕者墨罰百鍰依冶氏注鍰爲六兩大半兩則百鍰爲金四十一斤十兩大半兩此治獄入鈞金未入五刑故視墨罰尚減四分之一也冶氏注又引東萊或以大半兩爲鈞則漢時俗語非此經之義又管子小匡篇云管子制小罪入金鈞分宥薄罪入以半鈞尹注亦用鄭義國語齊語作小罪讁以金分韋注云小罪不入於五刑者以金贖有分兩之差淮南子氾論訓云有輕罪者贖以金分高注亦云以金分出金贖罪輕重有分兩也案據小匡文則齊罰金有一鈞半鈞之差故亦謂之金分此經治獄入金則正以一鈞爲度抑或兼用金分之制要倍半皆以鈞計於文亦得通也

以嘉石平罷民

嘉石文石也尌之外朝門左平成也成之使善

疏 以嘉石平罷民者此治衺惡之罷民罪輕於入圜士者亦與司救爲官聯也以朝士所掌嘉石平罷民肺石達窮民事相次故不與圜土聚教罷民文相屬

注云嘉石文石也者說文壴部云嘉美也賈疏云以言嘉嘉善也有文乃稱嘉故知文石也欲使罷民思其文理以改悔自脩云尌之外朝門左者尌賈疏述注及蜀石經並作樹嘉靖本同宋附釋音本明放岳本宋注疏本並作尌案說文木部樹籀文作尌又壴部云尌立也經注例凡樹字咸不從籀文而瓬人廬人注並有尌字此注疑當與彼同但宋本作尌與釋文合今姑從之外朝門左謂庫門外外朝之東卽朝士云左嘉石是也云平成也者大司馬注同云成之使善者猶上圜土聚教罷民亦教之爲善使有所成也

凡萬民之有罪過而未麗於灋而害於州里者桎梏而坐諸嘉石役諸司空重罪旬有三日坐朞役其次九日坐九

月役其次七日坐七月役其次五日坐五月役其下罪三日坐三月役使州里任之則宥而舍之

有罪過謂邪惡之人所罪過者也麗附也未附於法未著於法也木在足曰桎在手曰梏役諸司空坐日訖使給百工之役也役月訖使其州里之人任之乃赦之宥寬也

【疏】凡萬民之有罪過而未麗于灋而害於州里者者罪當作辠凡經例用古字作辠注例用今字作罪前四篇並如是惟秋官冬官二篇經並作罪疑傳寫之誤詳甸師疏上于字石經誤於今據嘉靖本正下於字亦當作于石經及各本並誤州里據六鄉言之卽鄉師州長之州里也不及郊里以外者舉近足以晐遠其六遂公邑都鄙之民或各於長吏所治處坐役之不必皆坐於外朝之嘉石役於王國之司空也云重罪旬有三日坐朞役者王念孫云旬有三日坐三當爲二因下文三日坐而誤也朞役者十二月役以十二月則坐當以十二日猶下文九日坐九月役七日坐七月役五日坐五月役三日坐三月役也案王說是也朞稘之俗經通作期此疑後人所改詳賈人疏　注云有罪過謂邪惡之人所罪過者也者邪惡輕於過失卽司救所云凡民之有衺惡者彼注云衺惡謂侮慢長老語言無忌而未麗於罪者是也所罪過於義難通疑當作近罪過司救注亦云過失近罪近者未麗於罪之言也云麗附也者小司寇鄉士注並同論衡說日篇云麗者附也說文鹿部云麗旅行也艸部云蘢艸木相附麗土而生也麗卽蘢之叚字王制云郵罰麗於事注亦訓麗爲附又書呂刑云越茲麗刑詩小雅正月孔疏引鄭書注云麗施也施附義亦相近云未附於法未著於法也者此亦注用今用作法也小司寇注云附猶著也廣雅釋詁云蘢著也是麗卽附附卽著也司刑云掌五刑之灋以麗萬民之罪經云未麗於法法亦謂五刑之法蓋前罷民入圜土者罪已附於法以過失不施以

刑此坐嘉石者則尚未附於法耻其罪尤輕也云木在足曰桎在手曰梏者掌囚注義同彼釋文引說文云梏手械也所以告天桎足械也所以質地案今本說文木部文不及陸所引之備許說與鄭同賈疏云無正文見掌囚云上罪梏拲而桎拲謂兩手共一木梏與拲連言故知梏在手桎在足也廣雅云手閑之梏械足閑之桎械亦是手曰梏足曰桎易志冷剛問大畜六四童牛之梏元吉注巽爲木互體震震爲牛之足足在艮體之中艮爲手持木以就足是施梏又蒙初六注云木在足曰桎在手曰梏今大畜六四施梏於足不審桎梏手足定有別否荅曰牛無手故以足言之案今本廣雅釋器云杽謂之梏械謂之桎亦與賈所引異呂氏春秋孟秋紀高注云械在足曰桎在手曰梏左傳莊三十年杜注義同山海經海內西經云危與貳負殺窫窳帝乃梏之疏屬之山桎其右足此可證桎爲足械之說郭氏山海經注則云梏猶繫縛也桎械與鄭說異又掌囚釋文引張揖云參著曰梏偏著曰桎一切經音義引蒼頡篇同蓋謂手足皆著械謂之梏手著足不著或足著手不著則謂之桎與廣雅義復不同未詳所據云役諸司空坐日訖使給百工之役也者以司空掌百工之官故知役諸司空謂其坐日滿訖則罰給百工之役也云役月訖使其州里之人任之乃赦之者管子大匡篇云吾權任子以死生尹注云任保也以其本爲害於州里故役月訖必使州里之人保任其不復爲惡乃赦之使得相督察禁其怙惡也賈疏云仍恐習前爲非而不改故使州長里宰保任乃舍之以稍輕入鄉即得與鄉人齒亦無垂緌五寸之事也案注云州里之人即謂士民之同居州里者不必州里之吏也賈說未然云宥寬也者說文宀部文小司寇司刺注並同

以肺石達窮民

肺石赤石也窮民天民之窮而無告者

疏以肺石達窮民者此即朝士云右肺石樹之庫門外外朝之門右者也　注云肺石赤石也者賈疏云陰陽療疾法肺屬南方

火火色赤肺亦赤故知名肺石是赤石也必使之坐赤石者使之赤心不妄告也案賈謂五藏肺屬火者古尚書說也鄭駁異義從今尚書說肺屬金則不以爲火藏注訓肺石爲赤石者蓋以肺色本赤不謂五行屬火也賈說非五藏所屬詳疾醫疏云窮民天民之窮而無告者者據王制文謂孤獨矜寡下文惸獨老幼亦是也詳大司徒疏

凡遠近惸獨老幼之欲有復於上而其長弗達者立於肺石三日士聽其辭以告於上而罪其長

無兄弟曰惸無子孫曰獨復猶報也上謂王與六卿也報之者若上書詣公府言事矣長謂諸侯若鄉遂大夫

疏凡遠近惸獨老幼之欲有復於上而其長弗達者者於亦當作于石經及各本並誤下並同賈疏云言遠近者無有遠近畿外畿內之民皆有惸獨老幼之等謂長官不肯通達審知其貧困者故須復報於上如此之類是上窮民即來立於石也云士聽其辭者吳廷華云士朝士也云以告於上而罪其長者罪亦當作辠管子大匡篇云凡庶人欲通鄉吏不通七日囚士欲通吏不通五日囚貴人子欲通吏不通二日囚此即其長弗達而罪之之事

注云無兄弟曰惸者說文無惸字惟兮部云㝁㝁驚辭也重文惸㝁或从心惸疑㝁之俗體書洪範云無虐煢獨僞孔傳云煢單無兄弟也說文走部云趨獨行也讀若煢案惸煢並趨之叚字又作儝方言云儝特也楚曰儝小爾雅廣義云寡夫曰煢則與鰥訓同非此義云無子孫曰獨者王制云老而無子者謂之獨孟子梁惠王篇說同釋名釋親屬云老而無子曰獨獨隻獨也言無所依也賈疏云案王制唯云老而無子曰獨今兼云孫者無子有孫不爲獨故兼云無孫也云復猶報也者宰夫注義同云上謂王與六卿也者司書云凡上之用財用必攷于司會注云上謂王與冢宰此遠近窮民所晐甚廣故知通含六卿以王統邦國六卿長六官通關百職明肺石雖

掌於司寇而經窮民所復羣士所告不必專屬司寇也云報之者若上書詣公府言事矣者後漢書靈帝紀李注云公府三公府也王符潛夫論愛日篇云都縣既加冤枉州司不治令破家遠詣公府蓋漢時民閒有冤獄得詣公府上書自言故舉以爲況上書蜀石經作上鄉書鄉謂九鄉則與詣公府爲二事恐誤云長謂諸侯若鄉遂大夫者大宰注云長諸侯也其鄉遂有地治之吏亦與所屬民爲長賈疏云以畿外諸侯及畿內鄉遂大夫皆得爲長也若然不言三等采地之主及三公邑大夫者在長中可知故舉外內以包之也

正月之吉始和布刑于邦國都鄙乃縣刑象之灋于象魏使萬民觀刑象挾日而斂之

正月朔日布王刑於天下正歲又縣其書重之

【疏】正月之吉始和布刑于邦國都鄙者自此至職末並大司寇當官專領之職事所謂官常也始和和當讀爲宣詳大宰疏云乃縣刑象之灋于象魏使萬民觀刑象者凡周正建子月朔日大司寇布刑於天下即於是日縣刑象之法於象魏使萬民觀之刑象之法即上三典五刑及司刑五刑二千五百條之屬是也 注云正月朔日布五刑於天下者大宰布治注義同云正歲又縣其書者鄭以乃縣刑象之灋以下爲正歲夏正建寅月之事與小司寇云正歲則帥其屬而觀刑象者爲一然與經承正月之吉者不合其說非也亦詳大宰疏云重之者謂慎重其事故既布之又縣之布憲憲刑禁注云刑者王政所重故屨丁寧焉是也

凡邦之大盟約涖其盟書而登之于天府

涖臨也天府祖廟之藏

【疏】凡邦之大盟約者封人注云大盟明同之盟賈疏云謂王與諸侯因大會同而與盟所有約誓之辭云涖其盟書而登之于天府者將盟涖司盟爲其盟書既盟則以此盟書正本登於天府藏之左定四年傳說晉文公爲踐土之盟其載書藏在周府可覆視

也周府卽謂王之天府矣 注云涖臨也者天官世婦注同云天府祖廟之藏者天府云掌祖廟之守藏是也大史內史司
會及六官皆受其貳而藏之六官六卿之官也貳副也 疏 大史內史司會及六官皆受其貳而藏之者此
與五官及大史內史司會爲官聯也大史云凡邦國都鄙及萬民之有約劑者藏焉以貳六官此盟約亦邦國約劑之一也賈疏云大史
內史司會掌事皆與六卿同故皆有副貳盟辭而藏之擬相勘當也 注云六官六卿之官也者謂大宰等六官之正大司寇卽六正之
一蓋自涖登之復同受其貳而藏之云貳副也者詳小宰疏 凡諸侯之獄訟以邦典定之邦典六典也以
六典待邦國之治 疏 注云邦典六典也以六典待邦國之治者賈疏云案大宰職以典待邦國之治故邦國有獄訟之事來詣王府
還以邦典定之 凡卿大夫之獄訟以邦灋斷之邦法八法也以八法待官府之治 疏 凡卿大夫之獄
訟以邦灋斷之者命士有獄訟亦當以邦法斷之經不及士者文不具 注云邦法八法也以官法待官府之治者此亦注用今字作法
也賈疏云案大宰云以八法治官府是以卿大夫有獄訟還以邦之八法斷之若然大宰有八則治都鄙此不言都鄙有獄訟以八則斷
之者都鄙有獄訟都家之士告于方士治之故此不言也 凡庶民之獄訟以邦成弊之邦成八成也以官成
待萬民之治故書弊爲憋鄭司農云憋當爲弊邦成謂若今時決事比也弊之斷其獄訟也故春秋傳曰弊獄邢侯 疏 注云邦成八成
也以官成待萬民之治者賈疏云大宰云以官成待萬民之治是以庶民有獄訟還以邦成弊之八成者則小宰云一曰聽政役以比居
二曰聽師田以簡稽已下是也云故書弊爲憋鄭司農云憋當爲弊者徐養原云說文無憋字此與弊皆從敝聲故相假借列子力命篇

憝憝訓急速方言云鈕瘕憝惡也皆非此經之義云邦成謂若今時決事比也者賈疏云皆是舊法成事品式若今律其有斷事皆依舊事斷之其無條取比類以決之故云決事比也詒讓案王制云必察小大之比以成之注云小大猶輕重已行故事曰比漢之決事比蓋若今之事例漢書刑法志云律令凡三百五十九章大辟四百九條千八百八十二事死罪決事比萬三千四百七十二事顏注云比以例相比況也後漢書陳寵傳云寵爲鮑昱撰辭訟比七卷決事科條皆以事類相從又寵子忠傳云略依寵意奏上二十三條爲決事比以省請讞之敝惠棟云士師職云掌士之八成先鄭云行事有八篇若今之決事比則八成謂邦汋邦賊以下八事案以先鄭兩注互證之似當如惠說然經義實不如是蓋此邦典邦灋邦成並據大宰小宰所掌而言以斷獄訟時必據典法成以定其是非而典法成則不專爲刑法設也賈據小宰八成以釋此注得之先鄭似誤謂與士師八成爲一後鄭所不從也云弊之斷其獄訟也者明與上邦法文異義同大宰注云弊斷也云故春秋傳曰弊獄邢侯者左昭十四年傳晉邢侯與雍子爭鄐田叔魚攝理韓宣子命斷舊獄叔魚蔽罪邢侯杜注云蔽斷也此引蔽罪作弊獄疑先鄭所見本異國語晉語說此事云及蔽獄之日叔魚抑邢侯或先鄭兼取彼文此引之者證弊爲斷獄訟之義

大祭祀奉犬牲奉猶進也【疏】大祭祀奉犬牲者與五官爲聯事大司寇奉犬者以犬於五行屬金也詳敘官疏　注云奉猶進也者大司徒注同

若禋祀五帝則戒之日涖誓百官戒于百族戒之日卜之日也百族謂府史以下也郊特牲曰卜之日王立于澤親聽誓命受教諫之義也獻命庫門之內戒百官也大廟之內戒百姓也

【疏】若禋祀五帝者天神之大祀大宗伯云以禋祀祀昊天上帝上帝卽五帝之一也凡祀五帝與昊天上帝同用禋祀大宗伯注謂五

帝用實柴與此文悟非也詳大宗伯疏賈疏云禋祀五帝謂迎氣於
四郊及摠享五帝於明堂也詒讓案當亦兼夏正南郊詳大宰疏云
則戒之日涖誓百官戒于百族者賈疏云謂餘官誓百官之時大司
寇則臨之戒于百族者大司寇親自戒之其百官所戒者當大宰爲
之是以大宰云祀五帝前期十日帥執事而卜日遂戒故知大宰戒
百官也若然大宰云祀五帝則掌百官之誓戒大宰雖云掌百官誓
戒則親爲之誓則掌之而不親誓何者此司寇卑於大宰此云涖誓
百官豈司寇得臨大宰乎故知大宰掌之餘小官誓之司寇臨之也
案易祓王氏詳說並謂誓百官亦大宰親爲之是也大宰誓而大司
寇涖其事二官爲聯事不得以卑涖尊爲嫌賈謂大宰掌之餘小官
誓之不足據其地示人鬼之大祀亦當有涖誓百官及戒百族之事
故大宰說祀五帝卜戒之事下云祀大神示亨先王亦如之是也經
不偏舉者文略　注云戒之日卜之日也者大宰云前期十日卜日
遂戒注云既卜又戒百官以始齊是戒與卜同日事相因也凡卜皆
在祭前十日詳大宰疏云百族謂府史以下也者鄭意百族卽百姓
王祭祀庶民不得與府史以下諸庶人在官者與百姓同故以爲釋
族猶言屬國語楚語云在中軍王族而已韋注云族部屬也左成十
六年傳云欒范以其族夾公行孔疏引劉炫云族者屬也府史等亦
百官府之屬故亦謂之百族賈疏云以其王之百姓亦同大宰戒之
故知百族府史胥徒也引郊特牲云卜之王立于澤親聽誓命受教
諫之義也者此卽郊祀戒誓之事鄭彼注云澤澤宮也所以擇賢之
宮也既卜必到澤宮擇可與祭祀者因誓勑之以禮也云獻命庫門
之內戒百官也者彼注云王自澤宮而還重相申勑也庫門在雉門
之外入庫門則至廟門外矣百官公卿以下也賈疏云王自澤宮而
還入臯門至庫門之內大宰獻命命卽戒百官云大廟之內戒百姓
也者大舊本作太今據宋蜀本改內彼文作命注云大廟者祖廟也

百姓王之親也入廟戒親親也鄭引此文者欲見戒卜同日又見百族卽百姓然與彼注義小異司市先鄭注亦以百族爲百姓與此義異而說略同

及納亨前王祭之日亦如之納亨致牲 疏 及納亨前王者納亨卽納牲在祭日將明時祀五帝無二裸祭初未迎尸以前卽迎牲與廟亨異也前王謂步行在王前爲道引也云祭之日亦如之者謂薦明以後行正祭之事時詳大宰疏 注云納亨致牲者小司寇注同大宰云及納亨贊王牲事注云納亨納牲將告殺謂鄉祭之晨既殺以授亨人凡大祭祀君親牽牲大夫贊之又充人云碩牲則贊注云君牽牲入將致之助持之也蓋鄉祭之晨王親迎牲而納之於庭乃告致之於神而後殺而授亨人是既致牲乃授亨故通謂之納亨實則納致之時尚未亨也互詳大宰疏

奉其明水火明水火所取於日月者 疏 注云明水火所取於日月者者據司烜氏文義詳彼疏賈疏云奉此水火者水以配鬱鬯與五齊火以給爨亨也

凡朝覲會同前王大喪亦如之大喪所前或嗣王 疏 凡朝覲會同前王大喪亦如之者賈疏云朝覲不言大則四時朝也會同謂時見曰會殷見曰同此者皆司寇在王前爲導也其大喪亦如之亦導王也詒讓案小司寇云大賓客前王而辟后世子之喪亦如之彼大賓客卽朝覲會同然則大司寇但前王而不辟小司寇則前王又兼掌辟職卑則事彌勞也 注云大喪所前或嗣王者賈疏云以經云大喪是王喪復云前王明是嗣王也言或者大喪或是先后及王世子皆是大喪若先后及世子大喪則王爲正王也既言前王明以先后世子爲正故云或嗣王也凡大喪之禮有三大宰云大喪贊贈玉含玉大司馬云大喪平士大夫贈玉謂王喪大宗伯云朝覲會同則爲上相大喪亦如之注云王后世子及此大喪亦如之二者容有先后及后世子又宰夫云大喪小喪掌小官之戒令注云大

喪王后世子也小喪夫人以下然則大喪與小喪相連則不容有王喪案此經凡言大喪有專指王喪者有關后世子喪者后中又兼有
先后賓止二例賈謂有三非也凡經大喪無不兼王喪者宰夫大宗伯兩注文同賈意似謂宰夫注王后專屬后故云不容有王喪非鄭
恉也又案小司寇謂后世子之喪亦如大賓客前王而辟則疑大司寇專掌王喪小司寇專掌后世子之喪否則不宜王喪小司寇反不
前王而辟也然則此職大喪不當有后世子但注意未明或如賈說耳 大軍旅涖戮于社 社謂社主在軍者也鄭司
農說以書曰用命賞于祖不用命戮于社 疏 大軍旅涖戮于社者小司寇小師涖戮注云王不自出之師則此大軍旅是王自出在軍
也 注云社謂社主在軍者也者卽小宗伯大師立軍社是也云鄭司農說以書曰用命賞于祖不用命戮于社者此甘誓文今書不作
弗詳小宗伯疏墨子明鬼下篇云故聖王其賞也必於祖其僇也必於社賞於祖者何也告分之均也僇於社者何也告聽之中也此戮
必於社之義 凡邦之大事使其屬蹕 屬士師以下也故書蹕作避杜子春云避當為辟謂辟除姦人也玄謂蹕
止行也 疏 凡邦之大事者卽鄉士云大祭祀大喪紀大軍旅大賓客諸事凡王親與者皆是小司寇義同云使其屬蹕者蹕釋文作
趩云本亦作蹕阮元云說文走部曰趩止行也从走爲正字从足爲或體段玉裁云趩今本作蹕惟釋文從走與說文合周禮全書蹕字
皆轉寫失其正也 注云屬士師以下也者賈疏云見士師職云諸侯爲賓則帥其屬而蹕于王宮注云諸侯來朝若燕饗時士師云帥
其屬則士師以下上士中士下士皆蹕知者以此注云士師以下故也云故書蹕作避杜子春云避當為辟謂辟除姦人也者段玉裁云
杜從作避之本而改為辟丁晏云小司寇前王而辟先鄭云為王道辟除姦人士師王燕出入則前驅而辟後鄭云道王且辟行人孟子

行辟人可也趙注辟除人使卑辟尊可爲也故杜君讀避爲辟詒讓案說文辵部云避回也辟部云辟法也辟除爲辟法引申之義其字當作辟辟除而使人回避其字當作避左成五年傳晉伯宗辟重曰辟傳彼釋文上辟字音匹亦反下辟字音避最爲分析此經字當作辟而故書作避義亦得通杜以閽人小司寇士師鄉士遂士縣士訝士朝士野廬氏條狼氏諸職並作辟故依全經字例校定從辟而訓爲辟除閽人注云辟辟行人使無干也云玄謂蹕止行也者閽人注義同段玉裁云鄭君從今書作⿺走畢小司寇職大賓客前王而辟凡國之大事使其屬⿺走畢辟與⿺走畢並見知其制不同案段說是也閽人云凡外內命夫命婦出入則爲之辟大祭祀喪紀之事蹕宮門廟門亦辟蹕並見蓋辟者唯辟除姦人猶祭義云見老者則車徒辟左成三年傳齊侯戰敗入國辟女子皆是彼此相遇禁其干犯不干犯者自得行蹕爲止行則猶祭義云八十九十者東行西行者弗敢過西行東行者弗敢過蓋凡當道者人皆不得行二字義本異也

小司寇之職掌外朝之政以致萬民而詢焉一曰詢國危二曰詢國遷三曰詢立君外朝朝在雉門之外者也國危謂有兵寇之難國遷謂徙都改邑也立君謂無冢適選於庶也鄭司農云致萬民聚萬民也詢謀也詩曰詢于芻蕘書曰謀及庶民【疏】掌外朝之政以致萬民而詢焉者以五官正貳通例校之外朝之政上疑當有建邦二字朝士亦云掌建邦外朝之灋是其證也致萬民而詢卽鄉大夫國大詢于衆庶之事賈疏云外朝之職朝士專掌但小司寇既爲副貳長官亦與朝士同掌之耳故云掌外朝之政以致萬民案下文羣吏並在內而此經獨云致萬民者但羣吏在朝是常萬民不合在朝惟在大事及疑獄乃致之故特言之也　注云外朝朝在雉門之外者也者依後鄭五門三朝之說三詢之外朝當在庫門之

外此云在雉門外與閽人朝士注說不合疑誤沿先鄭五門雉門在
庫門外之說偶失刊易也玉海禮儀引三禮義宗謂天子三朝之外
別有此三詢之朝云雉門有兩觀觀外亦有詢事之朝在宗廟社稷
之閒通典賓禮遂謂周制天子有四朝蓋並爲此注所誤不足據也
江永云外朝在庫門外無宮室平時臣民得皆往來朝士職云凡得
獲貨賄人民六畜者委於朝告於士旬而舉之謂委於朝十日待來
識之者是凡民皆可至外朝矣孔廣森云皋門內之庭是爲外朝凡
民之出入城者得由於朝故縣法則萬民觀之詢衆庶則萬民造之
嘉肺之石民之罷者窮者至之左傳曰鄉喪自朝奔喪禮曰哭辟市
朝令朝在王宮之內尸柩衰絰何由而過乎案江孔說是也二鄭說
朝制異同詳閽人及朝士疏云國危謂有兵寇之難者呂氏春秋本
味篇高注云危難也江永云僖十五年晉陰飴甥言朝國人曰孤雖
歸辱社稷其卜貳圉詢立君也定八年衞靈公朝國人問叛晉哀元
年陳懷公朝國人問欲與楚欲與吳詢國危也詒讓案左僖十七年
傳邢人狄人伐衞圍菟圃衞侯以國讓父兄子弟及朝衆曰苟能治
之燬請從焉亦詢國危之事云國遷謂徙都改邑也者爾雅釋詁云
遷徙也國遷卽大卜大史所謂大遷是也賈疏云謂王國遷徙若殷
之盤庚遷殷之類若遷鄉大夫都邑不在詢限江永云盤庚出矢言
登進厥民太王屬耆老而告詢國遷也云立君謂無冢適選於庶也
者賈疏云冢適雙言案內則而言謂適后所生最長者爲冢若無冢
適后所生次冢以下爲適則適者非一若無適則於衆妾所生擇立
之衆妾生非一是以須與衆人共詢可否左昭二十六年傳云王后
無適則擇立長年鈞以德德鈞以卜王不立愛公卿無私古之制也
孔疏引何休左氏膏肓難年鈞以德之言云人君所賢下必從之焉
能使王不立愛也鄭荅云周禮小司寇掌外朝之政以致萬民而詢
焉其三曰詢立君其位王南鄉三公及州長百姓北面羣臣西面羣

吏東面小司寇以敘進而問焉如此則大衆之口非君所能掩是王不得立愛之法也是詢立君者使王不立愛所以示無私也惠士奇云昭二十五年左傳王子朝與敬王爭立求助於晉晉欲助之而莫知適立也乃使士景伯涖問於周士伯立於乾祭而問介衆由是遂絕子朝之使而戴敬王君子曰禮夫禮立君必詢萬民也案冡適亦詳大卜疏鄭司農云致萬民聚萬民也者大司馬注云致謂聚衆也周書皇門篇云百姓兆民用罔不茂在王庭卽外朝致萬民之事云詢謀也者鄉大夫注同引詩曰詢于芻蕘者大雅板文毛傳云芻蕘薪采者鄭箋云有疑者當與薪采者謀之案此引之證詢萬民雖賤亦在詢列也引書曰謀及庶民者洪範文民舊本並作人今依蜀石經正鄉大夫先鄭注引同今本作庶人者後人依僞孔本改非其舊也引之者亦證詢萬民之事詳鄉大夫疏

其位王南鄉三公及州長百姓北面羣臣西面羣吏東面羣臣卿大夫士也羣吏府史也其孤不見者孤從羣臣卿大夫在公後

【疏】其位者此天子外朝三詢之朝位也與司士治朝之朝位異金鶚云小司寇與朝士同掌外朝所言朝位皆同小司寇但言羣吏而不言公侯伯子男其文略耳小司寇詳其所詢之事而略其人朝士詳其人而略其所詢之事二文亦詳略互見云王南鄉三公及州長百姓北面者三公北面與射人司士治朝朝位同亦以爵貴特尊之使正與王相對也賈疏云案郊特牲君之南鄉荅陽之義也臣之北面荅君也三公臣中之尊北面屈之荅君之意案賈以北面爲屈說本崔靈恩其義未塙詳司士疏金鶚云上云致萬民而詢百姓卽萬民也朝士則謂之衆庶孟子言民爲貴外朝爲詢萬民而設故百姓北面正與王對可見王者重民之意也州長爲鄉遂之官與民最親率其民而至故與民同面位然則萬民亦鄉遂之民焉耳　注云羣臣卿大夫士也者以此三詢之朝與朝士

朝位同彼云左九棘孤卿大夫位焉羣士在其後與此羣臣西面位
正相當故知羣臣即卿大夫士也依彼經羣臣內又當兼有孤蓋此
職統孤卿大夫士言之故曰羣臣朝士殊士於孤卿大夫言之故別
曰羣士然則此羣臣足晐彼羣士矣中庸以羣臣別於大臣言之云
體羣臣則士之報禮重彼羣臣專據命士以下與此異也云羣吏府
史也者御僕及朝士注義並同金鶚云小司寇司刺別羣吏於羣臣
似羣吏爲府史胥徒不知羣臣是在朝之臣羣吏則鄉遂都鄙之官
也總之古者官即吏自秦漢以後始謂庶人在官者爲吏而吏與官
異矣又云大宰歲終令百官府各正其治下云三歲則大計羣吏之
治是羣吏即百官也小宰以官府之六敘正羣吏又以官府之六計
弊羣吏之治宰夫掌治朝之法敘羣吏之治皆以百官爲羣吏鄭注
以羣吏爲府史不知府史是庶人在官者諸經皆謂之庶人其職最
賤不得謂之羣吏案金氏謂羣吏非府史是也此職及司刺之羣吏
皆與羣臣對文朝士之羣吏亦對孤卿大夫及羣士言之則羣臣者
朝廷官府有職事之官也羣吏者鄉遂公邑都鄙之吏有地治之官
也大司馬注云羣吏鄉師以下小司徒云六鄉四郊之吏鄉大夫云
六鄉之吏族師云四閭之吏黨正遂大夫並云帥其吏即此所謂羣
吏也文王世子注亦云羣吏鄉遂之官義正與此同若大宰小宰諸
職之羣吏則通大小內外羣臣言之與此異也互詳大宰疏外朝之
位依朝士職東面尚有諸侯羣吏從諸侯之後者以其分地治民與
諸侯同且與羣臣別內外也州長亦羣吏而在三公後北面者以其
領百姓也云其孤不見者孤從羣臣者賈疏云案射人及司士孤位
皆西方東面北上今此獨在東方西面從羣臣之位者孤無職尊之
如賓恆在西但此三詢之朝即朝士所掌之位案朝士外朝云左九
棘孤卿大夫位焉羣士在其後右九棘公侯伯子男位焉羣吏在其
後面三槐三公位焉州長衆庶在其後以此故知孤從羣臣之位曲

禮孔疏云外朝孤與士辟諸侯故就東方西面同其位金鶚云孤卿
皆大臣鄭既以卿爲羣臣則孤亦可謂羣臣何謂不見乎案金說是
也云鄉大夫在公後者鄉舊本並誤鄉今依宋注疏本正賈疏云以
州長衆鄉之屬在公後又二鄉公一人明鄉大夫亦在公後可知也
每鄉大夫皆別命鄉爲之六鄉別也案鄭賈意州長在三公後則自
鄉大夫以下鄉遂之吏並在三公後故朝士注云州長鄉遂之官蓋
謂經舉州長實關衆鄉遂官也今案鄉遂都鄙之吏卽所謂羣吏東
面則鄉大夫自當與羣吏同東面不在公後若果鄉大夫亦在公後
則經何不以鄉大夫領百姓而
顧特舉州長乎鄭賈說亦失之

小司寇擯以敘進而問焉以衆輔志而弊謀

擯謂揖之使前也敘更
也輔志者尊王賢明也

疏小司寇擯者擯葉鈔釋文作賓注
同案賓卽擯之借字詳大宗伯疏
注云擯謂揖之使前也者擯儐之或體大宗伯王命諸侯則儐注
云儐進之也此義與彼同賈疏云此既在朝立定而問之明儐者無
別相見之禮故知以次一一揖之使前問之云敘更也者經例用古
字作敘注例用今字當作序此疑後人誤以經改注也說文攴部云
敘次第也廣雅釋詁云更遞也謂自三公以下各以爵秩尊卑次第
更遞進而問之云輔志者尊王賢明也者孟子梁惠王篇齊宣王曰
願夫子輔我志謂以衆論輔助王之志慮
贊其斷決卽使衆尊王賢明示不專己也

以五刑聽萬民之獄訟附于刑用情訊之至于旬乃弊之讀書則用灋

附猶著也故書附作付
訊言也用情理言之冀
有可以出之者十日乃斷之王制曰刑者侀也侀者成也一成而不
可變故君子盡心焉鄭司農云讀書則用法如今時讀鞫已乃論之

疏以五刑聽萬民之獄訟者佐大司寇聽獄訟於外朝也云附于刑
用情訊之者此卽鄉士遂士等所上獄訟其罪重附於五刑者乃

上於司寇司寇復以情訊之其罪輕未附於刑者則羣士自可專決不必上於司寇也賈疏云以囚所犯罪附於五刑恐有枉濫故用情
實問之使得真實云至于旬乃弊之者謂訊得其情猶必待旬日乃與羣士司刑同弊其罪也鄉士云司寇聽之斷其訟弊其獄于朝羣
士司刑皆在各麗其灋以議獄訟是先聽之謂之訊後斷之謂之弊其閑相距旬日欲其參酌詳議以求至當也云讀書則用灋者文王
世子孔疏云讀書讀囚人之所犯罪狀之書用法謂明其法律平斷其罪案孔說是也此讀書用法與弊之同日謂其獄訟既定則錄先
後訊辭及其所當之罪爲書使刑史對衆官讀因不反覆聽者亦無辯論則是情罪允當乃用法署其牘明刑定也鄉士云獄訟成士師
受中用法所以質其成而定其中以授士師也至於協日刑殺更在其後且非大小司寇所職其事不同賈疏謂行刑之時當讀刑書罪
狀則用法刑之非經義　注云附猶著也者後注及鞫人注義並同說文土部云坿益也引申爲坿著經典皆借附爲之毛詩小雅角弓
如塗塗附傳云附著也王制云附從輕注云附施也著與施義亦相近云故書附作付者後注同詳司市疏云訊言也者爾雅釋言文本
職後注及司刺注並同說文言部云訊問也廣雅釋言云言問也詩大雅皇矣執訊連連箋云訊言也執所生得者而言問之然則訊者
謂問其言也公羊僖十八年何注云上問下曰訊云用情理言之冀有可以出之者者以情理更重訊問之冀可附於輕比出其刑罪也
云十日乃斷之者宰夫注云旬十日也又大宰注云弊斷也此謂訊得其實仍遲之旬日乃斷其罪亦重刑之意也鄉士掌國中之獄訟
云旬而職聽于朝遂士掌四郊則二旬縣士掌野則三旬方士掌都家則三月而上獄訟于國然則羣士上獄於司寇地有遠近期限不
同而司寇之先訊後弊則一以旬日爲斷也書康誥云要囚服念五六日至于旬時丕蔽要囚僞孔傳云要囚謂察其要辭以斷獄既得

其辭服膺思念五六日至於十日至於三月乃大斷之言必反覆思念重刑之至也案書云旬時乃蔽者似卽通晐此經羣士弊獄之期鄉士旬遂士二旬縣士三旬方士三月言之抑或疑獄有不能遽斷者容不限以旬日與引王制曰刑者侀也侀者成也一成而不可變故君子盡心焉者鄭彼注云變更也賈疏云上刑爲法下侀爲著謂行刑著人身體又訓爲成者意取一成不可變死者不可復生斷者不可更續是其不可變也故君子盡心焉不可濫此釋用情訊之也鄭司農云讀書則用法如今時讀鞫已乃論之者此亦注用今字作法也說文卒部云𥷚窮治辠人也鞫卽𥷚之俗史記張湯傳訊鞫論報集解引張晏云鞫一吏爲讀狀論其報行也亦作鞫文王世子注云讀書用法曰鞫漢書刑法志遣廷史與郡鞫獄顏注引李奇云鞫窮也獄事窮竟也如淳云以囚辭決獄事爲鞫蓋漢時決獄事既窮竟先使吏讀所訊囚之罪狀而致論以法與周時讀書用法相類故先鄭舉以爲況文王世子注以用法爲鞫亦與先鄭說同此並不涉行刑之事賈疏謂鞫謂劾囚之要辭行刑之時讀已乃論其罪也則與二鄭義不合不足據也

凡命夫命婦不躬坐獄訟爲治獄吏褻尊者也躬身也不身坐者必使其屬若子弟也喪服傳曰命夫者其男子之爲大夫者命婦者其婦人之爲大夫之妻者春秋傳曰衛侯與元咺訟甯武子爲輔鍼莊子爲坐士榮爲大理

[疏]凡命夫命婦不躬坐獄訟者坐謂坐地也詳大司馬疏晏子春秋內篇襍上云晏子北面坐地曰嬰聞訟夫坐地又諫下篇云獄訟不席然則凡獄訟者皆不席而坐地矣　注云爲治獄吏褻尊者也者賈疏云古者取囚要辭皆對坐治獄之吏皆有嚴威恐獄吏褻尊故不使命夫命婦親坐云躬身也者爾雅釋詁文云不身坐者必使其屬若子弟也者賈疏云若取辭之時不得不坐當使其屬或子弟代坐也詒讓案左襄十年傳王叔陳生與伯輿爭政晉侯使士

匄平王室王叔與伯輿訟焉王叔之宰與伯輿之大夫瑕禽坐獄於王庭杜注云宰家臣瑕禽伯輿屬大夫使宰與屬大夫對爭曲直又僖二十八年傳注亦說王叔伯輿事云蓋今長吏有罪先驗吏卒之義此卽使屬代坐之事其爵卑者或無屬官則當使子弟代坐故鄭兼言子弟也引喪服傳曰命夫者其男子之爲大夫者命婦者其婦人之爲大夫之妻者者喪服經齊衰不杖期章云大夫之子爲世父母叔父母子昆弟昆弟之子姑姊妹女子子無主者爲大夫命婦者傳云大夫者其男子之爲大夫者也命婦者其婦人之爲大夫妻者也注云命者加爵服之名自士至上公凡九等君命其夫則后夫人亦命其妻矣案喪服傳云大夫此引作命夫者鄭依此經文改之喪服傳命夫婦不及士者彼據不降服者爲說詳內宰疏引春秋傳者僖二十八年左傳文衛侯殺弟武叔元咺訴於晉晉文公會諸侯于溫以討之彼文大理作大士大司徒注引亦作士疑此誤杜注云大士治獄官也周禮命夫命婦不躬坐獄訟元咺又不宜與其君對坐故使鍼莊子爲主又使衛之忠臣及其獄官質正元咺釋文云嚴左傳作莊案漢書明帝名莊改爲嚴賈疏云引之者證命夫命婦不身坐獄訟之事若然元咺甯子鍼莊子皆大夫得坐訟者大夫身不得與士坐訟若兩大夫或代君皆得坐無嫌以是衛侯不得坐使莊子與元咺對坐也若然觀此文命夫命婦惟據大夫不通士案內宰云佐后使治外內命婦先鄭云外命婦卿大夫之妻後鄭云士妻亦爲命婦又閽人云凡外內命夫命婦注內命夫卿大夫士之在宮中者如是士及士妻亦得爲命夫命婦者彼皆據王臣而言王之士有三命二命一命皆得王命此文兼諸侯臣子男士則不命以是此文命夫命婦惟據大夫爲文不通士也案賈謂王臣士以上得爲命夫命婦是也肆師注說內命男亦關卿大夫士與內宰閽人注同吳廷華蔣載康並謂王一命之士以上皆不躬坐獄亦足輔賈義若然此注

不及士者鄭依喪服成文偶未析別耳惟據王叔與伯與不身坐則兩大夫獄訟亦當不坐賈謂兩大夫得坐則失之凡王之

同族有罪不即市鄭司農云刑諸甸師氏禮記曰刑于隱者不與國人慮兄弟疏凡王之同族有罪不即市者罪

當作皐掌囚云凡有爵者與王之同族奉而適甸師氏以待刑殺此不及有爵者蔣載康云上章以命夫命婦該王族此章以王族該命

夫命婦皆互文　注鄭司農云刑諸甸師氏者據甸師及掌囚文引禮記曰刑于隱者不與國人慮兄弟者文王世子文引之者證不即

市之義亦詳甸師疏以五聲聽獄訟求民情疏以五聲聽獄訟求民情者五聲八辟三刺等並小司寇之官法

也賈疏云案下五事惟辭聽是聲而以五聲目之者四事雖不是聲亦以聲爲本故也案呂刑云惟貌有稽在獄定之後則此五聽亦在

要辭定訖恐其濫失更以五聽觀之以求民情也詁讓案此五聲亦謂之五聽荀子成相篇云五聽修領楊注云折獄之五聽也一

曰辭聽觀其出言不直則煩疏注云觀其出言不直則煩者賈疏云直則言要理深虛則辭煩義寡二曰色聽觀其

顏色不直則赧然疏注云觀其顏色不直則赧然者說文色部云色顏气也賈疏云理直則顏色有厲理曲則顏色愧赧小爾雅云

不直失節謂之慙愧面慚曰赧心慙曰恧體慙曰慘詁讓案說文赤部云赧面慙赤也孟子滕文公篇觀其色赧赧然趙注云赧赧面赤

心不正之貌大戴禮記文王官人篇有觀色之法義亦通於此三曰氣聽觀其氣息不直則喘疏注云觀其氣息不直則喘

者說文口部云喘疾息也釋名釋疾病云喘湍也湍疾也氣出入湍疾也案大戴禮記文王官人篇有視中之法云以其聲處其氣其說

甚詳義亦通於此賈疏云虛本心知氣從內發理既不直吐氣則喘四曰耳聽觀其聽聆不直則惑疏注云觀其聽聆不直

則惑者說文耳部云聆聽也賈疏云尚書云作德心逸日休作僞心勞日拙聆其事直聽物明審其理不直聽物致疑

五曰目聽觀其牟子視不直則眊然【疏】注云觀其牟子視不直則眊然者釋文云眊本又作旄案說文目部云眊目少精也旄卽眊之叚字牟俗作眸孟子離婁篇云胷中正則眸子瞭焉胷中不正則眸子眊焉趙注云眸子目瞳子也眊者蒙蒙目不明之貌卽鄭所本賈疏云目爲心視視由心起理若直實視眄分明理若虛陳視乃眊亂

以八辟麗邦灋附刑罰辟法也杜子春讀麗爲羅玄謂麗附也易曰日月麗于天故書附作付附猶著也【疏】以八辟麗邦灋附刑罰者大司寇云凡鄉大夫之獄訟以邦灋斷之注云邦灋八法也此八辟所議百官府爲多故亦以邦法麗之賈疏云案曲禮云刑不上大夫鄭注云其犯法則在八議輕重不在刑書若然此八辟爲不在刑書若有罪當議議得其罪乃附邦法而附于刑罰也詒讓案依曲禮注義蓋凡入八議限者輕罪則宥重罪則改附輕比仍有刑也史記五帝本紀集解引舜典五宅三居馬融注云謂在八議君不忍刑宥之以遠五等之差亦有三等之居大罪投四裔次九州之外次中國之外舜典孔疏引王肅說同則謂凡在八議者悉入流宥之科然此經無文鄭書注亦不從馬說又司刑疏引左傳文十八年九刑賈服注以爲正刑一加之以八議案此經本無九刑之名以正刑一配八議爲九義亦未允　注云辟法也者鄉師注同謂議刑之法有八也云杜子春讀麗爲羅者羅蜀石經作罹惠棟云麗者離也離猶罹也洪範云不罹于咎史記引作離尚書大傳引作麗古字並通段玉裁云杜易字鄭不易字羅今之罹字也詒讓案罹俗字說文所無古止作羅此八辟是未入刑法者不當言羅故後鄭不從云玄謂麗附也者大司寇注同引易曰日月麗于天者離彖辭王弼本于作乎汪道昆本及注疏本亦並作乎蜀石經及宋本嘉靖本

並作于與注字例亦不合未知孰是彼上文云離麗也李氏集解引荀爽云陰麗於陽相附麗也是彼麗亦訓附故引以爲證云故書附作付附猶著也者前注並同

一曰議親之辟 鄭司農云若今時宗室有罪先請是也

疏 一曰議親之辟者廣雅釋詁云議謀也謂謀議其罪從輕比也左昭六年傳云昔先王議事以制不爲刑辟易中孚象辭云君子以議獄緩死八辟皆不用恆法故須聽時議之漢書刑法志謂之八議親者漢志顏注云王之親族也掌戮注云親緦服以內也賈疏云親謂五屬之內及外親有服者皆是議限親不假貴故賢能及功勤若貴亦不假餘賢能之等各據一邊則得入議假令旣有親兼有餘事亦不離議限 注鄭司農云若今時宗室有罪先請是也者惠棟云漢書平帝紀元始元年令公列侯嗣子有罪耐以上先請續漢書百官志云宗室若有犯法當髡以上先請宗正宗正以聞乃報決

二曰議故之辟 故謂舊知也鄭司農云故謂故舊不遺則民不愉

疏 注云故謂舊知也者國策秦策高注云故舊也賈疏云此故舊據上爲言是以大宗伯注故舊朋友謂共在學者若伐木詩亦是故友之類鄭司農云故舊不遺則民不愉者論語泰伯篇文彼文愉作偸集解引包咸云君能不遺忘其故舊行之美者則民皆化之不偸薄案說文女部云媮薄也愉卽媮之借字今論語作偸者媮之俗體說文所無此引之者證議故卽不遺故舊之意

三曰議賢之辟 鄭司農云若今時廉吏有罪先請是也玄謂賢有德行者

疏 注鄭司農云若今時廉吏有罪先請是也者惠棟云漢書宣帝黃龍元年詔曰舉廉吏誠欲得其真也吏六百石位大夫有罪先請云玄謂賢有德行者者鄉大夫注義同

四曰議能之辟 能謂有道藝者春秋傳曰夫謀而鮮過惠訓不倦者叔向有焉社稷之固也猶將十世宥之以勸能者今壹不免其身以棄社稷不亦惑乎

疏 注云能謂

有道藝者者鄉大夫注義同惠棟云說文网部曰罷遣有辠也从网能言有賢能而入网即貰遣之周禮曰議能之辟是也引春秋傳者賈疏云左氏襄二十一年叔向被囚祁奚作此辭以告范宣子使赦小罪存大能引之者證以能議也

五曰議功之辟謂有大勳力立功者【疏】注云謂有大勳力立功者者賈疏云此即司勳所掌王功國功之等皆入此功也

六曰議貴之辟鄭司農云若今時吏墨綬有罪先請是也【疏】注鄭司農云若今時吏墨綬有罪先請是也者賈疏云先鄭推引漢法墨綬爲貴若據周大夫以上皆貴也墨綬者漢法丞相二千石金印紫綬御史大夫二千石銀印黃綬縣令六百石銅印墨綬是也孔廣森云宣帝紀曰吏六百石位大夫有罪先請此漢舊法也世祖建武三年始詔令吏不滿六百石下至墨綬長相有罪皆得先請前漢劉屈氂傳云司直吏二千石當先請柰何擅斬之惠棟云蔡邕橋公碑云遷齊相臨淄令賂財贓多罪正受鞫就刑竟以不先請免官

七曰議勤之辟謂憔悴以事國【疏】七曰議勤之辟者謂命士以下凡不在議貴之科者則又有此法以念其勤勞官事也汪德鉞云勤指小吏言此與大宰職八統相應八統一曰親親此亦曰議親二曰敬故此亦曰議故三曰進賢此亦曰議賢四曰使能此亦曰議能五曰保庸此亦曰議功六曰尊貴此亦曰議貴八曰禮賓此亦曰議賓獨七曰達吏此曰議勤蓋國家勞勸之役皆小吏受之其服勤最久者亦有以宥之也故鄭注達吏謂舉勤勞之小吏其說最確案汪說是也此議勤者其人既非親貴又無賢能功可紀但以校年積勞宜蒙甄錄故雖卑官小吏亦得與優議之典猶之司士以久奠食與德能功同其詔論矣

注云謂憔悴以事國者詩小雅北山云或盡瘁事國左昭七年傳引作或憔悴事國楚辭離世王注云憔悴憂也爾雅釋詁云勤勞也憔悴以從國事是勤勞之事故引以爲說

曰議賓之辟謂所不臣者三恪二代之後與疏八曰議賓之辟者謂賓恪諸侯來朝王待以殊禮或犯法則別議之也大宰八統禮賓注云賓客諸侯則平諸侯亦得爲賓此注專舉三恪二代之後蓋謂平諸侯有罪當入議貴之科與彼義微異也　注云謂所不臣者三恪二代之後與者謂黃帝堯舜之後爲三恪夏殷之後爲二代通爲國賓也左襄二十五年傳云昔虞閼父爲周陶正我先王賴其利器用也與其神明之後也庸以元女大姬配胡公而封諸陳以備三恪杜注云周得天下封夏殷二王後又封舜後謂之恪并二王後爲三國其禮轉降示敬而已故曰三恪郊特牲云天子存二代之後猶尊賢也尊賢不過二代孔疏云案異義公羊說存二王之後所以通天三統之義引此文古春秋左氏說周家封夏殷二王之後以爲上公封黃帝堯舜之後謂之三恪許慎謹案云治魯詩丞相韋玄成治易施讎等說引外傳曰三王之樂可得觀乎知王者所封三代而已不與左氏說同鄭駁之云所存二王之後者命使郊天以天子之禮祭其始祖受命之王自行其正朔服色恪者敬也敬其先聖而封其後與諸侯無殊異何得比夏殷之後如鄭此言公羊自據二王之後左氏兼論三恪義不乖異也賈疏云案樂記云武王克殷反商未及下車而封黃帝之後於薊封帝堯之後於祝封帝舜之後於陳下車而封夏后氏之後於杞殷之後於宋此皆自行當代禮樂常所不臣爲賓禮禮之故爲賓也案孔賈說深得鄭恉通典賓禮引崔靈恩說同據五經異義則左氏舊說亦正如是杜預轉據韋玄成施讎等說以舜後并二代數之爲三恪與鄭義異不足據也白虎通義王者不臣篇云王者所不臣者三何也謂二王之後妻之父母夷狄也不臣二王之後者尊先王通天下之三統也詩云有客有客亦白其馬謂微子朝周也尚書曰虞賓在位不臣丹朱也不臣妻父母何妻者與己一體恭承宗廟欲得其歡心上承先祖下繼萬世信於

無窮故不臣也春秋曰紀季姜歸于京師父母之於子雖爲王后尊不加於父母知王者不臣也又譏宋三世內娶於國中謂無臣也夷狄者與中國絕域異俗非中和氣所生非禮義所能化故不臣也尚書大傳曰正朔所不加卽君子所不臣也案班氏所說王者不臣有三其不臣夷狄爲外絕域異俗非所賓敬也王之妻父當在議親之科故鄭唯舉三恪二代之後爲說

以三刺斷庶民獄訟之中 中謂罪正所定 疏 以三刺斷庶民獄訟之中者司刺所掌以贊司寇聽獄訟者也王制云司寇正刑明辟以聽獄訟必三刺蓋於司寇聽之之日亦於皋門之外朝致衆而訊之與三詢之位同王與三公六卿咸與其事鄉士云若欲免之則王會其期是也通典賓禮云外朝之法朝有疑獄王集而聽之故禮云王會三公會其期者三刺問以定其法案杜說是也凡平時聽獄訟自是司寇專職訊鞫論斷蓋有恆法羣士司刑不出本屬自非疑難不決不必備此三刺故王制又云疑獄氾與衆共之明必疑獄乃有與羣臣羣吏萬民共訊議之法矣此與上八辟皆於常法之外別爲愼恤之典但八辟止於親貴而三刺則通於庶民故經據庶民言之賈疏謂當是罪定斷訖乃向外朝始行三刺與王制義不合非也 注云中謂罪正所定者淮南子主術訓高注云中正也書呂刑云士制百姓于刑之中又云咸庶中正其刑其罰其審克之是中正義相成也大戴禮記千乘篇云司寇司秋以聽獄訟以民之煩亂執權變民中鄭意獄訟平斷恐其有偏頗故以三刺之法求其中正以定其罪是謂之中也孔廣森云國語左執鬼中韋昭曰執謂把其錄籍然則獄訟之中亦具錄籍若今秋審招冊也天府治中之中與此同義案孔說是也斷獄訟必協於中正因之獄訟之成卽謂之中此云獄訟之中下文云登中于天府及鄉士遂士縣士方士之受中並謂獄訟成要之簿書亦詳天府疏

一曰訊羣臣二曰訊羣

吏三曰訊萬民刺殺也三訊罪定則殺之訊言也疏一曰訊羣臣者亦通孤卿大夫士言之詳前云二曰訊羣吏者亦謂鄉遂公邑都鄙之官賈疏謂庶人在官者非也詳前疏　注云刺殺也三訊罪定則殺之者敘官注同此對司刺三宥為名明刺宥兩有不可豫定也賈疏云但所刺不必是殺餘四刑亦當三刺直言殺者舉法重者而言其實皆三刺是以下文云聽民之所刺宥以施上服下服之刑是兼輕重皆刺也云訊言也者前注同謂言問其當殺當宥　聽民之所刺宥以施上服下服之刑宥寬也民言殺殺之言寬寬之上服劓墨也下服宮刖也疏注云宥寬也者詳大司寇疏云民言殺殺之言寬寬之者三訊先羣臣羣吏而經言刺宥並聽之民者舉衆言之王制云衆疑赦之所謂民言寬寬之也云上服劓墨也下服宮刖也者司刺注同惟彼云上服殺與墨劓也此無殺者疑文有闕挩非其舊也書舜典云五刑有服僞孔傳云服從也賈疏云墨劓施于面故為上服宮刖施於下體故為下服惠士奇云呂刑上刑適輕下服下刑適重上服輕重諸罰有權服問曰罪多而刑五喪多而服五上附下附列也然則服讀為附附之上下如喪之輕重矣或從重而輕或從輕而重上附下附皆有等比服問所謂列猶呂刑所謂權禮記服作附王制曰附從輕小司寇八辟亦曰麗邦法附刑罰附者律之比例所謂上下比辠必察小大之比以成之者也呂飛鵬云呂刑傳曰重刑有可以虧減則之輕服下罪一人有二罪則之重而輕幷數蓋以重刑釋上刑以輕刑釋下刑對上刑言之曰下服是輕於上刑也對下刑言之曰上服是重於下刑也上服下服當以罪之重輕為上下鄭注大傳云數罪以上一罪刑之是鄭解下刑適重上服與傳同也案惠呂說本王安石王昭禹鄭鍔易祓正此注之誤吳廷華方苞姜兆錫梁玉繩蔣載康莊有可說並同惠釋服為附義亦得通上服下服猶言

上刑下刑輕重之辭也依呂刑五刑五罰之差說之則大辟爲上次宮次刖次劓墨爲下鄭此注以刑之所加於體之上下釋之非經義
也及大比登民數自生齒以上登于天府大比三年大數民之衆寡也人生齒而體備男八月
而生齒女七月而生齒【疏】及大比登民數自生齒以上登于天府者自此至職末並小司寇之官常也三年大比司民登民數大司
寇受之以獻於王而登於天府小司寇咸與其事也互詳司民疏注云大比三年大數民之衆寡也者小司徒及三年則大比注云大
比謂使天下更簡閱民數及其財物也此小司寇唯主登民數故注不及簡閱財物云人生齒而體備男八月而生齒女七月而生齒者
司民注義同賈疏云按家語本命男子八月生齒八歲而齔齒女子七月而生齒七歲而齔齒男子陽得陰而生得陰而落女子陰得陽
而生得陽而落故得男偶女奇也案家語文本大戴禮記本命篇詳司厲疏內史司會冢宰貳之以制國
用人數定而九賦可知國用乃可制耳【疏】內史司會冢宰貳之者小司寇與此三官爲官聯也賈疏云內史掌八柄之等司會主計
會冢宰所主兼設故皆取副貳民數簿書云以制國用者賈疏云得民數乃制國用以其國用出於民故也注云人數定而九賦可知
國用乃可制耳者鄭以國用出於賦即大宰之九賦謂口賦也故以人數定言之案九賦乃田賦非口賦但以計口受田之法校之則九
賦亦自與民數有關注義自可通也口賦詳大宰疏小祭祀奉犬牲奉猶進也【疏】小祭祀奉犬牲者賈疏云大祭祀自
大司寇奉犬牲若小祭祀王玄冕所祭則小司寇奉進犬牲也注云奉猶進也者大司徒注同凡禋祀五帝實鑊
水納亨亦如之納亨致牲也其時鑊水當以洗解牲體肉【疏】凡禋祀五帝者詳大司寇疏云實鑊水者五帝用特牲此

官涖亨人實其牛鑊之水也　注云納亨致牲也者大司寇注同賈疏云謂將祭鄉祭之晨實以水亨牲也云其時鑊水當以洗解牲體肉者以既納牲告致之遂殺而解其骨體須用鑊水洗其垢穢乃授亨人也賈疏云鄭知實鑊水爲洗解牲肉者以下云納亨亦如之是實鑊水亨煑肉故知此是洗肉也封人云共其水稾亦謂洗牲肉也盧文弨云通考引此時作實據疏本作實字黃丕烈亦云實誤時此覆舉經文當訂正

大賓客前王而辟　鄭司農云小司寇爲王道辟除姦人也若今時執金吾下至令尉奉引矣

疏　大賓客前王而辟者大司寇云凡朝覲會同前王此大賓客即朝覲會同之等前王亦贊大司寇也賈疏云下士師云諸侯爲賓帥其屬蹕於王宮饗燕時此小司寇爲王辟亦謂於宮中饗燕在寢及廟時也　注鄭司農云小司寇爲王道辟除姦人也者前王爲道辟爲辟除姦人也詳大司寇疏云若今時執金吾下至令尉奉引矣者文選西京賦薛注云奉引謂引道者惠棟云續漢輿服志云乘輿大駕公卿奉引大僕御大將軍參乘乘輿灋駕八卿不在鹵簿中河南尹執金吾雒陽令奉引奉車郎御侍中參乘

后世子之喪亦如之

疏　后世子之喪亦如之者賈疏云謂后世子之喪當朝廟之時王出入亦前王而辟也

小師涖戮　小師王不自出之師

疏　注云小師王不自出之師者對大司寇大軍旅涖戮于社及大宗伯大司馬大師爲王自出之師也賈疏云謂王不自出使卿大夫出軍閫外之事將軍裁之軍將有所斬戮於社主前則小司寇涖戮也

凡國之大事使其屬蹕　屬士師以下

疏　凡國之大事使其屬蹕者亦贊大司寇也國小事無蹕文者蓋小官所掌不受命於司寇也　注云屬士師以下者大司寇注同

孟冬祀司民獻民數於王王拜受之以圖國用而進退之　司民星名

謂軒轅角也小司寇於祀司民而獻民數於王重民也進退猶損益也國用民衆則益民寡則損【疏】孟冬祀司民獻民數於王者於經例當作于石經及各本並誤孟冬謂夏之孟冬也通典吉禮謂周制立冬後亥日祀司民於國城西北蓋誤據北周制不足馮也賈疏云前文大比登民數於天府據三年大比而言此則據年年民數皆有增減於孟冬春官祭司民之時小司寇以民數多少獻於王也云王拜受之者拜經例用古字當作擽石經及各本並誤詳大祝疏此亦重民也賈子新書禮篇云受計之禮王所親拜者二聞生民之數則拜之聞登穀則拜之　注云司民星名謂軒轅角也者天府注義同云小司寇於祀司民而獻民數於王重民也者以民爲邦本故於祭司民之日獻民數之版籍於王使王知生齒之殷耗皆所以重民也云進退猶損益也者說文辵部云進登也廣雅釋詁云退減也登益與進減損與退義並相成故云進退猶損益也云國用民衆則益民寡則損者賈疏云國家所用財物由民上而來是以國用多少要由民衆寡故民衆則益豐用之民寡則損儉用之

歲終則令羣士計獄弊訟登中于天府

上其所斷獄訟之數【疏】歲終則令羣士計獄弊訟者此小司寇之官成也歲終謂夏之季冬詳宰夫疏賈疏云羣士謂鄉士遂士以下皆是詒讓案此羣士謂衆刑官疑當含有士師與下文及朝士之羣士並異必於歲終者大戴禮記盛德篇云故季冬聽獄論刑者所以正法也管子立政篇云季冬之夕君自聽朝論罰罪刑殺亦終五日並與此經合云登中于天府者天府云凡官府鄉州都鄙之治中受而藏之以詔王察羣吏之治此獄訟之中亦治中之一也周書嘗麥篇記王命大正正刑書及奠中受中之事而云大史乃藏之盟府以爲歲典彼歲典即歲終登中天府之典藏盟府者蓋天府所登獄訟之中大史司盟亦貳之也惟彼大正當即大司寇而此經大司寇不云掌

中蓋文不具疑登中之禮秋官正貳咸涖其事矣賈疏云必登獄訟之書於祖廟天府者重其斷刑使神監之　注云上其所斷獄訟之數者亦訓弊爲斷也國語周語云司寇協姦韋注云司寇刑官也掌合姦民以知死刑之數此云計獄弊訟卽協姦之事也

正歲帥其屬而觀刑象令以木鐸曰不用灋者國有常刑令羣士羣士遂士以下

【疏】正歲帥其屬而觀刑象者此小司寇正歲建寅之月縣刑象使百官觀與大司寇正月縣刑象使萬民觀者異鄭大司寇注亦合二者爲一非也詳大司寇及大宰疏　注云羣士遂士以下者上注云屬士師以下明此令羣士不關彼二士與上令羣士異也賈疏云此所戒應六官各應其所掌知羣士是遂士以下者以其鄉士已入帥其屬中遂士縣士方士訝士等雖是六十官之屬以其主六遂以外漸遠恐不在屬中故經特云令羣士明羣士是遂士以下可知

乃宣布于四方憲刑禁宣偏也憲表也謂縣之也刑禁士師之五禁

【疏】乃宣布于四方憲刑禁者易祓以上文令羣士屬此讀王應電云鄉大夫令羣吏考法于司徒各憲之于所治與此同意可知羣士應聯下讀姜兆錫亦引小司徒令羣吏憲禁令爲證並較鄭讀爲長賈疏云此所宣布則布憲所云者是也此官主之彼乃布之事相成也　注云宣偏也者爾雅釋言文云憲表也者敘官注同云謂縣之也者小宰注義同云刑禁士師之五禁者士師五禁皆以木鐸徇之于朝書而縣于門閭事與此相應此憲卽書縣故知刑禁亦卽彼五禁也

乃命其屬入會乃致事得其屬之計乃令致之於王

【疏】乃命其屬入會乃致事者此小司寇之官計也入會致事蓋遂家上歲終爲文大宰云歲終則令百官各正其治受其會聽其致事而詔王廢置小宰云歲終則令羣吏致事大司徒云歲終則令教官上治而致事小司徒云歲終羣

吏正要會而致事是諸官受會致事皆在歲終王應電李光坡姜兆錫方苞莊有可並謂此命入會致事當在歲終是也姜又引士師歲終則令正要會爲證尤塙致事詳小宰疏　注云得其屬之計乃令致之於王者大司徒注云會計也刑官之歲會當亦冢宰先聽之攷其得失而後致之王以詔廢置也

周禮正義卷六十六

瑞安孫詒讓學

士師之職掌國之五禁之灋以左右刑罰一曰宮禁二曰官禁三曰國禁四曰野禁五曰軍禁皆以木鐸徇之于朝書而縣于門閭左右助也助刑罰者助其禁民爲非也宮王宮也官官府也國城中也古之禁書亡矣今宮門有符籍官府有無故擅入城門有離載下帷野有田律軍有囂讙夜行之禁其觕可言者

疏掌國之五禁之灋者五禁五戒等竝士師之官法也此五禁與大司寇五刑相當惟彼有鄉刑無宮刑與此錯互者宮中之刑賅於國而禁異鄉中之禁通於野而刑亦異故刑禁不盡同也云四曰野禁者城郭外田野之禁呂氏春秋上農篇云庶人不冠弁娶妻嫁女享祀不酒醴聚衆農不上聞不敢私籍於農爲害於時也然後制野禁苟非同姓農不出御女不外嫁以安農也野禁有五地未辟易不操麻不出糞齒年未長不敢爲園囿量力不足不敢渠地而耕農不敢行賈不敢爲異事爲害於時也然後制四時之禁山不敢伐材下木澤人不敢灰僇繯網罝罦不敢出於門罛罟不敢入於淵澤非舟虞不敢緣名爲害其時也若民不力田墨乃家畜惠士奇云呂飛鵬竝引此以證野禁是也惠氏又云士師野禁亦曰道禁野廬氏掌之橫行徑踰蓋其一也云五曰軍禁者軍旅之禁云書而縣于門閭者縣唐蜀石經竝作懸懸卽縣之俗今從釋文及宋本書於版而表縣之卽小司寇之憲刑禁也賈疏云爾雅云巷門謂之閎則縣於處處巷門使知之惠士奇云晏子曰君子有道縣之閭士師五禁書而縣于門閭以此 注云左右助也者

爾雅釋詁云左右助勴也云助刑罰者助其禁民爲非也者猶下五戒云無使罪麗於民也五禁及刑罰皆禁民爲非但刑罰治之於麗罪之後五禁則豫設條目遏之於未犯之前故縣之門閭助司寇刑罰之灋王制所謂執禁以齊衆也云宮王宮也者據皋門以內亦兼后宮也云官官府也者謂朝廷治事之處大宰以八法治官府注云百官所居曰府案官與府通故官府亦省稱官也云國城中也者鄉大夫注云國中城郭中也此單云國亦得爲城中者別於野禁言之知爲國城中也云古之禁書亡矣者周時五禁當有專書漢時已亡也云今宮門有符籍者證周之宮禁也宮正掌王宮之戒令糾禁幾其出入先鄭注云幾其出入若今時宮中有罪禁止不得出亦不得入及無引籍不得入宮司馬殿門也此符籍即引籍之屬云官府有無故擅入者證周之官禁也謂非當官有職事者不得擅入云城門有離載下帷者證周之國禁也賈疏云謂在車離耦耦載而下帷恐是姦非故禁之案離載下帷蓋漢律文今無可攷賈說亦不憭以意求之離蓋當讀爲曲禮離坐離立之離鄭彼注云離兩也即賈所云耦載但耦載無禁禁其耦載而下帷爲其儯聚隱蔽易爲姦慝也云野有田律者證周之野禁也田律蓋漢律篇名若典路注引上計律之類云軍有囂讙夜行之禁者證周之軍禁也禁囂讙爲其惑衆禁夜行以遏姦諜云其犓可言者者公羊莊十年何注云犓麤也謂犓略言之不能得古禁書之精詳也

以五戒先後刑罰毋使罪麗于民一曰誓用之于軍旅二曰誥用之于會同三曰禁用諸田役四曰糾用諸國中五曰憲用諸都鄙

先後猶左右也誓誥於書則甘誓湯誓大誥康誥之屬禁則軍禮曰無干車無自後射此其類也糾憲未有聞焉

疏 以五戒先後刑罰毋使罪麗于民者罪經例用古字當作

皐石經及各本並誤以五禁豫戒敕民無使以不知而麗陷罪法也
賈疏云戒與禁亦是所用異異其名耳同是告誥使不犯刑罰云三
曰禁用諸田役者田役謂因田獵起徒役亦兼晐諸功作之事詳大
宰疏上誓誥云用之此禁及下糾憲並云用諸者文變義同士昏禮
注云諸之也　注云先後猶左右也者毛詩大雅緜傳云相道前後
曰先後爾雅釋詁云詔亮左右相導也詔相導左右助勴也是先後
與上文左右同爲相道亮助之義謂豫教導之使民知避罪也韓非
子外儲說左篇朙危謂子皐曰方公之獄治臣也公傾側法令先後
臣以言欲臣之免也甚此先後與彼義略同云誓誥於書則甘誓湯
誓大誥康誥之屬者說文言部云誓約束也誥告也書敘云啓與有
扈戰于甘之野作甘誓又云伊尹相湯伐桀升自陑遂與桀戰于鳴
條之野作湯誓又云武王崩三監及淮夷叛周公相成王將黜殷作
大誥又云武王既伐管叔蔡叔以殷餘民封康叔作康誥以其書名
與此經相應故舉以爲釋墨子非命上篇云先王之書所以整設師
旅進退師徒者誓也亦誓用諸軍旅之證云禁則軍禮曰無干車無
自後射此其類也者此舊本並誤比今依蜀石經及宋岳本明監本
正無干車無自後射大司馬注說蒐田誓民亦有此二語賈疏云易
比之九五曰王用三驅失前禽注云王因天下顯習兵于蒐狩焉驅
禽而射之三則已法軍禮失前禽者謂禽在前來者不逆而射旁去
又不射唯其走者順而射之不中亦已是皆所失用兵之法亦如之
降者不殺奔者不禁背敵不殺以仁恩養威之道若然此不自後射
亦謂不中之後不重射黃以周云此軍禮司馬法逸文也詩車攻毛
傳言田獵之三殺皆以自後射立文故獸無面傷鄭易注卽據毛傳
自後射爲義賈引以證此無自後射爲不中不重射於自後之文無
著大司馬疏以無後射象戰陳不逐奔又引一說以爲前人已射中
禽後人不得復射說甚游移竊謂田獵之法獸有背我前去者我自

後射之本屬正法茲云無自後射爲爭鬬之禁不關三殺之事疏引鄭易注以證其義非也無干車者謂各守車行無躐犯他轍而逐鬬也無自後射者謂各安徒列無自人後而爭射前禽也案黃說近是凡師田車徒各自有行不得相干犯國語晉語云趙孟使人以其乘車干行干車卽以車干犯行列也互詳大司馬疏云糾憲未有聞焉者以書禮諸經糾憲並無見文也惠士奇云戰國策魏策安陵君曰吾先君成侯受詔襄王以守此地也手受大府之憲憲之上篇曰子弒父臣弒君有常不赦國雖大赦降城亡子不得與焉所謂大府之憲卽士師之憲用諸都鄙者而稱憲之上篇則憲卽古之章也管子立政篇正月之朔布憲於國百吏習憲於君前受憲於太史太史既布憲入籍於大府憲未布莫敢就舍就舍謂之留令辠死不赦憲既布有不行憲者謂之不從令辠死不赦考憲而有不合於大府之籍者侈曰專制不足曰虧令辠死不赦是爲首憲墨子非命上篇曰先王之書出國家布施百姓者憲也詒讓案糾憲皆戒令之文以其可表縣則謂之憲以其主糾察則謂之糾皆以所用異名國策及管子墨子諸文雖非專用之都鄙者然義可互證新序雜事二云宓子賤爲單父宰請借善書者二人使書憲書教品亦其類也

掌鄉合州黨族閭比之聯與其民人之什伍使之相安相受以比追胥之事以施刑罰慶賞鄉合鄉所合也追追寇也胥讀如宿偦之偦偦謂司搏盜賊也

疏掌鄉合州黨族閭比之聯者族師云五家爲比十家爲聯四閭爲族八閭爲聯卽所謂聯也若然鄉合之法止於二族二百家其二黨十族二州十黨二鄉十州以上家數太多里居較遠則皆不爲聯凡此爲聯皆以通其情志而因以施政教賈疏謂爲其有施刑罰非也云與其民人之什伍者族師云五人爲伍十人爲聯是五家家出一人而成伍十家十人而成什也依彼二

族八閭爲聯則亦當以二百家二百人爲聯其二黨以上人數較多則亦不爲聯也賈疏云此卽因內政寄軍令之類五家爲比比卽一伍也二伍爲什據追胥之時云使之相安相受者比長云五家相受相和親此相安亦謂相和親以安其居處大司徒云五比爲閭使之相受注云受者宅舍有故相受寄託也賈疏云宅舍有故使當比當閭相受寄託使得安穩也云以比追胥之事者賈疏云以比什伍使合鄉所合也者謂六鄉中以州黨族閭及卒伍之法使民皆什伍相追胥二事也云以施刑罰慶賞者賈疏云使鄰伍相及也　注云鄉合比不分散與大小司徒鄉師等爲官聯也云追追寇也者小司徒注云追逐寇也云胥讀如宿偦之偦偦謂司搏盜賊也者小司徒注義同段玉裁改讀如爲讀爲云宿偦蓋漢制漢語易胥爲偦故下文卽承偦字釋之各本讀爲作讀如誤也司搏與伺捕同漢人多以司爲伺以搏爲捕小司徒注作伺捕小司徒注不云胥讀爲偦者錯見也案段說是也

掌官中之政令 大司寇之官府中也

疏 注云大司寇之官府中也者賈疏云士師所施政令惟在當官故鄭云大司寇之官府中也

察獄訟之辭以詔司寇斷獄弊訟致邦令 詔司寇若今白聽正法解也致邦令者以法報之

疏 察獄訟之辭以詔司寇斷獄弊訟者賈疏云獄訟辭訴各有司存謂若鄉士遂士縣士方士各主當司之獄訟其有不決來問都頭士師者則士師審察以告大司寇斷獄弊訟也云致邦令者亦致之司寇也賈疏謂此卽所察獄訟斷訖致與本官恐非　注云詔司寇若今白聽正法解也者此亦以漢法爲況漢書百官公卿表云廷尉掌刑辟有正左右監秩皆千石此正當卽廷尉正然白聽正法解史無其文未詳其義蜀石經作若今時百官聽政法解九字疑亦肊改云致邦令者以法報之者邦令與後犯撟邦令義同亦謂王之教令著爲法者內史國令亦卽此也凡斷

獄弊訟又當檢校令書與刑書相參攷以定其所應比之罪名故此官兼以邦令報聞司寇也掌士之八成鄭司農云八成者行事有八篇若今時決事比疏掌士之八成者賈疏云言士者此八者皆是獄官斷成事品式士即士師已下是也莊存與云若今現行例也乃決獄之成案詒讓案此八成專屬之士者別於小宰之八成通於六官也士師掌以此八者定百官府之刑罰即刑官之官成官法也晏子春秋諫上篇云景公令免職計令三出而士師莫之從是士師主官吏黜免之事注鄭司農云八成者行事有八篇者行事猶云往事即大宰官成注所謂成事品式也漢書翟方進傳云時慶有章劾自道行事以贖論又藝文志有漢五星彗客行事占驗八卷此行事義與彼同謂刑官之故事也八篇即下邦汋等八者每事爲一篇賈疏謂即小宰八成誤云若今時決事比者大司寇邦成注同詳彼疏

一曰邦汋鄭司農云汋讀如酌酒尊中之酌國汋者斟汋盜取國家密事若今時刺探尚書事疏注鄭司農云汋讀如酌酒尊中之酌國汋者斟汋盜取國家密事者惠棟云詩正義云汋與酌古今字周頌酌左傳作汋公羊僖八年經云鄭伯乞盟傳云蓋酌之也注云酌挹也穀梁作汋是汋爲挹取之義段玉裁云此擬其音而義亦同也斟汋猶斟酌也詒讓案汋酌聲類同白虎通義禮樂篇云周公曰酌言周公輔成王能斟酌文武之道而成之也國語晉語云而後王斟酌也韋注云斟取也酌行也說文女部云妁酌也斟酌二姓者也蓋斟酌有求取之義故盜取國家密事者謂之邦汋云若今時刺探尚書事者惠棟云後漢書楊倫傳尚書奏倫探知密事應劭風俗通云司徒韓演伯南爲丹楊太守坐從兄季朝爲南陽太守刺探尚書演法車徵蓋漢律有此條故鄭據以爲說孔廣森云丙吉傳曰隨驛騎至公車刺取宋書百官志曰刺之爲言猶參覘也寫書亦謂之刺漢志不得刺尚書事是也然則刺探者謂探

知祕事而私寫之。二曰邦賊，為逆亂者。疏注云「為逆亂者」者，謂為逆亂犯上之事。左宣十八年傳云「毀則為賊」。大戴禮記千乘篇云「飭五兵及木石曰賊」，卽此八成之邦賊也。三曰邦諜，為異國反閒。疏注云「為異國反閒」者，謂以邦之密謀輸之異國，若孫子用閒篇之五閒也。環人「巡邦國，搏諜賊」，注云「諜賊，反閒為國賊」，與此義同。大戴禮記千乘篇云「以中情出，小曰閒，大曰諜」，卽此八成之邦諜也。互詳環人疏。四曰犯邦令，干冒王教令者。疏注云「干冒王教令」者者，文王世子注云「犯猶干也」。大司馬注引王霸記云「犯令者，違命也」。國語周語韋注云「冒，抵觸也」。謂干犯抵觸王之教令，專輒妄行。五曰撟邦令，稱詐以有為者。疏注云「稱詐以有為者」者，說文手部云「撟，舉手也。一曰撟，擅也」。王紹蘭云：漢書元帝紀「甘延壽、陳湯撟發戊己校尉屯田吏士」，師古曰「撟與矯同。託也。實不奉詔，詐以上命發兵，故言撟發也」。高五王傳「撟制以令天下」，師古曰「撟，託也。託天子之制詔也」。此卽士師所云撟邦令，謂擅發制令，故鄭云稱詐。經典多以矯為撟，假借字耳。撟矯音同而詛異。說文矢部「矯，揉矢箝也」，謂枉者矯之使直。撟則擅專，師古謂撟與矯同，非也。詒讓案：春秋宣十五年「王札子殺召伯、毛伯」，穀梁傳云「矯王命以殺之」。公羊僖三十一年何注云「詐稱曰矯」。呂覽悔過篇高注云「擅稱君命曰矯」。此撟邦令，亦謂詐稱王之教命，擅有所為也。六曰為邦盜，竊取國之寶藏者。疏注云「竊取國之寶藏者」者，說文次部云「盜，私利物也」。左文十八年傳周公誓命云「竊賄為盜」。穀梁定八年傳云「非其所取而取之謂之盜」。大戴禮記千乘篇云「作於財賄、六畜、五穀曰盜」，卽此八成之邦盜也。賈疏云「謂若定八年陽貨盜竊寶玉大弓以出奔之類是也」。七曰為邦朋，朋黨相阿使政不平者。故書朋作㒝，鄭司農云：「㒝讀為朋友之朋。」疏注云「朋黨相阿使政不平者」者，說文鳥部云「鳳，神鳥也」。重文朋古文鳳象形鳳飛羣鳥從以萬數故以爲朋黨字白虎通義三綱六紀篇云朋者黨也國語晉語韋注云阿私曰黨大戴禮記千乘篇云以財投長曰貸卽此八成之邦朋也賈疏云朋謂朋黨阿曲相阿違國家正法擅生曲法使政不平以罔國法故曰邦朋也云故書朋作傰鄭司農云傰讀爲朋友之朋者攴傰字舊本並誤朋今依蜀石經正悳士奇云漢書王尊傳有南山盜傰宗蘇林曰傰音朋蓋本鄭司農讀同道爲朋阿黨爲傰管子幼官篇所謂散羣傰署者也段玉裁云讀爲各本作讀如誤也司農易傰爲朋故鄭君從之經字作朋矣說文人部倗輔也從人朋聲讀若陪位倗卽傰字朋者古文鳳用爲朋友假借也倗從人朋友正字也案段說是也錢大昕說同鄉師遂人大僕注引昭十二年左傳堋字亦並作傰說文土部堋字注引虞書朋淫于家是朋倗堋聲類並同傰卽倗之俗故書當作倗傳寫誤作傰先鄭易爲朋故云讀爲朋友之朋鶡冠子備知篇云敗則傰亂則阿阿則理廢傰則義不立君好傰阿故有弒主此說邦朋之害也

八曰爲邦誣誣罔君臣使事失實疏注云誣罔君臣使事失實者樂記云誣上行私注云誣罔也國語晉語韋注云以惡取善曰誣說苑臣術篇引泰誓云附下而罔上者死附上而罔下者刑此邦誣亦謂讒臣誣構上下亂善惡之實大戴禮記千乘篇云利辭以亂屬曰讒卽此八成之邦誣也

若邦凶荒則以荒辯之灋治之鄭司農云辯讀爲風別之別救荒之政十有二而士師別受其數條是爲荒別之法玄謂辯當爲貶聲之誤也遭饑荒則刑罰國事有所貶損作權時法也朝士職曰若邦凶荒札喪寇戎之故則令邦國都家縣鄙慮刑貶疏若邦凶荒則以荒辯之灋治之者灋唐蜀石經及宋大字本明嘉靖本並作法今依宋附釋音本明注疏本正凡經例用古字作灋詳大宰疏荒辯之法亦師士之官法也 注鄭司農云辯讀爲風別之別者風別未

詳後傳別先鄭讀同似皆取分別之義段玉裁云辯與別古多通用司農以別字義親易辯爲別云救荒之政十有二而士師別受其數條是爲荒別之法者救荒之政十有二即大司徒云以荒政十有二聚萬民是也先鄭意荒政十二司徒掌其大綱此官則分別受其數條條與彼爲官聯數條條謂名數條件若下文緩刑即十二政之一是也云玄謂辯當爲貶聲之誤也者破先鄭讀也段玉裁云貶在古音侵鹽添部與元寒桓刪山仙部之辯絕不相通故知爲聲之誤玉藻立容辯注亦改爲貶云遭飢荒則刑罰國事有所貶損作權時法也者飢荒司關注作饑荒他職注饑字亦並不作飢此疑傳寫之誤刑事有所貶損即後云緩刑是也國事有所貶損若稾人云若食不能人二鬴則詔王殺邦用二者皆權時作法以救民之困也引朝士職曰若邦凶荒札喪寇戎之故則令邦國都家縣鄙慮刑貶者證凶荒刑罰國事有貶損之法故依彼破辯爲貶也

令移民通財糾守緩刑移民就賤救困也通財補不足也糾守備盜賊也緩刑紓民心也

疏令移民通財糾守緩刑者大司徒云大荒大札則令邦國移民通財緩刑與此事同此上文不言大札者文不具亦令之可知　注云移民就賤救困也通財補不足也者大司徒注云移民辟災就賤其有守不可移者則輸之粟即其義也云糾守備盜賊也者大司寇軍刑糾守注云守不失部伍此凶荒恐盜賊竊發故亦糾守嚴戒備如有軍事也云緩刑紓民心也者釋文云紓本亦作舒案說文素部云緩綽也重文緩緩或省糸部云紓緩也舒紓音義同凶荒民心悚懼故緩刑罰以安之大司徒十二荒政三曰緩刑義與此同

凡以財獄訟者正之以傅別約劑傅別中別手書也約劑各所持券也故書別爲辯鄭司農云傅或爲符辯讀爲風別之別若今時市買爲券書以別之各得其一訟則案券以正之

疏凡以財獄訟者獄訟義同惟以大小

爲異謂因財貨之事而以成獄訟也大司寇注謂獄相告以罪名與訟以財貨相告者異非是　注云傳別中別手書也者賈疏云小宰
注爲大手書於一札中字別之語異義同云約劑各所持券也者小宰注云質劑謂兩書一札同而別之此質劑卽彼約劑也據彼注質
劑一札別爲二各持其一故曰各所持券也云故書別爲辯者小宰傳別故書同鄭司農云傳或爲符者小宰傳別鄭大夫讀同云辯讀
爲風別之別者與前荒辯注同云若今時市買爲券書以別之各得其一訟則案券以正之者賈疏云義與後鄭同故引之在下小宰注
先鄭云傳傳著約束於文書別別爲兩兩家各得其一後鄭不從先鄭至此更爲一解故從之詒讓案先鄭小宰注以傳別爲二此注則
以傳別爲一二說小異後鄭兩注則並以傳別爲一詳小宰疏若祭勝國之社稷則爲之尸以刑官爲尸略
之也周謂亡殷之社爲亳社疏若祭勝國之社稷則爲之尸者勝國之社卽廟屏之戒社也兼言稷者亡國之社亦有稷喪祝云掌
勝國邑之社稷之祝號是也唐郊祀錄引魏孔晁議謂此經亡國之社稷但一尸同壇共坐其說非也士師中大夫四人足備二尸凡社
稷皆同堂異壇無同壇之法詳大司徒疏勝國社稷詳媒氏疏　注云以刑官爲尸略之也者謂殺其禮不得同大社王社賈疏云案鳧
鷖詩宗廟社稷七祀皆稱公尸不使刑官今祭勝國之社稷用士師爲尸故鄭云略之也莊存與云刑官以示戒也亦通云周謂亡殷之
社爲亳社者詳喪祝疏王燕出入則前驅而辟道王且辟行人疏王燕出入則前驅而辟者與小臣爲官聯
也小臣注云燕出入若今游於諸觀苑　注云道王且辟行人者大僕注云前驅如今道引也又閽人云凡外內命夫命婦出入則爲之
闢注云辟行人使無干也案前驅而辟乘車在前爲道引且呼避行人也史記宋世家索隱引莊子說宋桓侯行未出城門其前驅呼辟

司馬彪云呼避使人避道晏子春秋外篇晏子曰古者人君出則闢道十里闢避字通　祀五帝則沃尸及王盥洎鑊水洎謂增其沃汁疏祀五帝則沃尸及王盥者尸謂帝尸也詳節服氏疏沃盥詳鬱人疏賈疏云案特牲少牢尸尊不就洗入門北面則以盤匜盥手王盥謂將獻尸時先就洗盥此直言祀五帝沃尸及王盥其餘冬至夏至及祭先王先公所沃盥者案小祝職云大祭祀沃尸盥小臣職云大祭祀朝覲沃王盥如是則冬至夏至及先王先公小祝沃尸盥小臣沃王盥鬱人云凡祼事沃盥惟在宗廟爲祼時云洎鑊水者賈疏云鑊在門外之東亨牲之爨言須鑊水就爨增之亨實鑊水此官增之示敬而已　注云洎謂增其沃汁者說文水部云洎灌釜也史記封禪書彘在鹿中水而洎之裴氏集解引徐廣云灌水於釜中曰洎左襄二十八年傳去其肉而以其洎鐀孔疏云洎者添釜之名添水以爲肉汁遂名肉汁爲洎詒讓案小司寇云凡禋祀五帝實鑊水則鑊水小司寇始實之士師繼增之也

凡刉珥則奉犬牲珥讀爲衈刉衈釁禮之事用牲毛者曰刉羽者曰衈疏注云珥讀爲衈刉衈釁禮之事者肆師注義同此經刉衈字異文錯出鄭以此職作刉爲正詳小子疏云用牲毛者曰刉羽者曰衈者小子注義同今案刉亦有用羽牲衈亦有用毛牲者鄭說未然亦詳小子疏

諸侯爲賓則帥其屬而蹕于王宮謂諸侯來朝若燕饗時疏諸侯爲賓則帥其屬而蹕于王宮者賈疏云士師言帥其屬當官下云屬上士已下皆是也　注云謂諸侯來朝若燕饗時者諸侯爲大賓故在宮則士師爲之蹕若大客及小賓客則閽人爲之蹕閽人云凡祭祀喪紀之事蹕宮門廟門凡賓客亦如之是也賈疏云饗在廟燕在寢言于王宮故知燕饗時也

大喪亦如之疏大喪亦如之者宰夫注云大喪王后世子也賈疏云大喪在宮中謂朝廟

亦在宮中爲蹕也　大師帥其屬而禁逆軍旅者與犯師禁者而戮之逆軍旅反將命
也犯師禁干行陳也【疏】大師帥其屬而禁逆軍旅者與犯師禁而戮之者賈疏云帥其屬亦謂上士已下在軍而戮亦謂戮於社主前
注云逆軍旅反將命也者賈子新書道術篇云反順爲逆大司寇軍刑上命注云命將命也賈疏云王在軍自將違王命亦是反將命
王不在梱外之事將軍裁之亦是反將命云犯師禁干行陳也者亦訓犯爲干國語晉語云河曲之役趙孟使人以其乘車干行韓獻子
執而戮之韋注云干犯也行軍列也左宣十二年傳越使罪人三行屬劍於頸而辭曰二君有治臣奸旗鼓蓋即干行陳亦即前五禁之
軍禁也賈疏云干犯軍之行陳案昭元年晉荀吳敗狄于太原將戰魏舒曰請皆卒自我始荀吳之嬖人不肯即卒斬以徇襄三年雞澤
之盟晉侯之弟揚干亂行於曲梁魏絳戮其僕魏絳曰軍事有死無犯爲敬此二者是反將命干行陳之事也　歲終則令正
要會定計簿【疏】歲終則令正要會者此正獄訟之歲會亦刑官之官計也歲終謂夏之季冬詳宰夫疏　注云定計簿者小宰
注云要會謂計最之簿書賈疏云定計簿者年終將考之故也　正歲帥其屬而憲禁令于國及郊野
去國百里爲郊郊外謂之野【疏】正歲帥其屬而憲禁令于國及郊野者賈疏云取除舊布新之義言于國及郊野者則自國至百里
外皆憲禁之也詒讓案此憲禁令與五戒之憲禁微異此國謂國中郊關六鄉野通甸稍縣畺也　注云去國百里爲郊者謂遠郊也詳
大宰載師疏云郊外謂之野者甸師注義同
鄉士掌國中鄭司農云謂國中至百里郊也玄謂其地則距王城百里內也言掌國中此主國中獄也六鄉之獄在國中

疏掌國中者此官以主六鄉獄訟爲正而亦兼掌國中之獄訟也六鄉地本在國城以外然城郭廛里家數甚衆士師之下無專掌獄訟之官故以鄉士兼職之以六鄉地本附近城郭也鄉士以鄉名官不嫌不掌六鄉故經不云掌六鄉而云掌國中猶遂士掌四郊及六遂亦不云掌六遂而云掌四郊皆舉近包遠詳其兼掌之區而略其正治之地也要之鄉士所掌內則國中外則六鄉而六鄉外之餘地爲四郊者則非其所掌鄭賈說並未析　注鄭司農云謂國中至百里郊也者鄉大夫注云國中城郭中也又載師杜注云五十里爲近郊百里爲遠郊先鄭蓋謂自城郭中以至遠郊其內並爲六鄉與國中是一其說固非又距國百里遠郊之內自六鄉七萬五千家之外別有郊里則又非鄉士所掌先鄭說未允後鄭亦不從也云玄謂其地則距王城百里內也言掌國中此主國中獄也者破先鄭說也後鄭意六鄉地自城郭以外至距王城百里止實不得通城郭以內凡鄉吏所掌亦不及國中惟鄉士兼國中故即於國城內設獄凡國中與六鄉之罪人並繫焉故言掌國中耳云六鄉之獄在國中者即縣士注所云獄居近也後鄭意六鄉與國中地本異以獄須居近故六鄉之獄幷入國中不別於鄉設獄也又案詩大雅小宛云宜岸宜獄釋文引韓詩岸作犴云鄉亭之繫曰犴朝廷曰獄案朝廷之獄即大司寇之獄在外朝嘉石之處者鄉亭之犴則似即鄉士遂士之獄但此經無犴稱韓詩所說未知果周制否也

各掌其鄉之民數而糾戒之　鄉士八人言各者四人而分主三鄉　疏各掌其鄉之民數而糾戒之者兼掌當鄉案比之法與鄉師爲官聯也小宰注云糾猶察也糾戒即糾其戒令其國中民數及糾戒當亦兼掌之經不言者文略　注云鄉士八人言各者四人而分主三鄉者說文口部云各異詞也以各者分異之言六鄉分之左右各三鄉以鄉士四人共三鄉之事猶鄉師下大夫四人亦以二人共三

鄉之事相左右也鄉分左右詳地官敘官疏聽其獄訟察其辭察審也【疏】聽其獄訟察其辭者辭即謂獄訟之
辭書呂刑云察辭于差非從惟從又云民之亂罔不中聽獄之兩辭御覽刑法部引尚書大傳云聽訟之術有三治必寬寬之術歸於察
察之術歸於義是故聽而不寬是亂也寬而不察是慢也故古之聽訟者言不越辭辭不越情即審其辭之義也　注云察審也者爾雅
釋詁文賈子新書道術篇云纖微皆審謂之察辨其獄訟異其死刑之罪而要之旬而職聽
于朝辨異謂殊其文書也要之爲其罪法之要辭如今劾矣十日乃以職事治之於外朝容其自反覆【疏】異其死刑之罪而要
之者罪當作辠後遂士縣士方士訝士朝士並同賈疏云死與四刑輕重不同文書亦異文書既得乃後取其要辭詁讓案要者獄訟之
小成羣士所專定而上之司寇者也云旬而職聽于朝者鄉士雖已定其罪之要辭仍不敢專決至旬日乃以囚證及所定獄辭刑要等
致之辠門內司寇聽獄訟之外朝與衆公議之也　注云辨異謂殊其文書也者天官敘官注云辨別也是辨有殊別之義或訟或獄或
死或刑有大小輕重之異必別爲其治讞之文書云要之爲其罪法之要辭者要辭亦謂獄訟之簿書最括當死及當刑者所犯之罪狀
及所傳之法簿錄爲書上之司寇以竢定獄也左襄十年傳使王叔氏與伯輿合要王叔氏不能舉其契杜注云合要辭孔疏云謂官人
略取罪狀爲其要約之辭如今斷事也此言要辭亦是辭之要約如今辯荅也云如今劾矣者說文力部云劾法辠人也急就篇云誅罰
詐僞劾罪人顏注云劾舉案之也書呂刑孔疏云漢世問罪謂之鞫斷獄謂之劾云十日乃以職事治之於外朝容其自反覆者外朝即
小司寇三詢之朝也遂士縣士並同外朝九棘之所在故王制云正以獄成告於大司寇大司寇聽之棘木之下左襄十年傳王叔之宰

與伯與之大夫坐獄於王庭卽外朝之廷蓋古者獄訟先由羣士斷之乃上之大司寇聽之於朝故鄉士遂士縣士方士諸職皆有聽於
朝之文韓非子解老篇云朝甚除者獄訟繁也容其反覆謂囚有枉濫容反其初辭也賈疏云恐囚虛承其罪十日不繇卽是實然後向
外朝對衆更詢乃與之罪司寇聽之斷其獄弊其訟于朝羣士司刑皆在各麗其
灋以議獄訟麗附也各附致其法以成議也疏司寇聽之斷其獄弊其訟于朝者卽小司寇云附于刑用情訊之至于旬
乃弊之蓋初聽而訊之至旬而弊之皆于外朝也賈疏云此卽朝衆聽之之事獄言斷訟言弊弊亦斷異言耳云羣士司刑皆在者羣士
與小司寇同亦通士師鄉士遂士等言之士師云察獄訟之辭以詔司寇斷獄弊訟司刑亦云若司寇斷獄弊訟則以五刑之灋詔刑罰
而以辨罪之輕重是羣士與司刑皆掌詔司寇斷獄弊訟之事故皆在朝與司寇同聽之也賈疏云所謂呂刑云師聽五辭一也恐專有
濫故衆獄官共聽之云各麗其灋以議獄訟者司刑云掌五刑之灋以麗萬民之罪謂依罪之大小議其所當附之法也荀子王制篇云
法而不議則法之所不至者必廢楊注云議講論也說苑至公篇云孔子為魯司寇聽獄必師斷敦敦然皆立然後君子進曰某子以為
何若某子曰云云又曰某子以為何若某子曰云云辯矣然後君子曰幾當從某子云云乎此議獄訟之法也　注云麗附也者大司寇
注同云各附致其法以成議也者卽服問云上附下附列也之義彼注云列等也謂以等列比附推致其罪所應輕重之法以成定其議
也賈疏云所議本欲得其實情故須各致其法以成其議致法行刑當與議狀相依也　獄訟成士師受中協日
刑殺肆之三日受中謂受獄訟之成也鄭司農云士師受中若今二千石受其獄也中者刑罰之中也故論語曰刑罰不

中則民無所措手足協日刑殺協合也和也和合支幹善日若今時
望後利日也肆之三日故春秋傳曰三日棄疾請尸論語曰肆諸市
朝玄謂士師既受獄訟之成鄉士則擇可刑獄訟成士師受中者
殺之日至其時而往涖之尸之三日乃反也 疏 賈疏云此經爲上議
得其實欲行刑之時故云獄訟成成謂罪已成定士師當受取上成
定中平文書爲案案賈謂在欲行刑之時非也此卽小司寇云讀書
則用灋在句弊之日去行刑時尚遠既用法而後其文書定是謂之
中中者獄訟之大成卽司寇與羣士司刑衆定之者也士師云察獄
訟之辭以詔司寇斷獄弊訟致邦令則司寇聽獄於朝士師實詔其
事及獄訟既定司寇則與羣士定其文書以授士師士師受而藏之
歲終總登之天府故小司寇云歲終則令羣士計獄弊訟登中于天
府所登者卽此獄訟之中也云協日刑殺者協釋文作汁云本亦作
協下同阮元云汁協古今字詒讓案經凡和協字鄭並從協不從汁
陸本非是詳大史大行人疏此鄉士協日行刑殺卽於國中之市以
王宮前朝後市相去不遠故經不別言刑殺所就之處也云肆之三
日者掌戮注云肆猶申也陳也此亦於國中之市肆之也以肆與刑
殺並同所故經亦不箸所肆之處其六鄉之罪人則當各就其鄉肆
之與六遂同經不言者亦文不具也賈疏云肆之三日者據死者而
言其四刑之類行訖卽放不須肆之肆陳也殺訖陳尸也 注云受
中謂受獄訟之成也者禮器注云中猶成也案中卽獄訟之成要簿
書詳天府及小司寇疏鄭司農云士師受中若今二千石受其獄也
者謂漢時廷尉斷獄訖郡國守相受其獄也續漢書百官志每郡置
太守一人二千石王國之相亦如之云中者刑罰之中也者大司寇
云以三刺斷庶民獄訟之中注云中謂罪正所定先鄭意獄訟之簿
書謂之中卽取得刑罰中正之義云故論語曰刑罰不中則民無所
措手足者子路篇文皇疏云刑罰既濫故下民畏懼刑罰之濫所以

跼天蹐地不敢自安是無所自措立手足也引之者證刑罰宜得中也云協日刑殺協合也和也者協訓合大史注同訓和者爾雅釋詁云協和也說文劦部云協衆之同和也云和合支幹善日者謂依日辰配合選擇可行刑之日也五行大義云干不獨立支不虛設要須配合以定歲月日時從甲至癸爲干從寅至丑爲支幹干同支幹卽硩蔟氏十二辰十日故楚辭云吉日兮辰良古凡擇日並以斗建合辰爲吉月令孟春擇元辰躬耕帝藉注以元辰爲吉亥南齊書禮志何諲之議云五行說十二辰爲六合建寅月東耕取月建與日辰合也郭茂倩樂府詩集漢焦仲卿妻詩云六合正相應良辰三十日並和合支幹之義也云若今時望後利日也者亦舉漢法爲況漢時決刑蓋必於望後利日易林復之升云霜降旬日鄉晦伏法鄉晦卽望後也云肆之三日故春秋傳曰三日棄疾請尸者左襄二十二年傳云楚觀起有寵於令尹子南楚人患之子南之子棄疾爲王御士王殺子南於朝三日棄疾請尸王許之引之者證肆不過三日也引論語曰肆諸市朝者賈疏云憲問篇云公伯寮愬子路於季孫子服景伯以告曰吾力猶能肆諸市朝注云大夫於朝士於市公伯寮是士止應云肆諸市連言朝耳引之者皆證肆之三日之事也案賈所引蓋鄭論語注佚文何氏集解又引鄭注云有罪既刑陳其尸曰肆皇疏云殷禮殺大夫以上於朝殺士於市殺而猶陳暴其尸以示百姓曰肆也檀弓云杞梁妻曰君之臣不免於罪則將肆諸市朝而妻妾執注云肆陳尸也大夫以上於朝士以下於市又曲禮孔疏引五經異義古周禮說云士尸肆諸市大夫尸肆諸朝漢書刑法志應劭注國語魯語韋注說並同許所引周禮說卽鄭韋所本蓋此經舊師之說凡肆於市朝者皆就行刑之所而肆之書舜典僞孔傳及孔疏引國語賈逵注說並謂行刑大夫以上於朝士於市然以此經攷之此職及遂士縣士凡言肆者皆謂刑平民肆諸市故掌戮云凡殺人者

踣諸市肆之三日無士肆市大夫肆朝之文國語魯語云大者陳之原野小者致之市朝五刑三次是無隱也書舜典五服三就孔疏云馬鄭王三家皆以三就爲原野也市朝也甸師氏也依其說則就甸師者不更就市朝掌戮云唯王之同族與有爵者殺之于甸師氏掌囚注謂有爵自命士以上是天子大夫士皆殺於甸師氏故皇侃及王制疏並以殺於市朝爲殷法明非周制也刑殺既不於市朝則亦不當有肆市朝之事然則古周禮說謂士肆市大夫肆朝者實非周禮本制左傳晉殺三郤尸諸朝又尸雍子與叔魚於市齊尸崔杼於市或春秋以後增制之法曲禮檀弓疏乃謂肆市朝者爲諸侯大夫士之制固無塙證又謂天子大夫在甸師氏士與諸侯大夫同在朝則又顯違掌囚注義失之遠矣互詳掌戮疏云玄謂士師既受獄訟之成鄉士則擇可刑殺之日至其時而往涖之尸之三日乃反也者賈疏云乃反謂收取其尸鄭言此者經云士師受中協日刑殺文無分別恐是士師受中還是士師刑殺故須辨之知非士師刑殺者以其士師是司寇之考摠攝諸士所刑殺者鄉士遂士縣士方士若欲各自往涖之若一一遣士師自行於理不可是以鄭爲此解也

免之則王會其期免猶赦也期謂鄉士職聽于朝司寇聽之日王欲赦之則用此時親往議之

疏若欲免之則王會其期者謂鄉士以獄訟之要上之朝或尚疑其冤濫及在八議三宥三赦之科則於司寇聽之之日王親視外朝以三刺之法更審議之也　注云免猶赦也者廣雅釋詁云免去也引申之赦宥以去其罪亦謂之免公羊昭十九年傳云赦止者免止之罪辭也云期謂鄉士職聽于朝司寇聽之日者于注例當作於各本並誤上文云旬而職聽于朝司寇聽之以是日爲議獄訟之期過此則獄成不得復免故王必以是日往會之也云王欲赦之則用此時親往議之者王親往外朝與司寇羣士共議其可否不敢輕縱有罪也惠士奇云孔子

集語引尚書大傳曰今之聽民者求所以殺之古之聽民者求所以
生之不得其所以生之之道乃刑殺君與臣會焉若欲免其死則近
者王會其期遠者王令三公及六鄉會其期蓋當司
寇聽之之日而往議之書傳所謂君與臣會焉者也**大祭祀大喪紀**
大軍旅大賓客則各掌其鄉之禁令帥其屬夾道而蹕屬中士以下 疏 大祭
祀大喪紀大軍旅大賓客則各掌其鄉之禁令者賈疏云此四者六
鄉皆有其事大祭祀若祭天四時迎氣郎於四郊大喪紀當葬所經
道大軍旅王所行所經過大賓客四方諸侯來朝各由方而入並過
六鄉路以是故各掌其鄉之禁令詒讓案蜡氏云凡國之大祭祀令
州里除不蠲禁刑者任人及凶服者以及郊野大師大賓客亦如之
此蓋鄉遂羣士禁令之一隅大喪亦謂王后世子也云帥其屬夾道
而蹕者凡邦之大事大小司寇使士師帥其屬蹕此官則帥其屬在
鄉境內爲王蹕職事略同 注云屬中士以下者謂鄉士當官之屬
即敘官云中士十有六人以下是也**三公若有邦事則爲之前驅而辟其喪亦如之**鄭司
農云鄉士爲三公道也若今時三公出城郡督郵盜賊道也 疏 三公若有邦事則爲之前驅而辟者掌交注云有邦事謂以事從王
若以王命出也賈疏云三公有邦事須親自入鄉則鄉士爲公作前
驅引道而辟止行人云其喪亦如之者此冢上三公爲文亦謂三公
或在國或在鄉其喪葬之事此官則亦爲之前驅而辟也賈疏謂通
公卿大夫之喪非經義通校前後諸職大喪大司寇前王而辟三公
之喪此官前驅而辟六鄉之喪遂士前驅而辟大夫之喪縣士前驅
而辟其尊卑隆殺之差正相當則此職喪不得關鄉大夫明矣 注
鄭司農云鄉士爲三公道也者亦以道釋前驅也云若今時三公出
城郡督郵盜賊道也者亦舉漢法爲況廣韻十八尤引釋名云督郵

主諸縣罰負郵殿糾攝之王聘珍云郡督郵盜賊皆員吏也續漢書百官志云郡皆置諸曹掾史有五部督郵曹掾輿服志大使車持節者重導從有賊曹車督車志又云公卿以下至縣三百石長導從置門下五吏賊曹督盜賊功曹案王說是也郡督郵盜賊道者謂督郵與督盜賊二郡吏並爲三公道也今所存漢北海相景君銘碑陰有故門下督盜賊劇騰頌漢倉頡廟碑陰有故督盜賊趙某洪氏隸釋漢巴郡太守張納功德敘碑陰亦有府後督盜賊枳李街然則此注云盜賊者卽郡督盜賊以冢上督郵故省文不稱督耳賈疏不悟乃妄云郵謂郵行往來盜賊謂舊爲盜賊郡內督察郵行者是以盜賊之人使之道謬矣

凡國有大事則戮其犯命者 疏 凡國有大事則戮其犯命者者上云大祭祀大喪紀大軍旅大賓客各掌其鄉之禁令此犯命卽謂犯禁令者小司徒注云命所以誓告之是也又彼經云凡國之大事致民注釋爲戎事改此經大司寇小司寇遂士訝士諸職並有大事之文審校文義疑與小司徒不同賈疏謂止謂征伐田獵之大事義似未晐也

遂士掌四郊 鄭司農云謂百里外至三百里也玄謂其地則距王城百里以外至二百里言掌四郊者此主四郊獄也六遂之獄在四郊 疏 掌四郊者此官以主六遂獄訟爲正而亦兼掌四郊之獄訟也四郊者距王城百里六鄉之餘地在遠郊以內謂之郊里外與六遂畺域相接故遂士得兼掌其獄訟猶之六鄉與城郭相接鄉士亦兼掌國中之獄訟也此官職掌並與鄉士同惟以郊遂地別郊里詳縣師疏 注鄭司農云謂百里外至三百里也者先鄭意距王城百里外至二百里之甸地三百里之稍地並遂士掌之也賈疏云見縣士云掌野去王城四百里曰縣故曰小都任縣地方士云掌都家謂去王城五百里既以鄉士所掌爲去王城百里內惟有

二百里三百里二處在當是此遂士掌之故爲此解後鄭不從云玄謂其地則距王城百里以外至二百里者後鄭謂遂士惟掌二百里甸不及三百里稍破先鄭百里外至三百里之說也云言掌四郊者此主四郊獄也六遂之獄在四郊者賈疏云後鄭意六遂之地則在二百里中但獄則不在二百里中當在百里四郊上置之亦若六鄉地在王城外獄則在城中然詒讓案後鄭意四郊卽六鄉本與六遂異地四郊獄訟之事仍入鄉士此遂士實止掌六遂不掌四郊但六遂之獄在四郊故云掌四郊耳依其說則是遂士空設獄於所掌地界之外於經殊不可通不知遂士若僅掌六遂之獄經不當云掌四郊明此官實兼掌四郊之獄訟惟遂與郊同設一獄四郊止四獄當遂不別設獄猶之六鄉與國中同設一獄當鄉亦不別設獄也

各掌其遂之民數而糾其戒令遂士十二人言各者二人而分主一遂

【疏】各掌其遂之民數而糾其戒令者此兼掌當遂案比之法與遂師爲官聯也其四郊民數及戒令當亦兼掌之經不言者文略 注云遂士十二人言各者二人而分主一遂者賈疏云遂士十二人序官文亦如鄉士若總掌不分不得云各既言各掌十二人有六遂是二人分主一遂可知

聽其獄訟察其辭辨其訟獄異其死刑之罪而要之二旬而職聽于朝司寇聽之斷其獄弊其訟于朝羣士司刑皆在各麗其灋以議獄訟獄訟成士師受中協日就郊而刑殺各於其遂肆之三日就郊而刑殺者遂士也遂士擇刑殺日至其時往涖之如鄉士爲之矣言各於其遂者四郊六遂遂處不同

【疏】二旬而職聽于朝者賈疏云此一經亦如鄉士獄成就朝聽斷事有異者二旬與鄉士別以其去王城漸遠恐多枉濫故

至二句容其反覆也云協日就郊而刑殺各於其遂肆之三日者於經例當作于石經及各本並誤六遂之獄在郊刑殺各於其獄所在之市也肆各於其遂既殺之後則以尸各移向當遂之市肆之不於郊市也鄉士殺與肆同處而此官掌六遂則否故經設文不同賈謂鄉士獄在國中不須言就此在郊差遠故云就又謂六鄉獄并在國中不得言各六遂獄分在四郊之上故須言各並非經義詳後 注云就郊而刑殺者遂士也者賈疏云經云士師受中即云協日就郊刑殺觀其文勢亦恐士師刑殺故云遂士也云遂士擇刑殺日至其時往涖之如鄉士為之矣者謂如鄉士治國中之獄亦和合支幹善日而刑肆之也云言各於其遂者四郊六遂遂處不同者賈疏云六遂分置四郊之外有六處獄還六處置之故云不同也案賈說非也經云各於其遂肆之三日謂所肆之地也鄭雖謂遂士不掌四郊然此注似亦謂六遂所肆之地不同非謂獄也凡四郊六遂之罪人刑殺皆於郊獄既殺而肆則各於其所居之地郊人有罪殺之則肆於郊之市遂人有罪殺之則各肆於遂之市經不云於郊者以既有就郊刑殺之文故略之凡囚未決則繫於獄已決則肆於市不於獄也六遂之獄并設於四郊蓋仍依四郊分置四獄六遂各隨其所近入之猶鄉獄并設國中亦止置一獄不置四獄也鄭雖不知遂士掌四郊之獄訟然實未嘗謂六遂分置六遂賈說既違經義又失鄭恉矣

若欲免之則王令三公會其期 猶令命也王欲赦之則用遂士職聽之時命三公往議之

疏 則王令三公會其期者期即二旬而職聽於朝之期也賈疏云若會其期皆在外朝但民有遠近故六鄉獄王自會其期六遂獄差遠使三公會其期也 注云令猶命也者大司馬注同賈疏云下文縣士云命此變命云令令命義不殊故云令猶命也云王欲赦之則用遂士職聽之時命三公往議之者遂降於鄉王不親會其期故使三公往議之王

制二云大司寇以獄之成告於王王命三公參聽之三公以獄之成告於王王三宥然後制刑案此經別無三公聽獄之文疑鄭指此三公會議遂獄之事也

若邦有大事聚衆庶則各掌其遂之禁令帥其屬而蹕大事王所親也疏若邦有大事聚衆庶則各掌其遂之禁令者小司徒二云凡用衆庶則誅其犯命者又二云凡國之大事致民大故致餘子注二云大事謂戎事也大故謂災寇也案此大事聚衆庶疑當兼戎事致民災寇致餘子及縣士大役之等通言之大事與大故義得兩含也賈疏二云案上鄉士在四郊內有大祭祀大喪紀等四事事多故須歷陳此在四郊之外無大祭祀大喪紀惟有大軍旅大賓客出入所經二者有聚衆庶之事故總二云大事聚衆庶耳此雖不言夾道亦當夾道蹕也案賈謂大事兼有大賓客之事是也但此遂士所掌亦兼在四郊內惟在六鄉外耳賈說失之二云帥其屬而蹕者賈疏二云此雖不言夾道亦當夾道蹕也注二云大事王所親也者謂王親臨涖其事卽謂大軍旅大田獵之屬也

六卿若有邦事則爲之前驅而辟其喪亦如之凡郊有大事則戮其犯命者疏六卿若有邦事則爲之前驅而辟者賈疏二云若六鄉近則使三公有邦事此六遂差遠邦事使六卿往二云其喪亦如之者亦冢上六卿爲文賈疏亦謂通公卿大夫之喪非經義也二云郊有大事則戮其犯命者者賈疏二云亦謂六遂之民從軍征伐田獵其犯命也

縣士掌野鄭司農二云掌三百里至四百里大夫所食晉韓須爲公族大夫食縣玄謂地距王城二百里以外至三百里曰野三百里以外至四百里曰縣四百里以外至五百里曰都都縣野之地其邑非王子弟公卿大夫之采地則皆公邑也謂之縣縣士掌其獄

焉言掌野者郊外曰野大揔言之也獄居近野之縣獄在二百里上縣之縣獄在三百里上都之縣獄在四百里上【疏】掌野者此主四等公邑之獄訟也職掌亦與鄉士遂士並同惟以公邑地別注鄭司農二云掌三百里至四百里大夫所食者此亦謂三百里外至四百里也不云外者文略先鄭以縣爲四百里之專名據司馬法義也地官敘官載師先鄭注義並同賈疏二云先鄭意遂士既主二百里三百里又案載師職小都任縣地在四百里中故二云掌三百里至四百里大夫所食詒讓案載師後鄭注二云家邑大夫之采地小都卿之采地則大夫食三百里稍不食四百里縣亦不從先鄭說也二云晉韓須爲公族大夫食縣者賈疏二云即載師職二云小都任縣地一也案昭五年左傳楚薳啓彊曰晉韓襄爲公族大夫韓須受命而使矣注二云韓襄無忌子也爲公族大夫須起之門子年雖幼已任出使如是韓須不爲大夫言受命而使明時爲公族大夫但年幼或此注當爲韓襄知食縣者下有十家九縣注二云韓氏七邑是也案賈二云或韓須當爲韓襄是也左傳下文二云韓賦七邑皆成縣也故先鄭知韓襄食縣杜注則二云成縣賦百乘也是不以爲縣畺之縣與先鄭義異二云玄謂地距王城二百里以外至三百里曰野三百里以外至四百里曰縣四百里以外至五百里曰都者載師先鄭注引司馬法二云王國二百里爲州三百里爲野四百里爲縣五百里爲都先鄭即據彼爲釋後鄭則以彼縣爲距王城三百里至四百里之專名與此縣爲公邑之通名異特分別釋之故賈疏二云鄭言此者欲明此三處之中有三等公邑是也二云都縣野之地其邑非王子弟公卿大夫之采地則皆公邑也謂之縣縣士掌其獄焉者明此縣士之縣乃公邑之通名非三百里至四百里之專名破先鄭說也金榜二云本職二云各掌其縣之民數又二云各就其縣肆之三日若邦有大役聚衆庶則各掌其縣之禁令與上經鄉士掌鄉遂士掌遂協文與下方士掌都家異職是公邑謂之

縣王氏詳說云縣士掌四等公邑之獄惟六鄉無公邑自遂達畿自二百里至五百里公邑之田在是後鄭以為二百里甸所有公邑之任甸地注云公邑謂六遂餘地自此以外皆然蓋司馬法二百里州獄遂士兼之故止於三等公邑失之案王說是也載師以公邑之田立六遂遂之餘地為公邑即公邑任甸地三百里之野即家邑任稍地大夫之采地四百里之縣即小都任縣地卿之采地五百里之都即大都任畺地王子弟及公之采地其有餘地不為王子弟公卿大夫采地者則王使大夫治之皆謂之公邑亦皆謂之縣也然則公邑自二百里甸至五百里畺凡四等縣士通掌其獄與縣師所主之地域正同後鄭意甸之公邑為遂士所兼掌故此注不及甸不知遂士云就郊而刑殺各于其遂肆之三日無掌縣之文則甸之公邑非其所兼掌可知縣士既掌公邑則甸之公邑尤不宜別隸它職矣互詳敘官疏云言掌野者郊外曰野大總言之也者明此掌野亦非二百里至三百里之專名也賈疏云爾雅云郊外曰野者非謂郊外二百里之中縱四百及五百里皆得謂之野是以遂人亦云掌野野亦謂百里郊外至五百里皆稱野故鄭彼注及此注皆云郊外曰野是大揔而言也鄭言此者欲見縣士云掌野掌二百里外至五百里三處之獄皆是野耳案此野當依遂人注說通甸稍縣都乃自百里以外至五百里之總名中俱有公邑也賈依注義謂不兼甸之公邑故謂斷二百里外為始非經意也云獄居近者賈疏云從鄉士掌國中已外遂士掌四郊皆據近而言明此縣士三等獄以文據近而置詒讓案鄉士兼掌國中遂士兼掌四郊故各於所治之近地設獄此縣士實掌四等公邑之獄宜各就當處設獄不當如鄭說移居境外而就近也云野之縣獄在二百里上縣之縣獄在三百里上都之縣獄在四百里上者賈疏云以三處獄皆名縣者自三百里外有稍縣都縣居中故皆以縣獄為名若言野縣都據本為稱若然云掌野則三處

揔名野及歷言之則惟三百里得名野者以其外四百里五百里有縣都之名還指本號三百里中地雖有稍名縣士既名掌野不得不存一野以爲獄名故也案載師云公邑在甸地則二百里中亦有公邑縣士惟掌三百里已外其二百里獄遂士兼掌之矣案注疏說亦誤此縣士所掌公邑實兼四等甸稍縣都各於當處設獄甸之獄在二百里上野之獄在三百里上縣之獄在四百里上都之獄在五百里上鄭誤謂甸公邑掌於遂士遂迭移其地於經不合賈亦不能辨也

各掌其縣之民數糾其戒令而聽其獄訟察其辭辨其獄訟異其死刑之罪而要之三旬而職聽于朝司寇聽之斷其獄弊其訟于朝羣士司刑皆在各麗其灋以議獄訟獄訟成士師受中協日刑殺各就其縣肆之三日刑殺各就其縣者亦謂縣士也

疏各掌其縣之民數者與縣師爲官聯也凡公邑蓋以百里爲一大縣長吏治之井邑丘甸縣都則其屬列也賈疏云案序官縣士三十有二人縣獄既有三處蓋二三百里地狹人少當十人四百里五百里地廣民多各十一人以是故得云各掌其縣之民數也案此縣士實通掌四等公邑則獄有四處疑當每處八人賈不數甸公邑故謂獄止三處其說非也云三旬而職聽于朝者賈疏云亦是去王漸遠故加至三旬容其自反覆云協日刑殺各就其縣肆之三日者謂刑殺及肆二事皆各就其縣蓋刑殺則各於其設獄之縣市肆則各於其罪人所居之縣市也遂士職刑殺於郊之市肆各於其遂之市以郊遂不同故云協日就郊而刑殺又云各于其遂肆之三日別爲更端之詞此縣士職刑殺與肆地雖亦不同而皆是縣故以各就其縣爲最括之詞固各有當也 注云刑殺各就其縣者亦謂縣士也者

謂縣士就設獄之縣治而刑殺之猶遂士就郊而刑殺
也賈疏云亦以經文勢相連恐士師刑殺故須解之
若欲免之則
王命六卿會其期
期亦謂縣士
職聽之時
疏
則王命六卿會其期者賈疏云以
其差遠故不使三公而使六卿會
其期也 注云期亦謂縣士職聽之時
者卽上文三旬而職聽于朝是其期也
若邦有大役聚衆庶則各掌
其縣之禁令若大夫有邦事則爲之前驅而辟其喪亦如之凡野有
大事則戮其犯命者
野距王城二百
里以外及縣都
疏
若邦有大役聚衆庶則各掌
其縣之禁令者亦與縣師稍
人爲官聯也大司馬注云大役築城邑也案疑亦當兼師役田役言
之賈疏云直言大役不言大事又不言帥其屬而蹕者則非王行征
伐之事謂起大役役使民衆故直各掌其縣之禁令而已云其喪亦
如之者亦冡上大夫爲文賈疏亦謂通公卿大夫之喪非經義云凡
野有大事則戮其犯命者者賈疏云謂有軍事於此而犯命者也詒
讓案此亦當兼大田獵言之 注云野距王城二百里以外至縣都
者與上注義同賈疏云上掌野雖已解野今此文云凡野恐有別義
故鄭詳言之云野距王城二百里以外及縣都者若如此言則不通
二百里以內故云距王城二百里以外從野三百里縣則四百里都
則五百里還是縣士獄之所主三處也詒讓案此亦誤不數甸公邑
實當云距王城
百里以外也
方士掌都家
鄭司農云掌四百里至五百里公所食魯季氏食於都
玄謂都王子弟及公卿之采地家大夫之采地大都在
畺地小都在縣地家邑在稍地
不言掌其民數民不純屬王
疏
注鄭司農云掌四百里至五百里
者亦謂四百里外至五百里也先

鄭依司馬法謂都惟在五百里畺地與載師大小都家邑文不合故
後鄭不從賈疏二云先鄭意縣士旣掌四百里中故此方士掌五百里
之中二云公所食者謂三公所食大都也二云魯季氏食於都者魯季氏
食邑於費定十二年左傳二云仲由爲季氏宰將墮三都杜注二云三都
費郈成也先鄭蓋據彼文然彼都爲大小都之通稱不定在四百里
五百里之地也且魯爲侯國亦不得有五百里上之大都故後鄭亦
不從二云玄謂都王子弟及公卿之采地家大夫之采地者春官敘官
都宗人家宗人注義同二云大都在畺地小都在縣地家邑在稍地者
賈疏二云欲見此經都是載師大都任畺地小都任縣地家是家邑任
稍地王子弟親者與公同百里稍疏者與卿同五十里更疏者與大
夫同二十五里引載師職大都在畺地以下爲證者是不從先鄭之
驗若先鄭以采地在四百里五百里之中載師何得有三等之差乎
是以後鄭縣士自掌三等公邑之獄方士自掌三等采地之獄且縣
士掌三等公邑之獄親自掌之若方士掌三等采地之獄遙掌之采
地自有都家之士掌獄有事上於方士耳二云不言掌其民數民不純
屬王者對鄉士遂士縣士皆二云掌其民數也賈疏二云采地之民雖在
王畿之內屬采地之主類畿外之民屬諸侯故二云不純屬王

聽其獄訟之辭辨其死刑之罪而要之三月而上獄訟于國

三月乃上要者又變朝言國以其自有君異之

疏聽其獄訟之辭者謂方士涖都士家士而聽獄訟也賈疏二云此則上文都家之士自治其獄獄成上王府亦於外朝詳聽之事　注二云三月乃上要者又變朝言國以其自有君異之者此官掌稍縣都三等采地之獄訟其地域遠近與縣士三等公邑同而三月上要較之縣士三旬而職聽於朝其期旣特遠又不二云于朝而二云于國國亦指王朝對都家爲文故稱國也賈疏二云謂異於鄉士遂士縣士之等

司寇聽其成于朝羣

士司刑皆在各麗其灋以議獄訟成平也鄭司農說以春秋傳曰晉邢侯與雍子爭鄐田久而無成

疏注云成平也者調人注同賈疏云上三處直言司寇聽之此獨云聽其成者成謂采地之士所平斷文書亦是異之類也云鄭司農說以春秋傳者左昭十四年傳文杜注云邢侯楚申公巫臣之子也雍子亦故楚人引之者證成是平之義

獄訟成士師受中書其刑殺之成與其聽獄訟者都家之吏自協日刑殺但書其成與治獄之吏姓名備反覆有失實者

疏注云都家之吏自協日刑殺者都家之吏蓋謂都家士也以經無協日刑殺之文明方士不掌刑殺之事仍使都士家士等就其都家協日刑殺則亦就其所治肆之三日也云但書其成與治獄之吏姓名備反覆有失實者者刑殺之成成謂方士所上司寇所弊之成聽獄訟者亦通都家之士及王朝羣士皆書之如後有反覆失實則可案論且誅責失聽之吏也必書之者以鄉士遂士等聽弊刑殺總屬一官而方士則唯掌聽弊不掌刑殺且有都家之士參與其事更歷非一易滋舛互故書之特詳矣

凡都家之大事聚衆庶則各掌其方之禁令方士十六人言各掌其方者四人而主一方也其方以王之事動衆則爲班禁令焉

疏凡都家之大事聚衆庶者謂采地大軍旅大賓客大田大役之事 注云方士十六人言各掌其方者四人而主一方也者賈疏云若不分主則不得云各掌故知分之云其方以王之事動衆則爲班禁令焉者以經云大事故知以王之事動衆若都家自以事動衆則非方士所掌

以時脩其縣灋若歲終則省之而誅賞焉縣法縣師之職也其職掌邦國都鄙稍甸郊野之地域而辨其夫家人民田萊之數及其六畜車輦之稽方士以四時脩此法歲終又省之則與掌民數亦相

近[疏]以時脩其縣灋者采邑授地致民之法與公邑同此官脩縣法
以施案比徵發之事也云若歲終則省之而誅賞焉者省察法
之脩舉與否以誅賞采地之吏亦都家官之官計官刑也　注云縣
法縣師之職也者此亦注用今字作法也縣師職即下所引是也惠
士奇云地官有縣師秋官有縣士凡縣之衆庶縣士聚之縣師作之
若將有會同師田行役之事則縣師受法於司馬甸稍都鄙受法於
縣師是爲縣師之法名曰縣法案惠說是也稍人云若有會同師田
行役之事則以縣師之灋作其同徒輂輦帥而以至治其政令以聽
於司馬此縣法與彼正同縣師主四等公邑都家非其所掌然采地
制井田與公邑同用丘乘之法故縣師不掌都家而方士得脩縣法
此正采地公邑同制井田之塙證也云其職掌邦國都鄙稍甸郊野
之地域而辨其夫家人民田萊之數及其六畜車輦之稽者並縣師
文郊野彼作郊里此疑誤後鄭據縣師職文釋此縣法其義最塙然
謂縣師所主數周天下都鄙亦其所掌則非也縣師唯掌公邑不及
都鄙詳彼疏云方士以四時脩此法歲終又省之則與掌民數亦相
近者賈疏云上鄉士之等皆言民數惟方士不言今此縣師云夫家
之數即與民數亦相近言相近
者依縣師而知故云相近也

凡都家之士所上治則主之都家之士都士
家士也所上治者謂獄訟之小事不
附罪者也主之告於司寇聽平之[疏]注云都家之士都士家士也
者據敘官文云所上治者謂
獄訟之小事不附罪者也者賈疏云以其上文已有士師受中爲附
罪之大事明此是小事案獄訟小事不附罪者宜都家之士與其長
吏自決之不必上於王國鄭賈說不合事情黃度據訝士凡四方之
有治於士者造焉注釋此都家所上治爲讞疑獄其說似較長蓋此
與訝士二經所云治者正同主即主其來造者也上文所云者爲已
決之獄訟此則未決之獄訟二者不同左昭二十八年傳云梗陽人

有獄魏戊不能決以獄上卽都家疑獄上於國之塙證矣云主之告於司寇聽平之者方士官卑不得專聽平都家之事故必告於司寇聽平之卽上也聽平之卽上云聽其成是也

訝士掌四方之獄訟鄭司農云四方諸侯之獄訟【疏】注鄭司農云四方諸侯之獄訟者賈疏云案尚書呂刑云四方司政典獄據諸侯爲言此訝士亦云掌四方獄訟又下文諭罪刑于邦國皆言諸侯之事故先鄭云諸侯之獄訟也

諭罪刑于邦國告曉以麗罪及制刑之本意【疏】注云告曉以麗罪及制刑之本意者掌交注云諭告曉也賈疏云麗罪者謂斷獄附罪輕重也詒讓案此與大行人諭書名義同謂以刑書告曉邦國制刑之本意謂依罪之輕重制作刑法以治之其意義或深遠難知訝士則解釋告曉之若後世律書之有疏議也

凡四方之有治於士者造焉謂讞疑辯事先來詣乃通之於士也士主謂士師也如今郡國亦時遣主者吏詣廷尉議者【疏】凡四方之有治於士者造焉者於經例當作于石經及各本並誤下同賈疏云謂四方諸侯有疑獄不決遣使上王府士師者先造詣訝士乃通之士師也注云謂讞疑辯事先來詣乃通之於士也者辯舊本並誤今據蜀石經正大史云辯事者攷焉此注本彼文說文水部云灋議皋也讞卽灋之俗文王世子云獄成有司讞于公注云讞之言白也續漢書百官志廷尉凡郡國讞疑罪劉注引胡廣云讞質也案讞疑辯事謂邦國之士來讞問疑難不決之獄及辯論法律之事則先詣訝士訝士爲通之於士也賈疏謂諸白疑辯之事未達其義王引之云古者謂訟理爲治訟凡四方之有治於士者謂有訟理於士者也案王說亦足補鄭義公羊成十六年傳說晉執曹伯云公子喜時外治諸京師而免之何注云訟治于京師解免使來歸卽

侯國訟理於王國之事經凡治訟對文則異若司市大治小治大訟小訟是也散文則義亦互通此經四方之治亦容晐獄訟言之蓋治義所包矣互詳小宰疏云士主謂士師也者賈疏云以其士師受中獄訟之官以疑事上請與獄訟之人自求訴於士通得爲治亦皆經故知疑獄亦士師受之也云如今郡國亦時遣主者吏詣廷尉議者者惠棟云此請讞之法當在漢興律篇中北堂書鈔引胡廣漢官篇解詁曰廷尉當疑獄漢書景帝紀後元年詔曰疑獄者讞有司有司所不能決移廷尉有令讞而後不當讞者不爲失杜周傳云周爲廷尉二千石繫者新故相因不減百餘人郡吏大府舉之廷尉一歲至千餘章大者連逮證案數百小者數十人遠者數千里近者數百里會獄注云舉皆也言郡吏大府上事皆歸廷尉也陳湯傳廷尉增壽議以爲臣下承用失其中故移獄廷尉如淳曰移獄廷尉如今讞罪輕重于定國傳定國爲廷尉冬月治請讞飲酒益精明是漢時疑獄皆讞於廷尉

四方有亂獄則往而成之

亂獄謂若君臣宣淫上下相虐者也往而成之猶呂步舒使治淮南獄

疏四方有亂獄則往而成之者惠士奇云成者斷獄之名王制所謂成獄辭也凡聽五刑之訟必察小大之比以成之史以獄成告於正正聽之正以獄成告于大司寇大司寇聽之以獄成告於王王命三公參聽之三公以獄成告於王此之謂成獄辭詩士掌四方之亂獄則往而成之成之者聽之也詩曰虞芮質厥成虞芮之獄文王成之竹書帝啓八年帝使孟涂如巴涖訟涖者往而成之也左傳成五年晉伐鄭楚子反救鄭鄭伯與許男訟焉子反不能決曰側不足以知二國之成然則聽訟謂之成也　注云亂獄謂若君臣宣淫上下相虐者也者此皆獄之尤重大不易平斷者也穀梁昭二十二年傳云亂之爲言事未有所成也賈疏云謂若左氏傳宣九年陳靈公與孔寧儀行父共淫徵舒之母夏姬衷其衵服以戲于朝又公曰

徵舒似汝對曰亦似君泄冶諫被殺後徵舒射殺靈公二子奔楚楚爲討陳殺徵舒是君臣宣淫上下相虐之事云往而成之猶呂步舒使治淮南獄者史記儒林傳云董仲舒弟子溫呂步舒至長史持節使決淮南獄於諸侯擅專斷不報以春秋之義正之漢書五行志云淮南王安謀反元朔六年使董仲舒弟子呂步舒持斧鉞治淮南獄以春秋誼顓斷於外不請亦王臣至侯國治獄之事故引以爲況

邦有賓客則與行人送逆之入於國則爲之前驅而辟野亦如之居館則帥其屬而爲之蹕誅戮暴客者客出入則道之有治則贊之送逆謂始來及去也出入謂朝覲於王時也春秋傳曰晉侯受策以出出入三覲入國入野自以時事

【疏】邦有賓客則與行人送逆之者行人謂小行人訝士與彼爲官聯也小行人云凡諸侯入王則逆勞于畿是大賓行人有送逆之禮小賓客非小行人所送逆則與掌訝送逆之故掌訝云若將有國賓客至與士逆賓于疆及歸送亦如之注云士訝士又聘禮賓及竟云君使士請事遂以入竟又賓歸云士送至于竟聘義亦云君使士迎于竟士皆卽此訝士也又國語周語云敵國賓至關尹以告行理以節逆之此與聘禮合行理韋注謂是小行人竊疑或卽訝士凡士官亦稱理如大司寇曰大理朝士曰廷理是也云居館則帥其屬而爲之蹕者館謂賓客所居之館古者蹕之名通於上下故賓客亦得稱蹕詳內豎疏云誅戮暴客者者暴經例用古字疑當作虣詳地官敘官疏暴客謂侵暴賓客者此官則誅戮之也云客出入則道之者道唐石經作導案導正字道叚字詳寺人疏云有治則贊之者此治謂諮問陳請之事與上士治不同贊謂佐助爲達之王也　注云送逆謂始來及去也者謂來則逆之去則送之云出入謂朝覲於王時也者謂出入於朝也引春秋傳曰晉

侯受策以出出入三覲者賈疏云以其言出入與晉侯稱出入同故引晉侯事案左氏僖二十八年襄王策命晉侯爲侯伯晉侯受策以出出入三覲注云出入猶去來也從來至去凡三見王上公廟中將幣三享王禮再祼而酢饗禮九獻食禮九舉三勞三問出入三覲爲行此禮是出入爲朝覲案依杜義則彼出入猶言從來訖去與大行人司儀出入幾積義同鄭此注專據朝覲出入言蓋與彼微異賈說未析云入國入野自以時事者賈疏云以其外國至此入國須有親故相見之法入野須有採取之宜並是私事故云時事也 凡邦之大事聚衆庶則讀其誓禁 疏 凡邦之大事聚衆庶則讀其誓禁者大事亦謂大祭祀大喪紀大軍旅大賓客有戒守征役之事詳大司寇疏賈疏云大事者自是在國征伐之等聚衆庶非諸侯之事也則訝士讀其誓命之辭及五禁之法也

周禮正義卷六十七

周禮正義卷六十八

瑞安孫詒讓學

朝士掌建邦外朝之灋左九棘孤卿大夫位焉羣士在其後右九棘公侯伯子男位焉羣吏在其後面三槐三公位焉州長衆庶在其後左嘉石平罷民焉右肺石達窮民焉樹棘以爲位者取其赤心而外刺象以赤心三刺也槐之言懷也懷來人於此欲與之謀羣吏謂府史也州長鄉遂之官鄭司農云王有五門外曰皋門二曰雉門三曰庫門四曰應門五曰路門路門一曰畢門外朝在路門外內朝在路門內左九棘右九棘故易曰係用徽纆寘于叢棘玄謂明堂位說魯公宮曰庫門天子皐門雉門天子應門言魯用天子之禮所名曰庫門者如天子皐門所名曰雉門者如天子應門此名制二兼四則魯無皐門應門矣檀弓曰魯莊公之喪既葬而絰不入庫門言其除喪而反由外來是庫門在雉門外必矣如是王五門雉門爲中門雉門設兩觀與今之宮門同閽人幾出入者窮民蓋不得入也郊特牲譏繹於庫門內言遠當於廟門廟在庫門之內見於此矣小宗伯職曰建國之神位右社稷左宗廟然則外朝在庫門之外皐門之內與今司徒府有天子以下大會殿亦古之外朝哉周天子諸侯皆有三朝外朝一內朝二內朝之在路門內者或謂之燕朝

［疏］掌建邦外朝之灋者朝士之官法也法謂位次及刑禁之類云左九棘孤卿大夫位焉羣士在其後右九棘公侯伯子男位焉羣吏在其後者此亦天子外朝之朝位與小司寇三詢之朝位同與司士治朝之朝位異左謂外朝之東右謂外朝之西

羣士謂上中下士與小司寇鄉士遂士縣士方士諸職之羣士異詳
小司寇疏金鶚云外朝有諸侯故其位與治朝異諸侯不純臣有賓
道故東面以尊之而以鄉大夫與孤同列西面也云面三槐三公位
焉州長衆庶在其後者三公位在外朝之前南方北面也凡此三槐
九棘皆謂朝位非官府所在通典賓禮據此文謂近庫門有三府九
寺不足據　注云樹棘以為位者取其赤心而外刺象以赤心三刺
也者說文朿部云棘小棗叢生者毛詩魏風園有桃傳云棘棗也又
小雅大東傳云棘赤心也初學記政理部引春秋元命包云樹棘槐
聽訟於其下棘赤心有刺言治人者原其心不失赤實示所以刺人
其情令各歸實左昭四年傳桃弧棘矢孔疏引服虔云棘矢者棘赤
有箴取其名也案毛詩傳以棗訓棘呂氏春秋分職篇云棗棘之有
此九棘亦卽棗之通名非小棗叢生之木也淮南子時則訓高注云
棗取其赤心也方言云凡草木刺人自關而西謂之刺江湘之閒謂
之棘是棘與刺義同小司寇及司刺以三刺聽獄訟卽在三詢之外
朝故王制云正以獄成告於大司寇大司寇聽之棘木之下明外朝
樹棘卽取義於是也云槐之言懷也者說文木部云槐木也槐懷聲
類相近大戴禮記勸學篇云懷氏之苞荀子勸學篇懷作槐淮南子
時則訓高注云槐懷也可以懷來遠人也初學記政理部引元命包
云槐之言歸也情見歸實與鄭高義異國語晉語云鉏麑觸庭之槐
而死韋注云庭外朝之廷也周禮王制外朝三槐三公位焉則諸侯
之朝三槐三卿位焉又范獻子執董叔紡於庭之槐是諸侯卿大夫
外朝之庭皆樹槐也云懷來人於此欲與之謀者賈疏云此亦據三
詢而言也云羣吏謂府史也者小司寇注義同金鶚云府史是王朝
百官之府史何以屬於諸侯而立於其後乎則羣吏非府史明矣案
金說是也此羣吏與小司寇之羣吏同皆鄉遂公邑都鄙之吏有地
治之官故立於諸侯之後文王世子云王乃命公侯伯子男及羣吏

曰反養老幼於東序注云羣吏鄉遂之官彼亦以羣吏與諸侯同命足與此經互證詳小司寇疏云州長鄉遂之官者鄭意鄉官州長帥其屬黨正以下遂官縣正亦帥鄙師以下並在三公之後經舉州長以晐縣正然其說非也鄉遂之官卽上所謂羣吏在諸侯之後者州長亦羣吏而在三公後者以其領衆庶殊異之遂官唯縣正容與州長並列餘官並不爾也鄭司農云王有五門外曰皐門二曰雉門三曰庫門四曰應門五曰路門路門一曰畢門者閽人注同後鄭說天子門數與先鄭同惟雉門與庫門內外互易爲異並詳閽人疏云外朝在路門外內朝在路門內者先鄭所謂外朝卽治朝也內朝卽大僕之燕朝也後鄭說亦同惟先鄭不及庫門外之外朝是謂天子止二朝矣後鄭則依小司寇及此職別有外朝在皐門之內庫門之外與治朝燕朝而三與先鄭說異若如先鄭說外朝止一則此職及小司寇之朝位不宜與司士互異其說不通後鄭改之是也云左九棘右九棘故易曰係用徽纆寘于叢棘者釋文寘作示云本或作寘案坎上六爻辭云繫用徽纆寘于叢棘三歲不得凶繫係寘示字並通易釋文引劉表亦作示公羊宣元年徐疏引鄭易注云繫拘也爻辰在巳巳爲蛇蛇之蟠屈似徽纆也三五互體艮又與震同體艮爲門闕於木爲多節震之所爲有叢拘之類門闕之內有叢木多節之木是天子外朝左右九棘之象也外朝者所以詢事之處也左嘉石平罷民焉右肺石達窮民焉罷民邪惡之民也上六乘陽有邪惡之罪故縛約徽纆置于叢棘而後公卿以下議之其害人者置之圜土而施職事焉以明刑恥之能復者上罪三年而赦中罪二年而赦下罪一年而赦不得者不自思以得正道終不自改而出圜土者殺故凶是也是後鄭易注說亦以叢棘爲左右九棘與先鄭同又案二鄭以叢棘爲九棘蓋謂聽訟在外朝而李氏周易集解引虞翻云獄外種九棘故稱叢棘依虞說則獄在九棘之處是棘在庫門外之左右矣

攷韓詩外傳云子產之治鄭一年而負罰之過省二年而刑殺之罪
亡三年而庫無拘人彼庫似卽指獄言之若然王都之獄在皋門內
侯國之獄在庫門內與云玄謂明堂位說魯公宮曰庫門天子皋門
雉門天子應門言魯用天子之禮所名曰庫門者如天子皋門所名
曰雉門者如天子應門此名制二兼四則魯無皋門應門矣者此引
明堂位而說之鄭彼注云言門如天子之制也天子五門皋庫雉應
路魯有庫雉路則諸侯三門與賈疏云後鄭言此者欲破先鄭以天
子雉門在庫門外爲之若然魯作庫門名曰皋門其制則與天子皋
門同是制一兼二庫門向外兼得皋門矣魯作雉門名曰應門其制
與天子應門同是亦制一兼二則雉門向內兼得應門矣是魯制二
兼四之事魯之庫門旣向外兼皋門魯之雉門又向內兼應門則天
子庫門在雉門外何得庫門倒在雉門內此爲一明詁讓案後鄭言
諸侯三門有皋應路而無庫雉魯雖亦三門而以周公之故得立庫
門雉門然但以二門兼皋門應門之制仍不得別立皋應二門備五
門之數也故大雅緜云迺立皋門皋門有伉迺立應門應門將將毛
傳云王之郭門曰皋門王之正門曰應門實太王作郭門以致皋門
作正門以致應門焉鄭箋則云諸侯之宮外門曰皋門朝門曰應門
內有路門天子之宮加以庫雉依毛說則諸侯不得有皋門應門鄭
不從其說也玉海宮室引三禮義宗說同詩孔疏申鄭說云襄十七
年傳宋人稱皋門之晳諸侯有皋門也家語云衞莊公易朝市孔子
曰繹之於庫門之內失之矣則衞有庫門魯以周公立庫門而衞亦
有庫門者家語言多不經未可據信或以康叔賢亦蒙褒賞故也劉
敞云明堂位言魯之庫門制如皋門魯之雉門制如應門也魯用王
禮故門同王門其制雖同而名不同也皋門應門非諸侯門也春秋
曰雉門及兩觀災子家曰設兩觀乘大路諸侯之僭禮也譏兩觀不
譏雉門雉門者諸侯之禮兩觀者天子之禮也戴震焦循說同案諸

侯三門當從劉說有庫雉而無臯應明堂位說魯制雖兼天子而仍
不敢僭臯應之名鄭君謂諸侯有臯應而無庫雉非也至襄十七年
左傳臯門之晳杜本實作澤門陸氏釋文斥作臯者為誤本孔氏轉
據以證鄭說疏矣家語王肅僞撰固不足證經然庫門自是諸侯通
制孔氏疑衞或蒙褒賞則亦非也互詳閽人疏引檀弓曰魯莊公之
喪既葬而經不入庫門者欲證庫門在雉門外也鄭彼注云時子般
弑慶父作亂閔公不敢居喪葬已吉服而反正君臣欲以防遏之微
弱之至云言其除喪而反由外來是庫門在雉門外必矣者亦破先
鄭雉門在庫門外之說也賈疏云若庫門在內雉門在外應云而經
不入雉門何得云不入庫門故鄭云是庫門在雉門外必矣云如是
王五門雉門為中門者後鄭據禮記定庫門在雉門外是雉門為三
門適在五門之中也賈疏云已下更欲破先鄭外朝在路門外事云
雉門設兩觀者此據魯制兩觀在雉門謂天子亦雉門設兩觀其說
非也今案天子當於應門設兩觀詳大宰及閽人疏云與今之宮門
同者閽人注說中門云若今宮闕門闕卽兩觀也張衡東京賦說漢
宮闕亦云建象魏之兩觀旌六典之舊章云閽人幾出入者窮民蓋
不得入也者據閽人云掌守王宮之中門之禁鄭意彼中門卽指雉
門言之雉門既有守禁則窮民不得入明此外朝有達窮民之事則
不在雉門內可知然閽人掌中門之禁實兼庫雉應三門言之鄭謂
專屬雉門亦未晐詳彼疏賈疏云若外朝在路門外中門內外朝有
右肺石達窮民中門既有閽人幾則何得度中門入於路門乎明外
朝在中門外矣云郊特牲繹於庫門內者彼文云孔子曰繹之於
庫門內祊之於東方失之矣鄭彼注云祊之禮宜於廟門外之西室
繹又於其堂神位在西也此二者同時而大名曰繹其祭禮簡而事
尸禮大賈疏云引郊特牲者欲見庫門內雉門外中門不得置外朝
之事云言遠當於廟門者賈疏云言遠謂譏其太遠宜在廟門西故

云當於廟也二云廟在庫門之內見於此矣者鄭欲見庫門內無外朝但有廟引小宗伯職曰建國之神位右社稷左宗廟者賈疏云見社廟在中門外既然中門外有社稷宗廟在於左右不得置外朝可知案鄭彼注云庫門內雉門外之左右今攷諸侯三門廟社當在雉門內路門外天子五門廟社當在應門內路門外鄭賈謂在庫門內雉門外非也詳小宗伯疏云然則外朝在庫門之外皋門之內與者鄭意天子五門應門之內既有內朝雉門爲中門窮民不得入庫門之內但有廟社而無朝故定外朝爲在庫門外皋門內也二云今司徒府有天子以下大會殿亦古之外朝哉者亦舉漢法爲況詳槁人疏云周天子諸侯皆有三朝外朝一內朝二者賈疏云天子外朝一者即朝士所掌者是也內朝二者司士所掌正朝大僕所掌路寢朝是二也諸侯內朝二者玉藻云朝于內朝朝羣臣辨色始入君日出而視朝退適路寢使人視大夫大夫退然後適小寢彼亦路門外內二者爲內朝二閔二年季友將生卜人云閒於兩社爲公室輔兩社周社亳社是兩社在大門內中門外爲外朝是諸侯外朝一內朝二又掌訝云至于朝詔其位賈疏云解諸侯外朝之法有二種解之或解取閔公傳季友將生閒于兩社爲公室輔注云兩社周社亳社此二社在大門內內門外既云兩社爲公室輔則外朝所在也或解以爲聘禮聘賓在外卒以柩造朝柩不可入公門造朝朝在大門外可知是其兩解不同驗此文云于朝者即是大門外陳擯介之處言朝即外朝在大門外於義可矣案諸侯外朝所在鄭三禮注無明文賈謂在大門內中門外掌訝疏又謂在大門外聘禮疏說同兩疏自相違伐無所折衷劉敞戴震焦循並從在大門內之說金鶚云天子外朝言皋門內則諸侯外朝亦當在庫門內矣朝必有門門與朝相對若在庫門外則朝不必有門又朝必有廷所謂朝廷也廷必有門以限之諸侯三朝亦宜有廷若外朝在庫門外是諸侯外朝獨無廷矣無門

無廷何得謂之朝乎外朝雖不常御然亦君之朝廷不可褻慢故必在門內設閽人以守之乃置朝廷於門外而無守禦任民馳逐踐踏褻慢不已甚乎且路門外有朝則雉門外亦宜有朝乃越雉門而遠設於庫門外此何意也雉門有兩觀月吉縣書萬民得以觀象法者在此而外朝爲詢萬民而設宜亦在此矣乃設於庫門外又何意也聘禮云明日賓拜于朝鄭注拜謝主君之恩惠於大門外賈疏諸侯外朝在大門外不知鄭謂拜謝於大門外亦謂朝門之外可通稱爲朝如上文賓至於朝之例耳未嘗謂諸侯外朝之位在庫門外也賈疏誤甚經典朝字最多所指皆不同有指治朝言者有指內朝言者有指外朝言者有統指三朝而言之者有指三朝之前其地通稱爲朝者讀者當分別觀之案金說甚覈聘禮至于朝注云賓至外門又賓皮弁聘至于朝賓入于次注云次在大門外之西又若賓死未將命則既斂于棺造于朝介將命此諸文皆指外朝門外之地言之鄭注並不謂卽外朝之廷賈氏不悟遂有柩入公門之疑疏矣又案此云內朝二者據玉藻正朝爲內朝則燕朝更在其內亦爲內朝可知若以正朝燕朝自相對言之則正朝亦稱外朝文王世子云公族其在外朝則以官司士爲之鄭彼注云外朝路寢門之外庭國語魯語云天子及諸侯合民事於外朝合神事於內朝並以正朝與燕朝相對爲內外庭是也詳大僕疏云內朝之在路門內者或謂之燕朝者大僕云王眡燕朝則正位注云燕朝朝於路寢之庭路門內卽路寢庭也

帥其屬而以鞭呼趨且辟趨朝辟行人執鞭以威之【疏】帥其屬而以鞭呼趨且辟者呼經例當作嘑此疑誤詳雞人疏釋文云趨本又作趣案趨正字趣叚字經例趨行字皆作趨或本非是詳縣正疏呼以戒警趨者巡行皆執鞭爲之賈疏云案序官朝士中士六人府三人史六人胥六人徒六十人云帥其屬者是徒六十人爲之　注云趨朝辟行人者庫門外之外朝平時

庶民皆得往來故朝士帥其屬趨於朝且辟行人使無干犯也云執
鞭以威之者國語魯語云薄刑用鞭扑韋注云鞭官刑蓋行人有不
辟者則以官刑威之鞭詳司市疏 禁慢朝錯立族談者 慢朝謂臨朝不肅敬也錯立族談違其位僔語也 疏
禁慢朝錯立族談者者此掌肅朝儀也 注云慢朝謂臨朝不肅敬也者說文心部云慢惰也一曰慢不畏也呂氏春秋上德篇高注云
慢易不敬也在朝當肅敬不肅敬則為慢朝故禁之也云錯立族談違其位僔語也者說文辵部云逪迹逪也錯即逪之叚字小爾雅廣
詁云錯雜也廣雅釋詁云族聚也賈疏云違其位解錯立僔亦聚也聚語解族談也詒讓案說文人部云僔聚也引詩曰僔沓背憎又口
部云噂聚語也引詩又作噂僔噂聲義並同疑本一字也 凡得獲貨賄人民六畜者委于朝告于
士旬而舉之大者公之小者庶民私之 俘而取之曰獲委於朝十日待來識之者人民謂刑人奴
隸逃亡者司隸職曰帥其民而搏盜賊鄭司農云若今時得遺物及放失六畜持詣鄉亭縣廷大者公之大物沒入公家也小者私之小
物自畀也玄謂人民之小者未齓七歲以下 疏 凡得獲貨賄人民六畜者委于朝者禁民之拾遺也荀子大略篇云國法禁拾遺惡
民之串以無分得也委於朝亦謂庫門外臯門內之外朝嘉石肺石及縣書所在萬民皆可至者也金鶚云貨賄人民六畜委于朝此外
朝在大門內可無散失可待來者識之也云告于士者此冡上委朝而言則士即謂朝士也賈疏云得物之人告朝士乃委之於朝惠士
奇云費誓馬牛其風臣妾逋逃勿敢越逐祗復之我商賚汝復之者在軍則復於長在國則復於朝故曰委於朝告於士朝者斷獄弊訟
之外朝朝士受而聽之商度其所獲而畀之是為商賚 注云俘而取之曰獲者賈疏云則得者非所俘也所俘即人民六畜其餘貨財

之等稱得詁讓案左定九年傳凡得器用曰得得用曰獲杜注云謂
用器物以有獲若麟爲田獲俘爲戰獲案得獲對文則異散文亦通
公羊昭二十三年傳云君生得曰獲大夫生死皆曰獲此獲人民六
畜則並謂生而得之說文人部云俘軍所獲也引申之凡得人民六
畜非軍獲亦謂之俘故鄭云俘而取之也云委於朝十日待來識之
者者謂其主或來識取則當畀還之故必委於朝十日以待之也云
人民謂刑人奴隸逃亡者者即司厲所掌男入罪隸女入舂槀者也
案賈人掌成市之貨賄人民牛馬兵器珍異注云人民奴婢也則古
私家奴婢亦得買賣此人民當兼官私奴婢言之注未晐引司隸職
曰帥其民而搏盜賊者證人民爲刑人奴隸也鄭司農云若今時得
遺物及放失六畜持詣鄉亭縣廷者舉漢法爲況持詣鄉亭縣廷不
得私取之與此經委於朝告於士事略同云大者公之大物沒入公
家也者司市注云舉之沒入官然則經云句而舉之即謂沒其大者
也云小者私之小物自畀也者謂畀所得獲之人也云玄謂人民之
小者未齔七歲以下者賈疏云案家語本命男子八歲而齔女子
七歲而齔齒此言七歲據男子若女子則六歲皆刑人所生諸處八
歲是男七歲是
女案詳司厲疏

凡士之治有期日國中一旬郊二旬野三旬都三月

邦國朞期內之治聽期外不聽鄭司農云謂在期內者聽期外者不
聽若今時徒論決滿三月不得乞鞫

疏凡士之治有期日者治謂聽訟也凡治訟對文則異散文亦通詳
質人疏賈疏云即上文聽訟于朝者鄉士一旬遂士二旬期日即
上鄉士遂士之等獄訟成來於外朝職聽遠近節之皆有期日案賈
說非也此士治有期日蓋有二義一則民以事來訟士官爲約期日
以治之二則獄在有司而斷決不當者許其於期內申訴王平仲云
謂鄉士遂士等不能決及弊而民不服赴愬於士者故以遠近爲期

限非鄉遂士等所上之獄成也姜兆錫莊存與說同案王說亦是一
義據先鄭注以過期不得乞鞫為證則固以此為民之以獄訟來治
於士者而言非羣士上獄訟之期明矣質人治質劑有期日與此經
同彼後鄭注云謂賷券契者來訟也以期內來則治之後期則不治
所以絕民之好訟且息文書也以彼證此則後鄭亦當以此為民來
治獄訟者之期若羣士稽留獄訟而反以不聽距之是則禁殺戮所
謂攘獄遏訟之當誅者豈得著為令典乎又案賈據鄉士遂士諸職
謂此期即職聽之期不知彼期日雖與此同而自是課羣士治獄訟
之遲速與民之來治於士者不同公羊宣元年何注云古者疑獄三
年而後斷然則假令有疑難不決之獄必不限以旬月之期矣云國
中一旬郊二旬野三旬都三月者賈疏云國中者謂獄在國中據鄉
士郊謂獄在郊據遂士野謂縣獄三處皆是野都謂方士掌都家案
賈並據諸士職聽之期為說以訟獄之事當依士官所分部職為科
律故野與都雖同屬稍縣畺地而一為公邑一為采邑則其期有三
旬與三月之異若質人則以界域遠近均分為法甸稍通屬野縣鄙
通屬都與此官法小異也云邦國朞者朞釋文作期阮元云期者正
字朞者俗字詒讓案釋文是也經典凡稘年字與期限字通作期俗
別作朞非也亦詳質人疏邦國通畿外九服故期特遠也　注鄭司
農云謂在期內者聽期外者不聽若今時徒論決滿三月不得乞鞫
者惠棟云史記夏侯嬰傳集解鄧展曰律有故乞鞫司馬貞案晉令
云獄結竟呼囚鞫語罪狀囚若稱枉欲乞鞫者許之也晉書刑法志
陳羣等新律序云二歲刑以上除以家人乞鞫之制省所煩獄也二
歲刑謂耐以上此魏世所改詒讓案王符潛夫論述赦篇云被冤之
家乃甫當乞鞠告故以信直亦無益於死亡矣乞鞫即乞鞠字同因
徒論決三月之內若有枉濫得乞再鞫問若滿三月則為
時已久不得復乞鞫也與期外不聽事相類故引以為證

凡有責者

有判書以治則聽判半分而合者故書判爲辨鄭司農云謂若今時辭訟有券書者爲治之辨讀爲別謂別券也玄謂古者出責之息亦如國服與

疏凡有責者有判書以治則聽者責卽小宰之稱責注云謂貸予是也　注云判半分而合者者媒氏注云判半也說文刀部云判分也又云券別之書以刀判契其旁故曰契券文心雕龍書記篇云券者束也明白約束以備情僞字形半分故周稱判書賈疏云卽質劑傅別分支合同兩家各得其一者也案此與小宰傅別同詳彼疏云故書判爲辨者徐養原云儀禮士虞記明日以其班祔注云古文班或爲辨今文爲胖胖判皆从半義亦相近鄭司農云謂若今時辭訟有券書者爲治之者亦以漢法爲況先鄭意蓋以有責爲有辭訟後屬責注亦釋責爲訟可證凡辭訟有券書則爲治無券書或誣謾則不爲治也云辨讀爲別者士師傅別注故書別爲辨引先鄭云辨讀爲風別之別此讀與彼同小宰傅別故書亦作傅辨鄭大夫杜子春並讀爲別先鄭以此經云凡有責者有判書以治則聽與小宰聽稱責以傅別文正相應故從故書作辨而依鄭大夫杜子春讀爲別後鄭則以今書作判義與別同故不復破字也云謂別券也者卽券之半分而合者也管子問篇云問人之貸粟米有別券者幾何家尹注云別券謂分契也並詳小宰疏云玄謂古者出責之息亦如國服與者後鄭釋責爲稱責破先鄭義也賈疏云案泉府云凡民之貸者以國服爲之息彼謂貸官物之法今此是私民出責之法無正文約與之同故云與以疑之若然國服者如地之出稅依載師近郊十一之等若近郊民取責一歲十千出一千遠郊二十而三者二十千歲出三千已外可知之案賈說非也國服者亦如彼四等稅法或二十而一或十一或二十而三或十二或二十而五不論何地出息輕重各隨其所便利至重不得逾此耳非必分地而區其等率也互詳泉府疏

凡民同貨財者

令以國灋行之犯令者刑罰之鄭司農云同貨財者謂合錢共賈者也以國法行之司市爲節以遣之玄謂同貨財者富人畜積者多時收斂之乏時以國服之法出之雖有騰躍其贏不得過此以利出者與取者過此則罰之若今時加貴取息坐臧

疏凡民同貨財者令以國灋行之者賈疏云謂財主出債與生利還主則同有貨財令以國法國法卽國服爲之息利故云國法行之訟讓案此同貨財與司市以泉府同貨而斂賒義同彼官與民同貨財斂賒之事泉府掌之此民與民同貨財斂賒之事民自主之朝士則掌 其法令云犯令者刑罰之者謂不依國法者重則有刑輕則有罰也 注鄭司農云同貨財者謂合錢共賈者也者說文曰部云同合會也司市注云同共也先鄭意此同貨財爲民欲爲賈而力不能獨舉則與他人合錢居物相共爲賈者也云以國法行之司市爲節以遣之者此亦注用令字作法也司市云凡通貨賄以璽節出入之先鄭意經云國法卽司市通貨賄之法行之謂達其出入也但商賈出入有璽節自是司市恆法不必屬合錢共賈且此說與司市同貨之義亦不合故後鄭不從云玄謂同貨財者富人畜積者多時收斂之者卽司市同貨斂賒之事也從鄭彼注云同者謂民貨不售則爲斂而買之民無貨則賒貰而予之此同貨財與彼義同但彼謂官斂滯貨此謂富人畜積事小異耳云乏時以國服之法出之者後鄭意此國灋卽泉府之法富人於貨財多時收斂畜積至缺乏時出而售之則朝士令之亦若泉府貸官物依國服之法以取其贏若依十一之法其本十千期而出之則賈爲十一千以一千之贏爲之息也泉府同貨有賒物有貸泉此民閒同貨財當亦兼有賒貸之事若周書文酌篇云大農假貸是也注謂多時斂之乏時出之斂卽斂其賒貸之物出卽出而予之但賒者無息貸子有息則亦不逾國服四等之率金榜又謂此同貨財指貨本以賈者要皆經義所晐矣

云雖有騰躍其贏不得過此者賈疏云謂販易得利多少者騰躍其贏謂其贏利騰踴乘躍而出故晉灼曰言市物賤預買畜之物貴而出賣之故使物騰躍是其事案賈說非也此謂之時則賈必騰躍令以國法行之則雖當賈騰躍之時其取贏不得過國服之息所以禁其踰法以求高賈也云以利出者與取者者其贏與國服之息相比則出者有利賈雖騰躍而所贏不過國法則取者亦有利也云過此則罰之者賈疏云物違國服則爲犯令得刑云若今時加貴取息坐臧者黄丕烈校改加貴爲加責云司厲注盜賊臧加責沒入縣官今據正案黄校是也加責取息謂責取加倍之息也惠棟云漢書王子侯表云旁光侯殷坐取息過律免陵鄉侯訢坐貸穀息過律免息有程限過律則坐臧也

凡屬責者以其地傅而聽其辭 鄭司農云謂訟地畔界者田地町畔相比屬故謂之屬責以地傅而聽其辭以其比畔爲證也玄謂屬責轉責使人歸之而本主死亡歸受之數相抵冒者也以其地之人相比近能爲證者來乃受其辭爲治之

疏 注鄭司農云謂訟地畔界者田地町畔相比屬故謂之屬責者說文田部云田踐處曰町又尾部云屬連也莊子人閒世釋文引李頤云町畦畔埒先鄭訓屬爲連責爲訟謂田之町畔相比屬因而爭訟也惠士奇云戰國策云邦屬而壞挈者七百里呂氏春秋知化亦云吳之與越接土鄰境壤交通屬高注曰屬連也責者訟也論語內自訟包咸注云訟猶責也屬責者地訟也案惠引國策呂覽及論語包注證先鄭義得之賈疏以地畔界不得名責駁先鄭非其恉也然經不云地訟又屬責與上經有責及小宰稱責文同則義不得異先鄭義實不若後鄭之長也云以地傅而聽其辭以其比畔爲證也者蓋謂此地傅即小司徒之地比也盧人注云傅近也謂比畔相近之地使爲證佐以定其曲直也云玄謂屬責轉責使人歸之者漢書王莽傳顏注云屬委付也轉責亦謂展轉相委付

故謂之屬賈疏云謂有人取他責乃別轉與人使子本依契而還財主會釗云屬託也屬責者謂遠賈異方而死者屬伴侶之人收取其責負者或賴不償因訟於官則官必召其地相比近之民問是果與亡者爲伴侶否然後聽而責負者償之案會說亦通云而本主死亡歸受之數相抵冒者也者賈疏云轉責者或死或亡也受責之人見轉責者死亡則詐言所受時少是歸受之數相抵冒也詒讓案抵冒者潛夫論斷訟篇云借本治生逃亡抵中史記孟嘗君傳云離上抵負亦詳大史疏云以其地之人相比近能爲證者來乃受其辭爲治之者後鄭亦以傅爲傅近而義與先鄭異賈疏云謂以其地相比近委其事實故引以爲證也言能爲證者則有不能爲證之法地雖相近有不知者則不能爲證乃不受其辭而不治之也

凡盜賊軍鄉邑及家人殺之無罪

鄭司農云謂盜賊羣輩若軍共攻盜鄉邑及家人者殺之無罪若今時無故入人室宅廬舍上人車船牽引人欲犯法者其時格殺之無罪

疏

凡盜賊軍鄉邑及家人殺之無罪者賈疏云盜賊並言者盜謂盜取人物賊謂殺人曰賊鄉據鄉黨之中邑據郭邑之內案賈說非也鄉邑謂鄉遂公邑家人謂平民家室若被盜賊攻略許其擅殺不必歸之士也鄉邑詳大宗伯疏 注鄭司農云謂盜賊羣輩若軍共攻盜鄉邑及家人者殺之無罪者先鄭蓋以盜賊軍略讀意謂軍爲軍衆言盜賊羣聚成軍者所至鄉邑若家人遇則任聽格殺不以擅殺爲罪也王安石鄭鍔並釋軍爲攻圍屬下讀之江永云軍猶攻殺也惠士奇云軍謂持兵者春秋襄二十五年吳子謁伐楚門于巢卒何休曰書伐者明持兵入門乃得殺之然則不持兵不得殺之明矣雖羣輩共入鄉邑及人家而格殺之則殺之者不得無罪以其不持兵也苟持兵豈必羣輩而後殺之無辜哉故不徒曰盜賊而又曰軍所以正盜賊之名也左傳凡兩軍相攻曰軍某師則軍訓爲攻與春秋書伐同

義案王鄭江惠說是也俞樾說亦略同云若今時無故入人室宅廬舍上人車船牽引人欲犯法者其時格殺之無罪者先鄭舉漢法爲況公羊定四年徐疏云格猶拒也案牽引人亦謂劫略良人也賈疏以爲漢賊律文

凡報仇讎者書於士殺之無罪謂同國不相辟者將報之必先言之於士【疏】凡報仇讎者書於士殺之無罪者經例於當作于石經及各本並誤此與調人爲官聯也此士與前告于士異蓋謂羣士通士師鄉士遂士縣士方士訝士朝士等而言凡刑官皆得書也賈謂朝士未晐　注云謂同國不相辟者將報之必先言之於士者鄭意調人三等辟讎之法以國中爲最近彼職云弗辟則與之瑞節而以執之彼謂官執之若官未執而報者之身與仇讎相遇者則得殺之但必先告之於士官書其姓名於簿籍不得不告而殺所以申其情而禁其專擅也然調人所云實爲過失殺人罪不當殺而設此調和之法其與之瑞節而以執之者本謂以瑞節與報讎之人但使執之不遽殺也此云殺之無罪則是法所當討與彼不同竊謂此報仇讎乃謂殺人而不義者罪本當殺或逃匿官捕之未得則報者得自殺之此本不在相辟之科鄭援調人以釋此經實不相當賈疏謂會赦後使己離鄉其人反來還於鄉里尤非經義詳調人疏

若邦凶荒札喪寇戎之故則令邦國都家縣鄙慮刑貶故書慮爲憲貶爲窆杜子春云窆當爲禁憲謂幡書以明之玄謂慮謀也貶猶減也謂當圖謀緩刑且減國用爲民困也所貶視時爲多少之法【疏】若邦凶荒札喪寇戎之故者凶荒札喪即膳夫大荒大札彼又云國有大故注云大故寇戎之事也此總言之則荒札亦爲大故宮正注云故凡非常也是也此札喪即謂疫癘之喪非謂王家大喪小喪之事喪禮無省刑之法也云則令邦國都家縣鄙慮刑貶者令謂此官依法戒令之賈疏云邦國據畿外都家謂畿內

三等采地縣鄙謂六遂之內不言六鄉舉六遂則六鄉亦在其中謂
國有此事則朝士當謀慮緩刑自貶損之不得仍依常法也案經凡
言縣鄙者皆指四等公邑而言非六遂五酇之鄙五鄙之縣賈說失
之此舉邦國都家公邑而不及鄉遂者舉外以包內文不具也詳宰
夫疏　注云故書慮爲憲貶爲窆杜子春云窆當爲禁者據胥師及
小司寇布憲諸職並有憲刑禁之文故讀從之段玉裁云子春從故
書作憲窆而易窆爲禁窆禁古音同在侵鹽添部也鄭君從今書作
慮貶注士師職荒辨即援此爲證然則憲爲字誤窆爲聲誤云憲謂
幡書以明之者丁晏云說文序六曰鳥蟲書所以書幡信也崔豹古
今注信幡古之徽號也所以題表官號以爲符信故謂爲信幡也漢
書鮑宣傳博士弟子王咸舉幡太學下曰欲救鮑司隸者會此下詒
讓案幡即旛之叚字說文㫃部云旛旛胡也國語吳語韋注云肥胡
幡也旛胡即旌旗之幅杜讀爲憲刑禁謂書刑禁之事於布帛之幅
縣建宣播之使衆共見若徽識之幡故云幡書以明之小宰云以宮
刑憲禁於王宮後鄭注云憲謂表縣之若今新有法令云杜說正與
彼同云玄謂慮謀也者爾雅釋詁文云貶猶減也者說文貝部云貶
損也引申爲減省之義廣雅釋詁云貶損減也云謂當圖謀緩刑且
減國用爲民困也者大司徒十二荒政及士師凶荒荒貶之法並有
緩刑減國用若廩人云詔王殺邦用是也云所貶視時爲多少之法
者賈疏云此經所有之事重民益困則所貶多所有之事輕民困不
至甚則所貶少故云
視時爲多少之法也

司民掌登萬民之數自生齒以上皆書於版辨其國中與其都鄙及
其郊野異其男女歲登下其死生登上也男八月女七月而生齒版
今戶籍也下猶去也每歲更著生

去死疏掌登萬民之數自生齒以上皆書於版者於經例當作于石經及各本並誤此官掌庶民之版與司士掌羣臣之版尊卑互相備也云辨其國中與其都鄙及其郊野者賈疏云國中據六鄉在城中者都鄙據三等采地郊謂六鄉之民在四郊者野謂六遂及四等公邑是徧畿內矣案此國中當專屬王國城郭中不兼六鄉而郊則當爲郊里而兼六鄉鄉里七萬五千家內不萃居國中外與郊里亦不雜處也賈說未析詳大宰縣師疏 注云登上也者輈人注同說文癶部云登上車也引申之凡增上並曰登此釋登萬民之數謂進上其所書之數猶後云獻也下云登下則猶言增減左傳昭三年杜注云登加也但登下相對爲文則與上義亦互通故注不別釋也云男八月女七月而生齒者詳小司寇疏案生齒以上所謂成男成女也大戴禮記千乘篇云古者殷書爲成男成女名屬升於公門是也彼殷當爲版形近而譌又內則記子生三月父名之卽書而告閭史州史藏諸閭府州府彼生三月而書卽媒氏書成名以上男女之事與此職亦互相備也云版今戶籍也者詳小宰宮伯疏云下猶去也者戰國策西周策高注云下猶減也言減去之也此登下猶言增減與司士掌羣臣之版歲登下其損益之數義同云每歲更著生去死者生者著其名於籍死則去之也商子境內篇云四境之內丈夫女子皆有名於上生者著死者削與此經合管子乘馬篇云秋曰大稽與民數得亡彼與讀爲舉得亡猶此云死生也又國語周語仲山甫曰古者不料民而知其少多司民協孤終韋注云協合也無父曰孤終死也合其名籍以登於王也此經云登下其死生卽協孤終之事

及三年大比以萬民之數詔司寇司寇及孟冬祀司民之日獻其數于王王拜受之登于天府內史司會冢宰貳之以贊王治鄭司農云文昌宮三

能屬軒轅角亢相與為體近文昌為司命次司中次司祿次司民玄謂司民軒轅角也天府主祖廟之藏者贊佐也三官以貳佐王治者當
以民多少黜陟主民之吏【疏】及三年大比以萬民之數詔司寇者此司民之官成也云司寇及孟冬祀司民之日獻其數于王者凡獻
民數有二一三年大比獻即此文是也一每年孟冬獻小司寇云孟冬祀司民獻民數于王王拜受之是也二者並在祭司民之日此經
不言比年獻者三年總獻冢宰大司寇司民內史司會天府諸官相與聯事其禮尤盛足以晐之也此以民數詔司寇司寇獻其數于王
皆謂大司寇也今攷兩獻民數並見小司寇而大司寇職無文疑唯比年之獻為小司寇所專掌其三年大比總獻民數禮尤隆重則大
小司寇正貳宜咸與其事彼經不言者或以已具於此而略之與祀司民禮詳天府小司寇疏云王拜受之登于天府者拜經例當作𢷎
石經及各本並誤詳春官世婦疏王既受所獻民數復以付天府使藏之云登者亦重之也云內史司會冢宰貳之以贊王治者小司寇
云內史司會冢宰貳之以制國用此贊治亦兼制國用二職文互相備也　注鄭司農云文昌宮三能屬軒轅角亢相與為體近文昌為司
命次司中次司祿次司民者賈疏云武陵太守星傳文昌第一曰上將第二曰次將第三曰貴相第四曰司命第五曰司中第六曰司祿
不見有司民三台六星兩兩相居起文昌東南別在大微亦無司民之事故後鄭不從案賈說是也開元占經石氏中官占引黃帝占云
文昌宮三能與軒轅相與為體又說文昌六星與星傳同又說三能近文昌宮者曰太尉司命次司徒司中次司空司祿又引春秋緯元
命苞說魁下六星兩兩而比曰三能上台司命次中台司中次下台司祿亦並不云有司民星先鄭說未詳所據互詳天府疏云玄謂司
民軒轅角也者天府注義同亦詳彼疏云天府主祖廟之藏者者亦據天府文彼又云若祭天之司民司祿而獻民數穀數則受而藏之

卽此官所登者也云贊佐也者外宗注義同云三官以貳佐王治者當以民多少黜陟主民之吏者民數增多則主吏有陟減少則主吏有黜三官皆佐王行之也賈疏云主民之吏卽六鄉六遂大夫公邑大夫采地之主皆是也

司刑掌五刑之灋以麗萬民之罪墨罪五百劓罪五百宮罪五百刖罪五百殺罪五百墨黥也先刻其面以墨窒之劓截其鼻也今東西夷或以墨劓爲俗古刑人亡逃者之世類與宮者丈夫則割其勢女子閉於宮中若今宦男女也刖斷足也周改臏作刖殺死刑也書傳曰決關梁踰城郭而略盜者其刑臏男女不以義交者其刑宮觸易君命革輿服制度姦軌盜攘傷人者其刑劓非事而事之出入不以道義而誦不詳之辭者其刑墨降畔寇賊劫略奪攘撟虔者其刑死此二千五百罪之目略也其刑書則亡夏刑大辟二百臏辟三百宮辟五百劓墨各千周則變焉所謂刑罰世輕世重者也鄭司農云漢孝文帝十三年除肉刑

疏掌五刑之灋以麗萬民之罪者經例用古字當作辠後及司刺司厲司圜掌囚掌戮罪隸並同此司刑之官法也大司寇注云麗附也此官掌五刑之法依法以附民罪之輕重漢書刑法志謂此二千五百條卽大司寇三典之中典是也云墨罪五百劓罪五百宮罪五百刖罪五百殺罪五百者罪大宰先鄭注引並作辠當據正此五刑條目之略皆先輕後重依書呂刑宮重於刖而此經先宮後刖漢刑法志同疑亦傳寫之誤五刑各五百者亦約舉成數言之　注云墨黥也先刻其面以墨窒之者白虎通義五刑篇云墨者墨其額也說文土部云墨書墨也黑部云黥墨刑在面也書呂刑云爰始淫爲劓刵椓黥孔疏引鄭書注云黥爲羈黥人面堯典疏又引今文夏侯等書作臏宮割劓頭庶剠御覽刑法部引尚書刑德放云涿鹿者笮人顙也黥者爲羈笮人面

也又引鄭彼注云㒸鹿黥皆先以刀筰傷人墨布其中故後世謂之
刀墨之民也據今文書及緯文則墨刑在面謂之黥字又作剠在額
謂之㒸鹿亦作頭鹿以其布墨爲刑通謂之墨然散文則在額亦在
之黥故國策秦策高注云刻其額以墨實其中曰黥鄭此注云刻面
不及刻額者以面可以晐額也呂刑先言黥後又言墨辟黥墨義同
賈疏謂黥爲苗民之虐刑夏改爲墨呂刑疏亦謂黥面甚於墨額恐
不足據窒釋文云本又作涅廣雅釋器云涅黑也呂刑僞孔傳云額
其額而涅之曰墨刑國語周語韋注亦云刀墨謂以刀刻其額而墨
涅之窒涅義通云劓截其鼻也者說文刀部云劓刑鼻也重文劓劓
或從鼻白虎通義五刑篇云劓者劓其鼻也云今東西夷或以墨劓
爲俗古刑人亡逃者之世類與者韓詩外傳廉稽說越俗云劓墨文
身翦髮後漢書東夷傳云倭男子皆黥面文身此即以墨劓爲俗之
類鄭意古時有犯此二刑者亡逃於彼世類蕃衍相沿爲俗也又國
語周語云有散遷懈慢而著在刑辟流在裔土於是有蠻夷之國有
斧鉞刀墨之民是古刀墨之民流在裔土之事云宮者丈夫則割其
勢女子閉於宮中者御覽刑法部引尚書刑德放云宮者女子淫亂
執置宮中不得出也割者丈夫淫割其勢也白虎通義五刑篇說同
呂刑僞孔傳云宮淫刑也男子割勢婦人幽閉次死之刑列女傳貞
順篇云士庶人外淫者宮割案宮呂刑又謂之椓詩大雅召旻云昏
椓靡共鄭箋云椓椓毀陰也說文攴部作斀云去陰之刑也左傳僖
十五年杜注云古之宮閉者皆居之臺以抗絕之列女傳辯通篇齊
威虞姬傳云周破胡惡虞姬嘗與北郭先生通王疑之乃閉虞姬於
九層之臺而使有司即窮驗問即閉宮中不得出之事也云若今宦
男女也者天官敘官注云奄精氣閉藏者今謂之宦人是也詳彼疏
云刖斷足也者說文刀部云刖絕也又足部云跀斷足也重文䠒跀
或从兀跀正字刖叚借字廣雅釋詁云刖斷也云周改臏作刖者文

選西征賦李注引尚書刑德放云臏者脫去人之臏也說文骨部云髕厀耑也臏卽髕之俗鄭意書傳有臏無刖此經有刖無臏故謂周改臏爲刖然公羊襄二十九年徐疏引鄭駁異義云皐陶改臏爲剕呂刑有剕周改剕爲刖賈疏亦本彼爲說謂臏本苗民虐刑咎繇改臏作腓至周改腓作刖案據駁異義說則臏與剕異剕與刖亦異故以三者相變未詳其說段玉裁云古五刑髕者去厀頭骨也周改髕作跀斷足也古文尚書呂刑說夏刑作剕周本紀漢刑法志尚書大傳皆作髕周禮注云周改髕作刖而鄭駁異義云皐陶改髕爲剕周改剕爲刖與周禮注不合許謂䠊卽跀鄭析䠊跀爲二不知其制何以分別竊謂剕惟見於呂刑他經傳無言䠊言剕者蓋䠊者髕之一名故周禮說周制作刖呂刑說夏制則今文尚書作臏古文尚書作剕實一事也周改髕爲跀卽改䠊爲跀也黃以周云鄭意臏者脫其髕也剕者斷其趾也刖者斷其足也白虎通義五刑篇云剕者脫其臏也是以剕爲臏也漢書刑法志孟康注云臏者刖左右趾是又以臏爲剕也說文剕作䠊刖作跀䠊跀也跀斷足也是又以剕爲刖也史記龐涓召孫臏以法刑斷其兩足是又以刖爲臏也說文髕厀耑也脫其臏謂剔去其厀耑骨使不能行重於剕而輕於刖案黃推駁異義說深得其恉也莊子德充符篇云兀者叔山無趾踵見仲尼釋文引崔譔云無趾故以踵行是亦以剕爲刖蓋髕剕刖通言之皆爲足刑故古書咸不甚析別唯駁異義顯區爲三故謂臏與剕異此注直云周改臏作刖下引呂刑復以剕爲臏是鄭意實如段說謂剕臏爲一刑與駁異義說自不同賈并爲一非也云殺死刑也者說文歺部云殺戮也釋名釋喪制云罪人曰殺殺竄也埋竄之使不復見也白虎通義五刑篇云大辟者謂死也引書傳曰決關梁踰城郭而略盜者其刑臏者以下並尚書大傳呂刑傳佚文孝經釋文引鄭孝經注云踰垣牆闚人闈閾者臏與伏說略異云男女不以義交者其刑

宮者卽所謂淫刑也孝經釋文引鄭注云男女不與禮交者宮割說
與此同云觸易君命革輿服制度姦軌盜攘傷人者其刑劓者御覽
刑法部引鄭大傳注云攘竊也孝經釋文引鄭注云穿窬盜竊者劓
說與此略異賈疏云觸君命令不行及改易之華輿服制度者依典
命上公九命國家宮室車旗衣服禮儀皆以九爲節侯伯已下及卿
大夫士皆依命爲多少之節是不革今乃革之革改也謂上僭也制
度卽宮室禮儀制度也姦軌者案舜典云寇賊姦軌鄭注云強聚爲
寇殺人爲賊由內爲姦起外爲軌案成十七年長魚矯曰臣聞在外
亂爲姦在內爲軌御姦以德御軌以刑鄭與傳不同鄭欲見在外亦
得爲軌在內亦得爲姦故反覆見之或後人傳寫誤當以傳爲正云
非事而事之出入不以道義而誦不詳之辭者其刑墨者詳蜀石經
作祥古字通用御覽引大傳亦作祥又引鄭彼注云非事而事之令
所不當爲也孝經釋文引鄭注云劫賊傷人者墨說與此異云降畔
寇賊劫略奪攘撟虔者其刑死者賈疏云案呂刑云寇賊姦軌奪攘
撟虔注云有因而盜曰攘撟虔謂撓擾春秋傳虔劉我邊垂謂劫奪
人物以相撓擾也詒讓案書傳云降畔寇賊劫略奪攘撟虔卽呂刑
之罔不寇賊鴟義姦宄奪攘撟虔也呂刑疏引鄭書注說鴟義云盜
賊狀如鴟梟鈔掠良善劫奪人物是鄭意書傳之劫略卽呂刑之鴟
義也賈引書宄作軌矯作撟蓋初唐本如是今本爲衛包所改故與
賈異孝經釋文引鄭注云手殺人者大辟說與此異云此二千五百
罪之目略也其刑書則亡者謂此經五刑刑各五百是其凡目之較
略其詳具於刑書則已亡佚呂刑云明啓刑書胥占卽此五刑之書
也云夏刑大辟二百臏辟三百宮辟五百劓墨各千者賈疏云據呂
刑而言案呂刑剕辟五百宮辟三百今此云臏辟三百宮辟五百此
乃轉寫者誤當以呂刑爲正詒讓案呂刑序云呂命穆王訓夏贖刑
是穆王重申夏法故鄭據彼爲夏刑也長孫無忌唐律疏議引尚書

大傳云夏刑三千條與呂刑數適合又案此引呂刑三百五百刑數互誤至引彼剕辟作臏辟者則是從今文書呂刑凡剕辟剕罰字史記周本紀漢書刑法志白虎通五刑篇公羊襄二十九年徐疏引元命包並作臏卽鄭所本鄭此注不從古文作剕亦不以剕與臏爲二之證也賈疏皆以爲字誤失之云周則變焉者賈疏云夏刑三千墨劓俱千至周減輕刑入重刑俱五百是夏刑輕周刑重案文十八年史克云周公制禮曰則以觀德作誓命曰毀則爲賊竊賄爲盜在九刑不忘言九刑者鄭注堯典云正刑五加之流宥鞭扑贖刑此之謂九刑者賈服以正刑一加之以八議昭六年云周有亂政而作九刑而云周公作者鄭志云三辟之興皆在叔世受命之王所制法度時不行耳世末政衰隨時自造刑書不合大中故叔向譏之作刑書必重其事故以聖人之號以神其書耳若然九刑之名是叔世所作假言周公其實非周公也案依漢刑法志說則此五刑二千五百爲中典呂刑五刑三千爲重典則夏重周輕與賈不同今攷此經自是中典但呂刑實輕於此經當以賈說爲優周書嘗麥篇有刑書九篇疑卽周公之九刑此經有五刑無九刑或當如鄭書注說加流宥鞭扑贖爲九漢刑法志顏注引韋昭說同至叔向以九刑爲周之亂政此必非周公之九刑賈合爲一而曲爲之說失之云所謂刑罰世輕世重者也者亦呂刑文僞孔傳云言刑罰隨世輕重也刑新國用輕典刑亂國用重典刑平國用中典卽據大司寇三典爲釋鄭司農云漢孝文帝十三年除肉刑者賈疏云案文帝本紀十三年大倉令淳于公有罪當刑徙繫長安無男有五女小曰提縈遂泣上書上赦肉刑所赦者惟赦墨劓與刖三者其宮刑至隨乃赦也呂刑疏說同惠棟云史記索隱引崔浩漢律序曰文帝除肉刑而宮不易張斐注云以淫亂人族序故不易之也案漢書鼂錯對策曰除去陰刑張晏曰宮刑也則漢文亦除宮刑矣或後仍復之賈孔之說蓋本崔張王聘珍

云漢書景帝元年詔曰文帝除宮刑出美人重絶人之世也則文帝之除宮刑審矣景帝中元四年赦徒作陽陵者死罪欲腐者許之如
淳曰腐宮刑也是景帝之時宮刑復用至隋開皇乃除之案惠王說是也依漢刑法志說文帝下令除肉刑丞相張蒼等議當黥者髡鉗
為城旦舂當劓者笞三百當斬左止者笞五百當斬右止者棄市然則十三年所除者惟黥劓斬左右止耳其除宮刑漢志無文故崔張
賈孔並謂不易然恐在十三年後復除此刑史偶失紀也若司寇斷獄弊訟則以五刑之灋詔刑
罰而以辨罪之輕重詔刑罰者處其所應不如今律家所署法矣疏若司寇斷獄弊訟則以五刑之灋詔刑罰
者縣士云司寇聽之斷其獄弊其訟于朝羣士司刑皆在各麗其灋以議獄訟即其事也賈疏云司刑主刑書若於外朝司寇斷獄之時
司刑則以五刑之法詔刑罰刑罰並言者刑疑則入罰故也注云詔刑罰者處其所應不者平其法之輕重審處所抵罪之當與不當
也云如今律家所署法矣者鄭據漢時律令家有署法蓋謂書其罪及所當之法於牘也司刑詔刑罰亦當書署其法故舉以為況
司刺掌三刺三宥三赦之灋以贊司寇聽獄訟刺殺也訊而有罪則殺之宥寬也赦舍也
疏掌三刺三宥三赦之灋者此司刺之官法也五刑正法職在司刑而有疑獄及別情當反覆詳議者則又有是三法以求情理之平
此官別掌之以與司刑相左右者也云以贊司寇聽獄訟者州長注云贊助也司寇聽獄訟時此官以三法贊助之皆所以致其詳愼不
輕於施刑也注云刺殺也訊而有罪則殺之者敘官注義同云三刺者問衆以當殺與否是刑與宥不可豫定與三宥三赦專在赦宥不
同故以三刺為名亦取與三宥相對為義也云宥寬也者大司寇注同云赦舍也者爾雅釋詁文宥者減從輕比仍科小刑赦則放免全

無刑罰易解象傳云君子以赦過宥罪是也

壹刺曰訊羣臣再刺曰訊羣吏三刺曰訊萬民訊言

【疏】壹刺曰訊羣臣者此卽司寇聽於外朝鄉士遂士縣士諸職所謂王及三公六卿會其期者也羣臣謂孤卿大夫士也其位在外朝西面與三詢之位同云再刺曰訊羣吏者謂鄉遂公邑都鄙之吏也其位東面云三刺曰訊萬民者謂鄉遂之民其位北面賈疏云此三刺之事謂斷獄弊訟之時先羣臣次羣吏後萬民先尊後卑之義 注云訊言者小司寇注同

壹宥曰不識再宥曰過失三宥曰遺忘鄭司農云不識謂愚民無所識則宥之過失若今律過失殺人不坐死玄謂識審也不審若今仇讎當報甲見乙誠以爲甲而殺之者過失若舉刃欲斫伐而軼中人者遺忘若閑帷薄忘有在焉而以兵矢投射之

【疏】壹宥曰不識者漢書刑法志作弗識義同三宥皆本有罪入五刑而改從輕比賈後疏謂仍使出贖是也書呂刑云五刑不簡正于五罰又云五刑之疑有赦下卽說五辟疑赦所罰之數蓋亦含此三宥罰贖之法彼云赦者通言之赦宥義略同也又書舜典云流宥五刑彼釋文引馬融云宥三宥也馬據此證彼流宥之義則馬謂三宥當減從流然此經諸職無流放之文鄭書禮注亦皆不以流宥爲三宥蓋不從馬說史記五帝本紀集解引馬氏書注別援下文三赦以釋流宥與陸氏所引不合疑裴駰之誤三赦直赦不刑尤不得爲流宥也王制云三公以獄之成告於王王三又然後制刑注云又當作宥亦引此文爲說又管子法法篇云文有三侑武無一赦又戒篇云令曰老弱弗刑參宥而後弊參三又侑宥字並通惟管子云老弱弗刑則又兼此三赦矣 注鄭司農云不識謂愚民無所識則宥之者謂愚民不識法令而誤有觸犯則宥之以其與三赦惷愚無別故後鄭不從云過失若今律過失殺人不坐死者晉書刑法志引魏張裴律注云不

意誤犯謂之過失以其非故殺故不坐死也云玄謂識審也者說文言部云識知也不識謂知之不審也云不審若今仇讎當報甲見乙誠以爲甲而殺之者者賈疏云甲乙者與喻之義耳假令兄甲是仇人見弟乙誠以爲是兄甲錯殺之是不審也云過失若舉刃欲斫伐而軼中人者者申先鄭之義謂人凡過而殺傷人者以民成之注云過無本意也漢書刑法志顏注云過失非意也廣雅釋詁云軼過也言舉兵刃本欲斫伐艸木而過旁出中傷人淮南子氾論訓云以刃相戲必爲過失過失相傷其患必大亦此義也司救圜土之罷民亦在過失之科彼注謂酗醬好訟若抽拔兵器誤以行傷害人麗於罪者與此刃軼中人事亦略同云遺忘若閒帷薄忘有在焉而以兵矢投射之者在焉下蜀石經有者字王應麟漢制考引同疑今本誤挩漢刑法志顏注云遺忘忽忘也又西域傳注云閒隔也國語晉語韋注云薄簾也謂隔帷薄內實有人在遺忘以爲無人而以兵矢投射致傷人也三者皆非本意故寬宥其罪

壹赦曰幼弱再赦曰老旄三赦曰惷愚

惷愚生而癡騃童昏者鄭司農云幼弱老旄若今律令年未滿八歲八十以上非手殺人他皆不坐【疏】壹赦曰幼弱者矜其幼也漢書刑法志顏注云幼弱謂七歲以下曲禮云人生十年曰幼學二十曰弱冠與此幼弱義別云再赦曰老旄者矜其老也旄葉鈔釋文作秏云本又作旄俗本釋文作耄非阮元據大司寇注引書王秏荒證葉本爲是案說文老部作薹云年九十曰薹漢書刑法志說周禮三刺作老眊秏旄眊並薹之借字耄則俗體也曲禮八十九十曰耄釋文亦作旄鄭彼注云耄惛忘也釋名釋長幼云七十曰耄頭白耄耄然也國語周語韋注云八十曰耄耆昏惑也據此諸說則耄爲七十八十九十之通稱鄭注引漢律八十不坐爲釋蓋從曲禮說云三赦曰惷愚者矜其性識之不逮也賈疏云三赦與前三宥所以異者上三宥不識過失遺

忘非是故心過誤所作雖非故爲比三赦爲重據今仍使出贖此三赦之等比上爲輕全放無贖案薛據孔子集語引尚書大傳子曰古之聽民者察貧窮哀孤獨矜寡宥老幼不肖無告有是必赦小過勿增大罪勿纍老弱不受刑有過不受罰是故老而受刑謂之悖弱而受刑謂之暴不赦有過謂之賊率過以小謂之枳伏傳所云有過不受罰卽此經三宥之法也宥老幼不肖卽此經三赦之法也 注云惷愚生而癡騃童昏者者說文心部云惷愚也愚戇也哀公問云寡人惷愚冥煩案惷字與惷亂之惷別廣雅釋詁云僮惛狂癡也騃癡也一切經音義引蒼頡云騃無知之貌國語晉語胥臣說八疾云僮昏不可使謀韋注云僮無知昏闇亂也童僮昏惛字並同鄭司農云幼弱老旄若今律令年未滿八歲八十以上非手殺人他皆不坐者賈疏云案曲禮云八十九十曰耄七年曰悼悼與耄雖有罪不加刑焉與此先鄭義合彼亦謂非手殺人他皆不坐也云未滿八歲則未齔是七年者若八歲已齔則不免也惠棟云光武紀建武三年詔曰男子八十以上十歲以下及婦人從坐者自非不道詔所名捕皆不得繫鄭氏孝經注云手殺人者大辟詣讞案漢書刑法志云孝景後三年下詔著令年八十以上八歲以下當鞫繫者頌繫之孝宣元康四年又下詔諸年八十非誣告殺傷人它皆勿坐成帝鴻嘉元年定令年未滿七歲賊鬬殺人及犯殊死者上請廷尉以聞得減死合於三赦幼弱老旄之人先鄭說與班同 以此三灋者求

民情斷民中而施上服下服之罪然後刑殺上服殺與墨劓下服宮刖也司約職曰其不信者服墨刑凡行刑必先規識所刑之處乃後行之

【疏】以此三灋者求民情斷民中者謂察民情之虛實求民罪之中正必用此三法小司寇云以五聲聽獄訟求民情以三刺斷庶民獄訟之中此以上三法又兼求民情斷民中皆互相通貫也云而施上服下服之罪者

此謂凡不在三宥三赦之科者也　注云上服殺與墨劓下服宮刖也者小司寇注義同案鄭以刑之所加於體之上下解經上服下服非也此服之上下當以刑之輕重言之詳小司寇疏引司約職曰其不信者服墨刑者證刑得言服也云凡行刑必先規識所刑之處乃後行之者國語晉語云成公之生也其母夢神規其臀以墨章注云規畫也此釋經施上服下服之罪然後刑殺施即謂規畫其當刑之處然非經義賈疏謂規識在體若衣服在身故名規識爲服則又失鄭恉矣

司約掌邦國及萬民之約劑治神之約爲上治民之約次之治地之約次之治功之約次之治器之約次之治摯之約次之

此六約者諸侯以下至於民皆有焉劑謂券書也治者理其相抵冒上下之差也神約謂命祀郊社羣望及所祖宗也夔子不祀祝融楚人伐之民約謂征稅遷移仇讎既和若懷宗九姓在晉殷民六族七族在魯衛皆是也地約謂經界所至田萊之比也功約謂王功國功之屬賞爵所及也器約謂禮樂吉凶車服所得用也摯約謂玉帛禽鳥相與往來也

【疏】掌邦國及萬民之約劑者與司會大史內史爲官聯也凡王與邦國及萬民爲約或邦國及萬民自相與爲約此官並掌其約劑之書大史云凡邦國都鄙及萬民之有約劑者藏焉以貳六官六官之所登則都鄙及百官府亦皆有約劑此唯舉邦國萬民者文不具也云治神之約爲上者國事莫重於祀故神約爲首也其餘皆以事之輕重次之

注云此六約者諸侯以下至於民皆有焉者賈疏云經云掌邦國及萬民之約劑故知也以諸侯爲主中亦有王事但王至尊設約不及之耳云劑謂券書也者大司寇注義同云治者理其相抵冒上下之差也者喪服注云治猶理也抵冒謂與約相抵忤干冒者上下之

差謂約所著尊卑上下之差等理之者所以杜僭倍也抵冒詳大史疏云神約謂命祀郊社羣望及所祖宗也者左僖三十一年傳云不可以閒成王周公之命祀杜注云諸侯受命各有常祀賈疏云凡命祀皆天子命之也郊者謂若祭統成王命魯外祭則郊社常平諸侯直命祀社故王制云天子祭天地諸侯祭社稷是常也羣望諸侯祭三望故傳云三代命祀祭不越望也祖宗諸侯五廟下及士各有差庶士庶人祭於寢也案鶡冠子王鈇篇云禮靈之符藏之宗廟以璽正諸蓋所謂神約也鄭賈釋神約專主邦國命祀言之大祝云禁督逆祀命者逆祀命即抵冒神約之事據大宗伯云乃頒祀于邦國都家鄉邑則都家以下皆有神約其邦國自相與亦有神約若左隱八年傳云鄭伯請釋泰山之祀而祀周公是也云夔子不祀祝融楚人伐之者左僖二十六年傳云夔子不祀祝融與鬻熊秋楚成得臣鬭宜申帥師滅夔以夔子歸杜注云祝融高辛氏之火正楚之遠祖也夔楚之別封故亦世紹其祀此即神約內祭祀之一耑故引以爲證云民約謂征稅遷移者征稅出於夫家遷移繫其國邑皆有約劑以檢之是之謂民約惠士奇云民約者小司徒邦國之比要鄉師州里之役要也凡大司馬之所簡稽旅師之所與積質人之所賣儥泉府之所斂賒有約劑者皆是案民約所晐甚廣當如惠說但約與要異凡有要而無約劑者則非司約之所掌也云仇讎既和者賈疏云謂若調人云凡和難父之讎辟之海外之屬是也諸侯亦有和難之法故曰君之讎視父是也詒讓案仇讎既和則不得復相報故亦有約也云若懷宗九姓在晉殷民六族七族在魯衞皆是也者賈疏云定四年左傳祝佗云分魯公以殷民六族條氏徐氏蕭氏索氏長勺氏尾勺氏注云殷民祿父之餘民三十族六姓也又分康叔以殷民七族陶氏施氏繁氏錡氏樊氏饑氏終葵氏注云復如分周公欲使康叔以化之又云分唐叔以懷姓九宗職官五正注云五正五官之長

案賈所引左傳注與杜異蓋賈服義鄭引彼二文者證邦國民族有定屬也賈謂亦是和之使遷移失之云地約謂經界所所至田萊之比也者惠士奇云地約者封人所封之四疆量人所量之涂數形方所正之華離遂人所造之形體匠人所畫之溝洫皆是詒讓案田萊之比即小司徒之地比朝士先鄭注所謂田地町畔相比屬是也云功約謂王功國功之屬賞爵所及也者謂司勳六功凡賞爵所及皆有約以書之也惠士奇云功約者如二虢爲卿勳在王室藏于盟府者是也周官凡有功者銘書於王之大常而司勳藏其貳焉云器約謂禮樂吉凶車服所得用也者賈疏云謂自天子以下達庶人皆有之禮器籩豆俎簋之屬樂器鐘鼓竽笙之屬吉服祭服吉車巾車所云天子至庶人役車皆是凶之車服雜記云端衰喪車無等是也惠士奇云器約者凡喪祭賓射吉凶禮樂之器皆是春秋列國大夫亦得受天子之器大路先路次路三命再命之服左昭四年傳魯叔孫穆子之聘於周也王賜之路復命於君君復賜之使三官書之司徒書名司馬書服司空書勳衛仲叔于奚有功賜繁纓與曲縣之樂亦書在三官蓋器約之書於丹圖者如此魯衛三卿故書爲三策則天子六官皆書而藏之可知故約劑亂而六官辟藏也云摯約謂玉帛禽鳥相與往來也者賈疏云案大宗伯以玉作六瑞公執桓圭已下是玉又以禽作六摯孤摯皮帛卿羔大夫鴈士雉工商雞庶人鶩皆執以相見是往來也惠士奇云左傳定八年定公會晉師于瓦范獻子執羔趙簡子中行文子皆執鴈魯於是始尚羔記摯約之失官也

凡大約劑書於宗彝小約劑書於丹圖

大約劑邦國約也書於宗廟之六彝欲神監焉小約劑萬民約也丹圖未聞或有彫器簠簋之屬有圖象者與春秋傳曰斐豹隸也著於丹書今俗語有鐵券丹書豈此舊典之遺言

疏 凡大約劑書於宗彝小約劑書於丹圖者於經例並當作于石經及各本

並誤書於宗彝謂刻銘重器丹圖則著於竹帛皆所以徵信也注云大約劑邦國約也者賈疏云上言掌邦國及萬民之約劑有此二者故大小據而言之云書於宗廟之六彝欲神監焉者說文糸部云彝宗廟常器也書益稷孔疏引鄭書注云宗彝謂宗廟之鬱鬯樽也彝尊也亦引此文爲證賈疏云六彝之名若司尊彝云雞鳥斝黃虎蜼之等以畫於宗廟彝尊故知使神監焉使人畏敬不敢違之也惠士奇云宗彝者宗廟之常器所謂銘勳彝器歷世彌光韓非子大體篇曰至安之世不著名於圖書不錄功於盤盂記年之牒空虛盤盂宗彝之屬圖書卽丹圖江永云宗彝謂宗廟之常器鍾鼎皆是書於宗彝如博古圖鍾銘鼎銘是也注謂宗廟之六彝誤案惠江說是也大約劑事重文繁故銘勒彝器藏於宗廟若鍾鼎盤盂諸重器通謂之宗彝欲其歷久不磨滅也書分器敘云武王既勝殷邦諸侯班宗彝左昭十五年傳云撫之以彝器義並如是古鍾鼎款識言彝者甚多不必鬯尊也祭統之彝鼎亦卽謂鼎不關尊彝鄭並未得其義云小約劑萬民約也者對邦國爲小也云丹圖未聞或有彫器簠簋之屬有圖象者與者巾車彫面注云彫者畫之說文彡部云彫琢文也凡刻畫木器爲文字謂之彫器鄭意經云丹圖或謂祭器之有刻畫圖象又塗以丹漆者禮器云丹漆彫幾之美是也簠簋謂木器故可刻著約劑與旊人瓦簋異賈疏云此鄭見時有人爲此說者故云或有案梓人造器有刻畫祭器博庶物也是圖象事亦有似故云與以疑之引春秋傳曰斐豹隸也著於丹書者此別一說據左襄二十三年傳文以丹圖爲丹書杜注云蓋犯罪沒爲官奴以丹書其罪孔疏云丹書以丹書其籍詒讓案鄭以此丹圖類彼丹書故引以爲證此與韓非子所謂圖書略同小約劑事輕文約則書於竹帛取足檢考而已不必鏤之金石也云今俗語有鐵券丹書豈此舊典之遺言者

言下蜀石經有乎字漢制攷引作與今本並無案北堂書鈔券契部引三輔故事云婁敬為高車使者持節至匈奴與共分土界作丹書鐵券曰自海以南冠蓋之士處焉自海以北控弦之士處焉卽鄭所謂俗語也丁晏云漢書高帝紀又與功臣剖符作誓丹書鐵契金匱石室鄭君所言漢法也

若有訟者則珥而辟藏其不信者服墨刑

鄭司農云謂有爭訟罪罰刑書謬誤不正者為之開藏取本刑書以正之當開時先祭之玄謂訟訟約若宋仲幾薛宰者也辟藏開府視約書不信不如約也珥讀曰衈謂殺雞取血釁其戶

疏若有訟者則珥而辟藏者以下竝司約之官刑也賈疏云訟謂爭約劑不決者珥而辟藏謂以血塗戶乃開辟其戶以出本約劑之書勘之

注鄭司農云謂有爭訟罪罰刑書謬誤不正者為之開藏取本刑書以正之者毛詩大雅召旻傳云辟開也案辟闢之借字詳戎右疏先鄭意此謂官府刑書傳寫謬誤不正以致斷擬失當成爭訟者則開藏書之府取刑書舊本校驗之也然司約掌約劑不掌刑書故彼鄭不從云當開時先祭之者小子珥于社稷先鄭注云珥社稷以牲頭祭也先鄭此注義蓋與彼同謂祭所開之藏也云玄謂訟訟約者以司約所掌謂爭約劑相辯訟者也云若宋仲幾薛宰者也者賈疏云案左傳定元年正月晉魏舒合諸侯之大夫于狄泉將城成周宋仲幾不受功曰滕薛郳吾役也薛宰曰宋為無道絕我小國於周以我適楚故我常從宋晉文公為踐土之盟曰凡我同盟各復舊職若從踐土若從宋亦惟命宋仲幾曰踐土固然又士彌牟曰子姑受功歸吾視諸故府仲幾曰縱子忘之山川鬼神其忘諸乎此是訟約法故引之為證云辟藏開府視約書者後鄭亦訓辟為開但謂視約書明不當如先鄭為取刑書也說文广部云府文書藏也凡約書皆藏於司約之府其大者則又登於天府故大司寇云凡邦之大盟約涖其盟書而登之于天府天府云掌

祖廟之守藏是也此刉珥辟藏疑兼本職及天府二府藏言之下文
六官辟藏其事尤慎重或卽指祖廟之守藏與云不信不如約也者
訟辭不實與所藏約書舛牾不相應也云珥讀曰衈者小子注讀同
詳肆師疏段玉裁云凡言讀曰者與讀爲同易其字也云謂殺雞取
血釁其戶者賈疏云以雜記云割雞門當門其衈皆於屋下言衈故
知用雞也詒讓案小子注云用羽牲曰衈其說未塙然雜記載釁廟
之禮云門夾室皆用雞又云衈此辟藏謂開府門而亦有衈明當與
雜記釁廟門同殺雞而衈於其門屋之下其比例是也又據雜記注
義則衈當先薦毛以告神而後封其血以釁戶詳小子疏廣韻七志
云衈開刑書殺雞血祭名蓋兼用二鄭此注義今案刉衈爲釁禮之
通名不專爲開刑書廣韻說誤若大亂則六官辟藏其不信者殺大亂謂僭約若吳楚之君晉文公請
隧以葬者六官辟藏明罪大也六官初受盟約之貳**疏**若大亂則六官辟藏者謂以大約劑爭訟因而稱詐譎觚不能辨決者則此官
從六官之長同辟藏案視之亦重其事也云其不信者殺者蓋弊以邦誣之刑附之大辟也　注云大亂謂僭約者賈疏云以其司約者
主約故知僭約也云若吳楚之君者賈疏云既言大亂明是若吳楚之君僭稱王也云晉文公請隧以葬者者亦僭約之事見左僖二十
五年傳杜注云闕地通路曰隧王之葬禮也諸侯皆縣柩而下賈疏云隧者請掘地通路上有負土諸侯已下上無負土謂之羨塗天子
有負土謂之隧文公請之欲行天子之禮故對曰未有代德而有二
王不許之也云六官辟藏明罪大也者謂僭踰王章其罪尤大故慎
重其事也吳廷華云注以亂爲僭蓋僭亦亂也但此司約職其所謂
亂亦亂其約劑耳若吳楚僭王晉文請隧固不可謂非僭然未聞有
約也要之大亂是亂約如神約民約等皆是何必僭王請隧乃爲大
亂況僭王請隧又何必辟藏至六官辟藏以其亂大故羣證之其有

罪與否尚未可定可據以罪大爲說乎案吳說是也云六官初受盟約之貳者賈疏云以大司寇云凡邦之大盟約大史內史司會及六官皆受其貳而藏之者是也

周禮正義卷六十八

瑞安孫詒讓學

司盟掌盟載之灋載盟辭也盟者書其辭於策殺牲取血坎其牲加書於上而埋之謂之載書春秋傳曰宋寺人惠牆伊戾坎用牲加書爲世子痤與楚客盟【疏】掌盟載之灋者司盟之官法也　注云載盟辭也者詛祝云作盟詛之載辭注云載辭爲辭而載之於策案盟辭即載辭也詛祝作之此官掌其法載者記載要辭之名賈疏謂以牲載此盟書於上故謂之載非也左傳哀八年孔疏引劉炫謂載書不得單稱載亦非詳詛祝疏云盟者書其辭於策殺牲取血坎其牲加書於上而埋之謂之載書者左僖二十五年傳云秦晉伐鄭圍商密胥坎血加書爲與子儀子邊盟者杜注云掘地爲坎以埋之餘血加盟書其上是也曲禮孔疏云盟法先鑿地爲方坎殺牲於坎上割牲左耳盛以珠盤又取血盛以玉敦用血爲盟書成乃歃血而讀書案孔說非也殺牲歃血所以申誓盟辭書於策非用血爲書也又盟亦有不殺牲者穀梁僖九年傳云葵丘之會陳牲而不殺讀書加於牲上是盟之變禮也引春秋傳者賈疏云案襄二十六年左傳曰宋寺人惠牆伊戾爲太子痤內師無寵楚客聘於晉過宋太子知之請野享之公使往伊戾請從之至則坎用牲加書徵之而騁告公曰太子將爲亂既與楚客盟矣注云惠牆氏伊戾名鄭引此者證坎用牲加書載之事也詒讓案坎今本左傳作欲坎欲聲近通用

凡邦國有疑會同則掌其盟約之載及其禮儀北面詔明神既盟則貳之有疑不協也明神神之明察者謂日月山川也覲禮加方明于壇上所以依之也詔之者讀其載書以告之也貳之

者寫副當以授六官【疏】凡邦國有疑會同則掌其盟約之載者以下皆贊盟事與詛祝戎右爲官聯邦國會同之盟封人所謂大盟也凡大盟必在會同詩小雅巧言云君子屢盟毛傳云凡國有疑會同則用盟而相要也鄭箋云屢數也時見曰會殷見曰同非此時而盟謂之數卽據此經爲釋云及其禮儀者儀釋文作義云音儀盧文弨云義本古儀字詒讓案二鄭校定經本從儀不從義例詳肆師注陸本非云北面詔明神者謂司盟於壇上北面以盟約詔告神也王制孔疏云如覲禮及鄭注所云祀方明之後乃徹去方明乃以會同之禮見諸侯見諸侯訖若有不協更加方明於壇上諸侯等俱北面戎右傳敦血以授歃者司盟主其職故司盟云掌其盟約之載及其禮儀北面而詔明神於時王立無文不可與諸侯同北面當於阼階上西面案依鄭孔說則盟時盟神位在壇上南面司盟與同盟諸侯皆在壇上北面唯王西面也 注云有疑不協也者左昭三年傳鄭子太叔曰不協而盟謂王與諸侯不協或諸侯自不相協則盟以要之也云明神神之明察者謂日月山川也者覲禮注所謂尚著明是也案左傳僖二十八年云王子虎盟諸侯于王庭曰有渝此盟以相及也明神先君是糾是殛又襄十一年同盟于亳載書曰或閒茲命司慎司盟名山名川羣神羣祀先王先公七姓十二國之祖明神殛之俾失其民隊命亡氏踣其國家杜注云二司天神羣祀在祀典者據此則盟神所晐甚廣說文囧部說盟禮云北面詔天之司慎司命卽以左傳說此經之明神而司盟又作司命段玉裁謂司慎司命卽大宗伯職之司中司命是也鄭此注云日月山川而不及司慎司盟等者舉其明察者而言其實盟神不止此也云覲禮加方明于壇上所以依之也者覲禮云諸侯覲于天子壇十有二尋深四尺加方明于其上方明者木也方四尺設六色東方青南方赤西方白北方黑上玄下黃設六玉上圭下璧南方璋西方琥北方璜東方圭鄭彼注云

方明者上下四方神明之象也上下四方之神者所謂明神也會同而盟明神監之則謂之天之司盟有象者猶宗廟之有主乎六色象其神六玉以禮之覲禮又云天子出拜日於東門之外反祀方明注云已祀方明乃以會同之禮見諸侯也凡會同者不協而盟司盟職曰凡邦國有疑會同則掌其盟約之載書及其禮儀北面詔明神既盟則藏之言北面詔盟神則明神有象也象者其方明乎及盟時又加於壇上乃以載辭告焉詛祝掌其祝號覲禮又云禮日於南門外禮月與四瀆於北門外禮山川丘陵於西門外注云盟神必云日月山川焉者尚著明也詩曰謂予不信有如皦日春秋傳曰縱子忘之山川神祇其忘諸乎此皆用明神爲信也覲禮又云祭天燔柴祭山丘陵升祭川沈祭地瘞注云是謂王巡守及諸侯之盟祭也其盟揭其著明者燔柴祭天謂祭日也祭地瘞者祭月也日月而云天地靈之也王制曰王巡守至于岱宗柴是王巡守之盟其神主日也春秋傳曰晉文公爲踐土之盟而傳云山川之神是諸侯之盟其神主山川也月者太陰之精上爲天使臣道莫貴焉是王官之伯會諸侯而盟其神主月與案方明之神即大宗伯所謂以蒼璧禮天以黃琮禮地以青圭禮東方以赤璋禮南方以白琥禮西方以玄璜禮北方也覲禮設六玉上圭下璧與彼文小異鄭注謂不以蒼璧黃琮則上下之神非天地之至貴者賈彼疏援此注以申鄭義謂非天地之至貴則日月山川之神故下文祭天燔柴祭地瘞鄭注天地謂日月金鶚云日月可言東西不可言上下以上下爲日月謬甚典瑞考工記皆言禮山川用璋安得用圭乎案金說是也以禮經考之方明蓋古六宗之遺典大會同合諸侯而盟誓則亦合會羣神而詔告之通六方之神皆爲盟神其神衆多無所專主謂之方明總括之稱也日月山川雖亦晐於上下四方之中而方明實非專指日月山川此注說殊不塙楚辭惜誦云所非忠而言之兮指蒼天以爲正令五帝使折中

兮戒六神與嚮服俾山川以備御兮命咎繇使聽直此亦說盟誓之事六神即方明之神天及五帝山川亦晐於方明而特舉之者明其神之衆也覲禮記禮祭天地日月四瀆山川丘陵雖即方明所有之神然實不必專爲盟祭故大戴禮記朝事篇以拜日爲教尊尊鄭專以爲盟神又以意定爲王巡守盟神主日諸侯之盟神主山川王官伯會諸侯而盟神主月其說並無塙證殆不足據方明互詳大宗伯疏云詔之者讀其載書以告之也者大宰注云詔告也謂讀其盟載之書以告神也云貳之者寫副當以授六官者此與六官及天府司會大史內史爲官聯也小宰先鄭注云貳副也左僖二十六年傳云昔周公大公夾輔成王成王勞之而賜之盟曰世世子孫無相害也載在盟府呂氏春秋誠廉篇云武王使叔旦就膠鬲於次四內而與之盟曰加富三等就官一列爲三書同辭血之以牲埋一於四內皆以一歸又說使召公盟微子開於共頭之下亦同蓋凡盟書皆爲數本一本埋於坎盟者各以一本歸而盟官復書其辭而藏之其正本藏天府及司盟之府副本又別授六官以防遺失備檢勘慎重之至也賈疏云大司寇職凡邦之大盟約涖其盟書而登之于天府大史內史司會及六官皆受其貳而藏之者是也

盟萬民之犯命者詛其不信者亦如之盟詛者欲相與共惡之也犯命犯君教令也不信違約者也春秋傳曰臧紇犯門斬關以出乃盟臧氏又曰鄭伯使卒出豭行出犬雞以詛射穎考叔者

疏盟萬民之犯命者詛其不信者亦如之者詩小雅何人斯云出此三物以詛爾斯毛傳云民不相信則盟詛之君以豕臣以犬民以雞孔疏云司盟犯命者盟之不信者詛之是盟大而詛小也盟詛雖大小爲異皆殺牲歃血告誓明神後若背違令神加其禍使民畏而不敢犯其人君亦有詛法襄十一年左傳言季武子將作三軍盟諸僖閎詛諸五父之衢定六年既逐陽貨及三桓盟於周社盟國

人於亳社詛諸五父之衢是人君與羣臣有詛法也詒讓案亦如之
者亦司盟掌其盟約禮儀及北面詔明神等也臣民盟詛不得設方
明蓋就其地所主之神詔之若周社亳社是也　注云盟詛者欲相
與共惡之也者致衆而陳其罪以告神欲使人與神共絕之也互詳
詛祝疏云犯命犯君教令也者詩周頌下武箋云命猶教令也若士
師八成所謂犯邦令者以其萬民犯國教令人數衆多不可盡誅故
盟以威之云不信違約者也者司約注義同云春秋傳曰臧紇犯門
斬關以出乃盟臧氏者左襄二十三年傳云季孫命攻臧氏臧紇斬
鹿門之關以出奔邾乃盟臧氏曰無或如臧孫紇干國之紀犯門斬
關是其事也云又曰鄭伯使卒出豭行出犬雞以詛射潁考叔者者
左隱十一年傳鄭伯將伐許公孫閼與潁考叔爭車傳于許潁考叔
先登子都自下射之顛故詛射潁考叔者杜注云百人爲卒二十五
人爲行行亦卒之行列疾射潁考叔者故令卒及行閒皆詛之引之者證盟詛是與衆共惡之事　凡民之有約劑者
其貳在司盟　貳之者檢其自相違約　疏　注云貳之者檢其自相違約者賈疏云此與司約副寫一通來入司盟檢後相
違約勘之　有獄訟者則使之盟詛　不信則不敢聽此盟詛所以省獄訟　疏　有獄訟者則使之盟詛者惠士奇云
墨子明鬼篇昔者齊莊君之臣有所謂王里國中里徼者此二子者
訟三年而訟不斷齊君由謙殺之恐不辜猶謙釋之恐失有罪乃使
二人共一羊盟齊之神社二子許諾於是拙洫摽羊而漉其血讀王
里國之辭既已終矣讀中里徼之辭未半也羊起而觸之折其腳祧
神之而槀之殪之盟所著在齊之春秋所謂有獄訟者使之盟其禮
蓋如此　注云不信則不敢聽此盟詛所以省獄訟者賈疏云此盟
詛謂將來訟者先使之盟詛盟詛不信自然不敢獄訟所以省事也　凡盟詛各以其地域之衆庶共其

牲而致焉既盟則爲司盟共祈酒脯使其邑閭出牲而來盟已又使出酒脯司盟爲之祈明神使不信者必凶【疏】凡盟詛各以其地域之衆庶共其牲而致焉者此亦萬民盟詛之事賈疏云盟處無常但盟則遣其地之民出牲以盟并出酒脯以祈明神也　注云使其邑閭出牲而來盟者謂邑閭有盟詛之事則司盟使其邑閭之人合共其牲邑閭卽其地域也出牲若詩出三物左傳鄭伯使卒出豭行出犬雞等是小盟及詛並與其事者自出牲其大盟則官共其牲封人飾牛牲是也來盟者釋經之致遂人注云致猶會也經云各以其地域之衆庶共其牲而致焉卽謂共牲而會其衆庶使來就盟所而盟也云已又使出酒脯司盟爲之祈明神使不信者必凶者以盟事既訖而別有祈酒脯明祈神使不信者必凶以要同盟者使不敢違也

職金掌凡金玉錫石丹青之戒令青空青也【疏】掌凡金玉錫石丹青之戒令者此與丱人爲官聯也說文人部云金五色金也黃爲之長銀白金也鉛青金也銅赤金也鐵黑金也案金爲黃金亦爲五金之總名但古制器多用銅故經典通稱銅爲金此經及考工記攻金之工亦以銅爲主而兼有它金互詳考工記疏錫卽白鑞爲金之別種丹卽丹沙與青並爲石之別種詳丱人職方氏疏賈疏云此數種同出於山故職金揔主其戒令若然地官丱人已主又職金主之者彼官主其取此官主其藏故二官共主之也　注云青空青也者荀子王制篇云南海則有曾青丹干神農本艸經云空青生益州山谷及越巂山有銅處精熏則生空青其腹中空陶注云空青多充畫色書梓材惟其塗丹雘孔疏引鄭注云山海經青丘之山多有青雘釋文引馬融云雘善丹也案彼丹雘卽此丹青青雘亦卽空青也丹青並以共石染故此官令取之也受其入征者辨其物之媺惡與其

數量楬而璽之入其金錫于爲兵器之府入其玉石丹青于守藏之

府爲兵器者攻金之工六也守藏者玉府內府也鄭司農云受其入征者謂主受采金玉錫石丹青者之租稅也楬而璽之者楬書其數量以著其物也璽者印也既楬書揃其數量又以印封之今時之書有所表識謂之楬櫫

疏辨其物之㜸惡者㜸古美字詳大司徒疏　注云爲兵器者攻金之工六也者據考工記文築氏爲削冶氏爲戈戟桃氏爲劍是爲兵者鳧氏爲鍾栗氏爲量段氏爲鎛是爲器者六者爲工其官皆當有府冬官闕故無文知非司兵之府者以司兵掌藏不掌爲也云守藏者玉府內府也者此與大府守藏之府義同賈疏云案玉府云掌王之金玉玩好兵器凡良貨賄之藏內府云掌受九貢九賦九功之貨賄良兵良器故知守藏府是此二者也兵器之府言爲者攻金之工須造作守藏之府不造器物故云守也鄭司農云受其入征者謂主受采金玉錫石丹青者之租稅也者大司徒注云征稅也凡采金玉錫石丹青之入征者有三一則大宰九職虞衡商賈所貢之功二則九賦山澤之賦此二者爲正法三則地官虞衡所屬山澤之農出物以當九穀之賦凡此諸征之入職金皆受之也云楬而璽之者楬書其數量以著其物也者謂書其物多少之數量於杙仍著於其物之側以爲表識職幣注云楬之若今時爲書以著其幣與此義同釋文云著直略反沈張慮反案直略之音爲附著之著張慮之音爲表著之著以職幣典婦功泉府諸注證之則陸音是沈音非也云璽者印也者古通以印爲璽詳司市疏云既楬書揃其數量又以印封之者揃宋附釋音本作㩜案揃㩜並剪之別體詳泉府疏以印封書若左襄二十八年傳所謂璽書賈疏云楬即今之版書揃卽今錄記文書謂以版記錄量數多少并善惡爲後易分別故也云今時之書有所表識謂之楬櫫者蜡氏若有死於道路

者則令埋而置楬焉先鄭注亦云楬欲令其識取之今時楬櫫是也
廣雅釋器云楬櫫杙也方言郭注云橛楬杙也江東呼都案都櫫聲
類同合言之則曰楬櫫段玉裁云說文木部楬字下曰楬櫫也然則
楬櫫漢時語說文無櫫篆者櫫卽箸之俗字案段說亦通但楬櫫連
語卽橛杙之名與泛言楬箸別封演見聞記
引此注作楬如今題署物疑凡改不足據
入其要要凡數也入之於大府
疏入其要者此官既受諸物之入征分送諸府又以總要入大府以備
檢攷亦所謂官成也　注云要凡數也者說文二部云凡最括也小
宰注云要會謂計最之簿書此要亦所入征金玉錫石丹青等最括
大數之簿書也云入之於大府者賈疏云職金既知量數錄要簿入
大府
掌受士之金罰貨罰入于司兵給治兵及工直也貨泉貝也罰罰贖也書曰金作贖刑
疏掌受
士之金罰貨罰入于司兵者大司徒注云士司寇士師之屬金罰貨
罰五罰之金與貨二者並先入士官士官以授職金又受而轉給司
兵與彼爲官聯也書呂刑云五刑不簡正于五罰墨辟疑赦其罰百
鍰閱實其罪劓辟疑赦其罰惟倍閱實其罪剕辟疑赦其罪倍差閱
實其罪宮辟疑赦其罰六百鍰閱實其罪大辟疑赦其罰千鍰閱實
其罪卽五罰輕重之差也蓋罪重者則罰金鍰罪輕者則罰貨之泉
貝賈疏謂出罰之家時或無金卽出貨以當金直故兩言之亦通又
大司寇民獄入鈞金不直者當沒金入官則亦此官受之矣　注云
給治兵及工直也者謂罰金則給治兵之用罰貨則給攻金六工之
直也古者以銅爲兵金卽銅也國語齊語云桓公問曰齊國寡甲兵
爲之若何管子曰制重罪贖以犀甲一戟輕罪贖以鞼盾一戟小罪
讁以金分宥金以鑄劍戟惡金以鑄鉏夷斤欘管子小匡篇亦有其
文是罰金給治兵之事吳廷華云貨罰亦入於司兵槀人所謂受財
于職金以齎其工是也云貨泉貝也者說文貝部云貨財也又云古

者貨貝而寶龜周而有泉至秦廢貝行錢是泉貝通爲貨司市有罰
布亦貨罰之一也云罰罰贖也者說文刀部云罰辠之小者从刀从
詈未以刀有所賊但持刀駡詈則應罰謂罪疑及小入三宥者則責
令輸金貨於官以自贖也引書曰金作贖刑者堯典文僞古文入舜
典史記五帝本紀集解引馬融書注云金黃金也意善功惡使出金
贖罪坐不戒慎者賈疏云呂刑云墨辟疑赦其罰百鍰考工冶氏云
戈戟重三鋝夏侯歐陽說云墨罰疑赦其罰百率古以六兩爲率古
尚書說百鍰鍰者率也一率十一銖二十五分銖之十三也百鍰爲
三斤鄭玄以爲古之率多作鍰鄭注冶氏云許叔重說文解字云鋝
鍰也今東萊稱或以大半兩爲鈞十鈞爲鍰鍰重六兩大半兩若然
鍰鋝一也言大半兩是三分兩之二鄭意以此爲正故不從諸家以
六兩爲鍰且古者言金金有兩義若相對而言則有金銀銅鐵爲異
若散而言之揔謂之金是以考工記云六分其金而錫居一之等皆
是銅是以禹貢揚州云貢金三品孔以爲金銀銅鄭以爲銅三色是
對散有異但古出金贖罪皆據銅爲金若用黃金百鍰乃至大辟千
鍰無齊之理案賈說是也注云給冶兵則鄭固以金爲銅矣大司寇
鈞金亦謂銅也馬氏書傳以金爲黃金僞孔傳同孔疏云此以金爲
黃金呂刑其罰百鍰傳爲黃鐵俱是贖罪而金鐵不同者古之金銀
銅鐵揔號爲金銅鐵俱名爲金則鐵名亦包銅矣此傳黃金呂刑黃
鐵皆是今之銅也古之贖罪者皆用銅漢始改用黃金但少其斤兩
令與銅相敵故鄭玄駁異義言贖死罪千鍰鍰六兩大半兩爲四百
一十六斤十兩大半兩銅與今贖死罪金三斤爲價相依附是古贖
罪皆用銅也漢及後魏贖罪皆用黃金後魏以金難得合金一兩收
絹十四今律乃復依古死罪贖銅一百二十斤於古稱爲三百六十
斤孔以鍰爲六兩計千鍰爲三百七十五斤今贖輕於古也案孔說
與賈同但馬孔書傳所云黃金者蓋並誤依漢制爲說孔見其與古

制用銅不合而不欲顯斥其非強爲之說實非馬孔義也旅于上帝則共其金版饗諸侯亦如之鉼金謂之版此版所施未聞【疏】旅于上帝則共其金版者謂有故而祭受命帝也旅上帝共金版則郊禘大祭並共之可知賈疏謂旅上帝卽祭五天帝於四郊及明堂爾雅郭注引此經亦云祭五帝並非也詳掌次疏云饗諸侯亦如之者賈疏云謂若大行人上公三饗侯伯再饗子男一饗之等此旅上帝及饗二者皆設金版 注云鉼金謂之版者卽爾雅釋器云鉼金謂之鈑彼釋文云鈑本亦作版郭注亦引此爲釋金版蓋謂鍊冶金爲版金當兼有金銀銅三品說文金部云釘鍊鉼黃金是也云此版所施未聞者禮經祭饗無施金版之文故云未聞莊存與云禮器曰金次之見情也大饗饗賓皆有之卽此金版與姜兆錫說同案禮器據大饗而言鄭注謂祫祭先王淩廷堪據郊特牲謂卽饗食燕之饗未知孰是莊氏據彼以說此金版於義可通惟郊特牲文作以鍾次之則金爲鍾不爲版豈不鑄鍾則以金版充之與凡國有大故而用金石則掌其令主其取之令也用金石者作槍雷椎椁之屬【疏】凡國有大故而用金石者謂夫注云大故寇戎之事此金當兼有銅鐵國語所謂惡金之屬賈疏云用金石而云大故止謂寇戎爲禦捍之器有用金石者也 注云主其取之令也者明職金主令取金石以給之不主造作之事云用金石者作槍雷椎椁之屬者釋文云雷沈云當爲礧郎對反椁宅耕反本又作桲案椁蜀石經宋蜀大字本附釋音本並作椁注疏本載音義及羣經音辨木部兩部兩引並同而集韻十三耕有椁無桲則北宋時釋文已有二本矣鄭以槍雷椎椁釋經用金石則四者必皆金石所作之器攷墨子備城門篇有槍二十枚而未詳其制漢書揚雄傳木雍槍纍顏注云以木雍槍蘇林又云竹槍則非金石所施唯史記天官書紫宮左右星有天槍

天棓又歲星生天槍長數丈兩頭兌索隱引詩緯云槍三星棓五星主槍人棓人則槍蓋類棓皆殳之屬而以金沓之與雷者左傳襄十年孔疏云雷卽礧也兵法守城用礧石以擊攻者陳思王征蜀論云下礧成雷榛殘木碎是也惠士奇云鼂錯傳具藺石如淳曰城上雷石也一名礮石閑居賦云礮石雷駭注礮石今之拋石也范蠡兵法飛石重二十斤爲機發行三百步一名旝說文㫃部建大木置石其上發以機以槌敵案孔惠說並與沈重同是也椎亦金器莊子外物篇有金椎史記魏公子傳云朱亥袖四十斤鐵椎卽其物也掉義難通別本作椁作桴亦並非金石器不宜與槍雷椎並舉段玉裁校改掉爲椁云椁說文作朾撞也通俗文曰撞出曰朾案段校近是陸音宅耕反與朾音正協類篇木部云朾棓也天官書有天棓又歲星生天棓長四尺末兌集解引蘇林云棓音榔朾之榔榔棓朾椁字同是椁卽棓之證蓋亦似殳而銳末以金沓之六韜軍用篇有鐵棓是也此四者槍椎椁皆用金惟雷用石鄭錯舉以見義耳諸器雖用金石蓋形制簡略猝辦易成故皆臨事乃共與司兵五兵必平時鑄造以備用不同也

司厲掌盜賊之任器貨賄辨其物皆有數量賈而楬之入于司兵鄭司農云任器貨賄謂盜賊所用傷人兵器及所盜財物也入于司兵若今時傷殺人所用兵器盜賊贓加責沒入縣官

疏皆有數量賈而楬之入于司兵者與職金義同賈謂平其物賈直之貴賤賈疏云其任器多是金刃所盜財貨雖非金刃以其贓物亦入司兵給治兵刃之用故並入司兵也 注鄭司農云任器貨賄謂盜賊所用傷人兵器及所盜財物也者司隸任器先鄭注云任持之器此盜賊之任器亦任持所用傷人之兵器卽閽人之賊器也貨賄則所盜之財物左昭七年傳楚文王作僕區之法曰盜所隱器與盜同罪明盜所得器

物皆入官也云入于司兵若今時傷殺人所用兵器盜賊贓加責沒
入縣官者于注例當作於各本並誤贓俗字阮元黃丕烈並據朝士
注加責取息坐臧校改臧是也此亦舉漢法爲況縣官詳天官敘官
疏此貨賄入司兵蓋謂無主之臧及盜賊之家財鹽鐵論刑德篇云
古者盜有臧者罰是也列子天瑞篇云宋之向氏爲盜以贓獲罪沒
其先居之財則周時盜賊有沒家財之法漢法加責沒官蓋亦據盜
官物或無主者晉書刑法志劉劭新律序引漢盜律有還贓畀主則
有主臧固不入官矣加責亦見朝士注新律序引漢金布律有罰贖
入責疑即此也賈疏云其
加責者即今時倍贓者也
其奴男子入于罪隸女子入于舂槀
鄭司
農云
謂坐爲盜賊而爲奴者輸於罪隸舂人槀人之官也由是觀之今之
爲奴婢古之罪人也故書曰予則奴戮女論語曰箕子爲之奴罪隸
之奴也故春秋傳曰斐豹隸也著於丹書請焚丹書我殺督戎其
恥爲奴欲焚其籍也玄謂奴從坐而沒入縣官者男女同名
疏 奴
男子入于罪隸女子入于舂槀者阮元云漢書刑法志作女子入舂
槁槀槁一字也說文女部周禮曰其奴男子入于辠隸女子入于舂
槀罪當從許引作古辠字案阮說是也春槀與槀人字同俗注疏本
或作槀宋本說文作槀並誤釋文亦作槀字而音古老反案從木之
槀不切古老地官敘官槀人陸音苦報反與此不同則疑陸所見本
亦誤作槀蓋但依本作音忘檢地官先鄭讀也經本槀槀字多互譌
詳地官敘官疏 注鄭司農云謂坐爲盜賊而爲奴者者先鄭意上
云掌盜賊此冢彼爲文亦身爲盜賊罰作爲奴者也云輸於罪隸舂
人槀人之官也者謂司厲收其人輸彼三官使爲奴給役男即罪隸
百二十人女即女舂抌二人女槀十六人及奚各五人是也漢刑法
志顏注引韋昭云舂舂人槁槁人也給此二官之役說與先鄭同又
引孟康云主暴爆舂之也則釋槁爲枯槁之義不爲官名失之惠士

奇二云罪隸百有二十人役辱事積任器助牽車漢律所謂隸臣地官
女舂抌女稾皆有奚奄人掌之是爲舂稾而天官女酒女漿女籩女
醢女醯女鹽女冪舂官女祧皆有奚奄人掌之名曰女奴不獨給事
舂人稾人總謂之舂稾若漢律之白粲鬼薪詒讓案墨子天志下篇
云丈夫以爲僕圉胥靡婦人以爲舂酋僕圉卽此罪隸舂酋卽此舂
稾酋者蓋抌之叚字卽地官敘官之女舂抌又管子小匡篇云女三
嫁入於舂穀亦卽此舂稾也據管子墨子所云則古時凡輕罪及俘
虜亦入罪隸舂稾不徒盜賊之家人也至墨子之胥靡卽司圜罰作
之刑參校古書疑古者罪人從坐亦有入圜土者故書說命孔疏引
晉灼漢書音義釋胥靡云胥相也靡隨也古者相隨坐輕刑之名蓋
入罪隸者不徒盜賊之奴入圜土者亦不徒罷民二者可互證矣二云
由是觀之今之爲奴婢古之罪人也者蜀石經無爲字各本並有此
謂古皆以罪人爲奴婢也說文女部云奴奴婢皆古之辠人也惠棟
云魏志毛玠傳漢律罪人妻子沒爲奴婢黥面初學記引說文曰男
入罪曰奴女入罪曰婢風俗通曰古制本無奴婢奴婢卽犯事者或
原之臧者被臧罪沒入爲官奴婢獲者逃亡獲得爲奴婢也引尚書
曰予則奴戮女者甘誓湯誓並有此文僞孔本奴並作孥漢書王莽
傳禁不得賣買奴婢詔引亦作奴與先鄭同先鄭意謂書之奴戮卽
指罪人爲奴婢者故引以爲證案湯誓僞孔傳云古之用刑父子兄
弟罪不相及今二云孥戮汝權以脅之使勿犯孔疏引鄭書注云大罪
不止其身又孥戮其子孫亦引此經爲釋是鄭本書似亦作孥其釋
孥戮則亦爲子孫從坐與先鄭義異也書費誓云魯人三郊三遂峙
乃楨榦無敢不共汝則有無餘刑非殺孔疏引鄭書注云無餘刑非
殺者謂盡奴其妻子不遺其種類在軍使給廝役反則入於罪隸舂
稾不殺之亦與湯誓注義同又引論語曰箕子爲之奴者微子篇文
集解引馬融云箕子紂之諸父見紂無道佯狂爲奴先鄭引之者以

箕子佯狂爲奴亦自同於罪人與書云奴戮同也云罪隸之奴也者
謂書及論語所云卽男子爲奴之入於罪隸者也又呂氏春秋開春
論云叔嚮之弟羊舌虎善欒盈欒盈有罪於晉晉誅羊舌虎叔嚮爲
之奴而朡高注云奴戮也律坐父兄沒入爲奴周禮曰其奴男子入
於罪隸此之謂也朡繫也亦卽此罪隸之奴也云故春秋傳曰斐豹
隸也著於丹書請焚丹書我殺督戎恥爲奴欲焚其籍也者賈疏云
左氏傳襄公二十三年云初斐豹隸也著於丹書欒氏之力臣曰督
戎國人懼之斐豹謂宣子苟焚丹書我殺督戎引之者證隸爲奴案
杜注說同先鄭詳司約疏云玄謂奴從坐而沒入縣官者男女同名
者破先鄭身坐盜賊爲奴之說謂父母犯罪其子女沒入爲奴也以
經男入罪隸女入舂槀並冢其奴爲文故如奴者男女同名漢書刑
法志注引李奇亦云男女徒總名爲奴析言之則男曰隸曰奴曰童
女曰奚曰妾故說文辛部云男有辠曰
奴奴曰童女曰妾互詳天官敘官疏 凡有爵者與七十者與未齔
者皆不爲奴 有爵謂命士以上也齔毀齒也男八歲女七歲而毀齒 【疏】凡有爵者與七十者與未齔者皆不爲奴者齔
正字當作齔俗省作齓此不必爲盜賊或別犯他罪當爲奴者皆爲褻尊且以恤老幼故特免之與小司寇八辟議貴之辟及司刺三宥
幼弱老旄之胥意同也 注云有爵謂命士以上也者大宗伯注云王之下士一命中士再命上士三命賈疏云見典命公侯伯之士皆
一命天子之士皆三命以下可知云齔毀齒也者說文齒部同廣雅釋親云毀齒謂之齔釋名釋長幼云毀齒曰齔齔洗也毀洗故齒更
生新也云男八歲女七歲而毀齒者大戴禮記本命篇云男以八月而生齒八歲而毀齒女七月生齒七歲而毀韓詩外傳家語本命篇
說苑辯物篇說文齒部說並同賈疏云曲禮云悼與耄雖有罪不加刑焉是未齔不加刑焉又不爲奴若七十者雖不爲奴猶加其刑至

八十始不加刑以其八十九十始名耄故也

犬人掌犬牲凡祭祀共犬牲用牷物伏瘞亦如之鄭司農云牷純也物色也伏謂伏犬以王車轢之瘞謂埋祭也爾雅曰祭地曰瘞埋

疏凡祭祀共犬牲用牷物者釋文云牷本亦作全案全牷聲類同月令循行犧牲視全具穆天子傳官人陳牲全並以全爲牷此經牧人牷物字作牷不作全則別本非也此官共犬牲者其與槁人豢之與彼爲官聯也　注鄭司農云牷純也者牧人先鄭注同牷物爲純色對下駹爲不純色也亦詳牧人疏賈疏云純色則牧人云陽祀用騂牲陰祀用黝牲之類也云物色也者保章氏注同云伏謂伏犬以王車轢之者謂磔犬伏於軷壤以王車轢之而行也賈疏云此謂王將祭而出國軷道之祭時大馭所云者是也但軷祭之時犬羊俱得故生民詩云取羝以軷是以聘禮注云其用牲犬羊可也是其兩用也案賈說是也互詳大馭疏云瘞謂埋祭也者鄭大宗伯地示三祭貍沈之貍凡瘞埋有牲玉帛三者此瘞則專據埋牲言之詳大宗伯司巫疏引爾雅曰祭地曰瘞埋者釋天文祭地瘞埋用犢不用犬此引之者欲證此瘞亦謂祭地示耳非謂方丘北郊之祭亦埋犬也互詳司巫疏

凡幾珥沈辜用駹可也故書駹作龍鄭司農云幾讀爲庪爾雅曰祭山曰庪縣祭川曰浮沈大宗伯職曰以埋沈祭山川林澤以罷辜祭四方百物龍讀爲駹謂不純色也玄謂幾讀爲刉珥當爲衈刉衈者釁禮之事

疏凡幾珥沈辜用駹可也者賈疏云駹謂雜色牲此則牧人云毀事用駹是也用純爲正用駹亦可也　注云故書駹作龍者巾車注同詳牧人疏鄭司農云幾讀爲庪者釋文庪作祋下引爾雅同段玉裁云幾與庪雙聲故讀幾爲庪管子形勢祈羊沈玉祈亦讀庪釋文庪作祋祋從示支聲詒讓案玉人注又作祈

沈幾庋祋祈並聲近字通引爾雅者釋天文郭注云庋縣或庋或縣置之於山山海經曰縣以吉玉是也浮沈投祭水中或浮或沈也公羊僖三十一年徐疏引李巡云祭山以黄玉及璧以庋置几上遙遙而眡之若縣故曰庋縣孫炎云埋於山足曰庋埋於山上曰縣諸說舛異依詩大雅鳧鷖孔疏引鄭志荅張逸說謂爾雅庋縣浮沈與大宗伯以貍沈祭山林川澤義異是後鄭亦謂庋縣非貍則不當如孫叔然之說但未知先鄭說若何也先鄭引此者以庋縣證此經之幾以浮沈證此經之沈小子凡沈辜侯禳飾其牲先鄭注亦引爾雅爲說後鄭說沈同先鄭而以幾爲刉則不從先鄭讀庋縣浮沈互詳大宗伯校人小子疏引大宗伯職曰以埋沈祭山川林澤以罷辜祭四方百物者證祭有沈辜也彼埋作貍古今字山川林澤彼文作山林川澤此疑誤倒罷彼作疈蜀石經同段玉裁云司農從故書作罷釋以披磔牲也後鄭從今書作疈疈音義皆殊劉昌宗於此罷音孚逼反是合罷於疈也大宗伯音義云罷如字一音芳皮反詒讓案史記封禪書秦德公磔狗邑四門又月令九門磔攘風俗通義祀典篇云於九門殺犬磔禳此並辜磔用犬之事又案牧人云凡時祀之牲必用牷物注云時祀四時所常祀謂山川以下至四方百物則山林川澤及四方百物皆用純色此沈辜得用駹者蓋謂非時告祭及祈禳之事則不必用牷物也互詳牧人疏云龍讀爲駹者巾車注亦同云謂不純色也者牧人杜注云尨謂雜色不純尨駹字通亦詳彼疏云玄謂幾讀爲刉者據士師作刉正其字也肆師祈珥注云故書祈爲幾與此經同彼注破祈爲禨與此讀爲刉不同當以此注爲正凡經祈珥幾珥字並當爲刉詳小子疏云珥當爲衈刉衈者釁禮之事者當爲賈疏述注作讀爲肆師注同詳彼疏

凡相犬牽犬者屬焉掌其政治相謂視擇知其善惡

【疏】凡相犬牽犬者屬焉者與旄人云凡四方之以舞仕者屬焉同義蓋亦在

犬人本職官屬之外無員數者也賈疏云犬有三種一者田犬二者吠犬三者食犬若田犬吠犬觀其善惡若食犬觀其肥瘦故皆須相之牽犬者謂呈見之故少儀云犬則執緤是也吳廷華云牽犬以田犬言之　注云相謂視擇知其善惡者春官敘官注云相視也矢人注云相擇也是相兼視擇二義莊子徐無鬼篇徐無鬼曰嘗語君吾相狗也下之質執飽而止是狸德也中之質若視日上之質若亡其一所謂視擇知其善惡也

司圜掌收教罷民凡害人者弗使冠飾而加明刑焉任之以事而收教之能改者上罪三年而舍中罪二年而舍下罪一年而舍其不能改而出圜土者殺雖出三年不齒弗使冠飾者著墨幪若古之象刑與舍釋之也鄭司農云罷民謂惡人不從化爲百姓所患苦而未入五刑者也故曰凡害人者不使冠飾任之以事若今時罰作矣

疏掌收教罷民者此官掌圜土之獄與鄉士遂士縣士之獄異爾雅釋詁云收聚也謂收聚罷民於圜土之地而教之即大司寇云以圜土聚教罷民是也賈疏云此罷民入圜土者不坐嘉石朝士坐嘉石者不入圜土云收教者謂入圜土見收使困苦改悔是收教也云凡害人者弗使冠飾而加明刑焉者賈疏云以版牘書其罪狀與姓名著其背表示於人是明刑也　注云弗使冠飾者著墨幪若古之象刑與者墨宋大字本岳本附釋音本嘉靖本並作黑釋文同蜀石經及舊注疏本並作墨與賈疏合今從之阮元云幪依說文當作幏賈疏云案孝經緯云三皇無文五帝畫象三王肉刑畫象者上罪墨幪赭衣雜屨中罪赭衣雜屨下罪雜屨而已象刑者則尚書象刑直墨幪略言之其實亦有赭衣雜屨無

文故云與以疑之也公羊襄二十九年徐疏御覽刑法部引尚書大傳唐傳云唐虞之象刑上刑赭衣不純中刑雜屨下刑墨幪以居州里而民恥之又引鄭注云純緣也時人尚德義犯刑者但易之衣服自爲大恥屨履也幪巾也使不得冠飾周禮罷民亦然上刑易三中刑易二下刑易一輕重之差案據大傳注是惟下刑墨幪爲無冠飾與此經教罷民法相類故注引以爲釋赭衣雜屨之類其刑差重不止無冠飾矣賈疏以墨幪爲上罪又謂鄭略言並非又案北堂書鈔象刑部引大傳云唐虞象刑犯墨者蒙皁巾犯臏者以墨幪其臏是墨幪有蒙首蒙臏之異此注以墨幪證弗使冠飾則自據首服而言荀子正論篇楊注說墨幪亦云但以墨巾蒙其頂是也云舍釋之也者說文手部云捨釋也舍卽捨之借字占夢大史甸祝注並讀舍爲釋釋之謂免其罪呂氏春秋貴直篇高注云舍不誅也鄭司農云罷民謂惡人不從化爲百姓所患苦而未入五刑者也故曰凡害人者者卽司救云衺惡過失是也此圜土聚教罷民雖與坐嘉石者異而其害人則同故大司寇嘉石平罷民亦云害於州里也云不使冠飾任之以事若今時罰作矣者舉漢法爲況王應麟云史記馮唐傳雲中守魏尚削其爵罰作之孔廣森云漢書音義蘇林曰一歲爲罰作二歲刑以上爲耐

凡圜土之刑人也不虧體其罰人也不虧財

言其刑人但加以明刑罰人但任之以事耳鄭司農云以此知其爲民所苦而未入刑者也故大司寇職曰凡萬民之有罪過而未麗於法而害於州里者桎梏而坐諸嘉石役諸司空又曰以嘉石平罷民國語云罷士無伍罷女無家言爲惡無所容入也玄謂圜土所收教者過失害人已麗於法者

【疏】凡圜土之刑人也不虧體其罰人也不虧財者小爾雅廣言云虧損也賈疏云刑人不虧體對五刑虧體者也其罰人不虧財對五刑疑出金爲罰虧財者也　注云言其刑人但加以明刑罰人但任

之以事耳者加以明刑不刑其身故云不虧體任之以事不罰其金故云不虧財也司救云其有虧失者三讓而罰三罰而歸于圜土彼罰爲未入圜土以前之事故彼注訓爲撻擊與此異也鄭司農云以此知其爲民所苦而未入刑者也者蜀石經苦上有患字爲民所苦卽上云凡害人是者也以經云不虧體不虧財故知未入刑者云故大司寇職曰凡萬民之有罪過而未麗於法而害於州里者桎梏而坐諸嘉石役諸司空又曰以嘉石平罷民者此大司寇說嘉石平罷民之事與圜土聚教罷民異先鄭誤引之賈疏云先鄭以坐嘉石共入圜土二者爲一其義不通故後鄭不從引國語曰罷士無伍罷女無家者齊語文韋注云罷病也無行曰病無伍無與爲伍也丈夫稱家也亦引大司寇以圜土聚教罷民又管子小匡篇亦有此文尹注云罷謂乏於德義者周禮所謂罷民不義之衆恥以爲伍也罷女猶罷士衆恥娶之故無家先鄭引之者亦證罷民卽彼罷士也云言爲惡無所容入也者先鄭釋齊語之義士無伍是無所容女無家是無所入卽上文云三年不齒是也云玄謂圜土所收教者過失害人已麗於法者者正先鄭合嘉石圜土爲一事之誤與大司寇注義同賈疏云按司寇職及司救職皆上論嘉石之罪民下別云圜土之罰民分明兩事不同故後鄭謂圜土所收教者過失害人已麗於法者與嘉石之罷民是邪惡過失淺別也

掌囚掌守盜賊凡囚者上罪梏拲而桎中罪桎梏下罪梏王之同族拲有爵者桎以待弊罪凡囚者謂非盜賊自以他罪拘者也鄭司農云拲者兩手共一木也桎梏者兩手各一木也玄謂在手曰梏在足曰桎中罪不拲手足各一木耳下罪又去桎王同族及命士以上雖有上罪或拲或桎而已弊猶斷也【疏】掌守

盜賊凡囚者者謂盜賊及凡以罪囚者並械繫之於鄉士遂士等獄
此官則守視之也賈疏云此謂五刑罪人古者五刑不入圜土故使
身居三木掌囚守之云上罪梏拲而桎者罪說文手部引作辠當據
正石經及各本並誤下三罪字同梏拲而桎史記李斯傳所謂關三
木列女傳仁智篇魯臧孫母傳所謂木治是也賈疏云此一經所云
五刑之人三木之囚輕重著之極重者三木俱著次者二下者一云
王之同族拲有爵者桎者賈疏云縱重罪亦著一而已以其尊之故
也　注云凡囚者謂非盜賊自以他罪拘者也者敘官注云囚拘也
賈疏云以其既言盜賊乃別云凡囚與凡囚中無盜賊盜賊重故為
罪人之首而言之也鄭司農云拲者兩手共一木也桎梏者兩手各
一木也者釋文引漢書音義韋昭云兩手共一木曰拲兩手各一木
曰梏說文□部云拲兩手同械也从手从共共亦聲周禮上辠梏拲
而桎重文桊拲或从木案先後鄭說拲並與許同其先鄭以桎梏為
兩手各一木者既同為手木而復制二名於義難通疑先鄭本專釋
梏字之義偶兼舉桎耳非謂兩手各一木一名桎一名梏釋文引韋昭
說正同先鄭而不兼舉桎字可以互證蓋下後鄭說乃補釋桎字義
非破先鄭也賈疏謂後鄭不從先鄭似未審依經文云梏拲而桎則
上罪手械雖共一木其足械仍兩足各一木不共蓋三木止有手拲
無足拲故其字从手為形又王制孔疏引鄭舜典五宅三居注云宅
讀為咤徵艾之器五宅者是五種之器謂桎一梏二拲二彼文疑當
作桎二梏二拲一蓋桎梏左右手足各一故云桎二梏二拲則兩手
共一而足無之故云拲一傳寫譌誤遂不可通耳又案梏拲桎亦或
通稱校易噬嗑初九屨校滅趾无咎上九荷校滅耳凶王弼注云校
者以木絞校者也卽械也械者取其通名也又謂屨校卽桎為薄戮
荷校為極罰依易義屨校輕而荷校重而此經下罪惟梏大司寇嘉
石罷民未麗法者亦著梏則與彼義不相應書康誥孔疏引鄭易注

謂荷校滅耳卽書之刵臣從君坐割耳之刑則王說非鄭義也云玄
謂在手曰梏在足曰桎者大司寇注義同云中罪不拲手足各一木
耳下罪又去桎者經中罪止言桎梏不言拲明手足各一木下罪止
言梏又不言桎明又去足木而留手木也云王同族及命士以上雖
有上罪或拲或桎而已者以親貴優假之雖上罪同於中下不兼著
三木也命士謂王下士一命以上周之爵下及命士故下士以上爲
有爵詳大宰疏云弊猶斷也者大宰注義同

及刑殺告刑于王奉而適朝士出明梏以適市而刑殺之

告刑于王告王以今日當行刑及所刑姓名也其死罪則曰某之罪在大辟其刑罪則曰某之罪在小辟奉而
適朝者重刑爲王欲有所赦且當以付士士鄉士也鄉士加明梏者
謂書其姓名及其罪於梏而著之也囚時雖有無梏者至於刑殺皆
設之以適市就衆也庶姓無爵者皆刑殺於市

【疏】及刑殺告刑於王者猶文王世子說侯國法獄成有司讞于公也賈疏云此經謂欲
行刑之日云以適市而刑殺之者賈疏云謂死罪刑罪有二種以適
市者據庶姓又無爵者也若有爵及王同姓卽於甸師也　注云告
刑于王告王以今日當行刑及所刑姓名也者于注例當作於各本
並誤今日行刑卽鄉士遂士所協刑殺之日所刑姓名謂囚之姓名
必告於王明不敢擅刑殺云其死罪則曰某之罪在大辟其刑罪則
曰某之罪在小辟者據文王世子文鄭彼注云辟亦罪也引之者證
告刑于王當告以所刑姓名及所當之法也云奉而適朝者重刑爲
王欲有所赦且當以付士士鄉士也者賈疏云凡囚鄉士遂士縣士
方士各自有獄推問之時各於本獄之所獄成上於王時則使掌囚
掌之及欲刑殺掌囚還付士若然上皆云士師受中協日刑殺刑殺
各於本獄之所今此經云以適市者此文止謂六鄉之獄在國中推
問在獄行刑殺則在市若遂士以下自在本獄之處刑殺之故此云

士鄉士也若遂士以下於此時掌囚亦當付士也案鄭賈並以適朝與適市文自相對鄭鍔俞樾則讀奉而適朝士爲句謂既告刑于王即奉之而適朝士以朝士掌外朝之法奉而適朝士與下文奉而適甸師氏文義相對加明梏者即朝士加之其說亦通云鄉士加明梏者謂書其姓名及其罪於梏而著之也者此明梏與大司寇圜之明刑義略同鄉士書囚之姓名與所犯之罪狀於囚所著之梏謂之明梏者言明著其罪名以示衆也云囚時雖有無梏者至於刑殺皆設之者賈疏云案上經王之同族及有爵囚時並無梏也云以適市就衆也者王制云刑人於市與衆棄之孔疏云謂殷法彼法貴賤皆刑於市周則有爵者刑於甸師氏也黃以周云御覽引司馬法云夏賞於朝貴善也殷戮於市威不善也周賞於朝戮於市勸君子威小人也然則刑人於市亦是周法案黃說是也云庶姓無爵者皆刑殺於市者對王族及有爵者於甸師不於士也

凡有爵者與王之同族奉而適甸師氏以待刑殺

適甸師氏亦由朝乃往也待刑殺者掌戮將自市來也文王世子曰雖親不以犯有司正術也所以體異姓也刑于隱者不與國人慮兄弟也

【疏】凡有爵者與王之同族奉而適甸師氏者此謂親貴犯大罪不在八議之科者也曲禮孔疏引五經異義云禮戴說刑不上大夫古周禮說士尸肆諸市大夫尸肆諸朝是大夫有刑許慎謹案易曰鼎折足覆公餗其刑渥凶無刑不上大夫之事從周禮之說鄭康成駁之云凡有爵者與王同族大夫以上適甸師氏令人不見是以云刑不上大夫案依前注有爵者據命士以上駁異義云大夫以上者欲證刑不上大夫故就其文義實不異也　注云適甸師氏亦由朝乃往也者以經云奉而適甸師氏嫌不適朝故特釋之明亦與上庶姓等奉而適朝告刑於王同也文王世子云獄成有司讞於公公曰宥之及三宥不對走出致刑於甸人是由朝往之證云

待刑殺者掌戮將自市來也者下掌戮云王之同族與有爵者殺之于甸師氏則知雖不於市亦使掌戮刑殺之行刑殺之日獄囚衆多則待掌戮刑市訖乃至甸師氏行刑也引文王世子者證王族亦有刑殺及必於甸師之事禮記陸孔本異姓並作百姓彼釋文云本或作異姓非據此注則作異姓者是也彼注云犯猶干也術法也孔疏云法無二制故雖公族之親猶治之與百姓爲一體不得獨有私也

案互詳甸師疏

掌戮掌斬殺賊諜而搏之斬以鈇鉞若今要斬也殺以刀刃若今棄市也諜謂姦寇反閒者賊與諜罪大者斬之小者殺之捕當爲膊諸城上之膊字之誤也膊謂去衣磔之

【疏】掌斬殺賊諜而搏之者掌刑五刑之囚弁戮尸之法賈疏云自此經以至刑盜于市以下皆據死罪而言此經惟據賊諜二者而言二者雖同大罪仍擇大重者斬之稍輕者殺之搏之則同也　注云斬以鈇鉞者說文車部云斬截也爾雅釋詁云斬殺也斬殺對文則異散文則通賈疏云鈇鉞是斬之物按魯語云溫之會晉人執衞成公臧文仲言於僖公曰夫衞君殆無罪矣夫刑有五大刑用甲兵注云諸侯逆命征討之其次用斧鉞注云謂犯斬罪者中刑用刀鋸注云用刀以劓之鋸以笮之如是刀中容棄市其次用鑽笮注云鑽鑿涅墨笮黥劓勢謂宮刑也薄刑用鞭扑以威民也故大者陳之原野小者致之市朝是用鈇鉞之事案賈引國語注與書舜典孔疏引賈逵說略同蓋亦賈注也云若今要斬也者公羊文十六年何注云無營上犯軍法者斬要釋名釋喪制云斫頭曰斬斬要曰要斬斬暫也暫加兵即斷也云殺以刀刃者即釋名所謂斫頭也通言之亦謂之斬云若今棄市也者漢書景帝紀中元二年改磔曰棄市釋名釋喪制云市死曰棄市衆所聚與衆人共棄之也云諜謂姦寇反閒者者夏官環

人注義同云賊與諜罪大者斬之小者殺之者以經兼言斬殺故知論其罪之輕重大者斬之小者殺之也云搏當爲膊諸城上之膊字之誤也者左成二年傳齊侯圍龍頃公之嬖人盧蒲就魁門焉龍人囚之殺而膊諸城上杜注云膊磔也鄭意經云斬殺賊諜不當復云搏故以聲類讀爲左傳之膊明與環人搏諜賊司隸搏盜賊之搏異也云膊謂去衣磔之者段玉裁云說文肉部曰膊薄脯膊之屋上也此膊字本義方言膊暴也東齊及秦之西鄙言相暴僇爲膊燕之外郊朝鮮洌水之閒凡暴肉發人之私披牛羊之五藏謂之膊下文辜之注云謂磔之此云謂去衣磔之去衣者暴露也於膊義爲近

凡殺其親者焚之殺王之親者辜之

親緦服以內也焚燒也易曰焚如死如棄如辜之言枯也謂磔之

疏 注云親緦服以內也者舉最輕之服以明通晐五服也賈疏云親謂五服殺其親據人之親與王之親皆謂五服已內云焚燒也者廣雅釋言同說文火部云焚燒田也是焚本爲燒田段爲刑名釋名釋喪制云死於火者曰燒燒燋也引易曰焚如死如棄如者賈疏云按離卦九四突如其來如焚如死如棄如注云震爲長子爻失正又互體兌兌爲附決子居明法之家而無正何以自斷其君父不志也突如震之失正不知其所如又爲巽巽爲進退不知所從不孝之罪五刑莫大焉得用議貴之辟刑之各如所犯之罪焚如殺其親之刑死如殺人之刑也棄如流宥之刑引之者證焚如是殺其親之刑也案依賈引鄭易注說則焚如乃不孝之刑專屬弒父母者而言此經殺親廣晐緦服以內則不專爲不孝之刑左昭二十二年傳云獲鄩肸焚諸王城之市則王子朝之黨是叛臣亦用焚如之刑也竊謂此經膊焚辜肆皆謂先殺而後戮其尸此殺其親者焚之當先科殺罪既殺而焚之非生焚之也易及左傳義亦並當如是漢書匈奴傳王莽作焚如之刑燒殺陳良等此莽傅會經義別制淫酷之刑古無此

法也云辜之言枯也謂磔之者惠棟云荀子正論云斬斷枯磔注引韓子內儲說上曰采金之禁得而輒辜磔辜即枯也又莊子則陽有辜人辜枯字古通桂馥云說文歺部殆枯也玉篇殆殆乾通作辜說苑善說云朽者揚其灰未朽者辜其尸案惠桂說是也漢書景帝紀顏注云磔謂張其尸也說文桀部云磔辜也辜與大宗伯疈辜義亦同磔人猶磔牲也呂氏春秋行論篇云舜殛鯀於羽山副之以吳刀副與疈同亦謂辜磔之韓非子說難篇亦云萇弘分肔田明辜射皆磔刑也

凡殺人者踣諸市肆之三日刑盜于市踣僵尸也肆猶申也陳也凡言刑盜罪惡莫大焉【疏】凡殺人者踣諸市肆之三日者謂平民自相殺者殺而肆其尸於市三日也 注云踣僵尸也者說文足部云踣僵也引春秋傳曰晉人踣之又左傳十一年杜注云踣斃也人斃則尸僵故曰踣也云肆猶申也陳也者廣雅釋詁云肆伸也申伸古今字陳義見春官敘官注論語憲問集解引鄭注云有罪既刑陳其尸曰肆互詳鄉士疏云凡言刑盜罪惡莫大焉者以殺人之外別出刑盜明以其罪大別異言之然則盜刑於市亦肆之三日也鹽鐵論刑德篇云盜馬者死盜牛者加所以重本而絕輕疾之資也盜傷者與殺同罪所以累其心而責其意也漢律刑盜亦特重與周法同意

凡罪之麗於灋者亦如之唯王之同族與有爵者殺之于甸師氏罪二千五百條上附下附刑五而已於刑同科者其刑殺之一也【疏】凡罪之麗於灋者亦如之者於經例當皆作于石經及各本並錯出誤賈疏云合入死者亦踣之合入四刑者雖不踣亦刑之在市故揔言亦如之云唯王之同族與有爵者殺之于甸師氏者賈疏云謂不踣踣者陳尸使人見之既刑於隱處故不踣之案賈說是也刑於甸師氏者無肆市法詳鄉士疏又案此有爵與王族殺雖同處但王族磬雖則非刀刃

之殺經通言不別其實異也　注二云罪二千五百條者五刑刑各五百條詳司刑職云上附下附刑五而已者賈疏二云禮記二云喪多而服五罪多而刑五上附下附是也案賈據服問文麗附訓同詳大司寇疏二云於刑同科者其刑殺之一也者謂或刑或殺皆決之於市也

凡軍旅田役斬殺刑戮亦如之戮謂膊焚辜肆 疏 凡軍旅田役斬殺刑戮亦如之者田役謂田獵起徒役詳大宰疏賈疏二云此二云軍旅田役斬殺刑戮皆使掌戮爲之按士師大師帥其屬而禁逆軍旅犯禁者而戮之鄉士二云凡國有大事則戮其犯命者遂士亦二云凡郊有大事刑戮其犯命彼並不使掌戮者此等皆權時之事軍旅之閒或有臨時卽決不假掌戮者也是以戎右職二云掌戎車之兵革使注二云使謂王使以兵有所誅斬也引戰于殽襄公縛秦囚使萊駒以戈斬之是也　注二云戮謂膊焚辜肆者皆謂戮其尸也鄭以此文於斬殺之外別言刑戮故以膊焚辜肆解之卽敘官注所二云既斬殺又辱之是也

墨者使守門黥者無妨於禁御 疏 墨者使守門者此言墨劓以下刑人既刑之後各任以職事皆據其多者而言依天官敘官酒人漿人籩人醢人醯人鹽人冪人內司服縫人等皆有奄則宮者不必定守內餘四者當亦然也墨者使守門卽司門之徒守王城十二門者凡諸官府廄庫之門或亦以墨者守之賈疏謂此卽閽人掌守王中門之禁令者非也王宮之閽人乃奄人卽在後宮者守內之中非墨者也詳天官敘官疏　注二云黥者無妨於禁御者司刑注二云墨黥也門所以禁御人之闌入故無妨使黥者守之也

劓者使守關截鼻者亦無妨以貌醜遠之 疏 劓者使守關者賈疏二云此則王畿五百里上面有三關十二關門劓者守之案依賈說此守關卽司關之徒與上守門爲司門之徒相類管子揆度篇二云自言能爲官不能爲官者劓以爲門父對文門與關異散文則通門父卽此守關也　注二云截

鼻者亦無妨以貌醜遠之者司刑注云劓宮者使守內以其人道絕
截其鼻也闕在畿畫視門爲遠故云遠之也今世或然
疏宮者使守內者賈疏云此所守則寺人之類守王內五人之等是
也詒讓案司刑宮罪注兼宦男女此守內則專指宦男不兼宦女
守內亦通王宮內諸奄官及閽人言之不徒寺人也詳天官敘官疏
注云以其人道絕也者司刑注云宮者丈夫則割其勢守內與嬪
婦同處故絕其人道韓非子難一篇云管仲對齊桓公曰君妬而好
內豎刁自宮以治內云今世或然者漢時宮中用宦者故舉以爲況
刖者使守囿斷足驅衛禽獸無急行疏刖者使守囿者賈疏云此則囿游亦如之者墨者守門刖者於囿中驅禽獸者
也案賈說非也守囿即天官囿游之閽人凡囿游之門不必以墨者
守之詳天官敘官疏　注云斷足驅衛禽獸無急行者司刑注云刖
斷足也無急行者禽獸在囿驅衛之而已無事急行逐捕也漢志顏
注云驅御禽獸無足可也彼似亦用鄭義則疑顏所見本衛或作衙
御與衛古字通此與田僕驅逆注義同亦得通也詳彼疏髡者使守積鄭司農云髡當作完謂但居作三年不虧體者也玄
謂此出五刑之中而髡者必王之同族不宮者宮之爲翦其類髡頭而已守積積在隱者宜也疏髡者使守積者此輕刑在司刑五刑
之外者漢書刑法志顏注云積積聚之物也案積即大司徒遺人委
人委積之積凡米禾薪芻之積聚以給用者皆是也蓋兼倉廩及露
積二者而言詳大司徒疏　注鄭司農云髡當作完者作錢鈔本及
宋附釋音本注疏本閩本並作爲先鄭以周時無髡刑明文故依聲
類讀爲完段玉裁云大鄭改字後鄭如字漢刑法志曰完者使守積
字正作完蓋用漢人改字之周禮仲師所本者也呂飛鵬云漢書張
蒼等請定律曰諸當髡者完爲城旦舂此司農所據臧庸云禮記王
制公家不畜刑人注髡者使守積釋文髡本又作完徐戶官反漢書

刑法志完者使守積師古曰完謂不虧其體但居作也考說文元从
一儿聲髡从髟儿聲髡髡或从元是完髡聲相近班義與鄭司農同
徐仙民音戶官反則徐本禮記注亦作完鄭注禮記與注周禮不同
與先鄭及班志同云謂但居作三年不虧體者也者賈疏云以此爲
圜土罷民解之不從者掌戮所掌皆虧體獨以此爲不虧體於義不
可故後鄭引文王世子解之也詒讓案漢法完輕於髡後漢書明帝
紀李注云完者謂不加髡鉗亦曰耏說文而部云耏罪不至髡也或
作耐見漢書高帝紀顏注引應劭云輕罪不至於髡完其耏鬢故曰
耏禮運孔疏云古者犯罪以髡其鬚謂之耏罪史記索隱引江遂云
漢令稱完而不髡曰耐據應孔說則完者蓋唯去頰毛及鬢不鬄髮
以其非肉刑而役作與圜土罷民之刑相當故云居作三年不虧體
賈以掌戮所掌皆虧體難之然髡亦不可以爲虧體此不足以破先
鄭之說也但大司寇罷民有一重者入圜土非積聚所在輕者坐嘉
石則役諸司空或別使守積然經無明文故後鄭不從耳云玄謂此
出五刑之中而髡者必王之同族不宮者宮之爲翦其類者後鄭以
上墨劓宮刖皆罪之入五刑者惟此髡爲五刑所無故謂出五刑而
減從輕比者也文王世子注云翦割截也賈疏云此鄭亦無正文若
合宮者宮之今按文王世子據諸侯法公族無宮刑不翦其類王家
同族犯淫罪者亦當與諸侯同不宮之亦是不翦其類之色王應電
云注非也公族不翦其類但可減爲刖以下耳茍降用髡則應劓刖
者不獲減刑乃反重耶案王說是也以司刑考之宮刑輕於殺刖而
重於劓墨則不宮者減一等正當改爲劓今乃止從髡於刑實太輕
但周時髡刑所附何罪經典無文二鄭及賈氏所釋又皆未甚塙姑
闕所疑以竢討覈云髡頭而已者後鄭依字爲釋說文髟部云髡鬄
髮也云守積積在隱者宜也者凡積聚倉廩等必在隱奧之處以防
盜竊故云在隱賈疏云按王同族犯餘罪刑於甸師氏刑於隱處今

同族既不宮亦當於隱處罪之此守積亦是隱處故知髡者使守積是王同族不宮者必矣

司隸掌五隸之灋辨其物而掌其政令五隸謂罪隸四翟之隸也物衣服兵器之屬 疏 掌五隸之灋者謂簡閱隸民部署員數之法亦此官之官法也 注云五隸謂罪隸四翟之隸也者據下文為說云物衣服兵器之屬者賈疏云即下文云使之皆服其邦之服執其國之兵是也帥其民而搏盜賊役國中之辱事為百官積任器凡囚執人之事民五隸之民也鄭司農云百官所當任持之器物此官主為積聚之也玄謂任猶用也 疏 帥其民而搏盜賊者以下四者皆此官帥五隸所治之事搏盜賊者助追胥也云役國中之辱事者廣雅釋詁云辱汙也謂卑褻汙賤之事若左昭四年傳說內冰云隸人藏之彼隸人蓋即五隸之民亦役辱事之一耑也云凡囚執人之事者吳廷華云囚拘繫也執擒致也言搏又言囚執則囚執又在盜賊之外也莊存與云囚執人句攝罪人也 注云民五隸之民也者序官貉隸注云凡隸衆矣此其選以為役員其餘謂之隸民是也賈疏云上序官五隸皆百二十員員外皆是民故云五隸之民也鄭司農云百官所當任持之器物者祭義注云任所擔持也先鄭以任訓持故以任器為任持之器若杖械之屬云此官主為積聚之也者廣雅釋詁云積聚也吳廷華云官府所需使隸運而積之云玄謂任猶用也者牛人注同破先鄭以任器為任持之器明廣晐衆用器也賈疏云用器除兵之外所有家具之器皆是用器也邦有祭祀賓客喪紀之事則役其煩辱之事煩猶劇也士喪禮下篇曰隸人涅廁 疏 邦有祭祀賓客喪紀之事則役其煩辱之事者此亦即役國中之辱事以其三者事尤大故別著之典祀掌外祀之兆守

若以時祭祀則帥其屬而脩除徵役于司隸而役之卽祭祀之役事也左襄三十一年傳云諸侯賓至隸人牧圉各贍其事卽賓客之役事也　注云煩猶劇也者荀子非十二子篇楊注云劇繁多也釋言釋言語云煩繁也是煩繁劇義同皁褻事必繁多故云煩辱之事引士喪禮下篇者既夕篇文此引以證喪紀隸民役煩辱之事彼注云隸人罪人也今之徒役作者也涅塞也爲人復往褻之又示鬼神不用案依鄭說則彼隸人專指罪隸不及四翟之隸疑凡役事多用罪隸而四翟之隸則多共守衞故下文守王宮者不及罪隸國策趙策豫讓變姓名爲刑人入宮塗廁蓋卽爲罪隸役作也

掌帥四翟之隸使之皆服其邦之服執其邦之兵守王宮與野舍之厲禁野舍王行所止舍也厲遮例也

疏掌帥四翟之隸者此助守政與師氏虎賁氏爲官聯也翟與狄同蠻閩夷貉四隸總謂之四翟之隸猶師氏云四夷之隸也云使之皆服其邦之服執其邦之兵者師氏注云旃布弓劍不同也賈疏云若東方南方衣布帛執刀劍西方北方衣氊裘執弓矢云守王宮與野舍之厲禁者賈疏云卽師氏職云帥四夷之隸守王宮野舍亦如之者是也　注云野舍王行所止舍也者謂王師田巡守會同等在道路所止舍若掌舍所掌者也云厲遮例也者釋文云例本又作列案作列是也蜀石經亦作列山虞先鄭注云厲遮列守之典祀墓大夫注亦並作列守野舍之厲禁卽師氏所云朝在野則守內列厲與列同例卽列之借字詳師氏及山虞疏

罪隸掌役百官府與凡有守者掌使令之小事役給其小役

疏掌役百官府與凡有守者者謂若司門司關掌固司險所掌凡有地守者罪隸皆役之云掌使令之小事者亦冢上百官府而言官府大事自有當官之胥徒

共其使令故罪隸唯共使令之小事也注云役給其小役者即司隸云役其煩辱之事對軍旅田狩溝洫城道諸大役當合衆庶非罪隸所任也

凡封國若家牛助爲牽徬

鄭司農云凡封國若家謂建諸侯立大夫家也牛助爲牽徬此官主爲送致之也玄謂牛助國以牛助轉徙也罪隸牽徬之在前曰牽在旁曰徬

疏 凡封國若家牛助爲牽徬者王引之校移牛助爲牽徬五字於夷隸掌役牧人養牛下云夷隸役牧人養牛則當助牧人爲牽徬牛助爲牽徬五字當在夷隸不當在罪隸也又云牛人凡會同軍旅行役共其兵車之牛與其牽徬此助爲牽徬蓋亦謂兵車之牛鄭依誤本作解云牛助國以牛助轉徙罪隸牽徬之非也案王說是也又凡封國若家下當依王說補子則取隸焉五字詳閩隸疏 注鄭司農云凡封國若家謂建諸侯立大夫家也者建諸侯爲封國立大夫家爲立家也家即采邑書盤庚云永建乃家僞孔傳云卿大夫稱家是也云牛助爲牽徬此官主爲送致之也者此先鄭依誤書爲說謂封國立家時罪隸以牛助送致其任器也云玄謂牛助國以牛助轉徙也者賈疏云國家以官牛助諸侯及大夫家運物往至任所案鄭賈並依誤本爲說謂若詩小雅黍苗箋說召伯營謝轉餫之役有車牛牽徬等是也云罪隸牽徬之在前曰牽在旁曰徬者此皆指大車轅外之牛而言牛人注云牽徬在轅外輓車也人御之居其前曰牽居其旁曰徬蓋轅中之牛自有將大車者御之其在轅外之前及兩旁之牛則此隸助牽之也賈疏謂車轅內一牛前亦一牛今還遣二隸前者牽前牛徬者御當車之牛失之互詳牛人疏又案此助牽徬者依王說當爲夷隸職文鄉師注引司馬法云輦殿曰胡奴車釋名釋車云胡奴車東胡以罪沒入官爲奴者引之彼胡奴當即此夷隸或兼掌輓輦之役與

其守王宮與其厲禁者如蠻隸之事

疏 其守王宮與其厲禁者如蠻隸

之事者王應電云上司隸職止言掌帥四翟之隸守王宮及野舍之厲禁者未及於罪隸也以文勢推之不應未言蠻隸而先言如蠻隸之事十四字疑閩隸脫簡而誤見於此王引之云其守王宮下脫者字與其下脫守字夷隸貉隸皆云其守王宮者與其守厲禁者如蠻隸之事不應閩隸獨無此文當如王應電說移罪隸其守王宮三句於閩隸而補者字守字案王說是也吳廷華姜兆錫方苞江永浦鏜阮元莊有可蔣載康說並同

蠻隸掌役校人養馬其在王宮者執其國之兵以守王宮在野外則守厲禁**疏**掌役校人養馬者賈疏云爲校人所役使以養馬按校人良馬乘一師四圉不見隸者蓋是雜役之中詒讓案此與圉人爲官聯也墨子天志下篇說俘虜云丈夫以爲僕圉卽養馬之隸也云其在王宮者執其國之兵以守王宮者亦從師氏及司隸也國語晉語云昔成王盟諸侯于岐陽楚爲荊蠻置茅蕝設望表與鮮卑守燎故不與盟彼蓋以蠻夷君長而使率其民掌守望之事雖非蠻隸而所役略同賈疏云執其國之兵蠻隸閩隸俱是刀劍也云在野外則守厲禁者謂野舍蕃衛之外列也師氏云朝在野外則守內列此蠻隸蓋從司隸守外列與師氏所守內外互相備

閩隸掌役畜養鳥而阜蕃教擾之掌子則取隸焉杜子春云子當爲祀玄謂掌子者王立世子置臣使掌其家事而以閩隸役之**疏**掌役畜養鳥者王安石云役役於掌畜也王引之云蠻隸役於校人隸夷役於牧人貉隸役於服不氏不應閩隸無所役之官畜上蓋脫掌字掌畜掌養鳥而阜蕃教擾之案王說是也云掌子則取隸焉者王引之云五字當在

罪隸凡封國若家之下言凡封邦國及都家若王子出封則取隸於罪隸使往爲之役也子上又有脫文耳案王說是也方苞亦以子則取隸焉爲罪隸之文又職末掌字下當依王說補與鳥言其守王宮者與其守厲禁者如蠻隸之事十九字詳夷隸及罪隸疏　注杜子春云子當爲祀者杜依誤本而讀子爲祀子祀聲相近云玄謂掌子者王立世子置臣使掌其家事而以閩隸役之者後鄭亦依誤本爲說惟不破字與杜小異鄭意世子亦當置家臣若諸子注云國子屬大子彼國子貴則爲宮臣此隸民賤則爲宮臣役也賈疏云言掌家事者若國事不使隸今取隸故以家事而言也

夷隸掌役牧人養牛馬與鳥言鄭司農云夷狄之人或曉鳥獸之言故春秋傳曰介葛盧聞牛鳴曰是生三犧皆用矣是以貉隸職掌與獸言

疏掌役牧人養牛馬與鳥言者賈疏云爲牧人之所役使牧牛牲王引之云養馬乃蠻隸之事不得屬之夷隸馬字蓋衍文也夷隸不養鳥則不得與鳥言養鳥乃閩隸之事貉隸養獸而與獸言則閩隸養鳥亦當與鳥言與鳥言三字當在閩隸阜蕃教擾之下承掌字連讀無疑案王說是也又養牛下當依王說補牛助爲牽徬五字詳罪隸疏　注鄭司農云夷狄之人或曉鳥獸之言者先鄭依誤本爲說以此職云掌與鳥言貉隸云掌與獸言二官皆以夷狄之人爲之明其人能解也云故春秋傳曰介葛盧聞牛鳴曰是生三犧皆用矣者僖二十九年左傳文杜注云介東夷國也在城陽黔陬縣葛盧介君名也案介卽列子黃帝篇所謂今東方介氏之國其國人數數解六畜之語者蓋偏知之所得是也此引之者證夷狄人或曉鳥獸語也賈疏引賈服注云言八律之音聽鳥獸之鳴則知其嗜欲生死可知伯益明是術故堯舜使掌朕虞至周失其道官又在四夷賈服說亦隱據此經云是以貉隸職掌與

獸言者兼釋貉隸文其守王宮者與其守厲禁者如蠻隸之事疏如蠻隸之事者亦執其國之兵依鄭賈說蓋亦執刀劍也

貉隸掌役服不氏而養獸而教擾之掌與獸言不言阜蕃者猛獸不可服又不生乳於圈檻也疏掌役服不氏而養獸者王引之謂而字衍以上三職文例校之王說是也注云不言阜蕃者猛獸不可服又不生乳於圈檻也者以上閩隸養鳥阜蕃教擾之此貉隸養獸止言教擾不言阜蕃故釋之也知獸爲猛獸者據服不氏云掌養猛獸而教擾之是也圈檻者養獸之闌說文囗部云圈養畜之閑也木部云檻櫳也一曰圈也廣雅釋宮云檻牢也其守王宮者與其守厲禁者如蠻隸之事疏如蠻隸之事者亦執其國之兵國兵依鄭賈說當爲弓矢

周禮正義卷六十九

周禮正義卷七十

瑞安孫詒讓學

秋官司寇下　周禮　鄭氏注

布憲掌憲邦之刑禁正月之吉執旌節以宣布于四方而憲邦之刑禁以詰四方邦國及其都鄙達于四海憲表也謂縣之也刑禁者國之五禁所以左右刑罰者司寇正月布刑於天下正歲又縣其書於象魏布憲於司寇布刑則以旌節出宣令之於司寇縣書則亦縣之於門閭及都鄙邦國刑者王政所重故屢丁寧焉詰謹也使四方謹行之爾雅曰九夷八蠻六戎五狄謂之四海

疏掌憲邦之刑禁者贊大小司寇布刑禁於天下也國語周語云武王反及嬴內布憲施舍於百姓韋注云憲法也管子立政篇亦載布憲五鄉鄉師及所屬州長之事云正月之朔百吏在朝君乃出令布憲于國五鄉之師五屬大夫皆受憲于太史彼布憲即布法若大宰布治法之類此官布刑禁則憲爲表縣其義不同而循行表示通於天下與彼事亦異也云達于四海者明此官所布通於九服也　注云憲表也謂縣之也者小司寇注同詳小宰疏云刑禁者國之五禁所以左右刑罰者者據士師文小司寇注義同云司寇正月布刑於天下正歲又縣其書於象魏者於舊本並作于案注例當作於蜀石經下於字不誤今并據正此皆據大司寇職爲說今案司寇正月布刑卽縣書象魏鄭以縣書別爲正歲之事在布刑之後兩月非也詳大司寇疏云布憲於司寇布刑則以旌節出宣令之者以此云正月之吉執旌節以宣布于四方卽大司寇職正月之

吉始和布刑于邦國都鄙之事也必以旌節者掌節云道路用旌節
此宣布刑禁亦道路之事故所用節同云於司寇縣書則亦縣之於
門閭及都鄙邦國者之於於字舊本亦誤于今據蜀石經正鄭以此
云憲邦之刑禁當大司寇職乃縣刑象之法于象魏爲正歲縣書之
時又小司寇正歲帥其屬而觀刑象乃宣布于四方憲刑禁卽此憲
刑禁之事故謂與司寇布刑同在正歲然大司寇縣刑象自在正月
鄭以爲在正歲者非也至布憲執旌節以宣布於四方雖亦以正月
之吉就道然其所宣布者遠及邦國都鄙達於四海必非一時所能
偏達則其憲刑禁雖承正月之吉爲文實當在正歲之後布憲憲刑
禁斷不能與大司寇縣刑象同時明矣鄭說亦誤互詳大司寇疏知
憲刑禁縣於門閭者據士師五禁書而縣於門閭明此布憲所縣亦
在門閭也云刑者王政所重故屢丁寧焉者漢書谷永傳顏注云丁
寧謂再三告示也鄭意大司寇布刑布憲則宣令司寇縣書象魏布
憲亦縣書門閭所謂屢丁寧也云詁謹也者大司寇詁四方注同云
使四方謹行之者布憲布之四方所以使四方謹行刑禁也引爾雅
曰九夷八蠻六戎五狄謂之四海者釋地文此所引與郭本不同詳
職方氏疏四海謂夷鎭蕃三服在九州之外者也詩商頌殷武孔疏
引鄭尚書注云堯制五服要服之內四千里曰九州其外荒服曰四
海若然周則三千五百里之外至五千里爲四海與唐虞
制微異以其九州大界不同故每面相較近五百里也
凡邦之大事合衆庶則以刑禁號令【疏】
凡邦之大事合衆庶者賈疏云謂征伐
巡守田獵皆是大事合衆庶也詒讓案
大事當亦兼有大祭祀大喪紀大賓客戒守征役之事互詳大司寇
疏云則以刑禁號令者以合衆庶慮其干犯刑禁故此官號令使衆
偏知
之也

禁殺戮掌司斬殺戮者凡傷人見血而不以告者攘獄者遏訟者以告而誅之司猶察也察此四者告於司寇罪之也斬殺戮謂吏民相斬相殺相戮者傷人見血見血乃爲傷人耳鄭司農云攘獄者距當獄者也遏訟者遏止欲訟者也玄謂攘猶郤也郤獄者言不受也疏掌司斬殺戮者凡傷人見血而不以告者者凡斬殺戮及傷人皆於法當誅者恐其有不達於官故司察而告之經不以告通承上句而言此皆慮小民窮冤失職通其壅閼之事與大司寇以肺石達窮民同意　注云司猶察也者鄭氏注同司卽今之伺字謂候察而搏之云察此四者告於司寇罪之也者以司寇主刑禁殺戮卽司寇之屬明經云以告而誅之卽告於司寇面罪之也云斬殺戮謂吏民相斬相殺相戮者者此謂擅故殺人者也荀子正論篇云殺人者死斬殺戮三者不同卽掌戮所云斬殺刑戮注云斬以鈇鉞殺以刃刃戮謂膊焚辜肆是也云傷人見血見血乃爲傷人耳者此謂故傷人者也荀子正論篇云傷人者刑不見血蓋不以傷人論不抵刑也月令孟秋命理瞻傷察創視折注云創之淺者曰傷明創爲傷之深者鹽鐵論刑德篇云古者傷人有創者刑有創卽見血也說文夊部𢿌字注亦云戰見血曰傷賈疏云恐經傷人與見血事別傷人見血連言者是見血乃爲傷人若不見血不爲傷人也若然蹠跌折支之等不見血豈得不爲傷人乎然今言見血乃爲傷人者止爲蹉跌及刃物麗歷應見血之等不爲餘事而言鄭司農云攘獄者距當獄者也者管子君臣下篇云治斧鉞者不敢讓刑尹注云攘猶拒也讓攘拒距字並通賈疏云後鄭不從者此經皆謂未在官司而先鄭云距獄據在官而言故不從也案先鄭訓攘爲距距亦猶郤也然則二鄭訓本略同特先鄭說未明後鄭更申其義耳賈謂後鄭不從先鄭似非云遏訟者遏止欲訟者也者爾雅釋詁云遏止也賈疏云

有人見欺犯欲向官所訟之而遏止不使去也云玄謂攘猶郤也者說文手部云攘推也推與郤義相成公羊僖四年何注亦云攘郤也云郤獄者言不受也者賈疏云謂人有罪過官有文書追攝不肯受者莊存與云此經皆理未在官司者若云官文書追攝而不受則旣在官矣案賈說甚誤莊氏糾之是也鄭上注說斬殺戮兼吏民言之則鄭謂攘獄遏訟亦通吏民而言可知郤獄不受者謂小吏及府史胥徒阻人之來獄者不受達其陳告之辭也漢書淮南王賜傳云故劾謁者衞慶死罪强榜服之內史以爲非是郤其獄與此注郤獄事異而義實同蓋此經所云攘獄遏訟皆阻止獄訟之事以獄大訟小故獄言攘訟言遏實則攘與遏義略同也獄訟大小之異詳大司寇疏

禁暴氏掌禁庶民之亂暴力正者橋誣犯禁者作言語而不信者以告而誅之 民之好爲侵陵稱詐謾誕此三者亦刑所禁也力正以力强得正也

疏 禁暴氏掌禁庶民之亂暴力正者者暴經例用古字當作虣司虣云禁其虣亂者與此義同此作暴疑誤詳地官敘官疏亂暴力正卽大司徒鄉八刑亂民之刑也云作言語而不信者者卽大司徒鄉八刑造言之刑大宰注云造言作也云以告而誅之者亦告之司寇而罪之也 注云民之好爲侵陵稱詐謾誕此三者亦刑所禁也者釋文云謾本或作慢案士師八成橋邦令注云稱詐以有爲者大戴禮記盛德篇云凡鬭辨生於相侵陵也相侵陵生於長幼無序又曾子立事篇云不能行而言之誣也非其事而居之橋也國語周語云其刑橋誣韋注云以詐用法曰橋加誅無辠曰誣漢書宣帝紀顏注云謾誑言也慢謾字通賈疏云侵陵釋經亂暴力正者也稱詐釋經橋誣犯禁者也謾誕釋經作言語而不信者也謾

誕謂浮謾虛誕也二云力正以力強得正也者謂本不正而挾勢力之強以自申得正者也今案正當讀爲征言恃強力以相爭取管子君臣下篇二云獸處羣居以力相征大戴禮記用兵篇二云諸侯力政盧注云言以威力侵爭漢書游俠傳二云力政爭彊顏注二云棄背禮義專任威力也周書度訓篇二云力爭則力政力政則無讓正征政聲類並同鄭未得其義漢書五行志注釋力政爲以力相征討又引或說以力爲政相攻伐並專據諸侯爲說此經力正則通於庶民其義甚廣也

凡國聚衆庶則戮其犯禁者以徇

凡奚隸聚而出入者則司牧之戮其犯禁者奚隸女奴男奴也其聚出入有所使【疏】凡國聚衆庶者卽布憲凡邦之大事合衆庶是也二云凡奚隸聚而出入者則司牧之者與司厲司隸爲官聯也司牧謂監察之禁殺戮注二云司猶察也方言二云監牧察也史記酷吏傳二云置伯格長以牧司姦盜賊司牧猶二云牧司矣 注二云奚隸女奴男奴也者奚爲女奴隸爲男奴也賈疏二云按司厲其奴男子入于罪隸女子入于舂槀是男女同坐爲奴天官酒人漿人之等皆名女奴爲奚五隸又是男奴故二云奚隸女奴男奴案奚詳天官敘官疏二云其聚出入有所使者謂共官長之使令或羣聚而出入也蜀石經作其聚出入者有所役也亦通

野廬氏掌達國道路至于四畿達謂巡行通之使不陷絕也去王城五百里曰畿【疏】掌達國道路至于四畿者謂脩治國中九經九緯之涂及環涂野涂以達於甸稍縣都與司險爲官聯也 注二云達謂巡行通之使不陷絕也者廣雅釋詁二云達通也賈疏二云巡行者國之道路使其地之人治之野廬氏直巡行不通之處使人治之使無陷絕也二云去王城五百里曰畿者大司馬二云方千里曰國畿是也王城居中面各五百里其邊界爲四畿

比國郊及野之道路宿息井樹比猶

校也宿息盧之屬賓客所宿及晝止者也井共飲食樹為蕃蔽【疏】比國郊及野之道路宿息井樹者與遺人司險為官聯也賈疏云此
經所云王為賓客在道須得供承守衛之事國郊謂近郊遠郊野謂百里外至畿　注云比猶校也者大胥注同云宿息盧之屬賓客所
宿及晝止者也者賈疏云宿謂十里有盧三十里有宿五十里有市直言宿者舉中言之故云盧之屬以苞之息賓客晝止之處詒讓案
楚辭初放王注云夜止曰宿毛詩召南殷其雷傳云息止也遺人盧有飲食宿有路室市有候館則盧惟可晝止宿市以上有室館則可
夜止矣故此職以宿息關彼三者也云井共飲食樹為蕃蔽者以宿息之處皆有井以供賓客之飲食有樹以為盧宿之蕃蔽蕃蔽謂為
蕃離屏蔽大戴禮記王言篇云千步而井周書大聚篇云闢關脩道五里有郊十里有井二十里有舍彼雖非王國之制亦道路必有井
之證又國語周語云列樹以表道立鄙食以守路此野盧氏掌達道路則樹中亦兼有表道之事不徒為盧舍之蕃蔽也若有賓
客則令守涂地之人聚欜之有相翔者則誅之守涂地之人道所出盧宿旁民也相翔猶
昌翔觀伺者也鄭司農云聚欜之聚擊欜以宿衛之也有姦人相翔於賓客之側則誅之不得令寇盜賓客【疏】有相翔者則誅之者
舊本並捝則字今據唐石經乾隆石經宋大字本岳本王氏訂義本補　注云守涂地之人道所出盧宿旁民也者掌固云掌脩城郭溝
池樹渠之固頒其士庶子及其眾庶之守注云眾庶民遞守固者也明涂地旁民亦有受役於官更迭徼守之法此人即掌固之眾庶也
此賓客道涂所出盧宿市旁之居民平時既受守涂地之役賓客至因令給事客舍供守衛之事也云相翔猶昌翔觀伺者也者相翔昌
翔並疊韻連語覲禮注釋箱為相翔待事之處相翔或作相羊亦作相佯楚辭離騷聊逍遙以相羊王注云逍遙相羊皆遊也漢書外戚

傳顏注云相羊翶翔也後漢書張衡傳李注云相佯猶徘徊也又馮衍傳注云相佯猶逍遙也此相翔亦謂徘徊觀望伺閒爲盜竊者賈疏謂昌狂翱翔失之鄭司農云聚欜以宿衛之也者賈疏云謂其地之人自聚擊欜無行夜故使宿衛自擊宮正之等使行夜者擊欜校比直宿者彼行夜者與此異也案依鄭賈說此聚欜令守涂地之人民爲之則卽持更與官吏行夜擊欜異詳宮正挈壺氏疏云有姦人相翔於賓客之側則誅之不得令寇盜賓客者凡昌翔觀伺於賓客之側者姦人欲爲寇盜之事故誅之使不得近側也

凡道路之舟車轚互者敘而行之舟車轚互謂於迫隘處也車有轘轅坻閡舟有砥柱之屬其過之者使以次序之

【疏】凡道路之舟車轚互者敘而行之者阮元云說文車部云轚車轄相擊也从車从毄毄亦聲周禮曰舟輿擊互者按舟車許引作舟輿爲異擊當從周禮作轚許正引此經以證轚字也案阮說是也轚擊聲類同戰國策齊策云主者循軼之途也轄擊摩車而相過轄擊卽所謂轚也丁晏云穀梁昭八年傳御轚者不得入范寧集解轚挂也釋文轚劉兆云絓也本或作擊 注云舟車轚互謂於迫隘處也者賈疏云謂水陸之道舟車往來狹隘之所更互相擊故云轚互者案互當與脩閭氏注障互說文辵部迦迦互義同謂舟車相摩笮抵格賈釋爲更互乃望文生訓非鄭恉也云車有轘轅坻閡者阮元云釋文作環轅云本亦作轘同按轘當依陸本作環因注云車有環轅故改從車旁也賈疏云案襄二十一年晉欒盈有罪適楚過於周周西鄙掠之告於周使候出諸轘轅是轘轅也孔廣森云轘轅漢時屬河南尹緱氏縣薛綜曰轘轅坂十二曲坻閣卽劍閣棧道也蜀志建興十一年治斜谷邸閣坻與邸同故劉昌宗音坻都禮反邸當作砥說文自部秦謂陵坂曰阺段玉裁云釋文坻字徐之爾反則字作坻詒讓案左傳襄二十一年杜注云轘轅關在緱氏縣東南今

在河南河南府偃師縣境坻當從劉音爲正徐邈本非云舟有砥柱
之屬者賈疏云按禹貢導河積石至于龍門南至于華陰東至于厎
柱孔安國云厎柱山名河水分流包山而過山見水中若柱然在西
虢之界是厎柱爲水之隘道者也詒讓案水經河水篇河水又東過
砥柱間酈注云砥柱山名也亦謂之三門山在虢城東北大陽城東
也鄭玄按地說河水東流貫砥柱觸閼流今世所謂砥柱者蓋乃閼
流也砥柱當在西河未詳也余按鄭玄所說非是西河當無山以擬
之自砥柱以下五戸以上其閒一百二十里河水竦石桀出勢連襄
陵蓋亦禹鑿以通河疑此閼流也案酈所引鄭說蓋書禹貢注文據
其所引則鄭不謂砥柱在虢界賈引僞孔傳爲釋非鄭恉也云其過
之者使以次序之者序舊本並誤敘今據蜀石經正凡注例用今字
作序謂爲其迫隘不能方軌維舟同時並過則野廬氏爲依次序行
之令其先至者先過
後至者不得爭越也
凡有節者及有爵者至則爲之辟
辟辟行人亦
使守涂地者
疏凡有節者及有爵者至則爲之辟者賈疏云謂若諸侯之使則有
山國用虎節之等若民自往來則有道路用旌節之等及有爵已
上皆爲之辟止行人使無侵犯者也　注云辟辟行人者闡人注云
辟行人使無干也云亦使守涂地者者與上爲賓客聚欜同亦使道
所出廬宿旁民爲之辟行人也案此當亦兼辟舟車若
左成三年傳晉侯以傳召伯宗伯宗辟重曰辟傳是也
禁野之橫行
徑踰者
皆爲防姦也橫行妄由田中
徑踰射邪趨疾越隄渠也
疏禁野之橫行徑踰者者卽士
師五禁之野禁也　注云皆
爲防姦也者橫行徑踰不由正路恐其爲姦盜故禁以防之云橫行
妄由田中者謂不由田上之五涂而躐龍畮以行者六韜戰車篇云
殷草橫畝賈疏云不要東西爲橫南北爲縱但是不依道塗妄由田
中皆是橫也云徑踰射邪趨疾越隄渠也者祭義云是故道而不徑

注云徑步邪趨疾也楚辭離騷夫唯捷徑以窘步王注云徑邪道也釋名釋道云徑經也人所經由也謂趨射邪道以求急速是謂之徑毛詩鄭風將仲子傳云踰越也凡有溝渠之處不由橋梁輒躐越而過是謂之踰管子八觀篇云郭周不可以外通里域不可以橫通郭周外通則姦遁踰越者作里域橫通則攘奪竊盜者不止晏子春秋內篇雜上云晏子爲東阿宰築蹊徑急門閭之政而淫民惡之此並禁徑踰之事惠士奇云徑謂之蹊釋名釋道曰蹊傒也言射疾則用之故還傒於正道也衞有亂季羔逃之走郭門門者曰彼有缺季羔曰君子不踰又曰彼有竇季羔曰君子不隧蓋由徑則必踰缺踰缺則必隧竇不踰不隧必自不由徑始故曰徑踰踰謂踰缺案惠說是也釋名云射疾用之卽此注射邪趨疾之義

凡國之大事比脩除道路者比校治道者名若今次金敘大功疏凡國之大事比脩除道路者者典祀注云脩除芟埽之賈疏云大事謂若征伐巡守田獵郊祀天地王親行所經並須脩除道路及脩廬校比民夫使有功效詒讓案大事當兼有大賓客朝覲會同之事互詳大司寇疏 注云比校治道者名者宰夫注云比校次之名謂治道人役之姓名云若今次金敘大功者賈疏云謂漢時主役之官官名次金敘主以丈尺賦功今俗本多誤爲次敘大功也阮元云按疏云漢時有官名次金敘敘字恐衍蓋賈本作次金丈功俗本云次敘大功今本轉寫互誤各衍一字耳賈云有官名次金亦未可信此注宜定爲若今次敘丈功金與敘形之誤大與丈亦形之誤案蜀石經亦作次敘大功與唐俗本同此注似當以阮校爲是孔繼汾校本同又疑當作次敘人功匠人注有程人功之語賈謂次金官名漢書百官公卿表及續漢書百官志並無未詳所據

掌凡道禁禁謂若今絕蒙大巾持兵杖之屬疏注云禁謂若今絕蒙大巾持兵杖之屬者疑亦漢律文方言云幏巾也大巾謂之帉

郭注云巾主覆者故名幪也左哀二十五年傳衞大子與渾良夫二人蒙衣而乘史記衞世家集解引服虔云蒙衣爲婦人之服以巾蒙其頭而共乘也此大巾疑卽蒙覆之巾然絕蒙之義未詳此與持兵杖皆疑於爲姦盜故禁之

邦之有大師則令埽道路且以幾禁行作不時者不物者不時謂不夙則莫者也不物謂衣服操持非比常人也幾禁之者備姦人內賊及反閒

【疏】邦之有大師者舊本並挩有字今據唐石經校增大司馬注云大師王出征伐也注云不時謂不夙則莫者也者詩齊風東方未明篇不能辰夜不夙則莫毛傳云夙早莫晚也注卽用彼文卽司寤氏所云晨行宵行之類云不物謂衣服操持非比常人也者司稽注義同云幾禁之者備姦人內賊及反閒者賈疏云內賊謂賊在內起反閒謂外賊密來覘探閒候國家反彼論說案反閒卽環人之諜賊詳彼疏

蜡氏掌除骴曲禮曰四足死者曰漬故書骴作脊鄭司農云脊讀爲漬謂死人骨也月令曰掩骼埋胔骨之尚有肉者也及禽獸之骨皆是

【疏】注引曲禮曰四足死者曰漬者舊本挩上曰字今依蜀石經及宋大字本補漬釋文作殰云又作漬案曲禮本作漬鄭注云漬謂相瀸汙而死也春秋傳曰大災者何大漬也賈疏云彼謂四足之獸相漸漬而有疫死此骴謂肉腐義理有殊引之者直取音同仍取四足死者卽有肉腐之骴也案後鄭不從先鄭讀爲漬而又引曲禮此文以冠注首於義旣無所取通校六篇之注亦無此例其爲傳寫錯互無疑賈曲爲之說非也云故書骴作脊鄭司農云脊讀爲漬者蜀石經漬作骴疑誤管子度地篇云春不收枯骨朽脊則夏旱至矣亦以脊爲骴段玉裁云骴胔漬殰脊五字同在古音支佳部公羊莊二十年傳大瘠禮記注引作大漬漢食貨志國亡捐瘠孟

康曰肉腐爲瘠瘠即故書之脊也丁晏云史記劉敬傳徒見羸瘠老
弱漢書瘠作胔後漢彭城靖王恭傳毀胔過禮即毀瘠也羊人注積
故書爲眥先鄭云眥讀爲漬玉篇歺部殨病也獸死也義與胔同云
謂死人骨也者此與曲禮義不合故後鄭不從引月令曰掩骼埋胔
骨之尚有肉者也者段玉裁依浦鏜校於胔下增一胔字云月令曰
之上當有玄謂二字司農從故書作脊而易爲漬鄭君從今書作骴
而釋其義也胔同骴說文曰骴或從肉是也阮元云此引月令當本
作掩骼埋骴禮記音義云胔亦作骴此疏引彼注云肉腐曰骴可證
此作胔是淺人據今本月令所改當訂正案段阮校是也月令孔疏
引此注亦重胔字竊疑上引曲禮文宜繫於此當云玄謂曲禮曰四
足死者曰漬下乃接引月令之文蓋後鄭欲破先鄭脊漬之讀故先
引曲禮以證漬之不爲人骨更引月令明人骨之爲骴以證今書作
骴之是也然月令疏引此注稱司農云則唐初本已如是矣胔亦當
從阮校作骴序宮注引月令亦作骴可證鄭彼注云骨枯曰骼肉腐
曰胔禮記釋文引蔡氏月令章句云露骨曰骼有肉曰胔亦同鄭義
呂氏春秋孟春紀作揜骼霾髊高注云髊讀水漬物之漬自骨曰骼
有肉曰髊高讀同先鄭而義則與後鄭同晏子春秋諫下篇晏子曰
朽而不斂謂之僇尸臭而不收謂之陳胔所謂肉腐也云及禽獸之
骨皆是者後鄭不從先鄭讀漬而謂骴關禽獸骨者明漬不得爲死
人骨而骴則得兼人及禽獸骨亦以見今書作骴之義尤完備也說
文骨部云鳥獸殘骨曰骴骴可惡也則專以骴爲鳥獸骨與此注義微異

凡國之大祭祀令州里除不蠲禁刑者任人及凶服者以及郊野大師大賓客亦如之

蠲讀如吉圭惟饎之圭圭絜也刑者黥劓之屬任人司圜所收教罷民也凶服服衰絰也此所禁除者皆爲不欲見人所薉惡也

疏凡國之大祭祀令州里除

不蠲者賈疏云大祭祀謂郊祭天地詁讓案州里亦即鄉師之州里據六鄉以內而言云以及郊野大師大賓客亦如之者郊野通四郊六遂及四等公邑言之詳大司馬疏賈疏云大賓客謂諸侯來朝若據天地其神位在郊至郊而已若賓客則至畿故兼言野郊外曰野大摠言也　注云蠲讀如吉圭惟饎之圭圭絜也者蜀石經如作若惟作爲宋大字本如亦作若案惟作爲與宮人及士虞禮注同似勝今本賈疏云毛詩云絜蠲爲饎無此言鄭從三家詩故不同段玉裁改讀如爲讀爲云士虞禮饗辭曰哀子某圭爲而哀薦之饗注圭絜也詩曰吉圭爲饎與此注爲惟有異而作圭則一蓋三家詩作圭圭訓絜蠲之本義訓馬蠲蟲不訓絜故易蠲爲圭蠲從益聲益聲與圭聲古音同在支佳部蠲之古音同圭詩天保周禮宮人蜡氏尚書多方釋文皆曰蠲音圭此古音也宮人注曰蠲猶絜也詩云吉蠲爲饎鄭注三禮時多不從毛詩此引吉蠲恐亦是三家詩有作蠲者耳孔賈在唐初韓詩尚存於兩吉圭皆未質言韓詩而宋董逌詩故乃以吉圭係韓嬰章句殊不可信案段說是也圭絜匠人注義同白虎通義文質篇云珪之爲言潔也圭珪字同云刑者黥劓之屬者賈疏云之屬中含有宮刖也云任人司圜所收教罷民也者賈疏云經任人文承刑者之下則罷民亦刑之類是以司圜云任之以事是也云凶服服衰絰也者祭義云郊之祭也喪者不敢哭凶服者不敢入國門敬之至也注云祭者吉禮不欲聞見凶人賈疏云凶服五服皆是云此所禁除者皆爲不欲見人所薉惡也者釋文云薉今本多作穢案蜀石經亦作穢說文草部云薉蕪也穢即薉之俗阮元云鄭用薉字考工記注云粤地塗泥多草薉又函人注無薉也皆可證詁讓案凡大祭祀大師賓客等事貴絜清人復縣萃此不蠲等皆人所薉惡故除禁之不使見也

若有死於道路者則令埋而置楬焉書其日月焉縣其衣

服任器于有地之官以待其人有地之官主此地之吏也其人其家人也鄭司農云楬欲令其識取之今時楬櫫是也有地之官有部界之吏今時鄉亭是也疏若有死於道路者則令埋而置楬焉者於經例用古字皆作于不當錯出埋卽薶之俗經例用古字當作貍唐蜀石經及各本並誤詳鼈人疏此恤道殣之政也詩小雅小弁云行有死人尚或墐之毛傳云墐路家也埋而置楬卽爲路冢矣云縣其衣服任器于有地之官者任器詳牛人司隸疏官謂官府所治處也　注云有地之官主此地之吏也者賈疏云謂比閭族黨之等皆有長吏若比長閭胥里宰之輩皆是若今時鄉亭治事之處縣衣服任器等仍使守掌使不失也云其人其家人也者謂死者之家人也鄭司農云楬欲令其識取之者漢書酷吏傳尹賞雜舉長安中輕薄少年惡子內穴中死便輿出瘞寺門桓東楬著其姓名顏注云楬杙也椓杙於瘞處而書死者名也此埋而置楬亦謂以木爲杙書其日月椓於所埋之地欲其有所辨識待其人來可取之也云今時楬櫫是也者詳職金疏云有地之官有部界之吏今時鄉亭是也者謂小吏主地治有部界者漢書百官公卿表云大率十里一亭亭有長十亭一鄉鄉有三老有秩嗇夫游徼潛夫論愛日篇云刑法之理鄉亭部吏足以斷決是漢時鄉亭小吏卽爲有部界吏故此以爲況也掌凡國之骴禁禁謂孟春掩骼埋胔之屬疏注云禁謂孟春掩骼埋胔之屬者據月令文胔亦當作骴詳前疏

雍氏掌溝瀆澮池之禁凡害於國稼者春令爲阱擭溝瀆之利於民者秋令塞阱杜擭溝瀆澮田閒通水者也池謂陂障之水道也害於國稼謂水潦及禽獸也阱穿地爲塹所以禦禽獸

其或超踰則陷焉世謂之陷阱擭柞鄂也堅地阱淺則設柞鄂於其
中秋而杜塞阱擭收刈之時爲其陷害人也書粊誓曰敜乃擭斂乃
阱時秋也伯禽掌溝瀆澮池之禁凡害於國稼者者於經例當作
以出師征徐戎【疏】于下同唐蜀石經及各本並誤此與遂人稻人爲
官聯也國稼謂國農之種穀者地官敘官注云種穀曰稼賈疏云溝
瀆澮池或田閒通水或在田外所須本爲利民而造其中有放溢奔
流爲害者則禁之云春令爲阱擭溝瀆之利於民者者春農事將興
故爲阱擭溝瀆以去害而利民也國語魯語云鳥獸成於是乎設穽
鄂以實廟庖韋注云謂立夏鳥獸已成設取獸之物彼爲取獸則夏
設穽鄂較此微晚要在秋前與此杜塞之文不相妨也月令季春云
命司空曰時雨將降下水上騰修利隄防道達溝瀆開通道路毋有
障塞又管子四時篇云春三月以甲乙之日發五政三政曰凍解修
溝瀆與此經合　注云溝瀆澮田閒通水者也者溝澮皆田閒水道
詳遂人稻人匠人疏瀆者說文水部云溝水瀆瀆溝也一曰邑中溝
管子地員篇云瀆田悉徙尹注云瀆田謂穿溝而溉田是瀆亦田閒
溝名說苑臣術篇云子路爲蒲令備水災與民春修溝瀆曰以暴雨
將至恐有水災故與人修溝瀆以備之是溝瀆以通水所以備水災
也又爾雅釋水云水注川曰谿注谿曰谷注谷曰溝注溝曰澮注澮
曰瀆彼溝瀆澮爲山閒水道又荀子解蔽篇云醉者越百步之溝以
爲蹞步之澮此溝大於澮並與遂人之五溝異云池謂陂障之水道
也者池以豬水與上三者爲田閒通水別也國語周語韋注云積水
曰池月令仲春令毋漉陂池鄭彼注云畜水曰陂穿地通水曰池賈
【疏】云詩云彼澤之陂毛云澤障曰陂今云陂障之水道謂障澤爲陂
之時於澤通水入陂之道曰池云害於國稼謂水潦及禽獸也者經
上云溝瀆澮池之禁是禦水潦下云爲阱擭是禦禽獸故知害於國
稼兼含水潦禽獸二者言之云阱穿地爲塹所以禦禽獸其或超踰

則陷焉者𣃔舊本誤漸宋注疏本同今據宋附釋音本汪道昆本明
注疏本正釋文云𣃔本又作塹蜀石經及宋大字本亦並作塹案𣃔
即塹之變體掌固注字亦作塹說文丼部云阱陷也重文穽阱或从
穴又土部云塹阬也廣雅釋言云穽坑也一切經音義引三蒼云穽
謂穿地爲壍以張禽獸者也云世謂之陷阱者以其可陷禽獸故謂
之陷阱中庸云驅而納諸罟擭陷阱之中是也云擭柞鄂也堅地阱
淺則設柞鄂於其中者書費誓孔疏引王肅云擭所以捕禽獸機檻
之屬國語魯語鳥獸成設穽鄂韋注云鄂柞格所以誤獸也賈疏云
阱則深爲不須别設柞鄂擭則堅地不可得深故須柞鄂柞鄂者或
以爲豎柞於中向上鄂鄂然所以載禽獸使足不至地不得躍而出
謂之柞鄂也惠士奇云淮南子俶真訓曰走獸擠脚蓋設柞鄂以擠
其脚而獲之一名係蹄戰國策趙策云人有置係蹄者而得虎虎怒
決蹯而去文選檄吳將校部曲文李注引延叔堅曰係蹄獸絆也是
爲柞鄂云秋而杜塞阱擭收刈之時爲其陷害人也者春爲阱擭所
以禦禽獸之害稼至秋成收刈之時則無害稼之慮且農人往來恐
誤入其中或遭陷害故杜塞之也引書粊誓曰敜乃擭敜乃阱者今
書作費誓說文米部云粊惡米也周書有粊誓史記魯世家集解索
隱引書亦並作粊段玉裁阮元並謂自唐以前皆作粊誓至衞包乃
妄改爲費誓是也又敜今書作杜尚書釋文云杜本又作敜阱今書
作穽說文攴部云敜閉也讀若杜敜塞也案敜杜字通費誓孔疏引
鄭書注云山林之田春始穿地爲穽或設擭其中以遮獸義即本此
經也鄭以彼敜擭敜阱即此塞阱杜擭故引以證義云時秋也伯禽
以出師征徐戎者釋文云徐劉本作郤案郤正字徐借字說文邑部
云郤邾下邑地魯東有郤城是也書序云魯侯伯禽宅曲阜徐夷並
興東郊不開作費誓書又云甲戌我惟征徐戎是其事也時秋也蜀
石經作時非秋也亦通賈疏云彼不見時節但此說在秋明彼亦秋

故得有數擭敜阱之事也吳廷華云費誓無春秋之文其杜擭塞穽蓋爲傷牛馬而設鄭賈傅會爲伯禽以秋出師謬矣案吳說是也竊疑此注當如蜀石經作時非秋或鄭意粊誓數擭敜阱非當數敜之時爲出師特發此令故注附及之與

禁山之爲苑澤之沈者

爲其就禽獸魚蟞自然之居而害之鄭司農云不得擅爲苑囿於山也澤之沈者謂毒魚及水蟲之屬

【疏】禁山之爲苑澤之沈者者沈湛之叚字詳大宗伯疏此申山澤之禁令與山虞澤虞爲官聯也　注云爲其就禽獸魚蟞自然之居而害之者蟞蜀石經及宋本並作鼈案鼈正字蟞俗字玉篇黽部云鼈或作蟞此謂山爲禽獸自然之居澤爲魚蟞自然之居就彼而害之所殺尤多故特禁之鄭司農云不得擅爲苑囿於山也者說文草部云苑所以養禽獸也淮南子本經訓高注云有垣曰苑大戴禮記夏小正云囿山之燕者也蓋唯君得因山爲苑囿其民閒或就山林多禽獸處爲藩垣遮格取之若苑囿然者此官則禁之也云澤之沈者謂毒魚及水蟲之屬者荀子王制篇云黿鼉魚鼈鰌鱣孕別之時罔罟毒藥不入澤不夭其生不絕其長也楊注云毒藥毒魚之藥案爾雅釋木有芫魚毒神農本草經草部云芫華可用毒魚此澤之沈卽芫華之類也賈疏云謂別以藥沈於水中以殺魚及水蟲不謂鴆故不作鴆作沈也案據賈說則唐時別本沈字蓋有作鴆者譌謬難通故賈斥之也

萍氏掌國之水禁

水禁謂水中害人之處及入水捕魚蟞不時

【疏】注云水禁謂水中害人之處者謂禁人砅涉苟子大略篇云水行者表深使人無陷亦水禁之一端賈疏云或有深泉洪波沙蟲水弩云及入水捕魚蟞不時者此與䱷人鼈人川衡澤虞爲官聯也賈疏云案月令春秋及冬取魚夏不合取魚夏取則不時皆禁之也案取魚鼈之時詳䱷人鼈人疏又月令仲春云毋竭川

澤毋漉陂池國語魯語云鳥獸成水蟲孕水虞於是乎禁罝罜麗又云魚禁鯤鮞所謂取魚鼈之禁荀子王制篇云汙池淵沼川澤謹其時禁故魚鼈優多而百姓有餘用也

幾酒苛察沽買過多及非時者

疏幾酒者賈疏云酒亦水之類故也 注云苛察沽買過多者釋文云買一本作賣幾訓苛察詳司關疏此謂民自買酒於市也說文酉部云酤一曰買酒也沽卽酤之叚字漢書食貨志王莽居攝義和魯匡言詩曰無酒酤我而論語曰酤酒不食夫詩據承平之世酒酤在官和旨便人可以相御也論語孔子當周衰亂酒酤在民薄惡不誠是以疑而弗食案酒正酒人無官酤之文明承平世酒酤亦在民魯匡妄說不足據然雖民閒沽買但過多則飲之將不節故亦察而詰之云及非時者者賈疏云時謂若酒誥惟祀茲酒及鄉飲酒及昏娶爲酒食以召鄉黨僚友是其時也

謹酒使民節用酒也書酒誥曰有政有事無夷酒

疏謹酒者說文言部云謹慎也謂戒敕民使謹慎於飲酒晏子春秋諫上篇云晏子曰古之飲酒者足以通氣合好而已矣故男不羣樂以妨事女不羣樂以妨功男女羣樂者周觴三獻過之者誅此卽謹酒之事 注云使民節用酒也者謂用酒有節度飲不及亂也引書酒誥者證謹酒之事今書政作正夷作彝與鄭本異宋附釋音本巾箱本注疏本夷亦作彝與今書同阮元云韓非引書亦作夷賈疏云有政之大臣有事之小臣夷常也不得常飲明如上文合飲時乃飲也案賈釋蓋本鄭書注義

禁川游者備波洋卒至沈溺也

疏禁川游者者說文水部云汓浮行水上也重文泅汓或从囚聲案游卽汓之借字大戴禮記曾子大孝篇云舟而不游 注云備波洋卒至沈溺也者一切經音義引三蒼云洋洋大水貌也管子樞言篇云善游者死於梁池故禁之也

司寤氏掌夜時夜時謂夜晚早若今甲乙至戊【疏】掌夜時者司夜告時與挈壺氏爲官聯也　注云夜時謂夜晚早者左傳昭五年杜注以日中食時平旦雞鳴夜半人定黃昏日入晡時日昳日出隅中爲十二時其雞鳴至日入五時卽夜時也云若今甲乙至戊者蜀石經及舊刻本戊並誤戌今據岳珂刊正九經三傳沿革例引宋蜀本正賈疏謂甲乙則早時戌刻則晚時所據亦誤本也王應麟云疏以戊爲戌誤甲乙至戊謂夜有五更西域傳杜欽曰斥候士五分夜擊刁斗自守注夜有五更故分而持之天文志有甲夜乙夜衛宏漢舊儀晝漏盡夜漏起省中用火中黃門持五夜甲夜乙夜丙夜丁夜戊夜相傳授守火帥內戶外數五止宮中衛宮城門擊刁斗傳五夜百官各徼直符行衛士周廬擊木柝讙呼備火案王說是也

以星分夜以詔夜士夜禁夜士主行夜徼候者如今都候之屬【疏】以星分夜者謂察中星以定夜之早晚也藝文類聚天部引尸子云使星司夜賈疏引書傳云春昏張中可以種稷夏大火中可以種黍菽秋虛中可以種麥冬昴中可以收斂蓋藏此並約舉四時昏中之星言之實則五夜各有中星可爲早晚之候又隨每月節氣遞移亦不能定以四時也　注云夜士主行夜徼候者者謂國中巡行夜守之士若脩閭氏掌比國中宿互欜者先鄭注云欜謂行夜擊欜是也徼候詳宮伯疏云如今都候之屬者續漢書百官志云左右都候各一人六百石本注云主劍戟士徼循宮及天子有所收考劉注引干注與鄭同依鄭義則此夜士亦有官秩若宮伯掌固士庶子之屬故唯主行夜與持更者異也

禦晨行者禁宵行者夜遊者備其遭寇害及謀非公事禦亦禁也謂遏止之無刑法也晨先明也宵定昏也書曰宵中星虛春秋傳曰夜中星隕如雨【疏】禦晨行者禁宵行者夜遊者者賈疏云謂在道路中禮志云男女夜行以燭謂在宮中也晨行宵行

者惟罪人與奔父母之喪若天子祭天之時則通夜而行故禮記云氾埽反道鄉爲田燭禁夜遊者禁其無故遊者　注云備其遭寇害及謀非公事者晨夜之時或有姦人爲寇害恐行者遭之又防有姦謀害公家事以晨夜潛行故並備而禁禦之云禦亦禁也謂遏止之無刑法也者爾雅釋言云禦禁也爾雅釋詁云禦止也是禦禁訓禁亦訓止但禦禁文有輕重禦但遏止之不令行而已不治以法禁則有刑法也云晨先明也者爾雅釋詁云晨早也說文晶部云晨房星爲民田時者重文晨晨或省晨部云晨早昧爽也經典通借晨爲晨淮南子天文訓云日出于暘谷浴于咸池拂于扶桑是謂晨明登於扶桑爰始將行是謂朏明至於曲阿是謂旦明高注云朏明將明也旦明平旦也左成十六年傳云楚晨壓晉軍而陳旦而戰僖五年孔疏云晨謂夜將旦雞鳴時也據此則晨先於旦是將明未明之時賈疏引三光考靈耀云日入三刻爲昏不盡三刻爲明蓋夜漏盡則爲旦不盡三刻則爲晨故淮南書晨明在旦明前所謂先明也釋名釋天云晨伸也旦而日光復伸見也蓋晨與旦對文則異散文亦通云宵定昏也者說文宀部云宵夜也又日部云昏日冥也士昏禮目錄云日入三商爲昏三商即考靈耀所云三刻淮南子天文訓云至於虞淵是爲黃昏至於蒙谷是爲定昏案鄭即本淮南書說詩鄘風定之方中孔疏引孫炎爾雅注云定正也宵在黃昏之後日入三刻正昏之時故謂之定昏引書曰宵中星虛者書堯典文僞孔傳亦云宵夜也鄭引之者證此宵爲定昏與尚書義同引春秋傳曰夜中星隕如雨者左莊七年經夏四月辛卯夜恆星不見夜中星隕如雨傳無夜中字此蓋據穀梁傳也彼經作昔恆星不見與下夜中字異傳云日入至於星出謂之昔鄭引之明此禁夜遊文在宵行之後宵已爲夜則夜謂夜半時猶穀梁傳以夜中別於昔時也其公羊經傳上夜字不作昔而隕字別作霣非鄭所據

司烜氏掌以夫遂取明火於日以鑒取明水於月以共祭祀之明齍明燭共明水

夫遂陽遂也鑒鏡屬取水者世謂之方諸取日之火月之水欲得陰陽之絜氣也明燭以照饌陳明水以為玄酒鄭司農云夫發聲明粢謂以明水滫滌粢盛黍稷

疏

掌以夫遂取明火於日以鑒取明水於月者於經例並當作于石經及各本並誤

注云夫遂陽遂也者卽內則之金燧攻金之工以金錫半鑄之者也說文金部云鐩陽鐩也淮南子天文訓云陽燧見日則燃而為火高注云陽燧金也取金杯無緣者熟摩令熱日中時以當日下以艾承之則燃得火也釋慧琳一切經音義又引許慎注云鐩五石之銅精圓以仰日則得火論衡率性篇云陽遂取火於天五月丙午日中之時消鍊五石鑄以為器磨礪生光仰以嚮日則火來至古今注云陽燧以銅為之形如鏡向日則火生以艾承之則得火也案遂考工記攻金之工經注及鳧氏注並作燧鳧氏注又作隧內則亦作燧鐩正字遂隧並叚借字鐩卽鐩之省燧則𤇢之俗𤇢為燧火與陽鐩義別也陽遂形制注無其說崔云形如鏡近是御覽服用部引魏名臣奏高堂隆說亦同古陽遂蓋用窐鏡故鳧氏注云隧在鼓中窐而生光有似夫隧高氏云金杯無緣卽窐鏡之形非真用杯也依光理窐鏡回光則光綫聚於弧心故可以取火於日矣云鑒鏡屬者考工記鑒燧注云鑒亦鏡也廣雅釋器云鑒謂之鏡御覽引高堂隆云陽燧取火於日陰燧取水於月並銅作鏡名曰陰陽之鏡與鄭說同說文金部云鑑大盆也一曰鑑諸可以取明水於月案許書前一義卽淩人之冰鑑後一義卽此及考工記之鑒鑒鑑之變體郊特牲注云明水司烜以陰鑑所取於月之水也賈大司寇疏及士昏禮疏引此經亦並云陰鑒疑皆以義增之非鄭賈經本多一字也云取水者世謂之方諸者此亦以漢時方言為說淮南子天文訓云方諸見月則

律而爲水高注云方諸陰燧大蛤也熟摩令熱月盛時以向月下則水生以銅盤受之下水數滴先鄭說然也華嚴經音義又引許注云方諸五石之精作圓器似杯坏向月則得水也又御覽天部引許注云諸珠也方石也以銅盤受之下水數升是許君淮南注有二說其後說與高誘略同蓋以方諸爲別一物鑑則受水銅盤也又御覽地部引淮南萬畢術云方諸取水注云方諸形若杯無耳以五石合作治以十二月壬子夜半作之以承水卽來此與許前說同鄭君之意則以方諸爲鑑鑑卽鏡與萬畢術及許高諸說並異舊唐書禮儀志載李敬貞議亦從高誘說以方諸爲大蛤云考工記云金有六齊金錫半謂之鑑燧之齊鄭注云取水火於日月之器也準鄭此注則水火之器皆以金錫爲之今司宰有陽燧形如圓鏡以取明火陰鑑形如方鏡以取明水但比年祠祭皆用陽燧取火應時得以陰鑑取水未有得者周禮金錫相半自是造陽燧法鄭玄錯解以爲陰鑑之制依古取明水法合用方諸用大蛤也又稱曾八九月中取蛤一尺二寸者依法試之自人定至夜半得水四五斗依敬貞說大蛤取水得之目驗然與考工記鑒燧同齊文迕又與陰鑒名義不相應恐非古制今考水爲流質既非光氣所生又月繞地映日成景原其光體亦非積水承月得水於理難通但明水配齊古祭祀所通用必非虛妄竊意取明水止是用鑒承露溼潤烝騰遇冷成露月夜澄朗更無風雲露下尤多因謂取水於月以配明火大蛤得水亦同茲理斯由古人測天未精沿習弗察固不得以此席鄭之誤解矣又案依許淮南注說則方諸爲圓鏡而抱朴子云水出於方諸方諸方而水不方也此與唐司宰方鏡制同亦不知古制然否云取日之火月之水欲得陰陽之絜氣也者釋明水火之義郊特牲云祭齊加明水報陰也其謂之明水也由主人之絜著此水也此注與彼義異而訓明爲絜則同云明燭以照饌陳者賈疏云謂祭日之旦饌陳於堂東未明須燭

照之云明水以爲玄酒者明經於共明齍之外別云共明水也賈疏
云鬱鬯五齊以明水配三酒以玄酒配玄酒井水也玄酒與明水別
而云明水以爲玄酒者對則異散文通謂之玄酒是以禮運云玄酒
在室亦謂明水爲玄酒也鄭司農云夫發聲也者淮南子覽冥訓云
夫燧取火於日高注云夫讀大夫之夫少儀加夫襓與劍焉注云夫
襓劍衣也夫發聲此陽遂謂之夫遂亦是發聲與劍衣謂之夫襓同
云明粢謂以明水滫滌粢盛黍稷者明粢舊本並誤作明齍今依蜀
石經正釋文出經明齍云注作粢則注本不與經同蜀石經與陸本
正合今本注亦作明齍後人依經改也此蓋亦讀齍爲粢甸師注云
齍盛祭祀所用穀也凡經齍盛字鄭並讀爲粢詳甸師小宗伯疏詩
小雅甫田云以我齊明與我犧羊以社以方毛傳云器實曰齊鄭箋
云絜齊豐盛彼釋文云齊本又作齍案詩齊明即此明齍倒文以協
韻又士虞禮祝辭亦有明齊注云今文曰明粢王引之謂即此經之
明齍其說甚塙齍齊粢字並通也滫者內則注云秦人溲曰滫說文
水部云浚浸渼也凡祭祀以明水滫滌粢盛而後炊饎之所以示絜
左桓六年傳云奉盛以告曰絜粢豐盛明齍即絜粢也賈疏云滫謂
滫瀡滌蕩滌
俱謂釋米者也

凡邦之大事共墳燭庭燎

故書墳爲蕡鄭司農云蕡
燭麻燭也玄謂墳大也樹
於門外曰大燭於門內曰
庭燎皆所以照衆爲明

疏 凡邦之大事共墳燭庭燎者與閽人宮
正宮人爲官聯也閽人云大祭祀喪紀
之事設門燎凡賓客亦如之此大事即大祭祀大喪紀大賓客之事
墳燭亦即門燎此官共與閽人設之其庭燎在廟寢之中蓋共與宮
正宮人等設之宮正云凡邦之事蹕宮中廟中則執燭宮人云凡寢
中之事執燭彼掌宮廟執燭當弁掌設燎矣此墳燭庭燎並樹地之
大燭其人執之小燭當亦此官共之經文不具耳　注云故書墳爲
蕡者墳蕡聲類同鄭司農云蕡燭麻燭也者先鄭從故書爲說籩人

先鄭注云麻曰蕡故以蕡燭爲麻燭段玉裁云司農謂蕡卽萉黂字
故云麻燭也麻燭蓋攢麻[illegible]爲之程瑤田云後鄭不從麻燭之說然
淮南子說林訓黂燭捔膏燭澤是麻燭之說蓋有所受今世猶以麻
蒸爲夜行燎也案程說是也後鄭以墳燭與大燭義尤合故不從先
鄭賈此疏及燕禮疏並謂古無麻燭而用荊燋則非易林蠱之蹇云
執蕡然犧爲風所吹卽蕡燭也云玄謂墳大也者爾雅釋詁文後鄭
依今書故不從先鄭說云樹於門外曰大燭者燕禮云宵則庶子執
燭於阼階上司宮執燭於西階上甸人執大燭於庭閽人爲大燭於
門外大射儀文同注云燭燋也賈疏云樹於門外曰大燭者非人所
執也燕禮甸人執大燭於庭不言樹者彼諸侯燕禮不樹於地使人
執彼注云庭大燭爲位廣也此言大燭亦爲位廣又樹之於地也詒
讓案經云墳燭鄭知非人執之者以此墳燭樹於門外卽閽人之門
燎彼注云燎地燭也彼此互證知亦樹地之大燭矣燎燭通稱互詳
閽人疏云於門內曰庭燎者此冢上文亦樹之於庭士喪禮云宵爲
燎于中庭中庭卽門內也金鶚云庭者堂下之地聘禮燕禮凡言庭
者皆廟寢堂下也庭與朝廷字有別說文云庭宮中也廷朝中也庭
有堂故其文从广廷無堂但爲平地故其文从廴賈疏云於門內在
庭中故謂之庭燎庭燎與大燭亦一也其所以照衆爲明是以詩庭
燎云夜如何其夜未央庭燎之光君子至止鸞聲將將謂宣王時諸
侯來朝之事按郊特牲云庭燎之百由齊桓公始也鄭云庭燎之差
公蓋五十侯伯子男皆三十大戴禮文其百者天子禮庭燎所作依
慕容所爲以葦爲中心以布纏之飴蜜灌之若今臘燭百者或以百
般一處設之或百處設之若人所執者用荊燋爲之少儀云執燭抱
燋曲禮云燭不見跋是也案賈說是也通言之庭燎亦爲大燭故燕
禮凡庭階執與不執並曰大燭詩小雅庭燎毛傳云庭燎大燭也鄭
箋云於庭設大燭國語周語襄王使大宰文公及內史興賜晉文公

命館諸宗廟設庭燎韋注與詩箋義同是庭燎與大燭異名同物依士喪禮注云火在地曰燎執之曰燭則燭燎本以樹地與手執異稱此墳燭庭燎同為在地之燎經以門庭異地變文見義耳賈說庭燎之制不知與古合否郊特牲孔疏引皇侃說庭燎云作百炬列於庭也或曰百炬共一束也即賈所本今案當以百炬分列為正門燎之數當減於庭或無百炬也云皆所以照衆為明者以廟寢門內外地廣人衆故於地樹燭燎以照之若堂室則以人執燭不樹也

中春以木鐸脩火禁于國中 為季春將出火也火禁謂用火之處及備風燥【疏】以木鐸脩火禁于國中者與司爟為官聯也國中謂城郭中火禁亦士師國禁之一端廛里縣啚儆火特重故脩其法令而以木鐸徇戒之凡文事奮木鐸以警衆詳小宰疏 注云為季春將出火也者季春出火司爟文宮正春秋以木鐸脩火禁注云火星以春出以秋入因天時而以戒案彼掌王宮火禁尤嚴謹故一歲兩脩此官掌國中火禁則唯中春火星出時一脩其事略同也云火禁謂用火之處及備風燥者用火之處若陶冶之屬備風燥謂因天時以戒儆備火災也墨子號令篇云官府城下吏卒民家前後相傳保火火發自燔燔曼延燔人斷即備火之禁令也

軍旅脩火禁邦若屋誅則為明竁焉 鄭司農云屋誅謂夷三族無親屬收葬者故為葬之也三夫為屋一家田為一夫以此知三家也玄謂屋讀為其刑剭之剭剭誅謂所殺不於市而以適甸師氏者也明竁若今楬頭明書其罪法也司烜掌明竁則罪人夜葬與【疏】軍旅脩火禁者亦士師軍禁之一端軍壘所居尤以備火為重墨子號令篇云諸竈必為屏火突高出屋四尺慎無敢失火失火者斬其端失火以為事者車裂伍人不得斬得之除是其類也 注鄭司農云屋誅謂夷三族無親屬收葬者故為葬之也者賈疏云先鄭以屋為夫三為屋者謂夷三族解之後鄭

不從者夷三族乃是戰國用商鞅連相坐之法造三夷之誅既亂世之法何得以解太平制禮之事乎云三夫爲屋一家田爲一夫以此知三家也者釋屋誅爲夷三族之意先鄭以此屋與小司徒攷夫屋義同三夫爲屋據司馬法文一家田爲一夫者一夫受田百畝九夫爲井卽九家所治之田三族與三家相類故曰屋誅也夫屋詳小司徒疏云玄謂屋讀爲其刑剭之剭者破先鄭夷三族之義讀爲今本並誤作讀如今依蜀石經校正此易其字非擬其音也賈疏云易鼎卦云鼎折足覆公餗其刑剭鄭義以爲餗美饌鼎三足三公象若三公傾覆王之美道屋中刑之與此同案賈醢人疏引鄭易注義尤詳段玉裁云周易王弼本作其形渥形刑古通用釋文曰渥鄭作剭音屋賈云鄭義以爲屋中刑之然則鄭以屋中刑之釋剭鄭所傳費氏易實作剭故此注周禮易屋爲剭釋剭爲殺不於市而於甸師氏也說文易用孟氏故不收剭字今本讀爲作讀如誤惠士奇云班固述哀紀曰底剭鼎臣服虔曰周禮有屋誅誅大臣於屋下不露也詒讓案呂祖謙古易音訓引晁氏云九家京虞作剭重刑也京謂刑在頄爲剭案九家京虞易字並與鄭同而義則異云剭誅謂所殺不於市而以適甸師氏者也者賈疏云屋誅謂甸師氏屋舍中誅則王之同族及有爵者也案詳掌囚疏云明竁若今楬頭明書其罪法也者謂創木爲杙明書其所犯之罪狀與所竊之刑法著罪人之頭也楬詳職金疏賈疏云鄭知罪人亦有明刑書於木者見昭二年鄭公孫黑作亂子產數其罪云不速死大刑將至七月壬寅縊尸諸周氏之衢加木焉注云書其罪於木以加尸上而皋之非禮故書殺以惡黑知明刑者書可知孔廣森云明竁者殺人瘞其尸而楬著之漢書尹賞殺少年惡子瘞寺門桓東楬著其姓名師古云楬杙也何並斷王林卿奴頭置都亭下署曰故侍中王林卿坐殺人埋冢舍使奴剝寺門鼓此卽楬頭明書其罪法者惠士奇亦引漢書以證注說云既葬而

褐著其名立於其地蓋與尹賞之事合非若子產誅公孫黑以木加尸也且褐者表識之名蜡氏有死於道路者埋而置褐立於地不加於尸賈疏失之案惠孔說是也鄭舉漢法褐頭以相比況實則此經主謂褐櫫非褐頭也凡屋誅既刑於隱則無肆尸之事賈說誤云司烜掌明竁則罪人夜葬與者小宗伯注杜子春云竁皆謂葬穿壙也鄭以經云明竁則是葬時所褐明使此官爲之兼以燎燭爲明也賈疏云以其司烜主明火掌夜事既令掌之則罪人夜葬可知故曾子問云見星而行者惟罪人是夜葬之事也曾釗云荀子禮論篇曰刑餘罪人之喪不得晝行以昏殣古之法也

條狼氏掌執鞭以趨辟王出入則八人夾道公則六人侯伯則四人子男則二人 趨辟趨而辟行人若今卒辟車之爲也孔子曰富而可求雖執鞭之士吾亦爲之言士之賤也

【疏】掌執鞭以趨辟者鞭所以威人衆有不辟者則以鞭毆之穀梁成五年傳晉伯尊遇輦者不辟使車右下而鞭之是也鞭詳司市疏云王出入則八人夾道者夾王車爲衞與旅賁氏爲官聯荀子正論篇云天子乘大路庶士介而夾道是也賈疏云按序官條狼氏下士六人胥六人徒六十人今云天子八人少二人矣蓋取胥徒中兼充也案沈彤謂敘官六字並當爲八則夾道八人皆下士也其說較賈爲長詳敘官疏注云趨辟趨而辟行人者前馬而趨禦行人使辟王及諸侯之車無有干犯也朝士掌外朝帥其屬而以鞭呼趨且辟彼官辟於朝此官辟於道其事正同云若今卒辟車之爲也者蜀石經今下有時字宋大字本同惠棟云續漢書輿服志云大使車立乘駕駟從伍百璅弩十二人辟車四人云孔子曰富而可求雖執鞭之士吾亦爲之言士之賤也者論語述而篇文集解引鄭注云富貴不可求而得之當

修德以得之若於道可求者雖執鞭之賤職我亦爲之引證執鞭爲士之賤役此經執鞭者如胥爲市民朝士爲中士此官是下士皆賤者也**凡誓執鞭以趨於前且命之誓僕右曰殺誓馭曰車轘誓大夫曰敢不關鞭五百誓師曰三百誓邦之大史曰殺誓小史曰墨**前謂所誓衆之行前也有司讀誓辭則大言其刑以警所誓也誓者謂出軍及將祭祀時也出軍之誓誓左右及馭則書之甘誓備矣郊特牲說祭祀之誓曰卜之日王立於澤親聽誓命受教諫之義也車轘謂車裂也師樂師也大史小史主禮事者鄭司農云誓大夫曰敢不關謂不關於君也玄謂大夫自受命以出則其餘事莫不復請

【疏】凡誓執鞭以趨於前者於經例當作于唐石經及各本並誤此贊大司徒大司馬諸官之誓衆亦與彼爲官聯也云誓僕右曰殺誓馭曰車轘者賈疏云僕大僕與王同車故大僕職云軍旅贊王鼓注云佐擊其餘面通右與馭及王四乘也右謂勇力之士在車右備非常誓馭謂與王馭車者也案此僕馭之別鄭注無釋注雖引甘誓誓左右馭之文以證軍旅之誓而彼左爲乘車之人與僕實不相涉賈則據大僕職釋爲大僕然彼職贊鼓注意謂大僕與王同車說殊不塙而彼職別有王出入則自右馭而前驅之文又不與王同車賈說殆未足據竊謂此僕即謂大馭戎僕齊僕道僕田僕校人臧僕注云僕馭五路之僕是也馭則謂馭夫馭貳車使車從車之等者也僕右主王所乘五路而言故唯誓以殺馭則通諸臣以下車言之故更誓以車轘以警之也月令季秋天子教田獵云命僕及七騶咸駕彼注云僕戎僕及馭夫也彼僕兼有馭夫者僕馭對文別散文則通也大馭說犯軷之禮云及祭酌僕賈彼疏以僕爲大馭其說甚塙而此疏乃以僕爲大僕而以馭爲五馭失之僕亦謂之僕夫詳校人疏云誓大夫曰敢不關

鞭五百者書舜典云鞭作官刑扑作教刑國語魯語云薄刑用鞭扑
是也白虎通義五刑篇云刑不上大夫者據禮無大夫刑或曰撻笞
之刑也案此誓大夫曰鞭則有撻笞之刑班說不足據鄭說刑不上
大夫謂適甸師氏詳掌囚疏云誓邦之大史曰殺誓小史曰墨者王
引之云此經不可解者有三上文曰僕右曰馭曰大夫曰師皆邦之
官職也而不言邦獨至大史則曰邦之大史其不可解一也刑之有
殺有墨恆視其罪之大小何以大史所犯之罪必當殺小史所犯之
罪必當墨其不可解二也六官之屬與於祭祀軍旅者多矣何以所
誓者獨在史官其不可解三也案二史字皆當爲事古文事字之誤
也說文事從史㞢省聲叓古文事徐鍇曰此則㞢字不省也古文之
叓脫去上半則爲史矣訝士凡邦之大事聚衆庶則讀其誓禁是邦
之大事有誓之明證準此以推則下句之爲小事可知矣大事重則
以重刑威之小事輕則以輕刑懼之故誓邦之大事曰殺誓小事曰
墨也周官一書每以大事小事相對爲文小宰大事則從其長小事
則專達肆師凡國之大事治其禮儀以佐宗伯凡國之小事治其禮
儀而掌其事如宗伯之禮是其例也司約曰若有訟者則珥而辟藏
其不信者服墨刑若大亂則六官辟藏其不信者殺此即大事殺小
事墨之證案王說是也此經誓僕右馭大夫師皆官別爲誓大事小
事則總上下有事之人通誓之自經文譌誤說者遂不得其解矣
注云前謂所誓衆之行前也者聽誓之時衆皆分列爲行誓者欲令
衆徧聞之故趨於行前也云有司讀誓辭則大言其刑以警所誓也
者賈疏云誓自有大官若月令田獵司徒北面以誓之誓時此條狼
氏則爲之大言使衆聞知故云且命之云誓者謂出軍及將祭祀時
也者賈疏云若且命以上軍旅祭祀同有此事僕右四乘據軍旅時
師與大史小史皆據祭祀時大夫敢不關亦據祭祀須關君是以鄭
引甘誓證軍旅引郊特牲證祭祀也詒讓案出軍之誓若大司馬大

閱之誓是也祭祀之誓若大宰祀五帝大神示享先王百官皆有誓
戒明堂位說魯禘之誓云各揚其職百官廢職服大刑此殺轘等卽
所謂大刑也大司馬之誓曰不用命者斬之蓋通誓軍衆之辭卽此
誓大事曰殺是也此誓有車轘及鞭者官別誓之故視職掌之輕重
爲誓也依王說大史小史爲事之譌文則不專屬祭祀賈依注爲
釋非經義云出軍之誓誓左右及馭則書之甘誓備矣者甘誓夏后
啓與有扈戰於甘誓師之辭彼文云左不攻于左汝不恭命右不攻
于右汝不恭命馭非其馬之正汝不恭命用命賞于祖弗用命戮于
社予則孥戮汝史記集解引鄭書注云左車左右車右是左右及馭
通誓故云備矣云郊特牲說祭祀之誓曰卜之日王立於澤親聽誓
命受教諫之義也者於舊本並作于今依蜀石經正郊特牲上文有
卜郊之文故以證祭祀之誓詳大司寇疏云車轘謂車裂也者說文
車部云轘車裂人也釋名釋喪制云車裂曰轘轘散也肢體分散也
惠士奇云轘車裂一作軫史記龜策傳曰頭懸車軫四馬曳行鶡冠
子王鈇篇曰害百姓者軫以徇春秋桓十八年齊襄轘高渠彌於首
止宣十一年楚莊轘夏徵舒於栗門皆弒君之賊也襄二十二年楚
殺令尹子南而轘觀起觀起者子南之私子南得辠觀起車裂則凡
不臣者皆轘之不獨弒君之賊矣云師樂師也者賈疏云師是樂師
大師瞽人之長也詒讓案此師疑亦兼衆樂官言之左襄十四年傳
衞獻公鞭師曹三百師曹卽衞樂人也云大史小史主禮事者者鄭
不知大史小史爲事之譌文故以春官大史小史二職爲釋蜀石
經作士書記禮事者疑非鄭司農云誓大夫曰敢不關謂不關於君
也者史記佞幸傳公卿皆因關說索隱云關通也此不關亦謂不通
告於君也云玄謂大夫自受命以出則其餘事莫不復請者賈疏云
欲見受命出征梱外之事將軍裁之不須復請除此以外其無不復
請皆須請於君乃得行事是以襄公十九年秋七月辛卯齊侯環卒

晉士匄帥師侵齊至穀聞齊侯卒乃還公羊傳曰還者何善辭也何善爾大其不伐喪也此受命乎君而伐齊則何大乎其不伐喪大夫
以君命出進退在大夫也是其不復請君之事也若穀梁大夫雖在外猶當復請于君不敢專故曰還者事未畢之辭也受命而誅生死
無所加其怒不伐喪善之也善之則何爲未畢也君不尸小事臣不專大名善則稱君過則稱己則民作讓矣士匄外專君命故非之也
然則爲士匄者宜柰何宜墠帷而歸命乎介是其雖在外不得專命之事也詒讓案此誓大夫誓師皆謂常事當關而有不關者也故罪
止於鞭若非常大事如漢律所謂矯詔害者則當在士師八成橋邦令之條豈徒鞭抶而已哉

脩閭氏掌比國中宿互欜者與其國粥而比其追胥者而賞罰之國中
城中也粥養也國所游養謂羡卒也追逐寇也胥讀爲偦故書互爲巨鄭司農云宿謂宿衞也巨當爲互謂行馬所以障互禁止人也欜
謂行夜擊欜【疏】掌比國中宿互欜者者賈疏云互謂行馬所以爲遮障宿者所守衞欜者謂宿復擊欜持更也莊存與云野廬氏主
野脩閭氏主國中　注云國中城中也者司士注同謂王城方九里之中也亦當兼郭門以內言之詳大宰疏云粥養也者大戴禮記夏
小正傳文莊子德充符篇云天鬻者天食也此國粥與莊子天鬻義略同云國所游養謂羡卒也者賈疏云謂國家粥養未入正卒且爲
羡卒者案賈說未析注云游養謂閒游無常職而養於國者蜀石經作鬻養疑依疏改不足據鄭以小司徒云凡起徒役毋過家一人以
其餘爲羡唯田與追胥竭作此經云比其追胥故以國粥爲羡卒也但羡卒不得盡養於國審繹鄭意蓋謂簡擇丁壯以備守徼給以稍
食故謂之國粥以其在六軍之外故謂之羡卒非六鄉七萬五千家家一人外凡可任者盡爲國粥也又司隸掌五隸云帥其民而搏盜

賊彼隸民亦國所養搏盜賊卽追胥之事疑亦此國粥所賅矣云追逐寇也者小司徒注同云胥讀爲宿偦者士師注云胥讀爲宿偦之偦謂司搏盜賊也云故書互爲巨者司會注同又掌舍梐枑注云故書枑爲柜此互爲巨與彼枑爲柜正相類古文苑楊雄城門校尉箴云國有城溝家有柝柜柝柜蓋卽此經之巨欜疑此互欜故書別本或亦作柜欜矣楊云家有柝柜則亦以柜爲備禦非常之械疑卽量人之門渠掌固之樹渠柜渠聲類同亦卽墨子備梯篇之椐謂伐木爲藩落也此西漢經師古讀古義與二鄭不同也鄭司農云宿謂宿衞也者宮正云以時比宮中之官府次舍之衆寡夕擊柝而比之國有故則令宿其比亦如之先鄭注云令宿宿衞王宮此比宿互欜亦與彼同但彼謂宮中直宿之人此謂國中諸官府門閭宿衞之人與彼小異云巨當爲互者司會杜注亦讀巨爲互義同詳彼疏云謂行馬所以障互禁止人也者互爲行馬卽掌舍之梐枑也說文𠂤部云障隔也惠士奇云謂之互者說文辵部迦迦互不得行也木如蒺藜上下相距形若犬牙左右相制所以禁止行人云欜謂行夜擊欜者卽司寤氏所謂夜士也欜詳宮正及挈壺氏疏

禁徑踰者與以兵革趨行者與馳騁於國中者皆爲其惑衆

疏禁徑踰者者兼掌國中之道禁與野廬氏爲官聯也詳彼疏云與以兵革趨行者者此通人與車馬言之韓非子愛臣篇云不得四從不載奇兵非傳非遽載奇兵革罪死不赦卽禁車以兵革趨行之事云與馳騁於國中者者於經例當作于唐蜀石經及各本並誤此禁車馬之行不如法也說文馬部云馳大驅也騁直馳也

注云皆爲其惑衆者三者形跡詭異使衆駭惑故禁之也曲禮云入國不馳注云愛人也馳善躪人也此禁馳騁於國中當亦兼彼注義

邦有故則令守其閭互唯執節者不幾令者令其閭內之閭胥里宰之屬

疏

邦有故則令守其閭互者宮正先鄭注云故謂禍災閭互謂國中閭
里之門亦各有障互有禍災則須置守也鄉大夫云國有大故則令
民各守其閭以待政令若然大故則鄉大夫令守小故則此官令守
二官爲官聯與賈疏云邦有故謂有寇戎大喪札喪皆是恐有姦非
則命各遣守閭里巷門云唯執節者不幾者賈疏云有執節公使者
不幾訶也　注云令者令其閭內之閭胥里宰之屬者謂令其當閭
之吏也此官掌國中城郭壘里蓋亦以五家爲聯但置設官吏依鄉
法或依遂法經無明文故鄭兼舉閭胥里宰以眩之賈疏謂此官兼
主六鄉六遂殆
誤會鄭恉矣

冥氏掌設弧張弧張罿罦之屬所以扃絹禽獸疏注云弧張罿罦之屬者爾雅釋器云繴謂之罿罦罬也罬謂之罦罦
覆車也郭注云今之翻車也有兩轅中施罥以捕鳥詩王風釋文引
韓詩云張羅於車上曰罿案此注張上疑衍弧字廣雅釋詁云張施
也凡网羅之屬並爲機軸張施之故即謂之張楚辭九章設張辟王
注亦以張謂罻羅是也輈人注云弧木弓也則是機弩之類弧與网
羅不必並設一處此設弧張與下爲阱擭文相對弧張阱擭各爲二
物注并釋之似微誤賈疏謂張弓以取猛獸似亦誤合爲一物也云
所以扃絹禽獸者莊子胠篋釋文引崔譔云扃關也後漢書馬融傳
廣成頌云絹猥蹏李注云絹繫也與罥通惠士奇云翨氏注云置其
所食之物於絹中鳥下來則掎其脚絹當作䍐省爲絹其音同也西
京賦所謂罝羅之所羂結者即此莊子外物曰蹄者所以在兔釋文
兔罥也又云兔弶係其脚故曰蹄案惠說是也說文网部云䍐网也
一曰綰也糸部云綰絹也文選上林賦羂要褭李注引聲類云羂係
取也史記司馬相如傳作罥呂氏春秋上農篇云繯網罝罦不敢出
於門案羂正字絹繯叚借字羂罥並䍐之俗扃絹禽獸亦謂關扃而

縉繫之也爲阱擭以攻猛獸以靈鼓毆之靈鼓六面鼓毆之使驚趨阱擭疏爲阱擭以攻猛獸者與獸
人服不氏爲官聯也阱擭詳雍氏疏云以靈鼓毆之者毆依宋蜀大
字本附釋音本明汪道昆本正釋文作毆即古文驅字也唐蜀石經
皆作毆嘉靖本作毆並誤詳射鳥氏疏　注云靈鼓六面鼓者詳鼓
人疏云毆之使驚趨阱擭者謂爲阱擭於獸來往之處乃以靈鼓毆
令驚駭趨陷其中也若得其獸則獻其皮革齒須備鄭司農云須直謂頤下須備謂搔也疏若得其獸
則獻其皮革齒須備者謂獻之司裘掌皮玉府諸官以備國用也賈
疏云若得猛獸之時猛獸之肉不堪人噉故當獻其皮革須備也皮
謂若虎豹熊羆革謂無文章者去毛而獻之齒即牙也虎豹有須備
獻之以擬器物之用也　注鄭司農云須直謂頤下須者釋名釋形
體云頤下曰須說文須部云須面毛也云備謂搔也者搔與爪通士
虞禮記沐浴櫛搔翦注云搔當爲爪今文或爲蚤揃惠士奇云備所
以衞也爪牙所以衞其體鄭鍔讀備如字云若得其獸則皮也齒也
須也皆備獻焉姜兆錫說同俞樾亦云掌客職云王合諸侯而饗禮
則具十有二牢庶具百物備與此文法正同案依鄭俞
說則備當爲葡之叚字說文用部云葡具也於義亦通

庶氏掌除毒蠱以攻說禬之以嘉草攻之毒蠱蟲物而病害人者賊律曰敢蠱人及教令者棄
市攻說祈名祈其神求去之也嘉草藥物其狀未聞攻
之謂燻之鄭司農云禬除也玄謂此禬讀如潰癰之潰疏以攻說禬之以嘉草
攻之者嘉草上唐石經及舊本並無以字惟蜀石經有以翦氏文例
校之有者是也今據增草釋文作艸云本亦作草案艸正字草借字
然此經艸木字多作草則今本非誤賈疏云攻說禬之據去其神也
嘉草攻之據去其身者也　注云毒蠱蟲物而病害人者者蜀石經

病上有能字宋蜀大字本同說文蟲部云蠱腹中蟲也一切經音義引聲類云蠱蟲物病害人也巢氏諸病源候總論云凡蠱毒有數種皆是變惑之氣人有故造作之多取蟲蛇之類以器皿承貯任其自相噉食唯有一物獨在者卽謂之爲蠱便能變惑隨逐酒食爲人患禍又有飛蠱去來無由漸狀如鬼氣者得之卒重凡中蠱病多趨於死以其毒害勢甚故云蠱毒案據此經注則秦漢以前已有造蠱害人者故設官除之也引賊律曰敢蠱人及教令者棄市者唐律疏議云魏文侯時李悝首制法經有盜法賊法自秦漢逮至後魏皆名賊律盜律此卽漢律賊律篇文蠱人謂身以毒蠱毒人教令謂教人爲毒蠱令以害人二者同罪鄭引此者證毒蠱害人當攻治也云攻說祈名者據大祝六祈五曰攻六曰說也蓋亦鳴鼓攻之復以辭責其神故兼有二名詳彼疏云祈其神求去之也者以毒蠱亦有神憑之故以攻說禳其罪除去之云嘉草藥物其狀未聞者漢時治蠱不用嘉草故鄭未聞神農本草經云白蘘荷主中蠱干寶搜神記云今世攻蠱多用蘘荷根往往驗蘘荷或謂嘉草證類本草引宗懔荊楚歲時記亦以嘉草爲蘘荷惠士奇江永並從其說案嘉荷聲類相近詩陳風澤陂有蒲與荷孔疏謂樊光注爾雅引詩作茄漢書揚雄傳顏注引張揖古今字詁云荷亦茄字是其例也干說不爲無徵至證類本草引陳藏器說謂茜亦爲嘉草則肊說不足據云攻之謂燻之者廣韻二十文云熏燻同案燻俗字蜀石經作熏近是翦氏經注亦並作熏宋以來版本並從釋文作燻今姑仍之鄭以翦氏除蠹物以莽草熏之故知此攻亦卽熏謂焚而取其煙以熏之也鄭司農云禬除也者神仕杜注同先鄭言此者以別於六祈之禬也知攻說是祈而禬獨非者翦氏除蠹物云以攻禜攻之此文例與彼同彼攻非卽攻禜之攻則知此禬非卽禬禜之禬矣云玄謂此禬讀如潰癰之潰者明音亦與六祈之禬異也神仕注亦同

凡敺蠱則令

之比之使爲之〻又校次之 疏 凡敺蠱者敺依宋蜀大字本及明汪道昆本正釋文作敺唐石經誤毆嘉靖本誤毆詳冥氏疏
敺蠱卽謂禬之〻攻之也　注云使爲之又校次之者令依攻敺之法爲之又校次其人衆使窮索也
穴氏掌攻蟄獸各以其物火之 蟄獸熊羆之屬冬藏者也將攻之必先燒其所食之物於穴外以誘出之
乃可得之 疏 掌攻蟄獸者與獸人爲官聯也　注云蟄獸熊羆之屬冬藏者也者說文虫部云蟄臧也臧俗作藏又熊部云熊獸似豕
山居冬蟄羆如熊黃白文大戴禮記夏小正云九月熊羆豹貉鼬鼪則穴若蟄而案小正而當爲介熊羆豹貉皆所謂蟄獸也云將攻之
必先燒其所食之物於穴外以誘出之乃可得之者爲其蟄穴不可攻故必以其所食之物燒於穴外誘其出穴乃攻之案經攻用火疑
亦兼有熏敺之事注唯云燒食物文不具也 以時獻其珍異皮革 疏 以時獻其珍異皮革者珍異謂可共膳羞
者與獸人廛人賈師義同獻亦獻於膳夫司裘掌皮也賈疏云謂熊羆之皮革及熊蹯之等
冥氏掌攻猛鳥各以其物爲媒而掎之 猛鳥鷹隼之屬置其所食之物於絹中鳥來下則掎其腳
疏 掌攻猛鳥者與射鳥氏羅氏爲官聯也云各以其物爲媒而掎之者賈疏云若今取鷹隼者以鳩鴿置於羅網之下以誘之　注云
猛鳥鷹隼之屬者爾雅釋鳥云鷹鶆鳩隼詳司常疏說文犬部云猛健犬也引申之健鷙之鳥亦稱猛鳥以其性健鷙善搏擊故攻之云
置其所食之物於絹中鳥來下則掎其腳者謂卽以所食之鳥物爲媒以誘之也文選潘岳射雉賦雉媒徐爰注謂少養雉子至長狎人
能招引野雉彼以同類鳥爲媒與此猛鳥之媒異而義同說文手部云掎偏引也漢書敘傳顏注云掎偏持其足也絹繯之借字卽爾雅

釋器郭注所謂施罥以捕鳥也詳冥氏疏以時獻其羽翮疏以時獻其羽翮者入於羽人共車飾及旌旗之用也

柞氏掌攻草木及林麓林人所養者山足曰麓疏掌攻草木及林麓者與山虞林衡爲官聯也賈疏云此柞氏與薙氏治地皆擬後年乃種田但下有薙氏除草此柞氏攻木兼云草者以攻木之處有草兼攻之故云草也林麓謂麓上有林者也注云林人所養者者地官敘官注云竹木生平地曰林此林亦兼竹木言之別於上草木爲自生之木非人所養也賈疏云若林衡所掌者未必人所養此乃人所攻治以擬種殖故知此林麓人所養治者也漆林之征亦此類也云山足曰麓者地官敘官注同

夏日至令刊陽木而火之冬日至令剶陰木而水之刊剶互言耳皆謂斫去次地之皮生山南爲陽木生山北爲陰木火之水之則使其肄不生疏夏日至令刊陽木而火之者賈疏云謂五月夏至之日爲之也謂先刊削以去其皮乃燒之云冬日至令剶陰木而水之者賈疏云謂十一月冬至之日爲之亦謂剶去其皮乃水此文與下文相兼乃足也必以夏刊陽木冬剶陰木者夏至之日則陰生冬至陽生陽木得陰而鼓陰木得陽而發故須其時而刊剶之也山虞取其堅刃冬斬陽夏斬陰此欲死之故夏陽木冬陰木案夏日至冬日至亦謂二至之月賈謂正在二至之日非也詳大司樂疏注云刊剶互言耳皆謂斫去次地之皮者說文刀部云刊剟也剶裂也又斤部云斫擊也謂擊去木近根處之皮書禹貢隨山刊木僞孔傳云刊槎其木賈疏云刊謂削之亦剶之剶謂剶去其皮亦削之故云互也云生山南爲陽木生山北爲陰木者山虞注義同云火之水之則使其肄不生者謂以水火絕其萌枿之耑毛詩周南汝墳傳云肄餘也斬而復生曰肄

若欲其化也則春秋變其水火化猶生也謂時

以種穀也變其水火者乃所火則 疏 注云化猶生也者素問天元紀水之所水則火之則其土和美大論云物生謂之化云謂時以種穀也者謂伐去其木卽於其地以時種穀蜀石經時作將亦通伐草木爲田以種穀所謂菑也爾雅釋地云田一歲曰菑詩小雅采芑孔疏引孫炎云菑始災殺其草木也然諦審此與薙氏兩經化字似當與草人土方氏土化義同謂變化所攻草木以糞土使肥四官亦相與爲官聯也鄭訓爲生疑未得其義云變其水火者乃所火則水之所水則火之則其土和美者變亦化也變其水火猶言以水火變之下薙氏文可證賈疏云前文云夏日至刊陽木火之者至秋以水漬之前冬日至剝陰木以水之者至後春以火燒之如此則地和美也

凡攻木者掌其政令 除木有時 疏 注云除木有時者賈疏云凡國家有欲攻木者皆來取柞氏政令所以取政令者除木有時如上冬夏者也

薙氏掌殺草春始生而萌之夏日至而夷之秋繩而芟之冬日至而耜之 故書萌作甍杜子春云甍當爲萌謂耕反其萌芽書亦或爲萌玄謂萌之者以茲其斫其生者夷之以鉤鐮迫地芟之也若今取茭矣含實曰繩芟其繩則實不成孰耜之以耜測凍土剗之 疏 春始生而萌之者此統一時言之秋同云夏日至而夷之者此謂建午之月也與春秋通舉三月者不同云冬日至而耜之者亦謂建子之月也賈疏云此薙氏所掌治地從春至冬亦一年之事後年乃可種也 注云故書萌作甍杜子春云甍當爲萌者徐養原云萌甍一聲之轉說文民部民衆萌也萌而無識也遂人注云變民言甿異外內也甿猶懵懵無知皃也蓋萌卽甿字懵甍同音故萌轉爲甍宋世犖云甍當爲夢說文艸部夢灌渝讀若萌爾雅釋草其萌虇蕍卽夢

灌渝字案宋說亦通云謂耕反其萌牙者說文艸部云萌草芽也月
令云孟春艸木萌動季春句者畢出萌者盡達注云句屈生者芒而
直曰萌此謂艸初生出地時耕而發之反其萌牙以土蒙覆其上使
不復生爾雅釋地郭注云今江東呼初耕地反草爲菑此反其萌牙
卽反草也云書亦或爲萌萌者謂別本字或作萌與杜所定同云玄謂
萌之者以茲其斫其生者者鄭以經無反草之義故易杜釋說文木
部云欘斫也齊謂之鎡錤草初生之萌牙不任芟刈故以鉏斸土去
之因謂之萌莊子外物篇云春雨日時草木怒生銚鎒於是乎始脩
是也茲其卽鎡錤詳遂大夫疏云夷之以鉤鎌迫地芟之也者夷薙
字通月令注引此文作薙又云薙謂迫地芟之也義與此同國語齊
語韋注云夷平也所以削草平地芟大鎌所以芟草也說文刀部云
钊鎌也金部云鐮鍥也鉤卽钊之借字鐮卽鎌之俗方言云刈鉤自
關而西或謂之鉤或謂之鎌或謂之鍥迫地芟之謂迫近地面於槀
之屬根處芟刈之也齊民要術引汜勝之書治區田法云區中草生
芟之區間草以利鋤鋤之若以鋤鋤苗長不能耘之者以钊鐮比地
刈其草矣鄭云迫地芟之猶汜云比地刈其草也云若今取茭矣者
說文艸部云茭乾芻漢書溝洫志民茭牧其中顏注云茭乾草也凡
取芻茭亦迫地芟之故鄭舉以爲況云含實曰繩芟其繩則實不成
孰者釋文云繩音孕月令孔疏引皇侃讀同惠棟云繩當爲䏔字之
誤也管子五行篇䏔婦不銷弃注云䏔古孕字大玄馴首曰⿺黽女其膏
人一月而膏⿺黽女與䏔同玉篇云䏔或孕字汗簡云古文尚書以䏔爲
孕詒讓案草之含實猶人之懷孕故謂之繩繩䏔聲類同字得相通
借非誤也段玉裁謂此當有繩讀爲孕之注近是家語屈節篇王注
云鱦魚之懷任也鱦亦與䏔義略同云耜之以耜測凍土剗之者釋
名釋用器云耜齒也似齒斷物也小爾雅廣詁云剗滅也案耜卽耒
刃可以伐土滅草賈疏云耜廣五寸謂耒頭金冬時地凍故以耜附

測凍土剗之如此春種則地和美案錢鈔本明注疏本測作側與玉燭
寶典引同蜀石經及宋本嘉靖本並作測月令疏引同賈逵注亦作
附測凍土而未釋其義阮元謂測卽毛詩周頌畟畟良耜傳云畟畟
猶測測之義今攷鄭詩箋云農人測測以利善之耜熾菑是南畝也
與此注義似未甚協竊疑鄭意或謂凍土堅沍難發當以利耜測試
剗之又疑作側者義亦可通釋名釋姿容云側偪也附側凍土剗之
猶上注云迫地芟之也國語齊語云及寒擊菒除田韋注
云寒謂季冬大寒之時菒枯草也卽此側剗凍土之事　若欲其化
也則以水火變之　謂以火燒其所芟萌之草已而水之則其土亦和
美矣月令季夏燒薙行水利以殺草如以熱湯是
其一時　疏　若欲其化也則以水火變之者與柞氏義同亦與草人土
著之　方氏爲官聯也　注云謂以火燒其所芟萌之草已而水
之則其土亦和美矣者云亦者亦上柞氏也鄭意此官殺草春萌秋
芟皆以火燒之復以水化之則其土肥宜稼文選張衡東京賦云若
薙氏之芟草既蘊崇之又行火焉與鄭義同稻人凡稼澤夏以水殄
草而芟夷之注云將以澤地爲稼者必於夏六月之時大雨時行以
水病絕草之後生者至秋水涸芟之明年乃稼彼注意蓋亦謂夏未
行水之前先有芟至秋水涸之後復芟後生之草與此職夏夷秋芟
之文正同云月令季夏燒薙行水利以殺草如以熱湯是其一時著
之者鄭彼注云此謂欲稼萊地先薙其草草乾燒之至此月大雨流
水潦畜於其中則草死不復生而地美可稼也亦引此經爲釋蓋兩
文義同故互引作證惟此經有四時殺草之政月令止著季夏薙草
故云是其一
時著之也　掌凡殺草之政令
硩蔟氏掌覆夭鳥之巢　覆猶毀也夭鳥惡
鳴之鳥若鴞鵩　疏　掌覆夭鳥之巢者說文
巢部云鳥在木上曰巢

在穴曰窠　注云覆猶毀也者王制云不覆巢彼注云覆敗也國策秦策高注云毀敗也是覆毀義同毀夭鳥之巢者將以絕其類云夭鳥惡鳴之鳥若鴞鵩者夭祑之借字經典通借妖爲之此經眡祲保章氏妖祥字並作妖後庭氏夭鳥字御覽引馬本亦作妖疑此當與彼同說文虫部云衣服歌謠艸木之怪謂之祑禽獸蟲蝗之怪謂之蠥統言之祑蠥得通稱故怪鳥謂之夭鳥以其夜鳴聲惡聞者不祥故去之晏子雜下篇景公曰有鴞昔者鳴聲無不爲也吾惡之甚毛詩陳風墓門傳云鴞惡聲之鳥也孔疏云鴞一名鵩與梟異一名鴟瞻卬云爲梟爲鴟是也俗說以爲鴞即土梟非也又引陸璣疏云鴞大如班鳩綠色惡聲之鳥也入人家凶賈誼所賦鵩鳥是也史記賈誼傳云楚人命鴞曰服索隱云案鄧展云似鵲而大晉灼云巴蜀異物志云有鳥山鴞體有文色土俗因形名之曰服不能遠飛行不出域荆州記云巫縣有鳥如雌雞其名爲鴞楚人謂之服此鵩即服也據史記及陸孔晉灼所說鴞鵩是一鳥賈疏以爲二鳥疑非互詳掌畜疏

以方書十日之號十有二辰之號十有二月之號十有二歲之號二十有八星之號縣其巢上則去之

方版也日謂從甲至癸辰謂從子至亥月謂從娵至荼歲謂從攝提格至赤奮若星謂從角至軫夭鳥見此五者而去其詳未聞

【疏】注云方版也者謂木版也聘禮記云百名以上書于策不及百名書于方鄭彼注同此日辰等五者之號亦不及百名故以方書之又內史杜注云方直謂今時牘也版牘義亦同詳彼疏云日謂從甲至癸辰謂從子至亥者大戴禮記易本命云日數十又云辰主月續漢書律曆志劉注引月令章句云大撓始作甲乙以名日謂之幹作子丑以名月謂之枝賈疏云日據十幹而言辰據十二支而說云月謂從娵至荼者賈疏云彼爾雅釋天文正月爲陬二月爲如三月爲

寎四月爲余五月爲皐六月爲且七月爲相八月爲壯九月爲玄十月爲陽十一月爲辜十二月爲涂是也釋文云爾雅正月爲陬十二月爲涂今注作㛃荼二字是假借耳云歲謂從攝提格至赤奮若者亦爾雅釋天文詳馮相氏疏云星謂從角至軫者卽二十八宿也呂氏春秋圜道篇云月躔二十八宿軫與角屬開元占經東方七宿占說二十八宿云石氏簿讚皆始於角而終於軫蓋二十八星分列四方自東而北而西而南故始角終軫賈疏云右旋數之是也案亦詳馮相氏疏云夭鳥見此五者而去其詳未聞者明古有此術其術意不可知也晏子春秋雜篇下說齊景公使柏常騫禳鴞築新室爲置白茅夜用事而鴞死其事亦與此相類

翦氏掌除蠹物以攻禜攻之以莽草熏之蠹物穿食人器物者蠹魚亦是也攻禜祈名莽草草物殺蟲者以熏之則死故書蠹爲橐杜子春云橐當爲蠹疏以攻禜攻之以莽草熏之者賈疏云攻之據祈去其神故以六祈而言之熏之據去其身也　注云蠹物穿食人器物者者說文䖵部云蠹木中蟲也一切經音義引字林云蠹木中蟲也穿食人器物者也呂氏春秋達鬱篇云木鬱則爲蠹高注云蠹蝎食木之蟲也云蠹魚亦是也者蠹蟲舊本誤蟲今據宋本及明注流本正玉篇䖵部云蠹白魚也爾雅釋蟲云蟫白魚郭注云衣書中蟲一名蛃魚本草經云衣魚一名白魚一名蟫鄭意蠹蟲物種類繁多白魚亦其一也云攻禜祈名者大祝六祈四曰禜五曰攻此攻禜蓋亦兼有二祈與庶氏攻說略同謂以辭告其神又鳴鼓以攻之也云莽草藥物殺蟲者以熏之則死者蜀石經此注首有今用以殺魚山海經朝歌山有草名莽可以毒魚郭璞云凡二十二字非鄭注蓋唐五代時校書者所記石經誤弁錄之然足補鄭義案神農本草經木部云莽艸有毒主風殺蟲魚一名葞一名春草生上谷山谷及冤句證類本草引陶弘景注云今東

閒處處皆有人用擣以和米內水中魚吞即死莽草字亦作𦵧字今俗呼爲𦵧草也又引蘇頌圖經云木若石南而葉稀無花實一說藤生繞木石閒此木也而爾雅釋草云葞春草釋曰藥草莽草也郭璞云一名芒草𦵧音近故爾然謂之草者乃蔓生者是也惠士奇云山海經中山經朝歌之山有草焉名曰莽草可以毒魚又葌山有木狀如棠而赤葉名曰芒草可以毒魚莽轉爲芒語有輕重耳淮南萬畢術曰莽草浮魚爾雅葞春草注云一名芒草本草曰莽草主風蓋蟲生於風潛於陰魚陰類也治風之草能毒魚者亦能殺蟲歟詒讓案莽葞芒並一聲之轉據蘇頌說蓋有草木二種此經及山海經之莽草即釋艸之葞皆草也本艸之莽草入木部及山海經之芒草皆木也云故書蠹爲槖杜子春云槖當爲蠹者釋文云槖本或作橐蜀石經亦作槖王引之云作蠹者是也槖蠹古同聲故蠹譌爲槖說文蠹作蠧从䖵槖聲地官掌染草注槖蘆釋文槖音託又音妬妬與蠹同音是其證也若槖與蠹則聲遠而不可通矣案王說是也阮元說同

凡庶蠱之事庶除毒蠱者蠱之類或熏以莽草則去【疏】凡庶蠱之事者蜀石經凡上有掌字案此與庶氏爲官聯也

注云庶除毒蠱者者與庶氏義同賈疏云翦氏主除蠹物其蠱毒自是庶氏今此云凡庶蠱者同類相兼左右而掌之云蠱蠹之類者以其同爲蟲類也左昭元年傳云於文皿蟲爲蠱穀之飛亦爲蠱杜注云皿器也器受蟲害者爲蠱蠱穀久積則變爲飛蟲名曰蠱彼蠱即是蠹與此毒蠱異也云或熏以莽草則去者者以庶氏攻蠱雖用嘉草此莽草殺蟲或亦可以歐蠱故使翦氏兼掌除蠱也

赤犮氏掌除牆屋以蜃炭攻之以灰洒毒之洒灑也除牆屋者除蟲豸藏逃其中者蜃大蛤也擣其炭以坋之則走淳之以灑之則死故書蜃爲晨鄭司農云晨當爲蜃書亦或爲蜃【疏】注云洒灑也者隸僕注同洒灑之借字云

除牆屋者除蟲豸藏逃其中者者謂除宮廟官府諸牆屋有蟲豸者經唯云除牆屋知為除蟲豸者以二云攻之毒之明指蟲豸而言賈疏云爾雅有足曰蟲無足曰豸藏逃之類有此二者云蜃大蛤也者鼈人注同左傳成二年杜注云蜃炭燒蛤為炭云擣其炭以坋之則走者鄭意經以蜃炭攻之亦用其灰灰即掌蜃注所謂叉灰是也經不云灰者與下句互文見義也說文土部云坋塵也掌蜃注謂蜃炭可以禦濕蓋兼可以殺蟲故擣其炭為灰以被牆屋而攻之則蟲豸畏其氣而走避也云淳之以灑之則死者鍾氏注云淳沃也謂以所擣蜃炭之灰沃水以灑牆屋蟲豸遇之則死也云故書蜃為晨鄭司農云晨當為蜃書亦或為蜃者晨蜃聲類同先鄭據左傳有蜃炭故定從蜃徐養原云說文晶部曟房星為民田時者从晶辰聲或省作晨史記律書曰辰者言萬物之蜄也蜄字不見於說文集韻二十一震蜄通作蜃故借晨為蜃

凡隙屋除其貍蟲貍蟲䗪肌蛷之屬

疏凡隙屋除其貍蟲者說文𨸏部云隙壁際孔也韓非子亡徵篇云牆之壞也必通隙此隙屋亦謂官所有宅舍久故壞漏者貍蟲尤多故此官主除之　注云貍蟲䗪肌蛷之屬者謂陸產自貍藏之蟲與鼈人貍物為水蟲物異而義同貍即薶之借字詳鼈人疏說文虫部云蟅蟲也廣雅釋蟲云負蠜蟅也飛蟅飛蠊也御覽昆蟲部引說文云蟠蟅鼠婦也䗪即蟅之變體本艸經云䗪蟲一名地鼈一名土鼈生河東川澤及沙中人家牆壁下土中溼處證類本艸引陶注云形扁扁如鼈故名土鼈而有甲不能飛小有臭氣又引唐本艸注云此物好生鼠壤土中及屋壁下狀似鼠婦而大者寸餘形小似鼈無甲但有鱗也肌蛷者蛷釋文作求云本或作蛷說文䖵部云𧓗多足蟲也重文𧓗或从虫一切經音義引通俗文云務求謂之蚑蛷關西呼𧓗螋為蚑蛷又淮南子說林訓曹氏之裂布蛷者貴之高注云曹布燒以傳蛣蛷瘡則愈蚑蛷蛣蛷並即肌蛷一聲

之轉肌蛈卽今蓑衣蟲亦名蛈蝬廣雅釋蟲云蛈蝬蟠蛷也張華博物志云蛈蝬溺人影隨所著生瘡亦名蠼螋證類本艸引陳藏器云蠼螋能溺人影令發瘡如熱沸而大繞腰蟲如小蜈蚣色青黑長足是也

蟈氏掌去鼃黽焚牡蘜以灰洒之則死牡蘜蘜不華者齊魯之閒謂鼃爲蟈黽耿黽也蟈與耿黽尤怒鳴爲聒人耳去之 疏 掌去鼃黽者敘官先鄭注云書或爲掌去蝦蟇此注不出者以互見於彼略之云焚牡蘜者蘜唐石經初刻作鞠後磨改作蘜各本同嚴可均云說文蘜治牆也爾雅蘜治蘠郭云今之秋華菊說文又有蘜字日精也郭注菊字假借爾雅菊蘧麥說文同石經初刻作鞠者漢碑但有鞠字蘜从鞠聲故省艸作鞠亦得與蘜通故月令鞠有黃華釋文鞠本又作菊並用假借字其實鞠蹋鞠也與蘜誼別詒讓案說文艸部云蘜日精也以秋華夏小正云九月榮鞠字亦作鞠神農本艸經草部云雜花一名日精然則古所謂秋華之艸者卽日精其正字當作蘜經典作蘜鞠菊者皆叚借字郭云以鞠爲卽秋華菊之本字失之此牡蘜不華者亦卽日精之別種正字亦當作蘜經作蘜或作鞠者亦用借字也 注云牡蘜鞠不華者者賈疏云此則月令季秋云鞠有黃華是牝蘜也云齊魯之閒謂鼃爲蟈者詳敘官疏云黽耿黽也者說文黽部云黽鼃黽也梓人注云脰鳴鼃黽屬爾雅釋魚鼁鼀蟾諸在水者黽郭注云黽耿黽也似青蛙大腹一名土鴨本艸陶注云鼃大而青脊者俗名土鴨其鳴甚壯據郭陶說則耿黽卽所謂土鴨蓋鼃類之最大者云蟈與耿黽尤怒鳴爲聒人耳去之者以黽類衆多唯去此二者明以其尤怒鳴聒人耳故也

以其煙被之則凡水蟲無聲杜子春云假令風從東方來則於水東面爲煙令煙西行被之水上 疏 以其煙被之者賈疏云上文云焚牡蘜洒之則死此經云

以其煙明還用牡蘜之煙被之水上也云則凡水蟲無聲者則下唐石經初刻有死字磨改刪案有者非也水蟲即鼃黽之屬有聲者與壺涿氏水蟲異　注杜子春云假令風從東方來則於水東面爲煙令煙西行被之水上者蜀石經作被水上無之字疑今本衍楚辭招魂王注云被覆也謂順風所來之方播所焚牡蘜之煙使隨風散行被覆水上也

壺涿氏掌除水蟲以炮土之鼓敺之以焚石投之水蟲狐蜮之屬故書炮作泡杜子春讀炮爲苞有苦葉之苞玄謂燔之炮之炮炮土之鼓瓦鼓也焚石投之使驚去　疏　掌除水蟲者後漢書馬融傳廣成頌云乃命壺涿驅水蟲李注引此經亦作蠱疑所見本異云以炮土之鼓敺之者敺依宋附釋音本明注道昆本正唐蜀石經並誤毆詳冥氏疏　注云水蟲狐蜮之屬者蜮一名短狐水中毒蟲也詳敘官疏云故書炮作泡者炮泡聲類同云杜子春讀炮爲苞有苦葉之苞玄謂燔之炮之炮者臧庸云杜讀炮爲苞字从艸鄭讀泡爲炮字从火此云杜子春讀炮爲苞有苦葉之苞炮字誤也鄭始讀从火杜在鄭前不應已作炮字當改作泡無疑案臧說是也段玉裁說同又燔之炮之下毛居正岳珂云當更有一之字段臧並據增亦是也唐石經作杜子春泡當爲匏有苦葉之匏文雖譌謬而泡字則不誤段氏云此皆易讀也杜讀泡爲苞有苦葉之苞者杜所偁蓋非毛詩三家詩有作苞者古經苞裹字多用從艸之苞苞土之鼓所謂土鼓也鄭君以苞字義未協故又易爲炮徐養原云泡乃字之誤杜子春注籥章云土鼓以瓦爲匡以革爲兩面可擊也此說與苞土不同卻與炮土相合云炮土之鼓瓦鼓也者段玉裁云謂此鼓陶者成之故曰瓦鼓瓦鼓故曰壺云焚石投之使驚去者賈疏云石之燔燒得水作聲故驚去也

若欲殺其神則以牡橭午貫象齒而

沈之則其神死淵爲陵神謂水神龍罔象故書檡爲梓午爲五杜子春云梓當爲檡檡讀爲枯枯榆木名書或爲

騁又云五貫當爲午貫【疏】則以牡檡午貫象齒而沈之者此蓋古方術家所傳歐殺水神之法說文象部云象南越大獸長鼻牙三年一乳又齒部云齒口斷骨也牙部云牙壯齒也案齒牙骨亦通稱故象齒司尊彝繕人注謂之象骨牡檡爲木恐入水不得沈故必貫象齒而沈之必用牡檡象齒者其義未詳賈疏云以檡爲榦穿孔以象牙從檡貫之爲十字沈之水中則其神死淵爲陵所謂深谷爲陵是也　注云神謂水神龍罔象者國語魯語仲尼曰水之怪曰龍罔象韋注云龍神獸也或曰罔象食人一名沐腫淮南子氾論訓水生罔象高注云罔象水之精也廣雅釋天云水神謂之罔象釋道世法苑珠林六道篇引夏鼎志云罔象如三歲小兒赤目黑色大耳長臂赤爪索縛則可得食案夏鼎志所說詭誕不足信沐腫亦未聞云故書檡爲梓午爲五者釋文云梓本或作檡阮元云疑當作本或作杍梓與杍一字也若作檡則故書檡爲檡矣詒讓案檡梓形近午五音近故互易也釋文別本疑當作榫與檡梓形並相近阮說亦通今附存之云杜子春云梓當爲檡檡讀爲枯枯榆木名者段玉裁云梓當爲檡者字之誤也檡讀爲枯者易其字也檡枯皆音姑必改梓爲檡而後讀檡爲枯者檡與梓形相近枯與檡音相同也枯是姑榆木爾雅之無姑廣雅之毋估也檡則別是一木杜時分別甚明此正如小師小史帝當爲奠奠讀爲定也徐養原云說文無檡字掌戮殺王之親者辜之注云辜之爲言枯也巫咸文云暴虐不姑姑與辜通易大過之九二云枯楊生荑鄭讀枯爲姑謂無姑山榆是辜枯姑三字古皆通也詒讓案爾雅釋木云無姑其實夷郭注云無姑姑榆也生山中莢圓而厚剝取皮合漬之其味辛香所謂無夷急就篇顏注云蕪荑無姑之實也無姑一名檡榆其莢圓厚藝文類聚木部引廣志云

有枯榆有郎榆郎榆無莢牡無母榫枯姑音並相近云書或爲樗者樗與椁音同部故書别本作此杜鄭不從者牡樗木未聞也云又云五貫當爲午貫者段玉裁云五易爲午者杜見禮家說一縱一横曰午因易之不知五午一字古音義皆同古文五作乂則尤一縱一横之狀也徐養原云儀禮大射儀度尺而午注云一縱一横曰午說文五部五五行也从二陰陽在天地閒交午也古文省作乂是五有交午之義故與午通案段徐說是也午五二字古本通用左成十七年傳夷羊五國語晉語作夷羊午是其證杜鄭改字取通俗易明耳

庭氏掌射國中之夭鳥若不見其鳥獸則以救日之弓與救月之矢夜射之不見鳥獸謂夜來鳴呼爲怪者獸狐狼之屬鄭司農云救日之弓救月之矢謂日月食所作弓矢玄謂日月之食陰陽相勝之變也於日食則射大陰月食則射大陽與

疏掌射國中之夭鳥者北堂書鈔武功部御覽兵部引作妖鳥又引馬融注云國中妖鳥梟鴟惡聲之鳥也蓋馬本作妖與眡祲保章氏妖祥字同妖卽祅之借字並詳哲蔟氏疏賈疏云城郭之所人聚之處不宜有夭鳥故去之　注云不見鳥獸謂夜來鳴呼爲怪者者鳥獸書鳴者其形易見不爲怪異若夜來鳴呼聞其聲而不見其形尤駭人爲怪害故以救日之弓救月之矢射之也云獸狐狼之屬者二獸皆喜夜鳴爲怪者御覽引馬注云獸虎狼嘷鳴也鄭司農云救日之弓救月之矢謂日月食所作弓矢者先鄭意救日月之弓矢卽日月食時所作後鄭意救日用枉矢救月用恆矢非關食時别作故不從也救日月食禮詳鼓人疏云玄謂日月之食陰陽相勝之變也者白虎通義災變篇云日食爲救之何陰侵陽也月食救之者陰失明也云於日食則射大陰月食則射大陽與者明當射其勝者以救之也曾子問及穀梁莊十五年傳說救日食並有兵亦詳鼓人疏御覽引馬注云救日食

伐鼓則北面射太陰救月食則伐鼓南面射太陽以此弓矢射之鄭亦本馬說也若神也則以大陰之弓與
枉矢射之神謂非鳥獸之聲若或叫於宋大廟譆譆詘詘者大陰之弓救月之弓枉矢救日之矢與不言救月之弓與救日之
矢者互言之救日用枉矢則救月以恆矢可知也疏若神也則以大陰之弓與枉矢射之者亦當夜射之經冢上文省也蓋視其聲
所出之方射以厭之 注云神謂非鳥獸之聲者賈疏云謂不見其身直聞其聲又非鳥獸之聲故知是神聲若神降于莘之類是也云
若或叫於宋大廟譆譆詘詘者者於舊本並作于今據蜀石經正詘詘舊本並作出令據宋附釋音本正釋文亦作詘云本亦作出案左
襄三十年傳文作出杜注云叫呼也譆譆熱也出出戒伯姬彼釋文亦云鄭注周禮引此作詘詘劉昌宗亦音出然則此劉陸音本並作
詘今本作出者後人依左傳改之彼下文又云鳥鳴于亳社如曰譆譆以彼是神聲與鳥聲別故引以爲證云大陰之弓救月之弓枉矢
救日之矢與者御覽兵部引馬注云枉矢矢名也覲禮注云月者太陰之精賈疏云以其與經云救日之弓相對彼言救日之弓明此太
陰之弓是救月之弓可知若然上言救月之矢則此枉矢是救日可知案枉矢詳司弓矢疏云不言救月之弓與救日之矢者互言之者
謂上文見弓矢之用此文見弓矢之名欲使互推而兩得之也云救日用枉矢則救月以恆矢可知也者用蜀石經及宋大字本並作以
此亦以互文推之賈疏云見司弓矢枉矢最在前明救月矢當在枉矢之下故知救月用恆矢可知不用庫矢以其庫矢弩所用故也
銜枚氏掌司囂察囂讙者爲其聒亂在朝者之言語疏掌司囂者同內外朝囂讙之禁也 注云察囂讙者爲其聒亂
在朝者之言語者亦訓司爲察也司囂注云囂讙也凡王內外三朝皆有議論國事不得妄爲囂讙以聒亂之國之大祭祀

令禁無囂令令主祭祀者【疏】國之大祭祀令禁無囂者此司郊廟祭祀囂讙之禁與蜡氏爲官聯也　注云令令主祭祀者者賈疏云國之大祭祀謂天地宗廟令主祭祀之官使禁止無得讙囂讙囂則不敬鬼神故也軍旅田役令衘枚爲其言語以相誤【疏】軍旅田役令衘枚者此司師田野外囂讙之禁也其禁較平時尤重故更令衘枚國語晉語云襲侵密聲白虎通義誅伐篇云人衘枚馬繮勒爲襲依此經義則衘枚爲軍法之常不必襲侵矣田役謂因田獵而起徒役時田講武事尤嚴重故亦令衘枚若他功作大役無令衘枚之法詳大宰疏　注云爲其言語以相誤者恐其妄相言語誤戰守及逐禽之事墨子號令篇云囂讙駭衆其罪殺卽軍旅之禁也禁嘂呼歎鳴于國中者行歌哭于國中之道者爲其惑衆相感動鳴吟也【疏】禁嘂呼歎鳴于國中者者禁下檀弓注引有野字疑誤行呼經例當作嘑此疑誤改從今字嘂嘑詳雞人疏于唐蜀石經並誤於今據宋附釋音本嘉靖本正下同此司國城內道涂嘂讙之禁也二云行歌哭于國中之道者者國中之道卽匠人國中九經九緯之道也惠士奇云雜記國禁哭則止郊特牲喪者不哭蓋國之大祭祀民皆敬之敬則吉圭清靜州里除不蠲刑者任人凶服亦皆禁焉非徒哭也寧戚將任車歌於車下苟非師田祭祀則歌哭皆弗禁也呂氏春秋貴直論狐援諫齊湣王而不用出而哭國三日王問吏曰哭國之法若何吏曰斮明哭國者斮無道之刑蓋起於戰國歟墨子號令篇曰無敢歌哭於軍中有則其皋射言惟軍中則然奔喪哭避市朝魯哀姜大歸將行哭而過市市人皆哭則哭亦有不避市者國中不禁可知　注云爲其惑衆相感動者謂嘂呼歎鳴及歌哭皆足以惑衆而歎鳴歌哭又易相感動故禁之也云鳴吟也者釋名釋言語云鳴舒也氣憤懣故發此聲以舒寫之也文選陸士衡赴洛道中詩李

注引韓詩章句云吟歎辭也又蘇子卿古詩注引蒼頡云吟歎也是嗚吟並歎憤發舒之聲也

伊耆氏掌國之大祭祀共其杖咸咸讀爲函老臣雖杖於朝事鬼神尚敬去之有司以此函藏之既事乃授之【疏】注云咸讀爲函者惠棟云古咸與函通毛詩巧言曰僭始既涵韓詩作既減減猶涵也司馬相如封禪文云上咸五下登三徐廣曰咸一作函漢書天文志閔可槭劍蘇林曰槭音函詒讓案說文木部云槭篋也又匚部云匧槭藏也廣雅釋器云匧謂之槭咸函槭並聲近字通云老臣雖杖於朝事鬼神尚敬去之有司以此函藏之既事乃授之者此謂唯共函以藏杖不共杖也賈疏云下二文云授杖此經惟言共杖函止謂祭祀時臣雖老合杖但爲祭祀尚敬暫去之去杖之時共杖函盛之祭祀訖還與老臣拄之老臣雖杖於朝事鬼神尚敬去之謂七十有德君不許致仕者也王制云七十杖於國八十杖於朝謂得致仕者與此異也詒讓案儀禮經傳通解引尚書大傳云文王之治岐也七十者杖於朝見君揖杖鄭彼注云朝當爲國揖當爲去大傳又云八十者杖於朝見君揖杖九十者杖而朝見君建杖注云揖挾也建樹也是見君惟七十者去杖八十九十者不去杖大祭祀或有老臣助祭則八十以上亦當去杖也

軍旅授有爵者杖別吏卒且以扶尊者將軍杖鉞【疏】軍旅授有爵者杖者與司兵司戈盾授兵同時授之三官爲官聯也凡軍旅之杖蓋用殳廣雅釋器云殳杖也御覽兵部引司馬法云有司皆執殳戈示諸鞭扑之辱賈疏云此謂在軍之時有爵謂士以上若然自伍長下士兩司馬中士卒帥上士旅帥下大夫師帥中大夫等並得杖　注云別吏卒且以扶尊者者吏謂軍吏即經有爵者卒謂六軍七萬五千人吏有杖所以殊異之於士卒且以爲扶持之助也云將軍杖鉞者明將軍所杖又別於衆軍吏大司馬注云鉞所以

爲將威也六韜軍用篇云大柯斧刃長八寸重八斤柄長五尺以上千二百枚一名天鉞呂氏春秋異用篇云六尺之杖今鉞柄亦長五尺以上故可以代杖賈疏云今文秦誓師尚父左杖黃鉞右把白旄是將軍杖鉞之事也詒讓案鉞蓋司兵所授非此官所掌也書牧誓亦云王左杖黃鉞則大師王在軍亦杖鉞

共王之齒杖王之所以賜老者之杖鄭司農云謂年七十當以王命受杖者今時亦命之爲王杖玄謂王制曰五十杖於家六十杖於鄉七十杖於國八十杖於朝

疏注云王之所以賜老者之杖者廣雅釋詁云齒年也此王所賜老者之杖校年以授之故謂之齒杖月令云仲秋養衰老授几杖鄭司農云謂年七十當以王命受杖者今時亦命之爲王杖者續漢書禮儀志云仲秋之月縣道皆案戶比民年始七十者授之以玉杖玉杖長九尺端以鳩鳥爲飾案王杖續漢志作玉杖御覽玉部引同並誤惠士奇引論衡謝短篇曰七十賜王杖爲證盧文弨云漢制攷亦作王杖名之曰王者榮所賜也呂飛鵬云先鄭云今時亦命之爲王杖蓋承上文以王命受杖者而言以王命受杖者故曰王杖案惠盧呂說是正今本續漢志之誤蜀石經亦作王杖云玄謂王制曰五十杖於家六十杖於鄉七十杖於國八十杖於朝者引此者後鄭意五十以上卽得受王賜杖不必七十而後受杖也

周禮正義卷七十

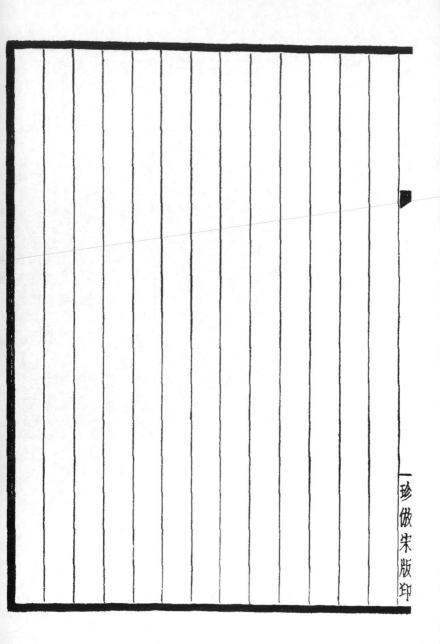

瑞安孫詒讓學

大行人掌大賓之禮及大客之儀以親諸侯大賓要服以內諸侯大客謂其孤卿疏掌大賓之禮及大客之儀者以下大戴禮記朝事篇文並略同儀彼作義案義儀古今字大賓之禮大客之儀總爲賓禮大宗伯以賓禮親邦國其目有八此官通掌之亦與彼爲官聯也賈疏云大賓言禮亦有儀大客言儀亦有禮言禮據其始爲本言儀據威儀爲先云以親諸侯者與大宗伯親邦國義同亦兼王以禮親諸侯與諸侯以禮自相親二者言之　注云大賓要服以內諸侯者說文貝部云賓所敬也此以爲朝覲諸侯之尊稱詩周頌臣工孔疏引五經異義云公羊說諸侯不純臣左氏說諸侯者天子藩衞純臣鄭駁云賓者敵主人之稱而禮諸侯見天子稱之曰賓不純臣諸侯之明文矣賈疏云對要服以外爲小賓下文云九州之外謂之蕃國世壹見是也云大客謂其孤卿者說文宀部云客寄也此以爲聘覜諸臣之尊稱賓客殊文以別君臣也聘禮記亦以大國之卿爲大客賈疏云謂還是大賓下孤卿對小行人所云小客則受幣聽其辭者謂小客言孤卿者據大國得立孤一人孤來聘侯伯已下無孤使卿來聘不言大夫士者殷聘使卿時聘使大夫士雖不得時聘爲介來亦入客中故下云諸侯之卿其禮各下其君二等大夫士亦如之是皆得爲客但據大聘略舉尊者而言也此大賓大客尊卑異故言及以殊之此賓客相對則別散文則通是以大司徒云大賓客則令野脩道委積賓亦名客小司徒云小賓客令野脩道委積則客亦名賓是賓客通也

春朝諸侯而圖天下之事秋覲以比邦

國之功夏宗以陳天下之謨冬遇以協諸侯之慮時會以發四方之禁殷同以施天下之政此六事者以王見諸侯爲文圖比陳協皆考績之言王者春見諸侯則圖其事之可否秋見諸侯則比其功之高下夏見諸侯則陳其謀之是非冬見諸侯則合其慮之異同六服以其朝歲四時分來更迭如此而偏時會卽時見也無常期諸侯有不順服者王將有征討之事則旣朝王命爲壇於國外合諸侯而發禁命事焉禁謂九伐之法殷同卽殷見也王十二歲一巡守若不巡守則殷同殷同者六服盡朝旣朝王亦命爲壇於國外合諸侯而命其政政謂邦國之九法殷同四方四時分來歲終則徧矣九伐九法皆在司馬職司馬法曰春以禮朝諸侯圖同事夏以禮宗諸侯陳同謀秋以禮覲諸侯比同功冬以禮遇諸侯圖同慮時以禮會諸侯施同政殷以禮宗諸侯發同禁

疏春朝諸侯而圖天下之事者此謂大賓之禮也云夏宗以陳天下之謨者謨大戴記作謀謨謀義同注云此六事者以王見諸侯爲文者對大宗伯春見曰朝等以諸侯見王爲文也云圖比陳協皆考績之言者書舜典云三年考績鄭意經圖比陳協四者訓義雖不同而爲考校諸侯功績之言則一考績詳小行人疏云王者春見諸侯則圖其事之可否者大戴禮記朝事篇云與之圖事以觀其能爾雅釋詁云圖謀也聘禮云君與卿圖事注同春爲歲始故與諸侯圖謀一歲行事之可否云秋見諸侯則比其功之高下者天官世婦注云比次也小行人云令諸侯秋獻功故秋覲卽以比次其功之高下云夏見諸侯則陳其謀之是非者肆師注云陳列也爾雅釋詁云謨謀也說文言部云謨議謀也謂陳列諸侯之謀議而定其是非云冬見諸侯則合其慮之異同者大史注云協合也說文思部云慮謀思也謂協合諸侯之志慮而辨其異同云六服以其朝歲四時分來更迭如此而偏者

卽大宗伯注云六服之內四方以時分來或朝春或宗夏或覲秋或遇冬名殊禮異更遞而徧是也六服朝歲卽後侯服歲一見之等四時分來鄭依賈馬說謂一服之內各分四方一方之中又四分之以四時更遞而來歲終則一服徧六歲而六服徧也賈疏謂六服皆春東方來夏南方來秋西方來冬北方來則是有虛方俱行之時非鄭意也詳大宗伯疏云時會卽時見也者據大宗伯文云無常期諸侯有不順服者王將有征討之事則既朝王命爲壇於國外合諸侯而發禁命事焉者大宗伯注義同卽司儀所云是也云禁謂九伐之法者司馬法仁本篇云會之以發禁者九馮弱犯寡則眚之賊賢害民則伐之暴內陵外則壇之野荒民散則削之負固不服則侵之賊殺其親則正之放弑其君則殘之犯令陵政則杜之外內亂禽獸行則滅之與大司馬九伐文同故鄭據以爲釋案穀梁僖九年傳說齊桓公會葵丘云壹明天子之禁曰毋雍泉毋訖糴毋易樹子毋以妾爲妻毋使婦人與國事孟子告子篇說葵丘之會五命文尤詳此亦時會發禁命事之事然則禁不必專屬九伐之法鄭舉其大者言之耳云殷同卽殷見也者亦據大宗伯文云王十二歲一巡守者據後文此據常法也云若不巡守則殷同殷同者六服盡朝者明王有故不巡守始合諸侯而行殷同之禮若巡守則否云既朝王亦命爲壇於國外合諸侯而命其政者明殷同與時會禮不異也大宗伯注義亦同云政謂邦國之九法者亦據大司馬文云殷同四方四時分來歲終則徧矣者大宗伯注義同云九伐九法皆在司馬職者賈疏云按大司馬云掌建邦之九法以佐王平邦國制畿封國以正邦國之等是也九伐者彼又云以九伐之法正邦國馮弱犯寡則眚之之等是也引司馬法者亦當在逸篇中此經云夏宗以陳天下之謨彼云陳同謀者亦以謨爲謀與大戴記同又彼云時會施同政殷宗發同禁與此經發禁屬時會施政屬殷同異宗諸侯孔繼汾謂宗爲同之誤

是也殷見之名不宜與夏朝同賈疏述司馬法亦作殷同足證其誤時聘以結諸侯之好殷覜以除邦
國之慝此二事者亦以王見諸侯之臣使來者爲文也時聘者亦無常期天子有事諸侯使大夫來聘親以禮見之禮而遣之所
以結其恩好也天子無事則已殷覜謂一服朝之歲也慝猶惡也一服朝之歲五服諸侯皆使卿以聘禮來覜天子天子以禮見之命以
政禁之事所以除其惡行【疏】時聘以結諸侯之好者此謂大客之儀也云殷覜以除邦國之慝者朝事作殷眺以成邦國之貳案眺卽
覜之段字貳蓋忒之誤慝忒聲近字通結好除慝並詳典瑞疏注云此二事者亦以王見諸侯之臣使來者爲文也者喪服傳所謂諸
侯之大夫以時接見乎天子是也鄭知此非王使臣於諸侯之禮者以大宗伯唯云時聘曰問殷覜曰視而無閒問以下四者之文又時
聘與閒問皆曰問明不得與下四者同爲王聘諸侯之事也穀梁隱九年范注以此二事與下文四者同爲天子施於諸侯之事劉敞亦
謂時聘者以時聘諸侯殷覜者偏問天下諸侯卽下文三歲偏覜案依范劉說則此覜通眺下文存覜省三事義亦得通王昭禹鄭鍔黃
度方苞林喬蔭蔣載康黃以周說並同賈疏云言亦亦上諸侯也是亦以王見諸侯之臣使來者爲文此亦亦對宗伯彼無考績之事直
相見故云時聘曰問殷覜曰視以見王爲文此有好慝之事故以王下見爲文云時聘者亦無常期者大宗伯注同賈疏云亦諸侯云時
會也云天子有事諸侯使大夫來聘者大宗伯注義亦同有事卽有征伐之事知使大夫來者鄭王制注云小聘使大夫孔疏云按聘禮
云小聘曰問三介大聘使卿爲介有五人其小聘唯三介故知小聘使大夫易祓謂時聘亦當使卿云左氏襄公二十九年鄭伯將聘於
周而鄭上卿有事子展使印段往昭公三十年鄭游吉如晉魏獻子使士景伯詰之游吉以爲先王之制唯嘉好聘享三軍之事於是乎

使卿且援卭毀之事謂毀少卿也王吏不討恤所無也命少卿以往且不可而況於大夫之銜命霸主猶責諸侯以大夫行禮而況乎行禮於天子之庭案易說是也蓋諸侯於天子大小聘皆當使卿聘禮所言乃侯國自相聘之禮不可以推之天子也方苞亦云左傳晉鞏朔獻捷於周王使詰之曰不使命卿鎭撫王室則是不命之卿不得上聘王朝況大夫乎云親以禮見之禮而遣之所以結其恩好也者蜀石經及宋大字本親上並有王字阮元云上注云上六事者以王見諸侯爲文又此二事者亦以王見諸侯之臣使來者爲文故此云王親以禮見之此王字當有詒讓案此冢上天子有事爲文則無王字亦通今不據增鄭以經云結好故知惟結其恩好無論政禁之事禮而遣之即下待聘使之禮是也賈疏謂諸侯使大夫來亦有兵至助王討逆失之云天子無事則已者明此時聘爲天子有事諸侯不敢自安故遣使來問或有徵發之命其無事則不問大宗伯注云竟外之臣既非朝歲不敢瀆爲小禮是也云殷覜謂一服朝之歲也者大宗伯注義同賈疏云按宗伯注云一服朝在元年七年十一年以其朝者少聘者多故亦得稱殷殷衆也案亦詳大宗伯疏云慝猶惡也者胥師注云慝惡也又匡人匡邦國而觀其慝注云慝姦僞之惡也云一服朝之歲五服諸侯皆使卿以聘禮來覜天子天子以禮見之命以政禁之事所以除其惡行者賈疏云以其言除邦國之慝大司馬九法九伐平正邦國所以除惡既言除慝明亦命以政禁者也

閒問以諭諸侯之志歸脤以交諸侯之福賀慶以贊諸侯之喜致禬以補諸侯之烖　此四者王使臣於諸侯之禮也閒問者閒歲一問諸侯謂存省之屬諭諸侯之志者諭言語諭書名其類也交或往或來者也贊助也致禬凶禮之弔禮禬禮也補諸侯烖者若春秋澶淵之會謀歸宋財

疏　閒問以諭諸侯之志者賈疏云

此經天子於諸侯之法卽下文云王之所以撫邦國以下是也云歸脤以交諸侯之福者交大戴記作教字通云賀慶以贊諸侯之喜者重其幣帛以賀其福而弔其凶賈疏云案宗伯賀慶之禮親異姓之說文喜部云喜樂也有嘉喜之事則使賀慶之左襄二十八年傳云國此云諸侯者欲見庶姓諸侯有恩亦施及之故也云致禬以補諸侯之烖者大戴記禬作會字亦通烖作災古今字賈疏云宗伯弔禮有五此唯言弔禮者行人唯主弔法餘禮蓋自有人主之故此不言也隱元年宰咺來歸惠公仲子之賵服氏云咺天子宰夫是宰夫主賻賵之事是其別主之類也　注云此四者王使臣於諸侯之禮也者賈疏云對上是諸侯及臣見王之禮王制孔疏云異義天子聘諸侯公羊說天子無下聘之義周禮說閒問以諭諸侯之志許愼謹案禮臣疾君親問之天子有下聘之義從周禮說鄭無駁與許愼同也春秋隱九年經云天王使南季來聘穀梁傳云聘諸侯非正也說與公羊同范注亦據此經及許君說以難之鍾文烝云時聘是諸侯聘天子閒問是天子問諸侯猶諸侯使人於諸侯曰聘使人於大夫則曰問與小聘同名故聘禮曰賓皮弁聘又曰賓朝服問卿是上之於下有問無聘分異禮殊黃以周云古者王於諸侯不純臣故有覜聘何注公羊隱七年天王使凡伯來聘云古者諸侯有較德殊風異行天子聘問之當北面稱臣受之於大廟所以尊王命歸美先君不敢以己當之是下聘之禮固有異於凡聘也何注公羊亦不用舊說案黃說是也通言之閒問亦得爲聘析言之則天子於諸侯止有小聘無大聘公穀家說據大聘而言與此經義不相妨也云閒問者閒歲一問諸侯謂存省之屬者賈疏云按下文云歲徧存三歲徧覜五歲徧省七歲屬象胥九歲屬瞽史十有一歲達瑞節並是閒歲之事故鄭云之屬以包之云諭諸侯之志者諭言語諭書名其類也者亦據下文掌交注云諭告曉也云交或往或來者也者或往或來舊本作

或來或往誤今從蜀石經及宋本注疏本乙謂王祭歸脤於諸侯諸侯祭亦歸脤於王交互往來也左昭十九年傳子產曰孔張爲嗣大夫喪祭有職受脤歸脤天子之於諸侯蓋與諸侯待其臣同或受或歸所謂交也賈疏云欲見臣有祭祀之事亦得歸胙於王故玉藻云臣致膳於君有葷桃茢亦歸胙於王也按宗伯云脤膰之禮親兄弟之國此言脤不言膰者對文則脤爲祭社稷肉膰爲祭宗廟肉散文則祭宗廟肉亦得稱脤以其同盛於蜃器也詳大宗伯疏俞樾云交當爲效襄二十七年左傳使諸侯僞效烏餘之封者杜注曰效致也歸脤以效諸侯之福謂以致諸侯之福也大戴記朝事篇作教廣雅釋詁釋名釋言語並曰教效也是教與效義通案俞說亦通云贊助也者州長注同云致禬凶禮之弔禮禬禮也者賈疏云按宗伯云以禬禮哀國敗此災亦云禬者同是會合財貨故災亦稱禬也詒讓案鄭知兼有弔禮者以大宗伯凶禮又有以弔禮哀禍裁此云補裁明當兼有弔禮也云補諸侯裁者若春秋澶淵之會謀歸宋財者襄三十年經冬晉人齊人宋人衞人鄭人曹人莒人邾人滕人薛人杞人小邾人會于澶淵宋災故左傳云爲宋災故諸侯之大夫會以謀歸宋財是也以同是補裁之事故引以爲證

以九儀辨諸侯之命等諸臣之爵以同邦國之禮而待其賓客

九儀謂命者五公侯伯子男也爵者四孤卿大夫士也

【疏】以九儀辨諸侯之命等諸臣之爵者大戴記辨作別古字通此以下別邦國君臣爵命之差亦與大宗伯爲官聯也凡制賓禮其儀法以尊卑爲此九等大戴記又說朝覲之禮云各執其圭瑞服其服乘其輅建其旌旂施其樊纓從其貳車委積之以其牢禮之數所以明別義也義儀字同云以同邦國之禮而待其賓客者大戴記作以同域國之禮而行其賓主義亦略同　注云九儀謂命者五公侯伯子男也爵者四孤卿大夫士也者命者五謂五

命以上諸侯之命也爵者四謂四命以下諸臣之爵也大宗伯云以
九儀之命正邦國之位此九儀與彼同但彼通晐王臣及諸侯此則
專據侯國君臣既無王臣而子男之士不命是又在彼九命之外兩
經義微有不同故此注不據彼爲釋也小行人義同賈疏云下文有
五等諸侯次有孤執皮帛次諸侯之卿下其君二等次有大夫士亦
如之是列五等四命等爵故鄭云命者五公侯伯子男也爵者四孤
卿大夫士也詒讓案大宰注云爵謂公侯伯子男卿大夫士也若然
公侯伯子男亦爵而此別云命者以禮籍等衰咸依命數言爵則數
不顯故據命而言孤卿大夫士亦有命而必云爵者掌客注云以上
命數則參差難等略於臣用爵而已是君用命臣用爵之義也

公之禮執桓圭九寸繅藉九寸冕服九章建常九斿樊纓九就貳車
九乘介九人禮九牢其朝位賓主之閒九十步立當車軹擯者五人
廟中將幣三享王禮再祼而酢饗禮九獻食禮九舉出入五積三問
三勞諸侯之禮執信圭七寸繅藉七寸冕服七章建常七斿樊纓七
就貳車七乘介七人禮七牢朝位賓主之閒七十步立當前疾擯者
四人廟中將幣三享王禮壹祼而酢饗禮七獻食禮七舉出入四積
再問再勞諸伯執躬圭其他皆如諸侯之禮諸子執穀璧五寸繅藉
五寸冕服五章建常五斿樊纓五就貳車五乘介五人禮五牢朝位

賓主之閒五十步立當車衡擯者三人廟中將幣三享王禮壹祼不酢饗禮五獻食禮五舉出入三積壹問壹勞諸男執蒲璧其他皆如諸子之禮

繅藉以五采韋衣版若奠玉則以藉之冕服著冕所服之衣也九章者自山龍以下七章者自華蟲以下五章者自宗彝以下也常旌旗也斿其屬幓垂者也樊纓馬飾也以罽飾之每一處五采備爲一就就成也貳副也介輔己行禮者也禮大禮饔餼也三牲備爲一牢朝位謂大門外賓下車及王車出迎所立處也王始立大門內交擯三辭乃乘車而迎之齊僕爲之節上公立當軹侯伯立當疾子男立當衡王立當軫與廟受命祖之廟也饗設盛禮以飲賓也問問不恙也勞謂苦倦之也皆有禮以幣致之故書祼作果鄭司農云車軹軹也三享三獻也祼讀爲灌再灌再飲公也而酢報飲王也舉舉樂也出入五積爲饋之芻米也前疾謂駟馬車轅前胡下垂柱地者玄謂三享皆束帛加璧庭實唯國所有朝事儀曰奉國地所出重物而獻之明臣職也朝先享不言朝者朝正禮不嫌有等也王禮王以鬱鬯禮賓也鬱人職曰凡祭祀賓客之祼事和鬱鬯以實彝而陳之禮者使宗伯攝酌圭瓚而祼王既拜送爵又攝酌璋瓚而祼后又拜送爵是謂再祼再祼賓乃酢王也禮侯伯一祼而酢者祼賓賓酢王而已后不祼也禮子男一祼不酢者祼賓而已不酢王也不酢之禮聘禮禮賓是與九舉舉牲體九飯也出入謂從來訖去也每積有牢禮米禾芻薪凡數不同者皆降殺

【疏】上公之禮者賈疏云此一經揔列五等諸侯來朝天子天子以禮迎待之法上公之禮至三問三勞徧論上公之禮云執桓圭九寸繅藉九寸者此以下並典命所謂上公九命其車旗衣服禮儀以九爲節也雜記贊大行曰圭公九寸侯伯七寸子男五寸博三寸厚半寸剡上左右各寸半

玉也藻三采六等注二云贊大行者書說大行人之禮者名也據鄭說
則贊大行乃先秦此經佚說之最古者繅作藻者古今字也並詳典
瑞疏賈疏二云此主行朝禮於朝所執其服則皮弁若行三享則執璧
瑞案皮弁乃王當朝之服非朝覲所服也五等諸侯朝覲並當冕服
行於廟賈說非是詳後疏二云冕服九章者謂衮冕服也二云建常九斿
者大戴斿作旒即斿之俗依典命司常五等諸侯同建旂而斿依命
數是上公當建旂而九斿轉人二云龍旂九斿即謂此也二云貳車九乘
者賈疏二云按覲禮記二云偏駕不入王門鄭二云在旁與己同曰偏同姓
金路異姓象路四衞革路蕃國木路此等不入王門舍於館乘墨車
龍旂以朝彼據覲禮覲禮天子不下堂而見諸侯故諸侯不得申偏
駕今此春夏受贄在朝無迎法亦應偏駕不來今行朝後行三享在
廟天子親迎並申上服明乘金路之等若不申上車何獨有樊纓九
就之等以此知皆乘所得之車也但貳車所飾無文未知諸侯貳車
得與上車同否但數依命九乘七乘五乘黃以周二云大行人建常九
斿數句文在朝享祼饗食之上是入境郊勞之車馬也故鄭箋采菽
詩據之二云諸侯來朝王使人迎之因觀其衣服車乘之威儀所以爲
敬且省禍福其行朝禮自乘墨車與覲禮同義當從鄭自賈疏不得
其說誤以樊纓貳車爲行享之車乘傎到經文以就己見非也二云介
九人者上介卿一人次介大夫一人餘七人皆士介也凡五等諸侯
介數有多少其上介皆以卿爲之故大戴禮記虞戴德篇二云諸侯相
見卿爲介蓋專據上介言之賈疏二云陳於大門外賓北面時介皆西
北陳之也二云禮九牢者賈疏二云此謂饔餼大禮朝享後乃陳於館以
數有九故進之與介同在上二云其朝位賓主之間九十步立當車軹
者賈疏二云上公去門九十步王未迎之時在大門內與賓相去之數
也軹謂轂末車轅北向在西邊亦去大門九十步公於車東東西相
望當轂末二云擯者五人者此則不依命數而以五爲節以下侯伯子

男並以減一爲差次與命數以二等爲升降異也賈疏云大宗伯爲上擯小行人爲承擯嗇夫爲末擯其餘二人是士案賈謂擯者五人四人自大宗伯大行人嗇夫外餘皆爲士大宗伯疏說同聘義孔疏亦謂朝聘擯數同若擯者五人則士爲紹擯者三人若擯者四人則士爲紹擯者二人若擯者三人則士爲紹擯者一人案賈孔並據聘禮以紹擯爲士攷司儀云掌九儀之賓客擯相之禮則士或卽司儀上中士與又曲禮疏云諸侯自行介各從如其命數擯所以不隨命數者謙也故並用強半之數也云廟中將幣三享者此五等諸侯所同也賈疏云此謂行朝禮在朝訖乃行三享在廟乃有此迎賓之法也案賈說非也此經說四時朝覲之通法廟中將幣三享者將幣與三享爲一事姜兆錫方苞金鶚並謂將幣卽授玉其說甚塙司儀諸侯相聘之禮凡言將幣者皆指授玉與享別是其證也凡朝覲宗遇受摯受享皆於廟諸侯皆乘墨車服裨冕天子皆服袞冕無迎賓法覲禮所云卽其通禮也自鄭曲禮注誤謂春夏受摯於朝受享於廟與秋冬一受之於廟不同故此注亦以廟中將幣並爲三享之事而謂朝禮不見實非經義賈疏亦承其誤謂行朝禮於朝則皮弁服而冕服九章以下別爲行三享於廟之事又謂春夏受摯在朝無迎法偏駕不來朝後行享在廟親迎並申上服乘金路等王制孔疏引崔靈恩說又謂諸侯春夏來朝各乘命車王乘車迎入門行朝禮則天子諸侯皆別服朝服此卽賈行朝服皮弁之說而又小異二說並與覲禮不合互詳大宗伯疏云王禮再祼而酢者賈疏云已下至三勞見王禮上公之禮此與下爲目則自此以下皆王禮耳大宗伯代王祼賓君不酌臣故也攷宗伯又代后祼賓祼訖賓以玉爵酢王是再祼而酢也云饗禮九獻者賈疏云謂後日王速賓賓來就廟中行饗饗者亨大牢以飲賓設几而不倚爵盈而不飲饗以訓恭儉九獻者王酌獻賓賓酢主人主人酬賓酬後更八獻是爲九獻案依賈說則

饗獻無祼今攷饗禮最盛兼食燕當與祭禮相倣以司尊彝大祭九
獻約之疑大宗伯攝王初祼又攝后亞祼祼後王與后又以次各三
獻而後止賓食九舉食後酳爵又各一獻衆賓長又一獻是爲九獻
其七獻五獻亦皆有一祼可以例推賈謂無祼非也詳後又國語晉
語云文公如楚楚成王以周禮享之九獻庭實旅百韋注云九獻上
公之享禮案享饗字通彼以上公九獻爲周禮亦足證此經義云食
禮九舉者賈疏云亦亨大牢以食賓無酒行食禮之時九舉牲體而
食畢詒讓案掌客說諸侯相朝饗食燕三者備有此經但有饗食之
數而燕無文覲禮云饗禮乃歸注云禮謂食燕也大戴記說天子待
諸侯之禮云儐而禮之三饗三食三宴以與之習立禮樂宴卽燕之
借字彼文與掌客上公之禮正同明侯伯亦再饗再食再燕子男亦
一饗一食一燕皆與彼同燕禮褻故經文不具耳云出入五積者此
與擯數同賈疏云謂在路供賓來去皆五積視飱牽但牽牲布之於
道案此謂自來至去通五積也賈說非是詳司儀疏下四積三積並
放此云三問者此與勞亦不如命數而以三爲節也若侯伯子男亦
以減一爲差次與命數異賈疏云按司儀諸公相爲賓云主國五積
三問皆三辭拜受皆旅擯注云閒闊則問行道則勞其禮皆使卿大
夫致之若然天子於諸侯之禮亦當使卿大夫問之亦有禮以致之
所行三處亦當與三勞同處也云三勞者賈疏云小行人逆勞於畿
按覲禮云至于郊王使人皮弁用璧勞注云郊謂近郊其遠郊勞無
文但近郊與畿大小行人勞則遠郊勞亦使大行人也按書傳略說
云天子太子年十八曰孟侯孟侯者四方諸侯來朝迎於郊或可遠
郊勞使世子爲之是以孝經注亦云世子郊迎郊迎卽郊勞也彼雖
據夏法周亦然詒讓案五等諸侯三勞再勞一勞降殺遠近之差鄭
君無說覲禮賈疏云案小行人云凡諸侯入王則逆勞于畿不辨尊
卑則五等同有畿勞其子男唯有此一勞而已侯伯又加遠郊勞上

公又加近郊勞若然聘禮使臣聘而云近郊勞者臣禮異於君禮君
禮宜先遠臣禮宜先近故也左傳隱十年孔疏云大行人云上公三
勞近郊勞一也遠郊勞二也竟首勞三也侯伯再勞去竟首子男一
勞去遠郊胡培翬云昭五年左傳昭公如晉自郊勞至於贈賄無失
禮又薳啓彊曰入有郊勞聘禮勞賓于近郊是朝聘皆以郊勞爲重
竊謂近郊之勞五等諸侯皆有之侯伯加以遠郊勞上公加以畿勞
爵尊者其勞遠爵卑者其勞近禮宜然也案孔胡說是也黃以周說
同賈疏引伏傳天子郊勞之法以說此經太平御覽禮儀部引白虎
通云朝禮柰何諸侯將至京師使至通命于天子天子遣大夫迎之
百里之郊遣世子迎五十里之郊矣說與伏同據班說則世子迎乃
指近郊勞鄭覲禮注謂大行人郊勞則不從伏說也孝經注非鄭君
手定故有世子郊迎之說賈覲禮疏亦謂彼非周禮而此疏乃謂周
禮亦然與經注並違迕亦非也又依聘禮郊勞使卿則天子郊勞來
朝諸侯似亦宜使卿不當使大行人覲禮注說未塙詳小行人疏云
諸侯之禮執信圭七寸繅藉七寸者諸侯七命故皆以七爲節也賈
疏云餘文云諸侯者兼五等而此諸侯惟據單侯也其禮皆降上公
二等又自擯者以下亦皆降殺云冕服七章者謂鷩冕服也云建常
七斿者亦建龍旂而七斿也云介七人禮七牢者禮器云諸侯七介
七牢鄭彼注以爲專指侯伯之禮是也左僖十五年傳說秦改館晉
侯饋七牢焉此侯伯七牢之見於傳者云立當前疾者疾當爲侯之
譌說文車部引又作軓並詳後疏謂立位在車東與軓頸東西相當
也云再問再勞者遠郊勞近郊勞也問亦同云諸伯執躬圭者伯命
圭文與諸侯異而度七寸則同云其他皆如諸侯之禮者以命數同
也云諸子執穀璧五寸繅藉五就者諸子五命故皆以五爲節也云
冕服五章者謂毳冕服也云建常五斿者亦建龍旂而五斿也云立
當車衡者立位在車東與前衡東西相當也云壹問壹勞者唯近郊

勞也問同云諸男執蒲璧者男命璧文與諸子異而度五寸則同云其他皆如諸子之禮者亦命數同也　注云繅藉以五采韋衣版者版舊本並作板案板即版之俗蜀石經作版與釋文合今從之典瑞注云繅有五采文所以薦玉木爲中幹用韋衣而畫之案此版即所謂木爲中幹也繅藉詳典瑞疏賈疏云按聘禮記云公侯伯三采朱白蒼子男二采朱綠典瑞天子乃五采此諸侯而言五采者此注合三采二采而言五非得有五采也云若奠玉則以藉之者覲禮將幣時云侯氏入門右坐奠圭再拜稽首又記云奠圭於繅上注云謂釋於地也又聘禮注云繅所以藉圭也其或拜則奠於其上是凡執玉時並兼藉繅執之將拜則奠於地圭仍在繅上所以備失墜示慎重也云冕服著冕所服之衣也者謂五冕之服也司服云公之服自袞冕而下如王之服侯伯之服自鷩冕而下如公之服子男之服自毳冕而下如侯伯之服以其首皆服冕其服通謂之冕服別於首著弁冠所服之衣爲弁服冠服也云九章者自山龍以下七章者自華蟲以下五章者自宗彝以下也者並詳司服疏云常旌旗也者謂五旗之總名也以日月爲常爲司常九旗之首司勳謂之王之大常非諸侯所得建依司常諸侯建旂而此五等諸侯皆云建常明常旂散文通稱國語吳語有白常白旗赤常赤旟玄常玄旗是其證也云斿其屬幓垂也者釋文出屬其幓蓋誤到巾車注云正幅爲縿斿則屬焉幓即縿之俗蜀石經亦作縿云樊纓馬飾也以罽飾之每一處五采備爲一就者巾車注云樊讀如鞶帶之鞶謂今馬大帶也纓今馬鞅樊及纓皆以五采罽飾之此注不云樊讀如鞶者文不具後注訓就爲成詩齊風猗嗟箋云成猶備也是成備義同每處五采備爲一就如此者九是爲九就五等諸侯就數有增減備采則同七就五就義並放此互詳巾車典絲疏云就成也者典瑞注同云貳副也者小宰注同凡王以下乘車之副通謂之貳車道僕云掌貳車之政令王象

路之副也此經公以下貳車有九乘七乘五乘三乘等之差少儀云貳車者諸侯七乘彼五等數同與此經不合故鄭注以爲殷制云介輔已行禮者也者已謂賓也士冠禮擯者請期鄭注云擯者有司佐禮者在主人曰擯在客曰介又少儀注云介賓之輔也爾雅釋詁云介助也謂輔助賓行禮者也云禮大禮饔餼也者對飧爲小禮也外饔注云致禮於客莫盛於饔故知此禮主饔餼言也云三牲備爲一牢者宰夫注義同詳彼疏云朝位謂大門外賓下車及王車出迎所立處也者大門外謂臯門外也朝者指臯門外之廷而言其地與小司寇三詢之外朝南北正相直故通謂之朝位別於下將幣三享等行於廟中也公食大夫禮云賓之乘車在大門外西方北面立注云凡賓卽朝中道而往將至下行而後車還立於西方賓及位而止北面若然朝聘賓客蓋皆至大門外下車行及位北面立王迎朝賓亦於大門外下車南面立故有賓主朝位也賈疏云約聘禮在大門外去門有立位陳介之所江永云掌訝云及將幣爲前驅至于朝詔其位入復此朝與位正所謂朝位賓主之閒幾十步立當車下某處者也云王始立大門內者賈疏云亦約聘禮聘禮雖後亦不出迎要陳擯介時主君在大門內云交擯三辭乃乘車而迎之者賈疏云王與諸侯行禮與諸侯待諸侯同按司儀云諸公相爲賓及將幣交擯三辭車逆拜辱玄謂既三辭主君則乘車出大門而迎賓是也必知天子待諸侯敵禮者按下文大國之孤繼小國之君不交擯其他皆眡小國之君則諸侯於天子交擯交擯是敵禮也案覲禮云嗇夫承命告于天子注云嗇夫蓋司空之屬也爲末擯承命於侯氏下介傳而上上擯以告于天子天子見公擯者五人見侯伯擯者四人見子男擯者三人皆宗伯爲上擯賈彼疏云此諸侯見天子交擯此所陳擯介當在廟之外門東陳擯從北鄉南門西陳介從南鄉北各自爲上下此經先云嗇夫承命告于天子則命先從侯氏出下文天子得命呼

之而入命又從天子下至侯氏卽令入若然此覲遇之禮略唯有此
一辭而已無三辭之事司儀云交擯三辭者據諸侯自相見於大門
外法其天子春夏受享於廟見於大門外亦可交擯三辭矣案依鄭
覲禮注義則行覲禮時有交擯而無三辭故賈謂三辭據春夏受享
於廟時江永金鶚則並謂王禮不當有三辭其義爲允又賈此疏謂
享有迎法陳擯介在大門外而覲禮疏謂覲無迎法陳擯介在廟門
外是謂春夏與秋冬陳擯不同所也竊謂無論有迎法無迎法陳擯
介皆當在大門外朝聘陳擯介者不敢擅入大門也若在廟門外則
已入應門矣非所以示敬也其天子迎賓之法曲禮孔疏云崔云諸
侯春夏來朝各乘其命車至臯門外陳介也天子車時在大門內傳
辭既訖則乘車出大門下車若升朝之時王但迎公自諸侯以下則
隨之而入更不別迎也若熊氏之義則朝無迎法唯享有迎諸侯之
禮黃以周云鄭注此朝位爲車迎所立處又注下廟中將幣三享云
朝先享不言朝者朝正禮不嫌有等也則此車迎之法鄭亦據享而
言案黃說是也賈前疏及齊僕疏並謂此迎賓爲朝後在廟行三享
之時卽依熊安生說與崔靈恩義異諦釋此注說交擯車迎不別何
時齊僕朝覲宗遇饗食皆乘金路各以其等爲車送逆之節彼注亦
引此經朝位步數爲釋不云朝宗有覲遇無是鄭意通四時朝覲凡
授玉皆無車迎享皆有車迎也熊賈之義雖較崔爲長然於鄭恉實
未盡合也金鶚云大行人所謂朝位賓主之閒不言何時是四時皆
同也齊僕且明言朝覲宗遇送逆此四時皆迎之確據則諸家謂春
夏迎賓而秋冬不迎者誤矣夫均是諸侯而春夏待之隆秋冬待
之之殺此何理邪郊特牲云覲禮天子不下堂而見諸侯覲禮云天
子負斧依嗇夫承命告于天子天子曰伯父其入予一人將受之侯
氏入門右坐奠圭再拜稽首此所謂不下堂而見諸侯也下堂且不
可況可出大門而迎之乎覲者諸侯朝見天子之名朝覲宗遇皆謂

之覲鄭乃專以覲爲秋覲不亦謬乎熊氏及賈孔謂春夏朝無迎法受享于廟則迎之不知曲禮天子當依而立諸侯北面而見天子曰覲天子當宁而立諸公東面諸侯西面曰朝謂先覲後朝也鄭注謂春夏受摯於朝受享於廟必無此禮安得謂先朝後享乎且受摯受享必同日旣已受摯于朝是諸侯已入應門矣天子旣與諸侯相見矣諸侯何必復出大門天子何必復出而迎之乎又云考之覲禮侯氏行三享與受摯同時天子未嘗出迎也行享之時侯氏亦於中庭再拜稽首升致命又降西階前再拜稽首其嚴敬與賓主禮同此皆正君臣之分安得謂講賓主之禮乎竊謂朝覲必無迎賓之法其後行饗食於廟乃有迎賓之法齊僕言朝覲宗遇饗食皆乘金路送逆此迎賓在饗食時經文甚明賈疏謂饗食有迎賓法視諸家爲優惜幷謂春夏受享亦迎賓而疏大行人賓主之閒亦謂春夏受享時迎賓於義不通也黃以周云朝覲本無車迎法而此云賓主之閒若干步者兼明朝之交擯傳辭其立位同耳鄭注亦據享而言疏家以此爲春朝迎法實與經注俱違崔說更誤又云聘禮有迎賓法者聘非已臣主君客之故經謂之賓朝覲皆己臣也謂之侯氏明不客也疏家據聘禮迎聘賓遂謂朝亦迎賓非案金黃說足糾鄭賈諸說之誤但依鄭說則四時朝並無迎賓享並有迎賓依熊賈說則春夏朝無迎賓享有迎賓秋冬朝享並無依崔孔說則春夏廟享並迎賓秋冬無依金說則四時朝享並無迎賓惟饗食有之衆說差異以經攷之朝享不當有迎賓於義無疑依聘禮諸侯待異國之臣聘後行享亦止擯者出請主國之君不出迎則天子待諸侯朝後行享天子不出迎可知竊謂此經朝位卽掌訝所詔之位賓主之閒幾十步之位其義蓋有二其一在將幣之時則陳擯介之位也蓋侯氏入朝乘車至皐門外而下車遂陳擯介侯氏門西北面立公則當車軹介九人在公之北東面以次陳列而北大宗伯爲上擯立於皐門外闑東西面

承擯等四人以次陳列而南末擯當公之末介所謂公九十步者卽
公與上擯南北邪相去之步數也下文諸侯卿大夫禮降殺之等鄭
亦以朝位賓主之閒爲釋聘禮賓至朝旅擯彼注亦云公之使者七
十步等然則陳擯介之步數卽朝位之步數可知矣其一在朝享之
後王禮賓時則王車迎之位也蓋朝享皆所以明君臣之分宜無迎
法至朝享既畢而禮諸侯則待以不純臣故備賓主之禮而有迎法
聘禮享後禮賓主國之君亦出迎司儀諸公相賓儐亦如將幣有車
逆卽其比例以聘禮約之蓋諸侯享畢而出大門更陳擯介傳辭擯
者請禮賓賓禮辭聽命嗇夫入告天子則乘車出大門而迎賓其時
公則立當車軹如將幣交擯時所立之處王則立當車軫當將幣交
擯時上擯所立之處王與公南北邪相去亦九十步其陳擯介亦如
將幣時但上擯立王之南位較前略促耳若然將幣王不出迎則賓
與上擯爲賓主禮賓王出迎則賓與王爲賓主事異而位則同凡賓
客之禮王不出迎者覜將幣之朝位饗食之等王出迎者覜禮賓之
朝位二義相兼乃備齊僕朝覲宗遇饗食各以其等爲車送逆之節
彼云朝覲宗遇卽指禮賓而言以將幣與禮賓同日饗食則不同日
故備言之禮賓與饗食同爲修賓主之禮故並有迎賓迎賓不惟饗
食也至禮之通例凡迎賓主人敵者於大門外主人尊者於大門內
君於己臣則無迎法故聘禮主君迎賓止於大門內而天子待諸侯
乃迎於大門外者蓋天子待諸侯禮有甚嚴者如朝享天子不下堂
不迎賓之類殺於諸侯待聘賓是也有極隆者如聘禮旅擯而天子
待諸侯則交擯聘禮禮賓以醴而天子待諸侯則祼鬯皆隆於諸侯
待聘賓而與司儀諸公相爲賓之禮略同蓋言乎分則君臣接以情
則賓主故禮與饗食亦擬諸侯相朝之禮車逆出大門或隆或殺固
各有當也互詳齊僕疏云齊僕爲之節者賈疏云以齊僕云朝覲宗
遇饗食皆乘金路其法儀各以其等爲車送逆之節亦是敵禮故鄭

此即取之爲證也云上公立當軹侯伯立當疾子男立當衡王立當軫與者疾亦當作侯此並謂立位與車東西相當也鄭以此上公以下位並卑者在前尊者在後以此例之經雖無王立所當明文要必校公差後故以意補之軫本爲輿前後四面材之通稱王所立既在車軹後則宜專據後軫爲節考工記總敘注亦云軫輿後橫木也案輈人注云輈軓前十尺與隧四尺四寸凡丈四尺四寸此車後軫至前衡之全度也今王立當後軫上公當車軹正直車隧之中前於後軫二尺二寸也侯伯當前侯與軹相切前於軹二尺二寸強也子男當前衡直輈前耑則前於侯幾一丈矣此並就車前後約分此數節其進退差度不必正均也又案公食大夫注謂賓至大門外下行車還立於西方賈彼疏謂立於西方鄉外據賈說則還車外鄉軹衡內外前後亦互易若然車立處蓋亦視爵之尊卑爲遠近故子男立近外而步數則少公立在內而步數則多與云廟受命祖之廟也者謂文王廟也賈疏云此約覲禮覲在文王廟故覲禮云前朝皆受舍于朝注云受舍受次于文王廟門之外聘禮受朝聘於先君之祧故知王受覲在受命祖廟在文王廟不在武王廟可知案鄭意當如賈說聘禮說諸侯受聘於廟云不腆先君之祧既拚以俟矣注云遷主所在曰祧周禮天子七廟文武爲祧諸侯五廟則祧始祖也是亦廟也言祧者祧尊而廟親待賓客者上尊者鄭蓋以聘禮推之謂天子受覲亦當在祧而守祧注謂先公遷主藏后稷廟先王遷主藏文武廟二王受命文先於武故凡行禮皆在文王廟今考祧廟散文通稱聘禮既不必正指二祧而文武世室亦與祧不同若云上尊則文王之尊不得逾后稷鄭說殆不甚塙金鶚謂天子受覲當在大祖后稷廟此與諸侯受朝聘在始祖廟正同其義較鄭爲長也云饗設盛禮以飲賓也者春人注云饗禮兼燕與食國語魯語云饗養上賓案飲食之禮有三曰饗曰食曰燕惟饗最盛大司樂及仲尼燕居坊記並謂

之大饗詩小雅彤弓箋二云大飲賓曰饗孔疏二云饗者亨大牢以飲賓是禮之大者故曰大飲賓曰饗饗謂以大禮飲賓獻如命數設牲俎豆
盛於食燕周語曰王饗有體薦燕有折俎公當饗卿當燕是其禮盛也案互詳酒正疏二云問問不恙也者說文口部二云問訊也心部二云恙
憂也司儀注說問君問大夫之辭皆二云不恙顏師古匡謬正俗引風俗通二云無恙俗說恙病也凡人相見及通書皆曰無恙謹案易傳上
古之世艸居露宿恙噬人蟲也善噬人心故俗相勞問者二云無恙非爲病也案應說不經不足據也此據朝賓來時在道有問禮其去時
則無又問禮輕當殺以勞覲禮聘禮皆無文蓋略之也二云勞謂苦倦之也者爾雅釋詁二云勞勤也以賓方在道路故敘其遠來之苦倦以
慰勞之亦來有去無也二云皆有禮以幣致之者賈疏二云按聘禮勞以幣覲禮使人以璧璧則兼幣是有幣致之也案璧帛通謂之幣覲禮
至于郊王使人皮弁用璧勞鄭彼注二云璧無束帛者天子之玉尊也然則勞諸侯用璧無束帛與聘禮勞使以束帛異賈二云璧則兼幣失
之云故書祼作果者大宗伯大賓客則攝而再果祼亦作果與此故書同鄭司農二云車軹軹也者段玉裁二云此注有誤字當二云車軹轊也
乃合如今本則不可通矣大馭注二云軹謂兩轊也少儀注二云軌與軹於車同謂轊頭也皆以此軹別於輿人參分較圍去一以爲軹圍之
軹案段說近是二云三享三獻也者牛人注二云享獻也享本爲祭享字引伸之爲下獻物於上之稱覲禮賈疏云三享在庭分爲三段一度
致之張惠言據聘禮注難賈二云鄭於事畢二云三享訖謂三享皆訖乃爲事畢則三享三度致之案張說是也覲禮經二云四享皆束帛加璧
彼四爲三之誤皆之二云者卽非一度之辭也二云祼讀爲灌者先鄭意宗廟之祼爲灌祭故字从示作祼賓客之祼字當爲灌說文示部二云
祼灌祭也許說與先鄭正同後鄭則謂祼灌義同宗廟賓客字並爲祼與先鄭及許異故此職注先鄭皆作灌後鄭皆作祼分別甚明而

小宰凡祭祀贊祼將之事注則云祼之言灌也於賓客贊祼注不云讀爲灌足明後鄭皆從祼矣云再灌再飲公也者投壺云奉觴曰賜灌注云灌猶飲也云而酢報飲王也者酢正字當爲醋說文酉部云醋客酌主人也酢醶也經典多以酢爲醋爾雅釋詁云酬酢侑報也詩小雅彤弓箋云飲酒之禮主人獻賓賓酢主人主人又飲而酌賓謂之醻此禮賓王爲主人故獻賓之後賓又報飲王亦謂之酢凡酢用玉爵故大宰云大朝覲會同贊玉爵注云玉爵王禮諸侯之酢爵是也又案左傳莊十八年云虢公晉侯朝王王饗醴命之宥僖二十五年二十八年兩傳說晉文公朝王亦並有享醴命宥之文國語晉語載其事作王饗禮命公胙侑王引之謂胙即酢之叚借字爾雅酢侑同訓命侑即命酢也其說甚塙蓋凡朝享後之受禮與饗公侯伯皆得與王相酢侑虢公晉侯謙不敢當盛禮故必王命之乃酢左傳所云與此經可互證也云舉舉樂也者左昭十七年傳云三辰有災君不舉漢書五行志引左氏說云不舉去樂也先鄭蓋本左氏說其實非也經典飲食禮凡單言舉者皆謂盛饌凡言不舉者皆謂去盛饌不當以舉樂爲舉詳膳夫疏賈疏云案襄二十六年左氏傳云將刑爲之不舉不舉則徹樂後鄭易之以爲舉牲體者但此經食禮九舉與饗禮九獻相連故以食禮九舉爲舉牲體其實舉中可以兼樂以其彼傳亦因舉食而言也案後鄭破先鄭說九舉七舉五舉爲舉牲體則不兼舉樂賈說非後鄭意云出入五積謂饋之芻米也者饋釋文作餽云本又作饋蜀石經亦作餽盧文弨云饋字是說文饋餉也又吳人謂祭曰餽詒讓案後注積亦有牢禮此但云芻米者積以芻米爲主也云前疾謂駟馬車轅前胡下垂柱地者者賈疏云謂若輈人輈深四尺七寸軾前曲中是也惠士奇云前疾疾當作侯論語鄉黨邢疏引周禮作前侯云侯伯立當前侯胡下又小雅蓼蕭孔疏引大行人亦作前侯蓋說文疾作族古文侯作矦相似易亂故前侯

訛爲前疾賈疏不詳莫能辨正俗本傳誤久矣又案說文引周禮作
前軓二云軓車軾前也考工記軓前十尺謂軾前曲中下垂柱地如人
之頸故謂之侯侯猶胡也故鄭注訓爲胡以其在軓前故曰前侯古
音侯讀爲胡水經汾水注中都縣胡甲山有胡甲嶺劉歆遂初賦
所謂越侯甲而長驅者也蔡邕曰侯甲亦邑名古侯與胡通侯甲通
爲胡甲故前侯注爲前胡段玉裁云說文車部引周禮立當前軓前
軓者前乎軓也亦以在軓衡之中爲節蓋故書作侯杜衞賈容有不
得侯字之說易爲軓者而許從之惟司農得其說不易字所謂其所
彌縫奄然如合符復析也王宗涑云侯與胡同胡牛顫之下垂者軓
前之輈上穹其後有似下垂之胡故謂之胡侯以同音通借案惠校
致塙段王及江永戴震李惇說並同鄭珍亦謂侯卽喉喉胡卽輈人
之頸說皆精覈蓋說文肉部云胡牛顫垂也口部云喉咽也顫與咽
同在頸乘車曲軓出軓前者亦通謂之頸頸曲中隆起兩端下垂後
端當軓前端持衡此前侯遠於衡則專謂頸後端與前軓之木正相
切之處也凡車駕時侯距地三尺有三寸舍車則侯正楮柱於地若
斵垂顫故云前胡下垂柱地者此與說文胡爲牛顫垂之訓正合凡
乘車曲輈與大車直轅異先鄭云轅者散文通也至說文引作前軓
則由所據本異抑或經師異讀皆未可定軓爲輿下三面材前胡雖
適當軓前然輿與輈異材前軓之義不可通於前侯也二云玄謂三享皆
束帛加璧庭實唯國所有者唯舊本並作惟今據蜀石經正與覲禮
合此皆覲禮文彼文三作四鄭注云四當爲三古書作三四或皆積
畫此篇又多四字字相似由此誤也大行人職曰諸侯廟中將幣皆
三享其禮差又無取於四也初享或用馬或用虎豹之皮其次享三
牲魚腊籩豆之實龜也金也丹漆絲纊竹箭也其餘無常貨此地物
非一國所能有唯所有分爲三享皆以璧帛致之案覲禮注說三享
所用並據禮器大饗章文彼注謂祫祭先王諸侯所貢鄭意蓋謂朝

觀三享與彼同淩廷堪云覲禮注說非也聘禮記凡庭實皮馬相閒可也言有皮則以皮有馬則以馬卽覲禮唯國所有之義觀下文但云匹馬卓上九馬隨之不云他物則三享皆皮馬無他物可知聘禮享庭實云皮私覿庭實云馬覲禮享庭實亦云馬皆互見也至於禮器云大享其王事與又云其出也肆夏而送之蓋指饗食燕之饗禮而言故有三牲魚腊籩豆之屬非謂覲禮之享也案淩氏謂禮器大饗卽饗食燕之饗與禮器注異其說亦通但三享庭實經雖唯有皮馬然仍有獻諸珍異之禮後文之六貢卽朝覲之享獻周書王會所云方物卽會同之享獻也鄭謂三享有龜金之等於義無迕惟三牲魚腊等乃祭饗之饌具朝覲會同之享必無此等禮器之文究不能盡通於朝享耳互詳後疏引朝事儀曰奉國地所出重物而獻之明臣職也者事舊本並作士今據蜀石經正此亦大戴禮記朝事篇文引之者證庭實惟國所有也云輙先享不言朝者朝正禮不嫌有等也者賈疏云按覲禮行朝訖乃行享此經冕服九章以下唯言享不見朝禮故鄭言之云不嫌有等者朝在路門外正君臣尊卑之禮不嫌有九十七十五十步之差等相迎之法故云不嫌有等也詒讓案鄭意蓋據曲禮推之謂春夏受摯於朝受享於廟經唯云廟中將幣三享無朝於朝之文故謂將幣卽受享於廟司儀注會同將幣亦以將幣爲享實則將幣卽受玉乃朝覲之正禮與三享爲二四時常朝並受摯於廟經云將幣未嘗不言朝也鄭說失之詳前及大宗伯疏又此經冕服九章建常九斿及擯介人數朝位賓主之閒步數亦並朝禮賈謂唯言享不言朝亦非云王禮王以鬱鬯禮賓也者司儀注云禮謂以鬱鬯祼之也謂朝享禮畢王禮諸侯猶聘禮聘享禮畢主國之君以禮禮賓也郊特牲云諸侯爲賓灌用鬱鬯灌用臭也又禮器云諸侯相朝灌用鬱鬯司儀注謂卽朝禮畢償賓然則五等諸侯自相朝朝畢禮賓亦用鬱鬯凡賓主行禮畢主人用醴待賓謂之禮

此用鬱鬯與用醴同故亦稱禮也覲禮禮畢王無禮侯氏之事者蓋
文不具引鬱人職曰凡祭祀賓客之祼事和鬱鬯以實彝而陳之者
彼賓客祼事即指此上公再祼等故引以證禮賓用鬱鬯之事云禮
者使宗伯攝酌圭瓚而祼王既拜送爵又攝酌璋瓚而祼后又拜送
爵是謂再祼者禮者蜀石經作禮公者案以後注校之疑當有公字
大宗伯云大賓客則攝而載果注云載爲也果讀爲祼代王祼賓客
以鬯君無酌臣之禮言爲者攝酌獻耳拜送則王也此宗伯攝酌圭
瓚而祼之事又內宰贊后之事云凡賓客之祼獻皆贊注云謂王同
姓及二王之後來朝覲爲賓客者祼之禮亞王而禮賓此后亞王禮
賓之事知亦宗伯攝者祭統載祭大廟之禮云君執圭瓚祼尸大宗
執璋瓚亞祼注云大宗亞祼容夫人有故攝焉彼宗廟之禮夫人親
祼有故則宗伯攝祼此王禮上公王不親祼宗伯攝之則后亦不親
祼宗伯攝之可知王一祼后亞祼是所謂再祼也賈疏云王與后皆
同拜送爵者恭敬之事不可使人代也秦蕙田云饗禮之祼經無明
文以禮賓之節推之上公九獻則王一獻后亞獻皆祼侯伯七獻子
男五獻則惟王祼而已記云獻之屬莫重於祼大饗者賓客之大禮
其十二獻九獻七獻與事神同亦必有祼明矣周禮所載賓客之祼
事注疏皆以禮賓當之而不及大饗似尚未備孫希旦云賓客之饗
亦有灌有獻有酳上公饗禮九獻侯伯七獻子男五獻此自灌至酳
之獻數也案秦孫說是也凡祼亦通謂之獻故祭統以祼爲獻之屬
內宰亦云祼獻是也此王禮賓再祼一祼祼後別無獻酒饗賓則祼
獻兩有凡九獻者再祼後有七獻七獻者一祼後有六獻五獻者一
祼後有四獻是獻者賅祼而言之此經於饗不云祼者亦以祼獻通
言不別也詳內宰及前疏云再祼賓乃酢王也者明與饗燕常禮異
也凡常禮備三獻者主人初獻畢賓即酢主人再獻則再酢此王祼
禮諸公二獻訖後公始酢王是賓不酢后故有再祼而無再酢也云

禮侯伯一祼而酢者祼賓賓酢王而已后不祼也禮子男一祼不酢者祼賓而已不酢王也者爵彌卑則禮彌殺於侯伯無后祼仍得酢王於子男王又不受酢也云不酢之禮聘禮禮賓是與者以彼賓亦不酢主君也賈疏云聘禮禮賓用醴子男雖一祼不酢與聘禮禮賓同子男用鬱鬯不用醴則別約同之故云與以疑之也云九舉舉牲體九飯也者公食大夫禮無舉牲體文今以祭禮攷之少牢饋食禮云上佐食舉尸牢肺正脊以授尸尸食舉三飯上佐食舉尸牢幹尸又食佐食舉尸一魚又食上佐食舉尸腊肩又食上佐食舉尸牢骼又食尸告飽祝侑曰皇尸未實侑尸又食上佐食舉尸牢肩尸不飯告飽主人拜侑尸又三飯彼大夫祭禮尸十一飯之節佐食四舉牲體特牲饋食禮士九飯禮略同少牢注云食舉舉牢肺正脊也四舉牢體始於正脊終於肩尊於終始賈特牲疏云食舉謂骨體正脊從俎舉向口因名體爲舉又少牢疏云一口謂之飯黃以周云古者飯以手凡禮食有飯數一手謂之一飯手三取飯謂之三飯案賈黃二說並通據少牢特牲經則尸飯佐食所舉牲體外尚有獸魚等又舉牲體數與飯數不同而此注釋九舉爲舉牲體九飯者蓋專據初飯舉肺脊胳肩言之不數獸魚等也凡初飯大夫士皆三故公食大夫禮云賓三飯以湆醬注云每飯歠湆以肴擩醬食正饌也諸寅亮胡培翬黃以周並謂每一飯一食舉又據此經差之謂卿大夫當三舉其說是也特牲三飯而侑牲體唯舉正脊少牢七飯而侑則舉脊幹骼矣諸侯以上飯數尤多或備舉脊幹骼肩而侑以此推之蓋公初飯九亦九食舉侯伯初飯七亦七食舉子男初飯五亦五食舉其加飯數無文依祭禮特牲士九飯少牢大夫十一飯鄭有司徹注云士九飯大夫十一飯其餘有十三飯十五飯賈彼疏謂五等諸侯同十三飯天子十五飯若然則諸侯加飯之數當上公四侯伯六子男八於差次似究未合竊疑祭禮尸飯與食禮賓飯數不必同也云出入

謂從來訖去也者出謂去入謂來也司儀云諸公之臣相爲國客則三積又云遂行如入之積彼注云如入之積則三積從來至去是聘使入出在道總幾積明此五等諸侯來朝禮與彼同若然上公入出總五積侯伯入出總四積子男入出總三積左僖二十八年傳說晉文公朝王云出入三覲杜注云出入猶去來也從來至去凡三見王此出入文例與彼正同可以互證賈疏謂不謂從來訖去共五積若然來去皆五積依其說則是上公有十積侯伯有八積子男有六積與經注義並不合非也詳司儀疏云每積有牢禮米禾芻薪者賈疏云掌客積視飧牽飧有米禾芻薪明在道致積有可知案積之陳數詳掌客疏云凡數不同者皆降殺者賈疏云五等諸侯爲三等者以依命數爲差故也

凡大國之孤執皮帛以繼小國之君出入三積不問壹勞朝位當車前不交擯廟中無相以酒禮之其他皆眡小國之君

此以君命來聘者也孤尊既聘享更自以其摯見執束帛而已豹皮表之爲飾繼小國之君言次之也朝聘之禮每一國畢乃前不交擯者不使介傳辭交於王之擯親自對擯者也廟中無相介皆入門西上而立不前相禮者聘之介是與以酒禮之酒謂齊酒也和之不用鬱鬯耳其他謂貳車及介牢禮賓主之閼擯者將幣祼酢饗食之數

【疏】凡大國之孤執皮帛以繼小國之君者賈疏云按典命上公之國立孤一人侯伯已下則無故云大國之孤也趙商問大行人職曰凡大國之孤執皮帛所尊衆多下云其他眡小國之君小國之君以五爲節今此亦五五下云諸侯之卿各下其君二等以下注云公使卿亦七侯伯亦五子男三不審大國孤五而卿七何荅曰卿奉君命七介孤尊更自特見故五介此有聘禮可參之未之思邪反怪此更張擯介又繼小國之君非私覿也然則諸侯之大夫以時接見天子服繐衰於天

子或可有私覿結其恩好但無文耳云出入三積不問壹勞者此明積勞數與小國君同不問則降也勞亦謂近郊勞賈疏云趙商又問大行人職曰孤出入三積此卿與小國同宜云視小國之君何須特云三積與例似錯荅曰三積者卿亦然何獨孤也故不在視小國之中與例似錯何所據也然則一勞者亦是卿亦然故須見之若然牢禮卿亦五視小國君五牢同其餘則異按聘禮腥牢無鮮腊醯醢百甕米百筥禾四十車薪芻倍禾按掌客饔餼五牢米八十筥醯醢八十甕米二十車禾三十車薪芻倍禾有此別故在視小國之君中然則孤聘天子既以聘使受禮又自得禮如是孤法再重受禮矣案賈以聘禮致饔餼多於此眡小國之君之數故謂孤有再重受禮蓋謂以聘使受禮則如聘禮以特見再受禮則如掌客所云竊謂孤既為聘使自當如聘禮所謂眡小國之君者不必關致禮之米禾薪芻等經偶未別白言之耳恐不當如賈所說也云朝位當車前者亦降於小國君也孤禮王當無車迎此謂大門外陳擯介時孤下車立於車前之東邪距車衡當閑數尺不正當衡前也云以酒禮之者王既受幣及享畢乃以齊酒禮孤孤亦不酢王也　注云此以君命來聘者也者以孤無特來見法故知奉君命來聘也聘謂大聘大聘使卿孤卽冢卿也鄭意小聘使大夫非孤所使云孤尊既聘享更自以其摯見執束帛而已者摯舊本並作贄釋文云摯本又作贄蜀石經與釋文同今據正贄卽摯之俗詳大宗伯疏賈疏云若行正聘則執瑑圭璋八寸以行聘何得執皮帛也但侯伯已下臣來直行公使執圭璋無此更見法以大國孤四命尊故天子別見之也案宗伯云孤執皮帛故云自以其贄見執皮帛而已案賈述注亦作束帛而疏云皮帛者兼取下注為釋也聘禮賓奉束錦以請覿彼注云不用羔因使而見非特來是凡因使而來不得自以其摯見此孤尊則雖因使而來聘享正禮既畢仍得自以其摯見是私覿之外別有此特見之禮故

鄭志荅趙商云非私覿也云豹皮表之爲飾者賈疏云宗伯注云天
子之孤飾贄以虎皮公之孤飾贄以豹皮也云繼小國之君言次之
也者說文系部云繼續也謂亞次繼續其後少國之君卽子男也典
命說諸侯之適子云未誓則以皮帛繼子男又云公之孤四命以皮
帛眡小國之君注云視小國之君者列於卿大夫之位而禮如子男
也然則孤次子男者亦謂見子男禮畢後孤乃見其位則自在卿大
夫之列不與子男同位也蓋孤雖貴亦是諸侯之臣故與諸侯之子
次子男後同而位則異云朝聘之禮每一國畢乃前者謂先見之國
事畢次國乃前明孤繼小國之君亦謂小國之君禮畢而後孤前也
其會同之禮則衆國同見與此禮異云不交擯者不使介傳辭交於
王之擯者於舊本並作于今依蜀石經正賈疏云則諸侯行交擯者
使介傳於王擯傳而下又傳而上是也詒讓案此孤與子男禮五介
王三擯並以次列之但不傳辭凡王於來朝諸侯則交擯於來聘孤
卿以下則旅擯交擯傳辭旅擯不傳辭此不交擯卽旅擯也詳司儀
疏云親自對擯者也者賓親自對上擯也賈疏云則聘禮賓來在末
介下東面上擯亦至末擯下親相與言者是也案賈據聘禮注義今
依彼約之當亦擯者出請事之時賓出次直闑西北面上擯在闑東
閾外西面相去五十步上介在賓西北東面承擯在上擯東南西面
各自次序而下末介末擯旁相去三丈六尺上擯之請事進南面揖
賓俱前賓至末介上擯至末擯亦相去三丈六尺止揖而請事還入
告於王也云廟中無相介皆入門西上而立不前相禮者聘之介是
與者謂介雖入廟而不相禮也賈疏云案聘禮賓行聘之時擯者納
賓賓入門左介皆入門左北面西上注云隨賓入也介無事止於此
是介入廟門西上不相者也案賈亦據聘禮注義司儀說諸公之臣
相聘將幣之禮亦及廟唯君相入然則孤特見王孤相不與孤俱入
但絕行在後王相則隨王入也云以酒禮之酒謂齊酒也者以酒正

五齊尊於三酒嫌經云酒是三酒故釋之坊記云醴酒在室是醴齊亦通稱酒也賈疏云案聘禮禮賓用醴齊明此亦用醴齊對文三酒五齊別通而言之齊亦名酒故云齊酒也云和之不用鬱鬯耳者對前五等諸侯祼用鬱鬯此禮孤用醴則不和鬱亦不用秬鬯也云其他謂貳車及介牢禮賓主之閒擯者將幣祼酢饗食之數者賈疏云比其他中之數一準上子男禮中卽孤之所用者也若然子男用鬯祼孤用醴今得入其他中者祼據小國君而言以其孤用醴醴之不酢子男祼亦不酢不酢同故舉小國君祼而言不謂孤用祼也詒讓案孤特見亦旅擯故賓主之閒步數亦視子男也樂記孔疏云凡饗禮案大行人云上公九獻侯伯七獻子男五獻並依命數其臣介則孤同子男卿大夫略爲一節但三獻則天子諸侯之士同壹獻故昭六年季孫宿如晉晉侯享之有加籩武子退使行人告曰得貺不過三獻是其事也但春秋亂世之法或有大夫五獻者故昭元年鄭伯享趙孟具五獻之籩豆於幕下是亂世之法也或以鄭以公孤之禮享趙孟故五獻也案孔說是也士冠禮注云士禮一獻卿大夫三獻孔卽本於彼左昭元年杜注云朝聘之制大國之卿五獻與此經及鄭義並不合不可從

凡諸侯之卿其禮各下其君二等以下及其大夫士皆如之

此亦以君命來聘者也所下其君者介與朝位賓主之閒也其餘則自以其爵聘義曰上公七介侯伯五介子男三介是謂使卿之聘之數也朝位則上公七十步侯伯五十步子男三十步與

疏 凡諸侯之卿其禮各下其君二等以下者賈疏云各下其君二等則五等諸侯據上文三等命而言上公以九侯伯以七子男以五卿自各下其君二等若公之卿以七侯伯卿以五子男卿以三也云及其大夫士皆如之者賈疏云大夫又各自下卿二等士無聘之介數而言如之者士雖無介與步數至於牢禮之等又降殺大夫大行人首

云以九儀注云九儀謂命者五爵者四爵者四中有士故於此連言士其於此經介與步數則無士也　注云此亦以君命來聘者也者亦上孤而言謂大聘使卿小聘使大夫也士則爲介云所下其君者介與朝位賓主之閒也者以二者皆不依命數也此亦謂旅擯時有陳介及朝位賓主之閒步數公食大夫記注云卿大夫之位當車前則與孤立處同唯賓主之閒步數當以次遞減耳金鶚云公執桓圭以下及擯者五人以下卿皆不得下其君二等故知指介與賓主之閒言之云其餘則自以其爵者謂瑞摯車服等各自依其爵之命數不視其君之禮爲降殺之差也云聘義曰上公七介侯伯五介子男三介是謂使卿之聘之數也者鄭彼注亦云此皆使卿出聘之介數也以上文朝禮上公九介侯伯七介子男五介聘義此文各差二介故知是使卿聘下君二等聘禮有五介禮器又云大夫五介五牢鄭彼注並以爲侯伯卿大聘之禮是也云朝位則上公七十步侯伯五十步子男三十步與者亦謂使卿聘之數也聘禮注義同賈疏云大夫下卿二等按聘禮云小聘使大夫其禮如爲介三介彼侯伯之大夫三介則亦三十步若上公大夫五介五十步子男大夫一介一十步可知鄭不言者舉卿則大夫見矣故不言之也

邦畿方千里其外方五百里謂之侯服歲壹見其貢祀物又其外方五百里謂之甸服二歲壹見其貢嬪物又其外方五百里謂之男服三歲壹見其貢器物又其外方五百里謂之采服四歲壹見其貢服物又其外方五百里謂之衛服五歲壹見其貢材物又其外方五百里謂之要服六歲壹見其貢貨物要服蠻服也此

六服去王城三千五百里相距方七千里公侯伯子男封焉其朝貢之歲四方各四方趨四時而來或朝春或宗夏或覲秋或遇冬祀貢者犧牲之屬故書嬪作頻鄭司農云嬪物婦人所為物也爾雅曰嬪婦也玄謂嬪物絲枲也器物尊彝之屬服物玄纁絺纊也材物八材也貨物龜貝也

疏 其外方五百里謂之侯服歲壹見者此辨六服諸侯見王遠近疏數之法也依此經則侯服比年朝甸服二年四年六年八年十年朝男服三年六年九年朝采服四年八年朝衞服五年十年朝要服六年朝十二年六服從王巡守此蓋周之正法而經傳言朝覲年數舛異特甚王制云諸侯之於天子也比年一小聘三年一大聘五年一朝左昭三年傳子大叔曰昔文襄之霸也其務不煩諸侯令諸侯三歲而聘五歲而朝有事而會不協而盟鄭王制注云此大聘與朝晉文霸時所制也虞夏之制諸侯歲朝周之制侯甸男采衞要服六者各以其服數來朝是依左氏為說也然左傳又有十二年四朝之說昭十三年傳云明王之制使諸侯歲聘以志業閒朝以講禮再朝而會以示威再會而盟以顯昭明杜注云歲聘三年而一朝六年而一會十二年而一盟凡八聘四朝再會王一巡守盟于方岳之下此與昭三年傳文又自相違迕王制孔疏云按左傳文三年聘五年朝諸侯相朝之法今此經文云諸侯之於天子三年一大聘五年一朝則文襄之制諸侯朝天子與自相朝同也云虞夏之制諸侯歲朝者按尚書堯典云五載一巡守羣后四朝鄭注云巡守之年諸侯朝于方岳之下其閒四年四方諸侯分來朝於京師歲徧是也按孝經注諸侯五年一朝天子天子亦五年一巡守熊氏以為虞夏制法諸侯四朝分為四部四年乃徧揔是五年一朝天子乃巡守故云諸侯五年一朝天子天子亦五年一巡守按鄭注尚書四方諸侯分來朝於京師歲徧則非五年乃徧又孝經之注多與鄭義乖違儒者疑非鄭注今所不取熊氏之說非也按春秋文十二年左傳

云諸侯五年再相朝以脩王命古之制也按鄭志孫皓問云諸侯五
年再相朝不知所合典禮鄭荅云古者據時而道前代之言唐虞之
禮五載一巡守夏殷之時天子蓋六年一巡守諸侯閒而朝天子其
不朝者朝罷朝五年再朝似如此制禮典不可得而詳如鄭志之言
則夏殷天子六年一巡守其閒諸侯分爲五部每年一部來朝天子
朝罷還國其不朝者朝罷朝諸侯至後年不朝者往朝天子而還前
年朝者今既不朝又朝罷朝諸侯是再相朝也故鄭云朝罷朝也如
鄭之意此爲夏殷之禮而鄭又云虞夏之禮諸侯歲朝以夏與虞同
與鄭志乖者以羣后四朝文在堯典與堯典是虞夏之書故連言夏其
實虞也按昭十三年左傳云歲聘以志業閒朝以講禮再朝而會以
示威再會而盟以顯昭明賈逵服虔皆以爲朝天子之法崔氏以爲
朝霸主之法鄭康成以爲不知何代之禮故異義云公羊說諸侯比
年一小聘三年一大聘五年一朝天子左氏說十二年之閒八聘四
朝再會一盟許慎謹按公羊說虞夏制左氏說周禮傳曰三代不同
物明古今異說鄭駁之云三年聘五年朝文襄之霸制周禮大行人
諸侯各以服數來朝其諸侯歲聘閒朝之屬說無所出晉文公強盛
諸侯耳非所謂三代異物也是鄭以歲聘閒朝文無所出不用其義
也孫經世云朝禮虞時蓋分諸侯爲四部部各一歲四歲而周至周
則分諸侯爲六部部各升降一歲六歲而周周以四歲者合之巡守
之歲共五歲統四部計之則爲五載四朝堯典所言是也自各部計
之則爲五年一朝王制所言是也王制與堯典同一巡守之期卽一朝
期固無可疑也周以六歲者統六部計之則六歲中爲朝共十有四
自各部計之則六歲中爲朝共十有四自各部計之則六歲中爲朝
或六或三或二或一大行人所云是也要服視虞較疏而侯甸等視
虞加密案孫氏參合堯典王制之義近是攷公羊桓元年何注云王
者與諸侯別治勢不得自專朝政故卽位比年使大夫小聘三年使

上卿大聘四年又使大夫小聘五年一朝徐疏云五年一朝虞傳文
又北堂書鈔禮儀部引白虎通云朝者見也五年一朝備文德明禮
儀也此及孔氏引孝經注並與王制說同又國語魯語曹劌曰先王
制諸侯使五年四王一相朝也韋注亦引王制爲說據徐彥引書傳
則伏生固以五年一朝釋羣后四朝足證孫氏謂王制爲唐虞法之
說孔引鄭駁異義說以五年一朝爲春秋以後霸主之制而謂十二
年四朝之法與各經並不合鄭亦不能定其爲何制左傳疏強爲之
說謂周公成王時自有此二法復謂大行人歲壹見者是遣使貢物
非親朝又以大宗伯時見曰會即再朝而會殷見曰同即再會而盟
並鑿空皮傳不可依據其僞古文書周官云六年五服一朝僞孔傳
云五服侯甸男采衞六年一朝會京師此又勦左昭十三年傳文而
改六年一會爲六年一朝尤馮虛妄作不爲典要者也管子幼官篇
云千里之外二千里之內諸侯三年而朝習命二年三卿使四輔一
年正月朔日令大夫來修受命三公二千里之外三千里之內諸侯
五年而會至習命三年名卿請事二年大夫通吉凶彼蓋約舉男衞
二服朝會年數言之與此經義得通也云其貢祀物者賈疏云此因
朝而貢與大宰九貢及下小行人春入貢者別彼二者是歲之常貢
也大宰四曰幣貢此中無幣貢者因朝而貢三享中已有幣故不別
貢幣也大宰歲歲常貢此依服數因朝而貢數既有異時又不同故
彼此物數不類也詒讓案此六貢皆因朝而貢蓋於將幣三享後獻
之亦以玉致之故大宰謂之玉獻三享謂正禮貢獻爲加禮故覲禮
無文詳大宰疏　注云要服蠻服也者職方氏九服之制自衞服以
前文並與此同惟此要服彼作蠻服大司馬九畿亦作蠻畿故特釋
之書禹貢亦云要服僞孔傳云要束以文教國語周語云蠻夷要服
韋注云蠻蠻圻夷夷圻也周禮行人職衞圻之外謂之要服要者要
結好信而服從也又謂此經以蠻服爲要服猶國語以邦畿爲甸服

皆爲沿古名是也云此六服去王城三千五百里相距方七千里者邦畿千里王城居其中面五百里益以六服各五百里是三千五百里也兩面并之爲相距方七千里大戴禮記朝事篇云是故千里之內歲一見千里之外千五百里之內二歲一見千五百里之外二千里之內三歲一見二千里之外二千五百里之內四歲一見二千五百里之外三千里之內五歲一見三千里之外三千五百里之內六歲一見案彼據距王城一面言之故以侯服爲在千里之內餘義並與此經合周畿服之制詳大司馬疏云公侯伯子男封焉者賈疏云對彼蕃國惟有子男無五等也云其朝貢之歲四方各四分趨四時而來或朝春或宗夏或覲秋或遇冬者大宗伯注義同賈疏云按馬氏之義六服當面各四分之假令東方侯服四分之東方朝春南方宗夏西方覲秋北方遇冬南方侯服亦然西方北方皆然甸服以外皆然是以韓侯是北方諸侯而言入覲以其在北方當方分之在西畔故云覲鄭荅志云朝覲四時通稱故覲禮亦云朝若然鄭不與馬同觀此注似用馬氏之義者鄭既不與馬同今所解云四方各四分者謂四方諸侯六服服各四分趨四時而來或朝春據王城東方或宗夏據王城南方或覲秋據王城西方或遇冬據王城北方案賈述馬義與詩大雅韓奕孔疏引馬說不同未知孰是經云見者並以諸侯見王爲文大宗伯四時朝覲並云見義與此同王制疏謂此經因貢而見不必皆君自朝非也依鄭此注義四方各四分趨四時而來蓋謂四方之中每一方各別四分之四時迭來與賈所述馬說亦本不異韓奕疏引賈逵說謂藩屏之臣不可虛方俱行故分趣四時助祭趨趣字通此注卽本賈景伯義蓋賈馬鄭三君說正同賈疏謂鄭不同馬義非也互詳大宗伯疏云祀貢犧牲之屬者大宰九貢祀貢先鄭注亦云祀貢犧牲包茅之屬後鄭與彼義同云故書嬪作頻者徐養原云大宰嬪貢故書作賓此嬪物故書作頻故司農各爲一義

又案頻卽瀕字說文有頻無瀕頻嬪聲同故借頻爲嬪王引之云大行人侯服其貢祀物甸服其貢嬪物嬪亦當讀爲賓祀物祭祀之事所用之物賓物賓客之事所用之物也故書作頻物頻卽賓之借字漢書司馬相如傳仁頻幷閭顏注曰仁頻賓根也頻字或作賓說文曰頻水厓人所賓附是頻與賓同聲而通用也鄭司農乃誤讀頻物爲嬪嬪物以爲嬪嬪物婦人所爲物後鄭因以絲枲當之豈知大行人之其貢頻物卽大宰之賓貢乎案王說是也互詳大宰疏鄭司農云嬪物婦人所爲物也者從今書作嬪釋之謂女工所作黹繡諸物也大宰九貢嬪貢先鄭從故者作賓貢釋之與此義異彼注爲長引爾雅曰嬪婦也者釋詁文證婦人所爲名嬪物之義云玄謂賓物絲枲也者增成先鄭義大宰嬪貢注義亦同云器物尊彝之屬者賈疏云按大宰云器貢先鄭以爲宗廟之器後鄭易之以爲器貢銀鐵石磬丹漆不從先鄭此云器物後鄭以爲尊彝之屬與彼先鄭同者彼是歲之常貢不合有成器故破之此乃因朝而貢得貢成器故爲尊彝解之知因朝得貢成器者見昭十五年六月大子壽卒秋八月穆后崩十二月晉荀躒如周葬穆后籍談爲介以文伯宴尊以魯壺王責之分器籍談歸以告叔向叔向曰王其不終乎王一歲而有三年之喪二焉於是乎以喪賓宴又求彝器以此知因朝得貢成器案後鄭此注與大宰注異此注爲長大宰九貢器貢亦是成器賈說不足據云材物八材也者大宰九職云百工飭化八材先鄭注以八材爲珠象玉石木金革羽九貢材貢後鄭注云纁榦栝柏篠簜也專據木材者彼注以珠入游貢石入器貢金入貨貢與此注不同也云服物玄纁絺纊者者大宰九貢服貢注云服物絺紵也此云玄纁絺纊者禹貢荊州厥篚玄纁豫州厥篚纖纊故增之云貨物龜貝也者大宰九貢貨貢注云貨貢金玉龜貝也上注八材已有金玉故不復數諸貢物並詳大宰疏

九州之外謂之蕃國世壹

見各以其所貴寶為摯九州之外夷服鎮服蕃服也曲禮曰其在東夷北狄西戎南蠻雖大曰子春秋傳曰杞伯也以夷禮故曰子然則九州之外其君皆子男也無朝貢之歲父死子立及嗣王卽位乃一來耳各以其所貴寶為摯則蕃國之君無執玉瑞者是以謂其君為小賓臣為小客所貴寶見傳者若犬戎獻白狼白虎是也其餘則周書王會備焉【疏】九州之外謂之蕃國世壹見者見六服以外無分年來朝及貢物之法也管子幼官篇云三千里之外諸侯世一至與此經同國語周語韋注因祭公謀父曰蠻夷荒服謂夷圻朝貢或與蠻圻同與此經不合不足據　注云九州之外夷服鎮服蕃服也者謂距王城三千五百里之外至五千里也職方氏九服蠻服以外有夷鎮藩三服大司馬九畿同此總云九州之外謂之蕃國是此蕃國卽職方外三服也蕃亦取藩屏之義當如職方氏藩服字作藩蕃藩之借字玉藻云其在邊邑曰蕃屏之臣某注云邊邑九州之外卽謂蕃國也亦謂之四塞明堂位云四塞世告至注云四塞謂夷服鎮服蕃服在四方為蔽塞者是也亦謂之四海詳布憲疏引曲禮曰其在東夷北狄西戎南蠻雖大曰子者鄭彼注云謂九州之外長也天子亦選其諸侯之賢者以為之子子猶牧也入天子之國曰子天子亦謂之子雖有侯伯之地本爵亦無過子是以同名曰子案依曲禮說則夷服以外蕃國地雖大小不齊爵則皆無過子管子事語篇云齊諸侯方百里負海子七十里男五十里管子所謂負海子男蓋據四衞及四海蕃國言之依彼說則遠服小侯爵地並減與曲禮說微異未知孰是又引春秋傳曰杞伯也以夷禮故曰子者左僖二十七年傳杞桓公來朝用夷禮故曰子杜注云杞先代之後而近於東夷風俗雜壞言語衣服有時而夷故杞子卒傳言其夷也案彼傳無杞伯也之文鄭據桓二十七年經云杞伯來朝補之引此二文證蕃國無公侯伯等也云然則九州之外其君皆子男

也者此亦補曲禮義明兼有男也曲禮云庶方小侯入天子之國曰某人於外曰子注云謂戎狄子男也於外亦曰男舉尊言之詩小雅蓼蕭敘箋云國在九州之外雖有大者爵不過子孔疏云大者曰子小者曰男而已左傳曰驪戎男是也賈疏云案書序武王既勝殷巢伯來朝注云巢伯南方之國世一見者夷狄得稱伯者彼殷之諸侯與周異也云無朝貢之歲父死子立及嗣王即位乃一來耳者父死子立上蜀石經及宋大字本並有以字後注云父死子立曰世賈疏云此經世中含二父死子立須得受王命故須來新王即位亦須來故明堂位周公朝諸侯於明堂四夷皆在四門之外周公攝位與新王同況成王新即位也案賈說是也國語周語祭公謀父曰荒服者王又曰終王韋注云終謂世終也朝嗣王及即位而來見祭公又曰今自大畢伯士之終也犬戎氏以其職來王韋注云大畢伯士犬戎氏之二君終卒也以其職謂其嗣子以其貴寶來見王也此荒服父死子立有來見之禮之證云各以其所貴寶爲摯則蕃國之君無執玉瑞者者謂不得如九州之內五等諸侯執圭璧爲瑞也左襄十四年傳戎子駒支曰我諸戎飲食衣服不與華同贄幣不通言語不達是小行人六瑞六幣之等不達於蕃國故王制注云春秋傳曰禹會諸侯於塗山執玉帛者萬國言執玉帛則是惟爲中國耳即此義也云是以謂其君爲小賓臣爲小客者據小行人有小客是蕃國之臣知蕃國之君爲小賓也云所貴寶見傳者若犬戎獻白狼白鹿是也者國語周語穆王將征犬戎祭公謀父諫不聽遂征之得四白狼四白鹿以歸韋注云犬戎西戎之別名也在荒服之中白狼白鹿犬戎所貢引之者證禽獸亦得爲貴寶云其餘則周書王會備焉者王會周書第五十九篇記成王會諸侯獻物之事其序云周室既寧八方會同各以其職來獻欲垂法厥世作王會所貢貴寶若稷慎大麈穢人前兒之類名數甚多故不備引此九州之外所獻貴寶即懷方氏

所謂致遠物也與上六服有貢異然通而言之亦得謂之貢國語魯語云昔武王克商通道於九夷百蠻使各以其方賄來貢使無忘職業於是肅慎氏貢楛矢石砮其長尺有咫是夷狄獻物亦得稱貢之證

王之所以撫邦國諸侯者歲徧存三歲徧覜五歲徧省七歲屬象胥諭言語協辭命九歲屬瞽史諭書名聽聲音十有一歲達瑞節同度量成牢禮同數器脩灋則十有二歲王巡守殷國

撫猶安也存覜省者王使臣於諸侯之禮所謂閒問也歲者巡守之明歲以為始也屬猶聚也自五歲之後遂閒歲徧省也七歲省而召其象胥九歲省而召其瞽史皆聚於天子之宮教習之也故書協辭命作叶詞命鄭司農云象胥譯官也叶當為汁詞當為辭書或為叶辭命玄謂胥讀為諝王制曰五方之民言語不通嗜欲不同達其志通其欲東方曰寄南方曰象西方曰狄鞮北方曰譯此官正為象者周始有越重譯而來獻是因名通言語之官為象胥云諝謂象之有才知者也辭命六辭之命也瞽樂師也史大史小史也書名書之字也古曰名聘禮曰百名以上至十一歲又徧省焉度丈尺也量豆區釜也數器銓衡也法八法也則八則也達同成脩皆謂賫其法式行至則齊等之也成平也平其僭踰者也王巡守諸侯會者各以其時之方書曰遂覲東后是也其殷國則四方四時分來如平時

【疏】王之所以撫邦國諸侯者者此並以王下撫邦國為文云歲徧存三歲徧覜五歲徧省者大戴記存作在覜作眺聲義並同以下至十一歲達瑞節等並鄉大夫奉王命閒歲而一行者也云成牢禮者謂平均待賓客之牢禮即宰夫云凡朝覲會同賓客牢禮之灋是也云十有二歲王巡守殷國者此為王親行至邦國之事凡王不巡守乃有殷國殷國與巡守不並行此經

兩舉之者明或巡守或殷國惟王所行無定法也十二歲一巡守者
通典吉禮引崔靈恩云取歲星一周天道之備數案古書多言五歲
一巡守者乃虞制故書堯典云五歲一巡守王制云天子五年一巡
守鄭彼注云天子以海內爲家時一巡省之五年者虞夏之制也周
則十二歲一巡守白虎通義巡守篇云所以不歲巡守何爲大煩也
過五年爲大疏也因天道時有所生歲有所成三歲一閏天道小備
五歲再閏天道大備故五年一巡守此並據虞制與此經年數異公
羊隱八年何注以五年巡守說周制誤也王制孔疏又引鄭志荅孫
皓謂夏殷六年一巡守未知塙否　注云撫猶安也者說文手部云
⿰扌橆安也撫卽⿰扌橆之隸變云存規省者王使臣於諸侯之禮者對巡守
爲王親至侯國也規亦與前殷規爲諸侯使臣於王異說文子部云
存恤問也爾雅釋詁云在存省視察也又云規視也廣雅釋詁云省
視也三者訓義略同隨事立名耳云所謂閒問也者謂三者通爲閒
問以其皆閒歲一舉也賈疏云卽上文云閒問以諭諸侯之志者也
云歲者巡守之明歲以爲始也者王十二年六服朝貢既更迭而徧
巡守殷國之事又畢故於次年更端復始也其新王卽位則當以元
年爲始公羊閔二年何注云禘祫從先君數朝聘從今君數大宗伯
注說一服朝亦以元年爲始是也云屬猶聚也者州長注同云省五
歲之後遂閒歲徧省也者賈疏云但經一歲與三歲五歲云存規省
至七歲九歲十一歲不云省不言者以五歲已言省義可知故直見
其事意也是以鄭皆連省而言也云七歲省而召其象胥九歲省而
召其瞽史皆聚於天子之宮教習之也者此謂行人召侯國之象胥
瞽史來至王國則於王宮內爲次舍聚而教習言語辭命書名聲音
之等也漢書食貨志說孟春行人采詩獻之大師比其音律以聞於
天子方言劉歆與揚雄書亦說周逌人以歲八月巡路求代語僮謠
歌戲逌人卽行人也彼雖非七歲九歲省邦國時事然亦行人諭言

語協辭令諭書名協聲音之一耑矣方苞孔廣森並謂象胥訾史皆王官使至其國而屬諭之不聚於天子之宮亦通云故書協辭命作叶詞命者段玉裁校改叶爲汁阮元云釋文亦作叶又春官大史注云故書協作叶與此注相應案段阮校是也詳後鄭司農云象胥譯官也者說文言部云譯傳譯四夷之言者象胥云掌蠻夷閩貉戎狄之國使掌傳王之言而諭說焉是譯官也云叶當爲汁詞當爲辭書或爲叶辭命者蜀石經或爲上有亦字段玉裁校改叶當爲汁爲汁當爲叶云協見大史辭見大祝兩當爲皆當作讀爲聲類皆同也司農必易汁爲叶易詞爲辭者叶辭義較親切也徐養原云叶汁見大史說文司部詞意內而言外也辛部辭訟也从𤔔辛𤔔猶理辜也𤔔理也是言詞作詞辭訟作辭截然二字故書叶詞命原未嘗誤杜子春注大史曰叶協也書亦或爲協或爲汁蓋漢時詞辭已溷用司農意在曉俗不暇考證字體也凡注內言當作某者多類此案段徐說是也凡注例云書或爲某者或本之字多與所讀之字正合此注云書或爲叶辭命明故書作汁詞先鄭讀爲叶辭也至叶汁二字聲類雖同而叶卽協之重文汁則爲協之借字義甚疏遠儻故書本作叶先鄭讀爲汁則是舍義近之叶而就義遠之汁例不可通足知其誤協大戴禮記朝事篇作計王引之謂亦汁字之誤云玄謂胥讀爲諝者天官敘官注同段玉裁云說文言部曰諝知也大宰序官注亦云胥讀爲諝諝其有才知爲什長秋官序官注不言讀爲諝而此言之者互見也引王制曰五方之民言語不通者欲不同達其志通其欲東方曰寄南方曰象西方曰狄鞮北方曰譯者欲釋文作慾云本多作欲蜀石經作嗜欲與禮記同俗本並作嗜慾嘉靖本上作耆欲下仍作慾蜀石經二字並作欲今據正案耆卽嗜之叚字慾則欲之俗體也鄭以王制分方立名此總名爲象故引彼文而釋之並詳序官疏云此官正爲象者周始有越重譯而來獻是因名通言語之官爲象

胥云者越上蜀石經有南字名字舊本並挩今據蜀石經及宋大字本補後漢書馬融傳李注引此注並與蜀石經同通言語者通達異方言語之謂御覽四夷部引尚書大傳云交阯之南有越裳國周公居攝六年制禮作樂天下和平越裳以三象重譯而獻白雉言此者明四方之中獨取南方名官之意敘官象胥注云周之德先致南方是也云諝謂象之有才知者也者諝訓有才知天官敘官注義亦同云辭命六辭之命也者大祝六辭一曰祠二曰命先鄭彼注云祠當為辭謂辭令也命論語所謂為命禆諶草創之後鄭云一曰嗣者交接之辭此注蓋謂辭命即大祝之二曰命以其為六辭之一故曰辭命與彼一曰祠讀為辭者不相涉也云瞽樂師也者春官敘官注云凡樂之歌必使瞽矇為焉命其賢知者以為大師小師此瞽亦兼大師小師等而言與樂師來瞽專據瞽矇者小異必屬瞽者將以聽聲音也云史大史小史也者二官為眾史之長屬之者將以諭書名也云書名書之字也古曰名者外史注義同引聘禮曰百名以上者聘禮記云百名以上書于策不及百名書于方彼注亦云名書文也今謂之字此引之者證書字古曰名也云至十一歲又偏省焉者承上注九歲省後閼一歲至十一歲則又偏省而脩達瑞節等五事也云度丈尺也者內宰注同云量豆區釜也者釜鬴之借字考工記攻金之工注同豆區釜見左昭三年傳詳內宰疏云數器銓衡也者廣雅釋器云稱謂之銓文選褚淵碑文李注引韋昭漢書注云銓稱錘案銓即權也合方氏同其數器注亦釋為權衡凡五權五量五度通為數器此及合方氏並以度量與數器分舉故知數器惟據銓衡言也云法八法也則八則也者法亦注用今字也賈疏云據大宰云八法治官府八則治都鄙諸侯國有都鄙官府以此法則治之故須脩之云達同成脩皆謂齎其法式行至則齊等之也者廣雅釋詁云達通也脩治也說文冃部云同合會也下又訓成為平四者訓義小異同

爲齊等之言齎法式行至謂王使齎諸法式至諸侯國考校齊等之賈疏云經瑞節度量牢禮數器下至法則等八者皆天子法式之等當豫脩治使輕重大小方圓皆正然後將以齊諸侯器物故云行至則齊等之云成平也者調人注同云平其僭踰者也者僭踰若左哀六年傳吳徵魯百牢之類賈疏云若牢禮云侯伯子男卿大夫士依上文及掌客多少皆有常不得僭上故云平其僭踰也云王巡守諸侯會者名以其時之方者謂周制與虞制同如春巡守東岳則東方諸侯總會餘三時三方亦然不必如朝覲法每方各分趣四時也云書曰遂覲東后是也者堯典文僞孔本入舜典彼云歲二月東巡守至于岱宗柴望秩于山川肆覲東后協時月正日同律度量衡脩五禮五玉三帛二生一死贄如五器卒乃復五月南巡守至于南岳如岱禮八月西巡守至于西岳如初十有一月朔巡守至于北岳如西禮歸格於藝祖用特彼云肆覲東后此引肆作遂者肆遂義同史記五帝本紀封禪書漢書郊祀志續漢書律厤志後漢書肅宗紀白虎通義巡守篇公羊隱八年傳何注風俗通義山澤篇引書亦並作遂蜀石經作肆疑依孔書改公羊徐疏引鄭書注云東后東方之諸侯也案書說四時巡守之法王制說亦略同依鄭此注義則周天子巡守亦分四時各至當方之岳以朝諸侯歲終而徧書僞周官云六年五服一朝又六年王乃時巡考制度于四岳諸侯各朝于方岳僞孔傳云周制十二年一巡守春東夏南秋西冬北故曰時巡考正制度禮法於四岳之下如虞帝巡守然覲四方諸侯各朝於方岳之下說亦與鄭同又書說四時巡守皆以四仲之月周制當亦然依通典吉禮引鄭書注義云每歸用特者明祭一岳卽歸也白虎通義巡守篇亦云巡守所以四時出者何當承宗廟故不踰時也卽鄭說所本舜典僞孔傳則謂夏自東岳至南岳歷四時徧四岳然後歸二義不同而皆有難通未知孰是至通典又引崔氏三禮義宗亦申鄭說而云

唐虞五載巡守一嶽二十年方遍四岳周則四十八年矣則爲時尤疏闊不足據也云其殷國則四方四時分來如平時者此亦誤以殷國與殷見爲一大宗伯注云殷見四方四時分來終歲則徧蓋殷同卽在王都故仍六服分爲四方每方又分四部四時分來如平時朝覲法也賈疏云謂分四方各逐春夏秋冬如平時若六服盡來卽與平時別也金鶚云諸侯朝覲經典並無分方分時之說至謂殷國亦分時分方則尤謬夫殷見之禮四方諸侯畢至故有殷名若殷國止一方來朝何以謂之殷乎天子巡守諸侯隨時分方而朝者一年而周也今殷國不周行四方止在一處豈有僅會一方而三方不會乎若謂久淹於外以待諸侯或既歸而復出皆於義無取而空多繁費有是禮乎若謂亦一年而周所行不遠何必如此稽留乎若謂殷國在畿內而四方四時分來總不得謂之殷也況殷國必不在畿內乎案金說足正鄭賈之誤亦詳職方氏疏

凡諸侯之王事辨其位正其等協其禮賓而見之王事以王之事來也詩云莫敢不來王孟子曰諸侯有王

疏凡諸侯之王事者卽前會同朝覲宗遇之事云辨其位正其等協其禮賓而見之者大司馬云設儀辨位以等邦國注云辨別也別尊卑之位此官與彼爲官聯也賈疏云位謂九十七十五十步之位等謂尊卑之等謂冕服旌旗貳車之類皆有等級禮謂牢禮饗燕積膳之禮以此禮等賓敬而見之也釋文云賓劉云應言擯小行人職同案賈釋賓爲賓敬葢讀賓如字與劉陸讀異非也小行人云大客則擯注云擯者擯而見之王卽用此文則鄭本讀賓爲擯劉陸卽據彼注校此深得鄭恉象胥云凡其出入送逆之禮節幣帛辭令而賓相之鄭注亦以擯釋賓與此經可互證擯作賓者用借字也詳大宗伯疏又覲禮郊勞注說諸侯入王大行人有郊勞之事此經不言者文略詳前疏　注云王事以王之事來也者小行人凡諸侯入王先鄭注

云入王朝於王也此王事亦謂入王之事詳彼疏引詩云莫敢不來王者商頌殷武篇文鄭彼箋云世見曰王又引孟子曰諸侯有王者毛居正云孟子無此小行人注引春秋傳諸侯有王王有巡守是也傳寫誤作孟子案毛校是也孔繼汾黃丕烈說同今所傳孟子外書四篇其孝經篇有此語蓋鄭采此注僞作不足據左傳義詳小行人疏引此二者證諸侯朝王謂之王事也

若有大喪則詔相諸侯之禮詔相左右教告之也【疏】若有大喪則詔相諸侯之禮者宰夫注云大喪王后世子也賈疏云大喪言若見有非常之禍諸侯為天子斬其有哭位周旋擗踊進退皆有禮法須有助而告教之也莊存與云吉禮則射人詔相之　注云詔相左右教告之也者爾雅釋詁云詔相導左右助勴也說文言部云詔告也此詔相諸侯之禮亦謂左右導助教告其禮也

若有四方之大事則受其幣聽其辭四方之大事謂國有兵寇諸侯來告急者禮動不虛皆有贄幣以崇敬也受之以其事入告王也聘禮曰若有言則以束帛如享禮【疏】注云四方之大事謂國有兵寇諸侯來告急者者小司徒云大事謂戎事也此謂要服以內侯國被兵寇使臣以事來告也小行人云小客則受其幣而聽其辭則此官所掌者為大客可知云禮動不虛皆有贄幣以崇敬也者贄俗字前注及大宗伯注並作摯當據正各本並誤摯幣亦謂玉帛皮馬之屬以崇敬者所以敬事天子也其邦國相告亦然左哀七年傳云魯師入邾邾茅夷鴻以束帛乘韋自請救於吳是邦國兵寇告急亦用幣之事云受之以其事入告王也者明諸侯使臣不得親告王必由大行人以達故大行人既受其幣又聽其辭乃以其來告之事入告於王也左襄二十一年傳云欒盈過於周周西鄙掠之辭於行人事亦略同引聘禮曰若有言則以束帛如享禮者彼注云有言有所告請若有所問也春秋臧孫辰告糴于齊公子遂如

楚乞師晉侯使韓穿來言汶陽之田皆是也引之者證彼云有言卽此聽其辭彼云束帛卽此受其幣也賈疏云彼雖是諸侯自相告告天子亦然故引爲證也

凡諸侯之邦交歲相問也殷相聘也世相朝也

小聘曰問殷中也久無事又於殷朝者及而相聘也父死子立曰世凡君卽位大國朝焉小國聘焉此皆所以習禮考義正刑一德以尊天子也必擇有道之國而就脩之鄭司農說殷聘以春秋傳曰孟僖子如齊殷聘禮也

疏 凡諸侯之邦交者謂侯國君臣交接往來之事大戴禮記朝事篇作使諸侯世相朝交歲相問殷相聘似古讀爲凡諸侯之邦絕句交字屬下歲相問爲句案此云凡諸侯之邦交猶司儀云凡諸侯之交自是以邦交總目問聘朝三事大戴記似西漢禮家誤讀抑或傳寫譌衍不足取證賈疏云謂同方嶽者一往一來爲交謂已是小國朝大國已是大國聘小國若敵國則兩君自相往來故司儀有諸公諸侯皆言相爲賓是也但春秋之世有越方嶽相聘者是以秦使術來聘吳使札來聘時國數少故然非正法也云歲相問也殷相聘也者聘義云故天子制諸侯比年小聘三年大聘鄭彼注云比年小聘所謂歲相問也三年大聘所謂殷相聘也彼說與此經同云世相朝也者諸侯相朝年數春秋家說與此經差異左文十五年曹伯來朝傳云諸侯五年再相朝此謂五年再朝也又昭十三年傳說明王之制使諸侯歲聘閒朝再朝而會杜注謂三年一朝六年一會孔疏引釋例謂兼諸侯朝天子及自相朝此謂三年一朝六年再朝也又昭三年傳說晉文襄令諸侯三歲聘五歲朝國語魯語亦謂先王制諸侯五五年一相朝此並謂五年一朝也三者之文舛互不合文十五年孔疏爲之說云諸侯之邦交者將以協近鄰結恩好安社稷息民人土宇相望竟界連接一世一朝疏闊大甚其於閒暇之年必有相朝之法周禮言世相朝者以其一舊一新彼此未狎於此之際必

須往朝舉其禮之大者不言唯有此事五年再相朝正是周禮之制周禮文不具耳文襄之霸其務不煩諸侯以五年再朝往來大數更制三年一聘五年一朝所以說諸侯也昭十三年歲聘閒朝是周之諸侯朝天子之法沈氏以爲諸侯五年再相朝及昭十三年皆爲朝牧伯之法以閒朝以講禮與再朝而會是三歲之朝與六年之朝大率言之是五年之內再相朝也但魯非曹之伯國而沈云朝牧伯之禮又昭十三年朝盟主之法亦無明證沈氏之言未可從也案王制孔疏引鄭志說謂五年再朝爲夏殷之法又引鄭駁異義說謂歲聘閒朝之屬文無所出不用其義具詳前疏沈文阿謂五年再相朝及三年一朝爲朝牧伯之法又謂三歲之朝與六年之朝大率言之是五年之內再相朝其說固不足據孔氏謂五年一朝正是周禮之制亦與此經不合又謂歲聘閒朝非諸侯自相朝法則又與昭十三年疏義自相抵牾惟云周禮世相朝是舉其禮之大者不言唯有此事則自是通論蓋左氏所云多後世權時更變之法與此經周公致太平之初制勢固不能盡合而邦交疏數亦自有斟酌變通之道必謂非父死子立卽不可相朝是亦膠固之論矣　注云小聘曰問者賈疏云聘禮云小聘曰問不享是也大聘使卿小聘使大夫也詒讓案聘禮鄭目錄云大問曰聘諸侯相於久無事使卿相問之禮小聘使大夫據鄭說則聘問散文亦通故毛詩小雅采薇傳云聘問也曲禮云諸侯使大夫問於諸侯曰聘卽所謂小聘曰問也然則問使大夫亦得曰聘矣云殷中也者爾雅釋詁文掌客注亦同中者謂中閒閒闊與中年中歲義異云久無事又於殷朝者及而相聘也者賈疏云聘義王制皆云三年一大聘此不言三年而云殷者欲見中閒久無事及殷朝者來及亦相聘故云殷不云三年也若然聘義與王制皆云比年一小聘此云歲相問不云比年者取歲歲之義也案諦玩注意蓋謂殷聘與掌客殷膳義同殷者皆中閒閒闊之謂自閒歲以上

通得謂之殷不論年數多少其至數者亦必以閒歲爲限耳王制所云則是諸侯聘天子法鄭所不取賈幷引之非也久無事者聘禮記云久無事則聘焉鄭彼注云事謂盟會之屬是也殷朝者及義頗難解賈亦無釋竊意鄭蓋謂有殷聘亦有殷朝朝不必限以世凡春秋非新君卽位而相朝者皆殷朝也此殷聘實含兩義一則中閒久無事而相聘一則中閒遇有小國之君來殷朝者大國君不報朝則亦聘以報之故云久無事又於殷朝者及而相聘也至大宗伯殷見曰同殷覜曰視鄭彼注云殷猶衆也與此注訓爲中異則此注殷朝與彼不相涉也云父死子立曰世者國策秦策高注云父死子繼曰世案此世相朝與前蕃國世一見之世義同但世朝亦言其至疏之限賓則非繼世亦有相朝之法也云凡君卽位大國朝焉小國聘焉者證世相朝之義賈疏云按文元年公孫敖如齊傳曰凡君卽位卿出竝聘謂已卿往聘他他卿來聘已是總語也云大國朝焉已是小國已往朝大國小國聘焉已是大國使聘小國詒讓案左襄元年傳云九月邾子來朝禮也冬衞子叔晉知武子來聘禮也凡諸侯卽位小國朝之大國聘焉以繼好結信謀事補闕禮之大者也彼據它國來朝聘卽位之君言故云小朝大聘此注據卽位之君朝聘它國言故云大朝小聘與左傳文異而旨同又案通典凶禮引五經異義云諸侯未踰年出朝會與否春秋公羊說云諸侯未踰年不出境在國中稱子以王事出亦稱子非王事而出會同安父位不稱子鄭伯伐許未踰年以本爵譏不子也又嘉禮引異義云左氏說妾子爲君當尊其母有三年之喪而出朝會非禮也故譏魯宣公又引鄭駁亦謂服閔無王事不得出朝會又左傳文元年孔疏引何休左氏膏肓以爲三年之喪使卿出聘於義左氏爲短鄭康成箴云周禮諸侯邦交歲相問殷相聘世相朝必俟三年喪畢也又左傳文十五年疏云凡諸侯相朝皆小國朝於大國或敵國相爲賓或彼君新立此往朝焉

或此君新卽位自往朝彼皆是世相朝也襄元年邾子來朝傳曰凡諸侯卽位小國朝之是此新立而彼朝之也文九年曹伯襄卒十一年曹伯來朝傳曰卽位而來見也是彼新立而朝此也則知春秋之時猶有世朝法與周禮合也云此皆所以習禮考義正刑一德以尊天子也者大戴禮記朝事篇云是故一朝而近者三年遠者六年有德焉禮樂爲之益習德行爲之益脩天子之命爲之益行然後使諸侯世相朝交歲相問殷相聘以習禮考義正刑一德以崇天子故曰朝聘之禮者所以正君臣之義也又王制云天子無事與諸侯相見曰朝考禮正刑一德以尊天子鄭葢兼取彼二文穀梁隱十一年傳云天子無事諸侯相朝正也考禮脩德所以尊天子也公羊隱七年何注云古者諸侯朝罷朝聘爲慕賢考禮一法度尊天子書鈔禮儀部引白虎通云諸侯相聘爲相尊敬也故諸侯朝聘天子逮鄰國也往覲聘之問天子無恙法度得無變更所以憲禮正刑一德以尊天子者也義竝略同云必擇有道之國而就脩之者謂朝聘必先就有道之國而與脩習禮考義正刑一德之事也云鄭司農說殷聘以春秋傳曰孟僖子如齊殷聘禮也者賈疏云按左氏昭公九年傳曰孟僖子如齊殷聘禮也按服彼注云殷中也自襄二十年叔老聘於齊至今積二十一年聘齊故中復盛聘與此中年數不相當引之者年雖差遠用禮則同故引爲證也案據賈引服說與鄭此注同杜注訓殷爲盛與鄭服異

西元二〇二四年三月一日重製一版

周禮正義 冊五（清孫詒讓撰）

平裝六冊基本定價肆仟柒佰元正
（郵運匯費另加）

發行人　張敏君
發行處　中華書局
臺北市內湖區舊宗路二段一八一巷八號五樓（5FL., No. 8, Lane 181, JIOU-TZUNG Rd., Sec 2, NEI HU, TAIPEI, 11494, TAIWAN）
客服電話：886-8797-8396
公司傳真：886-8797-8909
匯款帳戶：華南商業銀行西湖分行
179100026931
印　刷：維中科技有限公司
海瑞印刷品有限公司

No. N0027-5

國家圖書館出版品預行編目(CIP)資料

周禮正義/(清)孫詒讓撰. -- 重製一版. -- 臺北市 : 中華書局, 2024.03
冊 ; 公分
ISBN 978-626-7349-08-3(全套 : 平裝)

1.CST: 周禮 2.CST: 研究考訂

573.1177 113001478